myitalianlab *Ciao!*

Part of the **award-winning** MyLanguageLabs suite of online learning and assessment systems for basic language courses, MyItalianLab brings together—in one convenient, easily navigable site—a wide array of language-learning tools and resources, including an interactive version of the *Percorsi* student text, an online Student Activities Manual, and all materials from the audio program. Chapter Practice Tests, tutorials, and English grammar Readiness Checks personalize instruction to meet the unique needs of individual students. MyItalianLab can be packaged with the text at a substantial savings. For more information, visit us online at **http://www.mylanguagelabs.com/books.html**

A GUIDE TO *PERCORSI* ICONS

	Text Audio Program	This icon indicates that recorded material is available in MyItalianLab to accompany *Percorsi*. Some recordings are also available on the text audio CDs and the Companion Website.
	Pair Activity	This icon indicates that the activity is designed to be done by students working in pairs.
	Group Activity	This icon indicates that the activity is designed to be done by students working in small groups or as a whole class.
	MediaShare	This icon, presented with all *Parliamo* boxes, refers to the video-posting feature available on MyItalianLab.
	Web Activity	This icon indicates that the activity involves use of the Internet.
	Video Program	This icon indicates that a video episode is available on the video program that accompanies the *Percorsi* text. The video is available on DVD and in MyItalianLab.

SECOND EDITION

PERCORSI

L'ITALIA ATTRAVERSO LA LINGUA E LA CULTURA

FRANCESCA ITALIANO

University of Southern California

IRENE MARCHEGIANI

State University of New York at Stony Brook

PRENTICE HALL

Boston   Columbus   Indianapolis   New York   San Francisco   Upper Saddle River   Amsterdam
Cape Town   Dubai   London   Madrid   Milan   Munich   Paris   Montréal   Toronto   Delhi
Mexico City   São Paulo   Sydney   Hong Kong   Seoul   Singapore   Taipei   Tokyo

Executive Acquisitions Editor: Rachel McCoy
Editorial Assistant: Noha Amer
Executive Marketing Manager: Kris Ellis-Levy
Marketing Coordinator: Bill Bliss
Development Editor: Barbara Lyons
Development Editor for Assessment: Melissa Marolla Brown
Senior Managing Editor for Product Development: Mary Rottino
Associate Managing Editor (Production): Janice Stangel
Senior Production Project Manager: Nancy Stevenson
Media/Supplements Editor: Meriel Martínez
Executive Editor, MyLanguageLabs: Bob Hemmer
Senior Media Editor: Samantha Alducin
Senior Art Director: Pat Smythe
Senior Manufacturing & Operations Manager, Arts & Sciences: Nick Sklitsis
Operations Specialist: Cathleen Petersen/Brian Mackey
Text & Cover Designer: Lisa Delgado, Delgado and Company, Inc.
Full-Service Project Management: Francesca Monaco, Emilcomp/Preparé, Inc.
Composition: Emilcomp/Preparé, Inc.
Printer/Binder: R. R. Donnelley
Cover Printer: Lehigh - Phoenix Color
Cover Credit: Gail Dohrmann/Mira.com
Publisher: Phil Miller

This book was set in 10.5/12 Sabon.

Credits and acknowledgments borrowed from other sources and reproduced,
with permission, in this textbook appear on appropriate page within text (or on page C1).

Library of Congress Cataloging-in-Publication Data
Italiano, Francesca.
    Percorsi : l'italia attraverso le lingua e la cultura / Francesca Italiano, Irene
Marchegiani. -- 2nd ed.
        p. cm.
    Includes bibliographical references and index.
    ISBN-13: 978–0–205–78472–1 (student ed. : alk. paper)
    ISBN-10: 0–205–78472–0 (student ed. : alk. paper)
    ISBN-13: 978–0–205–79612–0 (annotated instructor's ed : alk. paper)
    ISBN-10: 0–205–79612–5 (annotated instructor's ed : alk. paper)   1.   Italian
language--Textbooks for foreign speakers--English. 2.   Italian language--Grammar.
3.   Italian language--Spoken Italian.   I. Jones, Irene Marchegiani. II. Title.
    PC1129.E5I837 2011
    458.2'421--dc22

                                        2010045450

10 9 8 7 6 5 4 3

Student Edition ISBN-10: 0–205–78472–0
Student Edition ISBN-13: 978-0-205-78472–1
Annotated Instructor's Edition ISBN-10: 0–205–79612–5
Annotated Instructor's Edition ISBN-13: 978–0-205–79612–0

Prentice Hall
is an imprint of

www.pearsonhighered.com

Brief Contents

Scope and Sequence

Scope and Sequence

Grammatica	In pratica	Cultura Lo sai che?	Attraverso...
• Gli aggettivi possessivi • I pronomi possessivi • Il presente di *conoscere* e *sapere* • Il presente di *dare* e *dire* • I pronomi diretti: *lo, la, li, le* • Il presente di *dovere, potere* e *volere*	• Parliamo 156 • Leggiamo: *Interviste* 157 • Scriviamo 159 • Guardiamo 160	• La famiglia italiana • Le feste in famiglia • I diciotto anni	• La Toscana 162
• Le preposizioni • *Ci* • *Ne* • I numeri dopo 100 • Il passato prossimo con *avere* • Participi passati irregolari • L'accordo del participio passato con i pronomi di oggetto diretto	• Parliamo 190 • Leggiamo: *Annunci Affitti Vacanza* 191 • Scriviamo 192 • Guardiamo 193	• La città e le abitazioni degli italiani • L'euro • Gli italiani e il gusto delle cose belle	• Il Friuli-Venezia Giulia e la Puglia 194
• Il passato prossimo con *essere* • Il *si* impersonale • I pronomi tonici • Interrogativi	• Parliamo 218 • Leggiamo: *Macché Vienna!* 219 *Hai mai provato a pattinare?* 219 *Il calcio al cinema e alla TV* 219 • Scriviamo 220 • Guardiamo 220	• Gli italiani e il tempo libero • Il calcio e altri sport • La musica in Italia	• La Valle d'Aosta e il Trentino-Alto Adige 222
• L'imperfetto • Espressioni negative • Gli avverbi • Gli aggettivi e i pronomi dimostrativi	• Parliamo 248 • Leggiamo: *Roberto Bolle* 249 • Scriviamo 250 • Guardiamo 251	• I fumetti • La scuola in Italia • L'Italia di ieri e di oggi	• Il Lazio 252

Scope and Sequence

	Per comunicare	Percorsi
CAPITOLO 9 **Buon divertimento!** 256	• Talk about holidays • Describe holiday meals • Discuss food and order in a restaurant	• Percorso I Le feste e le tradizioni 257 • Percorso II I pranzi delle feste 267 • Percorso III Al ristorante 275
CAPITOLO 10 **Che ricordo splendido!** 290	• Discuss important events and relationships in your life • Describe good and bad memories • Talk about unforgettable trips and vacations	• Percorso I Avvenimenti importanti 291 • Percorso II Ricordi di ogni genere 299 • Percorso III Viaggi e vacanze indimenticabili 304
CAPITOLO 11 **E dopo, che farai?** 318	• Talk about your plans for the immediate future • Make plans on the telephone • Discuss your long-term goals	• Percorso I I progetti per i prossimi giorni 319 • Percorso II I programmi al telefono 326 • Percorso III I piani per il futuro 334
CAPITOLO 12 **La vita che vorrei** 348	• Discuss your career goals • Express hopes, dreams, and aspirations • Talk about finding a place to live	• Percorso I La scelta della carriera 349 • Percorso II Speranze e desideri 355 • Percorso III La residenza ideale 362
CAPITOLO 13 **Dove andiamo in vacanza?** 378	• Talk about your travel plans • Discuss hotel arrangements • Describe vacation activities	• Percorso I I mezzi di trasporto 379 • Percorso II Alberghi e campeggi 386 • Percorso III Le vacanze 393

Scope and Sequence

	Per comunicare	Percorsi	
CAPITOLO 14 **Quante cose da fare in città!** 410	• Talk about where to shop • Give commands and instructions • Give and follow directions to get around town • Tell where to go for different services • Talk about shopping for clothes	• Percorso I • Percorso II • Percorso III	Fare acquisti in città **411** In giro per la città **419** Le spese per l'abbigliamento **426**
CAPITOLO 15 **Alla salute!** 440	• Identify parts of the body and discuss health and wellness issues • Describe ailments and give and follow health-related advice • Express opinions on health and environmental issues	• Percorso I • Percorso II • Percorso III	Il corpo e la salute **441** Dal medico **447** L'ambiente e le nuove tecnologie **456**
CAPITOLO 16 **Gli italiani di oggi** 472	• Discuss italian politics and Italy's role in the European Union • Talk about contemporary Italian society • Talk about Italian people around the world	• Percorso I • Percorso II • Percorso III	Il governo italiano e gli altri Paesi **473** I nuovi italiani **482** La presenza italiana nel mondo **490**

APPENDICES: • Appendix A, Verb Charts   • Appendix B, Vocabolario italiano-inglese

GRAMMATICAL EXPANSION: **Ancora un po'**
A presentation of the following structures and related exercises is found in the Student Activities Manual.

- The past conditional
- The pluperfect subjunctive
- Conjunctions that require the subjunctive

- *If* sentences of improbability (e.g., **Se fossi andato, lo avresti capito.**)
- Other uses of **ci** and **ne**
- Other uses of the subjunctive

Preface

PERCORSI: L'Italia attraverso la lingua e la cultura, Second Edition

Percorsi is an introductory program that promotes the acquisition of Italian language and culture through the integration of the "5 C's" principles of the National Standards for Foreign Language Education. *Percorsi* is designed to provide beginning learners with a variety of tools to develop their communicative competence in the four major language skills—listening, speaking, reading, and writing—as they acquire familiarity with Italian culture. All of the features in *Percorsi* have been carefully thought out to support the two key aspects of the language acquisition process: language comprehension and language production.

From the start, carefully structured **communicative** activities based on authentic materials and texts encourage students to use Italian in everyday situations. Generous use of authentic content also offers students a chance to develop reading skills while gaining cultural awareness and understanding of Italian **communities** and traditions throughout the world. In addition, each chapter explicitly promotes **cultural** exploration through illustrated presentations that are followed by activities facilitating comprehension and highlighting cultural **comparisons**. Students are encouraged to analyze and compare extremely varied aspects of Italian culture while making **connections** to their own experiences.

Communicative activities that have real-world relevance are at the heart of the *Percorsi* program. Within culturally authentic contexts, role-plays, pair, and group work provide students with numerous opportunities to interact in Italian with other learners. Authentic materials, such as advertisements, brochures, and newspaper and magazine articles, provide extensive exposure to contemporary Italian language and culture. The exercises and activities, together with the cultural presentations, are organized using the three modes of communication: interpersonal, interpretive, and presentational. The communicative activities offer ample opportunity for students to practice interpersonal skills. The listening exercises, together with the numerous realia- and reading-based activities, facilitate practice in the interpretive mode. Writing tasks and strategies, along with activities in which students are asked to report to the class, provide a variety of tools for practice in the presentational mode.

What's New in This Edition?

1. **Increased focus on learner strategies and a process orientation to skills development.** A new *Parliamo* section devoted to speaking complements existing skill-based sections devoted to reading, writing, and listening/ viewing. *Parliamo* introduces students to a specific speaking strategy, then leads them through carefully sequenced activities that prepare them to carry out an assigned task, converse, and follow up appropriately. Together, the *Parliamo, Leggiamo, Scriviamo,* and *Guardiamo* sections comprise the chapter wrap-up section, now entitled *In pratica.* Through the process approach to development of the four skills, students gain confidence as they learn to carry out a wide variety of communicative tasks.

2. **New and revised skill-building activities.** Existing skill-based sections have been replaced or updated with substantial new content and practical, realistic new tasks and activities:
   - Seven of the *Leggiamo* readings are new or have been significantly revised; these include chapter-related advertisements of a practical nature and journalistic prose texts.
   - Nine of the *Scriviamo* writing assignments have been revised or replaced to emphasize real-life tasks and contemporary contexts.
3. **New, updated, and revised cultural notes.** The *Lo sai che... ?* cultural notes throughout *Percorsi* have been revised or replaced to reflect contemporary cultural realities.
4. **Updated *In contesto* dialogues.** The majority of the *In contesto* dialogues have been revised to achieve a lighter tone, a more streamlined approach, and an often humorous focus.
5. **More pervasive regional emphasis throughout the chapters.** More consistent integration of the regional focus—at the heart of each chapter's *Attraverso...* section—is now achieved through relevant texts, illustrations, and cultural notes.
6. **Enhanced use of Italian.** Beginning in Capitolo 5, all *Attraverso* cultural presentations are written entirely in Italian.
7. **New design and art.** A completely new design enhances the contemporary focus and visual appeal of *Percorsi* while increasing user friendliness.
8. **Richer MyItalianLab, including a fully integrated etext.**

Outstanding features of the *Percorsi* program include:

- **Thoughtful integration of the chapter topics, vocabulary, and functionally sequenced grammar within a supporting cultural framework.** This integration is enhanced by *Percorsi*'s cyclical Scope and Sequence, which emphasizes the recycling of vocabulary and structures taught in previous chapters; students are given ample opportunity to learn the material gradually and thoroughly. The focus is on helping them to understand and speak Italian in a variety of settings with increasing accuracy and at expanding levels of sophistication. The clear and manageable grammar presentations complement this focus.

- **Adaptability to different course structures and teaching needs.** As the title indicates, *Percorsi* is a rich, highly flexible program that provides instructors and learners with many pathways, or options. Instructors can emphasize the features most suited to their courses and students, and they can choose from a wide array of supplementary materials. They also have flexibility in deciding how to work with the various chapter elements. The teaching of grammar, for example, can be done inductively, through integration of grammar into the overall *Percorso* thematic content, or through more traditional work with the *Grammatica* sections. Instructors can also decide how much emphasis to give to the presentation of grammar, since much of the presentation and related practice can be assigned as homework.

- **A concise, functionally organized grammar presentation.** *Percorsi* offers this presentation enhanced by a cyclical syllabus. New structures are introduced visually through captioned illustrations, photos, or realia at the beginning of each *Percorso*, then embodied in the *In contesto* language samples. In turn, the *Occhio alla lingua!* questions encourage students to analyze inductively or to review the *Percorso*'s linguistic input. The streamlined grammar explanations that follow present structures in the context of communicative needs.

■ **A well-constructed process approach to skill development.** Students are provided with a well-thought-out framework for carrying out authentic speaking, reading, writing, and viewing tasks. Pre-speaking, reading, writing, and viewing activities provide advance preparation for these sections. Students are then guided as they carry out the assignment, and encouraged through appropriate follow-up. This process approach helps students gain confidence in carrying out highly varied tasks in Italian.

■ **An outstanding video filmed in Italy to accompany the textbook.** Through a series of unscripted interviews, the video introduces an engaging cast of Italian speakers who talk about high-interest topics related to each chapter, including their families, work, and leisure activities. Richly authentic cultural footage accompanies each interview segment.

■ **Rich annotations for the instructor.** Extensive annotations provide suggestions for presentation of new vocabulary and grammar, background information, and ideas for expansion and enrichment activities. The annotations also include the scripts for listening activities and answers for the exercises.

Chapter Organization

Percorsi includes 16 chapters preceded by a short Capitolo preliminare, which introduces the Italian language, gives an overview of the Italian regions, and introduces basic classroom vocabulary. The individual chapters include three main components: the three *Percorso* sections, *In practica*, and *Attraverso...* There is also an end-of-chapter *Vocabolario* section.

PERCORSO I, II, III

Each *Percorso* develops within a cultural framework an aspect of the chapter theme, presenting and practicing vocabulary essential for communicating about the topic along with related grammar structures. The three *Percorso* include the following components:

VOCABOLARIO

Key vocabulary is presented primarily through photos, artwork, realia, and assorted language samples. The related exercises and activities reinforce new vocabulary as well as reviewing and recycling thematic vocabulary from other chapters. The vocabulary presentation is complemented by the following elements:

■ *Così si dice* boxes are used to present very briefly a grammar or linguistic structure necessary for communicating about a given topic. Key grammar points appearing in *Così si dice* are subsequently treated in depth in later chapters.

■ *In contesto* includes a brief conversation, recorded on the text audio program, or a short authentic text, such as an e-mail, that draws together in an interesting, contextualized way the *Percorso*'s theme, vocabulary, and grammar structures.

■ *Occhio alla lingua!* encourages students to examine the *Percorso*'s linguistic input featured in the *Vocabolario* and *In contesto* sections in order to review or discover inductively new grammar points.

■ *Lo sai che...?* boxes provide illustrated cultural information relevant to the *Percorso* and encourage students to think analytically about both Italian culture and their own.

GRAMMATICA

Grammatical structures are presented concisely in English. They are enhanced by numerous examples and well-designed charts. Carefully sequenced related exercises provide practice within meaningful contexts, reinforcing the chapter theme and vocabulary. Each *Percorso* includes one listening activity recorded on the audio program that accompanies the text.

Percorsi includes the essential points of Italian grammar for an introductory course. For those who wish to provide a complete presentation of Italian grammar, a supplementary chapter is included in the Student Activities Manual that includes topics and tenses not presented in the textbook itself.

SCAMBI

Scambi is the wrap-up section that appears at the end of each *Percorso*. The thematically oriented *Scambi* activities have an interactive focus and encourage creative yet relevant use of new *Percorso* vocabulary and grammar structures.

IN PRATICA

This section, which follows the three *Percorsi*, provides in-depth exploration of the chapter theme from varied perspectives while promoting development of the four skills via the process approach.

■ *Parliamo* sections begin with *Strategie per parlare* that target specific speaking strategies. In turn, a three-step process guides students through an assigned speaking task that draws and expands upon chapter themes and content within a real-life context. Pre-speaking activities prepare students to carry out the assigned task; a framework for the actual speaking assignment provides ongoing practical guidance; a wrap-up section encourages thoughtful follow-up.

■ *Leggiamo* is based on an authentic, thematically appropriate reading text. This section begins with a reading strategy and then guides students through pre-reading preparation, the actual reading task, including application of the strategy, and post-reading work. The post-reading activities check comprehension at different levels and encourage students to use critical-thinking skills and make inferences. In the second half of the book, many of the readings are literary selections.

■ *Scriviamo* begins with a specific strategy and related pre-writing preparation. A framework for carrying out the actual writing task is then provided, along with suggestions for appropriate follow-up. The *Scriviamo* activities give students opportunities to practice writing for diverse practical and academic purposes. The writing topics draw upon the chapter themes, vocabulary, and grammatical structures.

■ *Guardiamo* guides students as they view chapter-related clips from the *Percorsi* video and starts with the introduction of an initial comprehension strategy and pre-viewing preparation. In turn, relevant activities assist students during viewing, and follow-up work checks comprehension and encourages reflection. This approach helps students improve their listening skills, become sensitive to visual clues, including facial expressions and body language common to Italians when speaking, and develop increased cultural awareness.

ATTRAVERSO...

This beautiful section provides a concise regionally based overview of Italian art and architecture along with related historical, geographic, and economic information. Beautiful photos expose students to Italy's rich cultural heritage and stunning landscapes, towns, and cities. The brief introductions are in English through Capitolo 4, and starting with the first chapter, the informative photo captions are in simple Italian so that students can begin immediately to learn about Italy's regions in the target language. Related exercises and activities check comprehension and encourage students to make inferences and cross-cultural comparisons.

VOCABOLARIO

Each chapter concludes with a list of the chapter's active vocabulary that has been presented in the three *Percorsi*. This section is recorded on MyItalianLab to help students master pronunciation of each word and expression.

Program Components

INSTRUCTOR RESOURCES

Annotated Instructor's Edition

This version of the textbook is a wonderful resource for both seasoned and novice instructors. The annotations offer detailed suggestions for presentation of new material and creative use of the exercises and activities, including options for variations and expansion. Answers for exercises and activities are also provided where appropriate. The audio transcription for the listening activities is included as well.

Instructor's Resource Manual

This manual provides sample syllabi and lesson plans for two- and three-term sequences as well as additional teaching tips. The IRM also provides the scripts for the listening-comprehension activities within the Student Activities Manual and the interview video transcript. This is available in a downloadable electronic format (on the IRC and in MyItalianLab).

Testing Program

By adopting a "modular" approach, the Testing Program allows for maximum flexibility. Each chapter of the Testing Program consists of a bank of customizable quiz activities closely coordinated with the vocabulary and grammar presented in the corresponding chapter of the textbook. These quiz activities primarily elicit discrete answers. In addition, a highly flexible testing program provides two types of tests for each chapter—one that solicits more open-ended answers and one that elicits more discrete answers. This is available in electronic formats (on the IRC and in MyItalianLab, which allows instructors to customize the tests more easily), including chapter tests and comprehensive examinations that test listening, reading, and writing skills, as well as cultural knowledge.

Audio CD for the Testing Program

All audio recordings for the listening comprehension activities in the Testing Program are available on CD and in MyItalianLab.

Image Resource Bank

MyItalianLab contains labeled and unlabeled versions of all of the line art images from the textbook. Instructors will be able to incorporate these images into presentation slides, worksheets, and transparencies, as well as find many other creative uses for them.

STUDENT RESOURCES

Audio CD for the Text

Each chapter's *In contesto* dialogues and listening activities are available on CD. and in the Companion Website (*http://www.pearsonhighered.com/percorsi*). In addition, these recordings as well as premium audio content are available in MyItalianLab.

Student Activities Manual (SAM)

The Student Activities Manual provides complete coordination with the structure and approach of the *Percorsi* text and offers an ample variety of written and listening activities correlated to the topics and grammar components presented in each of the textbook chapters. The traditional workbook exercises provide meaningful practice of the vocabulary and grammar structures introduced in each chapter, as well as practice in reading comprehension and writing skills. The audio exercises are integrated within each chapter and provide listening practice based on authentic speech and real-life situations. The video activities, also integrated within each chapter, complement the activities in the *Guardiamo* section of the textbook. These exercises offer students the ability to expand their understanding of the plot of the video segments while making connections between their own lives and the lives of the characters.

Audio CDs for the Student Activities Manual

All audio recordings for the listening comprehension activities included in the SAM are available on CD, in MyItalianLab, and on the Companion Website (*http://www.pearsonhighered.com/percorsi*).

Answer Key for the Student Activities Manual

This provides answers to all activities in the Student Activities Manual.

Video Program for *Percorsi*

The *Percorsi* video, filmed specifically to accompany the textbook, helps bring Italy to the classroom. Through a series of unscripted interviews, the video introduces an engaging cast of Italian speakers who converse on high-interest themes from the text. These include their families, work and leisure activities, and their experiences. Engaging and authentic cultural footage accompanies each interview segment. The video is also available on DVD and in MyItalianLab.

ONLINE RESOURCES

Companion Website (CW)

The Companion Website, located at www.pearsonhighered.com/percorsi, is organized by chapter and offers links for web-based activities for language and cultural learning, and the in-text and SAM audio programs.

myitalianlab

MyItalianLab is a new online learning system created specifically for students in college-level language courses. It brings together—in one convenient, easily navigable site—a wide array of language-learning tools and resources, including an interactive version of the *Percorsi* Student Activities Manual and all materials from the *Percorsi* audio. The audio also includes end-of-chapter vocabulary and video programs. Readiness checks and English grammar tutorials personalize instruction to meet the unique needs of individual students. Instructors can use the system to make assignments, set grading parameters, listen to student-created audio recordings, and provide feedback on student work. Instructor access is provided at no charge. Students can purchase access codes online or at their local bookstore.

Instructor's Resource Center (IRC)

The IRC located on www.pearsonhighered.com provides instructors access to an electronic version of the printed instructor resources. This material is available electronically for downloading.

Acknowledgments

We would like to express our deep appreciation to all the people at Pearson Prentice Hall who so generously devoted their time and energy to this project. We are especially grateful to Rachel McCoy, Executive Acquisitions Editor, for her unfailing enthusiasm and endless efforts to make this program a success, and to Phil Miller, Publisher for World Languages, for his continual encouragement from the very early stages. We would also like to express our thanks to Noha Amer Mahmoud, Editorial Assistant; Mary Rottino, Senior Managing Editor for Product Development; Nancy Stevenson, Senior Production Editor; Meriel Martìnez, Media Editor; Melissa Marolla Brown, Development Editor for Assessment; and Samantha Alducin, Senior Media Editor, and Bob Hemmer, Executive Editor, MyLanguageLabs, for their guidance in creating the robust MyItalianLab. Our thanks go as well to Bill Bliss, Marketing Coordinator, and Kris Ellis-Levy, Executive Marketing Manager, for their assistance in providing promotional materials to the field. For the production of the video, special thanks go to Jane Pittman, who embraced the project with such great enthusiasm and dedication. Special thanks go to Lynn L. Westwater for her efforts in the early stages of development, and to Barbara Lyons for her ongoing guidance and devotion—this book would never have been possible without her. We are especially grateful to Antonella Giglio for her meticulous work on the text permissions and for proofreading the final pages of *Percorsi*.

We appreciate the superb contributions that many talented instructors have made to enrich the *Percorsi* program: Cecilia Boggio in revising the SAM; to Barbara Alfano who has updated the IRM; and Alessia Blad and Patrick Vivirito who have revised the Testing Program.

Francesca would like to thank all her colleagues and friends at USC for their continuous support and encouragement. She would like to express her deep appreciation to Richard Collins, Alessio Filippi, Caterina Crisci, Paolo Matteucci, Sabrina Ovan, Federica Santini, Cecilia Boggio, and Cristina Villa for all their valuable comments and suggestions; and to all her USC students, to whom this book is dedicated, for their invaluable feedback on the content of *Percorsi*. Special thanks go to Dan Bayer for always being there to listen; and to her best friend, Day Jones, for always finding the time to help and advise.

Irene is particularly grateful for all her colleagues and friends in Italy, especially those whose names appear at the end of the video, who offered their time and opened their houses during the production of the video: Their generosity, imagination, and inventiveness will never be forgotten. She also wishes to express her gratitude in particular to her husband, Professor Luigi Fontanella, and her friend Tina Pelosi for their assistance, patience, and precious suggestions throughout the whole project. Irene dedicates *Percorsi* to her daughters, Arianna and Olivia, for their love for Italy and all that is Italian.

Francesca Italiano   Irene Marchegiani

Finally, we would like to thank the following colleagues for reviewing the manuscript and always offering valuable suggestions:

Reviewers

Bettina Amato—*Grosse Pointe South High School, MI*
Karen Abbondanza de la Motte—*Belmont Abbey College*

Alessandra Garolla Androue—*The George Washington University, DC*
Ralph Annina—*Bradford High School, WI*
Isla Arcaro—*Marmion Academy, IL*

Maurizio Cerulo Balestra—*Arthur L. Johnson High School, NJ*

Alessia Blad—*University of Notre Dame, IN*

Bruna P. Boyle—*Narragansett High School, RI*

Dolores Bradley—*Maine West High School, IL*

Lea Brunetti—*Garden City Public Schools, NY*

Antonina Campisciano—*Prospect High School, IL*

Francesca Casaccio—*Fenwick High School, IL*

Giuseppe Cavatorta—*University of Arizona*

Nadia Ceccacci—*University of Oregon*

Gary P. Cestaro—*DePaul University*

Mariastella Cocchiara—*Melrose Public Schools, MA*

Tina Corraro—*Notre Dame High School, CT*

Priscilla Craven—*University of Colorado*

Giuseppe Faustini—*Skidmore College*

Marina de Fazio—*University of Kansas*

Andrea Fedi—*The State University of New York, Stony Brook*

Luigi G. Ferri—*University of Central Florida, Orlando*

Terri Frongia—*Santa Rosa Junior College, CA*

Stefano Giannini—*Syracuse University, NY*

John Giavatto—*Georgian Court University, NJ*

Fabio Girelli-Carasi—*Brooklyn College*

Dave Henderson—*Santa Rosa Junior College, CA*

Lina Insana—*University of Pittsburgh*

Debra Karr—*University of Kansas*

Madeleine Kernen—*Missouri State University*

Jason Laine—*Pennsylvania State University*

Rita Leonardi—*Brien McMahon High School, CT*

Cristina Mazzoni—*University of Vermont*

Shirley Melston—*Niagara County Community College*

Cosimo Mazzaferro—*Felix Festa Middle School, NY*

Noreen Storino Moore—*Fenwick High School, IL*

Olga M. Muñiz—*Hillsdale College*

Doreen Murphy—*Commack High School, NY*

Cinzia D. Noble—*Brigham Young University*

Elisabeth Patterson—*Highland Park High School, IL*

Sabina Perrino—*University of Michigan, Ann Arbor*

Teresa Picarazzi—*The Hopkins School, CT*

Christen Picicci—*Colorado State University*

Joseph M. Poma—*Vineland City Public Schools, NJ*

Giuliana Risso-Robberto—*Loyola University, MD*

Rosalie Romano—*St. Peter's Preparatory High School, NJ*

Colleen Ryan-Scheutz—*Indiana University*

Riccarda Saggese—*University of Delaware*

Antonella Servant—*Coventry High School, RI*

Mariagrazia Spina—*University of Central Florida*

Barbara Spinella—*Columbia University*

Elissa Tognozzi—*University of California, Los Angeles*

Ida Giampietro Wilder—*Greece Athena High School, NY*

Iva Youkilis—*University of Washington in St. Louis*

Focus Group Participants

Michela di Bella—*Italian Community Center; Poway Adult Education*

Marina Bezzati—*Grant Elementary School*

Laura Bianconcini—*University of California, San Diego Extension; Italian Community Center*

Barbara Bird—*University of Wisconsin, Madison*

Francesco Bonavita—*Kean University*

Maria Bonavita—*Wagner College*

Antonello Borra—*University of Vermont*

Rossella Broglia—*Italian Community Center*

Serena Camozzo—*University of California, San Diego; Italian Community Center*

Chiara Carnelos—*University of California, San Diego; Italian Community Center*

Daniela Cavallero—*DePaul University*

Clarissa Clo—*San Diego State University*

Monica Ercolani—*University of Houston*

Patrizia Farina—*Purchase College; Western Connecticut State University*

Teresa Fiore—*California State University, Long Beach*

Luigi Fontanella—*State University of New York, Stony Brook*

Graziella Spinelli—*San Diego State University*

Beatrice Hepp—*University of San Diego*

Alexandra Hirsch—*Mesa College*

Vincenzo Melilli—*Fordham University*

Marcia Melo—*University of California, San Diego*

Frank Nuessel—*University of Louisville*

Angela Pantaleone—*Cima-SDHEC*

Cristina Pausini—*Wellesley College*

Maria Paynter—*Hunter College*

Gregory Pell—*Hofstra University*

Joseph Perricone—*Fordham University*

Luca dal Pubel—*Italian Community Center, San Diego*

Alicia Ramos—*Hunter College*

Mary Refling—*Fordham University*

Louise Rozier—*University of Arkansas*

Rosamaria Ruggeri—*San Diego State University*

Marina Schroeder—*San Diego State University*

Patricia Di Silvio—*Tufts University*

Giovanna Summerfiend—*Auburn University*

Josephine Sylvers—*San Diego State University*

Hoang Truag—*University of California, Los Angeles*

Lori Ultsch—*Hofstra University*

Pasquale Verdicchio—*University of California, San Diego*

Robin Worth—*University of Wisconsin, Madison*

Il Colosseo

Percorso I: Italian Pronunciation and Spelling: The Italian Alphabet
Percorso II: Useful Expressions for Keeping a Conversation Going
Attraverso: La penisola italiana

In this chapter you will learn how to:

◆ Pronounce and spell Italian words

◆ Keep a conversation going

Percorso I
Italian Pronunciation and Spelling: The Italian Alphabet

"Ecco alcuni Yankee d'Italia"

FRIULI-VENEZIA GIULIA
Roy Jacuzzi (inventore)

LOMBARDIA
Lawrence Ferlinghetti (poeta)
Joe Venuti (musicista)
Andrew Viterbi (ingegnere)

EMILIA-ROMAGNA
Peter Kolosimo (scrittore)

ABRUZZO
Perry Como (cantante)
Pascal D'Angelo (scrittore)
Joseph La Palombara (politologo)
Madonna (cantante)
Henry Mancini (musicista)
Rocky Marciano (pugile)

LIGURIA
Amadeo Giannini (banchiere)

MOLISE
Robert De Niro (attore)
Dean Martin (cantante)

BASILICATA
Francis Ford Coppola (regista)
Nicolas Cage (attore)

SARDEGNA
Franco Columbu (culturista)

PUGLIA
Brian De Palma (regista)
Sylvester Stallone (attore)
John Turturro (regista)
Rodolfo Valentino (attore)

SICILIA
Frank Capra (regista)
Chick Corea (musicista)
Joe Di Maggio (sportivo)
Bon Jovi (musicista)
Jake La Motta (pugile)
Al Pacino (attore)
Antonino Scalia (giudice)
Martin Scorsese (regista)
Frank Sinatra (cantante)
Frank Zappa (musicista)

CAMPANIA
Mario Cuomo (politico)
Geraldine Ferraro (politico)
Jay Leno (conduttore TV)
Mario Puzo (scrittore)
Bruce Springsteen (musicista)

CALABRIA
Danny DeVito (attore)
Connie Francis (cantante)
Leon Panetta (politico)
George Pataki (politico)

P.1 Che parole italiane sai già? List the Italian words you already know in the following categories.

1. food
2. music
3. art
4. other

P.2 Cosa sai dell'Italia? Do you know any Italian regions or cities? How about famous people of Italian origin?

Occhio alla lingua!

1. What do you notice about the sounds and the corresponding spelling of Italian words?
2. What do you notice about the endings of Italian words?
3. What do you notice about how vowels are pronounced?

Così si dice The Italian alphabet: Pronunciation

Italian is easy to pronounce because it is a phonetic language, which means that it is pronounced the way it is written. Italian and English use the Latin alphabet, but the sound of many letters differ in the two languages. Once you become familiar with the sounds of the Italian alphabet, you will have no trouble spelling Italian words and pronouncing them correctly.

The Italian alphabet has twenty-one letters. In addition, the letters *j, k, w, x,* and *y* are used in words of foreign origin. Every letter in Italian is pronounced except *h*. Below is the complete alphabet and a key to pronouncing it.

The Italian alphabet. Repeat each letter after the speaker.

a	*a*		n	*enne*
b	*bi*		o	*o*
c	*ci*		p	*pi*
d	*di*		q	*cu*
e	*e*		r	*erre*
f	*effe*		s	*esse*
g	*gi*		t	*ti*
h	*acca*		u	*u*
i	*i*		v	*vu*
l	*elle*		z	*zeta*
m	*emme*			

j (*i lunga*)   k (*kappa*)   w (*doppia vu*)   x (*ics*)   y (*i greca* or *ipsilon*)

 P.3 Le regioni italiane. Look at the regional map of Italy opposite the inside front cover of this book and locate the following regions. Repeat the name of each region.

1. Piemonte
2. Lombardia
3. Emilia-Romagna
4. Marche
5. Lazio
6. Abruzzo
7. Puglia
8. Sicilia
9. Sardegna

Lo sai che? | The Italian language

Italian is a Romance language. Like the other Romance languages—French, Spanish, Portuguese, and Romanian—it derives from Latin, the language of the ancient Romans.

The Italian language is based on the dialect spoken in Tuscany and in particular, in Florence. This historical development can be traced back to the cultural and political importance of Florence and all of Tuscany in the 1300s. Tuscan writers, such as Dante, Petrarch, and Boccaccio, wrote some of their most illustrious works in the Tuscan-Florentine idiom, giving this particular dialect prominence and prestige.

The Florentine poet Dante Alighieri wrote his greatest work, *La Divina Commedia,* in his dialect. This work became the linguistic model for all the writers who followed him who chose not to write in Latin. Because of this, Dante is considered the father of the Italian language.

Italian is the official language of Italy, but it is also spoken in southern Switzerland, in parts of Croatia, and in parts of the French territories of Corsica and Savoy. In addition to standard Italian, many Italians speak the dialect of their region or city, which can differ in significant ways from the official language. In Italy, there are also a number of linguistic and ethnic minorities who still speak their own language as well as Italian.

Painting of Dante Alighieri explaining *The Divine Comedy* (1465) by Domenico di Michelino, Florence, Duomo Santa Maria del Fiore

🔊 Le vocali

Italian has five basic vowel sounds: *a, e, i, o,* and *u.* Italian vowels are always pronounced with short, clear-cut sounds; they are never glided or elongated as in English. The vowels *e* and *o* have open and closed sounds, which can vary in different words. These sounds can also change from region to region.

Repeat each vowel and the related words.

a (*father*)	data	male	sta
e (*day*)	mese	e	sera (*closed e*)
e (*pet*)	bene	neo	sei (*open e*)
i (*machine*)	libro	grazie	italiano
o (*cold*)	nome	come	giorno (*closed o*)
o (*soft*)	buono	notte	nove (*open o*)
u (*rule*)	uno	tu	lunedì

Lo sai che? | Spelling in Italian

Italians use the names of major cities to spell their surnames. For example, to spell the last name **Boggio,** they would say: **Bologna, Otranto, Genova, Genova, Imola, Otranto.** You can use the following cities and words to spell your name in Italian.

A	Ancona	**H**	Hotel	**Q**	Quadro		Foreign letters can be expressed as:
B	Bologna	**I**	Imola	**R**	Roma		
C	Caserta	**L**	Livorno	**S**	Siena	**J**	Jeans
D	Domodossola	**M**	Milano	**T**	Torino	**K**	Kaiser
E	Empoli	**N**	Napoli	**U**	Udine	**W**	Washington
F	Firenze	**O**	Otranto	**V**	Venezia	**X**	Xilofono
G	Genova	**P**	Perugia	**Z**	Zara	**Y**	York

P.4 E adesso le città italiane. Now look at the regional maps inside the back cover of this book and locate these Italian cities as you repeat their names.

1. Asti
2. Arezzo
3. Assisi
4. L'Aquila
5. Agrigento
6. Ostia
7. Urbino
8. Nuoro
9. Brindisi
10. Siracusa
11. Reggio Calabria
12. Trieste
13. Cosenza
14. Sassari

Le consonanti

Many consonants in Italian are pronounced as in English, except that they are never aspirated, that is, never pronounced with a puff of air. Only a few consonants and some consonant combinations need particular attention.

1. The consonants *c* and *g* have a hard, guttural sound, when they precede the vowels *a, o,* and *u.* The *c* is equivalent to the English *call* and the *g* to the English *go.*

calendario	come	amico	acuto
gatto	agosto	guida	auguri

2. The letters *c* and *g* have a soft sound when they precede the vowels *e* and *i.* The *c* is equivalent to the English *church* and the *g* to the English *gentle.*

cena	piacere	ciao	cinese
gennaio	gelato	giorno	oggi

3. *Ch* and *gh* have a hard, guttural sound and are pronounced like the English *c* in *cat* and the *g* in *ghost.*

chi	chiami	Michelangelo	cherubino
ghetto	luoghi	spaghetti	ghirlanda

4. *Gli* is pronounced almost like the English *lli* in *million.*

luglio	foglio	famiglia	ciglio

5. *Gn* is somewhat similar to the English *ny* in *canyon.*

cognome	compagna	lasagne	spagnolo

Le consonanti doppie

In contrast to single consonants, double consonants are pronounced more forcefully and the sound is longer than a single consonant. Compare the sounds of the following words as you repeat them.

camino / cammino	casa / cassa
pena / penna	bruto / brutto
pala / palla	sono / sonno
speso / spesso	tuta / tutta

 L'accento tonico

1. Most Italian words are stressed on the next-to-the-last syllable.

studen**tes**sa la**va**gna ca**pi**to par**la**re stu**dia**re

2. If the stress falls on the last vowel, there is usually a written accent.

città università nazionalità caffè tiramisù

3. Some words, however, are stressed on the third syllable from the last and a few on the fourth syllable from the last. Only consulting a dictionary will clarify where the stress falls.

ri**pe**tere **nu**mero si**gni**fica te**le**fono
abitano te**le**fonano di**cia**moglielo

4. Some one-syllable words have a written accent to distinguish them from words that are spelled and pronounced the same but have a different meaning.

e (*and*)	è (*is*)	da (*from*)	dà (*gives*)
la (*the*)	là (*there*)	li (*them*)	lì (*there*)
se (*if*)	sé (*self*)	si (*oneself*)	sì (*yes*)

P.5 Le regioni e i capoluoghi. Take turns looking at the regional map of Italy opposite the inside front cover of this book and filling in the names of the missing regions on the map on page 1 of this chapter. Write also the name of the capital (**capoluogo**) of each region (**regione**).

P.6 Come si scrive? How would you spell your name in Italian? Look at the list on page 3 for the names of important cities you can use.

Lo sai che? The Italian peninsula

An aerial view of the Italian peninsula and the European continent

The Italian peninsula is easily recognizable because of its characteristic boot shape. Italy is divided into twenty regions, each one with its own capital. Rome is the capital **(capitale)** of the nation. The two major islands are Sardinia and Sicily, but there are many other smaller islands along the Italian coast: Capri, Ischia, Elba, and the Eolie are among the most famous. There are also two independent states within Italy: Vatican City and the Republic of San Marino.

P.7 Geografia. Take turns looking at the regional map of Italy opposite the inside front cover and completing the map on page 1 of this chapter with the following information. Help your partner write unfamiliar words by spelling them in Italian.

1. The seas that surround Italy
2. The nation's capital
3. Two major chains of mountains
4. Two important rivers

 P.8 Dove sono? Take turns locating the following cities and islands on the three maps inside the back cover of this book and indicating in which part of Italy (**nord, centro, sud**) and/or region they can be found.

1. Mantova
2. Siena
3. Parma
4. Agrigento
5. Pescara
6. Reggio Calabria
7. Pompei
8. Potenza
9. Verona
10. Cagliari
11. Isole Eolie
12. Elba
13. Capri

 P.9 Chi è? Take turns guessing who each of the following people is, finding him or her on the map on page 1, and spelling the name in Italian. Don't forget to use the names of important Italian cities to clarify sounds and letters.

1. Lombardia: un poeta
2. Puglia: un regista
3. Lombardia: un musicista
4. Calabria: una cantante
5. Campania: un politico
6. Sicilia: uno sportivo
7. Basilicata: un attore
8. Molise: un attore

Parmigiano Reggiano is only made in Italy and only in the provinces of Parma, Reggio Emilia, Modena, and in certain areas in the provinces of Bologna and Mantua. "Parmigiano-Reggiano DOP" (denominazione di origine protetta) will always be stamped in the rind.

Percorso II
Useful Expressions for Keeping a Conversation Going

 Per conversare

Now that you have a better understanding of Italian sounds and letters, you're ready to start speaking Italian. The following expressions will help you keep a conversation going. Repeat each expression.

Non capisco.	*I don't understand.*
Non lo so.	*I don't know.*
Che significa... ?	*What does . . . mean?*
Che vuol dire... ?	*What does . . . mean?*
Come si dice... ?	*How do you say . . . ?*
Come si pronuncia... ?	*How do you pronounce . . . ?*
Come si scrive... ?	*How do you write . . . ?*
Ripeta, per favore.	*Please repeat. (polite)*
Ripeti, per favore.	*Please repeat. (informal)*

 Espressioni in classe

Learning the following expressions will help you understand your instructor's and classmates' instructions in class. Repeat each expression.

Aprite il libro, per favore.	*Open your books, please.*
Ascoltate.	*Listen.*
Bene! Benissimo!	*Good! Very good!*
Capite?	*Do you understand?*
Chiudete il libro.	*Close your books.*
Come?	*What?*
Domandate...	*Ask . . .*
Indovinate...	*Guess . . .*
Leggete.	*Read.*
Prendete un foglio di carta.	*Get a piece of paper.*
Ripetete.	*Repeat.*
Rispondete.	*Answer.*
Scrivete.	*Write.*
Studiate.	*Study.*
Trovate...	*Find . . .*

P.10 Che cosa diresti tu? What would you say in the following situations?

1. You didn't hear what the teacher said.
2. You want to know what **regione** means.
3. You didn't understand something the teacher said.
4. You want to know how to say *river* in Italian.
5. You want to know how to spell **montagna** in Italian.
6. You don't know the answer to something.
7. You want to know what **mare** means.
8. You want to know how to pronounce **Alpi**.

Così si dice   Cognates

Your understanding of Italian will be enhanced by learning to recognize and use cognates. Cognates are words that look similar in different languages and have a similar meaning. Since in both English and Italian there are many words that derive from Latin and Greek, there are many cognates, and you will be able to understand numerous Italian words by using your knowledge of English.

Can you guess what the following words mean in English?

attenzione	matematica
attore	montagna
automobile	musica
biologia	nazionalità
calendario	nazione
città	professore
conversazione	regione
dizionario	studente
dottore	televisione
espressione	università
ingegnere	vocabolario

■ ATTRAVERSO LA PENISOLA ITALIANA

L'Italia e gli italiani

The terrain of the Italian peninsula is as diverse as the many different regions that it encompasses. Traditions, customs, architecture, dialects, cuisine, and even the physical appearance of its inhabitants differ from one region to another. Each region reflects the varied historical events that over the centuries helped shape Italy as a country and give it its unique character.

Italy became a nation-state in 1861. The various states of the peninsula and the islands of Sicily and Sardinia were united at that time under King Victor Emmanuel II, but it was only in 1870 that the final phase of unification took place. Even after more than a century and a half of unification, Italians have remained very attached to their own cities and regions. Interesting regional differences are still noticeable; this is an aspect of Italian culture that makes the country distinctive and fascinating.

The Italian Peninsula in Numbers

Population: 60,000,000

Area: 301,230 sq km

Coastline: 7,600 km

Regions: 20

The largest region: Sicily

The smallest region: Valle d'Aosta

The most populated region: Lombardia

Caltagirone, Sicilia

Gran Paradiso, Valle d'Aosta

Lago Maggiore, Lombardia

VERIFICHIAMO

P.11 Cosa sai dell'Italia? Which of the following statements are true?

1. Italy is about as large as California.
2. The Italian language varies from region to region.
3. Italy became a nation in 1920.
4. There are many beautiful beaches in Italy.
5. Sicily is its most populated region.
6. Lombardy is the largest region in Italy.
7. Italy used to be a monarchy.
8. Italy is a relatively young nation.
9. Valle d'Aosta is a region in Italy.
10. Sardinia is part of the Italian nation.
11. Italy is a culturally homogeneous country.
12. Italy is a mountainous country.
13. The Italian flag is similar to the American flag.
14. Italians are very proud of their cities.

P.12 Conosci l'Italia? Which Italian cities and regions do you associate with the following scenes? Explain your answers.

1.

2.

Giovani ragazzi
in piazza

Percorso I: Ciao, sono...
Percorso II: Le date, i giorni e i mesi
Percorso III: Informazioni personali
In pratica
Attraverso: Il Piemonte

In this chapter you will learn how to:

◆ Greet people and make introductions

◆ Express dates

◆ Count from 1 to 100

◆ Exchange personal information

PERCORSO I ■ undici **11**

Percorso I
Ciao, sono...

VOCABOLARIO

🔊 Buongiorno! Come si chiama?

SIGNOR BIANCHI:	Buongiorno, Signora. Come va?
SIGNORA:	Molto bene, grazie. E Lei?
SIGNOR BIANCHI:	Bene, grazie.
SIGNORA:	Signor Bianchi, Le presento il professor Crivelli.
SIGNOR BIANCHI:	Piacere, professore. Come si chiama?
PROFESSOR CRIVELLI:	Mi chiamo Daniele, Daniele Crivelli.
SIGNORA:	Oh! È tardi. Devo andare. Arrivederci!

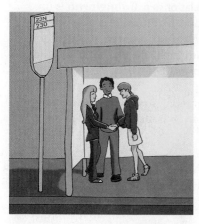

GIUSEPPE:	Ciao, Mariella, come stai?
MARIELLA:	Non c'è male. E tu, Giuseppe?
GIUSEPPE:	Abbastanza bene. Mariella, ti presento una mia amica.
MARIELLA:	Ciao! Come ti chiami?
TERESA:	Mi chiamo Teresa. Teresa Baldi. Buonasera, Mariella. Piacere.
GIUSEPPE:	A domani, Mariella.
MARIELLA:	Sì, a domani, Giuseppe. Ciao, Teresa. A presto!

I saluti

buongiorno	*good morning, good afternoon*
buonasera	*good afternoon, good evening, good night*
buonanotte	*good night*
ciao	*hi, hello, good-bye*
salve	*hello*

Le presentazioni

Come ti chiami (tu)?	*What's your name? (informal)*
Come si chiama (Lei)?	*What's your name? (formal)*
Mi chiamo...	*My name is . . .*
Sono...	*I am . . .*
E tu?	*And you? (informal)*
E Lei?	*And you? (formal)*
Ti presento...	*This is . . . (informal)*
Le presento...	*This is . . . (formal)*
Molto lieto/a.	*Delighted.*
Piacere.	*Pleased to meet you.*

Chiedere alle persone come stanno

Come stai (tu)?	*How are you? (informal)*
Come sta (Lei)?	*How are you? (formal)*
Come va?	*How is it going?*
Sto...	*I'm . . .*
abbastanza bene	*pretty well*
bene	*fine*
benissimo	*very well, great*
molto bene	*very well*

così così	*so-so*
male	*badly*
Non sto bene.	*I'm not well.*
Non c'è male.	*Not too bad.*
Bene, grazie, e tu?	*Fine, thank you, and you? (informal)*
Bene, grazie, e Lei?	*Fine, thank you, and you? (formal)*

Salutare le persone

arrivederci	*good-bye (informal)*
arrivederLa	*good-bye (formal)*
a domani	*see you tomorrow*
a presto	*see you soon*
ci vediamo	*see you*
È tardi. Devo andare.	*It's late. I have to go.*

Espressioni di cortesia

grazie	*thank you*
prego	*you are welcome*
scusa	*excuse me (informal)*
scusi	*excuse me (formal)*

I titoli

professor(e)/ professoressa	*professor*
signora	*Mrs. / Ms.*
signor(e)	*Mr.*
signorina	*Miss*

Lo sai che? | Greetings

Italians tend to be formal in their social exchanges. They use **buongiorno**, **buonasera**, **buonanotte**, and **arrivederLa** or **arrivederci** with people they do not know or with whom they do not have a close relationship. **Buongiorno** is used to greet people in the morning and until late afternoon. **Buonasera** is used starting in the late afternoon or early evening until late at night. **Buonanotte** is used only when parting for the night, before going to sleep. With family members, close friends, young children, and classmates, Italians are more informal, and **Ciao!** is frequently used as a greeting, as well as to say good-bye.

In Italy it is very common to shake hands when greeting someone. Frequently, close friends and family members also kiss each other on both cheeks, and at times they may embrace.

1.1 L'intruso. Select the word or expression that doesn't belong in each group.

1. grazie, ci vediamo, a presto
2. buongiorno, buonasera, benissimo
3. abbastanza bene, non c'è male, non sto bene
4. ciao, arrivederci, così così
5. grazie, scusa, prego
6. Piacere, Buonanotte, Molto lieto/a
7. professore, signore, professoressa
8. Sono..., Mi chiamo..., Come va?

Così si dice   Saying what your name is

To find out someone's name you can ask, **Come si chiama (Lei)?** with people you don't know well, or **Come ti chiami (tu)?** with friends and classmates. To respond, you can simply say your name or answer with a complete sentence: **Mi chiamo Linda.**

mi chiamo	*my name is*
ti chiami	*your name is (informal)*
si chiama	*your name is (formal)*
si chiama	*his/her name is*

1.2 Formale o informale? Indicate which of the following expressions are formal and which are informal.

	Formale	Informale
1. Come ti chiami?	_____	_____
2. Come sta?	_____	_____
3. E Lei?	_____	_____
4. ArrivederLa.	_____	_____
5. Scusa.	_____	_____
6. Bene, grazie, e tu?	_____	_____

1.3 L'opposto. Give the formal equivalent of the informal expressions, and the informal equivalent of the formal ones.

1. Come ti chiami?
2. Come sta Lei?
3. E tu?
4. Ciao!
5. Scusi!
6. Ti presento…

1.4 Come si risponde? Match each sentence in the left column with the appropriate response in the right column.

1. Come va?
2. Come ti chiami?
3. Ti presento Giuliano.
4. A domani.

a. Mi chiamo Roberto.
b. Non c'è male.
c. Arrivederci.
d. Piacere.

1.5 Cosa risponderesti? How would you respond to the following questions and statements?

1. Ti presento Paolo.
2. Come va?
3. Come sta Lei?
4. Sono…

In contesto   Piacere!

Giuseppe and Chiara, two students, meet on the first day of school.

GIUSEPPE: Ciao! Come ti chiami?
CHIARA: Chiara. E tu?
GIUSEPPE: Giuseppe. Come va?
CHIARA: Bene, grazie. E tu?
GIUSEPPE: Abbastanza bene. Ti presento il mio amico, Roberto.
CHIARA: Piacere.
ROBERTO: Molto lieto. Scusa, come ti chiami?
CHIARA: Mi chiamo Chiara.

1.6 Presentazioni. Rewrite the *In contesto* conversation using a formal register. Then act it out with two other classmates.

Occhio alla lingua!

1. Look at the people shown in the illustrations on page 11. Do you think they know each other well? Why?
2. Note how old the various people seem to be and how they are dressed. Do you think they are addressing each other in a formal or informal way?
3. What do you notice about the following verb endings: **mi chiamo, ti chiami, si chiama**? Can you detect a pattern?

Lo sai che? | Addressing people

In English, *you* is used to address a person directly, whether or not the speaker knows the person well. In Italian, there are two different ways to address a person: **Lei** and **tu**. Use the formal **Lei** when addressing older people, people with titles (**professore, professoressa, signore, signora**, etc.), or someone you don't know well, such as a waiter, salesperson, or other professional. Use the informal **tu** with children, friends, or someone you know well. In class, use the informal **tu** when talking to your classmates. Your instructor will probably also address you with the **tu** form. However, when speaking to your instructor, use **Lei** unless he/she tells you to use **tu**.

Signore, come si chiama (Lei)?	*Sir, what is your name? (formal)*
Come sta (Lei)?	*How are you? (formal)*
Come ti chiami (tu)?	*What is your name? (informal)*
Come stai (tu)?	*How are you? (informal)*

English speakers use *you* to address one person or a group of people. Italian has plural forms for *you*: **Loro** and **voi**. However, when speaking to two or more people, most Italians use **voi** with everyone, except in extremely formal situations. Note that **Lei** and **Loro** are frequently capitalized when they indicate the formal *you*.

GRAMMATICA

I pronomi soggetto

Verbs are used to express actions. The subject of a verb indicates who is performing an action. The subject can be a proper name, such as *Giovanni* or *Luisa*, or a pronoun, such as *I, you,* or *we.* You can use the following pronouns to address and refer to yourself, your classmates, and your teacher.

I pronomi soggetto			
Singolare		**Plurale**	
io	*I*	**noi**	*we*
tu	*you (informal)*	**voi**	*you (informal)*
Lei	*you (formal)*	**Loro**	*you (formal)*
lei	*she*	**loro**	*they*
lui	*he*		

1. Subject pronouns are used far less frequently in Italian than in English because the verb endings usually indicate the subject of a verb.

   —Come ti chia**mi**?   —*What's your name?*
   —Mi chia**mo** Giovanni.   —*My name is Giovanni.*

2. Subject pronouns are generally used to clarify or emphasize a subject, and to point out a contrast between two subjects.

   Io mi chiamo Paolo e **lui** si chiama Giovanni. *My name is Paolo and his name is Giovanni.*

3. In Italian, *you* can be expressed with **tu / voi** or **Lei / Loro.**

1.7 Chi (Who)? What subject pronouns would you use to talk about the following people?

1. your brother
2. yourself
3. a neighbor's children
4. Signor Rossi
5. you and your sister
6. a female classmate
7. Dottoressa Alberti
8. an aunt and uncle

1.8 Quale pronome? Which form of *you* would you use in Italian to ask the following people how they are today?

1. your mother
2. your teacher
3. your cousins
4. your grandparents
5. your doctor
6. the school principal and his wife

1.9 Chi è? Complete the following sentences with the correct subject pronouns.

1. Come ti chiami _____ ? _____ mi chiamo Giulio.
2. Come si chiama _____? _____ si chiama Roberto.
3. Come si chiama _____? _____ si chiama Maria.
4. Signora, come si chiama _____? _____ mi chiamo Elisabetta Mazzotta.
5. Dottore, come si chiama _____? _____ mi chiamo Luigi Rodini.

Il presente di *stare*

In Italian, to inquire about someone's health you can ask, **Come va?** or, you can use the verb **stare** (*to be* or *to stay, to remain*). **Stare** is an irregular verb primarily used with expressions of health.

—Come sta, signora?   —*How are you, madam?*
—Sto bene, grazie.   —*I'm fine, thanks.*
—Come sta**nno** tutti a casa?   —*How is everyone at home?*

stare			
Singolare		**Plurale**	
io **sto**	*I am*	noi **stiamo**	*we are*
tu **stai**	*you are (informal)*	voi **state**	*you are (informal)*
Lei **sta**	*you are (formal)*	Loro **stanno**	*you are (formal)*
lui/lei **sta**	*he/she is*	loro **stanno**	*they are*

1. When asking a question in Italian, raise the pitch of your voice at the end of the question. The subject of the verb can be placed at the end of the sentence, at the beginning, or at times immediately after the verb.

   Come sta Maria?   *How is Maria?*
   Maria come sta?

2. **Sì** is used to answer a question affirmatively. If the answer to a question is negative, **no** is used.

   —Stai bene?   —*Are you well?*
   —No. Sto così così.   —*No. I feel so-so.*
   —Sta bene il signor Baldi?   —*Is Mr. Baldi well?*
   —Sì, sta benissimo!   —*Yes, he is very well!*

3. To make a sentence negative, **non** is used in front of the verb.

   —Non state bene oggi?   —*You are not well today?*
   —No. Non stiamo bene oggi.   —*No, we are not well today.*

 1.10 Chi sta... ? Listen to the following greetings and indicate whether each speaker is using a formal or informal register and whether he or she is addressing one person or more than one. Each greeting will be repeated twice.

	Formale	Informale	Una persona	Più persone
1.				
2.				
3.				
4.				

1.11 Come stai? Use the verb **stare** to ask how the following people are.

ESEMPIO: Alessandra
          Come sta Alessandra?

1. Tu
2. Riccardo e Rachele
3. I signori Berti
4. Francesca
5. Tu e Paolo
6. Roberto

1.12 Come va? Complete the following exchanges with the correct pronouns and/or the correct forms of the verb **stare**.

1. —Ciao, Giulio. Come _____?
   —_____ sto bene, ma Marco _____ piuttosto male oggi. Come _____ Lisa e Paolo?
   —Bene, grazie.
2. —Buongiorno, Signora. Come _____?
   —Bene, grazie. E _____?
3. —Salve, come _____ voi?
   —_____ abbastanza bene, grazie.

Scambi

1.13 Formale o informale? Look at the conversations on page 11 and list all of the words and expressions used in each of the following categories:

	Formale	**Informale**
Greetings	_____	_____
Introductions	_____	_____
Small talk	_____	_____
	_____	_____
Saying good-bye	_____	_____
	_____	_____

Lo sai che? | Italian first names

Most Italian first names end in **-o** for males and in **-a** for females: Rober**t**o, Carl**o**, Renat**o**; Rober**t**a, Carl**a**, Renat**a**. Some exceptions are Luca, Andrea, and Nicola, which are masculine first names.

Note that each day in the Italian Catholic calendar is dedicated to a saint. People celebrate their "name day," **l'onomastico**, as well as their birthdays.

1.14 Che nome è? Can you guess the English equivalents of these Italian names? **Alessandra, Anna, Antonio, Caterina, Chiara, Daniela, Giacomo, Giovanna, Giovanni, Giuseppe, Ilaria, Matteo, Michele, Paola, Rachele, Riccardo, Stefano, Vincenzo**

APRILE

1 sabato s. Ugo		**17** lunedì dell'Angelo	
2 domenica V di Quaresima		**18** martedì s. Galdino	
3 lunedì s. Riccardo		**19** mercoledì s. Emma di G.	
4 martedì s. Isidoro		**20** giovedì s. Adalgisa	
5 mercoledì s. Vincenzo Ferrer	☽	**21** venerdì s. Anselmo v.	☾
6 giovedì s. Virginia		**22** sabato s. Leonida	
7 venerdì s. G. Battista de La Salle		**23** domenica in Albis	
8 sabato s. Dionigi		**24** lunedì s. Fedele da S.	
9 domenica delle Palme		**25** martedì s. Marco evang.	
10 lunedì s. Terenzio		**26** mercoledì s. Marcellino m.	
11 martedì s. Stanislao		**27** giovedì s. Zita	●
12 mercoledì s. Zeno		**28** venerdì s. Pietro Chanel	
13 giovedì s. Martino I	○	**29** sabato s. Caterina da Siena	
14 venerdì s. Tiburzio		**30** domenica s. Pio V papa	
15 sabato s. Annibale			
16 domenica Pasqua di Resurrezione			

1.15 Ciao! Go around the room and introduce yourself to at least four classmates. Find out their names and how they are. Don't forget to say good-bye.

 1.16 Ti presento! Take turns saying how you would introduce your classmate to the following people: your best friend, signora Rossi, another classmate, professor Dini.

 1.17 Piacere! Go around the room and introduce yourself to some of your classmates, using formal expressions as if you were in a new job environment.

Lo sai che?   Using titles with names

In Italy, women are frequently greeted with the title **signora**, as in **Buongiorno, signora,** and at times the last name is also used: **Buongiorno, signora Pelosi. Signorina** is sometimes used to greet young or unmarried women. The title **signore,** on the other hand, is generally used with a man's last name, rather than alone, and the final **-e** is dropped: **Buonasera, signor Pirelli.** To greet teachers, the titles **professore,** for males, and **professoressa,** for females, are used with or without the last name: **Buonasera, professor Dini. Buonanotte, professoressa.** The final **-e** of **professore** is dropped in front of a name.

Percorso II
Le date, i giorni e i mesi

VOCABOLARIO

 ## Che giorno è oggi? Qual è la data di oggi?

OTTOBRE

lunedì	martedì	mercoledì	giovedì	venerdì	sabato	domenica
1 uno	**2** due	**3** tre	**4** quattro	**5** cinque	**6** sei	**7** sette
8 otto	**9** nove	**10** dieci	**11** undici	**12** dodici	**13** tredici	**14** quattordici
15 quindici	**16** sedici	**17** diciassette	**18** diciotto	**19** diciannove	**20** venti	**21** ventuno
22 ventidue	**23** ventitré	**24** ventiquattro	**25** venticinque	**26** ventisei	**27** ventisette	**28** ventotto
29 ventinove	**30** trenta	**31** trentuno				

La data

Che giorno è oggi?	*What day is it today?*
Oggi è lunedì.	*Today is Monday.*
Domani è martedì.	*Tomorrow is Tuesday.*
Dopodomani è mercoledì.	*The day after tomorrow is Wednesday.*
Qual è la data di oggi?	*What's today's date?*
Oggi è l'otto ottobre.	*Today is October eighth.*
Oggi è il primo gennaio.	*Today is January first.*
Quand'è il tuo compleanno?	*When is your birthday?*
Il mio compleanno è...	*My birthday is . . .*

I mesi

gennaio	*January*
febbraio	*February*
marzo	*March*
aprile	*April*
maggio	*May*
giugno	*June*
luglio	*July*
agosto	*August*
settembre	*September*
ottobre	*October*
novembre	*November*
dicembre	*December*

1.18 Che giorno è? Fill in the missing vowels and say what day it is.

1. l_n_d_
2. s_b_t_
3. d_m_n_c_
4. m_rt_d_
5. g_ _v_d_
6. m_rc_l_d_

Lo sai che? The Italian calendar

In Italy, the week, **la settimana,** begins on Monday. Note that the days of the week and the months are seldom capitalized. To state that something happens on a specific day, just say the day: **Il mio compleanno è lunedì.** (*My birthday is on Monday.*)

When dates are expressed in Italian, the day always precedes the month; for example, November 5 is **il 5 novembre** or **5/11**. Also, note that **il** precedes the number of the day, and **l'** precedes numbers that begin with a vowel. The first day of the month is **il primo: il primo gennaio.**

 1.19 Che mese è? Take turns saying what the following months are in Italian.

ESEMPIO: fourth month of the year
aprile

1. second month of the year
2. fifth month of the year
3. seventh month of the year
4. eleventh month of the year
5. ninth month of the year
6. tenth month of the year

1.20 Che cos'è? Complete the sentences with one of the following words: **che, tuo, qual, il, dopodomani, l', primo.**

1. _____ è la data di oggi?
2. Oggi è domenica. _____ è martedì.
3. Oggi è il _____ dicembre.
4. _____ giorno è oggi?
5. Quand'è il _____ compleanno? _____ mio compleanno è il 5 novembre.
6. Oggi è _____ otto settembre.

🔊 In contesto   Ma oggi che giorno è?

Professor Rossi is asking Paul about the days of the week and the date.

do you know	PROFESSORE: Paul, lo sai° che giorno è oggi?
	PAUL: Professore, che cosa significa «giorno»?
	PROFESSORE: «Giorno» vuol dire *day*.
	PAUL: Ah, bene, ho capito. Oggi è giovedì.
	PROFESSORE: No, non è giovedì. Domani è giovedì.
that's true	PAUL: Sì, è vero!° Allora oggi è mercoledì, ma non so qual è la data di oggi.
	PROFESSORE: Oggi è il sei ottobre.

 1.21 Ma oggi che giorno è? Indicate which of the following statements are true (**Vero**) according to the conversation and which are false (**Falso**).

1. Paul sa (*knows*) che giorno è oggi.
2. Il professore sa la data di oggi.
3. Dopodomani è venerdì.

GRAMMATICA

I numeri da 0 a 100

0 zero	12 dodici	24 ventiquattro	36 trentasei
1 uno	13 tredici	25 venticinque	37 trentasette
2 due	14 quattordici	26 ventisei	38 trentotto
3 tre	15 quindici	27 ventisette	39 trentanove
4 quattro	16 sedici	28 ventotto	40 quaranta
5 cinque	17 diciassette	29 ventinove	50 cinquanta
6 sei	18 diciotto	30 trenta	60 sessanta
7 sette	19 diciannove	31 trentuno	70 settanta
8 otto	20 venti	32 trentadue	80 ottanta
9 nove	21 ventuno	33 trentatré	90 novanta
10 dieci	22 ventidue	34 trentaquattro	100 cento
11 undici	23 ventitré	35 trentacinque	

1. The numbers **venti, trenta, quaranta,** up to **novanta,** drop the final vowel before adding **uno** or **otto: ventuno, ventotto, quarantuno, quarantotto, sessantuno, sessantotto.**

2. The number **tre** takes an accent when it is the last digit of a number over 20: **ventitré, cinquantatré.**

 1.22 Che numero viene dopo? Complete the following mathematical sequences, writing the missing numbers in words. Then take turns reading each sequence aloud.

1.   3 _____   9 _____   15 _____   21 _____   27 _____
2.   4 _____   8 _____   12 _____   16 _____   20 _____
3.   22 _____   26 _____   30 _____   34 _____
4.   23 _____   43 _____   63 _____

 1.23 Quanto fa? Take turns asking and solving the following math problems. Note that **più** = *plus,* **meno** = *minus,* **per** = *times.*

ESEMPIO: S1:   Quanto fa 13 + 5?
                        S2:   Fa diciotto.

1. 12 + 4 = ?   5. 17 + 4 = ?   9. 90 − 6 = ?
2. 15 + 5 = ?   6. 8 + 11 = ?   10. 60 − 4 = ?
3. 23 + 5 = ?   7. 10 + 6 = ?
4. 9 × 7 = ?   8. 100 − 60 = ?

Scambi

 1.24 I numeri. Write down the twelve numbers that you hear. Each will be repeated twice. Then exchange papers with a classmate and check his/her answers as you listen to the recording a second time.

a. _____   e. _____   i. _____
b. _____   f. _____   l. _____
c. _____   g. _____   m. _____
d. _____   h. _____   n. _____

1.25 Indovina che numero è! Write down eight numbers between 0 and 100. Then take turns guessing your partner's numbers. Help your partner by saying: **(molto) (un po') più alto,** *(a lot) (a little) higher;* **(molto) (un po') più basso,** *(a lot) (a little) lower.*

ESEMPIO: S1:   26
            S2:   Un po' più alto.
            S1:   27
            S2:   Sì. Bravo/a!

 1.26 Le feste nordamericane. Take turns saying the following holidays and giving their dates.

1. *Halloween*
2. San Patrizio
3. San Valentino
4. il giorno dell'indipendenza degli Stati Uniti (*United States*)

 1.27 Qual è la data di oggi? Take turns reading and writing down the following dates. Then check your answers.

ESEMPIO: S1:   *5/11*
            S2:   il cinque novembre

1. 6/10
2. 10/1
3. 12/5
4. 11/7
5. 1/12
6. 21/6
7. 30/3
8. 28/2
9. 8/9
10. 23/8

 1.28 Quand'è il tuo compleanno? Find out the birthdays of at least three classmates and write the dates in Italian.

ESEMPIO: S1:   Quand'è il tuo compleanno?
            S2:   Il 20 settembre.

 1.29 Quiz. Give the following information in Italian. Then exchange papers with a classmate and compare your answers.

1. the days of the weekend
2. a summer month
3. two autumn months
4. the months you don't go to school
5. the first day of the week in Italy
6. a month with only 28 days
7. two months with 30 days
8. a month with 31 days
9. the birthday of a classmate
10. your favorite day of the week

Percorso III
Informazioni personali

Di dove sei? Qual è il tuo numero di telefono?

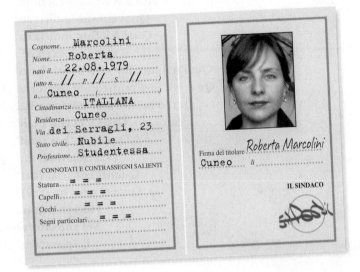

Origine e nazionalità

Di dove sei (tu)?	*Where are you from? (informal)*
Di dov'è (Lei)?	*Where are you from? (formal)*
Sono di + città.	*I am from + city.*
Sono italiano/a / americano/a.	*I am Italian / American.*
Sono italo-americano/a.	*I am Italian-American.*
Dove sei nato/a (tu)?	*Where were you born? (informal)*
Dov'è nato/a (Lei)?	*Where were you born? (formal)*
Sono nato/a a + città.	*I was born in + city.*

Dati personali

Dove abiti (tu)?	*Where do you live? (informal)*
Dove abita (Lei)?	*Where do you live? (formal)*
Abito a Roma / a Toronto.	*I live in Rome / in Toronto.*
Qual è il tuo indirizzo?	*What's your address? (informal)*
Qual è il Suo indirizzo?	*What's your address? (formal)*
Il mio indirizzo è...	*My address is . . .*
Qual è il tuo numero di telefono?	*What's your phone number? (informal)*
Qual è il Suo numero di telefono?	*What's your phone number? (formal)*
Il mio numero di telefono è...	*My phone number is . . .*
Qual è la tua mail?	*What is your e-mail? (informal)*
Qual è la Sua mail?	*What is your e-mail? (formal)*
La mia mail è...	*My e-mail is . . .*
Quanti anni hai (tu)?	*How old are you? (informal)*
Quanti anni ha (Lei)?	*How old are you? (formal)*
Ho venti anni.	*I am twenty years old.*
Sei sposato/a?	*Are you married? (informal)*
È sposato/a?	*Are you married? (formal)*

Altre espressioni

il C.A.P. (codice di avviamento postale) *zip code*
chiocciola *at (@)*
e il tuo? *and yours? (informal)*
e il Suo? *and yours? (formal)*
punto *dot (.)*
il prefisso *area code*

Così si dice   Adjectives of nationality

Adjectives are used to indicate nationality. Adjectives of nationality, in their masculine singular form, can end in **-o** or **-e**. Those that end in **-o** change to **-a** when describing a female: **Paul è svizzero. Marie è svizzera.** Those that end in **-e** are the same for males and females: **Michelle è francese. Alain è francese.**

Masculine	Feminine
italian-**o**	italian-**a**
ingles-**e**	ingles-**e**

Paese	Nazionalità		Paese	Nazionalità	
Argentina	argentino/a	*Argentinean*	Grecia	greco/a	*Greek*
Australia	australiano/a	*Australian*	Inghilterra	inglese	*English*
Brasile	brasiliano/a	*Brazilian*	Italia	italiano/a	*Italian*
Canada	canadese	*Canadian*	Iran	iraniano/a	*Iranian*
Cina	cinese	*Chinese*	Messico	messicano/a	*Mexican*
Corea	coreano/a	*Korean*	Russia	russo/a	*Russian*
Francia	francese	*French*	Spagna	spagnolo/a	*Spanish*
Germania	tedesco/a	*German*	Stati Uniti	(nord)americano/a	*(North) American*
Giappone	giapponese	*Japanese*			

1.30 La nazionalità. Complete the sentences with the correct nationality.

1. Pablo abita a Madrid. È _____.
2. Julie abita a New York. È _____.
3. Mary abita a Londra. È _____.
4. Vladimir abita a Mosca. È _____.
5. Esteban abita a Buenos Aires. È _____.
6. Natalie abita a Parigi. È _____.
7. Hans abita a Berlino. È _____.
8. Lee abita a Pechino. È _____.

 1.31 Associazioni. Brainstorm all the words and expressions you associate with the following terms. Then read your list to the class. Do you all have the same words?

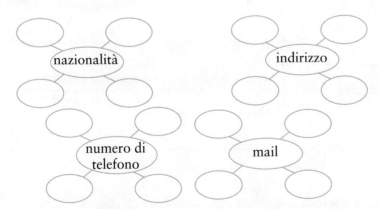

1.32 I miei dati anagrafici. Complete the identification card with your own personal data. Use the identification cards on page 23 as models.

Expressing possession		
il mio	la mia	*my*
il tuo	la tua	*your (informal)*
il Suo	la Sua	*your (formal)*
il suo	la sua	*his/her*

1.33 Il formale. Complete the chart with the correct formal equivalents of the informal expressions in the left column.

Informale	Formale
Come ti chiami?	Come
E tu?	E
Di dove sei?	Di dov'
Dove abiti?	Dove
Qual è il tuo indirizzo?	Qual
E il tuo?	E
Qual è il tuo numero di telefono?	Qual
Qual è la tua mail?	Qual

1.34 Quali sono le domande? Complete the chart with the formal and informal questions that would elicit the responses shown.

Domanda		Risposta
Formale	Informale	
1.		Bene, grazie.
2.		Paolo Settembrini.
3.		Sono di Roma.
4.		Abito a Milano.
5.		Via Garibaldi, 22.
6.		02-798566

🔊 **In contesto** All'Università di Torino

Two students at the University of Turin, Pablo and Maria, are getting acquainted before class.

PABLO: Maria, di dove sei? Sei italiana, vero?

MARIA: Sì, sono nata a Reggio Calabria, ma abito a Torino. E tu, di dove sei? Dove sei nato?

PABLO: Sono nato a Madrid. Sono spagnolo.

Listen / can you give me?

Senti°, Maria, mi dai° il tuo indirizzo?

MARIA: Certo! Abito in via Mazzini, 26.

PABLO: Qual è il tuo numero di telefono?

MARIA: 0347-46-25-37.

PABLO: E la tua email?

MARIA: È lmariani@yahoo.it.

PABLO: Grazie! Ciao, Maria, a domani!

1.35 Tu di dove sei? Indicate which of the following statements are true (**Vero**) and which are false (**Falso**) according to the *In contesto* conversation. Correct the statements that are false.

1. Maria è di Reggio Calabria.
2. Maria non abita a Torino.
3. Pablo abita a Madrid.
4. Pablo non è nato in Spagna.

1.36 Dati personali. Complete the chart with information about Pablo and Maria. Indicate with an *X* if you don't have the information.

	Pablo	**Maria**
Luogo di nascita		
Indirizzo		
Mail		
Numero di telefono		
Stato civile		

essere	
io **sono**	*I am*
tu **sei**	*you are (informal)*
Lei **è**	*you are (formal)*
lui/lei **è**	*he/she is*

abitare	
io **abito**	*I live*
tu **abiti**	*you live (informal)*
Lei **abita**	*you live (formal)*
lui/lei **abita**	*he/she lives*

avere	
io **ho**	*I have*
tu **hai**	*you have (informal)*
Lei **ha**	*you have (formal)*
lui/lei **ha**	*he/she has*

Occhio alla lingua!

1. Reread the *In contesto* conversation on page 26. How can you distinguish the male speaker from the female speaker?
2. What words do you notice that are not capitalized in Italian but would be capitalized in English?

GRAMMATICA

Il presente di *essere*

The verb **essere** (*to be*) is an irregular verb; it is used to identify and describe people, places, and things. It is also used with **di** to indicate place of origin.

—Chi è?　　　　　　　　　　—*Who is that?*
—È Giovanni.　　　　　　　　—*It's Giovanni.*

—Sono professore d'italiano.　—*I am a professor of Italian.*
—Sei studente?　　　　　　　—*Are you a student?*

—Di dove siete?　　　　　　　—*Where are you from?*
—Siamo di Torino.　　　　　　—*We're from Torino.*

—Che cos'è?　　　　　　　　—*What is it?*
—È un passaporto.　　　　　　—*It's a passport.*

essere	
Singolare	**Plurale**
io **sono** *I am*	noi **siamo** *we are*
tu **sei** *you are (informal)*	voi **siete** *you are (informal)*
Lei **è** *you are (formal)*	Loro **sono** *you are (formal)*
lui/lei **è** *he/she is*	loro **sono** *they are*

1.37 Chi sono? Indicate the following people's nationality or profession by completing the sentences with the appropriate forms of **essere**.

1. Paola _____ studentessa.
2. Noriko _____ giapponese.
3. Io e Paolo _____ studenti.
4. Lei _____ professoressa.
5. Pablo _____ spagnolo.
6. Il signor Martelli _____ professore.
7. Sara e Linda _____ studentesse.
8. Tu e Juan _____ messicani.
9. Pierre e Paul _____ francesi.
10. Tu e Roberto _____ italiani.

1.38 Di dove sono? Take turns asking and telling where the following people are from.

ESEMPIO: il professor Rossini / Cuneo
                     S1:   Di dov'è il professor Rossini?
                     S2:   Il professor Rossini è di Cuneo.

1. il professor Rosati / Novara
2. Rosalba / Vercelli
3. io e Giuseppe / Biella
4. Laura e Filippo / Alessandria
5. io / Asti
6. tu e Paolo / Ossola

1.39 Informazioni. Complete the exchanges with the correct forms of **essere**.

1. —Gianni, di dove _____?
   — _____ di Roma.
2. —Carlo e Mario, _____ italiani?
   —Sì, _____ di Alessandria.
3. —Signora, Lei _____ francese?
   —Sì, _____ di Grenoble.
4. —Paolo, dove _____ Giuseppe e Luigi?
   —Giuseppe _____ a casa e Luigi _____ a scuola.

Scambi

1.40 Dati personali. Signora Rossini is applying for a passport. A clerk is asking her for information about herself. As you listen, complete the chart with information about signora Rossini. The conversation will be repeated twice.

Nome: _____   Cognome: _____

Luogo di nascita: _____   Data di nascita: _____

Indirizzo: _____   C.A.P.: _____

Prefisso: _____   Numero di telefono: _____

Stato civile: _____

1.41 Chi è? Take turns asking each other the following questions. Respond using the information from the identification cards on page 23.

1. Come si chiama la studentessa?
2. Dove abita?
3. Dov'è nata?
4. Qual è il suo indirizzo?
5. È americana?
6. Chi abita a Torino?
7. Qual è l'indirizzo di Mario Cioni?
8. Qual è la professione di Mario Cioni?
9. Quanti anni ha Mario Cioni?

Così si dice Italian phone numbers

Italian phone numbers and area codes can vary in length. The **prefisso** can consist of two, three, or four digits. The **prefisso** is usually stated in single digits and the phone number two digits at a time.

 1.42 Il numero di telefono. Take turns (1) saying the last name of each person below, spelling it, and stating his or her area code and phone number, and (2) writing this information down.

Baldi, Piero	06.4392567
Burci, Daniela	02.4832531
Corsi, Lucia	0966.7618902
Damiani, Filippo	055.2104976
Manfredi, Nicola	070.3459810
Nunzi, Andrea	0963.3247610

 1.43 Quale numero? You are studying in Torino. Take turns saying which telephone number you would call in the following situations.

1. You need to buy some medicine.
2. You want to see a play.
3. You want to go to the movies.
4. You have a toothache.
5. You need to know a teacher's telephone number.
6. You need to have your picture taken for your new passport.
7. You want to talk to a friend who is in the hospital.
8. You need to find out a flight schedule.

Numeri Utili 📞

Ospedale Maria Vittoria	011.4936572
Farmacia Comunale	011.614284
Aeroporto Internazionale «Sandro Pertini»	011.5676361
Dottor Roberto Baldi, Dentista	011.9873000
Teatro «Erba»	011.6615447
Cinema «Massimo»	011.8138574
Università di Torino	011.5096618
Fotografia «Superottica»	011.2235567

1.44 Cosa manca *(What's missing)?* Take turns asking each other questions and filling in the missing information in the two versions of the address book page shown below. Work from only one version of the page as the basis for asking questions, filling in missing information, and supplying the information your partner requests.

Cognome	Nome	Indirizzo	Numero di telefono
Corsi	_____	Via Guelfa, 36	055.23 _____
_____	Claudio	Via Puccini, 87	02.4337465
_____	Serena	_____ di Spagna, 1	_____ .2615592
Marini	_____	_____	056.336427
Zamboni	Giovanni	Piazza _____ , 50	0966. _____

Cognome	Nome	Indirizzo	Numero di telefono
Corsi	Paola	Via _____ , 36	_____ .234638
Balboni	Claudio	_____ , 87	02. _____ 7465
Pratesi	Serena	Piazza di _____ , 1	06.26155 _____
_____	Alessio	Via Mazzini, 22	056.336427
_____	Giovanni	_____ Garibaldi, 50	_____ .680237

High School students meet in front of the Liceo Artistico before classes

In pratica

PARLIAMO

Speech bubbles in illustration:

Piacere. Come ti chiami?

Buonasera! Ti presento Isabella.

Professore, qual è la Sua mail?

Il mio numero di telefono è 011-497-0052.

> **Strategie per parlare**
> Greeting people, making introductions, and exchanging information
>
> When you know you will be meeting people and making introductions—at a party, for example—review the expressions you have learned for carrying out these functions at both the informal and formal levels. Think also what questions you can ask people to get to know them better.

Presentiamoci *(Let's introduce ourselves)*! Imagine that you are at a party with your classmates and instructor. Greet and introduce yourself to as many people as possible and introduce those who do not know each other. Try, as well, to learn a little about each person to whom you speak.

Prima di parlare

1.45 Begin by completing the following activities.

1. Review how you can greet and introduce people, both formally and informally, in Italian. Also, how can you introduce yourself to someone you do not know or respond to an introduction?
2. Decide what questions you may want to ask people in order to get to know them better.

Mentre parli

1.46 Now circulate in the classroom and chat with your classmates and instructor. Jot down a few notes with information to share later about each person to whom you speak.

Dopo aver parlato

1.47 Share with the class what you have learned about some of your classmates and your instructor. For example, you might mention some of the following about each person:

1. il nome
2. di dov'è
3. dove abita
4. il numero di telefono
5. la mail

LEGGIAMO

Prima di leggere

1.48 Before you read the texts below, consider the following questions.

1. What type of texts do you think these are?
2. Where would you expect to find these texts?
3. What do the illustrations reveal about the content?

> **Strategie per leggere**
> Using visual clues
>
> The physical appearance of a text can help you anticipate the kind of information it is likely to contain. Examine visual clues, such as illustrations, type style, and the format itself to get a preliminary idea of the kind of text you will be dealing with and be better prepared to understand its content.

Mentre leggi

1.49 As you read, confirm or modify your assumptions about the types of texts you are dealing with.

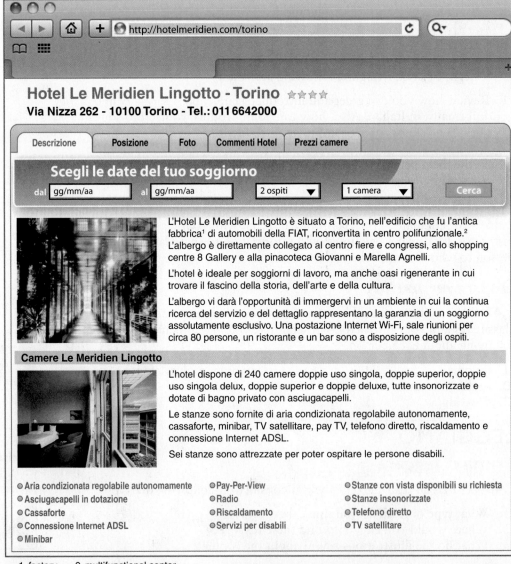

1. factory   2. multifunctional center

MUSEO NAZIONALE DEL CINEMA

FONDAZIONE MARIA ADRIANA PROLO - Torino Mole Antonelliana

Tariffe ingressi

Museo
Intero €7,00
Ridotto €5,00
(Studenti universitari fino a 26 anni,
over 65, gruppi min. 15 persone)
Giovani e scuole €2,00
(da 6 a 18 anni, gruppi scolastici)
Gratuito
(fino a 10 anni, disabili e accompagnatore)

Ascensore panoramico
Intero €5,00
Ridotto €3,50
(Studenti universitari fino a 26 anni,
over 65, gruppi min. 15 persone)
Gratuito
(fino a 10 anni, disabili e accompagnatore)

Dopo la lettura

1.50 Answer these questions based on the readings.

1. What number would you call if you wanted to stay near a large shopping center in Torino?
2. What could you do if you were in Torino and needed a taxi?
3. Where could you go if were interested in cinema? How much would your ticket cost? How about for your parents? How much would it cost to take the elevator to the top of the Mole Antonelliana?

1.51 Did you find the type of information you expected to find in these texts? How did the illustrations help you understand the texts?

SCRIVIAMO

Per iscriversi (*To enroll*) all'Università per Stranieri. You plan to attend the Università per Stranieri in Perugia this summer from July 1 to August 1. Complete the registration form with these dates and your personal information.

Strategie per scrivere Filling out a form

Filling out forms is one of the most common types of writing people do. Usually, this task simply requires you to supply information using single words and short phrases. However, to complete a form accurately, it is essential to understand what information is requested. To figure out the meaning of any words you may not be familiar with, make logical assumptions based on your knowledge of the purpose of the form and the way it is organized.

Prima di scrivere

1.52 Before you begin to write, look at the form and try to determine exactly what information you need to supply. Knowing the purpose of the form, you should be able to figure out the meaning of any unfamiliar words or abbreviations. For example, what might the three abbreviations (**g, m, a**) after the term **data di nascita** mean? And can you find where you are asked to fill in your dates of residence?

UNIVERSITÀ PER STRANIERI DI PERUGIA | **A**

MODELLO A

DOMANDA DI PRE-ISCRIZIONE
(Scrivere in stampatello)

La domanda di pre-iscrizione deve pervenire all'Università per Stranieri di Perugia
ALMENO UN MESE PRIMA DELL'INIZIO DEL CORSO SCELTO

Cognome _____

Nome _____

Sesso   M ☐   F ☐

Luogo di nascita _____ Data di nascita (g,m,a)   /   /

Nazionalità _____

Indirizzo: c.a.p. _____ Città _____

Via _____

Stato _____ Tel./Fax _____

e-mail _____ Professione _____

Titolo di studio: ☐ Diploma universitario   ☐ Diploma scuola superiore

☐ _____

Permanenza: dal _____ al _____ corso scelto _____

Hai già frequentato i corsi dell'Università per Stranieri di Perugia?
Sì ☐ No ☐

Se sì, indica l'ultimo anno di frequenza _____ con tessera n° _____

Hai una borsa di studio? Sì ☐ No ☐ Se sì: dal _____ dal _____

Concessa da _____

Alla domanda di pre-iscrizione devono essere allegati: **1 fotografia *, l' attestazione
di versamento della tassa relativa a tutto il corso o al primo mese di corso**.
Il pagamento può essere effettuato:

☐ A)con assegno bancario non trasferibile intestato
     all'Università per Stranieri di Perugia

☐ B) con vaglia postale internazionale indirizzato
     all'Università per Stranieri di Perugia

☐ C) Bonifico Bancario (vedi pagina 26)

Data _____ Firma _____

* Un'altra fotografia dovrà essere consegnata presso la Segreteria Studenti
per il rilascio della tessera universitaria

La scrittura

1.53 Now fill out the form with all of the required information. Do not worry if you do not understand every word and expression.

La versione finale

 1.54 Read over your completed form.

1. Are your responses coherent and correctly spelled?
2. For a final check, exchange forms with a classmate. Have you both provided similar types of information in the various sections? Discuss your responses.

GUARDIAMO

Prima di guardare

1.55 In the videoclip that you are about to see, several people introduce themselves briefly.

1. List the kind of information they are likely to give.
2. Now write down appropriate Italian expressions that you have learned for presenting this kind of information.

Mentre guardi

 1.56 Answer these questions as you view the videoclip.

Indica chi...

1. ha 28 anni.
2. è di Pisa.
3. abita a Roma.
4. è nato/a a Firenze.
5. è sposato/a.
6. ha 21 anni.
7. ha 23 anni.

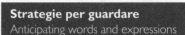
Dopo aver guardato

 1.57 Now answer the following questions.

1. Match the people in the photos with the correct information about them by filling in their names in the spaces provided.

Felicita   Dejan   Vittorio   Emma   Plinio

   a. _____ fa lo scrittore.
   b. _____ fa l'avvocato (*lawyer*).
   c. _____ studia filosofia all'università.
   d. _____ studia al liceo (*high school*).
   e. _____ è professoressa al liceo.

2. How do people introduce themselves? Which words and expressions did you recognize?

 3. With which of the people you have met would you most like to be acquainted? Why?

■ ATTRAVERSO IL PIEMONTE

Piedmont, or **"al piè dei monti"** (*at the foot of the mountains*), is located just south of the Alps. Because of its proximity to the border, Piedmont has been influenced by many different cultures, especially that of France. After World War II, a wave of migrants from all over Italy, and particularly the southern agricultural regions, flocked to Piedmont in search of better working conditions and helped it become one of the most important centers of the Italian economy. Today it is one of the regions with the largest number of foreign immigrants.

Panorama di Torino, con il fiume Po e la Mole Antonelliana. Torino è il capoluogo del Piemonte. La Mole Antonelliana è considerata il simbolo della città. Costruita nel 1863 dall'architetto Alessandro Antonelli, è alta 167 metri. Nel 2006 a Torino si sono tenuti i Giochi Olimpiaci Invernali.

Il Lingotto, a Torino. L'ex stabilimento (*plant*) industriale della FIAT (**F**abbrica **I**taliana **A**utomobili **T**orino) oggi è una struttura multifunzionale con hotel, negozi, uffici, centro conferenze e spazi per esposizioni. Costruito nel 1927, il Lingotto è un esempio delle prime (*first*) architetture industriali. È famoso per la sua pista per le prove automobilistiche sul tetto (*rooftop test track*). Gli Agnelli, proprietari della FIAT, sono una delle famiglie più ricche d'Italia. Possiedono anche l'**Alfa Romeo**, la **Ferrari** e altre aziende automobilistiche. Gli Agnelli sono anche i proprietari della **Juventus**, una famosa squadra di calcio

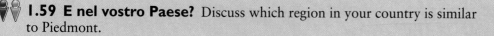

VERIFICHIAMO

First read the introduction to the region, then look at the photos and read the related captions

1.58 Vero o falso (True or false)? Indicate which of the following statements are true (**Vero**) and which are false (**Falso**).

1. Il Piemonte è nel sud d'Italia.
2. È una regione montagnosa.
3. Il Piemonte è vicino al mare.
4. È una regione importante per il turismo.
5. Torino è una piccola città agricola.
6. La famiglia Agnelli non è molto importante in Italia.
7. Il Piemonte ha molte grandi industrie, ma non è ricco di prodotti agricoli.
8. *La manifestazione interventista* è un'opera statica.

1.59 E nel vostro Paese? Discuss which region in your country is similar to Piedmont.

Le colline (*hills*) piemontesi vicino ad **Alba** coltivate a vite (*vines*). Il Piemonte è una regione molto importante per l'agricoltura. Nelle zone del Monferrato e dell'Astigiano si producono vini pregiati (*quality wines*) come **il Barolo, il Barbaresco, il Dolcetto, il Nebbiolo, il Barbera** e **l'Asti Spumante** (*sparkling*). Alba è anche famosa per i tartufi bianchi (*white truffles*). Le zone in pianura (*plains*), invece, sono famose per il riso (*rice*).

Un'opera futurista di Carlo Carrà: *La manifestazione interventista*, 1914.
Carlo Carrà, uno dei grandi artisti italiani del Futurismo prima e della pittura metafisica poi, è nato a Quargnento, in provincia di Alessandria, nel 1881. Qui Carrà usa la tecnica del collage per creare un'opera complessa e dinamica che suggerisce la confusione durante un comizio politico (*political rally*).

🔊 VOCABOLARIO

I saluti

a domani	*see you tomorrow*
a presto	*see you soon*
arrivederci	*good-bye (informal)*
arrivederLa	*good-bye (formal)*
buongiorno	*good morning, good afternoon*
buonanotte	*good night*
buonasera	*good afternoon, good evening, good night*
ciao	*hi, hello, bye (informal)*
ci vediamo	*see you*
È tardi. Devo andare.	*It's late. I have to go.*
salve	*hello*

Le presentazioni

Come si chiama (Lei)?	*What's your name? (formal)*
Come ti chiami (tu)?	*What's your name? (informal)*
E Lei?	*And you? (formal)*
E tu?	*And you? (informal)*
Le presento...	*This is . . . (formal)*
Mi chiamo...	*My name is . . .*
Molto lieto/a	*Delighted.*
Piacere.	*Pleased to meet you.*
Sono...	*I am . . .*
Ti presento...	*This is . . . (informal)*

Chiedere alle persone come stanno

Bene, grazie, e Lei?	*Fine, thank you, and you? (formal)*
Bene, grazie, e tu?	*Fine, thank you, and you? (informal)*
Come sta?	*How are you? (formal)*
Come stai?	*How are you? (informal)*
Come va?	*How is it going?*
Non c'è male.	*Not too bad.*
Non sto bene.	*I'm not well.*
Sto...	*I'm . . .*
abbastanza bene	*pretty well*
bene	*fine*
benissimo	*very well*
così così	*so-so*
male	*badly*
molto bene	*very well*

I pronomi soggetto: See p. 15.

I giorni della settimana

lunedì	*Monday*
martedì	*Tuesday*
mercoledì	*Wednesday*
giovedì	*Thursday*
venerdì	*Friday*
sabato	*Saturday*
domenica	*Sunday*

I mesi

gennaio	*January*
febbraio	*February*
marzo	*March*
aprile	*April*
maggio	*May*
giugno	*June*
luglio	*July*
agosto	*August*
settembre	*September*
ottobre	*October*
novembre	*November*
dicembre	*December*

La data

Che giorno è oggi?	*What day is it today?*
Domani è martedì.	*Tomorrow is Tuesday.*
Dopodomani è mercoledì.	*The day after tomorrow is Wednesday.*
Il mio compleanno è...	*My birthday is . . .*
Oggi è il primo gennaio.	*Today is January first.*
Oggi è l'otto ottobre.	*Today is October eighth.*
Oggi è lunedì.	*Today is Monday.*
Qual è la data di oggi?	*What's today's date?*
Quand'è il tuo compleanno?	*When is your birthday?*

I numeri da 0 a 100: See p. 21.

I Paesi e le nazionalità: See p. 25.

I dati personali

Abito a Roma / a Toronto.	*I live in Rome / in Toronto.*
Di dov'è (Lei)?	*Where are you from? (formal)*
Di dove sei (tu)?	*Where are you from? (informal)*
Dove abita (Lei)?	*Where do you live? (formal)*
Dove abiti (tu)?	*Where do you live? (informal)*
Dov'è nato/a (Lei)?	*Where were you born? (formal)*
Dove sei nato/a (tu)?	*Where were you born? (informal)*
È sposato/a?	*Are you married? (formal)*
Ho venti anni.	*I am twenty years old.*
Il Paese / paese	*country, nation / small town*

Il mio indirizzo è...	My address is . . .
Il mio numero di telefono è...	My phone number is . . .
La mia mail è...	My e-mail is . . .
Qual è il Suo indirizzo?	What's your address? (formal)
Qual è il tuo indirizzo?	What's your address? (informal)
Qual è il Suo numero di telefono?	What's your phone number? (formal)
Qual è il tuo numero di telefono?	What's your phone number? (informal)
Qual è la Sua mail?	What is your e-mail? (formal)
Qual è la tua mail?	What is your e-mail? (informal)
Quanti anni ha (Lei)?	How old are you? (formal)
Quanti anni hai (tu)?	How old are you? (informal)
Sei sposato/a?	Are you married? (informal)
Sono di + città.	I am from + city.
Sono americano/a.	I am American.
Sono italiano/a.	I am Italian.
Sono italo-americano/a.	I am Italian-American.
Sono nato/a a + città.	I was born in + city.

Altre espressioni

il C.A.P. (codice di avviamento postale)	zip code
chiocciola	at (@)
E il Suo?	And yours? (formal)
E il tuo?	And yours? (informal)
e, ed (before vowels)	and
grazie	thank you
no	no
il prefisso	area code
prego	you are welcome
professor(e)/professoressa	professor
punto	dot (.)
scusa	excuse me (informal)
scusi	excuse me (formal)
sì	yes
signora / sig. ra	Mrs. / Ms.
signor(e) / sig.	Mr.
signorina / sig. na	Miss

A Bologna c'è un'università molto antica

In this chapter you will learn how to:

◆ Identify people and things in an Italian-language classroom

◆ Describe campus buildings and facilities

◆ Describe everyday activities in different locations on campus

Percorso I
In classe

Cosa c'è in classe?
L'aula

una luce
un calendario
un quaderno
una carta geografica
una porta
una lavagna
un orologio
uno studente
una finestra
una sedia
un gesso
una studentessa
un cancellino
un computer
uno zaino
una professoressa
una cattedra
un libro
un cestino
una calcolatrice
un banco
una matita   un foglio di carta   una penna

Gli oggetti in classe
un'agenda	*appointment book*
una borsa	*handbag*
un dizionario	*dictionary*
un giornale	*newspaper*
una gomma	*eraser*
una lavagna elettronica	*smart board*
uno schermo	*screen*
un televisore	*television*

Le persone
un amico/un'amica	*friend*
un compagno/una compagna	*classmate*
una donna	*woman*
un professore	*male teacher, professor*
un ragazzo/una ragazza	*boy/girl*
un uomo	*man*

Le domande
Che cosa c'è... ?	*What is there . . . ?*
Che cos'è?	*What is it?*
Chi è?	*Who is he/she?*

Così si dice *Ecco*

To point out people and things, you can use **ecco**. It is equivalent to the English: *here is, here are; there is, there are.* For example: **Dov'è uno zaino?** *Where is a backpack?* **Ecco uno zaino!** *Here (There) is a backpack!* **Ecco due zaini!** *Here (There) are two backpacks!*

2.1 L'intruso. Select the word that doesn't belong in each group.

1. un computer, una calcolatrice, una finestra
2. un gesso, una penna, un cestino
3. una sedia, un banco, una borsa
4. un giornale, un libro, un orologio
5. un quaderno, una cattedra, una lavagna elettronica
6. uno zaino, una lavagna, un cancellino
7. un computer, uno schermo, una luce
8. una donna, una ragazza, un uomo

 2.2 Mettiamoli in ordine (*Let's put them in order*)! Organize all the words that refer to people and things in the classroom, according to the following categories.

1. people
2. things you can read
3. things you use to write
4. things that don't fit in your backpack
5. things with numbers
6. things you use to do your homework
7. things you keep in your backpack

 2.3 Che cos'è? Write the Italian words for six people or things in the classroom on sticky notes. Then exchange sticky notes with a classmate and go around the room to post his/her labels where they belong.

🔊 In contesto In classe

Marco, who has left everything at home, asks a classmate to help him out.

please, help me!	MARCO:	Marisa, ti prego, aiutami!°
	MARISA:	Calma, Marco! Che c'è?
everything	MARCO:	Ho lasciato tutto° a casa. Mi dai un foglio di carta?
	MARISA:	Eccolo!
	MARCO:	Grazie! Ma mi dai anche una penna?
Do you need anything else?	MARISA:	Ecco una penna! Ti serve nient'altro?°

2.4 È vero che... (*Is it true that . . .*)? Indicate which of the following statements are true (**Vero**) and which are false (**Falso**), according to Marco and Marisa's conversation. Correct the false statements.

1. Lo studente si chiama Marco.
2. Marco non ha una penna.
3. Marisa non ha un foglio di carta.

Occhio alla lingua!

1. What do you notice about the endings of the words in the illustration of the classroom and in the *Vocabolario* list on page 41?
2. Look at the words that refer to females. What do you notice about the endings of these words?
3. Look at the words that end in **-e**. What do you notice about them?
4. What do you think **un, uno, una,** and **un'** mean? How and when is each form used? Can you detect a pattern?

GRAMMATICA

Il genere dei nomi

Nouns, **i nomi**, are words used to refer to people, places, objects, or ideas. In Italian, nouns have a gender (**genere**). They are masculine or feminine. Masculine nouns usually end in **-o** and feminine nouns in **-a**. Some nouns end in **-e**. These can be either masculine or feminine. Nouns that end in a consonant are usually of foreign origin and are frequently masculine.

Il genere dei nomi	
Maschile	**Femminile**
un amic**o**	una penn**a**
un giornal**e**	una calcolatri**ce**
un comput**er**	

Since it is not always possible to predict the gender of nouns based on their endings, you should always learn the article along with the noun, which shows the noun's gender. Here are some additional hints to help you determine if a noun is masculine or feminine.

1. Nouns that refer to males are generally masculine, and nouns that refer to females are usually feminine.

un regista	*a male film director*	una regista	*a female film director*
un cantante	*a male singer*	una cantante	*a female singer*
un padre	*a father*	una madre	*a mother*

2. Generally, nouns ending in **-ore** are masculine and those ending in **-rice** are feminine.

un att**ore**	*an actor*	un'att**rice**	*an actress*
uno scritt**ore**	*a male writer*	una scritt**rice**	*a female writer*

3. Most nouns ending in **-ione** are feminine.

una lez**ione**	*a lesson*	una conversaz**ione**	*a conversation*
una profess**ione**	*a profession*		

4. Abbreviated nouns retain the gender of the original words from which they derive.

un'auto *f.* (automobile)	*a car*	una bici *f.* (bicicletta)	*a bicycle*
una foto *f.* (fotografia)	*a photo*	un cinema *m.* (cinematografo)	*a movie theater*

2.5 Maschile o femminile? Indicate the gender of the following nouns.

1. film
2. conversazione
3. orologio
4. computer
5. scrittrice
6. giornale
7. bar
8. attore
9. lezione

10. direttore
11. porta
12. calcolatrice
13. foto
14. autobus
15. cinema
16. bici
17. attrice
18. madre

L'articolo indeterminativo

The Italian indefinite article, **l'articolo indeterminativo**, corresponds to the English *a* or *an* or to the number *one* when used with a noun (as in *one book* or *one pen*). The indefinite article is used with a singular noun, which it always precedes. The gender of the noun and its first letter determine which indefinite article it will take.

L'articolo indeterminativo		
Before nouns beginning with:	**Maschile**	**Femminile**
a consonant	**un** libro	**una** matita
a vowel	**un** amico	**un'**amica
s + consonant	**uno** studente	**una** studentessa
z	**uno** zaino	**una** zebra

2.6 Che cosa c'è in classe? Identify the numbered items in the illustration. Don't forget to include the indefinite article with each one.

Così si dice *C'è / Ci sono*

To indicate the existence of people, places, and things, you can use **c'è / ci sono**. **C'è** is used with singular nouns and is equivalent to the English *there is*. **Ci sono** is used with plural nouns and is equivalent to *there are*. For example: **In classe c'è una professoressa e ci sono molti studenti.** *In class there is a professor and there are many students.* To inquire about the existence of people, places, and things, you can ask: **C'è / Ci sono…?** and inflect your voice: **C'è un televisore in classe?** *Is there a television in class?* To respond, you could say: **No, non c'è un televisore, ma ci sono due schermi.** *No, there isn't a television, but there are two movie screens.*

 2.7 C'è…? Take turns playing the role of an Italian student who wants to know if the following items are in your classroom and answering his/her questions.

ESEMPIO: computer
             S1: C'è un computer?
             S2: Sì, c'è un computer. *o* No, non c'è un computer.

1. cestino
2. telefono
3. lavagna elettronica
4. cattedra
5. carta geografica
6. sedia
7. cancellino
8. orologio
9. calcolatrice
10. schermo
11. televisore
12. dizionario

 2.8 Associazioni. What objects or people do you associate with each of the following items?

ESEMPIO: un errore → una gomma

1. una matita
2. un quaderno
3. un orologio
4. un cestino
5. una borsa

6. un libro
7. una lavagna
8. un banco
9. una cattedra
10. uno schermo

Il presente di *avere*

Avere (*to have*) is an irregular verb frequently used to express possession. **Avere** is also used in many idiomatic expressions that you will learn in later chapters.

avere			
Singolare		**Plurale**	
io **ho**	*I have*	noi **abbiamo**	*we have*
tu **hai**	*you have (informal)*	voi **avete**	*you have (informal)*
Lei **ha**	*you have (formal)*	Loro **hanno**	*you have (formal)*
lui/lei **ha**	*he/she has*	loro **hanno**	*they have*

—Chi ha una penna?   —*Who has a pen?*
—Io ho una penna.   —*I have a pen.*

2.9 Chi ce l'ha (*Who has it*)? Indicate who has what things by matching the people in the left column with the statements in the right column.

1. Io
2. Tu e Carlo
3. Io e il professore
4. Giovanna
5. Gli studenti
6. Tu

a. ha il tuo numero di telefono.
b. hai la borsa della professoressa.
c. ho l'indirizzo del professore.
d. abbiamo il quaderno di Luigi.
e. hanno il libro d'italiano.
f. avete il libro di Luisa.

2.10 Che cosa hanno? Tell what items the following people have.

ESEMPIO: il professore / borsa
            Il professore ha una borsa.

1. uno studente e una studentessa / quaderno
2. io / libro
3. Teresa / zaino
4. Giulio / calcolatrice
5. io e Carla / orologio
6. tu e Laura / penna
7. tu / computer
8. Marta e Carlo / una matita

Scambi

2.11 Dov'è? Some people are having trouble finding what they need. Listen to the brief conversations, which will be repeated twice, and identify what each person is looking for by writing the number of the exchange next to the appropriate illustration of the table (**il tavolo**).

a. _____

b. _____

c. _____

d. _____

2.12 Che cos'è? Take turns pointing out various objects in the classroom, asking what they are, and responding.

ESEMPIO: S1: Che cos'è?
S2: È un libro.

 2.13 Chi ce l'ha? Go around the room and find at least two people who have the following items. The first person to complete this activity can confirm his/her findings by reading them aloud to the rest of the class.

1. un dizionario
2. un calendario
3. un giornale
4. un orologio
5. una borsa
6. uno zaino
7. un computer
8. un foglio di carta
9. un gesso
10. una gomma

 2.14 Dov'è? Make a list of six objects in your classroom. Then take turns asking where each item is and pointing it out.

ESEMPIO: S1: Dov'è un libro?
S2: Ecco un libro.

Che cosa c'è sulla scrivania (*on the desk*)?

Percorso II
L'università

I palazzi, gli edifici e le strutture

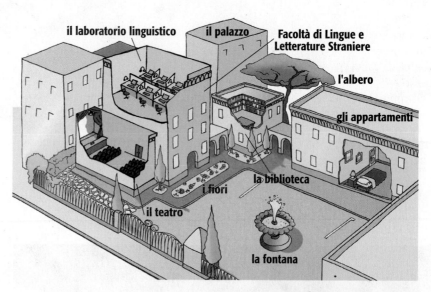

Per descrivere	
alto/a	tall
basso/a	low, short
antico/a	antique, old
moderno/a	modern
bello/a	pretty, beautiful
brutto/a	ugly, bad
grande	big
piccolo/a	small
nuovo/a	new
vecchio/a	old

Il posto (Location)	
Dov'è / Dove sono?	Where is it / Where are they?
a destra di	to the right of
a sinistra di	to the left of
davanti a	in front of
dietro a	behind
lontano da qui	far from here
qui vicino	nearby
vicino a	near, next to
sopra	on top of
sotto	under, beneath
tra / fra	between

La quantità		L'università	
quanti / quante?	*how many?*	**la libreria**	*bookstore*
molti / molte	*many*	**la mensa**	*cafeteria*
pochi / poche	*few*	**la scuola**	*school*
		lo stadio	*stadium*

2.15 Associazioni. Indicate the buildings and facilities you associate with the following activities, people, or things.

1. studenti
2. matite e penne
3. sport
4. pizza e pasta
5. film
6. libri

2.16 L'opposto. Give the opposite of the following words and expressions.

1. davanti a
2. sotto
3. vicino a
4. a sinistra di
5. molti
6. alto
7. nuovo
8. antico
9. grande
10. lontano da qui

Così si dice   Describing places and buildings

Like all adjectives, those used to describe places and buildings agree in number and gender with the nouns they describe. Adjectives whose masculine singular form ends in **-o** have four forms. Adjectives whose singular form ends in **-e** have only two forms, singular and plural.

L'accordo degli aggettivi

Singolare		Plurale	
un palaz**zo** nuo**vo**	*a new building*	mol**ti** palaz**zi** nuo**vi**	*many new buildings*
una bibliote**ca** nuo**va**	*a new library*	mol**te** bibliote**che** nuo**ve**	*many new libraries*
un teat**ro** grand**e**	*a big theater*	mol**ti** teat**ri** grand**i**	*many big theaters*
una piscin**a** grand**e**	*a big pool*	mol**te** piscin**e** grand**i**	*many big pools*

You will learn more about adjectives in Capitolo 3.

 2.17 Quali palazzi? List all the buildings on your campus or in your city that are:

1. alti e moderni
2. grandi e antichi
3. brutti e nuovi
4. vecchi e belli

Lo sai che?   The Italian university

Almost all Italian cities have a university. However, they usually don't have a centralized campus. The various schools (**facoltà**) and departments (**dipartimenti, istituti**) are scattered in buildings around the city, and each department has its own library. Since the typical Italian university does not have facilities such as a stadium, a swimming pool or tennis courts, students use the city's facilities.

L'Università di Modena e Reggio Emilia

Most Italian students attend a university in their own city and live at home. Those who attend a university in a different city commute, share apartments, or live in the **casa dello studente**, dormitories located in the city, usually near the university buildings.

The majority of Italian universities are public and tuition (**tasse**) is fairly low, based on the parents' income. There are also several private universities. The most famous of these are the Cattolica and the Bocconi in Milan, and the Cattolica and the LUISS (Libera Università Internazionale degli Studi Sociali) in Rome.

After three years, students can obtain a first degree, **laurea triennale**; then, after two more years, a second degree, **laurea magistrale**. Most universities also grant master's degrees and a graduate-level research degree, **il dottorato di ricerca**.

Italian universities participate in the Erasmus and Leonardo programs designed to promote student and faculty exchanges among the member nations of the European Union.

2.18 L'università. What are some similarities and differences between universities in Italy and universities in your country? What information about your university would probably be particularly interesting to an Italian student?

Così si dice   The prepositions *a* and *di* + *il, lo, la, l'*

To indicate location, you can use prepositions and prepositional phrases. When the prepositions **a** (*at, to*) and **di** (*of*) are followed by the definite article, they contract and become one word. For example: **Dov'è il teatro? È vicino *allo* stadio, a destra *della* mensa.** *Where is the theater? It's near the stadium, to the right of the cafeteria.*

a + il	a**l**	di + il	de**l**
lo	al**lo**	lo	del**lo**
la	al**la**	la	del**la**
l'	al**l'**	l'	del**l'**

Note that **sopra** (*above, on top of*) and **sotto** (*under, below*) are used with the definite article alone: **Il libro è sopra *la* cattedra. Lo zaino è sotto *il* banco.** You will learn more about prepositions in Capitolo 6.

In contesto   All'università

Roberta is asking a classmate where one of the university schools is located.

ROBERTA: Scusa, sai° dov'è la Facoltà di Lingue e Letterature Straniere?   *do you know*

PIETRO: Proprio qui vicino, in via Carlo Alberto, dietro alla vecchia biblioteca di giurisprudenza. È il palazzo grande a sinistra del Teatro Comunale.

ROBERTA: Grazie!

PIETRO: Figurati!°   *You're welcome!*

2.19 Dov'è la Facoltà di Lingue? Draw a map that shows the relationship of the places mentioned by Roberta and Pietro. Then, with a classmate, compare your maps and discuss any differences.

Occhio alla lingua!

1. Look at the endings of the words that refer to buildings and other facilities in the illustration on page 48 and in the *In contesto* conversation. Which words are feminine and which are masculine? Which are singular and which are plural? How can you tell?
2. What do you think **il, lo, i, gli, la,** and **le** are?
3. Look at the first letter of the words that follow **il, l', i, gli, la,** and **le.** Do you see any pattern?

GRAMMATICA

Il plurale dei nomi

In Italian, nouns are generally made plural by changing the final vowel.

Il plurale dei nomi			Singolare	Plurale
Nouns	**-o**	→ **-i**	palazz**o**	palazz**i**
ending in	**-a**	→ **-e**	piscin**a**	piscin**e**
	-e (*m.* or *f.*)	→ **-i**	professor**e**	professor**i**
			lezion**e**	lezion**i**

Here are some additional rules to help you form plurals:

1. Nouns ending in **-ca** or **-ga** and most nouns ending in **-go** retain the hard guttural sound of the **g** in the plural, by adding an **h**.

una biblioteca	*a library*	due bibliote**che**	*two libraries*
un'amica	*a friend*	due ami**che**	*two friends*
un albergo	*a hotel*	due alber**ghi**	*two hotels*

2. Most nouns ending in **-io** have only one **-i** in the plural.

| un edificio | *a building* | due edific**i** | *two buildings* |
| uno stadio | *a stadium* | due stad**i** | *two stadiums* |

3. Nouns ending in a consonant or an accented vowel and abbreviated nouns don't change in the plural.

un compute**r**	*a computer*	due compute**r**	*two computers*
un campu**s**	*a campus*	due campu**s**	*two campuses*
un'universit**à**	*a university*	due universit**à**	*two universities*
una **foto**(grafia)	*a photograph*	due **foto**	*two photographs*
un **cinema**(tografo)	*a movie theater*	due **cinema**	*two movie theaters*

2.20 Il plurale. Indicate which indefinite article to use with the following singular nouns, and then change the nouns to the plural using **molti** or **molte**.

ESEMPIO: libro
             un libro, molti libri

1. fontana
2. albero
3. computer
4. edificio
5. amica
6. piscina
7. studentessa
8. libreria
9. teatro
10. cinema
11. biblioteca
12. bar

2.21 Quanti? Tell how many of the following things and people are in your classroom.

ESEMPIO: libro
             Ci sono trenta libri.
             telefono
             Non c'è un telefono.

1. zaino
2. giornale
3. orologio
4. matita
5. studente
6. schermo
7. computer
8. banco
9. porta
10. televisore
11. studentessa
12. professore

2.22 Che cosa c'è a scuola? Tell how many of the following buildings, sites, or things are on your campus.

1. teatro
2. libreria
3. campo da tennis
4. biblioteca
5. mensa
6. fontana
7. albero
8. piscina
9. stadio
10. laboratorio linguistico

L'articolo determinativo

The Italian definite article, **l'articolo determinativo**, corresponds to the English *the*. Whereas in English the definite article is invariable, the Italian definite article has many forms since it agrees in number and gender with the noun it precedes. Its form also depends on the first letter of the word it precedes.

	Maschile		Femminile	
L'articolo determinativo				
Before nouns beginning with:	**Singolare**	**Plurale**	**Singolare**	**Plurale**
a consonant	**il** teatro	**i** teatri	**la** libreria	**le** librerie
a vowel	**l'**albero	**gli** alberi	**l'**entrata	**le** entrate
s + consonant	**lo** stadio	**gli** stadi	**la** scuola	**le** scuole
z	**lo** zaino	**gli** zaini	**la** zebra	**le** zebre

1. **Il** and **i** are used with masculine nouns beginning with a consonant.
2. **La** and **le** are used with feminine nouns beginning with a consonant.
3. **La** becomes **l'** before feminine singular nouns beginning with a vowel. The plural **le**, however, doesn't change before words beginning with a vowel.
4. **Lo** and **gli** are used before masculine nouns that begin with a vowel, s + a consonant, or z. **Lo** becomes **l'** before masculine singular nouns beginning with a vowel.
5. When using a title to address someone, do not use the definite article. Use the definite article, however, when speaking *about* someone.

Buongiorno, **professoressa** Giuliani.	*Good morning, Professor Giuliani.*
La professoressa Giuliani abita a Roma.	*Professor Giuliani lives in Rome.*
Come va, **dottor** Castri?	*How is it going, Doctor Castri?*
Il dottor Castri è italiano.	*Doctor Castri is Italian.*

2.23 Ecco! Point out the following places and things on your campus to a new friend.

ESEMPIO: appartamenti
            Ecco gli appartamenti.

1. mensa
2. teatro
3. scuola
4. stadio
5. fontana
6. alberi
7. piscina
8. librerie
9. campi da tennis
10. laboratorio linguistico

2.24 La scuola. Describe your school in complete sentences, using the cues provided.

ESEMPIO: campus / piccolo
             Il campus (non) è piccolo.

1. biblioteca / grande
2. edifici / bassi
3. piscina / nuova
4. laboratorio linguistico / moderno
5. campi sportivi / grandi
6. stadio / vecchio

2.25 Una città italiana. Complete the following conversation using the appropriate forms of the definite article.

SERENA: Com'è (1) _____ città? È piccola?

LORENZO: Sì! Piccola e antica! (2) _____ palazzi sono tutti
            antichi.

SERENA: E (3) _____ scuola com'è?

LORENZO: Vecchia, ovviamente! (4) _____ palazzo è antico, ma
            (5) _____ aule sono moderne.

SERENA: E (6) _____ appartamento dove abiti, dov'è?

LORENZO: Vicino allo stadio. Ci sono anche (7) _____ campi da
            tennis e (8) _____ piscine.

SERENA: (9) _____ appartamenti sono piccoli?

LORENZO: No! Per fortuna sono grandi e tutti (10) _____
            studenti sono soddisfatti.

2.26 Dove sono? Look at the classroom illustration on page 41 and indicate the location of each of the items listed below. Be sure to use the correct form of the definite article and come up with as many possibilities as you can.

ESEMPIO: libro
             S1: Il libro è sopra il banco.
             S2: Il libro è davanti allo zaino.

1. studenti
2. lavagna
3. banchi
4. professoressa
5. cattedra
6. penna
7. orologio
8. quaderni

Scambi

2.27 Che cos'è? Listen as different students request directions, and write the letter of the conversation that corresponds to the facility each person is looking for. Each conversation will be repeated twice.

1. _____ il laboratorio linguistico
2. _____ la piscina
3. _____ la mensa
4. _____ il teatro

2.28 Dov'è? Look at the illustration and indicate which structure or location is being described.

1. È davanti al teatro, tra la biblioteca e la piscina.
2. È a sinistra del campo da tennis, davanti allo stadio.
3. È a destra del teatro, dietro alla piscina.
4. È a sinistra dello stadio e davanti alla mensa.

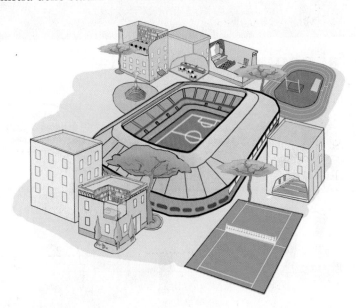

2.29 La mia scuola. Choose three buildings or facilities on your campus and write a one- or two-line description of each one, mentioning the location. Then, in small groups, take turns describing the places and identifying them.

ESEMPIO: —Ci sono molti computer. È dietro la biblioteca. Che cos'è?
—È il laboratorio linguistico.

Lo sai che? | Bologna la Dotta

La biblioteca Salaborsa della città di Bologna.

The Italian city of Bologna is known as **la Dotta** (*the learned one*) because of its university, which is one of the oldest in the world. Although the exact date of its founding is unknown, it is generally believed that the University of Bologna dates back to the end of the eleventh century, when groups of students all over Europe began forming their own study associations, which were independent from the Church. These associations were organized and administered directly by students, and they are considered the precursors of the modern-day university system.

Many famous Italians studied or at least spent some time in Bologna, among them Dante Alighieri, Francesco Petrarca, Leon Battista Alberti, and later Torquato Tasso and Carlo Goldoni. Thomas Becket, Desiderius Erasmus, Nicolaus Copernicus, and Albrecht Dürer also studied in Bologna.

Until 1803, the university was situated in the palace known as *Archiginnasio*, built in 1563. In this building, in 1637, an anatomical theater was constructed for the teaching of anatomy and the dissection of corpses. It was almost destroyed during World War II, but was later rebuilt in its original form. Many tourists from all over the world visit it.

Today Bologna is still one of the most important research and study centers in Italy, and it is considered a lively student town. Several foreign universities have programs in this city.

2.30 Un'università antica. Which are the oldest universities in your country? Why are they famous?

Percorso III
Le attività a scuola

🔊 Cosa fai ogni giorno a scuola?

Mario e Giuseppe **nuotano** in piscina.

Giorgio **suona** la chitarra e Luisa **canta**.
Gli amici **ascoltano**.

Le attività

abitare	*to live*
arrivare	*to arrive*
aspettare	*to wait for*
cercare	*to look for*
cominciare	*to start, to begin*
desiderare	*to wish*
disegnare	*to draw*
domandare	*to ask*
entrare	*to enter*
frequentare	*to attend*
guardare (la televisione)	*to watch (television)*
imparare	*to learn*
incontrare	*to meet*
lavorare	*to work*
mangiare	*to eat*
parlare	*to talk*
pensare	*to think*
tornare	*to return*

Le materie *(Academic subjects)*

l'architettura	*architecture*
la biologia	*biology*
l'economia	*economics*
l'informatica	*computer science*
l'ingegneria	*engineering*
la filosofia	*philosophy*
la fisica	*physics*

il giornalismo	*journalism*
la giurisprudenza	*law*
le lettere	*humanities*
le lingue straniere	*foreign languages*
la materia	*subject*
la psicologia	*psychology*
le scienze naturali	*natural sciences*
le scienze politiche	*political science*
la sociologia	*sociology*
la storia	*history*

La descrizione delle materie

difficile	*hard, difficult*
divertente	*fun, amusing*
facile	*easy*
interessante	*interesting*
noioso/a	*boring*
Ti piace... ?	*Do you like . . . (+ singular noun)?*
(Non) Mi piace...	*I (don't) like . . . (+ singular noun).*

Quando *(When)*?

la mattina	*in the morning*
ogni giorno	*every day*
il pomeriggio	*in the afternoon*
la sera	*in the evening*
stasera	*this evening*

2.31 Le attività in un campus. Which activities do you associate with these places? Match the places in the left column with the activities in the column on the right.

1. la libreria
2. la biblioteca
3. la Facoltà di Architettura
4. la Facoltà di Musica
5. la piscina
6. la mensa
7. il campo da tennis
8. il cinema
9. lo stadio
10. il bar
11. la scuola

a. parlare
b. disegnare
c. mangiare un panino (*sandwich*)
d. guardare un film
e. nuotare
f. giocare a tennis
g. cercare un libro
h. suonare uno strumento (*instrument*)
i. comprare i quaderni e le penne
j. cantare
k. incontrare gli amici
l. studiare
m. imparare
n. pensare
o. guardare una partita (*game*) di calcio

2.32 La mia giornata a scuola. Combine elements from each of the three columns to tell what you do at school.

1. Arrivo	i professori	davanti alla mensa
2. Aspetto	gli amici	in libreria
3. Cerco	a scuola	la sera
4. Incontro	libri e quaderni	in classe
5. Parlo	a casa	nel laboratorio linguistico
6. Ascolto	un libro	ogni giorno
7. Compro	un'amica	la mattina
8. Torno	italiano	a teatro
	i CD	in biblioteca

2.33 Le materie. Tell what subjects someone usually studies for each profession listed.

1. professore di lettere
2. dottore
3. scienziato
4. scrittore

 In contesto Davanti alla biblioteca

Giorgio and Anna are chatting in front of the library.

what are you doing here?

GIORGIO: Anna, che fai qui?°

ANNA: Niente, aspetto Giovanna. E tu?

GIORGIO: Cerco un libro d'italiano.

Do you feel like it?

ANNA: Mangiamo un panino insieme? Ti va?°

GIORGIO: Certo! Alla mensa?

as soon as

ANNA: No! Mangiamo qualcosa al bar qui vicino, appena° arriva Giovanna.

2.34 Che cosa fanno (*What are they doing*)? Indicate which of the following statements are true (**Vero**) and which are false (**Falso**) according to Anna and Giorgio's conversation. Correct the false statements.

1. Anna ha un appuntamento con Giovanna.
2. Giorgio lavora in biblioteca.
3. Giorgio, Anna e Giovanna mangiano insieme al bar.

Occhio alla lingua!

1. Look at the illustration captions on page 56. What do you think the words in boldface type express?
2. Look at the endings of the words in boldface type and the various people doing the activities. Can you detect a relationship between the verb endings and the person or people performing the activities?

GRAMMATICA

Il presente dei verbi in -are

An infinitive is a verb that is not conjugated. In English, an infinitive consists of a verb preceded by *to*. In Italian, infinitives are distinguished by their endings. Infinitives of regular Italian verbs end in -are, -ere, or -ire: **parlare** (*to speak*), **scrivere** (*to write*), and **dormire** (*to sleep*). Regular verbs are conjugated by dropping the infinitive endings and adding a set of endings to the stem. Below are the present-tense endings for regular verbs whose infinitives end in -are. These are called first-conjugation verbs. Notice how the ending changes according to who performs the action.

parlare			
Singolare		**Plurale**	
io parl**o**	*I speak*	noi parl**iamo**	*we speak*
tu parl**i**	*you speak (informal)*	voi parl**ate**	*you speak (informal)*
Lei parl**a**	*you speak (formal)*	Loro parl**ano**	*you speak (formal)*
lui/lei parl**a**	*he/she speaks*	loro parl**ano**	*they speak*

The present tense in Italian can have the following meanings in English.

Studiamo l'italiano.   *We study Italian.*
We are studying Italian.
We do study Italian.

Here are some other rules you should keep in mind when using regular -are verbs.

1. Verbs that end in -iare, such as **cominciare**, **studiare**, and **mangiare**, drop the **i** of the stem in the **tu** and **noi** forms.

   cominciare: comincio, cominci, comincia, cominc**iamo**, cominciate, cominciano
   mangiare: mangio, mang**i**, mangia, mang**iamo**, mangiate, mangiano

2. Verbs that end in -care and -gare, such as **giocare** (*to play*) and **spiegare** (*to explain*), add an **h** in the **tu** and **noi** forms to maintain the hard sound of the **c** and the **g** in the stem.

   giocare: gioco, gioc**hi**, gioca, gioc**hiamo**, giocate, giocano
   spiegare: spiego, spieg**hi**, spiega spieg**hiamo**, spiegate, spiegano

 2.35 Chi lo fa? Listen to the brief exchanges among various students and their friends, and use an Italian subject pronoun to indicate the subject of each verb that you hear. Each exchange will be repeated twice.

1. _____, _____, _____;
2. _____, _____, _____, _____;
3. _____, _____;
4. _____, _____;
5. _____, _____

2.36 Chi? Indicate who is performing the following actions by matching the statements in the left column with the people in the column on the right.

1. Ascoltiamo i CD d'italiano.
2. Giocano a tennis.
3. Compra un dizionario.
4. Cerchi un libro.
5. Mangiano la pizza.
6. Nuotate in piscina.
7. Imparo l'italiano.
8. Incontrate gli amici.

a. io
b. tu e Renata
c. gli studenti
d. tu
e. Fabrizio
f. Luisa e Alessia
g. io e Paolo
h. voi

2.37 Che cosa fanno? Tell what the following people are doing.

1. Io / ascoltare il professore
2. La professoressa / insegnare
3. Tu / comprare / un quaderno
4. Tu ed un'amica / cercare un libro
5. Io e gli amici / suonare la chitarra
6. Gli studenti / nuotare in piscina
7. Una studentessa / studiare in biblioteca
8. Noi / parlare in italiano

2.38 Molte attività. Complete the sentences to indicate what people are doing. Use the correct form of one of the verbs in this list.

cercare	disegnare	entrare	giocare	imparare	suonare

1. Paolo e Giovanni _____ il piano.
2. Anna _____ un albero.
3. Tu e Mario _____ il numero di telefono di un amico.
4. Io e Carlo _____ l'italiano.
5. Tu _____ a tennis.
6. Io _____ in classe.

Il presente di *fare*

Fare (*to do, to make*) is an irregular verb. It is used in many idiomatic expressions, which you will learn in later chapters.

fare			
Singolare		**Plurale**	
io faccio	*I do, make*	noi facciamo	*we do, make*
tu fai	*you do, make (informal)*	voi fate	*you do, make (informal)*
Lei fa	*you do, make (formal)*	Loro fanno	*you do, make (formal)*
lui/lei fa	*he/she does, makes*	loro fanno	*they do, make*

—Che cosa fai questa mattina?
—Studio. Che cosa fate tu e Carlo?

—Facciamo i compiti.

—*What are you doing this morning?*
—*I am studying. What are you and Carlo doing?*
—*We are doing our homework.*

2.39 Che cosa fate? Ask what the following people are doing by supplying the missing forms of **fare**.

1. —Che cosa _____ Luca?
   —Gioca a calcio.

2. —Fabrizio, che cosa _____?
   —Studio.
3. —Che cosa _____ tu e Paolo?
   —Parliamo con gli amici.
4. —Che cosa _____ noi oggi?
   —Guardiamo un film.
5. —Che cosa _____ Roberto?
   —Aspetta Susanna.
6. —Che cosa _____ Roberto e Susanna?
   —Suonano la chitarra.
7. —Signora, che cosa _____?
   —Mangio un panino.

Scambi

2.40 Che cosa fa? Look at Giulia's agenda and take turns indicating what she is doing each day this week and when—in the morning, afternoon, or evening. As you discuss what Giulia is doing, mention also what you yourselves will be doing each day at those times. Use verbs and expressions that you have learned.

ESEMPIO: Martedì mattina Giulia studia in biblioteca.
           Io studio in biblioteca giovedì sera.

OTTOBRE

lunedì **16** (10) ottobre	martedì **17** (10) ottobre	mercoledì **18** (10) ottobre	giovedì **19** (10) ottobre	venerdì **20** (10) ottobre	sabato **21** (10) ottobre
8 _____	8 _____	8 _____	8 _____	8 _____	8 _____
9 _____	9 _____	9 _____	9 *laboratorio linguistico*	9 _____	9 _____
10 _____	10 *biblioteca*	10 _____	10 _____	10 _____	10 _____
11 _____	11 _____	11 _____	11 _____	11 _____	11 _____
12 _____	12 _____	12 _____	12 _____	12 _____	12 _____
13 _____	13 _____	13 _____	13 _____	13 _____	13 _____
14 _____	14 _____	14 _____	14 _____	14 _____	14 _____
15 _____	15 _____	15 _____	15 _____	15 _____	15 _____
16 *piscina*	16 _____	16 _____	16 _____	16 _____	16 _____
17 _____	17 _____	17 _____	17 _____	17 *conservatorio*	17 _____
18 _____	18 _____	18 _____	18 _____	18 _____	18 _____
19 _____	19 _____	19 _____	19 _____	19 _____	19 _____
20 _____	20 _____	20 _____	20 _____	20 _____	20 *ristorante*
21 _____	21 _____	21 *teatro*	21 _____	21 _____	21 _____

domenica **22** (10) ottobre					
	8 _____	10 _____	13 _____	16 _____	19 _____
	9 _____	11 _____	14 *stadio*	17 _____	20 _____
		12 _____	15 _____	18 _____	21 _____

2.41 Chi? Go around the room and find at least two classmates who do the following things. Record your findings and report them to the class.

ESEMPIO: La mattina guarda la televisione.

S1:   La mattina guardi la televisione?

S2:   Sì, guardo la televisione la mattina. *o* No, non guardo la televisione la mattina.

Attività	Nome
1. Studia in biblioteca ogni giorno.	
2. Lavora il pomeriggio.	
3. Suona la chitarra o un altro strumento.	
4. Mangia alla mensa ogni giorno.	
5. Gioca a calcio.	
6. La sera guarda la televisione con gli amici.	
7. Canta.	
8. Disegna molto bene.	

2.42 Studi... ? Write two subjects you like and two you don't. Then survey your classmates and find at least two people who are studying each subject. Find out if they like each subject, what they think about it, and record their responses.

ESEMPIO: S1:   Che cosa studi?

S2:   Studio matematica.

S1:   Ti piace?

S2:   Sì!

S1:   Perché?

S2:   È interessante e divertente e non è difficile!

2.43 Indovina dove (*Guess where*)! Choose a place on campus and make a list of three activities that students do there. Then take turns reading your list to the others and guessing what place is being described.

Università di Salerno
Dove sono gli studenti?
Cosa fanno?

In pratica

 PARLIAMO

La vita da studente. Discuss your daily school-related activities with a classmate and find out what you have in common.

Prima di parlare

2.44 Begin by completing the chart to indicate what you usually do throughout your school day. Use **-are** verbs that you have learned in this chapter.

La mattina	Il pomeriggio	La sera

Mentre parli

 2.45 Share with a classmate what you do at different times in the day. Determine what things you both do at some point each day. Are there also some activities that you do not have in common?

ESEMPIO: —La mattina incontro gli amici a scuola. E tu?
—Io la mattina lavoro! Incontro gli amici il pomeriggio…

Dopo aver parlato

 2.46 Take turns summarizing for the class what the two of you do and do not have in common. How do your daily activities compare to those of the class as a whole?

LEGGIAMO

Prima di leggere

 2.47 Paying particular attention to words you recognize as cognates, look at the text "Madrelingua", then answer the following questions.

1. What type of text is this?
   a. un articolo
   b. una lettera
   c. una pubblicità

2. What is the topic of this text?
   a. un ristorante
   b. una scuola
   c. una banca

3. What words and other clues led you to draw these conclusions?

Mentre leggi

2.48 As you read the text, make a list of all the cognates that you recognize.

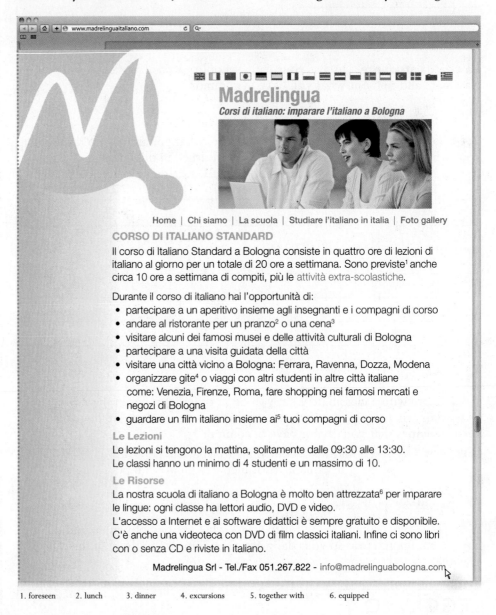

Madrelingua
Corsi di italiano: imparare l'italiano a Bologna

Home | Chi siamo | La scuola | Studiare l'italiano in italia | Foto gallery

CORSO DI ITALIANO STANDARD

Il corso di Italiano Standard a Bologna consiste in quattro ore di lezioni di italiano al giorno per un totale di 20 ore a settimana. Sono previste[1] anche circa 10 ore a settimana di compiti, più le attività extra-scolastiche.

Durante il corso di italiano hai l'opportunità di:
- partecipare a un aperitivo insieme agli insegnanti e i compagni di corso
- andare al ristorante per un pranzo[2] o una cena[3]
- visitare alcuni dei famosi musei e delle attività culturali di Bologna
- partecipare a una visita guidata della città
- visitare una città vicino a Bologna: Ferrara, Ravenna, Dozza, Modena
- organizzare gite[4] o viaggi con altri studenti in altre città italiane come: Venezia, Firenze, Roma, fare shopping nei famosi mercati e negozi di Bologna
- guardare un film italiano insieme ai[5] tuoi compagni di corso

Le Lezioni

Le lezioni si tengono la mattina, solitamente dalle 09:30 alle 13:30.
Le classi hanno un minimo di 4 studenti e un massimo di 10.

Le Risorse

La nostra scuola di italiano a Bologna è molto ben attrezzata[6] per imparare le lingue: ogni classe ha lettori audio, DVD e video.
L'accesso a Internet e ai software didattici è sempre gratuito e disponibile.
C'è anche una videoteca con DVD di film classici italiani. Infine ci sono libri con o senza CD e riviste in italiano.

Madrelingua Srl - Tel./Fax 051.267.822 - info@madrelinguabologna.com

1. foreseen   2. lunch   3. dinner   4. excursions   5. together with   6. equipped

Dopo la lettura

 2.49 Work with a classmate and compare the cognates that you identified. Who has found more? Which words in your lists relate to the main focus of the reading?

2.50 Indicate which of the following statements are true (**Vero**) and which are false (**Falso**).

_____ 1. Gli studenti in questa scuola studiano italiano.
_____ 2. La scuola è in un campus universitario.
_____ 3. Gli studenti non sono italiani.
_____ 4. Gli studenti possono fare molte attività dopo le lezioni.
_____ 5. Le aule sono molto moderne.
_____ 6. Gli studenti studiano tutto il giorno.

2.51 Discuss the following questions:

1. Many students would like to study abroad, especially for the purpose of learning another language. Are you yourself planning to study abroad? Why or why not?
2. Would you be interested in studying Italian at Madrelingua in Bologna? List in Italian and share with your classmates several aspects of this school and its program that you find interesting.

SCRIVIAMO

Strategie per scrivere Using semantic mapping to generate and organize ideas
Coming up with interesting ideas to write about can be challenging, especially for beginning language students. Semantic mapping can help you generate ideas and organize them effectively to get your point across. This process is simple and fun.

La nostra scuola. You are about to meet with a group of Italian students who have just arrived on your campus. Prepare some written notes, telling what schools and campuses in your country are like, before you talk with them.

Prima di scrivere

2.52 Follow these steps to create and use a semantic map.

1. Write **La scuola** and organize related words around it.

ESEMPIO:

2. Next, around each word related to **La scuola**, such as **Le attività**, brainstorm clusters of words and ideas that you associate with that word. For example, around **Le attività**, you might write **studiare, giocare a tennis**, etc.
3. Look at the semantic map you have created and ask yourself what Italian students would find most interesting and relevant. Keep in mind what you have learned about Italian schools and how they differ from those in your country. Decide which clusters of ideas (select at least three) you want to develop and in what order.

La scrittura

2.53 Prepare a first draft of your notes based on the clusters of ideas you have selected from your semantic map.

La versione finale

2.54 Let some time pass, then review your first draft.

1. Ask yourself if your ideas are expressed clearly and in a logical order. Make any necessary revisions.
2. Once you are satisfied with the content and organization, check the language of your notes.
   a. Are the verb forms correct?
   b. Are the articles and the number and gender of the nouns correct?
   c. Do the adjectives agree with the nouns they modify?
   d. Is the spelling correct throughout?

<table>
<tr><td>

Strategie per guardare
Anticipating content

Use your own experience as a basis for anticipating and understanding the content of interviews in Italian. For example, when you know the subject of a sequence of interviews, consider what you already know about it and what the likely focuses will be. This will help you to follow the discussion.

</td></tr>
</table>

GUARDIAMO

Prima di guardare

2.55 You are about to see some short interviews in which people talk about their schools.

1. Before watching this segment, list in Italian at least four school-related topics that might be discussed.
2. Beside each topic, note some related terms and expressions that the speakers may use.

Mentre guardi

 2.56 As you watch and listen to each interview, pay particular attention to what people say about Italian schools and universities, and about students' activities. Are there any topics you should add to your list?

Dopo aver guardato

 2.57 Now answer the following questions.

1. Which of the following fields of study do people mention in the video?

_____	architettura,	_____	economia,
_____	filosofia,	_____	geografia,
_____	giurisprudenza,	_____	ingegneria,
_____	matematica,	_____	psicologia,
_____	scienze naturali,	_____	scienze politiche,
_____	storia dell'arte		

2. Indicate which of the following statements about where Italian students live are true (**Vero**) and which ones are false (**Falso**) according to what people say in the video.

   _____ **a.** Gli studenti universitari abitano con gli amici.

   _____ **b.** Spesso gli studenti universitari abitano in famiglia.

   _____ **c.** Tutti gli studenti abitano nel campus.

   _____ **d.** Quando non abitano con i genitori (*parents*) gli studenti abitano in appartamenti.

3. What do people say about the campus? Explain the following statements according to what people say in the video.

   a. In Italia non c'è il campus.

   b. Secondo Gaia, a Firenze c'è una specie di campus con tre facoltà.

4. What subjects does Emma study that are not usually taught in high schools in your country?

 5. Think over what people in the video have said about their schools. If you were going to describe your school to an Italian student, would your description be similar to his or her description? Why or why not?

Questi ragazzi sono studenti? Sono a scuola? Cosa fanno?

■ ATTRAVERSO L'EMILIA-ROMAGNA

Bologna is known not only as **la Dotta** (*the learned one*), but also as **la Grassa** (*the fat one*), because of its fine cuisine. It is well kown for its **portici**, colonnades that extend along the city streets for almost 38 kilometers and allow people to walk around comfortably even in bad weather. A beautiful Medieval city, rich in history and culture, Bologna is the capital of the Emilia-Romagna region. Emilia-Romagna is famous for the foods produced in its fertile plains, its striking landscape, and its coastline cities, known as **la riviera romagnola**, which attract the young and old in search of lively and relatively inexpensive beaches and clubs. Emilia-Romagna is also an important cultural and economic center.

La fabbrica delle famose Ferrari a Maranello, vicino Modena. Enzo Ferrari costruisce (*builds*) la fabbrica a Maranello nel 1943 e nel 1945 è completato il progetto della prima automobile Ferrari, pronta nel 1947. Oggi a Maranello, oltre alla fabbrica, c'è il museo delle automobili Ferrari.

Una larga e affollata (*crowded*) spiaggia della riviera romagnola (Cattolica). La costa romagnola è lunga 150 chilometri. Le spiagge (*beaches*) sono molto grandi e affollate. In estate è la meta (*destination*) preferita di molti turisti italiani e stranieri. Ci sono numerosissimi alberghi, pensioni, ristoranti, bar e tante discoteche a prezzi ragionevoli (*reasonable prices*). La riviera romagnola è famosa per il cibo (*food*) e il ballo. È possibile mangiare e ballare a tutte le ore (*all hours*) del giorno e della notte. Rimini, Riccione e Milano Marittima sono i centri più importanti della costa adriatica. Rimini è particolarmente popolare fra i giovani

VERIFICHIAMO

First read the introduction to the region, then look at the photos and read the related captions

2.58 Che cos'è? Tell what building, place, or person is being described.

1. Ha quasi 38 chilometri di portici e si chiama la Grassa per la sua cucina.
2. C'è il museo della Ferrari.
3. È un famoso direttore d'orchestra nato a Parma.
4. È famosa per i mosaici bizantini.
5. È il compositore dell'*Aida*.
6. È famosa per il prosciutto.
7. È una città turistica dove vanno molti giovani in estate.

 2.59 E nel vostro Paese? Are there university cities like Bologna in your country? How are they similar and how are they different?

 2.60 Rimini. What do you think Rimini is like in the summer months? Would you like to go there? Are there any areas in your country similar to this city? Would Italians find them appealing? Why?

Palazzo della Pilotta nel centro storico di Parma. Parma è la capitale alimentare (*food*) d'Italia. È famosa per il prosciutto e il parmigiano e tante industrie alimentari che producono pasta e salumi. Parma è anche la città natale (*birth*) del direttore d'orchestra Arturo Toscanini (1867–1957). Inoltre a Busseto, vicino a Parma, è nato Giuseppe Verdi (1813–1901). *La traviata*, *Il trovatore* e l'*Aida* sono alcune delle sue opere (*operas*) più importanti.

La Basilica di San Vitale, del VI secolo (*century*), con i suoi magnifici mosaici. Ravenna fu (*was*) la capitale dell'Impero (*Empire*) Romano d'Occidente (401–476), del regno degli ostrogoti (493–553) e dell' Esercato bizantino o Impero Romano d'Oriente (568–751). È una delle

In classe

un'agenda	appointment book
l'amico/a	friend
l'aula	classroom
il banco	student's desk
la borsa	handbag
la calcolatrice	calculator
il calendario	calendar
il cancellino	chalkboard eraser
la carta geografica	map
la cattedra	teacher's desk
il cestino	wastebasket
il compagno/la compagna	classmate
il computer	computer
il dizionario	dictionary
la donna	woman
la finestra	window
il foglio di carta	sheet of paper
il gesso	chalk
il giornale	newspaper
la gomma	eraser
la lavagna	chalkboard
la lavagna elettronica	smart board
il libro	book
la luce	light
la matita	pencil
l'orologio	clock, watch
la penna	pen
il professore	male teacher, professor
la professoressa	female teacher, professor
la porta	door
il quaderno	notebook
il ragazzo	boy
la ragazza	girl
la sedia	chair
lo schermo	screen
lo studente	male student
la studentessa	female student
il televisore	television
l'uomo	man
lo zaino	backpack

L'università

l'albero	tree
gli appartamenti	apartments
la biblioteca	library
il campo da tennis	tennis court
il campo sportivo	field, track
l'edificio	building
la Facoltà di Lingue e Letterature Straniere	Department of Foreign Languages and Literature
la fontana	fountain
i fiori	flowers
il laboratorio linguistico	language laboratory
la libreria	bookstore
la mensa	cafeteria
il palazzo	building
la piscina	pool
la scuola	school
lo stadio	stadium
il teatro	theater

Le materie

l'architettura	architecture
la biologia	biology
la chimica	chemistry
l'economia	economics
la filosofia	philosophy
la fisica	physics
la geografia	geography
il giornalismo	journalism
la giurisprudenza	law
l'informatica	computer science
l'ingegneria	engineering
le lettere	humanities
le lingue straniere	foreign languages
la matematica	mathematics
la psicologia	psychology
le scienze naturali	natural sciences
le scienze politiche	political science
la sociologia	sociology
la storia	history

Gli aggettivi

alto/a	tall
antico/a	antique, old
basso/a	low, short
bello/a	pretty, beautiful
brutto/a	ugly, bad
difficile	hard, difficult
divertente	fun, amusing
facile	easy
grande	big
interessante	interesting
moderno/a	modern
noioso/a	boring
nuovo/a	new
piccolo/a	small
vecchio/a	old

I verbi

abitare	to live
arrivare	to arrive
ascoltare	to listen to
aspettare	to wait for
cantare	to sing
cercare	to look for
cominciare	to start, to begin
comprare	to buy
desiderare	to wish
disegnare	to draw
domandare	to ask
entrare	to enter
frequentare	to attend
giocare (a calcio)	to play (soccer)
guardare (la televisione)	to watch (television)
imparare	to learn
incontrare (un amico/un'amica)	to meet (a friend)
insegnare	to teach
lavorare	to work
mangiare (un panino)	to eat (a sandwich)
nuotare	to swim
parlare	to talk
pensare	to think
studiare	to study
suonare (la chitarra)	to play (the guitar)
tornare (a casa / a scuola)	to return (home / to school)

Il posto

a destra di	to the right of
a sinistra di	to the left of
davanti a	in front of
dietro a	behind
lontano da qui	far from here
nella borsa, nello zaino	in the handbag, in the backpack
qui vicino	nearby
sopra	above, on top of
sotto	under, beneath
tra / fra	between
vicino a	near, next to

Le lezioni

Che cosa studi?	What are you studying?
Studio scienze politiche.	I'm studying political science.

Altre parole ed espressioni

C'è / Ci sono	There is / There are
Che cos'è?	What is it?
Chi è?	Who is it?
Dov'è / Dove sono?	Where is / Where are?
Ecco (un libro).	Here is / There is (a book).
la mattina	in the morning
molti/e	many
ogni giorno	every day
pochi/e	little, a few
il pomeriggio	in the afternoon
la sera	in the evening
stasera	this evening
Ti piace...?	Do you like ...? (+ singular noun)
(Non) Mi piace...	I (don't) like ... (+ singular noun)
quanti / quante?	how many?

Stefano Gabbana e
Domenico Dolce

Donatella Versace

Miuccia Prada

Giorgio Armani

Percorso I: La descrizione delle persone
Percorso II: L'abbigliamento
Percorso III: Le attività preferite
In pratica
Attraverso: La Lombardia

In this chapter you will learn how to:

◆ Describe people's appearance and personality

◆ Identify and describe articles of clothing

◆ Talk about your favorite activities

Percorso I
La descrizione delle persone

VOCABOLARIO

 Come sono?

Susanna

Ha diciotto anni: è **giovane**. È **alta, magra** e **bionda**. Ha i capelli **lunghi** e **lisci** e ha gli occhi **chiari**. È una ragazza un po' **triste** e molto **sensibile**.

Il professor Campi

È **basso, grasso, calvo,** con i baffi e gli occhiali. È sempre molto **gentile**.

Marco e Fabrizio

Sono **magri, alti, bruni** e **giovani.** Hanno la barba, hanno gli occhi **castani** e i capelli **corti** e **ricci.** Sono **sportivi** e **dinamici.**

La signora Rossini

Ha settantacinque anni: è **anziana.** Ha gli occhi **scuri** e ha i capelli **bianchi.** È una signora molto **seria** e **intelligente.**

La descrizione delle caratteristiche fisiche e psicologiche

allegro/a	*happy*
antipatico/a	*disagreeable, unpleasant*
atletico/a	*athletic*
avaro/a	*stingy*
bravo/a	*good, trustworthy, talented*
buffo/a	*funny*
calmo/a	*calm*
carino/a	*nice, cute*
cattivo/a	*bad*
comprensivo/a	*understanding*
elegante	*elegant*
espansivo/a	*friendly, outgoing*
generoso/a	*generous*
nervoso/a	*nervous, tense*
noioso/a	*boring*
paziente	*patient*
pigro/a	*lazy*
simpatico/a (*pl.* **simpatici/simpatiche**)	*pleasant, nice*
socievole	*sociable*
stanco/a	*tired*
studioso/a	*studious*
timido/a	*shy*

Chiedere e dare informazioni

Com'è? *What is he/she, it like?*

Come sono? *What are they like?*

Di che colore ha i capelli (gli occhi)? *What color is his/her hair (are his/her eyes)?*

Ha i capelli neri, castani, biondi, rossi, chiari, scuri. *He/She has black, brown, blond, red, light, dark hair.*

Ha gli occhi verdi, azzurri, castani, grigi, chiari, scuri. *He/She has green, blue, brown, hazel, light-colored, dark-colored eyes.*

Altre espressioni per descrivere

altro/a	*other, another*
caro/a	*dear, expensive*
molto/a	*many, a lot*
poco/a	*few*
quanto/a	*how much, how many*
stesso/a	*same*
vero/a	*real, true*

Altre parole per descrivere

molto	*very*
poco	*little, not very*
proprio	*really*
quanto?	*how much?*
troppo	*too much*

Per paragonare *(To compare)*

anche	*also*
invece	*instead, on the other hand*
ma, però	*but*
o, oppure	*or*

3.1 Il contrario. Reorganize the adjectives presented above and on page 73 by listing them as opposites.

3.2 Come sono? Rewrite the descriptions of the people on page 73 by expressing everything in opposite terms.

ESEMPIO: Susanna è alta e magra.
Susanna è bassa e grassa.

1. Susanna
2. Il professor Campi
3. Marco e Fabrizio
4. La signora Rossini

 3.3 Quanti studenti... Indicate how many people in class fit each description.

1. Ha i capelli lunghi e biondi e gli occhi azzurri.
2. Ha i capelli corti e ricci e gli occhi azzurri.
3. Ha i capelli corti e lisci e gli occhi castani.
4. Ha i capelli castani, corti e ricci.
5. Ha gli occhi verdi, i capelli castani lunghi e lisci.
6. Ha i capelli corti e biondi e gli occhi castani.

 In contesto   Un bel ragazzo romano

Giovanna and Teresa are talking about another student in their class.

GIOVANNA:	Teresa, chi è quel° ragazzo bruno con gli occhiali?	*that*
TERESA:	Il ragazzo magro con gli occhi chiari e i capelli corti e ricci?	
GIOVANNA:	Sì, lui. Come si chiama?	
TERESA:	Paolo. È di Roma. È un bel ragazzo°, vero° ?	*good-looking guy / right*
GIOVANNA:	Sì. È proprio bello!	
TERESA:	È anche molto serio e intelligente, però è poco espansivo. E poi ha già la ragazza.	
GIOVANNA:	Peccato!° Com'è la ragazza?	*What a pity!*
TERESA:	È bionda e ha i capelli lunghi e lisci. Anche lei è carina e intelligente, però non è molto simpatica.	

3.4 Chi è? Identify Paolo and his girlfriend on the basis of Giovanna's and Teresa's descriptions. Then list some adjectives you can use to describe each of the other people shown.

3.5 È vero? Select the statements below that describe Paolo.

1. Paolo è italiano. _____
2. Paolo è brutto, ma espansivo. _____
3. Paolo ha i capelli castani. _____
4. Paolo ha molti amici. _____
5. Ha una bella ragazza. _____

Così si dice   *Quanto, molto, poco, troppo*

Quanto, molto, poco, and **troppo** can be used as adjectives or as adverbs. When they are used as adjectives, they agree in number and gender with the nouns they modify. When they are used as adverbs, they modify verbs, adjectives, or other adverbs, and they are invariable.

Quanti studenti hanno i capelli biondi?	*How many students have blond hair?*
Pochi studenti hanno i capelli biondi.	*Few students have blond hair.*
Troppi studenti sono **poco** seri.	*Too many students are not very serious.*
Gli studenti però sono tutti **molto** intelligent**i** e parlano **molto** bene.	*But the students are all very intelligent and they speak very well.*

Occhio alla lingua!

1. List all the words used to describe the people in the illustration captions on page 73.

2. What do you notice about the endings of the words you have listed?

GRAMMATICA

L'aggettivo

Adjectives, **aggettivi,** describe people, places, and things. In Italian, adjectives agree in gender (masculine/feminine) and number (singular/plural) with the nouns they describe. There are two basic types of adjectives in Italian: those that end in -o (**americano, alto, biondo**) and those that end in -e (**francese, giovane, triste**).

1. Adjectives that end in -o have four forms.

	Singolare	**Plurale**
Maschile	**-o**	**-i**
	un ragazzo biond-**o**	due ragazzi biond-**i**
Femminile	**-a**	**-e**
	una ragazza biond-**a**	due ragazze biond-**e**

Paolo è **alto** e **bruno**.	Paolo is tall and dark-haired.
Maria invece è **bassa** e **bionda**.	Maria, instead, is short and blond.
Hanno i capelli **corti** e **ricci**.	They have short, curly hair.
Carla e Giulia sono **italiane**.	Carla and Giulia are Italian.

2. Adjectives that end in -e have only two forms: a singular and a plural form.

	Singolare	**Plurale**
	-e	**-i**
Maschile	un ragazzo trist**-e**	due ragazzi trist**-i**
Femminile	una ragazza trist**-e**	due ragazze trist**-i**

| Carlo e Renata sono molto **intelligenti**. | Carlo and Renata are very intelligent. |
| Martina e Luisa sono **divertenti**. | Martina and Luisa are fun. |

Here are some other rules to help you use adjectives effectively:

1. When an adjective modifies two or more nouns of different genders, or a plural noun that refers to both genders, the masculine plural form of the adjective is always used.

| Mario e Luisa sono bion**di**. | Mario and Luisa are blond. |
| Gli studenti sono se**ri**. | The students are serious. |

2. Like nouns ending in **-ca**, **-ga**, and **-go**, adjectives that end in **-ca**, **-ga**, and **-go** change to **-che**, **-ghe**, and **-ghi** in the plural, in order to maintain the hard sound of the **c** and **g**.

| Le tue amiche sono simpati**che**. | Your friends are nice. |
| Laura ha i capelli lun**ghi**. | Laura has long hair. |

3. Most adjectives usually follow the noun they modify, but there are some exceptions. The following adjectives very often precede the noun they modify.

bello/a	*beautiful, nice*	giovane	*young*
bravo/a	*good, talented*	grande	*large, great*
brutto/a	*ugly*	nuovo/a	*new*
buono/a	*good*	piccolo/a	*small*
caro/a	*dear, expensive*	vecchio/a	*old*
cattivo/a	*bad*	vero/a	*true, real*

| È un **giovane** studente italiano. | He is a young Italian student. |
| È una **vera** amica. | She is a true friend. |

4. The following adjectives always precede the noun they modify.

altro/a	*other*
molto/a	*many, a lot, much*
poco/a	*a little, few*
questo/a	*this*
quanto/a	*how much, how many*
stesso/a	*same*
troppo/a	*too much, too many*

| —**Quanti** ragazzi ci sono in classe? | —How many boys are there in class? |
| —Ci sono **molti** ragazzi, ma **poche** ragazze. | —There are many boys, but few girls. |

3.6 Chi è? Listen to the descriptions of the people shown below, which will be repeated twice. Match each description with the person or people being described by writing in the corresponding letter.

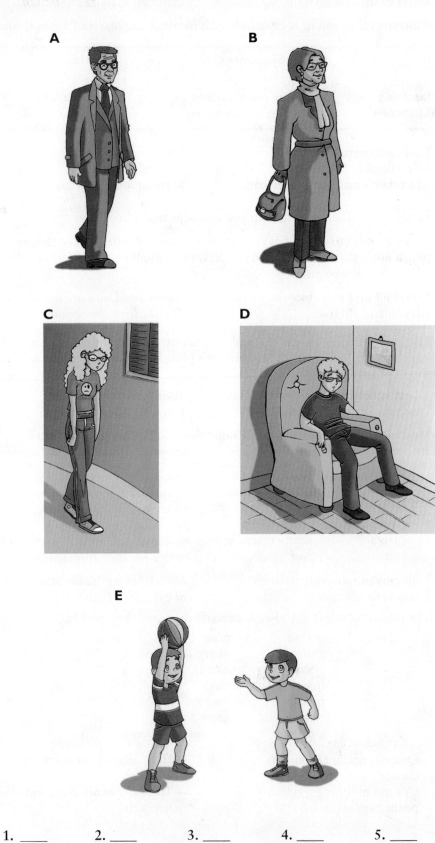

1. ____   2. ____   3. ____   4. ____   5. ____

3.7 Come sono questi personaggi? Describe the following celebrities using the adjectives given.

ESEMPIO: Sofia Loren / alto / simpatico
             Sofia Loren è alta e simpatica.

1. Roberto Benigni / buffo / allegro
2. Cecilia Bartoli / serio / sensibile
3. Jovanotti e Zucchero / bravo / dinamico
4. Donatella Versace e Giorgio Armani / elegante / espansivo
5. Eros Ramazzotti / bello / estroverso
6. Laura Pausini e Irene Grandi / carino / simpatico

3.8 Una mia amica. Rewrite the following paragraph to describe a female friend and use adjectives whose meaning is the opposite of the adjectives in italics.

Ho un amico *basso* e *magro*. È *bruno* ed ha i capelli *lunghi* e *ricci* e gli occhi *scuri*. È anche *sportivo*. È un ragazzo *espansivo* e *generoso*. È *divertente* e *simpatico*.

3.9 Alcuni amici. Complete this description of some friends by supplying the appropriate endings for the adjectives and adverbs.

1. Io ho molt _____ amici simpatic _____. Ho un car_____ amico italian_____, Beppe, e due car_____ amiche frances_____, Isabelle e Karine.
2. Beppe è molt_____ socievol_____ e sempre allegr_____. È un ragazzo giovan_____ e dinamic_____. È alt_____, ma non è molt_____ magr_____. Beppe è un ver_____ amico. È sempre molt_____ generos_____.
3. Isabelle è brun_____. Ha i capelli lungh_____ e ricc_____. È molt_____ intelligent_____ e allegr_____. È una ragazza divertent_____.
4. Anche Karine è una brav_____ ragazza, ma è un po' pigr_____. Non è molt_____ atletic_____.

3.10 Come sono i ragazzi e le ragazze a scuola? Describe the students in your classes by completing the following sentences with appropriate adjectives from the box. Make any necessary changes.

allegro	antipatico	bravo	buffo	carino	divertente
nervoso	elegante	gentile	paziente	noioso	
sensibile	serio	sportivo	studioso	timido	

1. Molti ragazzi sono...
2. Pochi ragazzi sono...
3. Molte ragazze sono...
4. Poche ragazze sono...

3.11 Come sono i professori? Write a short note to a friend describing and comparing three of your instructors.

3.12 Un vero amico/Una vera amica. Make a list of adjectives that describe how a true friend should be. Then compare lists with a classmate. How similar are your lists?

Scambi

 3.13 Indovina chi è! Take turns describing a person in the illustration on page 75 and guessing who is being described.

 3.14 Chi sono? Go around the room and ask yes/no questions in order to figure out the the name of the famous person your teacher has taped to your back.

ESEMPIO: S1:   Sono giovane?
             S2:   No.
             S1:   Ho gli occhi azzurri?

 3.15 Paragoniamoli (*Let's compare them*)! Compare and contrast the following people. Then share your descriptions with the class.

ESEMPIO: Justin Timberlake e Placido Domingo
             Justin Timberlake è magro, invece Placido Domingo è grasso.
             Placido Domingo è un bravo cantante e anche Justin
             Timberlake è bravo…

1. Jay Leno e David Letterman
2. Woody Allen e Francis Ford Coppola
3. Julia Roberts e Madonna
4. … ?

 3.16 Com'è il tuo migliore amico/la tua migliore amica? Prepare a list of six questions to ask a classmate about his/her best friend. Inquire about the person's appearance and personality. Then use the list to interview a classmate.

Come sono?

Percorso II
L'abbigliamento

 Che cosa portano?

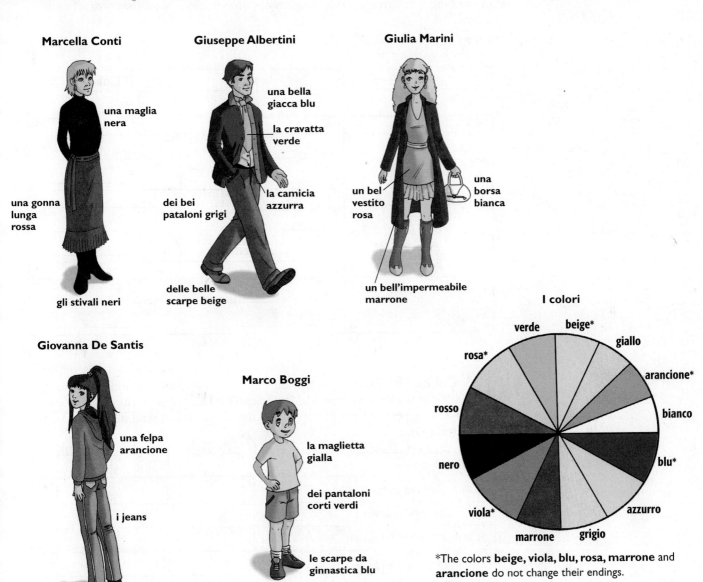

Marcella Conti

una maglia nera

una gonna lunga rossa

gli stivali neri

Giuseppe Albertini

una bella giacca blu

la cravatta verde

la camicia azzurra

dei bei pataloni grigi

delle belle scarpe beige

Giulia Marini

un bel vestito rosa

una borsa bianca

un bell'impermeabile marrone

Giovanna De Santis

una felpa arancione

i jeans

Marco Boggi

la maglietta gialla

dei pantaloni corti verdi

le scarpe da ginnastica blu

I colori

verde — beige* — giallo — arancione* — bianco — blu* — azzurro — grigio — marrone — viola* — nero — rosso — rosa*

*The colors **beige, viola, blu, rosa, marrone** and **arancione** do not change their endings.

Domande sull'abbigliamento

Che cosa porti / porta? Che cosa indossi / indossa? *What are you/is he/she wearing?*

Di che colore è... ? *What color is . . . ?*

Di chi è? *Who is the designer? / Whose is it?*

3.17 Qual è il tuo colore preferito? Survey four classmates to find out their favorite colors. Don't forget to specify **chiaro** or **scuro.**

ESEMPIO:　　S1:　Qual è il tuo colore preferito?
　　　　　　　S2:　Il mio colore preferito è il verde chiaro.

3.18 Cosa porti? List the clothing items that you normally wear at this time of the year and those that you don't.

3.19 Cosa portano? Complete the chart by indicating three different articles of clothing that three different classmates are wearing. Note the color of each article.

ESEMPIO:

Nome	Vestiti	Colori
Paolo	*giacca*	*nera*
1. _____	_____	_____
	_____	_____
	_____	_____
2. _____	_____	_____
	_____	_____
	_____	_____
3. _____	_____	_____
	_____	_____
	_____	_____

3.20 Chi ce l'ha (*Who has it*)? Survey your classmates to find out who owns each of the following items. If you can't find anyone, write **nessuno** (*no one*). The first person to complete his or her chart gets to read it to the class to confirm the content.

Oggetto	Nome
1. una camicia bianca	
2. delle scarpe marroni	
3. uno zaino rosso scuro	
4. una penna viola chiaro	
5. una borsa nera	
6. una maglietta gialla	
7. una cravatta grigia	
8. una maglia blu scuro	

🔊 In contesto   Che bel vestito!

Giuliano is complimenting his sister, who is particularly well dressed today.

GIULIANO: Mariella, come stai bene! Che bel vestito! È nuovo?
MARIELLA: Sì, ti piace? È di Versace.
GIULIANO: Sì, mi piace moltissimo; è molto bello e poi quel colore ti sta proprio bene°. E che belle scarpe!
MARIELLA: Ma come sei gentile oggi! Cosa vuoi?° Un'altra volta la mia macchina?°
GIULIANO: E dai!° Come sei, però!

looks really great on you
What do you want?
My car again?
Come on!

3.21 Il vestito di Mariella. Based on the dialogue, indicate which of these statements are true (**Vero**) and which are false (**Falso**).

1. Oggi Mariella porta un brutto vestito vecchio.
2. A Giuliano non piace il colore del vestito di Mariella.
3. Giuliano è un ragazzo onesto e gentile.

Occhio alla lingua!

1. Look at the illustrations and labels on page 81. What do you notice about the endings of the colors that describe the articles of clothing?
2. Look at the adjective **bello**. Do you notice any pattern in its usage?
3. What do you think **dei** and **delle** mean, as used in those captions?

GRAMMATICA

La quantità: *dei, degli, delle*

Dei, degli, and **delle** can be used with plural nouns to express indefinite quantities; you can think of these forms as plural forms of the indefinite article (**un, uno, una**). They are equivalent to the English *some, a few,* or *any*. As shown in the chart below, **dei, degli,** and **delle** follow the same pattern as the plural form of the definite article, **i, gli,** and **le**. **Dei** is used with masculine plural nouns that begin with a consonant. **Degli** is used with masculine plural nouns that begin with a vowel, **z**, or **s** + a consonant. **Delle** is used with feminine plural nouns that begin with a consonant or with a vowel.

Anna ha **dei** vestiti eleganti.   *Anna has some elegant dresses.*
Ho comprato **delle** scarpe nuove.   *I bought some new shoes.*

	Singolare	**Plurale**
Maschile	un vestito	dei vestiti
	un impermeabile	degli impermeabili
	uno zaino	degli zaini
Femminile	una cravatta	delle cravatte
	un'amica	delle amiche

3.22 Gli acquisti. Tell what clothes you just bought for school. Use **un, uno, una** or **dei, degli, delle.**

1. _____ giacca
2. _____ scarpe da ginnastica
3. _____ stivali
4. _____ zaino
5. _____ camicie bianche

6. _____ pantaloni neri
7. _____ maglie
8. _____ vestito
9. _____ magliette
10. _____ grande borsa

3.23 Che cosa c'è? Describe what is displayed in the store window. Use **un, uno, una** or **dei, degli, delle,** and don't forget to indicate the color of each item.

3.24 Cosa compri? Make a list of items of clothing that you would like to purchase this season. Use **un, uno, una** or **dei, degli, delle.**

Bello e quello

When placed before nouns, **bello** (*beautiful*) and **quello** (*that*) follow the same pattern as the definite article **il/lo/l'/la / i/gli/le,** as shown in the chart below.

Maschile before:	Singolare	Plurale
a consonant	**quel / bel v**estito	**quei / bei v**estiti
a vowel	**quell' / bell'i**mpermeabile	**quegli / begli i**mpermeabili
s + consonant	**quello / bello st**udente	**quegli / begli st**udenti
z	**quello / bello z**aino	**quegli / begli z**aini
Femminile before:		
a consonant	**quella / bella g**onna	**quelle / belle g**onne
a vowel	**quell' / bell'a**mica	**quelle / belle a**miche

When **bello** follows the noun, it has the same four endings as adjectives that end in -o.

Quei pantaloni sono proprio **belli.**
Anche quelle camicie sono molto **belle.**

Those pants are really beautiful.
Those shirts are also very beautiful.

3.25 Che bello! A friend has just bought some new things for school. Comment on how beautiful they are.

ESEMPIO: la giacca
—Che bella giacca!

1. la borsa
2. lo zaino
3. la maglietta
4. la felpa
5. l'impermeabile
6. le scarpe
7. l'orologio
8. il vestito

Che belle magliette!

3.26 L'armadio (closet). Look at the clothes in your friend's closet and comment on how nice they are. Use the correct form of **bello.**

ESEMPIO: —Che bella borsa!

3.27 Quanto costa? You are shopping in a clothing and accessories store. Point out each of the following items and ask the salesperson how much they cost.

ESEMPI: la borsa nera
—Quanto costa *quella* borsa nera?
le scarpe nere
—Quanto costano *quelle* scarpe nere?

1. le scarpe da ginnastica
2. la gonna verde
3. i pantaloni corti neri
4. gli zaini rossi
5. i pantaloni grigi
6. i jeans bianchi
7. la camicia blu scuro
8. il vestito giallo

Scambi

3.28 Di chi parlano? Listen to three conversations overheard at a party. Each will be repeated twice. Match each conversation to the person being described by writing in the corresponding letter.

1. ____   2. ____   3. ____

Lo sai che? | Italian fashion

In Italy, the art of looking good permeates every aspect of daily life. Brand names and designer labels have always played a major role in Italians' quest to achieve the "perfect" look. Italians take fashion very seriously, as can be attested by the amount of money they spend each year on quality apparel and jewelry. Even in leaner economic times, fashion is important for Italians, although they may look for sales or shop in outlets in order to acquire the latest styles. A substantial percentage of Italian women wear designer clothing, **vestiti firmati,** and many Italian men favor tailor-made suits. In Italy, looking good is big business, and the fashion industry is one of the most important sectors of the economy.

Italian fashion also dominates the international designer clothing market. The "Made in Italy" label has become synonymous with unsurpassed quality, craftsmanship, and style. Italian designers such as Armani, Moschino, Gucci, Versace, Valentino, Krizia, Fendi, Prada, Gianfranco Ferré, Laura Biagiotti, and Benetton are famous throughout the world for both their designer fashions and their ready-to-wear clothing. Stores featuring their apparel can be found in the major cities of most countries.

American fashion is also very popular in Italy, especially among teenagers and young professionals who prefer a more casual look. Designers such as Ralph Lauren and Calvin Klein, and brand names such as Levi's, Guess, Timberland, and Nike, are very popular and can be found in stores in most Italian cities. The language of fashion has also been influenced by American English, and words such as **il blazer, il top, la T-shirt, il bomber, i jeans, il look, casual, glamour, trendy,** and **top model** have become part of everyday Italian.

3.29 Il look italiano

1. Which Italian designers are popular among members of your generation? And your parents' generation?
2. Do you own anything that is labeled *Made in Italy*?
3. Do you have any favorite Italian designers? How would you sum up the "Italian look" using adjectives that you have learned?

3.30 Che cosa ti metteresti (*What would you wear*)? List what you would wear for the following occasions.

1. to play tennis
2. to take a walk on a rainy day
3. to travel
4. to a special dinner date

3.31 Complimenti! Go around the room and compliment your classmates on their clothing and looks.

ESEMPIO:
    S1: Che bel vestito!
    S2: Ti piace? È molto vecchio.
    S1: Ma è molto bello. Quel colore ti sta proprio bene!
    S2: Grazie, come sei gentile!

3.32 Com'è? Take turns pointing out and describing various items of clothing that your classmates are wearing. Use the adjective **quello** and follow the example.

ESEMPIO:
    S1: Com'è quella gonna?
    S2: È lunga e rossa.

3.33 Che cos'è? Make a list of six items in your classroom. Then, working with a partner, take turns describing the location, color, and size of these items and guessing what each object is.

ESEMPIO:
    S1: È grande e nera. È dietro alla cattedra.
    S2: La lavagna?
    S1: Sì!

3.34 Sono... Write a description of an imaginary person. Then pretend you are that person and, working with a partner, take turns describing yourself and having your partner draw the person described. Afterward, check each other's drawings.

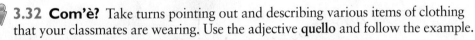

Lo sai che? | Important centers of Italian fashion

Milan is considered the capital of the Italian fashion industry. High-fashion designers (**stilisti**), such as Giorgio Armani, Miuccia Prada, Donatella Versace, and Domenico Dolce and Stefano Gabbana, are based in Milan. Some of the most expensive and exclusive designer fashion boutiques can be found in what is known as the **quadrilatero della moda**, which includes the streets around Via Montenapoleone. In addition, some of the world's most famous designers flock every year to Milan to exhibit their *haute couture* creations in the city's exclusive fashion shows.

Via Montenapoleone, Milano

Florence (**Firenze**) is also an important fashion center. A number of ready-to-wear shows are staged in the city throughout the year. *Pitti Immagine* organizes a series of exhibits, such as *Pitti Uomo* (clothing and accessories for men), *Pitti Bimbo* (for children), and *Pitti Filati* (for textile and knitwear manufacturers).

Rome is another important fashion center. All major Italian and international designers have shops along the streets around Piazza di Spagna, Via Condotti, and Via Frattina. During the summer, an elegant fashion show, *Donna sotto le stelle*, is staged in Rome, in the beautiful Piazza di Spagna, and it is usually broadcast on TV.

3.35 La moda americana. Are there any cities in your country famous as fashion centers? Are they known for any particular lines of clothing? What do you think that would be appealing to young Italians about American clothing?

Percorso III
Le attività preferite

 Cosa ti piace fare?

A Giulio piace **leggere.** Legge sempre.

A Giulio e Rita piace **correre.** Corrono ogni mattina.

A Giulio piace **dormire**. Dorme sempre molto.

A Rita non piace **pulire**. Invece Giulio pulisce spesso la casa.

Per parlare delle attività preferite

capire (-isc)	to understand
conoscere gente nuova	to meet new people
dipingere	to paint
discutere di politica / di sport	to discuss politics / sports
finire (-isc) (di + infinito)	to finish (+ infinitive)
parlare al telefono	to talk on the phone
preferire (-isc)	to prefer
prendere un caffè	to have coffee
rispondere alle mail	to answer e-mail messages
scrivere lettere / poesie	to write letters / poems
seguire le partite alla televisione	to follow sports on TV
vedere un film	to see a movie

Esprimere i gusti	La frequenza
(non) gli/le piace + infinito... *he/she likes (doesn't like . . .) + infinitive . . .*	**ogni giorno / mattina / sera** *every day / morning / evening*
(non) gli/le piace + *singular noun*... *he/she likes (doesn't like . . .) + singular noun . . .*	**qualche volta** *sometimes*
	raramente *rarely*
	sempre *always*
	spesso *often*

3.36 L'intruso. Select the word that doesn't belong in each group.

1. capire, leggere, correre
2. rispondere alle mail, dipingere, scrivere
3. prendere un caffè, seguire le partite alla televisione, vedere un film
4. dormire, discutere di politica, leggere
5. ogni giorno, raramente, sempre
6. parlare al telefono, pulire, conoscere gente nuova

3.37 Associazioni. What do you associate with these activities?

1. leggere
2. scrivere
3. pulire
4. parlare
5. rispondere
6. prendere
7. seguire
8. vedere

> You can use these expressions with a singular noun or an activity to talk about what you or other people like. To indicate dislikes, add **non** in front of each expression.
>
> | mi piace | *I like* |
> |---|---|
> | ti piace | *you (sing.) like* |
> | gli piace | *he likes / they like* |
> | le piace | *she likes* |

3.38 Non mi piace! List activities presented in the illustrations on page 88 and the *Vocabolario* list that you don't like. Then find classmates who dislike the same activities.

ESEMPIO: scrivere lettere
S1: Ti piace scrivere lettere?
S2: No, non mi piace scrivere lettere. *o* Sì, mi piace scrivere lettere.

3.39 Ti piace? Ask classmates if they like doing the activities shown in the illustrations on page 88 and in the *Vocabolario* list. Find out how often they do them.

ESEMPIO: S1: Ti piace correre?
S2: Sì, mi piace correre.
S1: Spesso?
S2: Sì, ogni mattina. *o* No, raramente.

In contesto   Cosa ti piace fare?

Roberto and Cecilia are discussing what they like to do in their free time.

ROBERTO: Cosa fai quando non studi?

CECILIA: Dipende: leggo, scrivo, qualche volta ascolto musica. E poi, mi piace dormire! E tu?

ROBERTO: Niente di speciale! Non mi piace stare in casa. Qualche volta, se ho tempo, corro. Ma soprattutto, quando sono libero, preferisco incontrare gli amici in piazza e discutere di sport o di politica.

3.40 Hanno molto in comune (*Do they have a lot in common*)? Make a list of the activities that Roberto and Cecilia like and write at least three adjectives to describe each of the two friends. Then decide whether or not they have a lot in common.

Occhio alla lingua!

1. Look at the verbs that follow **piace** in the captions on page 88 and in the *In contesto* conversation. What do you notice about these verb forms?
2. What different conjugated verb forms do you see in the captions on page 88 and in the *In contesto* conversation? To which conjugation does each verb belong?

GRAMMATICA

Il presente dei verbi in -*ere* e in -*ire*

There are three verb conjugations in Italian: those with infinitives ending in -**are**, -**ere**, and -**ire**. You have learned how to form the present tense of regular -**are** verbs by dropping the infinitive ending and adding the appropriate first-conjugation endings to the stem. The charts below show the endings for regular -**ere** and -**ire** verbs. Remember to drop the -**ere** and -**ire** from the infinitives before adding the endings to the stem.

leggere	dormire
leg**go**	dorm**o**
leg**gi**	dorm**i**
leg**ge**	dorm**e**
leg**giamo**	dorm**iamo**
leg**gete**	dorm**ite**
leg**gono**	dorm**ono**

Dormite molto?   *Do you (pl.) sleep a lot?*
Scriv**ono** molti messaggi. *They write a lot of messages.*
Luisa legge sempre.   *Luisa is always reading.*

Some -**ire** verbs, such as **preferire** (*to prefer*), **finire** (*to finish*), **pulire** (*to clean*), and **capire** (*to understand*), insert -**isc**- before the present-tense endings, except in the **noi** and **voi** forms. Verbs using -**isc**- in the stem are identified in the vocabulary lists.

preferire	
prefer-**isc**-o	prefer-iamo
prefer-**isc**-i	prefer-ite
prefer-**isc**-e	prefer-**isc**-ono

Che cosa preferisci?	*What do you prefer?*
Preferiscono ballare.	*They prefer to dance.*
Io capisco i miei amici.	*I understand my friends.*
Quando finisce la lezione?	*When is class over?*
Noi puliamo spesso la camera.	*We clean our room often.*

3.41 Chi lo fa? Listen to each sentence, which will be repeated twice, and indicate who is performing the action by writing down the correct subject pronoun.

1. _____   5. _____
2. _____   6. _____
3. _____   7. _____
4. _____   8. _____

3.42 Che cosa fanno? Tell what everyone is doing by matching the people in the left column with the activities in the right column. Some activities can be used twice.

1. Io
2. Marta
3. Gli studenti
4. Tu
5. Io e Riccardo
6. Tu e Giovanna
7. Carlo
8. Giuseppe e Marisa
9. Voi

a. prende un caffè.
b. puliamo la camera.
c. non capisci l'italiano.
d. preferiscono studiare in biblioteca.
e. seguite le partite alla TV.
f. ascoltano la radio.
g. guardo la TV.
h. nuotiamo in piscina.
i. giocate a tennis.

3.43 Che cosa preferite fare? Tell what you and some of your friends prefer to do on Saturdays.

ESEMPIO: Daniela / dormire
            Daniela preferisce dormire.

1. Tina / pulire la casa
2. Paolo / ballare
3. Io e Paola / vedere un film
4. Tu e Andrea / cenare in un ristorante
5. Rosanna e Maria / ascoltare la musica
6. Io / rispondere alle mail

3.44 Che cosa fate spesso ? Tell what you and others do often by completing the sentences with the appropriate forms of the verbs in the box.

correre	discutere	finire	giocare
guardare	prendere	scrivere	vedere

1. Noi _____ a calcio ogni sabato mattina.
2. Paolo _____ un caffè con gli amici.
3. Io _____ ogni mattina ai giardini.
4. Giovanna _____ la televisione ogni sera.
5. Io e i miei compagni _____ i compiti.
6. Tu e Paolo _____ di politica.
7. Fabrizio _____ una mail alla sua ragazza.
8. Giovanna e Paolo _____ un film.

Scambi

3.45 Chi lo fa ? Find at least two people in your class who do each of the following activities.

Attività	Nome	Nessuno
1. Corre ogni mattina.		
2. Legge il giornale ogni giorno.		
3. Suona la chitarra.		
4. Parla molto al telefono.		
5. Dorme meno di quattro ore la notte.		
6. Mangia raramente a casa.		
7. Qualche volta vede un film italiano.		
8. Pulisce spesso la casa.		

3.46 Che cosa fate ogni giorno? Discuss which of these activities you do and how often you do them.

ESEMPIO: scrivere lettere
S1:   Scrivete lettere?
S2:   Sì, io scrivo lettere spesso.
S3:   Io invece scrivo lettere raramente.

1. scrivere poesie
2. vedere gli amici
3. leggere un libro
4. nuotare in piscina
5. discutere di politica
6. giocare a tennis
7. pulire la casa
8. ascoltare la radio
9. dormire più di dieci ore
10. rispondere alle mail

3.47 Cosa abbiamo in comune. Using the responses from activity **3.46**, consider what you and your classmates have in common. Then take turns summarizing for the class what you have learned about everyone's activities.

ESEMPIO: Non scriviamo lettere spesso: Paul scrive lettere qualche volta.
Hillary e Natalie scrivono lettere raramente. Io non scrivo lettere...

In pratica

 **PARLIAMO**

Gaia

Ilaria

Vittorio

Dejan

Strategie per parlare   Describing people

When you describe a person, organize your information so as to highlight different aspects of his or her appearance and temperament. For example, you might start with a physical description, and then provide details about personality and likes and dislikes.

Un amico italiano/Un'amica italiana. Imagine that several people whom you have met initially through the *Percorsi* video—Gaia, Ilaria, Vittorio, and Dejan—will be visiting your campus this summer to study English. For which person would you like to be the host? Describe that person to your classmates. Start with a physical description, and then imagine what his or her personality and tastes are like.

Prima di parlare

3.48 Begin by completing the following activities.

1. Decide for which person you would like to be the host.
2. Decide how you will describe that person's physical appearance.
3. Imagine what the person's personality is like, what his or her tastes in clothing are likely to be, and what activities he or she may like. Make a few notes, if you need to.

Mentre parli

 3.49 With a small group of classmates, take turns presenting your descriptions—real and imagined—of the person for whom you would like to be the host. Make your descriptions as interesting and imaginative as possible. Answer any questions your classmates may have.

ESEMPIO: Vorrei ospitare (*I would like to host*) Ilaria. Ha i capelli lunghi ed è molto bella. È elegante. Porta sempre bei vestiti e belle scarpe. È simpatica, gentile e generosa. Le piace parlare al telefono. Non le piace pulire la casa! …

Dopo aver parlato

 3.50 Now draw some conclusions by comparing the people you have imagined and described. What do they have in common and how do they differ?

ESEMPI: Ilaria e Dejan sono simpatici e molto intelligenti.

A Gaia piace leggere e a Vittorio piace correre.

Ilaria e Gaia sono molto eleganti.

LEGGIAMO

Strategie per leggere   Using illustrations to understand content

Often advertisements and newspaper and magazine articles are accompanied by illustrations that depict or reinforce the content. Focusing on the illustrations both before and as you read will help you greatly in understanding the text.

Prima di leggere

3.51 The following text is taken from an advertising brochure featuring the Florentine hair salon *Domina*. Before you read it, complete the following activities:

 1. Look at the photos of the three hairdressers and compare and contrast each person's physical appearance. Then decide which adjectives you think might best describe their personalities.
2. What do you think each person in the photo might do often?

Mentre leggi

3.52 As you read, underline words that refer to people's physical characteristics and circle those that describe people's personalities.

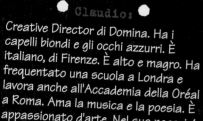

Claudio:

Creative Director di Domina. Ha i capelli biondi e gli occhi azzurri. È italiano, di Firenze. È alto e magro. Ha frequentato una scuola a Londra e lavora anche all'Accademia della Oréal a Roma. Ama la musica e la poesia. È appassionato d'arte. Nel suo negozio[1] ha installato due grandi schermi dove si vedono brevi[2] filmati di cantanti[3] italiani. Sui muri del negozio ogni settimana i clienti possono leggere poesie di famosi scrittori italiani e stranieri.

Gina:

È la stilista di Domina ed esperta del colore. È bionda, con i capelli corti e grandi occhi verdi. Ha una bella personalità dinamica ed estroversa e si occupa[4] delle pubbliche relazioni. È una persona allegra e simpatica. Le piace viaggiare e parlare con i clienti. Ha studiato a Roma e a Milano.

Simone:

Anche lui stilista di Domina, è il manager del gruppo. È bruno, con gli occhi neri e i capelli castani e ricci. Ama lo sport. Gioca a tennis e a calcio. Molto organizzato e appassionato di computer, pensa lui a computerizzare tutte le informazioni sui clienti. Anche lui ha studiato a Roma e a Milano.

1. shop   2. short   3. singers   4. takes care of

Dopo la lettura

 **3.53** Complete the following activities.

1. Identify in the photo each person who is described. Explain each of your choices in Italian.
2. Complete the chart below in Italian, and then compare Claudio, Gina, and Simone. What do they have in common? How are they different?

	Claudio	**Gina**	**Simone**
Carattere			
Cosa fa spesso?			

3. Which person do you especially like? Why? **Mi piace di più… perché…**

SCRIVIAMO

> **Strategie per scrivere** Writing a personal ad
>
> When you write a personal ad for a newspaper, a magazine, or an Internet site you have to communicate a great deal of information in just a few lines. Focus on the facts and details you want to convey, and then express them using short sentences, abbreviations, and key words.

Cerca amici. Using the personal ads below as examples, write your own personal ad.

Prima di scrivere

3.54 Follow these steps to plan and organize your ad.

1. Choose a few words that best describe you and your personality.
2. List your likes and dislikes.
3. Indicate what sort of person you would like to meet.
4. Write down your e-mail address.
5. Think carefully about your lead phrase. Remember that it is important to attract your reader's attention!

"Cerca amici..."

Ciao Italia! Ho 24 anni, sono un ragazzo francese. Sono alto, bello e anche molto intelligente. Vorrei corrispondere in italiano con ragazze e ragazzi italiani. Tra i miei hobby: cinema, arte e letteratura. Scrivetemi, rispondo a tutti.
Alain.

bruneau27@yahoo.com

Ho 22 anni, sono un po' timida e non molto dinamica. I miei hobby: i viaggi, la musica, conoscere gente nuova. Vorrei corrispondere con tanti ragazzi della mia età. Gabriella.

lenci@libero.it

Ho 18 anni, sono sportivo ed estroverso. Mi piace ballare, nuotare, giocare a tennis, ma soprattutto mi piace suonare la chitarra. Vorrei corrispondere in italiano o in inglese con ragazzi di tutto il mondo.
Paul.

pjones27@gmail.com

Vorrei corrispondere con ragazze della mia età, 16 anni. Sono carina, simpatica e sensibile. Mi piacciono il cinema e la musica. Mi piace anche scrivere e leggere poesie.
Luisa.

luisarivi@gmail.com

La scrittura

3.55 Use your notes to write a first draft of your personal ad. Begin with a catchy lead phrase, then present the information you have prepared as concisely as possible.

La versione finale

3.56 Reread and check your first draft.

1. Is the information clear?
2. Do the phrases you chose express adequately and in a well-organized way what you are trying to communicate?
3. Check spelling, articles, verbs, nouns, and adjective endings.

GUARDIAMO

Strategie per guardare   Paying attention to visual clues

You can often learn a great deal about what is going on in a film sequence by focusing on visual clues. Look closely, for example, at what each person is doing and how he/she seems to be interacting with others. Also, take note of any objects that receive special attention.

Prima di guardare

3.57 In this videoclip, four people talk about their friends and two discuss their personal tastes. Watch the video once without sound, focusing carefully on the visual clues. Then on the basis of your observations, answer the following questions.

1. What are people doing in each scene?
2. What objects do they focus on?
   a. fotografie   **b.** giornali

3. In some instances, can you tell whom the speaker is describing?
   a. amiche e amici   **b.** compagni e compagne di scuola

Mentre guardi

3.58 Watch the videoclip a second time with sound and complete the following activities.

1. Briefly describe Tommaso, Iacopo, and Fabrizio.
2. Select the articles of clothing Emma mentions.
   a. i jeans   **b.** una gonna
   c. le scarpe da ginnastica   **d.** gli stivali
   e. la felpa   **f.** una maglietta

Dopo aver guardato

3.59 Now supply the information requested below.

1. Complete the chart.

Nome	Carattere	Attività preferite
Alessandra		
Tommaso		
Iacopo		

2. Briefly describe in Italian the following items that Gaia shows.

   a. un vestito originale
   b. una gonna lunga
   c. una giacca

3. Prepare and act out with a classmate a short dialogue in which you describe yourselves and what you like to wear.

ATTRAVERSO LA LOMBARDIA

Since the 1980s, Milan, the capital of Lombardy (**Lombardia**) and the second largest city in Italy after Rome, has been renowned worldwide as an international fashion center. In the World War II years, it was the capital of the Resistance in Italy. In the 1960s, an economic boom quickly transformed it into the industrial and financial center of the nation. Milan and the entire region of Lombardy have always played a major role in the political, economic, and cultural life of Italy. The region is also famous for its natural beauty, artistic treasures, and charming cities. And, of course, Milano is also the home of risotto alla milanese, a rice dish made with saffron, and cotoletta alla milanese, a breaded veal chop friend in butter. Panettone and pandoro, two traditional Italian Christmas cakes, can also trace their origins to Milano.

Piazza del Duomo a Milano. La piazza del Duomo, a forma rettangolare, è considerata il cuore (*heart*) e l'anima (*soul*) di Milano. È situata al centro della città. Il Duomo, costruito in stile gotico, è interamente in marmo e adornato da 3400 statue. Nel punto più alto c'è la famosa *Madonnina*, una statua alta quattro metri, simbolo di Milano. La Galleria Vittorio Emanuele unisce la piazza del Duomo con un'altra famosa piazza, Piazza della Scala, dove c'è il prestigioso teatro

L'Ultima Cena di Leonardo da Vinci (1498) nel refettorio (*refectory*) del convento domenicano della Chiesa di Santa Maria delle Grazie, Milano. È un'opera tipica del rinascimento milanese. In quest'opera Leonardo narra con un realismo impressionante (*amazing*) l'episodio evangelico

VERIFICHIAMO

First read the introduction to the region, then look
at the photos and read the related captions.

3.60 È vero che... Find specific information in the readings to confirm the
following statements.

1. A Milano ci sono molte belle opere e famose strutture da visitare.
2. Milano è anche famosa per la musica.
3. Il Lago di Como è un importante centro turistico.
4. Mantova è una città molto ricca di opere d'arte.

3.61 E nel tuo Paese? Is there a region similar to Lombardy in your
country? How about a city similar to Milan? What is it like?

3.62 Turismo. Have you ever visited Lombardy? Do you think you would
like to visit it? Why? What areas would you like to visit?

Bellagio, sul Lago di Como. Il Lago di Como è uno dei più grandi
laghi in Italia. È famoso per le sue bellezze naturali, tutto circondato da
montagne. Lungo (*Along*) il lago ci sono tante località turistiche con
ville lussuose e meravigliosi giardini. Ogni anno molti turisti stranieri
visitano questa zona. Bellagio è una famosa e pittoresca località sul
Lago di Como. Alessandro Manzoni (Milano, 1785–1873) immortalò
(*immortalized*) il Lago di Como in un famoso libro, *I promessi sposi*,
considerato il primo romanzo (*novel*) realista italiano.

Andrea Mantegna, *La Camera degli Sposi.* La Camera
degli Sposi si trova nel Palazzo Ducale di Mantova,
un'affascinante città d'arte. Andrea Mantegna dipinse (*painted*)
questi affreschi (*frescos*) fra il 1465 e il 1474 per la famiglia
Gonzaga, i signori di Mantova. Gli affreschi del Mantegna
rappresentano il mondo raffinato (*refined*) della corte dei
Gonzaga. In particolare quest'opera è famosa per l'uso della

🔊 VOCABOLARIO

Chiedere e dare informazioni

Com'è?	What is he/she/it like?
Come sono?	What are they like?
Di che colore ha i capelli (gli occhi)?	What color is his/her hair (are his/her eyes)?
Ha i capelli neri, castani, biondi, rossi.	He/She has black, brown, blond, red hair.
Ha gli occhi verdi, azzurri, castani, chiari.	He/She has green, blue, brown, light-colored eyes.

I nomi

i baffi	mustache
la barba	beard
il caffè	coffee
i capelli	hair
la casa	home, house
il film	film, movie
la gente	people
la lettera	letter
gli occhi	eyes
gli occhiali	glasses
la poesia	poem
la politica	politics
lo sport	sport
il telefono	phone
la televisione	television

L'abbigliamento

i (blu) jeans	jeans
la camicia	shirt
la cravatta	tie
la felpa	sweatshirt
la giacca	blazer, jacket
la gonna	skirt
l'impermeabile (m.)	raincoat
la maglia	sweater
la maglietta	T-shirt
i pantaloni (corti)	pants (short)
la scarpa	shoe
le scarpe da ginnastica	tennis shoes
gli stivali	boots
il vestito	dress, suit

I verbi

capire (-isc)	to understand
conoscere	to meet, to know
correre	to run
discutere (di)	to discuss
dormire	to sleep
finire (-isc) (di + infinito)	to finish (+ infinitive)
indossare	to wear
leggere	to read
portare	to wear
preferire (-isc)	to prefer
prendere	to have, to take
pulire (-isc)	to clean
rispondere (a)	to answer
scrivere	to write
vedere	to see

La descrizione

allegro/a	cheerful
altro/a	other
antipatico/a	disagreeable
anziano/a	elderly
atletico/a	athletic
avaro/a	stingy
bello/a	beautiful
biondo/a	blond
bravo/a	good, trustworthy
bruno/a	dark-haired, brunette
buffo/a	funny
buono/a	good
calmo/a	calm
calvo/a	bald
carino/a	cute, nice
caro/a	dear, expensive
castano/a	chestnut, brown
cattivo/a	bad
chiaro/a	light (color)
corto/a	short
dinamico/a	dynamic, energetic
elegante	elegant
espansivo/a	friendly, outgoing
estroverso/a	extroverted
generoso/a	generous
gentile	nice, kind
giovane	young
grasso/a	fat
intelligente	intelligent
liscio/a	straight (hair)
lungo/a	long
magro/a	thin, slender
molto/a	many
muscoloso/a	muscular
nervoso/a	nervous, tense
paziente	patient
pigro/a	lazy
poco/a	few

quanto/a	*how much, how many?*
quello/a	*that*
questo/a	*this*
riccio/a	*curly*
scuro/a	*dark*
sensibile	*sensitive*
serio/a	*serious*
simpatico/a	*nice*
socievole	*sociable*
sportivo/a	*active*
stanco/a	*tired*
studioso/a	*studious*
timido/a	*shy*
triste	*sad*
vero/a	*true, real, sincere*

I colori: See p. 81.

Altre parole ed espressioni

anche	*also*
e	*and*
(non) gli/le piace	*he/she likes (doesn't like)*
invece	*instead, on the other hand*
ma, però	*but*
molto	*very*
ogni giorno / mattina / sera	*every day / morning / evening*
o, oppure	*or*
poco	*not very*
proprio	*really*
qualche volta	*sometimes*
quanto?	*how much?*
raramente	*rarely*
sempre	*always*
spesso	*often*
stesso	*same*
troppo	*too much*

Una passeggiata ad Ascoli Piceno, nelle Marche

Percorso I: Le attività di tutti i giorni
Percorso II: I pasti e il cibo
Percorso III: Le stagioni e il tempo
In pratica
Attraverso: Le Marche

In this chapter you will learn how to:

◆ Tell time

◆ Describe your everyday activities

◆ Talk about food and your eating habits

◆ Describe weather conditions and seasonal activities

Percorso I
Le attività di tutti i giorni

 Cosa facciamo ogni giorno?

La mattina e la sera di Riccardo

Riccardo si sveglia.

Riccardo si alza.

Riccardo si lava i denti.

Riccardo si fa la doccia.

Riccardo si fa la barba.

Riccardo si veste. Si mette una camicia e i jeans.

Riccardo fa colazione con il padre e la sorella.

Riccardo si spoglia e si prepara per andare a letto.

Riccardo si addormenta.

L'ora

A che ora...?	*At what time . . . ?*
adesso / ora	*now*
avere fretta	*to be in a hurry*
essere in ritardo	*to be late*
impegnato/a	*busy*
libero/a	*free, available*
Che ora è? / Che ore sono?	*What time is it?*
È presto.	*It's early.*
È tardi.	*It's late.*

Le attività di tutti i giorni

avere un appuntamento	*to have an appointment, to have a date*
cenare	*to have dinner*
divertirsi	*to have a good time*
fare la spesa	*to go grocery shopping*
farsi il bagno	*to take a bath*
pettinarsi (i capelli)	*to comb one's hair*
pranzare	*to have lunch*
riposarsi	*to rest*
truccarsi	*to put on makeup*

Quando?

di solito / generalmente	*usually*
dopo / poi	*after, then*
infine	*at last*
ogni giorno / tutti i giorni	*every day*
più tardi	*later*
prima	*first*

Così si dice   Telling time

To ask what time it is, say: **Che ora è?** or **Che ore sono?** You can respond using a complete sentence or just stating the hour and minutes: **(È) l'una e cinque.** *(It's) five after one.* **(Sono) le due meno venti.** *(It's) twenty to two.*

To indicate the time, use **è...** with **l'una, mezzogiorno**, and **mezzanotte**. Use the plural **sono le...** with all other time expressions. Express the hour and minutes before or after the hour as follows:

- Use **di mattina** after the hour to indicate A.M.
- For P.M., add to the time **del pomeriggio** (12 P.M. to 5 P.M.), **di sera** (5 P.M. to midnight), or **di notte** (midnight to early morning).

Usually, however, it is not necessary to include these expressions in everyday conversation, especially when the time of day is clear: **Faccio colazione alle otto.** *I have breakfast at 8:00.*

To find out when something occurs, ask: **A che ora...?** To respond, use **a, all', alle** + the hour.

—**A che ora comincia la lezione? A mezzogiorno?**

—**No, comincia all'una e finisce alle due.**

È l'una.

È l'una e un quarto.

Sono le due meno venti.

Sono le due meno un quarto.

Sono le due e venti.

Sono le due e mezzo (mezza).

È mezzanotte. o È mezzogiorno.

Lo sai che? The 24-hour clock

Did you know that in Italy the use of the 24-hour clock is widespread? Train, bus, plane, movie, and theater schedules are always expressed using the 24-hour clock. Subtract 12 to convert from the 24-hour clock to the 12-hour clock.

Il film comincia alle 21.30 (ventuno e trenta)   *The movie begins at 9:30 P.M. and ends at*
e finisce alle 23.15 (ventitré e quindici).   *11:15 P.M.*

4.1 A che ora? Referring to the RETE 4 schedule, take turns asking each other when each of the programs listed begins. Express the time using the 24-hour clock.

ESEMPIO: *La grande vallata*
              S1:   A che ora comincia *La grande vallata*?
              S2:   Comincia alle 6.

1. *Giudice Amy*
2. *Leoni al sole*
3. *La sai l'ultima?*
4. *Tg 4 Rassegna stampa*
5. *Tg 4 Telegiornale.* All'interno: Vie d'Italia
6. *Distretto di polizia*

4.2 Che ora è? Take turns pointing to each clock and saying what time it is.

1. _____   2. _____   3. _____   4. _____

5. _____   6. _____   7. _____

4.3 Che significa? Match each expression with its definition.

1. fare colazione
2. pranzare
3. essere impegnato/a
4. fare la spesa
5. avere fretta
6. cenare

a. mangiare a mezzogiorno
b. comprare cose da mangiare
c. mangiare la sera
d. mangiare la mattina
e. avere molte cose da fare
f. avere poco tempo

MERCOLEDÌ 1

④ RETE 4

6.00	**La grande vallata** Il ricatto di un amico. Telefilm
6.55	**Mediashopping**
7.25	**T.J. Hooker** Missione a Chicago. Telefilm
8.30	**Miamy Vice** Borrasca. Telefilm
9.50	**Febbre d'amore**
10.00	**Vivere**
10.35	**Giudice Amy** Le colpe dei padri. Telefilm
11.30	**Tg 4 – Telegiornale** All'interno: Vie d'Italia
11.40	**Doc** Una vera campionessa. Telefilm
12.25	**Distretto di polizia** Alleluja. Telefilm
13.25	**Anteprima Tg 4**
13.30	**Tg 4 – Telegiornale** All'interno: Meteo
14.05	**Il tribunale di Forum** Conduce Rita Dalla Chiesa
15.10	**Balko** Telefilm
16.10	**Sentieri**
16.30	**Leoni al sole** Regia di Vittorio Caprioli
18.45	**Anteprima Tg 4**
18.55	**Tg 4 – Telegiornale** All'interno: Meteo
19.35	**Ieri e oggi in TV**
19.50	**Tempesta d'amore**
20.30	**Nikita** Telefilm
[21.10]	
	LA SAI L'ULTIMA? VARIETÀ Regia **Egidio Romio** Conduce **Lorella Cuccarini, Massimo Boldi**
23.05	**The Unit** Obblighi di riconoscenza – Selezione. Telefilm
0.50	**NYPD** Confidenze. Telefilm
1.40	**Tg 4 – Rassegna stampa**
2.05	**Il mistero di Storyville** Regia di Mark Frost (Thriller, 1992)
4.00	**L.A. Dragnet** Telefilm
4.40	**Alfred Hitchcock** Telefilm

4.4 L'intruso. Select the word that does not belong.

1. avere fretta, cenare, essere impegnato/a
2. farsi il bagno, farsi la doccia, fare colazione
3. svegliarsi, addormentarsi, pranzare
4. vestirsi, divertirsi, mettersi
5. lavarsi, leggere le mail, prepararsi
6. guardarsi allo specchio, di solito, tutti i giorni

4.5 In che ordine? Number the following activities in the order in which you would do them. Then compare your list to a classmate's. How similar or different are your lists?

_____ Mi riposo.   _____ Mi sveglio.

_____ Mi vesto.   _____ Faccio la spesa.

_____ Ceno.   _____ Guardo la televisione.

_____ Pranzo.   _____ Mi addormento.

_____ Mi faccio la doccia.   _____ Mi spoglio.

_____ Faccio colazione.   _____ Parlo al telefono.

In contesto   Giorno dopo giorno!

Giulio, an Italian student, has sent his new virtual American friend, Jason, an e-mail describing his daily activities.

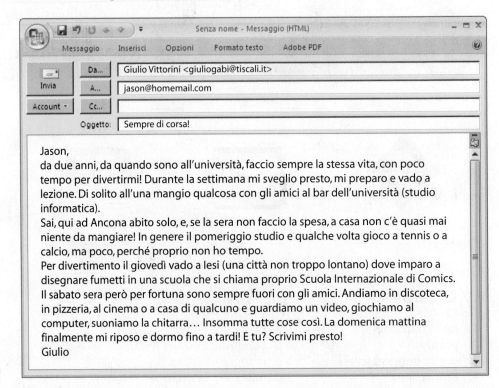

Senza nome - Messaggio (HTML)

Messaggio   Inserisci   Opzioni   Formato testo   Adobe PDF

Da... Giulio Vittorini <giuliogabi@tiscali.it>

A... jason@homemail.com

Cc...

Oggetto: Sempre di corsa!

Jason,
da due anni, da quando sono all'università, faccio sempre la stessa vita, con poco tempo per divertirmi! Durante la settimana mi sveglio presto, mi preparo e vado a lezione. Di solito all'una mangio qualcosa con gli amici al bar dell'università (studio informatica).
Sai, qui ad Ancona abito solo, e, se la sera non faccio la spesa, a casa non c'è quasi mai niente da mangiare! In genere il pomeriggio studio e qualche volta gioco a tennis o a calcio, ma poco, perché proprio non ho tempo.
Per divertimento il giovedì vado a Iesi (una città non troppo lontano) dove imparo a disegnare fumetti in una scuola che si chiama proprio Scuola Internazionale di Comics.
Il sabato sera però per fortuna sono sempre fuori con gli amici. Andiamo in discoteca, in pizzeria, al cinema o a casa di qualcuno e guardiamo un video, giochiamo al computer, suoniamo la chitarra… Insomma tutte cose così. La domenica mattina finalmente mi riposo e dormo fino a tardi! E tu? Scrivimi presto!
Giulio

4.6 La routine di Giulio. Complete the chart by indicating what Giulio does most weekday mornings and afternoons, on Thursday, and on the weekend.

La settimana di Giulio				
la mattina	**il pomeriggio**	**il giovedì**	**il sabato**	**la domenica**
si sveglia				

4.7 Che tipo è? Indicate which of the following adjectives best describe Giulio and explain why: **sportivo, allegro, antipatico, dinamico, estroverso, gentile, pigro, serio, simpatico, socievole, studioso, timido, triste.**

Occhio alla lingua!

1. Look at the illustrations on page 103 and read the captions. What kind of activities is Riccardo engaged in? What do you notice about most of the verbs used to indicate his daily activities?
2. Read Giulio's e-mail again; then consider the following verbs used in his message: **mi sveglio, mi preparo, mi riposo.** What do these verbs have in common?
3. Who or what is the subject of each verb listed in #2?

GRAMMATICA

Il presente dei verbi riflessivi

Reflexive verbs indicate that the subject acts on himself or herself. For example: *I wash myself. We dress ourselves.* In Italian, reflexive verbs are always accompanied by reflexive pronouns: **mi, ti, si, ci, vi, si.** In English, on the contrary, the reflexive pronouns are not always used, and many actions that the subject does to himself or herself are not expressed with a reflexive construction: *I get undressed, I take a shower, and then I go to bed.*

Simona **si** lava.	*Simona washes herself.*
Mi alzo alle otto.	*I get up at eight.*
I ragazzi **si** vestono.	*The boys are getting dressed.*

Reflexive verbs are conjugated like the other verbs you have studied. Reflexive pronouns are placed directly in front of the conjugated verb, and they are always attached to the infinitive after dropping the final -e.

	alzarsi	mettersi	vestirsi
io	**mi** alzo	**mi** metto	**mi** vesto
tu	**ti** alzi	**ti** metti	**ti** vesti
lui/lei	**si** alza	**si** mette	**si** veste
noi	**ci** alziamo	**ci** mettiamo	**ci** vestiamo
voi	**vi** alzate	**vi** mettete	**vi** vestite
loro	**si** alzano	**si** mettono	**si** vestono

In negative sentences, **non** always precedes the reflexive pronoun.

Non si alza mai prima delle otto.   *He never gets up before eight.*

4.8 Che cosa fanno ogni giorno? Indicate what everyone does each day by matching the people in the left column with the actions in the right column.

1. Tu
2. Luigi
3. Io e Marco
4. Tu e Giovanna
5. Io
6. Marcella e Cecilia

a. vi fate la doccia.
b. mi alzo alle sette.
c. ti fai la barba.
d. si truccano.
e. si riposa dopo cena.
f. ci mettiamo i jeans.

4.9 La famiglia di Giorgio. Explain what Giorgio and his family do every day. Form complete sentences using the elements given.

1. Giorgio / svegliarsi tardi
2. io e Carla / alzarsi presto
3. Lucia / truccarsi sempre
4. Giorgio e Marco / farsi la barba ogni mattina
5. Carla / riposarsi il pomeriggio
6. Lucia e Marco / divertirsi in casa con gli amici

4.10 Cosa fanno? Listen as different people talk about daily activities. Each person's comments will be repeated twice. Write the conjugated verb(s) that you hear in each sentence. The first one has been done for you as an example.

1. __mi alzo_____   _____
2. _____   _____
3. _____   _____
4. _____   _____
5. _____   _____
6. _____   _____

4.11 Cosa facciamo ogni giorno? Describe what you and the following people do each day by completing the sentences with the correct form of one of the verbs in the box.

addormentarsi	alzarsi	cenare	divertirsi
fare	farsi	leggere	mettersi
pranzare	riposarsi	spogliarsi	svegliarsi

1. Ogni mattina io _____ alle otto e poi _____ alle otto e dieci.
2. Ogni pomeriggio io e Francesca _____ la spesa al supermercato.
3. Di solito io e Luigi _____ a mezzogiorno alla mensa.
4. La sera i bambini _____ il bagno e non la doccia.
5. Io _____ sempre a casa alle otto di sera con la mia famiglia.
6. Tu e Serena prima _____ le mail e poi _____ con un bel libro.
7. Paolo e Giuseppe giocano a tennis ogni giorno e _____ molto.
8. La sera io _____, _____ il pigiama e _____ a mezzanotte.

4.12 Spesso o no? Take turns asking individuals in your group if they do the following activities, how often, and at what time. Remember to use appropriate time expressions: **sempre, spesso, qualche volta, la mattina, la sera, di solito, tutti i giorni, mai.** Conclude by preparing together a short description of the daily activities you have in common.

ESEMPIO: alzarsi
            S1: Ti alzi presto?
            S2: Sì, mi alzo presto tutti i giorni. *o* No, non mi alzo mai presto.
            S1: A che ora ti alzi?
            S2: Mi alzo alle sette...

1. truccarsi / farsi la barba
2. mettersi un vestito elegante
3. lavarsi i capelli
4. lavarsi i denti
5. divertirsi
6. addormentarsi
7. riposarsi il pomeriggio
8. alzarsi

> **Così si dice**   To say *never*
>
> To express *never* in Italian, place **non** in front of the verb and **mai** after the verb: **Non mi sveglio mai presto.** *I never wake up early.*

Scambi

Lo sai che?   Business hours

> **QUESTO ESERCIZIO OSSERVA
> IL SEGUENTE ORARIO GIORNALIERO**
>
> DALLE ⟨ 8:00 ⟩   ALLE ⟨ 13:00 ⟩
>
> DALLE ⟨ 17:00 ⟩   ALLE ⟨ 20:00 ⟩
>
> **CHIUSURA SETTIMANALE**

In most Italian towns and cities, stores and other places of business still close for lunch and reopen from 3:30 P.M. or 4:00 P.M. until 7:30 P.M. or 8:00 P.M., depending on the season. It is very common, in fact, for businesses to have seasonal schedules. For example, the stores in downtown Ancona are open from 9:00 to 12:30 and 4:00 to 7:30 in the winter, and from 9:00 to 12:30 and 4:30 to 8:00 in the summer. Also, most stores in Ancona are closed on Sundays and one morning or afternoon a week. Schedules can vary from city to city; in a number of large cities, many downtown stores are open on Sundays and have an **orario continuato** during the week (i.e., they don't close for lunch).

 4.13 L'orario. Complete the chart below, in Italian, to compare business hours in your country and in Italy.

	Nel tuo Paese	**In Italia**
Orario dei negozi		

4.14 Chi lo fa? Go around the room and find two classmates who do the following things.

Attività	Nome	
1. Si sveglia alle sei ogni mattina.		
2. La domenica si alza a mezzogiorno.		
3. Prima fa colazione e poi si fa la doccia.		
4. Non fa mai colazione la mattina.		
5. Si trucca o si fa la barba ogni mattina.		
6. Finisce di studiare a mezzanotte ogni sera.		
7. Si fa il bagno ogni sera prima di andare a letto.		
8. Arriva sempre tardi a scuola.		
9. Si mette i pantaloni corti per giocare a tennis.		

 4.15 Intervista: Che orario hai? Interview a classmate about his/her daily class schedule and take notes. How does it compare to your own schedule?

ESEMPIO: S1: Che orario hai?
S2: Ho lezione il lunedì e il mercoledì.
S1: Che lezione hai il lunedì? A che ora?
S2: Alle otto ho lezione di matematica…

 4.16 Fissiamo un appuntamento. Referring to your weekly planner, write two activities you would like to do with a classmate on different days and at different times. Then set dates with two different classmates to get together at a mutually convenient day and time.

ESEMPIO: S1: Pranziamo insieme martedì a mezzogiorno?
S2: No, ho lezione di matematica. Sono libero/a lunedì a mezzogiorno.
S1: Bene. Pranziamo insieme lunedì a mezzogiorno.

 4.17 Che tipo è? Use the following questions to interview a classmate about his/her daily routine. On the basis of your classmate's responses, decide which adjectives describe him/her best and write a note to your teacher explaining your conclusions.

1. Ti svegli presto o tardi la mattina? Ti piace svegliarti presto?
2. Come ti vesti ogni giorno? Cosa ti metti?
3. Dove pranzi di solito? Dove ceni?
4. Di solito, hai molto tempo libero o poco? Cosa fai il pomeriggio dopo la scuola?
5. Cosa fai la sera quando torni a casa?
6. A che ora ti addormenti generalmente? Cosa fai prima?

Percorso II
I pasti e il cibo

Cosa mangiamo e beviamo?

Le bevande

del vino
della cioccolata
del latte
della birra
del succo di frutta
del tè
del caffè
dell'acqua minerale
un cappuccino

I primi

della minestra
del riso
della pasta

I secondi, i contorni e le verdure

dell'aragosta
dell'arrosto
del pollo
una bistecca
del pesce
delle carote
delle patatine fritte
delle vongole
dei gamberetti
dei fagiolini
dell'insalata
del cavolfiore
del pane
delle patate
dei piselli
degli asparagi
degli spinaci
dei pomodori

I dolci e la frutta

del gelato
delle banane
dell'uva
delle arance
del formaggio
delle mele
della macedonia

I pasti

la colazione *breakfast*
il pranzo *lunch*
la cena *dinner*

Per esprimere le nostre esigenze (*needs*)

avere bisogno di *to need*
avere fame *to be hungry*
avere sete *to be thirsty*
avere voglia di *to feel like having or doing something*

Mangiare e bere

bere *to drink*
cucinare *to cook*
ordinare *to order*
servire *to serve*

 4.18 La cucina italiana. Make a list of Italian foods you are familiar with and indicate into which category they would fall: **primi piatti, secondi piatti, contorni, pane, dolci e frutta.**

4.19 L'intruso. Select the word that doesn't belong in each group.

1. il riso, la minestra, le banane
2. l'arrosto, il pollo, il gelato
3. il pane, gli spinaci, il cavolfiore
4. la mela, l'uva, il caffè
5. il pesce, il latte, l'acqua minerale
6. le vongole, il succo di frutta, la bistecca
7. i gamberetti, l'aragosta, i fagiolini
8. le carote, il cavolfiore, il formaggio
9. il vino, l'arancia, la mela
10. i piselli, i funghi, le vongole
11. i pomodori, la birra, il tè
12. avere fame, servire, avere sete
13. avere voglia, avere bisogno, ordinare

 4.20 Cosa mangia? Indicate what the following people are likely—and not likely—to eat and drink.

1. È mattina e Mario ha sete.
2. Paola ha fame all'ora di cena e non le piace la carne.
3. A Maurizio piace molto la frutta.
4. Carla ha voglia di dolci.
5. Iacopo ha fame all'ora di pranzo e gli piacciono le verdure.
6. È sera e Carolina ha sete.

🔊 In contesto   Ho fame!

Roberta has run into her friend Fabrizio in front of a café near their school.

ROBERTA:	Ciao, Fabrizio, che fai?
FABRIZIO:	Esco ora da lezione. Vado al bar a prendere qualcosa°. Sto morendo di fame!° Vieni con me?
ROBERTA:	Ma è solo mezzogiorno!

something
I am starving!

FABRIZIO:	Sai, la mattina non faccio mai colazione e quindi° a mezzogiorno sono affamato. Tu di solito a che ora pranzi?	*therefore*
ROBERTA:	A casa mia pranziamo quasi sempre all'1.30. E tu, torni a casa?	
FABRIZIO:	No! Mangio qualcosa qui al bar, un panino o della pasta. Però poi la sera faccio un pasto completo: mangio il primo e il secondo, un contorno e anche la frutta.	
ROBERTA:	Invece noi facciamo un pranzo più tradizionale e poi a cena mangiamo solo del formaggio e dell'insalata, quasi sempre verso le 8.30.	
FABRIZIO:	Senti, però, perché non mi accompagni al bar lo stesso? Ti offro qualcosa da bere.	

4.21 I pasti di Fabrizio e Roberta. Complete the chart based on what you have learned about Fabrizio's and Roberta's eating habits. Then, compare your responses with those of a classmate.

	Pasto	Quando?	Cosa mangia?
Fabrizio			
Roberta			

Occhio alla lingua!

1. Look at the illustrations of foods and drinks on page 111. Do you remember what **dei, degli,** and **delle** mean? What do **del, dello, dell',** and **della** mean in this context?
2. What do you think is the difference between *degli spinaci* and *dei gamberetti*? And between *del caffè* and *della pasta*? Can you detect a pattern?

GRAMMATICA

La quantità: *del, dello, dell', della*

In Capitolo 3, you learned that **dei, degli,** and **delle,** the equivalent of *some* or *a few* in English, are used with plural nouns that can be counted to express indefinite quantities.

| Compro delle banane. | *I am going to buy some bananas.* |
| Mangio delle patate e dei piselli. | *I am eating potatoes and peas.* |

1. **Del, dello, dell',** and **della** are used with singular nouns to indicate a part of something, the English equivalent of *some.* They are used with words referring to food and other things that can be cut or measured but not counted. Compare these two sentences:

| Prendo della macedonia. | *I'm having some fruit salad.* |
| Compro delle vongole. | *I'm buying some clams.* |

2. **Del, dello, dell',** and **della** follow the same pattern as the definite article **il, lo, l', la.** The form used depends on the gender of the word and the letter it begins with.

Il partitivo			
		Maschile	**Femminile**
before	a consonant	**del** formaggio	**della** cioccolata
	s + a consonant or **z**	**dello** zucchero	
	a vowel	**dell'**olio	**dell'**acqua

4.22 La borsa della spesa. Tell what is in your shopping bag by completing the sentences with the correct form of **del, dello, dell'**, or **della**.

Nella borsa della spesa ci sono _____ formaggio, _____ vino, _____ verdura, _____ pane, _____ zucchero, _____ acqua minerale, _____ birra, _____ pesce.

Lo sai che? | Meals in Italy

Tutti in pizzeria!

A typical Italian breakfast usually consists of coffee (**espresso** or **cappuccino**) and cookies (**biscotti**), a croissant (**cornetto**), or a pastry (**pasta**). Even children often have coffee with milk. Lunch may consist of a **primo piatto**—a pasta dish, rice, or soup; a **secondo piatto**—fish, meat, or chicken; and a **contorno**—a vegetable dish. Italians drink water and wine with their meals and conclude the meal with fruit and **espresso**. Beer is also increasingly popular, especially with pizza, a favorite dinner item.

Traditionally, lunch has been the most important meal of the day, and Italians used to return home to eat with their family. However, this custom is changing; many people now eat lunch during a short break at school or work, and dinner, served after 8:00 P.M., is becoming the most important family meal.

Children often have a small snack, called **uno spuntino** or **una merenda**, around 5:00 in the afternoon.

4.23 I pasti. What do you find most distinctive about meals in Italy? What might an Italian friend find interesting about meals in your country?

4.24 Al supermercato. You just arrived at the grocery store but cannot find your shopping list. Call your roommate to find out what you have to buy, asking the questions below, with the correct form of **del**, **dello**, **dell'**, or **della**. Your roommate, played by another student, will respond in the negative, offering an alternative in each instance.

ESEMPIO: C'è _____ acqua minerale?
          S1: C'è <u>dell'</u>acqua minerale?
          S2: No, ma c'è della Coca-Cola.

1. C'è _____ vino in frigorifero?
2. Ci sono _____ spaghetti?
3. C'è _____ caffè?
4. Ci sono _____ arance?
5. C'è _____ insalata?
6. Ci sono _____ piselli per cena?

Il presente di *bere*

The verb **bere** (*to drink*) is irregular. An archaic form of its infinitive, **bevere**, is used to conjugate it. The **-ere** is dropped from **bevere** and second conjugation present tense endings are added to the stem.

bere (bevere)
bev**o**
bev**i**
bev**e**
bev**iamo**
bev**ete**
bev**ono**

4.25 Quando? Tell when the following people drink the beverages indicated: for breakfast, lunch, or dinner?

ESEMPIO: io / del caffè
          Bevo del caffè a colazione.

1. tu / del tè
2. noi / dell'acqua minerale
3. mia madre e mio padre / del vino
4. Gianni / un cappuccino
5. tu e Margherita / del latte
6. Gabriella / un espresso

 4.26 E tu? Discuss what you and your friends drink throughout the day, as well as with breakfast, lunch, and dinner.

Scambi

4.27 A cena a casa mia. As you listen to two friends talking about a dinner party they will be hosting, select the phrases that best complete the statements about their plans. You will hear their conversation twice.

1. Fabio fa la spesa *questa sera / domani*.
2. A Laura piacciono *gli spaghetti con i gamberetti e le vongole / gli spaghetti con le zucchine*.
3. Laura dice (*says*) che Fabio *beve troppo caffè / cucina molto bene*.
4. Fabio cucina anche del riso perché *Giulia non si sente bene / a Giulia non piace il pesce*.
5. Per secondo, Fabio cucina *del pesce con carote e fagiolini / del pollo con patate e piselli*.
6. Laura compra *la macedonia / il gelato*.

Così si dice   *Piace / Piacciono*

Use **piace** when the thing liked is singular and **piacciono** when the thing liked is plural. For example: **Mi / Ti piace la bistecca.** *I / You like steak.* **Non mi / ti piacciono i gamberetti.** *I / You don't like shrimp.* **Gli/Le piace il pollo.** *He/She likes chicken.* **Non gli/le piacciono le verdure.** *He/She doesn't like vegetables.*

4.28 Mi piace... / Mi piacciono... Make a list of the vegetables, fruits, and meats or fish shown in the illustrations on page 111 that you especially like. Make a second list of anything that you don't like. With a partner, compare your lists. Do you like and dislike the same things?

4.29 La spesa. Prepare a weekly shopping list for an Italian family of four that eats all their meals at home.

4.30 I tuoi pasti. Interview a classmate about his/her mealtime habits and complete the following chart. How do your classmate's habits compare to your own?

ESEMPIO: S1:   A che ora pranzi?
             S2:   Di solito pranzo all'una e mezza.
             S1:   Che cosa bevi?
             S2:   A pranzo bevo l'acqua e poi prendo un caffè.

Pasto	A che ora?	Dove?	Con chi?	Che cosa mangi?	Che cosa bevi?
la colazione					
il pranzo					
la cena					

4.31 Una cena. On a piece of paper write two things you like and one thing you don't like in each of the following categories: **primi, secondi, contorni, dolci, bevande.** Then working in small groups, organize a dinner party and decide together what to serve so everybody will enjoy the meal.

Percorso III
Le stagioni e il tempo

Quale stagione preferisci?

Le stagioni

L'estate. C'è il sole. Il tempo è bello e fa caldo.

L'autunno. Fa fresco.

L'inverno. Quasi sempre il tempo è brutto. Fa freddo e nevica.

La primavera. Qualche volta piove.

Le attività nelle diverse stagioni

andare
  a ballare *to go to dance*
  in bicicletta *to ride a bike*
  al cinema *to go to the movies*
  in discoteca *to go to a disco*
  al mare *to go to the beach*
  in pizzeria *to go to a pizzeria*
fare
  dello sport *to do sports*
  trekking *to go hiking*
  una passeggiata *to take a walk*
  vela *to sail*

giocare
  a baseball *to play baseball*
  a basket *to play basketball*
  a carte *to play cards*
  a football *to play football*
  a golf *to play golf*
pattinare *to skate*
prendere il sole *to sunbathe*
sciare *to ski*
uscire *to go out*
venire *to come*

Che tempo fa?
È nuvoloso. *It's cloudy.*
C'è nebbia. *It's foggy.*
Tira vento. / C'è vento. *It's windy.*

Caldo o freddo?
avere caldo *to be hot*
avere freddo *to be cold*

4.32 Che tempo fa? Write the names of the seasons and the months that correspond to each one. Then describe the weather conditions usually associated with each season.

4.33 Che fai quando…? Match the weather conditions with the appropriate activities.

1. C'è il sole.
2. Nevica.
3. Piove.
4. Tira vento.
5. Fa molto freddo.
6. Fa fresco.
7. Il tempo è bello.
8. Fa molto caldo.

a. andare al cinema
b. fare una passeggiata
c. fare vela
d. prendere il sole
e. giocare a carte
f. sciare
g. giocare a basket
h. fare trekking

4.34 Che cosa fate tu e i tuoi amici? Complete each sentence with one of the following words or expressions, making any necessary changes.

| andare al cinema | avere caldo | avere freddo | ballare | baseball |
| fare vela | football | giocare a carte | golf | trekking |

1. Quando (io) _____ mi metto una felpa.
2. Il sabato sera andiamo in discoteca a _____.
3. Se c'è vento, andiamo al mare a _____?
4. Domani sera, se piove, venite a casa mia a _____?
5. Ti piace _____? Conosci i film di Fellini?
6. Non mi piace fare una passeggiata quando c'è il sole e io _____!
7. Quali sport fai? Giochi a _____, a _____ o a _____?
8. Laura e Fabrizio vanno spesso in montagna a fare _____.

4.35 E tu, quando lo fai? List some activities you like to do and some activities you avoid doing in different seasons. Then share your list with a partner and compare your preferences.

In contesto Che programmi hai?

Paolo and Susanna are talking about the weather and their plans for an outing tomorrow.

PAOLO: Susanna, che fai stasera? Io esco con Giorgio. Vieni?

SUSANNA: No, non vengo. Stasera vado a letto presto, perché domani, se non piove, vado a Numana a prendere un po' di sole, dopo tanti mesi in casa! Perché non vieni anche tu? O vai alla partita?

PAOLO: Certo che vengo anch'io! A che ora andiamo?

SUSANNA: Prestissimo!

PAOLO: Vengono anche Marco e Angela?

SUSANNA: No, sono a sciare. Pensa, in primavera! A me però non piace sciare e poi in montagna ho sempre freddo!

PAOLO: Io adoro la primavera, perché la temperatura è perfetta e posso andare a correre o a giocare a tennis quasi ogni giorno. A domani, allora!

4.36 I programmi di Paolo e Susanna. Indicate which of the following statements are true (**Vero**) and which are false (**Falso**) according to the conversation. Then correct the false statements.

1. A Susanna piace il caldo.
2. Questa sera Susanna resta a casa.
3. Paolo è sportivo.
4. La stagione attuale è l'autunno.

Occhio alla lingua!

1. Look at the verbs in the *In contesto* conversation. What unfamiliar verb forms do you notice?
2. What do you think is the difference between the forms **vado** and **vai**, and among the forms **vengo**, **vieni**, and **vengono**?
3. What expression(s) with **avere** can you find in the *In contesto* conversation? What other expressions can you remember?

GRAMMATICA

Il presente di *andare, venire* e *uscire*

The present tense of the verbs **andare** (*to go*), **venire** (*to come*), and **uscire** (*to go out*) is irregular.

andare	venire	uscire
vado	vengo	esco
vai	vieni	esci
va	viene	esce
andiamo	veniamo	usciamo
andate	venite	uscite
vanno	vengono	escono

A che ora **esci** di casa la mattina?	*At what time do you leave the house in the morning?*
La sera **va** spesso a teatro.	*She often goes to the theater in the evening.*
Vengono a scuola alle otto.	*They come to school at eight.*

4.37 Dove vanno? Imagine where the following people are going at the times indicated. Use the 12-hour clock in your responses.

ESEMPIO: 8.00 / io
           Alle otto vado a scuola.

1. 9.00 / Giovanna
2. 12.30 / noi
3. 16.15 / voi
4. 18.45 / tu
5. 21.00 / i miei amici
6. 23.00 / Marco

4.38 Quando usciamo? Tell when you and your friends go out. Complete the sentences with the correct forms of the verb **uscire**.

1. (Io) _____ tutti i sabati con gli amici.
2. Riccardo non _____ mai la sera!
3. Tu e Giulia _____ dopo cena.
4. Carlo e Mario _____ il sabato sera.
5. (Tu) _____ con noi il weekend?
6. (Noi) _____ alle cinque ogni sera.

4.39 Vieni a casa mia? You are having a small dinner party at your house and are discussing with a friend who is going to be there. Complete the conversation with the correct forms of the verb **venire**.

—Fabrizio, allora tu e Giorgio (1) _____ insieme? O tu (2) _____ solo?

—No, (noi) non (3) _____ insieme: Giorgio (4) _____ in autobus verso le 8, e poi io (5) _____ in macchina alle 9. Prima proprio non posso.

—Sono molto contento perché (6) _____ anche Paolo e Anna!

—Bene! E Carla (7) _____?

—Sì! Certo!

4.40 Intervista. With a classmate, take turns asking each other if and when you do the following activities. Then report what you have discovered to the class.

ESEMPIO: uscire il sabato sera
           S1: Esci il sabato sera?
           S2: Sì, il sabato sera esco spesso.

1. venire a scuola ogni giorno
2. andare al cinema spesso
3. uscire la sera durante la settimana
4. andare in discoteca
5. bere qualcosa con gli amici
6. uscire la domenica pomeriggio
7. andare in pizzeria
8. venire a scuola in bicicletta

Espressioni con *avere*

The irregular verb **avere** is used in many idiomatic expressions that in English often require the verb *to be*.

Ho diciotto anni.	*I am eighteen years old.*
Hai sete?	*Are you thirsty?*
Di che cosa hai voglia?	*What do you feel like having?*
Ho fame, ho voglia di un panino.	*I am hungry, I feel like having a sandwich.*

avere... anni	*to be ... years old*
avere bisogno di	*to need*
avere caldo	*to be (feel) hot*
avere fame	*to be hungry*
avere freddo	*to be (feel) cold*
avere fretta	*to be in a hurry*
avere sete	*to be thirsty*
avere sonno	*to be sleepy*
avere voglia di...	*to feel like doing or having something*

4.41 Perché lo fai? Explain why you do the following things, using an idiomatic expression with **avere**.

1. Mi metto la maglia perché...
2. Bevo un po' d'acqua perché...
3. Mangio un panino perché...
4. Corro a scuola perché...
5. Non mi metto una giacca, ma mi metto una maglietta perché...
6. Vado a letto perché...

4.42 La mia amica Claudia. Complete the description of Claudia using the correct forms of **avere** or **essere**.

Claudia (1) _____ molto simpatica e socievole. La mattina (2) _____ spesso fretta, perché si sveglia tardi. Per andare a scuola di solito porta solo i jeans e una maglietta, perché (3) _____ sempre caldo. Frequenta l'università, ma (4) _____ molto giovane: (5) _____ solo diciotto anni! Ci vediamo quasi ogni giorno all'università e all'ora di pranzo, se noi (6) _____ fame, mangiamo qualcosa insieme. Claudia (7) _____ molto attiva e quando va a correre (8) _____ sempre molta sete. Claudia (9) _____ una persona allegra e non (10) _____ bisogno di molte cose per essere contenta.

Lo sai che?   Celsius *versus* Fahrenheit

In Italy, as in many other countries, temperature is measured in degrees according to the Celsius scale. Zero degrees Celsius is equivalent to 32 degrees Fahrenheit. In Italian, **temperatura minima** indicates the lowest expected temperature and **temperatura massima** the highest expected temperature.

4.43 Average temperatures. The average temperatures in Ancona are 1–9 degrees Celsius in the Winter, 7–17 degrees in the Spring, 17–28 degrees in the Summer, and 6–10 degrees in the Fall. How would you express the approximate equivalents in degrees Fahrenheit? How would you describe the weather in Ancona?

Gradi centigradi   **Gradi Fahrenheit**

°C	°F
50	120
40	100
30	80
20	60
10	40
5	20
0	0
-10	-20
-20	-40
-30	-60
-40	
-50	

Scambi

4.44 Chi lo dice? You will hear three people talking about the weather. Write the number of each person's comments beside the illustration to which they correspond. Each person's comment will be repeated twice.

1. _____

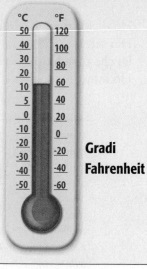

3. _____

2. _____

4.45 Le previsioni del tempo. Look at the weather map and answer the following questions.

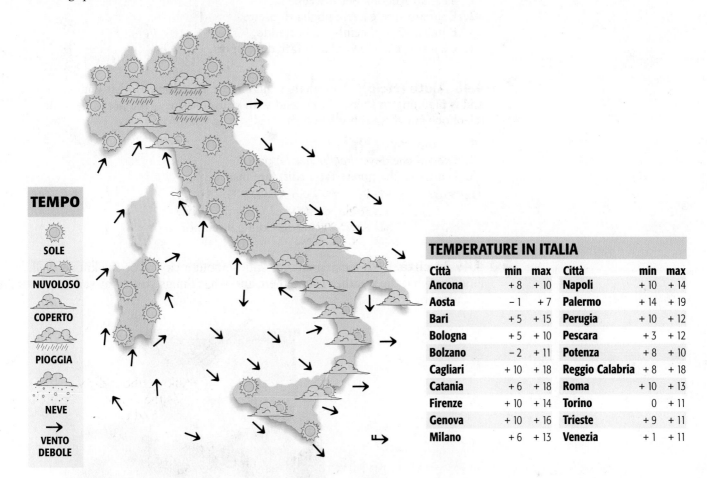

TEMPO

SOLE

NUVOLOSO

COPERTO

PIOGGIA

NEVE

→ VENTO DEBOLE

TEMPERATURE IN ITALIA

Città	min	max	Città	min	max
Ancona	+ 8	+ 10	Napoli	+ 10	+ 14
Aosta	– 1	+ 7	Palermo	+ 14	+ 19
Bari	+ 5	+ 15	Perugia	+ 10	+ 12
Bologna	+ 5	+ 10	Pescara	+ 3	+ 12
Bolzano	– 2	+ 11	Potenza	+ 8	+ 10
Cagliari	+ 10	+ 18	Reggio Calabria	+ 8	+ 18
Catania	+ 6	+ 18	Roma	+ 10	+ 13
Firenze	+ 10	+ 14	Torino	0	+ 11
Genova	+ 10	+ 16	Trieste	+ 9	+ 11
Milano	+ 6	+ 13	Venezia	+ 1	+ 11

1. Com'è oggi il tempo?
   a. al Nord
   b. al Centro
   c. al Sud
   d. sulle isole

2. Quali sono le temperature minime e massime nelle città seguenti? Come è il tempo in queste città?
   a. a Milano
   b. a Pescara
   c. a Firenze
   d. a Bari

4.46 Che fai e quando? Indicate what activities you usually do during each season and what clothes you wear. Then find a classmate who has similar tastes and habits.

Stagione	primavera	estate	autunno	inverno
Attività				
Vestiti				

4.47 Che facciamo? Discuss what you can do in the following situations.

1. Siete ad Ancona per il weekend.
2. È sabato sera e avete voglia di uscire.
3. È una sera di dicembre e fa freddo.
4. Cè il sole e avete voglia di fare dello sport.

4.48 Aiuto (*Help*)! An Italian acquaintance is coming to visit your country and is planning to spend a weekend with you. Imagine—and act out—your telephone conversation when he/she calls. You want to discuss:

1. il tempo
2. i vestiti che deve (*he/she needs*) portare
3. le attività che potete (*you can*) fare insieme

ESEMPIO: S1: Pronto! Sono Anna.
S2: Anna, come stai? Quando arrivi?
S1: Arrivo venerdì. Com'è il tempo? ...

4.49 In città. Ask a classmate questions about a city he or she knows well. Find out what the weather is like there and what things you do at various times of the year.

Com'è vestita questa ragazza? Che tempo fa?

Ombrelli di tanti colori davanti a un negozio (*store*)! Che stagione è?

In pratica

Media share PARLIAMO

Di che cosa parlano le persone della foto per conoscersi meglio (*to get better acquainted*)?

Strategie per parlare   Asking questions to gather information

Asking questions is a good way to get to know someone and to gather needed information. To ask questions, remember common phrases you have learned, such as: **A che ora... ?** and **Ti piace... ?**, and essential question words, including: **quando, come, che cosa, perché,** and **chi**.

Per abitare insieme. Imagine that you are looking for a roommate. With a classmate, take turns asking each other about your daily schedules, activities, and habits. Then decide if the two of you would be compatible as roommates.

Prima di parlare

4.50 Follow these steps to prepare to talk with your classmate.

1. In Italian, using vocabulary you have learned, make a list of points you would like to ask your classmate about.
2. Make a list of at least six questions you can ask in order to get the desired information. For example, to learn about your classmate's schedule, you might ask: **A che ora ti svegli? A che ora vai a letto?**

Mentri parli

 4.51 Taking turns, ask each other the questions you have prepared and write down the responses. What conclusions can you reach? Would the two of you be compatible as roommates?

Dopo aver parlato

 4.52 With your classmate, explain your decision to others in your class.

ESEMPIO: Possiamo (*We can*) abitare insieme perché ci addormentiamo alle dieci... *o* Non possiamo abitare insieme perché Andrea lavora di notte...

LEGGIAMO

> **Strategie per leggere**   Using title and subtitles to anticipate content
>
> Before you begin reading a text, examine the titles, subtitles, and other headings that summarize the main ideas. Looking at these elements carefully can help you make preliminary assumptions about the content and activate your background knowledge of the topic.

Prima di leggere

4.53 The text below deals with a common issue facing young Italians and their parents. Before you read it, consider carefully the title and subtitle, and then answer these questions.

1. Look at the title of the reading, *Voglio* (I want) *tornare alle 5*. Who do you think is speaking? Do you think the person is talking about 5:00 P.M. or 5:00 A.M.?
2. Now consider the subtitle. How would you interpret the first two sentences: "Estate fa rima con discoteca. E con notti insonni per i genitori (*parents*)." Select all possible responses.
   a. In estate non c'è scuola e i giovani escono la sera.
   b. L'estate è il periodo perfetto per andare in discoteca.
   c. I genitori si preoccupano per i figli.
   d. I genitori lavorano di notte.
   e. I genitori non dormono quando i figli tornano a casa molto tardi.
3. According to the following question in the subtitle, what two choices do parents have: "Bisogna (*Is it necessary*) essere inflessibili o negoziare?"
4. The last sentence gives additional information about the content of the reading: "Ne parlano due esperti." Who is going to be quoted in this reading?
 5. Summarize in your own words what you think the reading is about and what sorts of opinions will be given. Does the accompanying illustration back up your assumptions?

Mentre leggi

4.54 As you read, focus on the opinions expressed by the two psychotherapists. Identify which are Crepet's opinions and which are Charmet's opinions.

Voglio tornare alle 5

Estate fa rima con discoteca. E con notti insonni per i genitori. Bisogna essere inflessibili o negoziare? Ne parliamo con due esperti.

Con l'arrivo dell'estate la discoteca esercita sui ragazzi un richiamo irresistibile. Così la notte diventa argomento di scontro[1] con i figli e anche tra i genitori, perché spesso ce n'è uno più severo[2] e uno più disponibile alla mediazione. Discutiamo delle notti in discoteca due psicoterapeuti dell'adolescenza che la pensano in modo diverso: Paolo Crepet, l'intransigente, e Gustavo Pietropolli Charmet, il negoziatore.

■ **Orari.** «È bene limitarli, specie[3] con i più giovani. La ragazzina di 15 anni non può tornare a casa alle cinque, nemmeno[4] se vi dice che tutte le sue amiche hanno il permesso» non ha dubbi Crepet. Charmet è più morbido: «Se i ragazzi si dimostrano maturi, gli orari possono essere negoziati, anche in base alle abitudini[5] di tutto il gruppo, a cui l'adolescente è molto legato[6]. A patto[7], però, di conoscere bene amici e ambiente[8] frequentati dai propri figli». Per i due psicologi, comunque, l'orario previsto[9] per il rientro va rispettato.

Giovanna Goj

1. confrontation   2. strict   3. particularly   4. not even   5. habits
6. close   7. Provided that   8. place   9. established

Dopo la lettura

4.55 Look over the opinions that you identified as you read the article. Were your initial assumptions based on the title and subtitle accurate?

4.56 Indicate which of the following statements are true (**Vero**) and which are false (**Falso**). Find statements in the text to support your responses.

1. Molti ragazzi giovani desiderano restare in discoteca fino alle cinque di mattina.
2. I genitori si preoccupano molto quando i figli sono in discoteca tutta la notte.
3. I due psicoterapeuti sono molto severi.
4. Secondo Crepet, una ragazza di 15 anni può (*may*) tornare a casa alle cinque di mattina.
5. Secondo gli psicologi, i ragazzi devono (*must*) tornare all'ora stabilita (*established*).

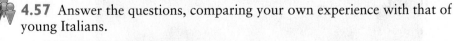

4.57 Answer the questions, comparing your own experience with that of young Italians.

1. I ragazzi italiani escono la sera dopo cena? A che ora tornano a casa di solito i ragazzi del vostro Paese quando escono la sera?
2. I ragazzi italiani vanno spesso in discoteca? E voi?
3. C'è un limite di età per andare in discoteca nel vostro Paese?

An Italian e-mail is very similar to an informal letter. You can begin simply with the name of the person you are writing to, or you can use **Caro/a** + the person's name. Use everyday language in your message and make your points briefly. You can close with an informal expression, such as **Tanti cari saluti** or **Ciao**, followed by your name, or you can just type your name.

SCRIVIAMO

La routine giornaliera. Imagine that you have received Giulio's e-mail message (p. 106) and are now sending him a response. Tell him about your own daily and weekend routines, and ask him a couple of questions of your own.

Prima di scrivere

4.58 Follow these steps to organize your thoughts before drafting your message to Giulio.

1. Decide what interesting information you can share with Giulio in response to his e-mail. List major aspects of your daily routine that you want to mention.
2. Make a second list of weekend activities that are important to you.
3. Write three questions that you would like to ask Giulio—about his activities as a student in Ancona, about his tastes in food, or about the climate where he lives.

La scrittura

4.59 Prepare a draft of your e-mail, using Giulio's message as a model and the notes that you have prepared. Remember to begin and to close your message appropriately.

La versione finale

4.60 Let some time pass, then read your draft.

1. Have you written a concise, clearly organized message based on your notes?
2. Check the language of your e-mail: Look at the agreement of nouns and adjectives. Are the verb forms correct? Is your spelling correct?
3. Revise your draft, watching for any other possible errors.

GUARDIAMO

When you know what the topic of a video segment is and what you need to watch and listen for, you can view it in a very focused way. You can filter out less relevant details and resist being distracted by words or sentences that you do not fully understand. This approach will help you to grasp the essential content.

Prima di guardare

4.61 In this video segment, four people (Ilaria, Chiara, Felicita, and Plinio) talk about their daily activities and one person (Fabrizio) talks about his food preferences. After you view this segment, you will be asked about these people's everyday schedules and eating habits. Before you view it, write down in Italian four aspects of their lives you think they may choose to discuss.

Mentre guardi

 4.62 As you watch this segment, answer the following questions.

1. Indicate at what time:
   a. si alza Felicita
   b. si alza Ilaria
   c. cena Plinio

2. What do the following people do?
   a. Quando torna a casa, Chiara...
   b. La mattina Felicita...

3. Select the correct statement about each person:
   a. Chiara lavora tutti i giorni dalle otto alle due.
      Chiara si alza alle otto ogni mattina.
   b. Plinio pranza sempre a mezzogiorno.
      Plinio pranza verso le due.
   c. Felicita si trucca sempre.
      Felicita va al cinema il pomeriggio.
   d. Ilaria mangia un panino a scuola.
      Ilaria pranza a casa.

4. What is Fabrizio cooking?
   a. arrosto e piselli
   b. pollo e asparagi

5. Select the foods that are mentioned in the video.

riso	frutta	gamberetti	pollo	macedonia	pasta
verdura	succo d'arancia	caffè	asparagi	spinaci	uva

Dopo aver guardato

 4.63 Now discuss the following questions:

1. Compare your daily schedule with that of some of the people in the video. Indicate:
   a. a che ora ti svegli tu e a che ora si svegliano Felicita e Ilaria.
   b. a che ora pranza e cena Plinio. E tu?

2. Whose daily activities are most similar to your own? Explain why.

3. What comments can you make about Italian meals after watching the video? Do you particularly like any of the foods that are mentioned?

ATTRAVERSO LE MARCHE

The Marche is a prosperous and peaceful Italian region that stretches from the Apennine mountains to the Adriatic Sea. Few tourists visit the inland areas, but the beautiful beaches, countryside, and splendid medieval and Renaissance towns with great artistic treasures attract many visitors every year.

The Marche region is populated by farmers and artisans; however, there are numerous industries as well. Some of these include the footwear industry Todds and Hogan, the naval industry in Ancona and Fano, and the paper production industry in Fabriano.

Urbino, una piccola città rinascimentale rinchiusa (*closed in*) tra le sue mura (*walls*) con il Palazzo Ducale. Fece costruire il palazzo (*had the palace built*) Federico da Montefeltro, il signore della città dal 1444 al 1482, il periodo più glorioso della cittadina. Frequentò (*Visited*) la corte dei Montefeltro lo scrittore Baldassarre Castiglione (1478–1529). Nella sua opera *Il libro del Cortegiano*, Castiglione descrive il perfetto cortigiano (*courtesan*) e la vita giornaliera dei signori che vivevano a palazzo in quegli anni. Oggi il Palazzo Ducale è la Galleria Nazionale delle Marche e contiene le opere di Piero della Francesca, di Paolo Uccello e di tanti altri famosi artisti del Rinascimento.

La Muta (1507, Galleria Nazionale delle Marche, Urbino) di Raffaello Sanzio, uno dei grandi pittori (*painters*) del Rinascimento. In questo ritratto (*portrait*) è evidente l'influenza di Michelangelo e Leonardo. Raffaello Sanzio nacque (*was born*) a Urbino nel 1483. Affrescò (*Frescoed*) le Stanze Vaticane a Roma per il Papa (*Pope*) Giulio II. Nelle sue opere (*works*) si nota il culto della perfezione delle forme e della bellezza classica. Raffaello è sepolto (*buried*) nel Pantheon a Roma.

VERIFICHIAMO

First read the introduction to the region, then look at the photos and read the related captions.

4.64 Associazioni. Indicate which cities and people you associate with the following items.

1. *Il Barbiere di Siviglia*
2. Il Pantheon
3. Federico da Montefeltro
4. Recanati
5. Le Stanze Vaticane
6. *Il Cortegiano*
7. Il mare
8. La Galleria Nazionale delle Marche

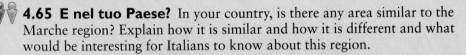

4.65 E nel tuo Paese? In your country, is there any area similar to the Marche region? Explain how it is similar and how it is different and what would be interesting for Italians to know about this region.

4.66 Un viaggio nelle Marche. What area or city in particular would you like to visit in the Marche region? Why? What do you think you could learn about Italy from this region?

Un paesaggio tipico delle Marche: colline (*hills*) e campi (*fields*) nella campagna fra Montecassiano e Montefiano, vicino a Macerata. Su una di queste colline, a circa dieci chilometri dal mare, si trova Recanati, dove è nato Giacomo Leopardi (1798–1837), uno dei più grandi poeti italiani. Nelle sue poesie (*poems*), Leopardi parla spesso del suo paese.

Pesaro: il Palazzo Ducale del '400 in Piazza del Popolo. Pesaro è una città molto antica, situata sul mare. A Pesaro è nato Gioacchino Rossini (1792–1868), grande compositore. La sua opera più famosa è probabilmente *Il Barbiere di Siviglia*. Ogni anno a Pesaro c'è il Rossini Opera Festival dedicato al musicista.

L'ora

A che ora... ?	At what time ...?
a mezzanotte	at midnight
a mezzogiorno	at noon
di mattina, di sera, di notte	A.M., P.M.
di / del pomeriggio	in the afternoon
Che ora è? / Che ore sono?	What time is it?
È presto.	It's early.
È tardi.	It's late.
impegnato/a	busy
in ritardo	late
libero/a	free, available
il tempo libero	free time

Le attività giornaliere

addormentarsi	to fall asleep
alzarsi	to get up
andare a letto	to go to bed
avere un appuntamento	to have an appointment, a date
cenare	to have dinner
divertirsi	to have fun, to have a good time
fare	
colazione	to have breakfast
la spesa	to buy groceries
farsi la doccia / il bagno / la barba	to take a shower / a bath / to shave
lavarsi	to wash up
i denti	to brush one's teeth
mettersi	to put on
ordinare	to order
pettinarsi (i capelli)	to comb (one's hair)
pranzare	to have lunch
prepararsi	to get ready
riposarsi	to rest
servire	to serve
spogliarsi	to undress
svegliarsi	to wake up
truccarsi	to put on makeup
uscire	to go out
venire	to come
vestirsi	to get dressed

Espressioni di tempo

adesso / ora	now
di solito / generalmente	usually
dopo / poi	after / then
infine	at last
non... mai	never

ogni giorno / tutti i giorni	every day
prima	first
più tardi	later

I pasti

la cena	dinner
la colazione	breakfast
il contorno	side dish
cucinare	to cook
il dolce	dessert
il pranzo	lunch
il primo / il secondo (piatto)	first / second course

Le bevande

bere...	to drink ...
l'acqua minerale	mineral water
la birra	beer
il caffè	coffee
il cappuccino	coffee and steamed milk
la cioccolata	chocolate
il latte	milk
il succo di frutta	fruit juice
il tè	tea
il vino	wine

Gli alimenti

l'arancia	orange
l'aragosta	lobster
l'arrosto	roast
gli asparagi	asparagus
la banana	banana
la bistecca	steak
la carota	carrot
il cavolfiore	cauliflower
i fagiolini	string beans
il formaggio	cheese
la frutta	fruit
i gamberetti	shrimp
il gelato	ice cream
l'insalata	salad
la macedonia	fruit salad
la mela	apple
la minestra	soup
il pane	bread
la pasta	pasta
la patata	potato
le patatine	french fries
il pesce	fish

i piselli	peas
il pollo	chicken
il pomodoro	tomato
il riso	rice
gli spinaci	spinach
l'uva	grapes
le verdure	vegetables
le vongole	clams

Espressioni per descrivere il tempo

Che tempo fa?	What's the weather like?
C'è nebbia.	It's foggy.
C'è il sole.	It's sunny.
È nuvoloso.	It's cloudy.
Il tempo è bello / brutto.	It's nice / bad weather.
Fa caldo / freddo / fresco.	It's hot / cold / cool.
Piove.	It's raining.
C'è vento / Tira vento.	It's windy.
Nevica.	It's snowing.

Le stagioni

l'autunno	autumn, fall
l'estate	summer
l'inverno	winter
la primavera	spring
Che stagione preferisci?	Which season do you prefer?

Le attività nelle varie stagioni

andare	
al cinema	to go to the movies
in discoteca	to a disco
al mare	to go to the beach
in bicicletta	to go biking
in pizzeria	to go to a pizzeria
a ballare	to go dancing
fare	
dello sport	to play sports
una passeggiata	to take a walk
trekking	to go hiking
vela	to sail
giocare	
a basket	to play basketball
a baseball	to play baseball
a carte	to play cards
a football	to play football
a golf	to play golf
pattinare	to skate
prendere il sole	to sunbathe
sciare	to ski

Espressioni con *avere*: See p. 121.

CAPITOLO 5° ■ Ecco la mia famiglia

Un matrimonio
italiano

Percorso I: La famiglia e i parenti
Percorso II: Le feste in famiglia
Percorso III: Le faccende di casa
In pratica
Attraverso: La Toscana

In this chapter you will learn how to:

◆ Talk about your family and relatives

◆ Describe family holidays and parties

◆ Talk about household chores

134

Percorso I
La famiglia e i parenti

Com'è la tua famiglia?

Albero geanealogico di Lorenzo de' Medici

Giovanni di Bicci e Piccarda Bueri
i bisnonni di Lorenzo
(i suoi bisnonni)

nato nel 1449
morto nel 1492

Cosimo il Vecchio e Contessina de' Bardi
il nonno di Lorenzo   la nonna di Lorenzo
(i suoi nonni)

Pietro il Gottoso e Lucrezia Tornabuoni
il padre di Lorenzo   la madre di Lorenzo
(i suoi genitori)

Giovanni
lo zio di Lorenzo
(suo zio)

Lorenzo De' Medici e Clarice Orsini
la moglie di Lorenzo
(sua moglie)

Giuliano
il fratello di Lorenzo
(suo fratello)

Lucrezia e Iacopo Salviati
la figlia di Lorenzo il marito di Lucrezia
(i suoi figli)

Piero e Giovanni
i figli di Lorenzo

Giulio
*il figlio illeggittimo
di Giuliano*

Maria Salviati
*la figlia di Lucrezia
la nipote di Lorenzo*
(i suoi nipoti)

Lorenzo Duca d'Urbino
*il figlio di Piero
il nipote di Lorenzo*

Giorgio Vasari *Portrait of Lorenzo de' Medici (the Magnificent)*, Florence, Uffizi, Scala/Art Resource, NY.

Per parlare della famiglia

il bambino/la bambina	*child*
il cugino/la cugina	*cousin*
il figlio unico/la figlia unica	*only child*
i gemelli/le gemelle	*twins*
morto/a	*dead*
il/la nipote	*grandson/granddaughter; nephew/niece*
i nonni materni/paterni	*maternal/paternal grandparents*
il papà/la mamma	*dad/mom*
i parenti	*relatives*
vivo/a	*alive*

Lo stemma della famiglia Medici

Per discutere dei rapporti tra i familiari

andare d'accordo con *to get along with*
Che lavoro fa? *What does he/she do?*
È avvocato / casalinga / ingegnere / medico. *He/She is a lawyer / a housewife / an engineer / a doctor.*
divorziato/a *divorced*
il fratello/la sorella più grande / più piccolo/a *older / younger brother / sister*
In quanti siete? *How many are there in your family?*
Siamo in... *There are . . . of us*
litigare *to argue*
somigliare a *to look like, to be like*
vivere *to live*

Così si dice La famiglia allargata

In Italian, the words **patrigno** (*stepfather*), **matrigna** (*stepmother*), **fratellastro** (*stepbrother*), and **sorellastra** (*stepsister*) have a slightly negative connotation. Italians often use instead expressions such as **il marito di mia madre** (*my mother's husband*), **i miei fratelli acquisiti** (*my stepbrothers*), and **la mia sorella acquisita** (*my stepsister*).

5.1 Le generazioni. Osserva l'albero genealogico di Lorenzo de' Medici a pagina 135 e indica quali delle frasi seguenti sono vere e quali sono false. Correggi quelle false.

1. Il fratello di Lorenzo è Giovanni.
2. Il nonno di Lorenzo si chiama Cosimo il Vecchio.
3. Giuliano è il cugino di Lucrezia, Piero e Giovanni.
4. Lucrezia, Piero e Giovanni sono gli zii di Giulio.
5. Piero e Giovanni sono i nipoti di Pietro il Gottoso e Lucrezia Tornabuoni.
6. Giovanni di Bicci è il padre di Lorenzo.

5.2 L'albero genealogico. Osserva l'albero genealogico di Lorenzo de' Medici e completa le frasi. Usa l'articolo corretto.

1. Lucrezia Tornabuoni è _____ di Pietro il Gottoso e _____ di Lorenzo.
2. Lucrezia Salviati è _____ di Piero e _____ di Giulio.
3. Maria Salviati è _____ di Lorenzo e _____ di Lucrezia.
4. Lorenzo e Giuliano sono _____ di Pietro il Gottoso.
5. Pietro il Gottoso e Lucrezia Tornabuoni sono _____ di Lorenzo e _____ di Lucrezia, Piero e Giovanni.
6. Lorenzo è _____ di Lucrezia Salviati.
7. Lucrezia, Piero e Giovanni sono _____ di Giuliano.
8. Giovanni di Bicci e Piccarda Bueri sono _____ di Lorenzo.

5.3 Chi sono? Indica chi sono le seguenti persone.

1. Il fratello di mia madre è mio _____.
2. La sorella di mio padre è mia _____.
3. Il figlio di mia zia è mio _____.
4. La figlia di mia sorella è mia _____.
5. I figli dei miei figli sono i miei _____.
6. Mio padre e mia madre sono i miei _____.

5.4 L'intruso. Elimina la parola che non c'entra.

1. il marito, il nipote, la moglie
2. andare d'accordo, somigliare, litigare
3. la zia, la nipote, la moglie
4. i fratelli, i gemelli, gli zii
5. i parenti, i genitori, i cugini
6. divorziato, sposato, bambino

Così si dice Azioni reciproche

The plural forms of the reflexive pronouns (**ci, vi, si**) can be used with the **noi, voi,** and **loro** forms of many verbs to indicate reciprocal actions. —**Vi vedete spesso?** *Do you see each other often?* —**No, ma ci telefoniamo e ci scriviamo sempre.** *No, but we always call and write to each other.* —**Giuseppe e Claudia invece si vedono ogni weekend.** *Giuseppe and Claudia, on the other hand, see each other every weekend.*

In contesto Una famiglia italiana

Alberto Sorrentino descrive la sua famiglia.

Mi chiamo Alberto Sorrentino. Sono di Napoli, ma lavoro a Roma da molti anni. Sono avvocato. Mia moglie, Luisa, insegna all'Università di Roma. Abbiamo due belle bambine, Giulia e Patrizia. Patrizia ha cinque anni e ancora° non va a scuola, ma sa già° leggere e scrivere. Giulia invece fa la terza elementare. I miei genitori vivono a Napoli. Mio padre ha 70 anni ed è in pensione. Mia madre è casalinga. I miei nonni paterni sono morti, la mia nonna materna, invece, vive con i miei genitori. Ho anche due sorelle e un fratello. La mia sorella più grande, Marisa, è medico. È sposata e ha un figlio di sette anni. Anche suo marito è avvocato, come me. Noi andiamo molto d'accordo. Fra° tutti i miei parenti, lui è il più simpatico. Giovanna, la mia seconda sorella, è divorziata. È ingegnere e lavora sempre tanto. Io somiglio molto a lei. Abbiamo lo stesso carattere e spesso litighiamo. Mio fratello Carlo è più piccolo di me. È un tipo disinvolto°, energico e allegro. Studia lingue e letterature straniere all'Università di Napoli. Studia anche l'inglese, ma non lo sa parlare molto bene. Non ci vediamo spesso perché abitiamo lontano, ma siamo una famiglia molto unita. Ci telefoniamo spesso e ci aiutiamo a vicenda°.

still / already

Among

easy-going

we help each other

5.5 La famiglia di Alberto. Ricostruite l'albero genealogico della famiglia di Alberto Sorrentino.

5.6 Cosa sappiamo di… ? Compila la seguente scheda (*grid*) e indica cosa sai di Alberto e dei suoi familiari. Paragona (*Compare*) i tuoi risultati con quelli di un compagno/una compagna.

Nome	Marisa	Alberto	Giovanna	Carlo
professione				
stato civile				
figli				
carattere				

Occhio alla lingua!

1. What two ways of expressing possession do you notice in the family tree of Lorenzo de' Medici? Give examples of each.
2. Now, in the family tree of Lorenzo de' Medici, focus on the words in red. What word in each instance indicates possession? What word precedes this possessive adjective in some instances?
3. What do you notice about the endings of the possessive adjectives?

GRAMMATICA

Gli aggettivi possessivi

Possessive adjectives, **aggettivi possessivi**, are used to indicate possession. They are equivalent to the English *my, your, his/her, its, our,* and *their.* They usually precede the noun. Like all Italian adjectives, possessive adjectives agree in number and gender with the noun they modify. They do not agree with the possessor. Unlike the English possessive adjectives, they are usually preceded by the definite article, which also agrees in number and gender with the noun possessed.

Gli aggettivi possessivi		
Maschile		
	Singolare	**Plurale**
my	il mio amico	i miei amici
your (*informal, sing.*)	il tuo amico	i tuoi amici
your (*formal, sing.*)	il Suo amico	i Suoi amici
his/her, its	il suo amico	i suoi amici
our	il nostro amico	i nostri amici
your (*informal, pl.*)	il vostro amico	i vostri amici
your (*formal, pl.*)	il Loro amico	i Loro amici
their	il loro amico	i loro amici
Femminile		
	Singolare	**Plurale**
my	la mia amica	le mie amiche
your (*informal, sing.*)	la tua amica	le tue amiche
your (*formal, sing.*)	la Sua amica	le Sue amiche
his/her, its	la sua amica	le sue amiche
our	la nostra amica	le nostre amiche
your (*informal, pl.*)	la vostra amica	le vostre amiche
your (*formal, pl.*)	la Loro amica	le Loro amiche
their	la loro amica	le loro amiche

La mia casa è qui vicino.	*My house is nearby.*
Giovanna, dove sono **i tuoi fratelli?**	*Giovanna, where are your brothers?*
I suoi genitori abitano in Italia.	*Her parents live in Italy.*

The following rules will help you use possessive adjectives:

1. In Italian, *his* and *her* are both expressed by **il suo, i suoi, la sua, le sue. Il suo** is also used for the formal form of *your*. In this instance it may be capitalized as, for example, in a formal letter.

Giulio è l'amico **di Carlo.**	*Giulio is Carlo's friend.*
È **il suo** amico.	*He is his friend.*
Giulio è l'amico **di Anna.**	*Giulio is Anna's friend.*
È **il suo** amico.	*He is her friend.*
Rispondo **alla Sua** lettera.	*I am responding to your letter.*

2. When possessive adjectives are used with a singular, unmodified family member, the article is usually omitted.

Sua sorella ha venti anni.	*His/Her sister is twenty years old.*
Nostro zio è socievole.	*Our uncle is sociable.*

3. **Loro** never changes form and is always used with the definite article, even with a singular, unmodified family member. The article always agrees in number and gender with the noun possessed.

La loro casa è grande.	*Their house is large.*
I loro cugini sono in Italia.	*Their cousins are in Italy.*
La loro nonna è italiana.	*Their grandmother is Italian.*

4. The article is always used with the word **famiglia.**

Di dov'è **la tua** famiglia?	*Where is your family from?*

5. The article is also used if the noun referring to a relative is plural or if it is modified by an adjective.

Le mie sorelle non vanno a scuola.	*My sisters don't go to school.*
La mia sorella **più piccola** frequenta l'università.	*My youngest sister goes to college.*

6. Idiomatic expressions such as **a casa mia** (*my home*) are never used with an article.

Andiamo **a casa mia** o a **casa tua?**	*Shall we go to my house or your house?*

5.7 La casa di Riccardo. Riscrivi il seguente paragrafo e descrivi la casa di Riccardo. Fa' tutti i cambiamenti necessari.

ESEMPIO: Io non sono una persona molto ordinata (*neat*), è vero…
            Riccardo non è una persona molto ordinata, è vero…

Io non sono una persona molto ordinata, è vero. Il mio cappotto è sulla sedia. La mia maglietta è sempre sul tavolo. I miei libri sono sotto il letto (*bed*). Le mie scarpe sono dietro alla porta. Non ricordo dove sono i miei CD di Tiziano Ferro e non trovo la mia agenda da tre giorni. Chissà dove sono i miei pantaloni neri.

5.8 Dove sono? Domanda dove sono le tue cose e quelle dei tuoi amici. Usa gli aggettivi possessivi.

ESEMPIO: Paolo / libri
            Dove sono i suoi libri?

1. Carlo / cravatta
2. Luisa / zaino
3. Luisa e Carlo / scarpe da tennis
4. Tu / giacca
5. Io / quaderni
6. Io e Carlo / pantaloni
7. Tu e Luisa / penne
8. Giovanna / felpe

5.9 Una domenica in famiglia. Completa le frasi con gli aggettivi possessivi. Usa l'articolo determinativo quando è necessario.

1. Tu vai a trovare _____ genitori.
2. Io parlo con _____ cugina Marta.
3. Noi pranziamo con _____ nonni.
4. Luisa gioca a tennis con _____ fratello.
5. Carlo e Giulia cenano con _____ zii.
6. Tu e Marco nuotate in piscina con _____ cugini.

5.10 I parenti. Spiega chi sono le seguenti persone. Usa gli aggettivi possessivi.

1. Il figlio di tua sorella è _____.
2. Il fratello di vostro padre è _____.
3. I figli di sua zia sono _____.
4. Il padre e la madre dei miei genitori sono _____.
5. Le figlie dei miei genitori sono _____.
6. Le figlie dei nostri zii sono _____.
7. La madre della loro madre è _____.
8. La moglie di nostro zio è _____.

5.11 Brevi dialoghi. Completa i dialoghi con la forma corretta degli aggettivi possessivi.

1. GIANNA: Renata, come si chiama _____ figlia più grande?
   RENATA: _____ figlia più grande si chiama Marisa.
2. LUIGI: Paolo e Mario, dove vive _____ famiglia?
   PAOLO: _____ genitori vivono a Roma. _____ sorelle, invece, vivono a Pescara.
3. RENZO: Signora, dov'è _____ marito?
   SIGNORA: Oggi _____ marito è a casa con _____ figlie.

I pronomi possessivi

Possessive pronouns, **i pronomi possessivi**, express ownership. They are used in place of things and people just mentioned. Possessive pronouns correspond to the English *mine, yours, his, hers, its, ours,* and *theirs.* In Italian, possessive pronouns are identical in form to possessive adjectives. They agree in gender and number with the nouns they replace.

Le mie cugine sono molto simpatiche.	*My cousins are very nice.*
Come sono **le tue**?	*What are yours like?*
Il calcio è il mio sport preferito.	*Soccer is my favorite sport.*
E il tuo qual è?	*And what is yours?*

Possessive pronouns are usually used with the definite article, even when they refer to relatives.

Vado d'accordo con mia madre.	*I get along with my mother.*
Tu vai d'accordo con **la tua**?	*Do you get along with yours?*

5.12 Io e i miei parenti. Spiega che cosa tu e i tuoi amici fate con i vostri parenti. Completa le frasi con i pronomi possessivi.

ESEMPIO: Io ceno con mia sorella. Luisa cena con _____.
Io ceno con mia sorella. Luisa cena con **la sua**.

1. Io studio con mio cugino. Tu studi con _____.
2. Io ceno con i miei genitori. Voi cenate con _____.
3. Io gioco a tennis con mio zio. Paolo gioca con _____.
4. Io cucino con mia madre. Maria e Paolo cucinano con _____.
5. Io faccio colazione con i miei nonni. Anna fa colazione con

_____.

6. Io pranzo spesso con le mie zie. Anna pranza raramente con _____.

5.13 La famiglia. Discutete della vostra famiglia. Poi scrivete una breve composizione e paragonate le vostre famiglie.

ESEMPIO: S1: Come si chiama tuo padre?
S2: Mio padre si chiama Richard. E il tuo?
S1: Anche il mio si chiama Richard. Com'è tua madre?
S2: Mia madre è bionda, alta e simpatica. Com'è la tua?

Il presente di *conoscere e sapere*

In Italian, *to know* can be expressed by both **conoscere** and **sapere**.

sapere	conoscere
so	conosco
sai	conosci
sa	conosce
sappiamo	conosciamo
sapete	conoscete
sanno	conoscono

The following rules will help you use **conoscere** and **sapere**.

1. **Conoscere** is a regular verb and corresponds to the English *to be familiar* or *acquainted with*. It is used with people, places, and things.

Conosco molto bene tutta la famiglia di Carlo.	*I know Carlo's entire family very well.*
Conoscete Roma bene?	*Do you know Rome well?*
Conosciamo le opere di Dante.	*We are familiar with Dante's works.*

2. **Sapere** is an irregular verb and corresponds to the English *to know a fact or some information,* or *to know how to do something.*

—**Sai** il suo nome?	*—Do you know his/her name?*
—Sì, e **so** anche dove abita.	*—Yes, and I also know where he/she lives.*
Non **so** cucinare!	*I don't know how to cook!*

5.14 Una famiglia eccezionale! Giulia spiega che cosa lei e i familiari sanno fare. Completa le frasi con la forma corretta di **sapere**.

1. Io _____ cantare e ballare.
2. Mia sorella _____ suonare il pianoforte.
3. I miei fratelli _____ giocare a tennis.
4. Io e mia madre _____ parlare bene l'inglese.
5. E tu? Che cosa _____ fare?

5.15 Fra nonno e nipote. Completa la seguente conversazione fra nonno e nipote con la forma corretta di **sapere** o **conoscere**.

NIPOTE: Nonno, è vero che tu (1) _____ parlare cinque lingue?

NONNO: No, (2) _____ parlare soltanto l'italiano, l'inglese e il francese.

NIPOTE: Nonno, è vero che tuo fratello (3) _____ il Presidente della Repubblica?

NONNO: Sì, lui (4) _____ molte persone importanti.

NIPOTE: È vero che la zia (5) _____ suonare la chitarra?

NONNO: Sì, e (6) _____ molti musicisti famosi.

NIPOTE: È vero che i miei genitori (7) _____ giocare a tennis e (8) _____ molti tennisti famosi?

NONNO: Tua madre (9) _____ giocare bene, ma tuo padre non gioca più.

Scambi

5.16 I parenti. Gianluca parla della sua famiglia. Ascolta due volte la descrizione e indica quali delle seguenti affermazioni sono vere e quali false.

1. _____ Gianluca ha una sorella.
2. _____ Vede spesso i genitori di sua madre.
3. _____ I suoi genitori sono morti.
4. _____ Sua zia non abita in Italia.
5. _____ Non ha molti cugini e zii.

5.17 La tua famiglia. A turno, descrivete la vostra famiglia e ricostruite l'albero genealogico. Poi insieme controllate se le informazioni sono corrette.

5.18 I particolari. Prepara otto domande per scoprire i particolari sulla famiglia di un compagno/una compagna. Poi usa le domande per intervistare una persona in classe. Quindi scrivi una mail e riferisci le informazioni al tuo professore/alla tua professoressa.

5.19 Conoscenze e abilità. Trova un compagno/una compagna che conosce le seguenti persone e/o sa fare le seguenti cose. Scopri anche i particolari.

1. una persona famosa
2. cantare
3. un'opera d'arte di Leonardo da Vinci
4. fare un dolce italiano
5. il titolo di un'opera di Rossini
6. il nome di un buon ristorante italiano
7. suonare uno strumento
8. fare vela
9. l'autore della *Divina Commedia*
10. una famiglia italiana

5.20 Li conoscete? Andate su Internet e cercate informazioni sulle persone delle foto. Poi completate la scheda e indicate che cosa sapete adesso.

Roberto Benigni   Gianna Nannini   Andrea Bocelli

	Roberto Benigni	**Gianna Nannini**	**Andrea Bocelli**
I. l'età			
2. la professione			
3. di dov'è			
4. dove abita			
5. com'è			
6. informazioni sulla famiglia			

Lo sai che? | La famiglia italiana

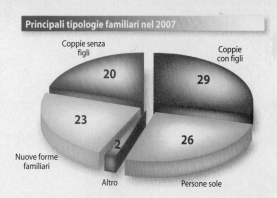

Principali tipologie familiari nel 2007

Coppie senza figli 20
Coppie con figli 29
Nuove forme familiari 23
Altro 2
Persone sole 26

Composizione percentuale

Oggi le famiglie italiane numerose (*large*) sono molto rare. Infatti in Italia la crescita demografica è quasi zero. Molte coppie oggi decidono di non avere figli o di avere un figlio unico, per ragioni economiche e di lavoro, anche perché le donne italiane lavorano sempre più spesso fuori (*outside*) casa. Ancora, però, come in passato, i figli sposati spesso vivono vicino ai genitori e i nonni passano molto tempo con i nipoti, particolarmente quando i genitori lavorano. I figli adulti assistono i genitori quando sono vecchi o non stanno bene. Spesso i genitori anziani vanno a vivere con i figli.

Oggi molte cose stanno cambiando (*are changing*) anche nella struttura familiare italiana: da molti anni c'è il divorzio e nuovi nuclei familiari si formano più facilmente che in passato. La famiglia però occupa sempre un posto importante nella società italiana.

 5.21 La famiglia italiana. Indicate tre cose che adesso sapete della famiglia italiana.

 5.22 Simile o diversa? Le famiglie del vostro Paese sono simili o diverse dalle famiglie italiane? Come?

Percorso II
Le feste in famiglia

🔊 Che cosa festeggiate?

gli invitati

Auguri!

Buon compleanno!

i regali — **la torta con le candeline**

Oggi è il compleanno di Ernesto.

Buon anniversario!

Oggi è il cinquantesimo anniversario di matrimonio dei nonni. Parenti e amici **li** festeggiano e fanno tante foto.

UNIVERSITÀ DEGLI STUDI DI PISA

Auguri!

Congratulazioni

lo spumante

Daniela oggi si laurea in Medicina.

Per discutere di occasioni importanti

diplomarsi	*to graduate from high school*
laurearsi	*to graduate from college*
la laurea	*(university) degree*
il matrimonio	*wedding*
sposarsi	*to get married*

Per parlare delle feste

il bicchiere	*glass*
dare / fare una festa	*to give / have a party*
fare gli auguri	*to say best wishes*
invitare	*to invite*
un invito	*an invitation*
mandare un biglietto di auguri	*to send a card*
i palloncini	*balloons*
regalare	*to give a present*
il ricevimento	*reception*
spedire (-isc-)	*to mail, to send*

5.23 Che cos'è? Completa le frasi con la forma corretta della parola o espressione giusta.

1. Quando festeggiamo un compleanno, spesso mangiamo _____.
2. Quando diamo una festa, _____ i nostri amici e parenti.
3. Prima di una festa, mandiamo _____.
4. Quando i nostri amici o parenti si sposano, andiamo al loro _____.
5. Per il compleanno, mettiamo _____ sopra la torta.
6. Le persone che invitiamo a una festa sono _____.
7. Quando i nostri amici e parenti festeggiano un compleanno o anniversario, mandiamo loro _____.
8. Libri, CD e vestiti sono _____ che spesso facciamo per un compleanno.
9. A un matrimonio, gli invitati bevono _____.
10. Le persone _____ quando finiscono gli studi all'università.

5.24 Facciamo gli auguri. Indica cosa diciamo per fare gli auguri quando...

1. è il compleanno del nonno.
2. due amici hanno un bambino.
3. un nostro cugino si diploma.
4. un nostro amico ha un nuovo lavoro molto interessante.

5.25 Le feste. Indicate almeno quattro attività e oggetti che associate con le seguenti occasioni.

1. un matrimonio
2. un compleanno
3. un anniversario
4. una laurea

In contesto   Una festa a sorpresa

Luca e Anna pensano di dare una festa a sorpresa per festeggiare il compleanno di Gabriella, che oggi compie diciotto anni.

ANNA:	Allora, chi compra la torta?
LUCA:	**La** compro io. E i CD?
ANNA:	**Li** portano Carlo e Giuseppe. Ma le candeline per la torta, dove sono?
LUCA:	Eccole! Va bene? Poi stasera scrivo gli inviti e domani **li** spedisco, d'accordo?
ANNA:	Ma allora, invitiamo anche Giovanna e sua sorella?
LUCA:	Certo che **le** invitiamo! Chissà° che bel regalo fanno a Gabriella.
ANNA:	Sì! Al massimo° portano una bottiglia di spumante scadente°! Sono ricche, ma sono anche molto avare!
LUCA:	Ma che dici! Regalano sempre belle cose!
ANNA:	Sarà!° Intanto°, lo spumante buono **lo** porto io!

Who knows

At the most / cheap

That may be! / In the meantime

5.26 Una festa a sorpresa. Indica quali delle seguenti affermazioni sono vere.

1. Oggi è il compleanno di Gabriella.
2. Luca compra le candeline.
3. Gabriella, Anna e Luca sono cari amici.
4. Giovanna è una ragazza povera, ma generosa.
5. Nessuno compra lo spumante.

Occhio alla lingua!

Look at the *In contesto* conversation and answer the following questions.

1. What do you think Luca is going to buy for the party? How do you know?
2. What do you think Carlo and Giuseppe are going to bring? How do you know?
3. What do you think each of the words in boldface type in the conversation refers to? How is each of these words used?

GRAMMATICA

Il presente di *dare* e *dire*

The verbs **dare** (*to give*) and **dire** (*to say*) are irregular.

Cosa **danno** alla madre?   *What are they going to give to their mother?*
Cosa **dice**?   *What is he/she saying?*

dare	dire
do	dico
dai	dici
dà	dice
diamo	diciamo
date	dite
danno	dicono

5.27 Cosa fanno? Indica che cosa fanno le seguenti persone. Abbina (*Match*) le persone con le attività.

1. Gli studenti
2. Mio padre
3. Io
3. Io e i miei genitori
5. Tu e Maurizio
6. Tu

a. dà un regalo a mia madre per il suo compleanno.
b. danno una festa sabato.
c. diamo gli inviti agli amici.
d. date lo spumante agli invitati.
e. dai un biglietto d'auguri a tuo fratello.
f. do un ricevimento per l'anniversario dei miei nonni.

5.28 Le feste. Che cosa dicono le persone seguenti nelle occasioni indicate? Completa le frasi con la forma corretta del verbo **dire**.

1. Per il suo compleanno, io _____: «Buon compleanno!» a mio cugino.
2. Mio cugino _____: «Grazie del regalo.»
3. Per il loro anniversario di matrimonio, tu e tuo fratello _____: «Buon anniversario!» ai vostri nonni?
4. Quando c'è una festa in famiglia, i nostri nonni _____: «Siamo molto felici con i nostri figli».
5. Che cosa _____ tu per la laurea di tua sorella?
6. Tutti noi _____: «Congratulazioni!»

5.29 *Dire o dare?* Un amico che sta studiando l'italiano ti chiede aiuto per usare alcuni verbi correttamente. Completa le frasi con la forma corretta dei verbi **dire** o **dare**.

1. Per il compleanno di sua madre, Giorgio _____: «Buon compleanno!»
2. Quando incontro una persona la mattina, io _____: «Buongiorno!»
3. Noi _____ un regalo agli zii per il loro anniversario.
4. I miei cugini _____ sempre: «No!»
5. Tu e tua sorella _____ una bella festa di compleanno.
6. Tu _____ spesso: «Congratulazioni!»

I pronomi diretti: *lo, la, li, le*

A direct object is a person or a thing that receives the action directly from the verb. It answers the question: *whom?* or *what?*

Anna brings **the cake**. What does Anna bring? "The cake" is the direct object.

She sees **her uncle**. Whom does she see? "Her uncle" is the direct object.

In Italian, there is never a preposition before the direct object.

Carlo invita **gli amici**.   *Carlo invites his friends.*

Direct-object pronouns, **pronomi di oggetto diretto**, are used to replace direct-object nouns.

I pronomi di oggetto diretto			
Singolare		**Plurale**	
lo	*him/it*	**li**	*them (m.)*
la	*her/it*	**le**	*them (f.)*

Conosciamo **Carlo**. → **Lo** conosciamo.   *We know Carlo.* → *We know him.*
Spedisco **gli inviti**. → **Li** spedisco.   *I mail the invitations.* → *I mail them.*

1. Direct-object pronouns agree in number and gender with the nouns they replace.

   —Non vedo **il bambino**.   —*I don't see the child.*
   —Io **lo** vedo.   —*I see him.*

   —Chi fa **la torta?**   —*Who is making the cake?*
   —**La** facciamo noi.   —*We're going to make it.*

   —Invito **le ragazze**.   —*I'm going to invite the girls.*
   —Perché **le** inviti?   —*Why are you inviting them?*

2. A direct-object pronoun always precedes a conjugated verb. If a sentence is negative, **non** is placed before the direct-object pronoun.

   Il regalo? **Lo compra** Paola.   *The gift? Paola is buying it.*
   Non lo compro io.   *I am not buying it.*

3. **Lo** and **la** frequently become **l'** before verbs that begin with a vowel or forms of **avere** that begin with an **h**. **Lo** and **la** are always contracted when the verb that follows begins with the same vowel as the pronoun ending. The plural forms **li** and **le**, however, are *never* contracted.

   —Chi invita **la zia?**   —*Who's going to invite our aunt?*
   —**La** invito io. (**L'**invito io.)   —*I'll invite her.*
   —Chi ordina **lo spumante?**   —*Who is going to order the sparkling wine?*

   —**L'**ordino io.   —*I'm going to order it.*
   —Inviti **i ragazzi?**   —*Are you going to invite the boys?*
   —No, non **li** invito.   —*No, I'm not going to invite them.*

4. Direct-object pronouns are attached to **ecco**.

   —Dov'è **la torta?**   —*Where is the cake?*
   —**Eccola!**   —*Here it is!*
   —Dove sono **gli invitati?**   —*Where are the guests?*
   —**Eccoli!**   —*Here they are!*

Lo sai che?   Le feste in famiglia

Parenti e amici si riuniscono in molte occasioni diverse, come compleanni, lauree e matrimoni. Poiché (*Since*) per la maggior parte gli italiani sono cattolici, molte feste in famiglia sono legate alla religione cattolica, come i battesimi e le comunioni. Il matrimonio si celebra generalmente in chiesa, anche se molte coppie si sposano in comune (*city hall*). In genere, alla cerimonia civile o religiosa segue un gran ricevimento. Un pranzo ricco e sontuoso (*sumptuous*) segue spesso anche alla cerimonia della prima comunione. Questa festa religiosa cattolica è un'altra occasione speciale per tante famiglie italiane. I bambini ricevono regali importanti e costosi, anche oggetti d'oro (*gold*) o d'argento (*silver*), e gli invitati ricevono sempre bomboniere (*party favors*) e confetti. I genitori spendono molto per questi festeggiamenti. Molto spesso si festeggia anche l'onomastico di una persona, cioè (*that is*) il giorno del calendario cattolico dedicato al santo o alla santa dallo stesso nome.

 5.30 Le feste italiane. Indicate tre occasioni che sono importanti per le famiglie italiane. Come le festeggiano?

 5.31 E nel vostro Paese? Quali sono le feste importanti per le famiglie del vostro Paese? Sono simili o diverse da quelle italiane?

 5.32 Che cosa? Ascolta due volte i frammenti di conversazioni che seguono e indica la cosa di cui parlano.

Conversazione A: il vino, la torta, i dolci, le candeline
Conversazione B: i regali, gli inviti, lo spumante, le candeline
Conversazione C: le cartoline, le lettere, gli inviti, il libro
Conversazione D: lo spumante, la torta, le candeline, gli inviti

5.33 Dove sono? Stasera dai una festa. Tua madre ti domanda dove sono le seguenti cose e persone. Immagina le sue domande e le tue risposte.

ESEMPIO: l'acqua
           —Dov'è l'acqua?
           —Eccola!

1. le sedie
2. il vino
3. la torta
4. tuo padre
5. le tue sorelle

6. i tuoi fratelli
7. la frutta
8. i dolci
9. gli invitati
10. lo spumante

5.34 Una festa. Stasera fai una festa. Un'amica ti fa delle domande sui preparativi. Rispondi e usa un pronome oggetto diretto.

ESEMPIO: —Compri i dolci?
           —Sì, li compro. *o* No, non li compro.

1. Servi il vino?
2. Offri la birra?
3. Compri la torta?
4. Servi lo spumante?

5. Prepari gli antipasti?
6. Servi le pizze?
7. Metti la frutta sul tavolo?
8. Servi gli asparagi?

5.35 Un anniversario di matrimonio. Rossella e Paola organizzano una festa per l'anniversario dei nonni. Completa il dialogo con un pronome oggetto diretto.

ROSSELLA: Allora, quando facciamo la festa?
PAOLA: Perché non (1) _____ facciamo la sera del 20?
ROSSELLA: Quando compri i palloncini?
PAOLA: (2) _____ compro domani, va bene?
ROSSELLA: Chi prepara gli inviti? (3) _____ preparo io?
PAOLA: Benissimo. Così io faccio le telefonate per sapere chi viene. (4) _____ faccio tutte domani.
ROSSELLA: E lo spumante? Chi (5) _____ porta?
PAOLA: Forse (6) _____ porta Marco.

 5.36 Cosa facciamo con... ? Indicate cosa facciamo con le seguenti cose. Usate un pronome oggetto diretto.

ESEMPIO: lo spumante

S1: Cosa facciamo con lo spumante?
S2: Lo beviamo alle feste.

1. la torta
2. gli inviti
3. gli invitati
4. le foto
5. un regalo
6. le candeline
7. i palloncini
8. il biglietto di auguri

Lo sai che? | I diciotto anni

Per moltissimi giovani italiani compiere diciotto anni è molto importante per diverse ragioni. A questa età una persona può votare, prendere la patente e guidare l'automobile. Molti fanno grandi feste per questo compleanno e spendono anche tanto. Ci sono delle agenzie specializzate proprio per organizzare questi eventi.

Spesso i ragazzi prima cenano in famiglia con i parenti e poi continuano la festa con gli amici e ballano quasi tutta la notte in un locale (*place*) affittato (*rented*) per l'occcasione.

 5.37 Il diciottesimo compleanno. Insieme discutete perché compiere diciotto anni è importante per i giovani italiani. Come si festeggia?

 5.38 E nel vosto Paese? Quale compleanno è importante nel vostro Paese? Perché? Come si festeggia?

Scambi

 5.39 Le feste. Intervista un compagno/una compagna e scopri (*discover*) quali sono le feste importanti nella sua famiglia. Scopri anche come festeggiano le diverse occasioni.

 5.40 Una festa! Divisi in piccoli gruppi, organizzate una festa di compleanno a sorpresa per il vostro professore. Decidete dove e quando la date e cosa fate. Poi decidete chi si occupa delle seguenti cose.

ESEMPIO: gli inviti

S1:   Chi scrive gli inviti?
S2:   Li scrive lui.

1. lo spumante
2. la torta
3. il regalo
4. le candeline
5. gli invitati

6. la cena
7. gli antipasti
8. le foto
9. le bevande
10. i biglietti di auguri

5.41 Gli inviti. Osservate l'invito che segue e indicate quattro cose che adesso sapete delle persone e dell'avvenimento (*event*) di cui si parla.

Cesare Brandini Marcolini e
Lucia Brandini Marcolini Corsi
partecipano il matrimonio
della figlia Serena
con

Ugo Franceschetti

Antonio Franceschetti e
Lucia Franceschetti Gargani
partecipano il matrimonio
del figlio Ugo
con

Serena Brandini Marcolini

Basilica di San Miniato
al Monte Firenze
Sabato 20 Giugno
2009 alle ore 9

Via della Fonderia, 71
Firenze

Via Pietro Chovar, 12
Firenze

Via del Pian dei Giullari, 22
Firenze

Ugo e Serena
dopo la celebrazione vi
raggiungeranno in giardino
Via del Pian de' Giullari, 24
Firenze
R. S. V. P.
055 2286436 – 055 2286375
ugoeserena@gmail.com

Percorso III
Le faccende di casa

🔊 Che cosa devi fare in casa?

Luigi non **può** uscire adesso perché prima **deve** fare il bucato e stirare. Più tardi **vuole** andare al cinema con Mariella.

Roberto non **può** guardare la partita alla televisione perché **deve** spazzare, portare fuori la spazzatura e poi **deve** fare la spesa. Questa sera viene a cena la sua ragazza.

Fabrizio e Anna **vogliono** andare a giocare a tennis ma non possono uscire subito. Prima devono pulire la casa. Fabrizio **deve** passare l'aspirapolvere e Anna **deve** rifare il letto e mettere in ordine la camera.

Per parlare delle faccende di casa

annaffiare le piante	*to water the plants*
apparecchiare la tavola	*to set the table*
dare da mangiare al cane / al gatto	*to feed the dog / cat*
fare giardinaggio	*to work in the garden*
fare la spesa	*to buy groceries*
lavare i piatti	*to wash the dishes*
sparecchiare la tavola	*to clear the table*
spolverare	*to dust*

La frequenza

Ogni quanto? *How often?*

una volta / due volte al giorno /alla settimana / al mese / all'anno *once / twice a day / a week / a month / a year*

5.42 Che cos'è? Indica di quale attività si tratta.

1. Lo facciamo in cucina con l'acqua dopo che mangiamo.
2. Lo facciamo la mattina dopo che ci svegliamo e ci alziamo.
3. La facciamo al supermercato.
4. Lo facciamo dopo che finiamo di mangiare.
5. Lo facciamo prima di cominciare a mangiare.

5.43 Una festa in casa. Prepara una lista di faccende che fai prima di una festa e una di faccende che fai dopo una festa in casa.

5.44 Quando lo fai ? Indica con quale frequenza fai le seguenti attività.

	Ogni giorno	Spesso	Una volta alla settimana	Raramente
passare l'aspirapolvere				
lavare i piatti				
fare il bucato				
spolverare				
mettere in ordine				
cucinare				
fare la spesa				
portare fuori la spazzatura				
annaffiare le piante				
stirare				

🔊 In contesto   Prima di uscire

Paolo e la madre discutono perché Paolo vuole uscire.

PAOLO: Mamma, posso uscire con i miei amici stasera? È tanto che non li vedo!

MAMMA: Dove volete andare?

PAOLO: Vogliamo andare in centro a mangiare una pizza.

MAMMA: Va bene, ma prima di uscire devi mettere in ordine la tua camera, passare l'aspirapolvere e portare la spazzatura fuori.

PAOLO: Ma mamma! La devo portare fuori proprio ora? Lo posso fare domani? È tardi e devo ancora lavarmi e vestirmi. Tutti gli altri sono già in pizzeria! Non la può portare fuori Carlo?

MAMMA: No! Carlo deve studiare.

PAOLO: Ma devo fare sempre tutto io in questa casa!

5.45 I doveri di Paolo. Indica cosa Paolo deve fare, cosa vuole fare e che cosa può fare.

Occhio alla lingua!

1. What conjugated forms of the verbs **dovere**, **potere**, and **volere** can you identify in the captions on page 151?
2. Looking at the conjugated forms of **dovere**, **potere**, and **volere**, can you detect a pattern?
3. What do you notice about the verbs that follow the conjugated forms of **dovere**, **potere**, and **volere**?
4. Looking at the *In contesto* conversation, what do you notice about the position of direct-object pronouns with **dovere**, **potere**, and **volere**?

GRAMMATICA

Il presente di *dovere, potere e volere*

Dovere (*to have to*), **potere** (*to be able*), and **volere** (*to want*) are irregular in the present tense.

dovere	potere	volere
devo	posso	voglio
devi	puoi	vuoi
deve	può	vuole
dobbiamo	possiamo	vogliamo
dovete	potete	volete
devono	possono	vogliono

1. **Dovere** and **potere** are usually followed by an infinitive. **Volere** can be used with a noun or an infinitive.

Devo spolverare i mobili.	*I have to dust the furniture.*
Cosa **possiamo** fare?	*What can we do?*
Voglio uno stereo nuovo.	*I want a new stereo.*

2. When **dovere**, **potere**, and **volere** are used with an infinitive, reflexive and direct-object pronouns can precede the conjugated form of the verb or they can be attached to the infinitive after dropping the final **-e**.

—Ti devi vestire. (Devi vestir**ti**.)	—*You have to get dressed.*
—Vuoi lavare i piatti?	—*Do you want to wash the dishes?*
—No, non **li** voglio lavare. (No, non voglio lavar**li**.)	—*No, I don't want to wash them.*
—Puoi fare la spesa oggi?	—*Can you go grocery shopping today?*
—Sì, **la** posso fare. (Sì, posso far**la**.)	—*Yes, I can do it.*

5.46 Le faccende di casa. Abbina le persone con le attività per indicare chi deve fare queste faccende a casa tua.

1. Io
2. Mia madre
3. Le mie sorelle
4. Io e mio fratello
5. Voi

a. deve passare l'aspirapolvere.
b. dobbiamo cucinare.
c. devo apparecchiare la tavola.
d. dovete fare il bucato.
e. devono spolverare.

5.47 *Volere* e *potere*. Indica che cosa questi ragazzi vogliono fare e che cosa i loro genitori dicono che non possono fare. Completa le frasi con i verbi **volere** e **potere**.

1. —Mamma, io e Carlo _____ andare a giocare a tennis.
   —No! Oggi non _____.
2. —Mamma, io _____ andare al cinema.
   —No! Non _____.
3. —Papà, Luisa _____ uscire dopo cena.
   —No! Stasera non _____.
4. —Papà, Carlo e Luisa _____ andare a ballare.
   —No! Il giovedì non _____.

5.48 Il compleanno. Alcuni ragazzi organizzano una festa di compleanno per un loro amico. Completa il dialogo con **dovere**, **potere** e **volere**.

—Allora, chi (1) _____ cercare un regalo?
—Io non (2) _____. (3) _____ fare la torta stasera.
—Io e Carla (4) _____ comprare il regalo.
—Attenzione, però non (5) _____ spendere troppo.
   (6) _____ comprare un libro.
—Luisa, (7) _____ preparare la cena?
—Sì, (8) _____ preparare gli spaghetti per primo e il vitello per secondo.
—Bene, allora io (9) _____ preparare gli antipasti.
—No, gli antipasti li (10) _____ preparare Rosanna e Giulio.

5.49 *Dovere*, *potere* e *volere*. Indica:

1. due cose che i professori devono fare ogni sera.
2. due cose che tuo padre non può mai fare.
3. tre cose che tu e gli altri studenti non volete fare la sera.
4. una cosa che tu vuoi fare il weekend.
5. una cosa che tu e i tuoi compagni di classe non potete fare ogni mattina.

Scambi

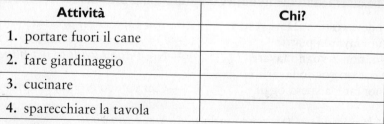

5.50 In famiglia, chi lo fa? Cristina parla delle faccende di casa. Ascolta due volte i suoi commenti e indica chi nella sua famiglia fa le seguenti attività.

Attività	Chi?
1. portare fuori il cane	
2. fare giardinaggio	
3. cucinare	
4. sparecchiare la tavola	

5.51 Che disordine! Indicate che cosa dovete e/o potete fare per mettere in ordine la camera da letto (*bedroom*) del disegno.

 5.52 Aiuto (*Help*)! I tuoi genitori vengono a casa tua questo weekend. In casa c'è un grande disordine e non c'è niente da bere e da mangiare. Hai bisogno dell'aiuto degli amici per mettere in ordine la casa. Prima preparate insieme una lista di dieci cose che dovete fare e poi decidete chi deve / vuole / può fare che cosa.

 5.53 Una cena italiana. Immaginate di organizzare una cena italiana a casa vostra. Decidete cosa dovete, volete e potete fare prima della cena, durante la cena e dopo la cena. Decidete anche chi può, deve o vuole fare che cosa.

 5.54 Una buona scusa (*excuse*). Non vuoi partecipare alle situazioni indicate. Con un compagno/una compagna, ricostruisci un dialogo per ogni circostanza.

ESEMPIO: un invito a cena

S1:   Ciao, Paolo. Vuoi venire a cena domani?
S2:   Mi dispiace. Non posso venire perché devo andare a casa degli zii.

1. il compleanno della figlia di una cugina
2. una settimana a casa dei nonni
3. il matrimonio di due amici

In pratica

 PARLIAMO

In famiglia. Per conoscere meglio i tuoi compagni, chiedi informazioni sulla loro vita in famiglia. A tua volta (*In turn*), rispondi alle loro domande.

Prima di parlare

5.55 Per cercare compagni/compagne che corrispondono alle descrizioni seguenti, prepara delle domande per ottenere le informazioni desiderate.

ESEMPIO: è figlio unica/figlia unica
             Sei figlio unico?/Sei figlia unica? *o* Hai fratelli e sorelle?

1. ... è figlio unica/figlia unica
2. ... può vedere i nonni spesso
3. ... deve lavare i piatti tutti i giorni
4. ... non vuole mai fare la spesa
5. ... deve telefonare ai genitori tutte le sere
6. ... fa sempre una festa per il suo compleanno
7. ... non scrive mai biglietti d'auguri
8. ... ha un/una parente che parla italiano
9. ... va a molte feste in famiglia
10. ... va a casa dei genitori ogni settimana

Mentre parli

 5.56 Adesso fate ai compagni/alle compagne le domande che avete preparato. Parlate con quante persone possibili.

ESEMPI: S1: Sei figlia unica?
            S2: No, ho due fratelli.
            S1: Hai un parente che parla italiano?
            S2: Sì, mio zio lo parla bene!

Dopo aver parlato

5.57 A turno, raccontate che cosa sapete adesso della vita in famiglia dei vostri compagni. Chi di voi ha più informazioni?

LEGGIAMO

Strategie per leggere   Understanding interviews

Magazines and newspapers often feature interviews with a variety of people, famous or not. Interviews of course consist of a series of questions and answers. Before you read an interview as a whole, take time to look at the questions the journalist asks. This will help you to understand the focus and progression of the interview and give you a useful framework within which to read and understand its content.

Prima di leggere

5.58 Una giornalista intervista due bambini, Leonardo e Lavinia, sulle loro famiglie. Leggi le domande ai due bambini. Quali sono gli argomenti (*topics*) principali delle interviste?

Mentre leggi

5.59 Mentre leggi, prendi nota di (*note*):

1. una cosa che piace ai bambini dei loro genitori
2. quando i bambini vedono i nonni e una cosa che fanno insieme
3. una cosa che i bambini fanno per festeggiare il compleanno

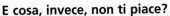

Leonardo Manzini

Cosa ti piace della mamma?
Che è buona. Che mi fa dei regali. Che cucina per me tutte le sere. Mi piace quando mangiamo insieme, anche con il papà.

E cosa, invece, non ti piace?
Ha un brutto carattere! Quando mi sgrida[1]. Non mi piace che a scuola ha sempre riunioni[2] e ha poco tempo per me.

Cosa ti piace del papà?
Mi fa giocare al computer. Mi porta dei regali e mi porta sul Lago di Garda e al mare. Mi piace quando stiamo insieme e parliamo.

Che cosa non ti piace?
È troppo severo[3]! Mi sgrida. E non mi piace quando arriva a casa tardi la sera.

I tuoi nonni, li vedi? Cosa fate insieme?
Se è sabato e domenica ci vediamo a casa loro, dove lavoriamo in giardino. Qualche volta giocano con me. Con la nonna faccio anche le torte e i biscotti.

Come festeggi il tuo compleanno?
La mamma dice che posso invitare tre amici, la casa è grande ma lei non vuole troppo baccano[4]. Compriamo una torta. Qualche volta vengono anche i nonni e la sera ceniamo tutti insieme sul tavolo grande.

---

1. scolds   2. meetings   3. strict   4. noise

Lavinia Pontiggia

Cosa ti piace della mamma?

Mi piace l'aspetto, e poi perché è bella, alta, magra e non mi sgrida quasi mai. Mi piace anche la sua bontà e mi piacciono i vestiti che indossa e i suoi gioielli[1]!

E cosa, invece, non ti piace?

Non mi piacciono i suoi capelli corti, ma proprio corti. Non mi piace se mi urla[2] nelle orecchie, quando litiga con papà. E non mi piace quando si arrabbia[3] perché le viene una faccia brutta!

Cosa ti piace del papà?

Che è bello e forte e che si occupa bene della famiglia. Mi piace quando mi porta al parco e mi fa divertire.

Che cosa non ti piace?

Quando mi dice sempre no e non mi fa andare in cortile[4]. Quando urla anche lui e si arrabbia.

I tuoi nonni, li vedi? Cosa fate insieme?

Li vedo di solito il sabato e la domenica. Insieme guardiamo i DVD. La nonna mi fa vedere come si cuce[5]. Il nonno non sta molto bene e io lo aiuto. Lo aiuto ad aggiustare i mobili[6] e a curare le piante.

Come festeggi il tuo compleanno?

Di solito faccio una festa a casa con tanti amichetti, con le torte e i dolci, le pizzette e la pasta. Con i palloncini.

1. jewelry   2. screams   3. gets mad   4. courtyard   5. how to sew   6. to fix furniture

Dopo la lettura

5.60 Completa le attività che seguono.

1. Indica quali affermazioni corrispondono alle opinioni espresse dai due bambini:

   a. In genere ai bambini non piace quando i genitori sono infelici.
   b. I bambini giustificano i genitori quando si arrabbiano.
   c. Ai bambini piace un'atmosfera familiare calma e serena.
   d. I bambini vedono i nonni il weekend.
   e. Le nonne fanno attività tradizionali.
   f. Ai bambini piacciono i nonni moderni.
   g. Di solito i bambini festeggiano il compleanno a casa.
   h. Tutti e due i bambini fanno grandi feste per il loro compleanno.

2. Paragonate le esperienze di Leonardo e Lavinia a quelle dei bambini nel vostro Paese.

   a. I commenti dei bambini sui genitori sono simili?
   b. Il rapporto (*relationship*) dei bambini con i nonni è simile nel vostro Paese? I bambini vedono i nonni più o meno spesso? Fanno cose simili?
   c. Le feste di compleanno sono simili o diverse?

SCRIVIAMO

Strategie per scrivere   Writing notes for special occasions

Writing a note or a card for a special occasion, to thank someone for a gift, or to respond to an invitation, requires the use of formulaic expressions. In order to communicate appropriately in Italian on such occasions, familiarize yourself with some of these expressions and try to incorporate them into your own notes and cards.

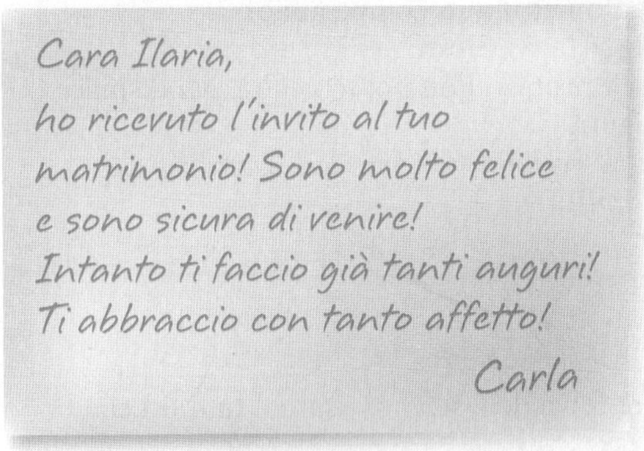

Cara Ilaria,
ho ricevuto l'invito al tuo
matrimonio! Sono molto felice
e sono sicura di venire!
Intanto ti faccio già tanti auguri!
Ti abbraccio con tanto affetto!
                          Carla

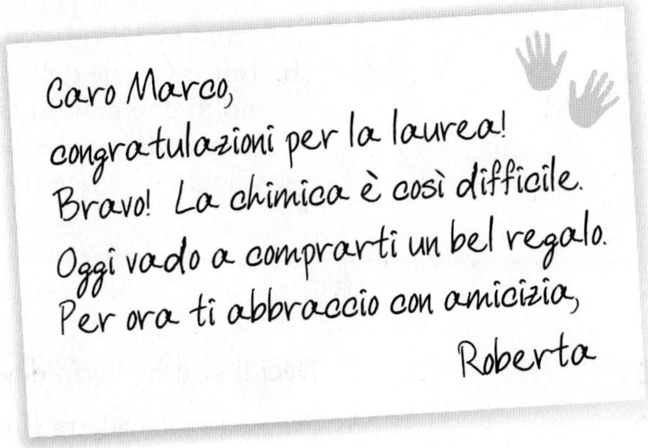

Caro Marco,
congratulazioni per la laurea!
Bravo! La chimica è così difficile.
Oggi vado a comprarti un bel regalo.
Per ora ti abbraccio con amicizia,
                          Roberta

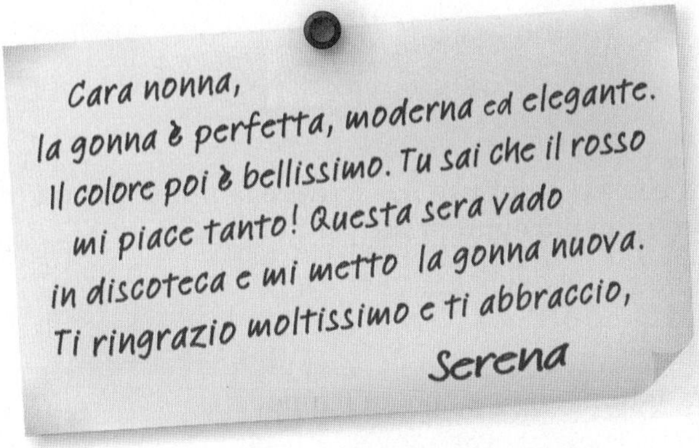

Cara nonna,
la gonna è perfetta, moderna ed elegante.
Il colore poi è bellissimo. Tu sai che il rosso
   mi piace tanto! Questa sera vado
in discoteca e mi metto la gonna nuova.
Ti ringrazio moltissimo e ti abbraccio,
                          Serena

Le occasioni speciali. Scrivi un biglietto per una delle seguenti occasioni:

* **Un matrimonio.** Un/Una conoscente (*acquaintance*) italiano ti invita al suo matrimonio. Lo/La ringrazi (*thank*) per l'invito e scrivi perché non puoi andare.
* **Un regalo di compleanno.** È il tuo compleanno e una zia ti ha mandato un bel regalo. Scrivi alla zia e la ringrazi.
* **Auguri per la laurea!** Scrivi un biglietto affettuoso ad una cara amica che si laurea a luglio.

Prima di scrivere

5.61 Prima di cominciare a scrivere, leggi i suggerimenti che seguono.

1. Decidi quali espressioni vuoi usare.

Biglietti di auguri

a. Testo (*Text*): Tanti auguri di una vita lunga e felice insieme (*together*).
Chiusa del biglietto (*Closing*): Con tanto affetto.

b. Testo: Congratulazioni per una laurea ben meritata!
Chiusa del biglietto: Con amicizia.

c. Testo: Auguri per la nascita (*birth*) della piccola Isabella.
Chiusa del biglietto: Ti abbraccio con tutto il mio affetto.

Biglietti di ringraziamento

a. Testo: Grazie per il bel regalo per il mio compleanno!
Chiusa del biglietto: Voglio vedervi presto.

b. Testo: Grazie dell'invito, ma proprio non posso venire. Mi dispiace molto e vi mando tanti auguri.
Chiusa del biglietto: Spero (*I hope*) di ricevere una cartolina dal viaggio di nozze (*honeymoon*)!

2. Decidi se il biglietto deve essere formale e se vuoi usare il **tu** o il **Lei**.

3. Prepara una scaletta (*outline*) con le seguenti informazioni.
a. Indica l'occasione.
b. Descrivi i tuoi sentimenti.
c. A seconda (*Depending on*) dell'occasione, puoi ringraziare la persona. Per un invito, puoi anche spiegare perché pensi di andare oppure no.

La scrittura

5.62 Usa la scaletta che hai preparato per scrivere la prima stesura (*draft*) del biglietto. Usa le espressioni più appropriate per l'occasione.

La versione finale

5.63 Leggi la prima stesura dopo un po' di tempo.

1. Il messaggio è chiaro (*clear*)?
2. Hai usato le espressioni adatte per iniziare e per concludere?
3. Hai usato il **tu** o il **Lei** in maniera consistente?
4. Correggi il testo attentamente. Controlla le parole, la forma dei verbi e l'accordo degli aggettivi e dei nomi. Hai usato correttamente i verbi **dovere, potere** e **volere**?

GUARDIAMO

Strategie per guardare Reviewing relevant vocabulary

Before you view an especially rich or complex video segment, you may find it useful to review related vocabulary that you have learned. This will help you not only to understand the speakers' comments but also to discuss them after you have seen the video.

Prima di guardare

5.64 Questo videoclip inizia con una scena del matrimonio di Fabrizio e Felicita. Quindi (*Then*) Felicita e Fabrizio parlano delle loro famiglie e poi Ilaria parla della sua vita a casa con le sorelle. Prima di cominciare a guardare:

1. Fa' una lista delle parole ed espressioni che si possono usare per un matrimonio.
2. Riguarda le parole che si riferiscono (*refer*) alla famiglia, a parenti vicini e lontani.
3. Fa' una lista delle parole ed espressioni che usiamo per le faccende di casa.

Mentre guardi

 5.65 Mentre guardi il videoclip, osserva attentamente i posti (*settings*) e le persone. Ascolta anche che cosa dicono Felicita, Fabrizio e Ilaria sulla loro famiglia e completa le frasi seguenti.

1. Felicita ha...
   a. quattro fratelli.
   b. sette fratelli.
2. La famiglia di Fabrizio è...
   a. di Roma.
   b. di Firenze.
3. Ilaria parla...
   a. di sua sorella.
   b. delle sue sorelle.
4. Ilaria...
   a. cucina.
   b. apparecchia la tavola.

Dopo aver guardato

 5.66 Completate le attività seguenti.

1. Descrivete insieme il matrimonio di Felicita e Fabrizio.
   a. Come sono i due sposi?
   b. Com'è la chiesa?
   c. Come sono e chi sono le altre persone?
2. Come immaginate la giornata (*day*) di Ilaria e delle sue sorelle? Che cosa fanno ogni giorno? E tu, devi fare faccende di casa come loro?
3. Immaginate di voler conoscere meglio le persone del video e le loro famiglie. Preparate delle domande da fare a Felicita, Fabrizio e Ilaria.

ESEMPI: Felicita, quanti fratelli hai?
         Fabrizio, sei figlio unico?
         Ilaria, quando dai da mangiare al cane?

ATTRAVERSO LA TOSCANA

La Toscana è famosa per la sua storia e la sua cultura. In questa regione sono nati Dante Alighieri (1265–1321), Francesco Petrarca (1304–1374) e Giovanni Boccaccio (1313–1375), tre grandi scrittori del Trecento che, con i loro capolavori (*masterpieces*): la *Divina Commedia*, il *Canzoniere* e il *Decamerone*, affermano l'importanza del volgare toscano come lingua letteraria.

Più tardi Firenze, il capoluogo della regione, diventa (*becomes*) uno dei maggiori centri del Rinascimento italiano. Dal 1434 al 1537, infatti, grazie alla ricca e potente famiglia de' Medici, Firenze gode (*enjoys*) di una grande prosperità economica e di un'importanza politica mai avuta prima. Lorenzo de' Medici (1449–1492), detto «il Magnifico», generoso mecenate (*patron*), poeta e amante delle arti, riunisce alla sua corte artisti, poeti, scienziati e filosofi. Questi contribuiscono allo sviluppo dell'Umanesimo, un movimento culturale e intellettuale che si basa su un attento studio dell'antichità classica. Fanno parte della corte di Lorenzo il Magnifico tanti artisti e studiosi come Marsilio Ficino, Angelo Poliziano, Sandro Botticelli e Michelangelo.

La Toscana è conosciuta oggi anche per le sue colline (*hills*) ricche di alberi di olivo e vigneti (*vinyeards*) dove si producono vini famosi in tutto il mondo come il Chianti, il Brunello e il Montepulciano.

Le Tombe Medicee: La tomba di Giuliano di Nemours, nipote del Magnifico. (Firenze, Sacrestia Nuova, Basilica di S. Lorenzo). Le tre statue sono di Michelangelo Buonarroti (1475–1564), uno dei più grandi artisti del Rinascimento. Al centro c'è la statua di Giuliano di Nemours, a sinistra la *Notte* e a destra il *Giorno*, simboli del tempo che distrugge

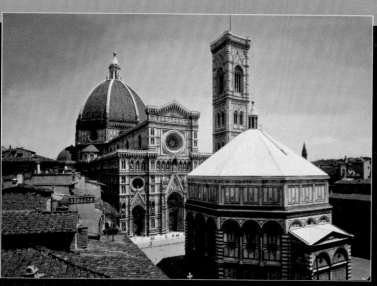

Il centro religioso e artistico di Firenze. Il centro religioso e artistico di Firenze è rappresentato dal Battistero, dal Duomo di Santa Maria del Fiore con la bellissima cupola di Filippo Brunelleschi (1423–1497), uno dei maggiori architetti del Quattrocento, e il Campanile di Giotto (1267–1337), uno dei grandi artisti del Medioevo.

VERIFICHIAMO

Prima leggi l'introduzione della regione, poi guarda le foto e leggi le rispettive didascalie.

5.67 Cosa sai adesso? Indica almeno due cose che adesso sai:

1. di Lorenzo de' Medici
2. di Dante, Boccaccio e Petrarca
3. di Michelangelo
4. delle statue il *Giorno* e la *Notte*
5. di Siena
6. di San Gimignano
7. di Giotto e Brunelleschi

 5.68 Che altro sapete? Discutete cosa sapete del Rinascimento. Quali altri artisti e scrittori rinascimentali conoscete?

Il centro storico di Siena, una tipica città medievale, con la Torre del Mangia e la bellissima Piazza del Campo. In questa piazza il 2 luglio e il 16 agosto si tiene la famosa manifestazione del Palio, una corsa di cavalli (*horse race*). La piazza ha la forma di una conchiglia (*seashell*). Santa Caterina, patrona (*patron saint*) d'Italia, è nata a Siena. Siena è anche la patria del panforte, un dolce tipico che si mangia spesso a Natale (*Christmas*).

San Gimignano, la città delle torri, fra le sue antiche mura (*walls*). Oggi a San Gimignano sono rimaste solo 13 torri, ma nel Trecento (1300) ce n'erano (*there were*) 72. Nel Medioevo la torre era simbolo di potenza (*power*). Le famiglie ricche della città infatti costruivano queste costose e alte abitazioni per dimostrare il loro potere economico. Nel 1354 però la città si deve sottomettere a Firenze. Oggi questo pittoresco paese è un importante centro turistico, famoso per il suo vino bianco, la Vernaccia di San Gimignano.

163

🔊 VOCABOLARIO

il bambino/la bambina	child
il bisnonno/la bisnonna	great-grandfather / great-grandmother
il cugino/la cugina	cousin
la famiglia	family
il figlio unico/la figlia unica	only child
il fratello	brother
i gemelli/le gemelle	twins
i genitori	parents
la madre	mother
il marito/la moglie	husband / wife
il nipote/la nipote	grandson / granddaughter; nephew / niece
il nonno/la nonna	grandfather / grandmother
i nonni materni/paterni	maternal / paternal grandparents
il padre	father
il papà/la mamma	dad/mom
i parenti	relatives
la sorella	sister
lo zio/la zia	uncle/aunt

andare d'accordo con	to get along with
Che lavoro fa?	What does he/she do?
È avvocato / casalinga / ingegnere / medico.	He/She is a lawyer / a housewife / an engineer / a doctor.
conoscere	to know; to be acquainted with; to meet
divorziato/a	divorced
In quanti siete?	How many are there in your family?
Siamo in otto.	There are eight of us.
il fratello/la sorella più grande / più piccolo/a	older / younger brother/sister
litigare	to argue
morto/a	dead
sapere	to know a fact, to know how to do something
somigliare a	to look like, to be like
vivere	to live
vivo/a	alive

Le feste in famiglia

l'anniversario	anniversary
Auguri!	Best wishes!
il bicchiere	glass
il biglietto d'auguri	card
Buon compleanno!	Happy birthday!
la candelina	candle
il compleanno	birthday
Congratulazioni!	Congratulations!
dare una festa / fare una festa	to give / have a party
diplomarsi	to graduate from high school
dire	to say / tell
fare gli auguri	to say best wishes
fare una foto	to take a picture
festeggiare	to celebrate
invitare	to invite
gli invitati	invited guests
la laurea	college degree
laurearsi	to graduate from college
mandare un invito	to send an invitation
il matrimonio	marriage / wedding
regalare	to give a present
il regalo	present
il ricevimento	reception
spedire (-isc-)	to mail, send
sposarsi	to get married
lo spumante	champagne, sparkling wine
la torta	cake

Le faccende di casa

annaffiare le piante	to water the plants
apparecchiare la tavola	to set the table
dare da mangiare al cane / al gatto	to feed the dog / cat
dovere	to have to
fare il bucato	to do laundry
fare giardinaggio	to work in the garden
fare la spesa	to buy groceries
lavare (i piatti)	to wash (the dishes)
mettere in ordine	to put in order
passare l'aspirapolvere	to vacuum
portare fuori la spazzatura	to take out the trash
potere	to be able to
rifare il letto	to make the bed
sparecchiare la tavola	to clear the table
spazzare	to sweep the floor
spolverare	to dust
stirare	to iron
volere	to want

La frequenza

Ogni quanto?	How often?
una volta / due volte al giorno	once / twice a day
due volte alla settimana	twice a week
tre volte al mese	three times a month
una volta l'anno	once a year

CAPITOLO 6 ■ Casa mia, casa mia...

Antiche case a Udine

Percorso I: Le stanze e i mobili
Percorso II: L'arredamento della casa
Percorso III: Le attività in casa
In pratica
Attraverso: Il Friuli–Venezia Giulia e la Puglia

In this chapter you will learn how to:

◆ Describe the rooms and furniture in your home

◆ Talk about household furnishings and their prices

◆ Talk about what you did at home recently

Percorso I
Le stanze e i mobili

Cosa c'è nel palazzo?
E nell'appartamento? E nelle stanze?

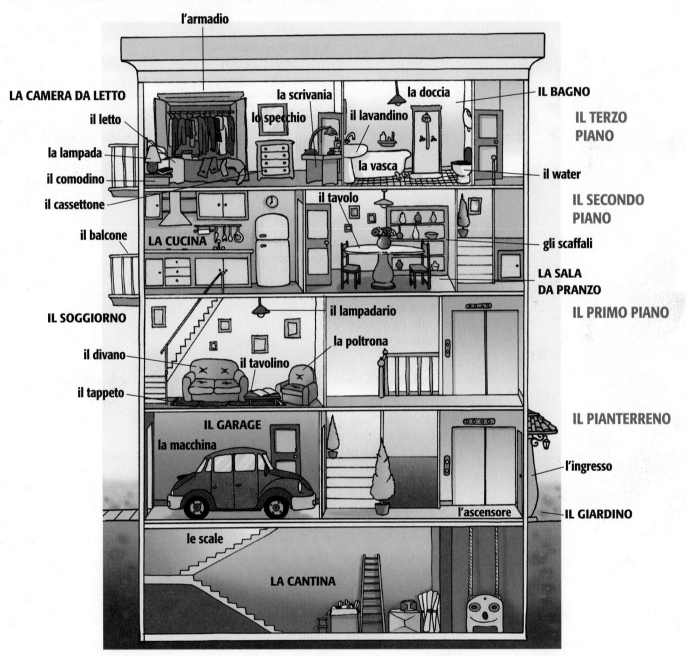

l'armadio

LA CAMERA DA LETTO

il letto

la lampada

il comodino

il cassettone

il balcone

LA CUCINA

IL SOGGIORNO

il divano

il tappeto

la scrivania

lo specchio

il tavolo

il lampadario

la poltrona

il tavolino

IL GARAGE

la macchina

le scale

LA CANTINA

la doccia

il lavandino

la vasca

gli scaffali

IL BAGNO

IL TERZO
PIANO

il water

IL SECONDO
PIANO

LA SALA
DA PRANZO

IL PRIMO PIANO

IL PIANTERRENO

l'ingresso

IL GIARDINO

l'ascensore

Per discutere dell'abitazione

affittare	*to rent*
l'attico	*penthouse*
cambiare casa	*to move*
dividere (p.p. diviso)	*to share*
il gatto	*cat*
il monolocale	*studio apartment*
la parete	*wall*
Quanto paghi d'affitto?	*How much do you pay for rent?*
il quartiere	*neighborhood*
il salotto	*living room*
lo studio	*den*
vivere da solo/a	*to live alone*

Per descrivere dove

al centro di	*in the middle of*
contro	*against*
in centro	*in the center of town, downtown*
in periferia	*in the outskirts*
per terra	*on the floor*
su	*on*

Per indicare quantità

alcuni/e	*some, a few*

 6.1 Associazioni. Quali attività associ con ogni stanza? Prepara una lista e poi paragona la tua con quella di un compagno/una compagna.

1. la camera da letto
2. la cucina
3. la sala da pranzo
4. il soggiorno

6.2 Il palazzo. Osserva il disegno a pagina 167 e indica se le seguenti affermazioni sono vere o false. Correggi quelle false.

1. La cantina è sopra il secondo piano.
2. Il garage è a destra dell'ascensore.
3. La macchina è in garage.
4. Il balcone è al pianterreno.
5. Il tappeto è per terra.

6.3 L'intruso. Elimina la parola che non c'entra.

1. la poltrona, il comodino, il tappeto
2. la cantina, il garage, la macchina
3. il cassettone, la vasca, l'armadio
4. le scale, il primo piano, l'attico
5. il divano, l'ingresso, la poltrona
6. la sala da pranzo, la camera da letto, l'ascensore

6.4 Che cos'è? Guardate il disegno della casa a pagina 167. A turno, leggete la descrizione e indovinate di quale oggetto si tratta.

1. È al centro della stanza al secondo piano. È sotto il lampadario.
2. È di fronte al letto, a sinistra della porta.
3. È sul letto, vicino ai jeans.
4. È per terra sotto la poltrona, il divano e il tavolino.
5. È sul comodino.
6. È contro la parete, vicino al letto.
7. È a destra del divano.
8. È sotto lo specchio, vicino all'armadio.

 In contesto   La nuova casa

Alessandra, una studentessa italiana che studia all'Università di Bari, descrive a un'amica il suo nuovo appartamento.

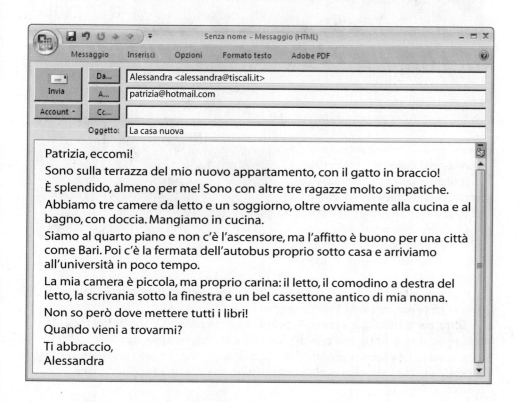

 6.5 Un nuovo appartamento. Elencate (*List*) alcuni aspetti positivi e negativi del nuovo appartamento di Alessandra.

 6.6 E la vostra casa? Confrontate la vostra abitazione e quella di Alessandra. In cosa sono simili? In cosa sono diverse?

Lo sai che? | La città e le abitazioni degli italiani

Udine
vista dall'alto

Il centro storico di una città italiana risale (*goes back*) al periodo più antico della sua storia. Qui ci sono i monumenti più importanti, i palazzi, i negozi e i caffè più eleganti. In genere fuori dal centro ci sono larghi viali alberati (*wide tree-lined streets*) e dopo i viali ci sono delle zone residenziali. La periferia è la zona più lontana dal centro: ci sono abitazioni, negozi e centri commerciali (*shopping centers*). Una caratteristica infatti delle città italiane è che in genere le abitazioni e i negozi si trovano insieme in tutti i quartieri.

Una villa fuori città

Molte città italiane sul mare, come Bari, hanno dei bellissimi lungomari (*waterfronts*), dove la gente può fare delle belle passeggiate.

Come per tutti, la casa è molto importante per gli italiani. Un'alta percentuale della popolazione vive in una casa di proprietà e la maggior parte abita in appartamenti. La villetta monofamiliare, tipica di altri Paesi, si trova raramente in città. Fuori (*Outside*) città, però, esistono bellissime ville antiche, con giardino o parco.

È interessante notare che molto spesso gli italiani usano la parola *casa* per indicare semplicemente dove abitano, anche se è un appartamento.

6.7 Le città e le abitazioni degli italiani. Rispondete alle seguenti domande.

1. Quali sono le differenze fra le città e le abitazioni degli italiani e quelle del vostro Paese?
2. Dove abitate voi? In centro? O in una zona simile? Descrivete insieme la struttura della vostra città per un amico italiano/un'amica italiana.
3. La casa è molto importante per gli abitanti del vostro Paese? In genere abitano in appartamenti o villette?

Occhio alla lingua!

1. Consider again the questions that accompany the illustration of the apartment building on page 167: **Cosa c'è nel palazzo? E nell'appartmento? E nelle stanze?** What do **nel**, **nell'**, and **nelle** mean? What preposition and definite article have been combined in each of these forms?
2. What expressions used to indicate location in the *In contesto* e-mail do you recognize?
3. How do the prepositions **a** and **di** combine with definite articles? What examples can you find in the *In contesto* e-mail? What examples of **su**, following a similar pattern, can you identify?

GRAMMATICA

Le preposizioni

In Capitolo 2, you learned that prepositions, **preposizioni**, can be used to indicate location. Below is a list of Italian prepositions and their English equivalents.

Le preposizioni semplici			
a	at, to, in	**in**	in
con	with	**per**	for, in order to
di	of	**su**	on, over, above
da	from, by	**tra (fra)**	between, among

Abito **con** un'amica.	*I live with a friend.*
Mangiamo **in** cucina.	*We eat in the kitchen.*
Metto la lampada **su** questo tavolino.	*I'll put the lamp on this coffee table.*
La poltrona è **tra / fra** il tavolo e la finestra.	*The armchair is between the table and the window.*

In Capitolo 2, you also learned that when the prepositions **a** and **di** are used with a definite article—il, lo, l', la, i, gli, le—they contract to form one word, called a **preposizione articolata**. The prepositions **da**, **in**, and **su** also contract when used with a definite article.

Le preposizioni articolate							
	il	**lo**	**l'**	**la**	**i**	**gli**	**le**
a	al	allo	all'	alla	ai	agli	alle
da	dal	dallo	dall'	dalla	dai	dagli	dalle
di → de	del	dello	dell'	della	dei	degli	delle
in → ne	nel	nello	nell'	nella	nei	negli	nelle
su	sul	sullo	sull'	sulla	sui	sugli	sulle

La sedia è vicino **al** tavolo.	*The chair is next to the table.*
Il divano è a sinistra **della** finestra.	*The sofa is to the left of the window.*
Le scarpe sono **nell'**armadio.	*The shoes are in the closet.*

Note that the definite article is usually not used with the preposition **in** before nouns designating rooms of a house, certain buildings, and areas of a city.

in salotto	*in the living room*
in città	*in the city*
in centro	*in the center of town, downtown*
in giardino	*in the garden*
Prendiamo il caffè **in** salotto.	*Let's have our coffee in the living room.*
Devo andare **in** centro.	*I must go downtown.*

6.8 Dove sono? Indica dove normalmente si trovano i seguenti oggetti in una casa. Abbina gli oggetti ai posti.

1. il divano	**a.** di fronte ai letti
2. i vestiti	**b.** sulla scrivania
3. il computer	**c.** in sala da pranzo
4. il tavolo e le sedie	**d.** sul tavolino
5. le riviste (*magazines*)	**e.** in soggiorno
6. la lampada	**f.** sul comodino
7. il cassettone	**g.** nell'armadio

6.9 Una camera da letto. Completa la descrizione di una camera disordinata (*messy*) e usa le preposizioni articolate.

Io sono molto disordinato e le mie cose non sono mai dove devono essere! (1) _____ scrivania ci sono i vestiti e le scarpe; (2) _____ armadio ci sono i libri e i CD! Davanti (3) _____ armadio c'è il letto e (4) _____ letto ci sono quaderni e penne! (5) _____ pareti ci sono alcune fotografie (6) _____ amici e (7) _____ famiglia. Mi piace leggere, quindi a sinistra (8) _____ letto c'è una bella poltrona e vicino (9) _____ poltrona c'è una lampada.

6.10 La stanza di Giuseppe. Descrivi la stanza di Giuseppe. Spiega dove sono i mobili e gli altri oggetti.

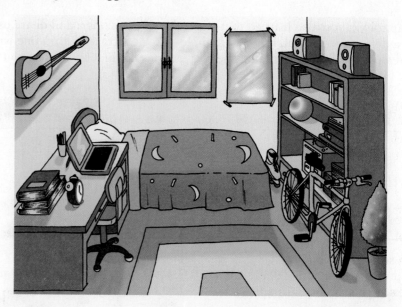

Scambi

6.11 La piantina. Ascolta due volte le descrizioni di un nuovo appartamento e del salotto di un'amica. Disegna una piantina per ciascuna (*each*).

6.12 Che cos'è? Leggi le descrizioni dei mobili e accessori che si possono trovare in casa e cerca di indovinare di che cosa si tratta. Poi paragona i tuoi risultati con un compagno/una compagna. Avete le stesse risposte?

1. Li mettiamo in salotto, in soggiorno o in camera da letto. Generalmente li mettiamo contro la parete. Ci mettiamo i libri e a volte lo stereo.
2. Serve per vedere e leggere la sera.
3. Ne abbiamo più di uno. Li usiamo per parlare con gli amici e i parenti.
4. Le mettiamo in cucina o in sala da pranzo, vicino al tavolo.
5. Servono per andare dal primo al secondo piano.
6. Lo mettiamo in soggiorno, contro la parete o la finestra. Davanti ci mettiamo un tavolino.
7. Le mettiamo in salotto, vicino al divano.
8. Lo mettiamo per terra, in soggiorno o in sala da pranzo.

6.13 Ti piace la tua casa? Prepara sei domande per intervistare un compagno/una compagna e scoprire (*discover*) se gli/le piace la sua casa. Poi usa le domande per intervistare una persona in classe. Prendi in considerazione:

a. il palazzo
b. le stanze
c. i mobili
d. la persona con cui (*with whom*) abita

6.14 Dov'è? A turno, una persona descrive dov'è un oggetto nel disegno e l'altra indovina che cos'è.

ESEMPIO: S1: È vicino al divano, a destra del tavolino.
          S2: È il tappeto?

6.15 Dove lo mettiamo? Immaginate di arredare una nuova casa. Disegnate una piantina e decidete insieme dove mettere le seguenti cose.

ESEMPIO: il letto

S1:   Dove mettiamo il letto?

S2:   Lo mettiamo in camera da letto, contro la parete davanti alla porta.

1. le lampade
2. due sedie
3. il divano
4. il tavolino
5. il tavolo
6. il tappeto
7. la poltrona
8. … ?

Cosa vedi nelle foto? Che stanze sono? Che mobili ci sono?

Percorso II
L'arredamento della casa

 Cosa ci mettiamo?

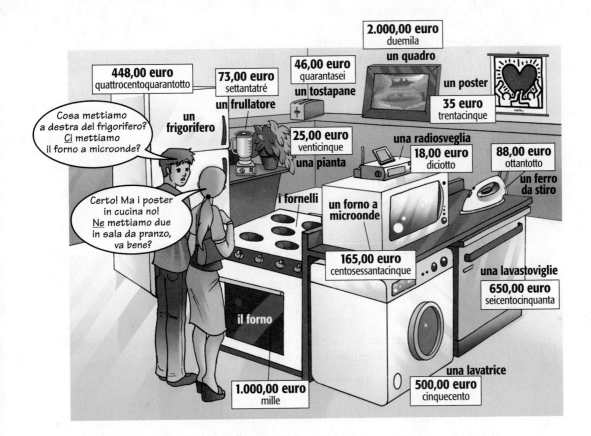

Per parlare dell'arredamento

l'aria condizionata	*air conditioning*
arredare	*to furnish*
l'asciugatrice	*dryer*
il lettore CD / DVD	*CD / DVD player*
la libreria	*bookcase*
la moquette	*(wall-to-wall) carpet*
Quanto costa / costano?	*How much does it / do they cost?*
spendere (p.p. speso)	*to spend*
la stampante	*printer*
lo stereo	*stereo system*
la sveglia	*alarm clock*

6.16 Quale? Quali oggetti servono per le attività seguenti?

1. fare il bucato
2. ascoltare un CD
3. cucinare
4. conservare il cibo fresco
5. lavare i piatti
6. stampare documenti

6.17 Un amico curioso. Il tuo amico vuole sapere tutto della tua casa. Rispondi alle sue domande.

1. Cosa metti sugli scaffali?
2. Quali elettrodomestici metti in cucina?
3. Cosa metti sulla scrivania?
4. Cosa metti su un tavolino?
5. Cosa metti nel frigorifero?
6. Cosa metti nella lavatrice?
7. Cosa metti sulla parete?

6.18 Associazioni. Quali oggetti associ con le seguenti stanze?

1. la camera da letto
2. il salotto
3. la cucina
4. lo studio

 6.19 Che cosa hai? Fate una lista degli oggetti e degli elettrodomestici che avete a casa e poi confrontate le vostre liste.

In contesto   Dove li mettiamo?

Luisa e Roberta hanno trovato un piccolo appartamento in un vecchio palazzo in centro. Vanno a vederlo e discutono su dove mettere alcune cose.

LUISA: Ho troppi libri! Come faccio? Ci sono abbastanza scaffali?

ROBERTA: Certo! Ne mettiamo uno in soggiorno e uno in camera.

LUISA: Sì, va bene. E le scrivanie? Ne abbiamo due!

ROBERTA: Ne mettiamo una in camera e una in salotto. E a destra dei fornelli, ci mettiamo il frigorifero o la lavostoviglie?

LUISA: Chiaramente il frigo! Adesso basta, però, andiamo a comprare un bel poster per il soggiorno.

ROBERTA: Le cose essenziali prima di tutto!

6.20 Vero o falso? Indica quali delle seguenti affermazioni sono vere e quali sono false. Correggi le affermazioni false.

1. Non c'è spazio per i libri di Luisa.
2. Le ragazze mettono il frigorifero a destra dei fornelli.
3. Le ragazze non sanno dove mettere le scrivanie.
4. Le ragazze vogliono comprare un poster per la camera da letto.

Occhio alla lingua!

1. Look at the young couple's comments on page 175 as they talk about furnishing their home. Where will they put the microwave oven? What expression does the pronoun **ci** replace?
2. To what does the pronoun **ne**, used by the young woman, refer?
3. With a partner, find all instances in the *In contesto* conversation in which the pronouns **ci** and **ne** are used. What is being referred to in each instance?
4. In the illustration of items in a home furnishings store on page 175, what do you notice about how the prices are written? How does the formatting of these numbers differ from what you are used to?

Lo sai che? | L'euro

Dal primo gennaio 2002 l'euro è la moneta ufficiale dell'Italia e di quasi tutti i Paesi aderenti all'Unione Europea.

Ci sono sette banconote in circolazione e otto monete. Le banconote sono identiche per tutti i Paesi membri. Le monete in euro, invece, hanno una faccia comune a tutti i Paesi e una specifica per ogni Paese dell'Unione.

6.21 L'Euro. Insieme rispondete alle seguenti domande sull'euro.

1. Secondo voi, perché la moneta ufficiale italiana si chiama euro? Cosa c'è di simile e cosa c'è di diverso nelle monete nei vari Paesi europei?
2. Scoprite quanto vale questa settimana un euro nella valuta del vostro Paese. Poi paragonate i prezzi degli oggetti nel disegno a pagina 175 ai prezzi per gli stessi oggetti nel vostro Paese. Costano di più o di meno?

GRAMMATICA

Ci

Ci is used to replace nouns or expressions that refer to places or locations that have just been mentioned. **Ci** is roughly equivalent to the English *there*.

—Che bella terrazza! **Ci** mangi spesso?

—Sì, **ci** ceniamo la sera, d'estate.

—Metti la tua macchina in garage?

—No, mia madre **ci** mette la sua.

—*What a beautiful terrace! Do you eat there often?*

—*Yes, we have dinner there in the summer.*

—*Do you park your car in the garage?*

—*No, my mother parks hers there.*

Ci is always placed in front of a conjugated verb.

6.22 Le tue abitudini (*habits*). Spiega quando fai queste attività. Usa **ci**.

ESEMPIO: venire a scuola
             Ci vengo la mattina.

1. andare a casa
2. mangiare alla mensa
3. andare al cinema
4. studiare in biblioteca
5. fare i compiti sul letto
6. andare in centro

6.23 Un amico/a difficile! Abiti con un nuovo amico/a. Tu vuoi fare molte cose in casa, ma lui/lei non è sempre d'accordo. Immagina le tue domande e le sue risposte. Segui l'esempio e usa **ci**.

ESEMPIO: mangiare in salotto
             —Posso mangiare in salotto?
             —No! Non ci puoi mangiare!

1. fare una festa a casa
2. mettere alcuni poster in salotto
3. mettere il televisore in camera

4. lavorare in soggiorno
5. dormire nella tua camera da letto
6. mettere la macchina in garage

 6.24 Cosa ci fai? A turno, fate le domande e spiegate cosa fate nei seguenti posti.

ESEMPIO: —Cosa fai in cucina?
             —Ci mangio.

1. la camera da letto
2. il soggiorno

3. la biblioteca
4. l'aula

Ne

In Capitolo 5, you learned that a direct object is a person or thing that receives the action of the verb directly. There is never a preposition in front of a direct object. Direct objects answer the questions *What?* or *Whom?* You also learned that the pronouns **lo, la, li,** and **le** can replace a noun that is the direct object of a verb. The pronoun **ne** replaces a direct-object noun preceded by a precise or approximate quantity. Compare the following sentences.

Compro **i** poster.	*I buy the posters.*
Li compro.	*I buy them.*
Compro **dei / due / alcuni** poster.	*I buy some / two / several posters.*
Ne compro due / molti.	*I buy two / many (of them).*

Ne is always placed in front of a conjugated verb, and it replaces masculine, feminine, singular, and plural nouns that are used with quantities. Quantities are usually stated after the verb.

—Hai **alcuni** scaffali in camera?	—*Do you have some shelves in your room?*
—Sì, **ne** ho **quattro**.	—*Yes, I have four (of them).*
—Hai **un** lettore DVD?	—*Do you have a DVD player?*
—Sì, **ne** ho **uno**.	—*Yes, I have one (of them).*
—**Quanti** televisori avete in casa?	—*How many TV sets do you have in your home?*
—**Ne** abbiamo **due**.	—*We have two (of them).*

6.25 Quanti ne hai? Un amico/Un'amica ti chiede informazioni sulla tua abitazione e su alcuni oggetti. Immagina le domande e le risposte. Usa **ne** e fa' tutti i cambiamenti necessari.

ESEMPIO: libro
             —Quanti libri hai?
             —Ne ho molti. *o* Non ne ho.

1. stereo   5. tostapane
2. divano   6. poster
3. computer   7. stampante
4. bagno   8. frullatore

 6.26 Ne hai uno? A turno, domandate al compagno/alla compagna se ha le seguenti cose nella borsa o nello zaino. Seguite l'esempio.

ESEMPIO: specchio
             —Hai uno specchio nella borsa / nello zaino?
             —Sì, ne ho uno. *o* No, non ne ho.

1. un panino
2. una penna
3. un foglio di carta
4. un libro
5. una calcolatrice
6. un dollaro

6.27 La nuova casa. Tua madre ti fa tante domande sulla tua nuova abitazione. Rispondi alle sue domande e usa **lo/la, li/le, ne** o **ci**.

1. Compri un divano?
2. Dove metti il tavolo?
3. Cosa metti nello studio?
4. Dove metti i comodini?
5. Hai una lavatrice?
6. Cosa metti nella camera da letto?
7. Dove metti l'armadio?
8. Quante poltrone hai?

I numeri dopo 100

In Capitolo 1, you learned to count from 0 to 100. Here are the numbers above 100.

110 centodieci	1.000 mille
200 duecento	2.000 duemila
300 trecento	3.000 tremila
400 quattrocento	4.000 quattromila
500 cinquecento	5.000 cinquemila
600 seicento	10.000 diecimila
700 settecento	100.000 centomila
800 ottocento	1.000.000 un milione
900 novecento	1.000.000.000 un miliardo

1. In Italian, a period is used instead of a comma to indicate thousands. Decimals are indicated with a comma.

1.000   3.550   4.892   3,20   8,99   3.800,22

2. In Italian, the indefinite article **un, uno, una** is not used with **cento** (*a hundred*) and **mille** (*a thousand*). It is, however, used with **milione** (*million*).

cento dollari	*a hundred dollars*
mille persone	*a thousand people*
un milione di ascoltatori	*a million listeners*

3. When **milione** (**milioni**) and **miliardo** (**miliardi**) are followed by a noun, the preposition **di** is used before the noun.

un milione di persone	*a million people*
due miliardi di euro	*two billion euros*

4. The plural of **mille** is **mila**. **Cento** has no plural form.

trecento	*three hundred*
duecentomila	*two hundred thousand*

6.28 Quant'è? Abbina i numeri in lettere con i numeri in cifre.

1.	millenovecentosessantadue	**a.** 344.000
2.	duemilionitrecentosettantanovemila	**b.** 1962
3.	ottocentonovantamiladuecentoundici	**c.** 200.000
4.	duecentomila	**d.** 2.379.000
5.	tremilaquattrocentocinquantacinque	**e.** 3.455
6.	trecentoquarantaquattromila	**f.** 890.211

Così si dice Quanto costa?

When you want to find out the price of one or more items, you can ask **Quanto costa?** *How much does it cost?* and **Quanto costano?** *How much do they cost?* It is also very common to use the verb **venire** and ask **Quanto viene?** *How much is it?* and **Quanto vengono?** *How much are they?*

 6.29 Gli elettrodomestici. A turno, indicate quanto costano in euro i seguenti elettrodomestici. Seguite l'esempio.

ESEMPIO: un televisore / € 850,00
             S1:   Quanto costa un televisore?
             S2:   Un televisore costa ottocentocinquanta euro.

1. un frigorifero / € 972,00
2. uno stereo / € 1.653,00
3. una sveglia / € 27,70
4. una lavatrice / € 478,00
5. due sedie / € 266,00
6. tre poster / € 97,00

6.30 Quanto costa? Guardate il disegno a pagina 175. A turno, uno studente/una studentessa legge un prezzo e l'altro/a deve indovinare qual è l'oggetto.

Scambi

6.31 Elettrodomestici e altri oggetti per la casa. Ascolta due volte le conversazioni e indica di quale oggetto parlano. Scrivi il numero della conversazione nello spazio vicino all'oggetto.

a. La macchina da caffè ___
155,00 euro

b. Il tostapane ___
35,99 euro

c. Il frullatore ___
65,00 euro

d. Il Forno Gourmet ___
3.478,80 euro

e. Il Forno a microonde ___
759,60 euro

f. La Lavastoviglie ___
761,90 euro

6.32 Arrediamo la casa. Cosa ci mettiamo? Prima preparate una lista di mobili, elettrodomestici e oggetti che volete mettere nelle seguenti stanze. Poi decidete insieme dove mettere le varie cose.

ESEMPIO: l'ingresso
  S1: Cosa mettiamo all'ingresso?
  S2: Ci mettiamo un tavolino con il telefono e sopra ci mettiamo uno specchio.

1. l'ingresso
2. la camera da letto
3. il salotto
4. lo studio
5. la sala da pranzo
6. la cucina

6.33 Che cosa compriamo? Immaginate di avere duemilacinquecentocinquanta euro per arredare la cucina. Guardate il disegno a pagina 175 e decidete insieme che cosa è importante comprare e perché.

6.34 Quanto spendi? Scoprite quanto spende il compagno/la compagna ogni mese per: l'affitto, la macchina, il cibo, i vestiti, il tempo libero. Scoprite qual è il cambio attuale e indicate le spese in euro.

Lo sai che? Gli italiani e il gusto delle cose belle

Il design italiano è famoso in tutto il mondo. Alcuni architetti italiani sono noti per il disegno di oggetti per la casa, come l'architetto Aldo Rossi, che ha disegnato tante cose molto belle anche per la storica fabbrica Alessi. Altri oggetti famosi sono, ad esempio, le lampade dell'Artemide e della Flos, i divani della B&B, di linea molto moderna e sofisticata.

Gli italiani spesso spendono molto per i bagni e le cucine. Infatti, quando una persona compra o affitta una casa, deve anche comprare tutti i mobili della cucina.

Per quanto riguarda il resto dell'arredamento, oltre agli oggetti e ai mobili di designer moderni, agli italiani spesso piace arredare la casa anche con mobili antichi e molti rivelano un grande gusto nel mettere insieme il nuovo con l'antico.

 6.35 Oggetti moderni. Che oggetti conoscete del design italiano? Che cosa vi piace oppure no? Ci sono cose simili nel vostro Paese?

 6.36 Antico e moderno. Descrivete alcune differenze fra l'arredamento delle case in Italia e nel vostro Paese.

 6.37 Il costo della vita. Cerca su Internet quanto costano le seguenti cose in Italia. Costano di più o di meno nel tuo Paese?

1. affittare un monolocale in una grande città
2. affittare una villa al mare in Puglia
3. comprare un appartamento di 100 mq. (metri quadrati) in montagna nel Friuli
4. un divano di B&B
5. una lampada di Artemide
6. un oggetto di Alessi
7. una macchina per il caffè
8. ... ?

Percorso III
Le attività in casa

Che cosa hanno fatto?

Ho fatto colazione.

Ho ricevuto delle mail e ho studiato.

Ho letto il giornale.

Marco

Ho pulito il bagno.

Abbiamo cucinato.

Abbiamo lavato i piatti.

Abbiamo fatto il bagno al cane.

Paolo, Carla e Giuseppe

Abbiamo preso il caffè.

Le attività

aiutare	*to help*
lavare il pavimento	*to mop the floor*
pagare i conti	*to pay bills*
perdere (*p.p.* perso, perduto)	*to lose*

Per esprimere il tempo al passato

ieri sera *last night*
il mese / l'anno passato *last month / year*
recentemente / di recente *recently*
la settimana scorsa / il mese scorso / giovedì scorso
   last week / last month / last Thursday
tre giorni / una settimana / un mese fa / un anno fa
   three days / a week / a month ago / a year ago

Così si dice   *Già, Non... ancora, Non... mai*

In Italian, **già** is placed after the verb to indicate the English *already*: **Sei già stanco?** *Are you tired already?* To express the English *not yet / never*, place **non** in front of the verb and **ancora / mai** after the verb: **Non sono ancora stanco.** *I'm not tired yet.* **Non sono mai stanco.** *I'm never tired.*

 6.38 Tante cose da fare! Fate una lista di tutte le attività che dobbiamo / possiamo fare:

1. in casa con altre persone.
2. in casa da soli.
3. usando un oggetto.

6.39 Che cosa ha fatto? Indica che cosa ha fatto ieri Giulia. Abbina i verbi con le parole.

1. Ha pagato...	**a.** il bagno.
2. Ha ricevuto...	**b.** i conti.
3. Ha lavato...	**c.** un libro.
4. Ha letto...	**d.** il pavimento.
5. Ha pulito...	**e.** il cane.
6. Ha perso...	**f.** delle mail.

 6.40 Quando l'hai fatto? Usa un'espressione della lista e indica l'ultima volta (*the last time*) che hai fatto le attività che seguono. Poi paragona i tuoi risultati con quelli di un compagno/una compagna.

1. Ho letto un bel libro.
2. Ho scritto una lunga mail a un amico/un'amica.
3. Ho fatto la spesa.
4. Ho lavato il pavimento in cucina.
5. Ho mangiato al ristorante con i miei genitori.
6. Ho aiutato un amico/un'amica.
7. Ho dato da mangiare al cane.
8. Ho portato fuori la spazzatura.

🔊 In contesto   *Cosa hai fatto oggi?*

Chiara e Rachele parlano al telefono di quello che hanno fatto durante la giornata.

CHIARA:	Pronto! Chi parla?
RACHELE:	Ciao, Chiara! Sono io, Rachele. Come va?
CHIARA:	Benissimo! E tu?
RACHELE:	Sapessi! Sono stanca morta°. Io e Lucia abbiamo cambiato casa. Così abbiamo lavorato tutto il giorno! Abbiamo pulito il bagno e la cucina alla perfezione. Abbiamo spazzato, lavato i piatti e tutto il resto!
CHIARA:	Bravissime!
RACHELE:	Sai quante cose ho io! Libri, CD, DVD, vestiti e scarpe! I libri, praticamente **li** ho messi tutti in ordine, ma le altre cose no. Abbiamo ancora tante scatole°, ma per fortuna **le** ho già aperte tutte!
CHIARA:	Io invece non ho fatto niente.
RACHELE:	Beata te!°

dead tired

boxes

Lucky you!

6.41 È vero? Indica quali affermazioni sono corrette secondo il dialogo.

1. a. Rachele e Lucia abitano insieme. b. Rachele e Lucia sono sorelle.
2. a. L'appartamento di Rachele è pulito. b. Rachele ha pulito la casa di Chiara.
3. a. Rachele e Lucia hanno messo tutto in ordine. b. Rachele deve mettere in ordine ancora molte scatole.
4. a. Chiara ha lavorato con Rachele. b. Chiara non è stanca perché non ha fatto niente.

Occhio alla lingua!

1. Look at the illustrations of Marco and Paolo, Carla, and Giuseppe on page 183. Who did which activity and at what time?
2. Looking at the captions describing Marco's and Paolo's, Carla's, and Giuseppe's activities, identify the two parts of each verb in the past tense. What part of each verb changes and when?
3. Now, identify each verb in the past tense in the *In contesto* phone conversation. Can you determine what the corresponding infinitive of each verb is?
4. Two verbs are used with a direct-object pronoun (highlighted in boldface type) in the *In contesto* conversation. What do you notice about the accompanying verb forms in these instances?

GRAMMATICA

Il passato prossimo con *avere*

The present perfect, **passato prossimo**, is used to talk about activities in the past. In Italian, it always has two parts: a helping (auxiliary) verb and a past participle. The auxiliary verb is conjugated.

Io **ho lavato** i piatti.	*I (have) washed the dishes.*
Carlo e Giovanni **hanno cucinato**.	*Carlo and Giovanni (have) cooked.*
Maria **ha spazzato** il pavimento.	*Maria (has) swept the floor.*

In this chapter, you will learn about the present perfect of transitive verbs—verbs that can take a direct object, such as those you see in the above examples. In Capitolo 7, you will learn how to form the past tense of intransitive verbs—verbs that cannot take a direct object.

The present perfect of transitive verbs is always formed with the present tense of **avere** + past participle. The past participle of regular verbs is formed by dropping the infinitive endings **-are**, **-ere**, or **-ire**, and adding **-ato**, **-uto**, or **-ito** respectively to the infinitive stem.

	comprare	vendere	pulire
io	ho comprato	ho venduto	ho pulito
tu	hai comprato	hai venduto	hai pulito
lui/lei	ha comprato	ha venduto	ha pulito
noi	abbiamo comprato	abbiamo venduto	abbiamo pulito
voi	avete comprato	avete venduto	avete pulito
loro	hanno comprato	hanno venduto	hanno pulito

In negative sentences with the **passato prossimo, non** precedes the auxiliary verb.

Non ho pulito la casa.   *I didn't clean the house.*

6.42 Chi l'ha fatto? Indica chi ha fatto le seguenti cose fra le persone della lista.

io e mio fratello   Maria   tu   Marta e Anna   Tu e Giovanni

1. _____ ha dato da mangiare al cane.
2. _____ avete passato l'aspirapolvere.
3. _____ ho cucinato.
4. _____ abbiamo pulito il bagno.
5. _____ hanno lavato i piatti.
6. _____ hai spolverato i quadri.

6.43 Che cosa hanno fatto? Indica cosa le seguenti persone hanno fatto ieri sera. Completa le frasi con il passato prossimo di uno dei seguenti verbi.

dare pagare spazzare dormire ricevere ascoltare nuotare incontrare

1. Ieri sera Mario _____ i conti.
2. Luisa e Giovanni _____ da mangiare al cane.
3. Io e Luigi _____ gli amici in salotto.
4. Paolo _____ i CD.
5. Mia madre _____ il pavimento.
6. Marco _____ gli amici al bar.
7. Io _____ in piscina.
8. Tu e Marco _____ in soggiorno.

6.44 Quando? Ascolta le frasi due volte. Indica se le persone hanno fatto le attività nel passato o se le fanno nel presente. Scrivi anche il soggetto di ogni azione.

	Soggetto	Presente	Passato
1.			
2.			
3.			
4.			
5.			
6.			
7.			
8.			

Participi passati irregolari

Below are some common verbs that have irregular past participles, which you must memorize. Keep in mind that **-ere** verbs very often have irregular past participles.

Infinito	Passato prossimo
aprire (*to open*)	ho **aperto**
bere (*to drink*)	ho **bevuto**
chiedere (*to ask*)	ho **chiesto**
chiudere (*to close*)	ho **chiuso**
conoscere (*to know*)	ho **conosciuto**
decidere (*to decide*)	ho **deciso**
dire (*to say*)	ho **detto**
fare (*to do*)	ho **fatto**
leggere (*to read*)	ho **letto**
mettere (*to put*)	ho **messo**
offrire (*to offer*)	ho **offerto**
perdere (*to lose*)	ho **perso (perduto)**
prendere (*to take*)	ho **preso**
rispondere (*to answer*)	ho **risposto**
scrivere (*to write*)	ho **scritto**
spendere (*to spend*)	ho **speso**
vedere (*to see*)	ho **visto (veduto)**

Ha perso il gatto!	*He lost his cat!*
Ho offerto un caffè agli amici.	*I offered a coffee to my friends.*

6.45 Cosa hanno fatto? Completa le frasi con il passato prossimo di uno dei seguenti verbi.

chiudere	scrivere	aprire	prendere	offrire
spendere	leggere	fare	vedere	perdere

1. Mario _____ la porta.
2. Giovanna _____ le finestre.
3. Io e Luigi _____ le chiavi di casa (*house keys*).
4. Tu e Giovanni _____ un bel libro.
5. Rosalba e Renata _____ la cena agli amici.
6. Io _____ un film italiano.
7. Noi _____ un caffè.
8. Tu e Giovanni _____ colazione al bar.
9. Chi _____ una lettera a Luisa?
10. Noi _____ molto per quei mobili.

6.46 Dove? Spiega in quali stanze le persone indicate hanno fatto le seguenti attività.

ESEMPIO: noi / aprire la finestra
             Abbiamo aperto la finestra in cucina.

1. tu e Carlo / bere un succo d'arancia
2. Marta / prendere un caffè con gli amici
3. tu / scrivere una lettera
4. gli amici / perdere i miei CD
5. Giuseppe / fare un brutto sogno (*dream*)
6. mia madre e mio padre / leggere il giornale
7. io / rispondere alle mail
8. io e Anna / vedere un film

6.47 Una bella serata. Descrivi la serata di Marco e Lucia. Completa il paragrafo seguente con i verbi al passato prossimo.

Ieri sera Marco (1. invitare) _____ Lucia a cena in un bel ristorante. I due amici (2. spendere) _____ una piccola fortuna! Lucia infatti (3. prendere) _____ la carne e Marco (4. ordinare) _____ il pesce. Tutti e due (5. bere) _____ vino e acqua minerale. Poi, dopo cena, Marco (6. volere) _____ portare Lucia al cinema. (Loro) (7. vedere) _____ un film d'avventura e dopo (8. decidere) _____ di fare una passeggiata vicino al mare. Lucia (9. domandare) _____ a Marco se conosce Carlo. Marco (10. rispondere) _____ che lo conosce benissimo e allora Lucia (11. dire) _____ che Carlo le piace molto!

L'accordo del participio passato con i pronomi di oggetto diretto

When the pronouns **lo, la, li, le,** and **ne** are used with the **passato prossimo,** they are placed in front of **avere** and the past participle agrees in number and gender with the pronoun. The pronouns **lo** and **la** are elided when the auxiliary verb begins with an o, a, or h + o or h + a. If it begins with a different vowel, elision is optional.

—Hai preparato la colazione? —*Did you prepare breakfast?*
—No, non l'ho preparata. —*No, I didn't prepare it.*
—Hai invitato le ragazze? —*Did you invite the girls?*
—Le ha invitate Mario. —*Mario invited them.*
—Avete letto il giornale? —*Did you read the paper?*
—No, non lo abbiamo letto. —*No, we didn't read it.*
—Chi ha lavato i piatti? —*Who washed the dishes?*
—Li ho lavati io. —*I washed them.*
—Quante amiche hai invitato? —*How many friends did you invite?*
—Ne ho invitate dieci. —*I invited ten of them.*

6.48 Come hai passato la domenica? Vuoi sapere se il weekend scorso alcuni compagni hanno fatto le seguenti cose. Immagina le domande e le risposte. Usa il passato prossimo e un pronome di oggetto diretto.

ESEMPIO: portare il cane fuori
—Hai portato il cane fuori?
—Sì l'ho portato fuori. *o* No, non l'ho portato fuori.

1. leggere il giornale
2. scrivere un messaggio
3. ascoltare la musica
4. incontrare gli amici
5. fare la spesa
6. ricevere una mail importante

Scambi

 6.49 Chi l'ha fatto? Trova almeno due compagni che recentemente hanno fatto le seguenti cose. Scopri anche i particolari. Poi racconta alla classe cosa hai scoperto.

ESEMPIO: vedere l'ultimo film italiano
S1: Hai visto l'ultimo film italiano?
S2: Sì, l'ho visto di recente.
S1: Dove l'hai visto? Con chi? Quando? ...

1. cucinare un piatto italiano
2. cambiare casa
3. leggere un libro italiano
4. scrivere a un/una parente in Italia
5. comprare un mobile nuovo
6. vendere la macchina
7. pagare l'affitto
8. offrire il pranzo o la cena a un amico/un'amica

 6.50 Una domenica a casa. Hai passato la domenica in casa. Indica cinque attività che hai fatto e cinque che non hai fatto. Poi paragona le tue attività con quelle di un compagno/una compagna e insieme decidete chi ha passato meglio la giornata (*whose day was more fun*).

 6.51 I regali. Scrivi quattro regali che hai comprato di recente per un/una parente o un amico/un'amica. Poi a coppie, a turno, fate domande sull'oggetto e cercate di indovinare quanto l'altra persona l'ha pagato.

ESEMPIO: S1: Che cosa hai comprato recentemente?
S2: Ho comprato una borsa per mia madre.
S1: Dove l'hai comprata? Di che colore è? Di chi è?...

 6.52 Al telefono. Immagina di telefonare a tua madre e di discutere con lei cosa hai fatto oggi, la mattina e il pomeriggio, e cosa ha fatto lei. A coppie, ricostruite la telefonata.

ESEMPIO: S1: Ciao, mamma! Questa mattina ho studiato in biblioteca. E tu?
S2: Ho lavorato!

Che cosa ha fatto Ilaria ieri?

In pratica

PARLIAMO

> **Strategie per parlare**   Relating past events
>
> To narrate events in the past, use the **passato prossimo** and organize your story by using time expressions that you have learned, such as: **prima** (*first*), **poi** (*then*), and **più tardi** (*later*).

Per cambiare casa. A coppie, inventate una storia basata sui disegni. Usate l'immaginazione per raccontare che cosa hanno fatto Francesco e Daniele e che cosa devono fare ora.

Prima di parlare

 6.53 Per organizzare il racconto, prendete in considerazione le domande seguenti:

1. Guardate il primo disegno e raccontate in almeno quattro frasi che cosa hanno fatto Francesco e Daniele la settimana passata.

   ESEMPIO: *Francesco e Daniele hanno cambiato casa...*

2. Guardate il secondo disegno e indicate in almeno quattro frasi che cosa hanno già fatto Francesco e Daniele e che cosa devono ancora fare.

   ESEMPIO: *Francesco e Daniele hanno messo a posto dei mobili...*

3. Organizzate le vostre idee in ordine logico e pensate ad una conclusione.

   ESEMPIO: *Francesco e Daniele sono contenti perché...*

Mentre parlate

 6.54 A turno, raccontate a un piccolo gruppo cosa hanno fatto Francesco e Daniele secondo voi.

Dopo aver parlato

 6.55 Decidete quale racconto preferite. Qual è più interessante, divertente o creativo? Qual è più realistico?

LEGGIAMO

Prima di leggere

6.56 Le persone indicate vogliono affittare una casa in Italia. Secondo te, che cosa cercano? Prepara una lista delle loro esigenze (*needs*).

1. Due coppie di turisti americani vogliono passare una vacanza in città.
2. Una coppia francese con due figli e un cane cerca una casa grande e comoda in campagna vicino al mare.
3. Tu e altri tre amici volete passare quattro giorni in montagna.
4. Una coppia di nonni vuole passare le vacanze con i figli e i nipoti in una zona di mare. Vorrebbero (*They would like*) una terrazza e la piscina.

Mentre leggi

6.57 Gli annunci che seguono descrivono alcune case in affitto in diverse località italiane. Scorri (*Scan*) gli annunci per trovare la casa più adatta (*suitable*) alle persone indicate in **6.56**. Identifica le informazioni importanti.

Annunci Affitti Vacanze

IN VACANZA IN MONTAGNA O AL MARE. PER UN WEEKEND, UNA SETTIMANA O UN MESE.

VIESTE (FG) A poca distanza dal mare. Affittasi monolocali (2 posti letto) con tutti i comfort: cucina completamente attrezzata, bagno con doccia, balcone con vista panoramica, aria condizionata. Per ulteriori informazioni mandare una mail all'indirizzo viesteappartamenti@quickweb.net.

OSTUNI (BR) Affittasi in meravigliosa campagna pugliese villino a 500 metri dal mare e a pochi chilometri dal paese, con servizi, cucina, televisore, veranda e parcheggio.
Per maggiori informazioni contattare il numero 338/364594.

TOLMEZZO (UD) Affittasi chalet di 4 stanze con posti letto per 5/7 persone. Immerso nella natura con tutti i comfort. Splendida vista del Lago di Cavazzo. Per chi ama la montagna e fa vela! Costo: 350 euro a settimana. Per informazioni contattare il numero 338/4729646.

OTRANTO (LE) Affittasi ville a 200 metri dal mare con giardino e piscina, terrazzo, vista panoramica sul mare, soggiorno e camere doppie (6/8 posti letto), doppi servizi e garage. Per altre informazioni e prenotazioni telefonare al numero 348/7835120.

TARVISIO (UD) Splendido appartamento (4/5 posti letto) vicino al centro. Posto auto, aria condizionata, lavatrice, giardino, telefono, televisore, forno e frigorifero. Affittasi minimo per una settimana. Per prenotazioni e informazioni telefonare al numero 333/8988230.

TRIESTE Affittasi a settimana appartamento a 1 chilometro dal mare, 3 posti letto. Non c'è garage. Ingresso indipendente, balcone, cucina attrezzata. Per una vacanza in città e al mare. Per informazioni e prenotazioni telefonare al 333/246751, oppure mandare una mail a triestevacanze@tiscali.it

6.58 Rileggi ogni annuncio attentamente e fa' attenzione anche ai particolari.

Dopo la lettura

6.59 Dopo aver letto gli annunci, completate le attività che seguono.

1. Discutete quale casa è più adatta per ognuna delle persone indicate in **6.56**. Perché?
2. Immaginate di andare in Italia quest'estate. Quale casa vi sembra più adatta per voi? Perché?

SCRIVIAMO

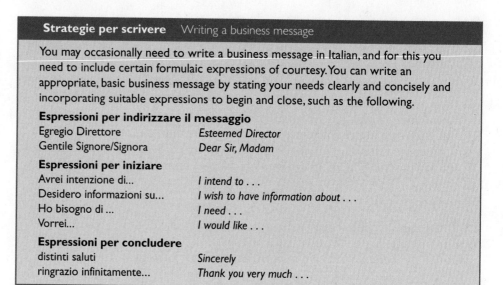

Strategie per scrivere   Writing a business message

You may occasionally need to write a business message in Italian, and for this you need to include certain formulaic expressions of courtesy. You can write an appropriate, basic business message by stating your needs clearly and concisely and incorporating suitable expressions to begin and close, such as the following.

Espressioni per indirizzare il messaggio

| Egregio Direttore | *Esteemed Director* |
| Gentile Signore/Signora | *Dear Sir, Madam* |

Espressioni per iniziare

Avrei intenzione di...	*I intend to . . .*
Desidero informazioni su...	*I wish to have information about . . .*
Ho bisogno di ...	*I need . . .*
Vorrei...	*I would like . . .*

Espressioni per concludere

| distinti saluti | *Sincerely* |
| ringrazio infinitamente... | *Thank you very much . . .* |

Un messaggio formale. Scrivi un breve messaggio per una delle situazioni seguenti.

- **In vacanza in Italia.** Scrivi un messaggio ad un'agenzia italiana per affittare una delle case delle pubblicità precedenti.
- **Vacanza studio.** Vuoi studiare in Italia. Chiedi informazioni su dove puoi abitare. Scrivi una lettera al direttore di una scuola di lingua.

Prima di scrivere

6.60 Prima di scrivere il messaggio, segui i suggerimenti seguenti:

1. Leggi il messaggio di Giulia Nunzi come esempio.
2. Scegli le espressioni che vuoi usare per indirizzare, iniziare e concludere il messaggio.

3. Annota le informazioni necessarie sui punti seguenti:
   a. la data di arrivo e la data di partenza
   b. il tipo di casa che cerchi
   c. il numero delle persone
   d. le caratteristiche (*features*) della casa

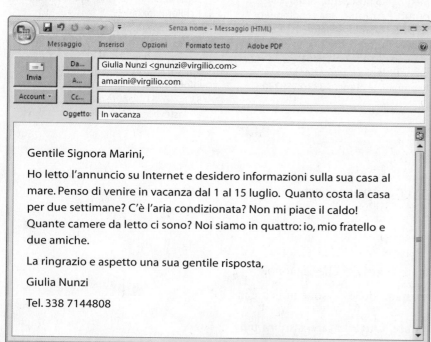

Gentile Signora Marini,

Ho letto l'annuncio su Internet e desidero informazioni sulla sua casa al mare. Penso di venire in vacanza dal 1 al 15 luglio. Quanto costa la casa per due settimane? C'è l'aria condizionata? Non mi piace il caldo! Quante camere da letto ci sono? Noi siamo in quattro: io, mio fratello e due amiche.

La ringrazio e aspetto una sua gentile risposta,

Giulia Nunzi

Tel. 338 7144808

La scrittura

6.61 Scrivi la prima stesura usando gli appunti (*notes*) che hai preparato:

1. Indirizza correttamente il messaggio e inizia con l'espressione appropriata.
2. Usa l'espressione più adatta per introdurre il motivo del messaggio e descrivi le tue necessità.
3. Indica quanto vuoi spendere.
4. Ricordati di scrivere il tuo nome e il numero di telefono.

La versione finale

6.62 Lascia passare un po' di tempo. Poi leggi la prima stesura del messaggio.

1. Le informazioni sono chiare e complete?
2. Hai usato le espressioni più adatte per iniziare e concludere?
3. Hai usato sempre il **Lei**?
4. Adesso correggi il messaggio attentamente. Controlla come si scrivono tutte le parole, gli articoli, l'accordo degli aggettivi e dei nomi. Hai usato le preposizioni giuste?

GUARDIAMO

Prima di guardare

6.63 In questo videoclip alcune persone descrivono la loro abitazione. Prima di guardare, rispondi alle domande seguenti.

1. Gli italiani abitano prevalentemente in villette o appartamenti?
2. Che cosa ti aspetti (*expect*) di vedere? Case vecchie o nuove? Grandi o piccole? Perché?
3. Prepara una breve lista di parole che pensi le persone useranno (*will use*) per parlare delle stanze e dei mobili.

Mentre guardi

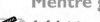 **6.64** Mentre guardi, completa le frasi seguenti:

1. Chiara dice che nella sua casa ci sono
   a. affreschi antichi.
   b. mobili moderni.
2. A casa di Chiara ci sono
   a. molti libri.
   b. molte sedie.
3. Chiara mostra (*shows*)
   a. due camere da letto.
   b. due scrivanie.
4. La casa di Felicita è
   a. un appartamento moderno.
   b. una villetta con giardino.
5. Sul balcone di Felicita ci sono
   a. dei fiori.
   b. i suoi cani.
6. Fabrizio passa molto tempo
   a. in cucina.
   b. nel suo studio.
7. Fabrizio resta nel suo studio fino a tardi
   a. sempre e solo per lavorare.
   b. per lavorare e navigare su Internet.
8. Plinio passa molto tempo in casa
   a. perché fa lo scrittore.
   b. perché vende libri in casa.

Strategie per guardare
Observing cultural differences

Observing cultural differences can be a very important part of your learning experience as you watch a videoclip. For example, pay attention to what the buildings and interiors look like and focus also on what people say about their surroundings. What can you learn about Italian homes and tastes?

Dopo aver guardato

 6.65 Dopo aver guardato il video, completate le attività seguenti:

1. Perché la casa di Felicita è diversa dalle case della maggioranza degli italiani?
2. Quale frase corrisponde meglio a quello che dice Plinio: «La casa per me scandisce (*sets the rhythm for*) il tempo del mio lavoro»?
   a. Dopo il lavoro torno a casa e mi rilasso.
   b. Lavoro in stanze diverse ad ore diverse della giornata.
   c. Lavoro molto tempo in casa e la casa influenza il mio lavoro.
3. Descrivete le case all'inizio del video e la casa di Chiara. Fate una lista delle differenze fra le abitazioni nel vostro Paese e quelle in Italia.

■ ATTRAVERSO
IL FRIULI-VENEZIA GIULIA E LA PUGLIA

Il Friuli-Venezia Giulia si trova fra il Veneto, l'Austria e la Slovenia, sul Mar Adriatico. La Puglia invece è sul tacco (*hill*) dello stivale italiano. Tutte e due le regioni sono conosciute per l'agricoltura, i prodotti alimentari, come l'olio in Puglia, e i paesaggi affascinanti. Per esempio, in Puglia il promontorio del Gargano offre spiagge incantevoli e luoghi come Vieste, dove si trovano anche rovine (*ruins*) romane, e nel Friuli ci sono spiagge e montagne splendide. In Friuli e in Puglia è importante l'industria del mobile: in Puglia particolarmente quella dei mobili di pelle (*leather*) e nel Friuli quella delle cucine e degli elettrodomestici.

Loggia di San Giovanni, in Piazza della Libertà, a Udine: uno dei monumenti rinascimentali della città. Udine appartenne (*belonged*) alla città di Venezia per molti anni e oggi l'influenza della cultura veneta è evidente nelle bellissime vie e piazze della città. Il Friuli-Venezia Giulia è una regione «a statuto speciale» e ha una notevole autonomia amministrativa. Nel Friuli c'è una minoranza di lingua slovena, ma l'italiano è la lingua della maggioranza. I friulani parlano anche un dialetto simile al ladino. Pier Paolo Passolini (1922–1975), famoso regista e poeta, ha scritto molte poesie in

Trieste è situata sul golfo che ha lo stesso nome della città. È un grande centro industriale e marittimo e uno dei porti più importanti dell'Adriatico. La città ha avuto una storia complessa e tormentata ed è stata per molti secoli politicamente legata all'Austria. È entrata a far parte definitivamente dell'Italia soltanto dopo la seconda guerra mondiale. Anche se l'unione con l'Italia è stata difficile per gli abitanti di Trieste, la città è particolarmente interessante proprio per questa diversità culturale. È nato a Trieste Italo Svevo (1861–1928), autore fra l'altro di *La coscienza di Zeno*

VERIFICHIAMO

Prima leggi l'introduzione delle regioni, poi guarda le foto e leggi le rispettive didascalie.

6.66 Vero o falso? Indica quali delle seguenti affermazioni sono vere e quali sono false. Correggi le affermazioni false.

1. Il Friuli-Venezia Giulia e la Puglia sono due regioni sul Mar Adriatico.
2. A Udine è evidente l'influenza della cultura veneta.
3. I friulani non parlano italiano.
4. Pasolini è un famoso architetto italiano.
5. I trulli sono antiche chiese romaniche.
6. A Lecce ci sono molti monumenti barocchi.

6.67 E nel tuo Paese? L'industria dei mobili e dell'arredamento è molto importante nel tuo Paese? Dove?

6.68 Città multietnica. C'è una città particolarmente multietnica come Trieste nel vostro Paese? Cosa sapete della sua storia?

I trulli, abitazioni caratteristiche di Alberobello, in Puglia. Queste costruzioni bianche con un grande cono di pietra (*stone*) grigia sono circondate da fertili campagne e colline coltivate a viti (*vines*), olivi e alberi da frutto. Per la loro costruzione si usa un tipo di calcare (*limestone*) antico, tipico della Puglia. Di recente è di moda comprare o affittare i trulli per andare in vacanza.

La Basilica di Santa Croce (1646) nello stile del «barocco leccese» a Lecce, in Puglia. A Lecce, città antica e importante, ci sono numerosi monumenti barocchi molto interessanti, costruiti con una pietra tipica della zona. Lecce è conosciuta come «la Firenze del barocco» per la bellezza dei suoi edifici.

La casa

l'affitto	rent
l'appartamento	apartment
l'ascensore (m.)	elevator
l'attico	penthouse
il bagno	bathroom
il balcone	balcony
la camera da letto	bedroom
la cantina	basement
la cucina	kitchen
il garage	garage
il giardino	garden
l'ingresso	entry
il monolocale	studio apartment
il pianterreno	ground floor
il primo / secondo piano	first / second floor
la sala da pranzo	dining room
il salotto	living room
il soggiorno	living room, family room
la scala	staircase
la stanza	room
lo studio	den

I verbi

affittare	to rent
aiutare	to help
arredare	to furnish
cambiare casa	to move
chiudere (p.p. chiuso)	to close
fare il bagno; fare il bagno a	to bathe; to give a bath to
lavare il pavimento	to mop the floor
pagare i conti	to pay bills
perdere qualcosa	to lose something
pulire il bagno	to clean the bathroom
ricevere gli amici	to welcome friends
ricevere delle mail	to get e-mail
spendere (p.p. speso)	to spend
vivere da solo/a	to live alone

I mobili e l'arredamento

l'armadio	armoir
il cassettone	dresser
il comodino	night table
il divano	couch
la doccia	shower
la lampada	lamp
il lampadario	chandelier
il lavandino	sink
il letto	bed
la libreria	bookcase
la moquette	carpet
i mobili	furniture
la pianta	plant
la poltrona	armchair
il poster	poster
il quadro	painting
lo scaffale	shelf
la scrivania	desk
il tappeto	rug
il tavolino	coffee table
il tavolo	table
la vasca	bathtub
il water	toilet

Gli elettrodomestici e gli oggetti

l'aria condizionata	air conditioning
l'asciugatrice	dryer
gli elettrodomestici	appliances
il ferro da stiro	iron
i fornelli	cooktop
il forno / a microonde	oven / microwave oven
il frigorifero	refrigerator
il frullatore	blender
la lavastoviglie	dishwasher
la lavatrice	washer
il lettore CD / DVD	CD / DVD player
la radiosveglia	radio alarm clock
la stampante	printer
lo stereo	stereo system
la sveglia	alarm clock
il tostapane	toaster

Il posto

al centro di	*in the middle of*
contro	*against*
per terra	*on the floor*
su	*on*

I numeri dopo 100: See p. 179.

Espressioni di tempo

ieri sera	*last night*
il mese / l'anno passato	*last month / year*
recentemente / di recente	*recently*
la settimana scorsa/ il mese scorso / giovedì *scorso*	*last week / last month / last Thursday*
tre giorni / una settimana / un mese fa / un anno fa	*three days / a week / a month ago / a year ago*

Altre parole ed espressioni

alcuni/e	*some, a few*
il centro	*center of town, downtown*
il gatto	*cat*
la macchina	*car*
la parete	*wall*
la periferia	*outskirts*
il quartiere	*neighborhood*

Sabato sera tutti in discoteca

Percorso I: Le attività del tempo libero
Percorso II: Le attività sportive
Percorso III: I programmi per il tempo libero
In pratica
Attraverso: La Valle d'Aosta e il Trentino-Alto Adige

In this chapter you will learn how to:

◆ Discuss how you spent your free time

◆ Talk about sports

◆ Make plans for the weekend and other occasions

Percorso I
Le attività del tempo libero

Cosa hai fatto il weekend scorso?

Sabato mattina Lucia si è svegliata presto. Si è messa le scarpe da tennis ed è andata al Tennis Club.

Sabato pomeriggio Lucia non è uscita. È restata a casa e ha suonato la batteria.

Sabato sera alcuni amici sono venuti a casa di Lucia. Hanno chiacchierato, ascoltato musica e guardato un DVD, ma si sono annoiati.

Le attività del tempo libero

andare* *to go*
a teatro *to the theater*
ad un concerto *to a concert*
ad un museo *to a museum*
fuori a cena *out to dinner*
in campagna *to the countryside*
in montagna *to the mountains*
in palestra *to the gym*
fare (*pp.* fatto) *to make, to do*
aerobica *to do aerobics*
bodybuilding *to lift weights*
equitazione *horseback riding*
footing *to jog*
una gita *to take an excursion*
scherma *fencing*
spese *to go shopping*
un viaggio *to take a trip*

giocare *to play*
a biliardo *pool*
a bowling *bowling*
a hockey *hockey*
a pallacanestro / a basket *basketball*
a pallavolo *volleyball*
a scacchi *chess*
leggere i fumetti *to read comic books*
suonare il piano *to play the piano*

7.1 In casa o fuori? Indica quali attività e giochi puoi fare in casa e quali puoi fare fuori casa.

7.2 In quale stagione? Completa la seguente scheda e indica quali attività e che tipo di abbigliamento associ con queste stagioni.

Stagione	Attività	Abbigliamento
primavera		
estate		
autunno		
inverno		

7.3 Che tipo è? Discutete quali attività sono più adatte per una persona:

a. attiva, dinamica, sportiva e atletica
b. artistica, intellettuale, sensibile e tranquilla
c. socievole, estroversa, espansiva e divertente

Attività:

_____ 1. giocare a biliardo
_____ 2. andare ad una festa
_____ 3. giocare a scacchi
_____ 4. fare footing
_____ 5. fare vela

_____ 6. andare a teatro / a un concerto di musica classica /
a un museo
_____ 7. giocare a pallacanestro
_____ 8. andare in palestra
_____ 9. dipingere
_____ 10. suonare la batteria

7.4 Quale attività? A turno, uno studente/una studentessa mima una delle attività della lista a pagina 200 e gli altri indovinano di quale attività si tratta.

In contesto   Che giornata ieri!

Tiziana scrive nel suo blog quello che ha fatto ieri.

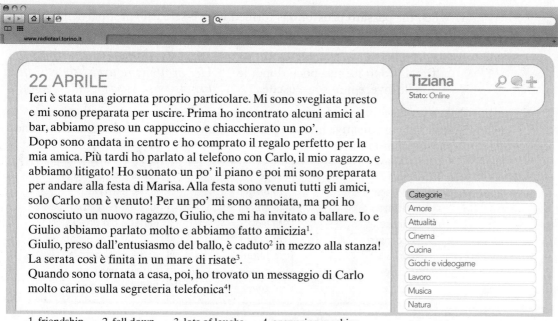

22 APRILE

Ieri è stata una giornata proprio particolare. Mi sono svegliata presto e mi sono preparata per uscire. Prima ho incontrato alcuni amici al bar, abbiamo preso un cappuccino e chiacchierato un po'.

Dopo sono andata in centro e ho comprato il regalo perfetto per la mia amica. Più tardi ho parlato al telefono con Carlo, il mio ragazzo, e abbiamo litigato! Ho suonato un po' il piano e poi mi sono preparata per andare alla festa di Marisa. Alla festa sono venuti tutti gli amici, solo Carlo non è venuto! Per un po' mi sono annoiata, ma poi ho conosciuto un nuovo ragazzo, Giulio, che mi ha invitato a ballare. Io e Giulio abbiamo parlato molto e abbiamo fatto amicizia[1].

Giulio, preso dall'entusiasmo del ballo, è caduto[2] in mezzo alla stanza! La serata così è finita in un mare di risate[3].

Quando sono tornata a casa, poi, ho trovato un messaggio di Carlo molto carino sulla segreteria telefonica[4]!

Tiziana
Stato: Online

Categorie
Amore
Attualità
Cinema
Cucina
Giochi e videogame
Lavoro
Musica
Natura

1. friendship   2. fell down   3. lots of laughs   4. answering machine

7.5 Come è stata la giornata di Tiziana? Fate due liste con tutte le attività piacevoli (*pleasant*) e gli eventi spiacevoli (*unpleasant*) che avete letto sul blog di Tiziana. Poi decidete se è stata una giornata bella o brutta e perché.

Occhio alla lingua!

1. When did the activities shown in the illustrations on page 199 occur? How can you tell?

2. What do you notice about the forms of the past tense of the verbs that are used?

3. Read the *In contesto* blog entry again, and identify all of the verbs in the present perfect tense that are formed with **avere** and all of those formed with **essere**. What differences do you notice between the verbs that form the past tense with **avere** and those that form it with **essere**?

GRAMMATICA

Il passato prossimo con *essere*

The **passato prossimo** of reflexive verbs and most intransitive verbs—verbs that cannot take a direct object—is formed with the present tense of **essere** plus the past participle.

andare	vestirsi
io sono andat**o/a**	io mi sono vestit**o/a**
tu sei andat**o/a**	tu ti sei vestit**o/a**
lui/lei è andat**o/a**	lui/lei si è vestit**o/a**
noi siamo andat**i/e**	noi ci siamo vestit**i/e**
voi siete andat**i/e**	voi vi siete vestit**i/e**
loro sono andat**i/e**	loro si sono vestit**i/e**

1. When the **passato prossimo** is formed with **essere**, the past participle always agrees with the subject in number and gender.

   Maria è **arrivata** a casa alle nove. I fratelli **sono tornati** poco dopo; le sorelle invece non **sono uscite**.

   Maria arrived home at nine o'clock. Her brothers returned shortly after; her sisters, however, didn't go out.

2. Verbs that indicate physical movement from one place to another are generally intransitive and are conjugated with **essere**. Here are some of the most common ones:

andare	to go	lui/lei è andato/a
arrivare	to arrive	lui/lei è arrivato/a
entrare	to enter	lui/lei è entrato/a
partire	to leave	lui/lei è partito/a
ritornare	to return	lui/lei è ritornato/a
tornare	to return	lui/lei è tornato/a
uscire	to go out	lui/lei è uscito/a
venire	to come	lui/lei è venuto/a

   Note that **venire** has an irregular past participle.

3. These common intransitive verbs are also conjugated with **essere** in the **passato prossimo**:

diventare	to become	lui/lei è diventato/a
essere	to be	lui/lei è stato/a
morire	to die	lui/lei è morto/a
nascere	to be born	lui/lei è nato/a
restare	to stay	lui/lei è restato/a
rimanere	to remain	lui/lei è rimasto/a
stare	to be, to stay	lui/lei è stato/a

   Note that **essere, morire, nascere,** and **rimanere** have irregular past participles.

4. Reflexive verbs are always conjugated with **essere** in the **passato prossimo**. The past participle agrees in number and gender with the subject.

   Marisa **si è alzata** troppo tardi.
   Io e Paolo **ci siamo divertiti** moltissimo.

   Marisa got up too late.
   Paolo and I had a very good time.

7.6 Un giorno come gli altri. Due amici si raccontano al telefono cosa hanno fatto durante il giorno. Ascolta la loro conversazione due volte. Mentre ascolti, scrivi il participio passato che senti e indica se il verbo è coniugato con **avere** o con **essere**.

Verbi coniugati con *avere*

1. _____
2. _____
3. _____
4. _____

Verbi coniugati con *essere*

1. _____
2. _____
3. _____
4. _____
5. _____
6. _____
7. _____
8. _____
9. _____
10. _____

7.7 Che cosa hanno fatto? Indica che cosa hanno fatto le seguenti persone. Completa le frasi con un verbo della lista.

hanno giocato	è andato	abbiamo fatto	ha fatto
si è divertita	ho visto	sono andate	si è messa
sono venuti	è andata		

1. Ieri Carlo _____ in pizzeria con gli amici.
2. La settimana scorsa io e Paolo _____ vela.
3. Stamattina Giovanna e Tommaso _____ a basket.
4. L'altro ieri Edoardo _____ footing.
5. Una settimana fa Renata _____ al cinema.
6. Il mese passato io _____ un film italiano.
7. Ieri sera Laura e Olivia _____ in discoteca.
8. Stamattina Paola _____ le scarpe da tennis.
9. Ieri sera Roberto e Antonella _____ a casa mia.
10. Domenica scorsa Lucia _____ molto a giocare a golf.

7.8 Ieri sera. Racconta quello che le persone seguenti hanno fatto ieri sera. Cambia i verbi dal presente al passato prossimo usando **avere** o **essere**.

1. Paolo torna a casa alle sei. Suona il pianoforte per un'ora. Dopo telefona ad alcuni amici. Alle otto e mezza cena e poi guarda un po' la TV. Infine gioca a scacchi con il padre e alle 11.30 va a letto.
2. Maria arriva a casa alle due. Prima pranza e poi si riposa un po'. Va in salotto e si addormenta sul divano. Alle quattro si sveglia e si prepara. Alle sei incontra gli amici in piazza. Più tardi vanno a teatro e poi bevono qualcosa insieme al bar.
3. Giulia e Paola ritornano a casa alle sette e mezza. Poi vanno in palestra e fanno un po' di aerobica.

 7.9 Come si sono preparati? Alcuni amici hanno fatto le attività seguenti. Indicate tre cose che hanno fatto per prepararsi.

ESEMPIO: Sabato mattina Giovanni ha giocato a tennis.
Si è svegliato presto.
Si è vestito
Si è messo una maglietta e i pantaloni corti.

1. Ieri pomeriggio Edoardo è uscito con la ragazza.
2. Venerdì sera Cecilia è andata in discoteca.
3. Sabato sera Giulia e Simona sono andate fuori a cena con alcuni amici.
4. Domenica pomeriggio tu e Fabrizio siete andati a teatro.

sabato **22**
aprile

8	_____
30	_____
9	_____
30	golf con Giulio
10	_____
30	_____
11	caffè con Paolo
30	casa
12	.15 ristorante con la famiglia
30	_____
13	_____
30	_____
14	_____
30	_____
15	casa
30	_____
16	_____
30	spese in centro
17	_____
30	palestra
18	_____
30	_____
19	Fabrizio in piazza
30	_____
20	_____
30	pizzeria con gli amici
21	_____
30	_____
22	festa a casa di Giorgio
30	_____
23	_____
30	discoteca con gli amici
24	_____

Scambi

7.10 Il detective. Guardate l'agenda di Roberta e insieme immaginate che cosa ha fatto ieri.

Così si dice — Per indicare l'anno

To indicate the year when you did something, you can use **nel** + the year. **Quando sei andata in Italia? Nel 2007.** *When did you go to Italy? In 2007.* **In che anno hai cominciato l'università? Nel 2010?** *When did you start college? In 2010?*

7.11 Quando è stata l'ultima volta che… (When was the last time that you…)? Intervista un compagno/una compagna e scopri quando è stata l'ultima volta che ha fatto queste cose. Scopri anche i particolari.

ESEMPIO: È uscito/a con gli amici.
S1:   Quando è stata l'ultima volta che sei uscito/a con gli amici?
S2:   Sabato sera.
S1:   Dove siete andati?
S2:   Siamo andati al cinema e poi abbiamo mangiato una pizza.

1. È andato/a in discoteca.
2. È andato/a ad un concerto.
3. È andato/a ad un museo.
4. È andato/a ad una festa.
5. Si è svegliato/a molto tardi.
6. Ha scritto una lettera.
7. È andato/a in palestra.
8. Si è annoiato/a con gli amici.

7.12 Il weekend di Pietro e Luisa. A coppie, usate almeno otto dei seguenti verbi per ricostruire il weekend di Pietro e Luisa.

andare	ballare	cenare	divertirsi	giocare
leggere	pranzare	prepararsi	scrivere	suonare
svegliarsi	tornare	uscire	vedere	vestirsi

Lo sai che? Gli italiani e il tempo libero

Durante la settimana gli italiani, in genere, la sera stanno a casa. Prima di rientrare dal lavoro, spesso si ritrovano (*gather*) in una piazza o per una delle strade principali della città per incontrare gente, passeggiare, guardare i negozi o entrare in un bar a prendere qualcosa. Le relazioni sociali, infatti, sono molto importanti per gli italiani che spesso si riuniscono solo per mangiare insieme, chiacchierare e stare in compagnia, anche senza fare niente di speciale.

Il sabato mattina i giovani vanno a scuola e molte persone lavorano, quindi preferiscono andare fuori il sabato sera e non il venerdì. Le attività del sabato sera sono simili a quelle di tanti altri Paesi: il cinema, il ristorante, una cena a casa di amici, la discoteca. I giovani, soprattutto, restano fuori anche tutta la notte e rientrano a casa alle prime ore dell'alba (*dawn*). I locali possono servire alcolici ai ragazzi che hanno compiuto diciotto anni, ma questa regola non è severa (*strict*) e anche giovani di quindici anni possono andare in discoteca o al bar.

La frenesia (*frenzy*) del sabato, o «febbre (*fever*) del sabato sera», indica proprio la voglia di uscire e di godersi l'unica serata veramente libera della settimana.

 7.13 Vero o Falso? Indica quali delle seguenti affermazioni sono vere e quali sono false. Correggi le affermazioni false.

1. Dopo il lavoro gli italiani spesso si incontrano con gli amici.
2. Gli italiani non sono molto socievoli.
3. Il venerdì sera è il momento per divertirsi.
4. Nessuno in Italia va mai in discoteca.
5. I giovani di diciotto anni possono bere alcolici.
6. La «febbre del sabato sera» è il nome di un nuovo ballo.

 7.14 E nel vostro Paese? Indicate tre cose simili e tre cose diverse che fate nel vostro Paese nel tempo libero.

Percorso II
Le attività sportive

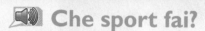

🔊 Che sport fai?

Il calcio. Si fa in tutte le stagioni. Si indossano i pantaloncini e una maglietta. Si usa un pallone. Non si gioca mai da soli; si gioca a squadre.

Lo sci. Si fa d'inverno, in montagna. Si fa da soli o con gli amici. Si portano i pantaloni lunghi e una giacca pesante.

Gli sport

andare* a cavallo *to go horseback riding*
fare
    atletica leggera *to do track and field*
    ciclismo *to bicycle*
    il pattinaggio a rotelle / sul
    ghiaccio *to go rollerskating / iceskating*

Gli oggetti per lo sport

la mazza *bat, club*
la palla *ball*
i pattini *skates*
la racchetta da tennis *tennis racket*
gli sci *skis*
la tuta *sweats*

Per parlare di sport

allenarsi *to practice, to train*
il giocatore/la giocatrice *player*
la partita *game*
praticare / fare uno sport *to play a sport*
la squadra *team*
il tifoso/la tifosa *fan*
vincere (p.p. vinto) *to win*

7.15 A cosa serve? Abbina gli oggetti con gli sport.

1. la racchetta
2. il pallone
3. la mazza
4. i pattini

a. il pattinaggio
b. il golf
c. il calcio
d. il tennis

7.16 Sai che cos'è? Completa le frasi con uno dei vocaboli che seguono. Fa' tutti i cambiamenti necessari.

allenarsi	partita	praticare	squadra	tifoso	tuta

1. Qual è la tua _____ di calcio preferita?
2. I giocatori professionisti devono _____ sempre molto.
3. Quando faccio atletica spesso mi metto la _____.
4. Per vedere una partita, i _____ vanno allo stadio.
5. Che sport _____ tu?
6. Mi piace guardare una _____ di pallacanestro alla televisione!

7.17 Riorganizziamoli! Organizzate tutti gli sport che conoscete secondo le seguenti categorie.

1. Si fanno soprattutto in autunno.
2. Si fanno d'estate.
3. Si fanno da soli.
4. Si fanno a squadre.
5. Si portano i pantaloni lunghi.
6. Si indossa il costume da bagno.

In contesto Parliamo un po' di sport!

Luca, uno studente italiano, e Samantha, una studentessa americana, discutono di sport.

LUCA: Sai, in Italia il calcio è lo sport che si guarda di più alla televisione. E la domenica si va allo stadio e si fa il tifo per la squadra della propria città. E negli States? Il calcio non si segue molto, vero?

SAMANTHA: No, non molto. Molti ragazzi giocano a calcio da piccoli, ma poi quando sono grandi preferiscono il basket o il baseball e il football.

LUCA: Gli americani fanno molto sport, però, vero?

SAMANTHA: Sì, in genere sono molto sportivi. Giocano a tennis, a golf, a pallacanestro. Si fa tanto sport anche nelle scuole, sai. E gli italiani?

LUCA: Veramente in Italia si fa sempre più sport. Però nelle scuole no, non si fa molto sport. A tutti, in ogni caso, piace guardare lo sport alla televisione!

7.18 È proprio vero? Trova informazioni nella conversazione per giustificare le seguenti affermazioni.

1. Gli italiani sono tifosi di calcio.
2. In America lo sport è molto importante.
3. Lo sport piace anche in Italia.

7.19 Siete d'accordo? Siete d'accordo con Samantha? Quali altri sport piacciono agli americani?

Occhio alla lingua!

1. Look at the verbs in the descriptions of the sports on page 206. Can you tell who is performing each of the actions?
2. Which verbs are singular and which are plural in the descriptions on page 206? What is the difference between **si usa una palla** and **si portano i pantaloni bianchi**?
3. Reread the *In contesto* conversation and identify all of the verbs. Which verbs have a specific subject that you can identify and which do not?

GRAMMATICA

Il *si* impersonale

The impersonal construction in Italian is used when there is no specific subject performing the action of a verb. It is equivalent to the impersonal use of *one* or *you* in English. In Italian, the impersonal is formed with **si** + third-person singular or plural of the verb. The singular form of the verb is used when there is no object or the object is singular. The plural is used when the object is plural.

Si va allo stadio la domenica.	*On Sundays one goes to the stadium.*
Si usa una racchetta.	*You use a racket. (A racket is used.)*
Si praticano molti sport.	*One plays many sports. (Many sports are played.)*

7.20 Che cosa si fa? Completa le frasi con la forma corretta del verbo e indica che cosa si fa nelle situazioni seguenti.

1. Per scrivere una mail (usare) _____ il computer.
2. La mattina (prendere) _____ il caffè.
3. (mettere) _____ lo zucchero nel caffè.
4. A colazione (mangiare) _____ i biscotti.
5. D'inverno, quando fa freddo (portare) _____ i guanti e una giacca pesante.
6. Per pattinare (usare) _____ i pattini.
7. Quando si nuota, (indossare) _____ il costume da bagno.
8. Quando si ha sete, (bere) _____ l'acqua.

7.21 Cosa si usa? Indica cosa si usa e cosa si porta quando si fanno i seguenti sport. Usa l'impersonale.

ESEMPIO: il calcio
             Si usa un pallone e si portano i pantaloncini.

1. il pattinaggio
2. il golf
3. lo sci
4. la pallavolo

7.22 Cosa si fa nel tuo Paese? Indica cosa si fa nel tuo Paese nel tempo libero. Scrivi almeno sei attività. Usa l'impersonale.

I pronomi tonici

Disjunctive, or stressed, pronouns (**i pronomi tonici**) are usually used after a preposition or a verb. Many disjunctive pronouns have the same form as subject pronouns.

Singolare		Plurale	
me	me	**noi**	us
te	you	**voi**	you
Lei	you (formal)	**Loro**	you (formal)
lui, lei	him, her (informal)	**loro**	them (informal)
sé	himself, herself, itself	**sé**	themselves

1. Disjunctive pronouns are used after prepositions, such as **di, a, da, in, su, per, con,** and **tra (fra).**

   —Vuoi giocare a tennis con **me**?   —*Do you want to play tennis with me?*
   —Sì, gioco volentieri con **te**.   —*Yes, I'm happy to play with you.*
   —Hai dato la mia racchetta a Giulio?   —*Did you give my racket to Giulio?*
   —Sì, l'ho data a **lui**.   —*Yes, I gave it to him.*

2. Disjunctive pronouns can also be used after verbs for emphasis.

   —Ti invito alla festa.   —*I'm inviting you to my party.*
   —Invito **te** e non lui!   —*I'm inviting you and not him!*

   —Vi cerco.   —*I'm looking for you.*
   —Cerco **voi**, non loro!   —*I'm looking for you, not for them!*

3. The preposition **da** is used with disjunctive pronouns to indicate the English equivalent of *at the house of.*

   Vieni da me stasera?   *Are you coming to my house tonight?*
   Perché non cenate da noi stasera?   *Why don't you have dinner at our house tonight?*

   Note that **da** can also be used with a person's name or profession or with the name of a restaurant.

   Stasera andiamo da Stefano   *Tonight we are going to Stefano's*
      a vedere la partita.   *to watch the game.*
   Ho portato la macchina dal meccanico.   *I took my car to the mechanic.*
   Ieri sera siamo andati a cena   *Last night we went to dinner*
      da Il grillo parlante.   *at Il grillo parlante.*

7.23 Una persona curiosa. Un'amica/Un amico ti fa tante domande. Rispondi usando un pronome tonico.

ESEMPIO: —Hai giocato a tennis con il tuo migliore (*best*) amico?

            —Sì, ho giocato con lui.

1. Ti sei allenato/a con gli altri giocatori?
2. Sei andato/a al cinema con la tua ragazza/il tuo ragazzo?
3. Vai a cavallo con i tuoi amici?
4. Hai fatto aerobica con tua sorella?
5. Vieni a teatro con noi domani?
6. Giochi a pallavolo con me più tardi?

7.24 Gli sport e gli amici. Alcuni amici parlano del tempo libero. Completa le frasi seguenti con i pronomi tonici corretti.

1.   MARCO: Lina, vieni allo stadio con _____ domenica o vai con Daniele?

     LINA: Sì, vengo con _____. Non voglio andare con _____.

2.   PAOLO: Perché vai in piscina con Carlo?

     ANNA: È simpatico. Voglio uscire con _____ da molto tempo.

3.   GIOVANNI: Ho telefonato a te e a tuo fratello per andare a sciare insieme.

     GIULIA: No, a _____ non hai telefonato, hai telefonato solo a _____!

4.   PATRIZIA E LAURA: Vieni in palestra con _____?

     PIERO: In palestra con _____? No! Mai! Siete troppo brave!

5.   CARLO: Perché raccontate la partita ai compagni di scuola?

   GIORGIO E CECILIA: Raccontiamo la partita a _____ perché non ci sono andati.

6.   ANNA: I pattini sono proprio per _____? Grazie, sei molto gentile!

     LUCIA: Sì, sono per _____! Andiamo a pattinare insieme?

Scambi

7.25 Mettiamoci d'accordo. Alcuni amici parlano di sport. Ascolta due volte le loro conversazioni e rispondi alle domande.

Conversazione A

1. Tutte e due le amiche sanno pattinare?
2. Le due amiche sanno giocare a tennis?
3. Che cosa decidono di fare le due amiche?

Conversazione B

1. Che cosa decidono di fare domenica i due amici?
2. Quando è stata l'ultima volta che è andato alla partita uno dei due amici?
3. La loro squadra sta vincendo o perdendo (*is winning or losing*)?

7.26 Indovina che sport è! Scrivi una breve descrizione di uno sport. Indica quando e dove si pratica, cosa si porta e cosa si usa. Poi leggi la tua descrizione al gruppo e gli altri indovinano che sport è.

Una partita in piazza

7.27 In albergo. Leggi le informazioni sull'Hotel Dolomiti e Polsa e immagina di aver passato lì un lungo weekend. Un amico/Un'amica ti fa delle domande su cosa hai fatto. Insieme ricostruite la conversazione.

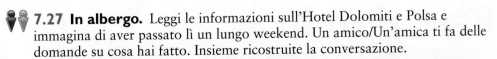

Brentonico (TN) Hotel Dolomiti & Hotel Polsa

Tel. 0464.867045 - www.hoteldolomitiski.it
Direttamente sulle piste, piscina, palestra, parcheggio, sala giochi, animazione, miniclub, baby park sulla neve. Camere con telefono, tv, cassaforte, asciugacapelli. Menù a scelta, ricca colazione al buffet e buffet di verdure. Serate a tema.

SPECIALE FINO AL 25 DICEMBRE E DAL 9 AL 29 GENNAIO 1 settimana mezza pensione € 310,00 INCLUSO SKIPASS E BIMBO GRATIS FINO 6 ANNI

 7.28 Sei sportivo/a? Prepara sei domande per intervistare un compagno/una compagna e decidere se è sportivo/a attivo/a, passivo/a o non è per niente sportivo/a.

Lo sai che? Il calcio e altri sport

Gli italiani seguono molto il ciclismo, l'annuale Giro d'Italia e le corse (*races*) automobilistiche. Sono appassionati anche di pallacanestro, pugilato (*boxing*), tennis, sci e atletica leggera. La scherma (*fencing*) poi è una delle tradizioni sportive italiane. Lo sport più popolare però resta sempre il calcio, di cui gli italiani sono grandi tifosi. Le partite si giocano quasi sempre la domenica pomeriggio e molti vanno allo stadio o ascoltano le partite alla radio o le seguono alla televisione. Tanti italiani giocano al Totocalcio, che è una lotteria settimanale legata (*linked*) alle partite di calcio. Bisogna cercare di indovinare la squadra che vince in quattordici partite.

Ogni città ha la sua squadra che quasi sempre prende il nome dalla città stessa, così esistono ad esempio la Fiorentina, il Milan, la Roma, il Napoli. Alcune città più grandi hanno due squadre di calcio: ad esempio, a Roma ci sono la Roma e la Lazio, a Torino il Torino e la Juventus e a Milano il Milan e l'Inter.

Ogni quattro anni la squadra nazionale partecipa ai campionati mondiali di calcio e, in questa occasione, anche i pochi italiani che di solito non seguono le partite durante l'anno fanno il tifo per la squadra italiana. Gli atleti italiani che partecipano a giochi e partite internazionali portano tutti la maglia azzurra e sono perciò chiamati «gli Azzurri».

 7.29 È vero che...? Trova almeno tre informazioni per giustificare ognuna (*each*) delle seguenti affermazioni.

1. Il calcio non è l'unico sport che piace agli italiani.
2. Gli italiani sono grandi tifosi di calcio.
3. I mondiali di calcio sono molto importanti per gli italiani.

7.30 E nel vostro Paese? Uno studente italiano/Una studentessa italiana ti chiede informazioni sullo sport nel tuo Paese. Con un compagno/una compagna, immagina la conversazione.

Percorso III
I programmi per il tempo libero

 Allora, che facciamo?

---

4 giugno, ore 21.00
Il bandito
di Alberto Lattuada
con Anna Magnani, Amedeo Nazzari.
Italia 1946 (84')

5 giugno, ore 21.00
Febbre di vivere
di Claudio Gora
con Massimo Serato, Marcello Mastroianni,
Marina Berti.
Italia 1953 (88')

6 giugno, ore 21.00
La caduta degli dei
di Luchino Visconti
con Ingrid Thulin, Dirk Bogarde, Helmut Berger.
Italia 1969 (150')

7 giugno, ore 21.00
Gruppo di famiglia in un interno
di Luchino Visconti
con Burt Lancaster, Helmut Berger,
Silvana Mangano.
Italia 1974 (120')

LA TRAVIATA
Opera in tre atti di *Giuseppe Verdi*
ORCHESTRA E CORO
FILARMONICA D'OPERA DI ROMA
Maggio 2-9-16-23-30 *h. 20,30*
Chiesa ALL SAINTS
Via del Babuino, 153 (Piazza di Spagna) • *06 78 42 702 - 339 71 18 452 - 6*

◆ CLAUDIO BAGLIONI

PIAZZA DI SIENA, Villa Borghese. Ore: 21

◆ **Venerdì 22 maggio**
Un evento unico e irripetibile.
Per l'occasione l'area di Piazza di Siena si
trasformerà in uno straordinario teatro
all'aperto per un nuovo viaggio di musica
e canzoni, sotto la magia di un cielo mago.

Fare programmi

Cosa danno al... ?	*What's playing at . . . ?*
mettersi d'accordo	*to come to an agreement*
mi dispiace	*I'm sorry*
mi / ti / gli/le piacerebbe	*I / you / he/she would like*
Ti va di + *infinitive*... ?	*Do you feel like . . . ?*
(Non) Mi va di + *infinitive*...	*I (don't) feel like . . .*
vorrei / vorresti / vorrebbe	*I would like / you would like / he/she would like*

Per parlare di cinema, musica e teatro

l'attore/l'attrice *actor/actress*
il biglietto *ticket*
il canale TV *TV channel*
il/la cantante *singer*
il cantautore/la
  cantautrice *singer-songwriter*
la commedia *comedy, play*
il gruppo (musicale), la band *band*

il film *film*
comico *funny*
drammatico *dramatic*
di fantascienza *science-fiction*
d'orrore *horror*
la locandina *playbill*
il/la musicista *musician*
il/la protagonista *protagonist*
il/la regista *film director*
lo spettacolo *show*

Così si dice I nomi in *-ista*

Nouns that end in **-ista,** such as **regista, musicista, protagonista,** can refer in the singular to males or females. When they refer to males, they are used with masculine articles and adjectives. Similarly, when they refer to females, they are used with feminine articles and adjectives. **È un regista molto famoso. / È una regista molto famosa.**

In the plural, they have masculine forms that end in **-isti** and feminine forms that end in **-iste: Questi musicisti sono bravissimi. / Le protagoniste del film sono molto brave.**

7.31 Di cosa si tratta? Completa le frasi con l'espressione corretta.

1. La protagonista del film è un'_____ molto brava.
2. Prima di andare a teatro, dobbiamo comprare il _____.
3. Quando guardo la televisione, cambio _____ continuamente.
4. Chi è Benigni? È il _____ o il protagonista del film?
5. Non possono _____ su quale film andare a vedere.
6. Non è un film drammatico, è una _____!

7.32 Che significa? Per ogni parola scegli la definizione.

1. un film di fantascienza
2. un cantautore
3. un gruppo musicale
4. la protagonista
5. una commedia

a. Compone le canzoni che canta.
b. Musicisti e cantanti che suonano e cantano insieme.
c. L'attrice principale di un film.
d. Uno spettacolo divertente.
e. Un film su un futuro immaginario.

 7.33 Associazioni. Indicate tutte le cose che associate con le parole che seguono.

1. sabato sera
2. il cinema
3. la televisione
4. il teatro

7.34 Gli spettacoli. Osservate le locandine a pagina 212 e rispondete alle domande che seguono.

1. Chi è Claudio Baglioni? Cosa fa a Piazza di Siena? Quando? A che ora?
2. Che cos'è *La Traviata*? Di chi è? Dove e quando la danno? Chi sono i cantanti e i musicisti? Come si fa per comprare i biglietti?
3. Quando danno *Il bandito?* A che ora? Chi è il regista del film? Chi sono gli attori e le attrici? È un film italiano? Di quale anno?

Così si dice Esortazioni

To express in Italian the equivalent of the English *Let's* + *verb,* you can use the first-person plural of the verb: **Andiamo al cinema!** *Let's go to the movies!*

🔊 In contesto   Che vuoi fare stasera?

Marisa e Alberto discutono su cosa fare sabato sera.

ALBERTO: Marisa, che cosa vuoi fare stasera? Ti va di andare in pizzeria?

MARISA: No, stasera proprio non mi va di andare a cena fuori. Cosa c'è alla televisione?

ALBERTO: Ah, stasera fanno un vecchio film di Sergio Leone, *C'era una volta il West*. Vorrei tanto vederlo! Perché non restiamo a casa?

MARISA: Non mi piacciono i western. Perché non andiamo al Manzoni? Danno *La prima cosa bella,* di Virzì. Ho sentito dire che è molto bello.

ALBERTO: A che ora comincia il film?

MARISA: Alle otto e mezza. Facciamo così, io vado a casa e telefono per i biglietti. Se non ci sono problemi, ci possiamo vedere davanti al cinema alle otto.

ALBERTO: Perfetto! A più tardi, allora.

 7.35 La serata di Marisa e Alberto. Indicate le cose che vorrebbe fare Marisa e le cose che vorrebbe fare Alberto. Le fanno? Perché?

Occhio alla lingua!

1. Look at the questions in the *In contesto* conversation. How are they formed?
2. Underline specific words and expressions that are used in asking questions. What do you think these words and expressions mean?

GRAMMATICA

Interrogativi

Interrogative words are used to ask questions.

Cosa danno al Rialto?	*What's playing at the Rialto?*
Com'è il film?	*How's the film?*

1. When an interrogative word is used, the subject is usually placed at the end of the sentence.

Perché non vuole andare in pizzeria Paola?	*Why doesn't Paola want to go to the pizzeria?*
Quando suona con il gruppo tua sorella?	*When does your sister play with the band?*

2. Prepositions such as **a, con, da, di,** and **per** always precede interrogative words.

Con chi vai al concerto?	*With whom are you going to the concert?*

3. Below is a list of words you can use to ask questions.

Interrogativi		
chi?	who? whom?	Chi viene a teatro? Con chi vai?
che cosa? cosa? che?	what?	Cosa hai visto? Che hai visto?
che?	what? what kind?	Che film hai visto?
come?	how?	Com'è lo spettacolo?
dove?	where?	Dove ci vediamo?
quale (sing.)?	which (one)?	Quale cinema preferisci?
quali (pl.)?	which (ones)?	Quali attori sono bravi?
quando?	when?	Quando vai al museo?
quanto?	how much?	Quanto costano i biglietti?
quanto/a (sing.)?	how much?	Quanta musica ascolti?
quanti/e (pl.)?	how many?	Quante opere hai visto?
perché?	why?	Perché non sei mai stato a teatro?

Note:

- **Chi** can be used as the subject of a question as well as the direct object.

Chi è andato al cinema?	*Who went to the movies?*
Chi hai incontrato a teatro?	*Whom did you meet at the theater?*

- When **quanto** is used as an adjective, meaning *how many* or *how much*, it agrees in number and gender with the noun it refers to. It is invariable as an adverb, meaning *how much*.

Quanti biglietti hai comprato?	*How many tickets did you buy?*
Quanto costano i biglietti?	*How much do the tickets cost?*

7.36 Una serata a teatro. Giovanna e Paola vanno ad un concerto e Giovanna chiede informazioni a Paola. Completa la conversazione con gli interrogativi adatti.

1. GIOVANNA: _____ è quel ragazzo?

      PAOLA: È il figlio della professoressa.

2. GIOVANNA: A _____ ora comincia il concerto?

      PAOLA: Comincia alle 10.00.

3. GIOVANNA: _____ biglietti hai comprato?

      PAOLA: Ne ho comprati quattro.

4. GIOVANNA: _____ hai speso?

      PAOLA: Ottanta euro.

5. GIOVANNA: _____ li hai comprati?

      PAOLA: All'agenzia in Piazza Cavour.

6. GIOVANNA: _____ macchina prendiamo?

      PAOLA: Prendiamo la macchina di mia madre.

7.37 Sportivi attivi! Una tua amica ti parla delle attività sportive dei vostri amici. Per ogni frase, formula tutte le domande possibili.

ESEMPIO: Paolo gioca a baseball ogni giorno.
A che cosa gioca Paolo? Chi gioca a baseball? Quando gioca a baseball Paolo?

1. Il lunedì io faccio footing con Marco.
2. Sabato pomeriggio Roberto nuota in piscina due ore.
3. Luisa gioca a pallavolo con le amiche la domenica mattina.
4. Alberto si allena con la sua squadra ogni sabato.
5. Domenica mattina Emma gioca a tennis con Paolo al suo club.
6. Non pratichiamo sport!

7.38 Il cinema. Osserva le locandine del cinema a pagina 212 e formula le domande alle seguenti risposte.

1. _____?
   La caduta degli dei.
2. _____?
   È di Luchino Visconti.
3. _____?
   Claudio Gora.
4. _____?
   Marcello Mastroianni.
5. _____?
   Anna Magnani.
6. _____?
   Il 7 giugno alle 21.00.

Scambi

7.39 Un lungo messaggio. Carla lascia un lungo messaggio telefonico all'amica Anna e le racconta cosa ha fatto il weekend passato. Ascolta il messaggio due volte e completa le frasi.

1. Sabato mattina tutti gli amici insieme _____.
2. Sabato sera gli amici _____.
3. Domenica pomeriggio tutti _____.
4. Domenica sera Carla e Marco _____.

7.40 Programmi per il weekend. Non sai cosa fare questo weekend. Telefoni a un amico/un'amica. L'amico/a osserva le locandine a pagina 212 e ti spiega cosa puoi fare. Tu gli/le fai tante domande sui particolari e lui/lei ti risponde. Insieme ricostruite il dialogo.

7.41 Cosa hai fatto? Immaginate di avere fatto una delle attività illustrate a pagina 212. Poi con un compagno/una compagna discutete cosa avete fatto. Fate tante domande sui particolari.

7.42 Il cinema, che passione! Usa le domande che seguono per intervistare un compagno/una compagna sui suoi gusti (*tastes*). Sono simili ai tuoi? Poi scrivi un'email al tuo professore/alla tua professoressa e confronta i tuoi gusti e poi i suoi.

1. Vai spesso al cinema?
2. Che film ti piacciono?
3. Hai un regista preferito? Che film ha diretto?
4. Chi è il tuo attore preferito? E la tua attrice preferita?
5. Qual è il tuo film preferito? Quante volte l'hai visto? Perché ti piace?
6. Qual è stato l'ultimo film che hai visto? Dove l'hai visto? Con chi? Ti è piaciuto?

Lo sai che?   La musica in Italia

La musica ha sempre avuto un ruolo importante nella cultura italiana. Molte canzoni popolari nascono dalle tradizioni regionali ed esprimono (*express*) a volte, oltre all'amore, i problemi sociali, come l'emigrazione, la protesta e la sofferenza delle classi più povere. Temi sociali e politici hanno spesso un posto di rilievo (*relevant*) nelle canzoni di molti cantautori contemporanei come Lucio Dalla, Vasco Rossi, Francesco Guccini, Gianna Nannini e Pino Daniele. Particolarmente fra i giovani sono molto conosciuti Tiziano Ferro, Laura Pausini, Ligabue, ma anche tutti i tipi di musica moderna, soprattutto dall'Inghilterra e dall'America, e sono popolari le stesse canzoni che i giovani ascoltano in tutto il resto del mondo.

Vasco Rossi

La terminologia usata per la musica moderna è quasi sempre in inglese, come *heavy metal, band, rap* e *jazz, hip-hop,* musica *dance* e musica *house.* Invece i termini per la musica classica usati in tutto il mondo sono in italiano, come ad esempio **lento, adagio, allegro, andante, moderato, crescendo, con brio, vivace.**

L'opera poi è di origine italiana. Le opere di Monteverdi, Donizetti, Rossini, Verdi e Puccini sono conosciute e amate in tutto il mondo. Cantanti lirici del passato e del presente, come il famoso tenore Luciano Pavarotti e la mezzo soprano Cecilia Bartoli, hanno reso la musica operistica popolare in tante parti del mondo.

Cecilia Bartoli

7.43 La musica italiana. Rispondi alle seguenti domande.

1. Indica tre cose che adesso sai della musica contemporanea in Italia.
2. Indica due cose che adesso sai della musica lirica.
3. Conosci un cantante italiano/una cantante italiana che non è stato/a menzionato/a nella lettura? Chi è? Cosa sai di lui/lei? Conosci un musicista italiano/una musicista italiana?

 ### 7.44 Che musica ti piace? Discutete quali tipi di musica ascoltate, quali cantanti e quali canzoni preferite.

In pratica

 PARLIAMO

Che hai fatto di bello? Parla con tre compagni/compagne di cosa avete fatto il weekend scorso. Racconta cosa hai fatto tu e scopri cosa hanno fatto loro. Chi si è divertito/a di più? Perché?

Strategie per parlare

Talking about what you did on the weekend

When talking about your weekend activities, remember to use the appropriate forms of the **passato prossimo**—and be sure you are ready to ask your friends some questions about their own activities. To make your conversation more interesting, be prepared to ask for and share some details about what you have done.

Il weekend di Arianna

	VENERDÌ	SABATO	DOMENICA
7:00	footing con Gabriella		
8:00			
9:00			
10:00			museo con Federico
11:00			
12:00		pranzo in campagna e a cavallo	
13:00			partita allo stadio
14:00			
15:00			
16:00			
17:00			
18:00			
19:00			
20:00			
21:00	cinema con Lucia		Opera con Roberta
22:00		10:30 in discoteca con gli amici	
23:00			
24:00			

Che weekend divertente!

Prima di parlare

7.45 Per prepararti a parlare segui questi suggerimenti.

1. Prendi ad esempio l'agenda di Arianna e prepara una breve lista di attività interessanti che hai fatto il weekend scorso. Quali particolari puoi raccontare?
2. Prepara alcune domande per sapere che cosa hanno fatto i compagni/le compagne il weekend.

Mentre parli

 7.46 Racconta ai compagni/alle compagne che cosa hai fatto tu il weekend scorso e fa' delle domande per sapere che cosa hanno fatto loro.

Dopo aver parlato

 7.47 Quali sono le vostre conclusioni? Decidete chi ha avuto il weekend più interessante. Chi si è divertito/a di più? Perché?

LEGGIAMO

Prima di leggere

7.48 I testi che seguono sono brevi articoli su eventi e attività che possiamo fare per divertirci. Prima di leggere gli articoli articoli, leggi attentamente i titoli.

1. Ci sono nei titoli parole che conosci?
2. Secondo voi, di cosa parlano gli articoli? Fate una breve lista dei possibili argomenti.

Mentre leggi

7.49 Adesso leggi gli articoli e sottolinea le informazioni che confermano o contraddicono le tue supposizioni.

Macché Vienna!
Il più bel walzer si balla in Italia.

Il walzer, l'ultima danza inventata dall'Europa ad aver conquistato[1] il mondo, oggi ci appare come il passo[2] dolce e perduto di una misura[3] squisita di incontro tra natura e civiltà, fisicità e architettura. «Tutte le classi sociali, a tutte le età: lo insegniamo ai ragazzini e ai settantenni» dice Leo Bovini, presidente dell'Associazione Nazionale Maestri di Ballo. «Noi italiani siamo all'apice[4] internazionale, assieme all'Inghilterra. E dobbiamo rimanerci. Disciplina, fantasia, tanta passione. Venga[5] alle nostre gare[6], vedrà la gente che arriva. Il walzer si balla più al nord che al centro e più al centro che al sud, ma magari[7] una coppia prende la macchina da Messina per ballare a Ravenna.»

1. conquered   2. step   3. balance   4. top   5. Come   6. competitions   7. perhaps

Hai mai provato a pattinare?

Non aver paura di scivolare[1] sul ghiaccio. Noi ti insegniamo a muovere i primi passi o a perfezionare il tuo stile. Per divertirti in vacanza con uno sport che non ha età[2]. Non importa se non avete mai indossato un paio di pattini da ghiaccio o se sono passati secoli dall'ultima volta. Pattinare non è così difficile. E soprattutto può essere un'ottima idea per passare un pomeriggio diverso insieme ai figli, al marito, agli amici. Non occorre[3] nemmeno essere in montagna per avere una pista[4] a disposizione[5], ormai durante le feste natalizie ne vengono allestite[6] anche di provvisorie in moltissime città. ■

1. slip   2. ageless   3. It is not necessary   4. rink   5. available   6. set up

Il calcio al cinema e alla TV

Dal 22 ottobre al 3 Novembre ha avuto luogo[1] a Milano la 22a edizione di «Sport Movies & TV», il più importante festival internazionale sul cinema e sui programmi televisivi dedicati allo sport e in particolare al calcio. Hanno partecipato più di 90 nazioni e più di 230.000 spettatori, che sono entrati gratuitamente.

La gente ha potuto assistere alle proiezioni sui 6 grandi schermi nelle sale del Palazzo Affari ai Giureconsulti e anche sul Megaschermo fuori, proprio in piazza del Duomo. C'è stata una quantità incredibile di video, filmati e trasmissioni in diretta sui principali eventi sportivi della televisione per più di 10 ore al giorno, su più di 70 sport diversi, anche se il calcio ha avuto la parte principale.

1. took place

Dopo la lettura

7.50 Dopo aver letto gli articoli completa le attività che seguono.

1. Le tue ipotesi prima di leggere erano (*were*) corrette?
2. Nei testi che hai letto, trova elementi per confermare le affermazioni seguenti.
    a. Il walzer ha ancora molto successo in Italia e lo ballano giovani e anziani.
    b. Durante il festival «Sport Movies & TV» la gente ha visto moltissimi film sul calcio.
    c. Pattinare sul ghiaccio non è difficile e si può farlo in molti posti.
3. Immaginate un titolo alternativo per ogni articolo. Poi ogni gruppo legge i titoli alla classe e gli altri indovinano di quale articolo si tratta.

SCRIVIAMO

> **Strategie per scrivere**   Relating a past event
>
> We often relate a past event or experience in our writing. For example, people write in their blogs about intriguing things that have happened to them. When you narrate an event in the past, use the **passato prossimo** to tell what happened.

Una giornata insolita (*unusual*). Racconta sul tuo blog una tua recente giornata un po' insolita. Usa il blog di Tiziana a pagina 201 come modello.

Prima di scrivere

7.51 Prima di cominciare a scrivere, organizza le tue idee.

1. Elenca (*List*) i fatti che vuoi raccontare.
2. Metti le azioni in ordine cronologico.
3. Indica chi ha fatto le varie azioni.
4. Decidi come vuoi concludere.

La scritura

7.52 Usa gli appunti e scrivi una prima stesura.

La versione finale

7.53 Leggi la stesura che hai preparato.

1. Hai usato gli appunti? Hai incluso particolari interessanti?
2. Hai usato **essere** o **avere** correttamente?
3. Controlla se hai scritto bene tutte le parole, l'uso degli articoli e l'accordo degli aggettivi e dei nomi.

GUARDIAMO

> **Strategie per guardare**   Using lines of dialogue to anticipate content
>
> Sometimes before viewing a video segment it is helpful to focus on key comments made by different individuals who are featured. By analyzing such comments, you can often determine quite specifically what they will be talking about and what their personality is like.

Prima di guardare

7.54 In questo videoclip, alcune persone parlano di come passano o hanno passato il tempo libero. Leggi quello che dicono e immagina che cosa hanno fatto di recente per divertirsi.

1. VITTORIO: Ho un'enorme collezione di DVD.
2. EMMA: Siamo andati al mare.
3. TINA: Sono stata alla prima (*opening night*) del Maggio Musicale Fiorentino.
4. FABRIZIO: Pratico qualche sport per tenermi in forma.

Mentre guardi

 7.55 Durante la visione del video, annota a chi si riferiscono le attività e gli oggetti nella scheda.

	Vittorio	Dejan	Emma	Tina	Gaia	Fabrizio	Laura
a. Leggere i fumetti							
b. Film di fantascienza							
c. La partita di calcetto							
d. Ci siamo divertiti.							
e. Seguo le partite di calcio.							
f. Il mio vestito di scena							
g. Vengono fatti dei concerti, delle opere.							
h. Lo sport che pratico di più è il pattinaggio.							

Dopo aver guardato

 7.56 Rispondete alle domande seguenti.

1. Discutete chi sono le persone più sportive e quelle meno attive. Perché?
2. Con chi vi identificate di più per quanto riguarda il tempo libero?
3. Di recente, cosa avete fatto di simile alle persone intervistate? Dove? Con chi?
4. Riguardo al tempo libero, quali differenze avete notato fra le persone del video e le persone del vostro Paese?

ATTRAVERSO LA VALLE D'AOSTA E IL TRENTINO-ALTO ADIGE

La Valle d'Aosta e il Trentino-Alto Adige sono due regioni alpine, famose per i loro pittoreschi e incantevoli paesaggi di montagna. Turisti e sportivi italiani e stranieri, amanti della montagna e della natura, frequentano questi territori in tutte le stagioni dell'anno. Qui si trovano le montagne più alte delle Alpi, vaste vallate (*valleys*) verdi, numerosi laghetti alpini e spettacolari ghiacciai (*glaciers*) e cascate (*waterfalls*).

La Valle d'Aosta è anche rinomata (*renowned*) per i suoi castelli (*castles*) medievali e monumenti romani. Il turismo rappresenta una grande risorsa economica per queste due regioni, ma anche l'agricoltura è molto importante con le coltivazioni di frutta e di uva.

Il Monte Bianco, la montagna più alta d'Europa (4810 m). La Valle d'Aosta è la regione più piccola d'Italia. La maggior parte della superficie è montagnosa e ci sono le montagne più alte della catena delle Alpi. Oltre al Monte Bianco, infatti, ci sono il Cervino, il Monte Rosa e il Gran Paradiso e famose stazioni di sport invernali, come Courmayeur. Il traforo del Monte Bianco, una galleria (*tunnel*) autostradale di dodici chilometri, permette di attraversare le Alpi in macchina.
Oggi la Valle d'Aosta è una regione a «statuto speciale» e quindi ha maggiore autonomia politica e amministrativa delle altre regioni italiane. Le lingue ufficiali della regione sono l'italiano e il francese.

La Valle di Valmontey, nel Parco Nazionale del Gran Paradiso. Questo parco è il più antico d'Italia. Si estende per più di 600 chilometri quadrati e comprende boschi (*forests*), ghiacciai (*glaciers*), laghi, cascate (*waterfalls*), montagne molto alte e piante e animali rari.

VERIFICHIAMO

Prima leggi l'introduzione delle regioni, poi guarda le foto e leggi le rispettive didascalie.

7.57 Cosa hanno in comune? Indica:

1. tre cose che la Valle d'Aosta e il Trentino-Alto Adige hanno in comune.
2. una differenza fra la Valle d'Aosta e il Trentino-Alto Adige.
3. due lingue che si parlano in Valle d'Aosta.
4. tre lingue che si parlano nel Trentino-Alto Adige.
5. il nome di una località turistica in Valle d'Aosta.
6. il nome di una località turistica nel Trentino-Alto Adige.

7.58 E nel vostro Paese? Ci sono regioni o stati nel vostro Paese dove si nota l'influenza di un'altra cultura in modo particolare?

7.59 Il turismo in montagna. Quali zone nel vostro Paese sono famose per gli sport invernali?

Il Duomo dell'Assunta, a Bolzano, nel Trentino-Alto Adige. Bolzano è stata annessa all'Italia nel 1918. Prima infatti faceva parte dell'Austria. L'influsso degli austriaci si nota fra l'altro nelle forme gotico-nordiche di questa cattedrale e di tanti altri edifici nel centro storico. Bolzano conserva molte tradizioni germaniche: infatti in questa provincia gli abitanti sono bilingui, parlano l'italiano e il tedesco. Anche tutti i documenti ufficiali sono in due lingue e ci sono scuole in italiano e in tedesco. Questa differenza di lingua e di cultura ha creato molti conflitti

Le Dolomiti di Brenta. Il Trentino-Alto Adige è una regione interamente montuosa. Il paesaggio, tipicamente alpino, con grandi montagne, boschi, valli e numerosi laghetti (*small lakes*), attira turisti da tutto il mondo in estate e in inverno. Le Dolomiti, situate nella parte orientale del Trentino-Alto Adige, sono famose per la loro particolare roccia composta da microorganismi marini e per i loro splendidi colori che cambiano (*change*) con la luce del sole (*sun*).
Fra i numerosi caratteristici paesi sono molto conosciuti San Martino di Castrozza e Madonna di Campiglio, chiamata anche «la perla delle Dolomiti».
Anche il Trentino-Alto Adige è una regione a «statuto speciale». In questa regione si parlano tre lingue: l'italiano, il tedesco e il ladino, un dialetto neolatino simile ai dialetti di alcune zone della

Il tempo libero

andare*

a teatro	to go to the theater
ad un concerto	to go to a concert
ad un museo	to go to a museum
fuori a cena	to go out to dinner
in campagna	to go to the countryside
in montagna	to go to the mountains
in palestra	to go to the gym
annoiarsi*	to get bored
chiacchierare	to chat
fare spese	to shop
fare una gita	to take an excursion
fare un viaggio	to take a trip
giocare a biliardo / a scacchi	to play pool / chess
guardare un DVD	to watch a DVD
leggere fumetti	to read comic books
suonare la batteria / il piano (il pianoforte)	to play the drums / the piano

Le attività sportive

allenarsi*	to practice, to train
andare a cavallo	to go horseback riding
fare	
aerobica	to do aerobics
atletica leggera	to do track and field
bodybuilding	to lift weights
ciclismo	to bicycle
equitazione	to go horseback riding
footing	to jog
scherma	to fence
fare il tifo per	to root for

giocare

a bowling	to go bowling
a hockey	to play hockey
a pallacanestro / a basket	to play basketball
a pallavolo	to play volleyball
il giocatore/la giocatrice	player
la mazza	bat; club
la palla	ball
il pallone	(soccer) ball
la partita	game
il pattinaggio a rotelle / sul ghiaccio	roller skating / ice skating
i pattini	skates
praticare / fare uno sport	to play a sport
la racchetta da tennis	tennis racket
gli sci	skis
la squadra	team
il tifoso/la tifosa	fan
la tuta	sweats
vincere (*p.p.* vinto)	to win

I programmi per il weekend

Cosa danno al... ?	What is playing at . . . ?
mettersi d'accordo	to come to an agreement
mi dispiace	I'm sorry
mi / ti / gli/le piacerebbe	I / you / he/she would like
Ti va di + *infinitive...* ?	Do you feel like . . . ?
(Non) mi va di + *infinitive...*	I do (not) feel like . . .
vorrei / vorresti / vorrebbe	I would like / you would like / he/she would like

Il cinema, la musica ed il teatro

l'attore/l'attrice	*actor*
il biglietto	*ticket*
il canale TV	*TV channel*
il/la cantante	*singer*
il cantautore/la cantautrice	*singer-songwriter*
la commedia	*comedy, play*
il concerto	*concert*
il film	*film*
comico	*funny*
drammatico	*dramatic*
di fantascienza	*science-fiction*
d'orrore	*horror*

il gruppo (musicale), la band	*band*
la locandina	*playbill*
il/la musicista	*musician*
il/la protagonista	*protagonist*
il/la regista	*film director*
lo spettacolo	*show*

Espressioni per domandare: See p. 215.

Come era divertente
giocare a nascondino!

Percorso I: I ricordi d'infanzia e di adolescenza
Percorso II: I ricordi di scuola
Percorso III: La vita com'era
In pratica
Attraverso: Il Lazio

In this chapter you will learn how to:

◆ Talk about your childhood

◆ Discuss past school experiences

◆ Describe the way things used to be and talk about changes

Percorso I
I ricordi d'infanzia e di adolescenza

VOCABOLARIO

 ### Come eravamo?

Gherardo Marcelli è un veterinario sensibile e intelligente. Ama sempre gli animali ed è spesso molto impegnato con il suo lavoro.

Gherardo era un bel bambino bruno. Era espansivo e calmo. Lui e la cugina Olivia amavano molto gli animali e giocavano spesso con i cani.

Per parlare delle attività dell'infanzia

andare* all'asilo *to go to preschool*
avere molti / pochi giocattoli *to have many / few toys*
avere paura *to be afraid of*
colorare *to color*
da bambino/bambina *as a child*
disegnare *to draw*
fare collezione di... *to collect . . .*
giocare a *to play*
   calcetto *table football; soccer game played on a small field*
   nascondino *hide-and-seek*
giocare con *to play with*
   le bambole *dolls*
   le macchinine *toy cars*
   il trenino *toy train*
   i videogiochi *videogames*
giocare dentro / fuori (casa) *to play inside / outside (the house)*
guardare i cartoni animati *to watch cartoons*
l'infanzia *childhood*
raccontare / leggere una favola *to tell / to read a fairy tale*
saltare la corda *to jump rope*

Per descrivere le persone e i rapporti

capriccioso/a *naughty*
dire le bugie *to tell lies*
paziente *patient*
piangere (*p.p.* pianto) *to cry*
viziato/a *spoiled*
volere bene a qualcuno *to love someone*

8.1 In casa o fuori? Preparate insieme delle liste di varie attività dell'infanzia che di solito si fanno in casa / fuori casa, da soli / con altre persone e quando fa bel tempo / quando piove.

8.2 Che cos'è? Completa le frasi seguenti con una delle parole della lista:

all'asilo, giocattoli, paziente, racconta una favola, ha paura, viziato

1. Fabrizio è un bambino _____ e fa sempre molti capricci (*tantrums*).
2. Prima di cominciare la scuola elementare, sono andata _____ per due anni.
3. Il padre del piccolo Giovanni _____ al figlio ogni sera.
4. Sono due bambini molto ricchi e hanno tanti _____.
5. Mia nonna non si arrabbiava mai con noi bambini, era molto _____.
6. Paolo non ama gli animali e _____ dei cani!

8.3 Come si dice? Rispondi alle domande usando una parola della lista a pagina 227.

1. Che cosa fa una persona molto triste?
2. Qual è un'altra espressione simile ad *amare*?
3. Qual è il contrario di *dire la verità*?
4. Com'è un bambino che vuole sempre tante cose e non è mai contento?
5. Che cosa guardano spesso i bambini alla televisione?
6. Cosa si fa con i colori? E cosa si può fare con una matita?

In contesto   La mia infanzia

Giulio risponde a una mail di Jason, il suo amico americano.

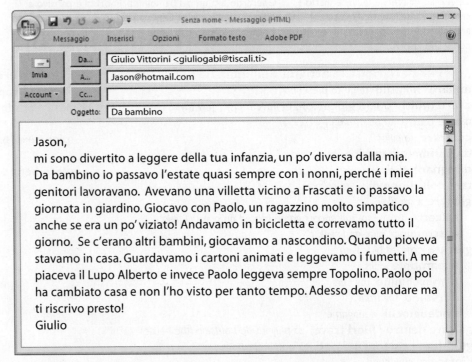

Jason,
mi sono divertito a leggere della tua infanzia, un po' diversa dalla mia. Da bambino io passavo l'estate quasi sempre con i nonni, perché i miei genitori lavoravano. Avevano una villetta vicino a Frascati e io passavo la giornata in giardino. Giocavo con Paolo, un ragazzino molto simpatico anche se era un po' viziato! Andavamo in bicicletta e correvamo tutto il giorno. Se c'erano altri bambini, giocavamo a nascondino. Quando pioveva stavamo in casa. Guardavamo i cartoni animati e leggevamo i fumetti. A me piaceva il Lupo Alberto e invece Paolo leggeva sempre Topolino. Paolo poi ha cambiato casa e non l'ho visto per tanto tempo. Adesso devo andare ma ti riscrivo presto!
Giulio

8.4 I ricordi di Giulio. Come era l'infanzia di Giulio? Completa le frasi secondo il suo messaggio.

1. Giulio era un bambino attivo perché…
   a. andava in bicicletta e correva.
   b. giocava a nascondino.

2. Giulio passava molto tempo con…
   a. i nonni.
   b. i cugini.

3. Giulio e Paolo erano…
   a. compagni di scuola.
   b. amici.

4. Giulio e Paolo leggevano…
   a. le favole.
   b. i fumetti.

Lo sai che? | I fumetti

Il Lupo Alberto è un simpatico fumetto tutto italiano che è nato negli anni '70. È un personaggio un po' bizzarro, molto popolare fra i bambini. Il fumetto però più conosciuto in Italia resta sempre quello di Topolino (*Mickey Mouse*). Il personaggio, nato in America, è molto celebre in Italia, dove ogni settimana si pubblica la rivista intitolata appunto *Topolino*, con grande gioia e divertimento dei bambini e spesso anche degli adulti.

Topolino è arrivato fino alla Repubblica di San Marino!

8.5 Cosa leggono i bambini? Rispondi alle domande sui fumetti.

1. Di dove è il personaggio del fumetto più famoso in Italia?
2. Cosa leggevi tu da bambino/a?

Occhio alla lingua!

1. In the photo captions on page 227, find all the verbs that are in the present tense. Then find these same verbs when they are conjugated in a tense other than the present tense. What is their meaning in these instances? Are these habitual or one-time actions?

2. In Giulio's e-mail message, identify all verbs that are not conjugated in the present tense or the **passato prossimo**. How and when are these verbs used? Can you detect a pattern?

GRAMMATICA

L'imperfetto

In Capitolo 6 and Capitolo 7 you learned how to use the **passato prossimo** to tell what happened or what you and others did in the past.

Ieri io e Maria **siamo andate** in centro e **abbiamo incontrato** Carlo.

*Yesterday Maria and I **went** downtown and we **met** Carlo.*

Another past tense, the imperfect (**l'imperfetto**), is used to describe people, places, things, and routines or to express repeated actions that occurred in the past. The imperfect tense has several English equivalents.

Uscivo sempre con gli stessi amici.

*I **used to go out** (**went out, was going out**) always with the same friends.*

The imperfect tense of regular -are, -ere, and -ire verbs is formed by dropping the -re of the infinitive and adding the imperfect endings: -vo, -vi, -va, -vamo, -vate, vano.

	giocare	correre	dormire	finire
	gioca-	corre-	dormi-	fini-
io	gioca**vo**	corre**vo**	dormi**vo**	fini**vo**
tu	gioca**vi**	corre**vi**	dormi**vi**	fini**vi**
lui/lei	gioca**va**	corre**va**	dormi**va**	fini**va**
noi	gioca**vamo**	corre**vamo**	dormi**vamo**	fini**vamo**
voi	gioca**vate**	corre**vate**	dormi**vate**	fini**vate**
loro	gioca**vano**	corre**vano**	dormi**vano**	fini**vano**

The verb **essere** is irregular in the imperfect.

essere			
io	ero	noi	eravamo
tu	eri	voi	eravate
lui/lei	era	loro	erano

The verbs **bere**, **dire**, and **fare** have irregular stems in the imperfect based on an archaic form of the infinitive; their endings, however, are regular.

	bere	dire	fare
io	bev**evo**	dic**evo**	fac**evo**
tu	bev**evi**	dic**evi**	fac**evi**
lui/lei	bev**eva**	dic**eva**	fac**eva**
noi	bev**evamo**	dic**evamo**	fac**evamo**
voi	bev**evate**	dic**evate**	fac**evate**
loro	bev**evano**	dic**evano**	fac**evano**

When talking about the past, the imperfect is used to describe the following:

1. Repeated or habitual actions and routines

Mi svegliavo alle otto ogni mattina. *I woke up at eight every morning.*
Io e i miei amici **giocavamo** spesso a nascondino. *My friends and I often played hide-and-seek.*

The following expressions are frequently used with the imperfect to talk about repeated actions in the past.

di solito	*usually*
ogni giorno, tutti i giorni	*every day*
qualche volta	*sometimes*
sempre	*always, all the time*
spesso	*often*
una volta alla settimana	*once a week*

2. Physical and psychological characteristics, as well as age

La mia amica Lina **aveva** i capelli lunghi; **era** una ragazza timida e dolce.

My friend Lina had long hair; she was a shy and sweet girl.

La sua casa **era** bella e **aveva** nove. stanze

Her house was beautiful and had nine rooms.

Ero a casa perché **stavo** male.

I was at home because I was sick.

Nel 1986 **avevano** solo otto anni.

In 1986 they were only eight years old.

3. The time, dates, the weather, and seasons

Erano le cinque del pomeriggio.
Il primo maggio **era** domenica.
Era primavera, **pioveva** e c'era nebbia.

It was five in the afternoon.
May 1st was a Sunday.
It was springtime, it was raining, and it was foggy.

4. Two actions going on at the same time in the past, or an ongoing action that was interrupted

Mentre **cucinavo**, i bambini **giocavano**.

While I was cooking, the children were playing.

Giocavamo a calcio quando è cominciato a piovere.

We were playing soccer when it started to rain.

8.6 Come erano. Descrivi come erano e cosa facevano da bambini/e queste persone.

1. Bruno (avere) _____ i capelli biondi e corti. (Portare) _____ sempre i jeans e le scarpe da ginnastica. (Essere) _____ un bambino calmo e tranquillo. Non (fare)_____ molto sport, ma (giocare) _____ un po' a calcio.
2. Alessandra e Maria (studiare) _____ ogni pomeriggio insieme; (andare) _____ insieme in palestra e spesso (cenare) _____ anche insieme. (Essere) _____ però due ragazzine molto diverse. Per esempio, quando Alessandra (volere) _____ uscire, Maria (preferire) _____ stare a casa. Tutte e due (aiutare) _____ in casa.
3. Io e Marco (essere) _____ molto simili. (Avere) _____ la passione per le macchinine e gli aerei. Purtroppo non (potere) _____ vederci spesso perché (abitare) _____ lontano. Spesso (andare) _____ ai giardini insieme il sabato pomeriggio.

8.7 Che tempo faceva? Nella regione / zona dove abiti tu, come era il tempo l'anno scorso ad aprile? E durante l'estate? Come era in autunno? E d'inverno?

8.8 Come siamo cambiati (*changed*)! Due amici, Elisabetta e Filippo, discutono di come sono cambiati. Ascolta la conversazione due volte e indica il soggetto delle frasi seguenti. La prima risposta è già indicata come esempio.

	Elisabetta e Filippo	Elisabetta	Filippo	la sorella di Filippo	Filippo e il fratello
1. ti pensavo					
2. giocavamo a calcetto					
3. guardavamo i cartoni animati					
4. avevate una collezione bellissima					
5. ero gelosa					
6. andavate in bicicletta					
7. giocava sempre con le bambole					
8. era capricciosa					

8.9 Cosa facevate da ragazzini? A turno chiedete all'altra persona se faceva le seguenti cose con i suoi amici/le sue amiche quando avevate 12 anni.

ESEMPIO: giocare a calcio

S1: Giocavate a calcio?

S2: Sì, giocavamo spesso a calcio. *o* No, non giocavamo mai a calcio.

1. dire le bugie ai genitori
2. andare in vacanza al mare
3. uscire con gli amici la sera
4. dormire fino a tardi
5. litigare con gli amici
6. ... ?

Scambi

Biancaneve e i sette nani

Cenerentola

Pinocchio

Cappuccetto rosso

8.10 Fiabe e storie. Indicate quali fiabe e film corrispondono alle descrizioni che seguono. Poi insieme rispondete alle domande: Quali leggevate da piccoli? Quali vi piacevano? Perché?

1. Era un bambino povero. Diceva sempre le bugie e aveva il naso lungo.
2. Era molto alta e abitava con sette persone molto basse. Queste persone le volevano molto bene. Lei era molto bella e una strega era gelosa di lei.
3. Non aveva la madre e abitava con la matrigna e tre sorellastre molto cattive. Doveva fare sempre lei tutti i lavori di casa. Aveva i piedi piccoli.
4. Portava un mantello rosso e aveva la nonna malata. Non aveva paura di camminare da sola nel bosco per andare a trovare la nonna.

 8.11 Chi lo faceva? Per ogni attività indicata, trova in classe due compagni/compagne che la facevano da bambini/bambine. Scopri anche con quale frequenza.

Attività	Nome	Frequenza
giocare con le bambole	1.	1.
	2.	2.
guardare i cartoni animati	1.	1.
	2.	2.
leggere i fumetti	1.	1.
	2.	2.
disegnare	1.	1.
	2.	2.
giocare a nascondino	1.	1.
	2.	2.
giocare con le macchinine	1.	1.
	2.	2.
giocare con i videogiochi	1.	1.
	2.	2.

 8.12 Amici d'infanzia. Descrivete due amici/due amiche d'infanzia. Parlate di uno/a che vi piaceva e uno/a che non vi piaceva e spiegate perché. Com'era? Cosa faceva o non faceva spesso?

 8.13 La casa della mia infanzia. Scoprite come era la casa del vostro compagno/della vostra compagna quando era bambino/a. Cosa faceva nelle varie parti della casa? Quale era la sua stanza preferita? Perché?

Percorso II
I ricordi di scuola

Com'erano i tuoi giorni di scuola?

Tiziana non studiava mai e non andava regolarmente a scuola, ma si allenava costantemente a calcio. Non era né obbediente né calma.

Per parlare di scuola

l'esame	*exam*
la materia obbligatoria	*required course*
la pagella	*report card*
la ricreazione	*recess*
la scuola elementare	*elementary school*
la scuola media	*junior high school*
la scuola media superiore / il liceo	*high school*
la scuola privata / statale	*private / public school*

Per raccontare della scuola

andare* male / bene a scuola	*to do poorly / well (in school)*
arrabbiarsi*	*to get mad*
Che classe fai / facevi?	*What grade are you / were you in?*
dimenticare / dimenticarsi*	*to forget*
essere assente / presente	*to be absent / present*
essere bravo/a in disegno / in biologia, ecc.	*to be good in art / in biology, etc.*
fare attenzione	*to pay attention*
fare i compiti	*to do homework*
fare un compito in classe	*to take a written exam*
marinare la scuola	*to cut school*
prendere un buon, bel / brutto voto	*to get a good / bad grade*
prendere in giro	*to make fun of*
punire (-isc-)	*to punish*
ricordare / ricordarsi*	*to remember*
scherzare	*to joke, to fool around*

Per descrivere le persone

affettuoso/a	*affectionate*
contento/a	*happy, glad*
geloso/a	*jealous*
infelice	*sad, unhappy*
obbediente	*obedient*
prepotente	*overbearing, bullying*
ribelle	*rebellious*
severo/a	*strict*
terribile	*terrible*

8.14 L'intruso. Trova l'intruso in ogni gruppo di parole e poi paragona i tuoi risultati con quelli di un compagno/una compagna.

1. terribile, ribelle, affettuoso
2. prendere in giro, dimenticare, scherzare
3. prendere un buon voto, essere bravo, la materia obbligatoria
4. punire, arrabbiarsi, ricordare
5. andare male, essere assente, essere obbediente
6. il compito in classe, l'esame, la ricreazione
7. la pagella, la scuola media, la scuola privata
8. geloso, infelice, contento

> **Così si dice**
> *In bocca al lupo!*
>
> The expression **In bocca al lupo!** is used to wish someone good luck on an exam or other important venture. It is equivalent to the English expression *Break a leg!* and it literally means *[Go] into the wolf's mouth!* The person is supposed to respond: **Crepi (il lupo)!**, literally, *May the wolf die!*

8.15 Cosa si fa a scuola? Pensa ai tempi della scuola e rispondi alle domande.

1. Dopo la scuola elementare, che scuola si frequenta?
2. Se un ragazzo/una ragazza è bravo/a in una materia, che voti prende?
3. Quando un ragazzo/una ragazza va male a scuola, come reagiscono i genitori?
4. Come si chiama il periodo in cui gli studenti possono giocare, scherzare e parlare fra loro?
5. Chi dimentica sempre di fare i compiti, in genere come va a scuola?
6. Cosa chiedi se vuoi sapere che anno di scuola una persona frequenta?
7. Qual è il contrario di *ricordare*?
8. Che cosa fa un ragazzo che è assente da scuola senza il permesso dei genitori?

8.16 Che cosa ti ricordi? Tuo padre ricorda i suoi giorni di scuola. Completa le frasi con un termine della lista alle pagine 234–235 e fa' tutti i cambiamenti necessari.

1. Edoardo da bambino portava gli occhiali e i compagni lo _____.

2. Io ero obbediente e studiavo molto, a scuola ero _____ soprattutto in matematica.

3. Mio fratello invece era molto _____.

4. La professoressa d'italiano era molto simpatica e _____ spesso con noi ragazzi.

5. Ogni settimana dovevo _____ d'italiano in classe.

6. Dopo la scuola elementare, che era molto lontano, sono andato alla _____ che era vicino a casa.

Lo sai che?   La scuola in Italia

In Italia la scuola è obbligatoria per tutti fino a 16 anni. I bambini cominciano la scuola elementare a 6 anni, poi vanno alla scuola media per tre anni e quindi al liceo per cinque.

Dopo la scuola media i ragazzi possono scegliere tra diversi tipi di scuola superiore: i licei, come il liceo classico (dove fra l'altro si studiano il latino e il greco antico), lo scientifico (dove si studia molta matematica), l'artistico, quello pedagogico-linguistico e diversi istituti professionali, come l'Istituto Professionale Alberghiero (*school for the hotel trade*).

I ragazzi italiani restano a scuola di solito fino all'una o l'una e mezza e non ci sono lezioni il pomeriggio. Vanno a scuola anche il sabato, quindi l'unica sera libera della settimana è il sabato sera.

In tutte le scuole ci sono compiti in classe scritti (come in italiano, latino e matematica), ma la maggior parte degli esami sono orali. Si chiamano **interrogazioni** e si dice che un ragazzo è **interrogato** in una certa materia. Al liceo i voti vanno dallo 0 al 10, ma soltanto i voti dal 6 al 10 sono considerati sufficienti per passare all'anno seguente. I professori quasi sempre sono molto severi e difficilmente danno voti superiori all'8. Alla fine del liceo gli studenti devono sostenere un esame di stato, conosciuto anche come «maturità», che consiste in prove scritte e orali sulle materie studiate.

8.17 La scuola italiana. Paragonate la scuola del vostro Paese con quella italiana. Poi discutete quale sistema vi sembra più interessante, quale più facile o difficile. Prendete in considerazione:

a. il tipo di scuola
b. i voti
c. gli esami
d. l'orario

Così si dice L'imperfetto di *dovere, volere* e *potere*

When used in the imperfect, **dovere, volere,** and **potere** express respectively *supposed to / had to, wanted to,* and *could / was able to,* but didn't necessarily do: **Luisa non doveva mai studiare troppo perché i professori davano pochi compiti.** *Luisa didn't ever have to study too much because her professors did not give much homework.* **Marco doveva finire il romanzo ma aveva troppo sonno.** *Marco was supposed to fnish the novel, but he was too sleepy.* **Volevo sempre fare i compiti con la mia amica Paola.** *I always wanted to do my homework with my friend Paola.* **A 15 anni non potevo uscire la sera.** *When I was 15 years old, I could not go out at night.*

When **dovere, volere,** and **potere** are used in the **passato prossimo,** they indicate actions that actually took place: **Ieri sera ho dovuto studiare tanto!** *Last night I had to study a lot!* **È venuta al bar con noi ma non ha voluto prendere niente.** *She came to the bar with us but she did not want to have anything.* **Non ho potuto studiare perché ho perso il libro!** *I could not study because I lost the book!*

In contesto Ti ricordi... ?

Alessandra e Giorgio, due ex compagni di scuola, si incontrano dopo tanto tempo e parlano dei tempi del liceo.

ALESSANDRA: Certo che tu eri proprio ribelle. In classe non facevi mai attenzione!

GIORGIO: Verissimo! Forse ero poco maturo. Non prendevo voti buoni in nessuna materia e i miei genitori si arrabbiavano tanto. Veramente a me piaceva solo la matematica, ma non studiavo neanche quella! Ti ricordi come era terribile la professoressa?

ALESSANDRA: Mi ricordo sì! Anche i tuoi amici, però, erano dei bei tipi! Io invece ero anche troppo obbediente e studiavo tutto seriamente. E voi mi prendevate in giro!

GIORGIO: Mi dispiace! Un po' scherzavamo e naturalmente eravamo anche un po' gelosi! Ma non eravamo cattivi!

ALESSANDRA: Lo so! Lo so! Non ti preoccupare!

 8.18 I ricordi di scuola. Rispondete alle domande e giustificate le vostre risposte.

1. Come andava Giorgio a scuola?
2. Perché Alessandra prendeva buoni voti?
3. Perché i ragazzi prendevano in giro Alessandra?
4. E voi, somigliavate di più a Giorgio o ad Alessandra riguardo alla scuola? Perché?

Occhio alla lingua!

1. Read the photo caption on page 234 and indicate which negative words and expressions you can identify.
2. In the *In contesto* conversation, underline all the negative expressions. Point out the patterns that you see.
3. In the photo caption and in the *In contesto* conversation, find all the words that end in -**mente**. Do you recognize the cognates?

GRAMMATICA

Espressioni negative

You already know that to make a sentence negative in Italian, you use **non** in front of the verb. In addition to **non**, there are other negative expressions that you can use. These require the use of **non** before the conjugated verb and a negative word after it.

Giorgio **non** sapeva **niente**.	*Giorgio didn't know anything.*
Non vedevo **nessuno**.	*I didn't used to see anybody.*
Carlo **non** usciva **mai** la sera.	*Carlo never went out in the evenings.*
In prima **non** sapevo **ancora** leggere.	*In first grade, I didn't know how to read yet.*
A 18 anni **non** andavi **più** al liceo.	*At 18, you didn't go to high school anymore.*
Non studiavate **né** latino **né** greco.	*You didn't study either Latin or Greek.*

Espressioni negative	
non... nessuno	*nobody, no one, not . . . anyone*
non... niente (nulla)	*nothing, not . . . anything*
non... neanche (neppure, nemmeno)	*not even; neither*
non... né... né	*neither . . . nor*
non... mai	*never*
non... ancora	*not yet*
non... più	*not anymore, no more, no longer*

1. With the **passato prossimo**, the negative expressions **ancora, mai, più,** and other time expressions are placed between the auxiliary verb (**essere** or **avere**) and the past participle.

   —Hai **già** finito i compiti?   —*Did you already finish your homework?*
   —No. Non li ho **ancora** finiti.   —*No. I didn't finish it yet.*

2. When **nessuno** and other negative expressions precede the verb, **non** is not used.

   Nessuno faceva sport.   *Nobody played sports.*

3. **Nessuno** can be used as an adjective to express the English *not . . . any*. When used as an adjective, **nessuno** precedes a singular noun and follows the pattern of **un, uno, una, un'**.

   Non pratico **nessuno** sport.   *I don't play any sports.*
   Non conosciamo **nessun** giocatore di calcio.   *We do not know any soccer players.*

8.19 Un'amica all'università. Un'amica ti chiede notizie su di te e su quello che facevi ai tempi del liceo. Rispondi alle domande e usa un'espressione negativa al posto delle parole indicate in corsivo. Fa' tutti i cambiamenti necessari.

ESEMPIO: —Uscivi *spesso* il venerdì sera? (mai)
               —Non uscivo mai.

1. Studiavi *ancora* la grammatica? (più)
2. Conoscevi *tutti* gli studenti stranieri a scuola? (nessuno)
3. Ti piacevano la fisica *e* la chimica? (né... né)
4. Andavi *già* in discoteca? (ancora)
5. Sapevi *tutto* in classe? (niente)

8.20 I gusti e le abitudini. Due amici/amiche parlano dei propri gusti riguardo al tempo libero quando erano al liceo. Completa le risposte con un'espressione negativa contraria alle parole indicate in corsivo.

ESEMPIO: —Io non andavo *mai* al cinema il sabato sera, e tu?
             —Non ci andavo mai il sabato sera **neanche** io.

1. —Non mi piaceva l'opera. E a te?
   —No! Non piaceva _____ a me!
2. —Andavi *sempre* a sciare d'estate?
   —No! Non andavo _____ a sciare d'estate!
3. —Suonavi *ancora* la chitarra?
   —No, non suonavo _____ la chitarra.
4. —Eri amico/a di *tutti?*
   —No, non ero amico/a di _____.
5. —Uscivi *già* con un ragazzo/una ragazza?
   —No, non uscivo _____ con un ragazzo/una ragazza.
6. —Sapevi *tutto* di calcio?
   —No, non sapevo _____ di calcio.

 8.21 Che cosa non facevi? Indicate alcune attività che non facevate quando eravate al liceo. Poi paragonate la vostra lista con quella degli altri compagni/delle altre compagne.

ESEMPIO: S1: Non marinavo mai la scuola! E tu?
             S2: Neanche io!

Gli avverbi

Adverbs are used to modify adjectives, verbs, and other adverbs. Unlike adjectives, adverbs never change their endings. Often you can form an adverb by adding **-mente** to the feminine form of the adjective. When an adjective ends in **-e**, the adverb is formed by adding **-mente** directly to the adjective.

lento →	lenta + mente →	lentamente
vero →	vera + mente →	veramente
veloce →	veloce + mente →	velocemente

When adjectives end in **-le** or **-re**, **-mente** is added after dropping the final **-e**.

facile →	facil + mente →	facilmente
generale →	general + mente →	generalmente
regolare →	regolar + mente →	regolarmente

8.22 I giorni di scuola. Roberto racconta cosa facevano un tempo lui, i suoi amici e i professori di liceo. Completa le frasi formando un avverbio in -mente dagli aggettivi della lista:

| facile | gentile | lento | paziente | regolare |
| rumoroso | silenzioso | tranquillo | | |

1. Io capivo il latino...
2. Anche prima dei compiti in classe Carla dormiva...
3. La professoressa di scienze spiegava sempre tutto...
4. Quando non capivamo, chiedevamo... ai professori di ripetere.
5. Finivo i compiti tardi perché scrivevo...
6. Dovevamo studiare tutti i pomeriggi...
7. Da bambino, Carlo giocava da solo con le macchinine, senza far rumore, sempre molto...
8. Invece la sorellina di Anna parlava a voce alta e faceva tutto...

Scambi

8.23 Da bambini. Due vecchi amici parlano di quando erano bambini. Ascolta la conversazione due volte e indica se le affermazioni che seguono sono vere o false. Poi descrivi come erano i due bambini.

1. La bambina prendeva buoni voti a scuola.
2. La bambina aveva molti giocattoli.
3. Il bambino era molto tranquillo.
4. Il bambino giocava molto fuori casa con i fratelli.
5. Ai bambini piacevano le favole che raccontava la nonna.
6. Com'era la bambina: _____
7. Com'era il bambino: _____

8.24 Una tipica giornata. Indica che cosa facevi o non facevi mai in una tipica giornata quando eri un ragazzino/una ragazzina. Poi, con un altro studente/un'altra studentessa paragonate le vostre liste. Come era simile e come era diversa la vostra giornata?

8.25 I ricordi di scuola. Prepara cinque domande per un compagno/una compagna per avere informazioni sui suoi anni di scuola elementare. Poi, a turno, intervistate l'altra persona.

ESEMPIO: S1:   Com'era la tua scuola?
             S2:   Era una scuola statale. Era grande e vecchia.
             S1:   Com'erano i tuoi insegnanti?
             S2:   I miei insegnanti erano severi…

8.26 E Lei, professore? Insieme preparate cinque domande per il vostro professore/la vostra professoressa a proposito dei suoi anni di scuola. Ricordate di usare il Lei!

Ragazzi italiani che giocano a calcetto. E tu, cosa facevi quando non andavi a scuola?

Percorso III
La vita com'era

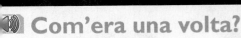 Com'era una volta?

Neanche allora Roma era un paesino, ma non c'erano macchine!

Il traffico oggi a Roma

Per discutere dei cambiamenti

l'abitante (*m./ f.*)	*inhabitant*
i cambiamenti	*changes*
cambiare*	*to change*
diventare*	*to become*
la gente	*people*
l'industria	*industry, factory*
l'inquinamento	*pollution*
inquinare (l'aria)	*to pollute the air*
il progresso	*progress*
la tecnologia	*technology*

I mezzi di trasporto

andare* a piedi *to walk*
andare* in... *to go by . . .*
  aereo *airplane*
  autobus *bus*
  automobile, macchina *car*
  bicicletta *bike*
  metropolitana *subway*
  motocicletta *motorcycle*
  motorino *moped*
  taxi *taxi*
  treno *train*

Per descrivere i posti

affollato/a	*crowded*
agricolo/a	*agricultural*
industriale	*industrial*
inquinato/a	*polluted*
sporco/a	*dirty*

Così si dice I mezzi di trasporto

With means of transportation, use the verb **prendere: Prendi l'autobus per andare a scuola?** *Do you take the bus to go to school?* To express the English *to go by* + means of transportation, use **andare in: Anna andava a scuola sempre in bicicletta.** *Anna always rode her bike to school.* Use the preposition **a** in the expression **andare a piedi**, *to walk.*

>> **Un'automobile mitica!**

In alto a sinistra la FIAT 500, rinata nel 2007, esattamente 50 anni dopo la comparsa[1] della famosissima "nuova 500" originale.

1. appearance

8.27 Com'era? Completa le frasi con la forma corretta di una parola della lista a pagina 241 per descrivere un vecchio paesino.

1. Per le strade circolavano poche... e non c'erano molte industrie.
2. La gente andava a piedi e non prendeva la...
3. L'economia era soprattutto... e non di tipo industriale.
4. L'aria era pulita e non... come adesso.
5. Le strade erano strette (*narrow*) e non erano molto...
6. La vita cambiava lentamente e la... non progrediva (*did not progress*) velocemente.

8.28 I mezzi di trasporto. Indica quali sono, secondo te, i mezzi di trasporto più adatti nei seguenti casi e spiega perché.

1. al centro di un'antica città europea
2. da una città ad un'altra nella stessa nazione
3. dalla periferia al centro della città
4. in un parco
5. da un continente all'altro
6. su un'autostrada con molto traffico

 8.29 In metropolitana. Osservate il biglietto della metropolitana e rispondete alle domande.

1. In che città abita la persona che lo ha usato?
2. Quanto ha speso per comprare il biglietto?
3. Quando l'ha usato?
4. Dove doveva andare secondo voi? Perché ha preso la metropolitana?

Così si dice | suffissi

In Italian, many nouns and adjectives can be modified by adding suffixes. It is important to be able to recognize these endings and understand what they mean. To denote small size and/or to convey a positive and affectionate attitude toward the person or thing described, suffixes such as **-ino** and **-etto** can be used: **una manina** (*a small / cute hand*), **un paesino** (*a small town*), **un ragazzino** (*a young boy*), **una ragazzina** (*a young girl*), **una casetta** (*a small house*). The suffix **-one** is used to indicate largeness: **un palazzone** (*a big, tall building*), **un portone** (*a large front door*). Some endings, such as **-accio,** can denote poor quality and ugliness: **un tempaccio** (*horrible weather*).

In contesto   Com'era...

Claudia è andata a visitare il paese dove sono nati i bisnonni e lo racconta sul suo blog.

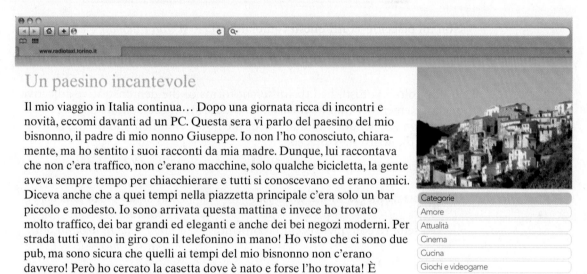

Un paesino incantevole

Il mio viaggio in Italia continua… Dopo una giornata ricca di incontri e novità, eccomi davanti ad un PC. Questa sera vi parlo del paesino del mio bisnonno, il padre di mio nonno Giuseppe. Io non l'ho conosciuto, chiaramente, ma ho sentito i suoi racconti da mia madre. Dunque, lui raccontava che non c'era traffico, non c'erano macchine, solo qualche bicicletta, la gente aveva sempre tempo per chiacchierare e tutti si conoscevano ed erano amici. Diceva anche che a quei tempi nella piazzetta principale c'era solo un bar piccolo e modesto. Io sono arrivata questa mattina e invece ho trovato molto traffico, dei bar grandi ed eleganti e anche dei bei negozi moderni. Per strada tutti vanno in giro con il telefonino in mano! Ho visto che ci sono due pub, ma sono sicura che quelli ai tempi del mio bisnonno non c'erano davvero! Però ho cercato la casetta dove è nato e forse l'ho trovata! È quella dietro la chiesina nella piazza principale. Devo dire che il centro storico è rimasto incantevole, con le stradine di pietra e tanti scalini! Domani scrivo della gente.

8.30 Com'era e com'è. Descrivi il paese del bisnonno di Claudia com'era una volta e com'è oggi. Prendi in considerazione i mezzi di trasporto e i diversi posti. Poi scrivi un commento per il blog di Claudia.

Occhio alla lingua!

1. Find all the forms of **questo** and **quello** in Claudia's blog. Indicate each instance where a form you have identified is used as an adjective and what word it modifies.
2. In any instance where the form of **questo** or **quello** is used as a pronoun, can you identify the word to which the pronoun is referring?

GRAMMATICA

Gli aggettivi e i pronomi dimostrativi

Demonstrative adjectives and pronouns are used to point out people or things. The demonstrative adjectives **questo** (*this*) and **quello** (*that*) precede the noun they modify.

Questo ragazzo è proprio viziato.	*This child is really spoiled.*
Quei motorini sono rumorosi.	*Those mopeds are noisy.*

1. Like other adjectives that end in **-o**, the demonstrative adjective **questo** (*this*) has four forms and agrees in number and gender with the noun it modifies.

	Singolare	Plurale
Maschile	quest**o** paesin**o**	quest**i** paesin**i**
Femminile	quest**a** strad**a**	quest**e** strad**e**

Non mi piacciono tutti **questi** cambiamenti.	*I don't like all these changes.*
Queste strade non erano affollate.	*These streets were not crowded.*

2. In Capitolo 3 you studied the different forms of the demonstrative adjective **quello**. Remember that its forms, like the forms of the definite article, depend on the gender and number of the noun modified and on the first letter of the word they precede.

Quei paesini erano proprio tranquilli.	*Those little towns were really quiet.*
Quella piazzetta era molto graziosa.	*That small plaza was very charming.*
Giravo sempre con **quel** vecchio motorino!	*I always went around with that old moped!*

3. **Questo** and **quello** can be used alone as pronouns when the noun they refer to is clear to both the speaker and the listener. Used as pronouns, they have four regular endings: **-o, -a, -i, -e.**

—Quale paese preferisci, **questo** o **quello**?	*—Which town do you prefer, this one or that one?*
—Preferisco **questo**, ma anche **quello** è bello.	*—I prefer this one, but that one is also beautiful.*
—Quali città hai visitato, **queste** o **quelle**?	*—Which cities did you visit, these or those?*
—Ho visitato **quelle**.	*—I visited those.*
Questi palazzi sono antichi e **quelli** sono moderni.	*These buildings are antique and those are modern.*
Questo bar è nuovo e **quello** è vecchio.	*This bar is new and that one is old.*

8.31 Chi è? Immagina di guardare delle vecchie foto insieme ad un'amica. Completa le sue domande e rispondi secondo l'esempio.

ESEMPIO: Chi è _____ ragazzo? _____ ragazzo è
              mio cugino.
              Chi è **questo** ragazzo? **Quel** ragazzo è mio cugino.

1. Chi è _____ bambina? _____ bambina è mia
   sorella.

2. Chi è _____ signora? _____ signora è la mia
   maestra di piano.

3. Chi sono _____ persone? _____ persone sono i
   miei genitori.

4. Chi sono _____ studenti? _____ studenti sono i
   miei compagni di liceo.

5. Chi è _____ ragazzo? _____ ragazzo è un mio
   amico della scuola media.

6. Di chi era _____ automobile? _____ automobile
   era di mio padre.

7. Di chi erano _____ pattini? _____ pattini erano
   di mia sorella.

8. Di chi era _____ casa? _____ casa era dei nonni.

8.32 Cosa volevi? Da ragazzino tuo fratello era molto capriccioso. Quando tu volevi comprare una cosa, lui ne voleva un'altra. Completa le domande con **questo** e le risposte con **quello**.

ESEMPIO: TU: Vuoi comprare _____ CD?
              TU: Vuoi comprare **questo** CD?
              LUI: No, _____!
              LUI: No, voglio comprare **quello**!

1. TU: Vuoi provare _____ pattini?
   LUI: No, _____!

2. TU: Vuoi leggere _____ fumetti?
   LUI: No, _____!

3. TU: Vuoi giocare con _____ ragazzi?
   LUI: No, _____!

4. TU: Vuoi ascoltare _____ canzone?
   LUI: No, _____!

5. TU: Vuoi vedere _____ film?
   LUI: No, _____!

6. TU: Vuoi giocare con _____ videogiochi?
   LUI: No, _____!

8.33 Questo o quello? A turno, fate domande e rispondete per scoprire che cosa l'altra persona preferisce fra i due oggetti nei disegni seguenti. Seguite l'esempio.

ESEMPIO:
    S1: Preferisci questo motorino rosso o quella motocicletta nera?

    S2: Preferisco questo motorino! E tu?

    S1: Anch'io preferisco questo motorino! o Io preferisco quella motocicletta nera.

1. _____

2. _____

3. _____

4. _____

5. _____

6. _____

Scambi

8.34 I cambiamenti. Due amici si rivedono dopo tanto tempo e parlano di come è cambiato il loro paese. Ascolta la conversazione due volte e poi completa le frasi con l'espressione corretta.

1. Secondo Marco,...
   a. Giovanna è cambiata molto.
   b. Giovanna non è cambiata per niente.
2. Giovanna ricorda che una volta...
   a. c'era un cinema vicino al bar.
   b. facevano molto sport.
3. Marco ricorda che...
   a. passavano molte ore al bar.
   b. andavano spesso al cinema.
4. Secondo Giovanna, adesso in paese...
   a. ci sono troppe automobili.
   b. ci sono troppi motorini.
5. Marco dice a Giovanna che il loro liceo...
   a. non è cambiato.
   b. adesso è lontano dal centro.
6. Alcuni vecchi professori di Giovanna e Marco...
   a. lavorano ancora.
   b. sono andati in pensione.

8.35 I cambiamenti personali. Fate delle domande per scroprire come è cambiata la vostra vita da quando eravate ragazzi secondo i seguenti argomenti:

a. i gusti nel mangiare e nei vestiti
b. i rapporti con la famiglia e con gli amici
c. la vostra città

 8.36 Prima dell'elettronica. Preparate una lista degli elettrodomestici e degli oggetti elettronici che esistono adesso. (Pensate ai vocaboli che avete studiato nel Capitolo 6.) Immaginate come era la vita un tempo senza queste cose. Cosa doveva fare la gente? Che cosa non poteva fare?

8.37 Come era diverso! Come era secondo voi, la vita dei vostri nonni? Discutete ad esempio le case, i mezzi di traposto, la vita di tutti i giorni. Poi paragonate le vostre idee con altri gruppi.

Lo sai che? | L'Italia di ieri e di oggi

L'Italia contemporanea è molto cambiata da come era negli anni Quaranta, gli anni della seconda guerra mondiale. Prima del 1945 l'Italia non era ricca e non c'erano molte industrie. Dopo la fine della guerra l'Italia è diventata un Paese industriale fra i più ricchi del mondo. Oltre all'industria automobilistica, altre industrie importanti in Italia sono l'industria tessile (*textile*), metalmeccanica, alimentare, chimica, elettronica e aeronautica. Le industrie italiane in genere si distinguono per l'alta qualità dei prodotti e la capacità d'innovazione.

Dopo il 1945, inoltre, molti paesi e città distrutti (*destroyed*) dalla guerra sono stati ricostruiti interamente e si sono sviluppati moltissimo. I nuovi palazzi in genere sono stati costruiti fuori dal centro storico e soprattutto le città più grandi hanno delle zone di periferia (*suburbs*) molto estese.

Con lo sviluppo industriale e la crescita delle città ci sono stati anche molti cambiamenti sociali, per cui ovviamente oggi l'Italia è molto diversa da come era negli anni Quaranta.

Una sfera di Arnaldo Pomodoro nel cortile del Vaticano

8.38 È vero che? Indica se le seguenti affermazioni sono vere o false secondo quanto hai letto. Correggi le affermazioni false.

1. L'Italia non è cambiata molto dopo la seconda guerra mondiale.
2. In Italia ci sono molte industrie.
3. L'unica industria italiana è quella automobilistica.
4. Le città italiane sono cambiate dopo la guerra.

 8.39 I cambiamenti nel vostro Paese. Pensate a cosa sapete del vostro Paese e rispondete alle seguenti domande.

1. Qual è stata una data determinante per importanti cambiamenti nel vostro Paese? Perché?
2. Come è oggi l'economia del vostro Paese in genere? Sapete quando è cambiata e come era prima?
3. Nelle città del vostro Paese, i palazzi nuovi sono in centro o in periferia?

In pratica

PARLIAMO

Ricordi d'infanzia. A turno, scoprite come era l'infanzia di un compagno/una compagna.

Cosa facevano questi bambini? Come era la loro vita di tutti i giorni?

Prima di parlare

8.40 Prima di parlare con il compagno/la compagna, completa le seguenti attività:

1. Decidi di quali argomenti vuoi parlare. Per esempio: animali, amici, famiglia, scuola, giochi, sport, gusti e abitudini. Ricorda di usare le parole che conosci!
2. Prepara una lista di almeno sei domande per intervistare il compagno/la compagna. Poi organizza le domande in ordine logico.

Mentre parli

 8.41 A turno, intervistate l'altra persona e usate le domande che avete preparato.

Dopo aver parlato

 8.42 Raccontate che cosa avete imparato a proposito dell'infanzia del vostro compagno/della vostra compagna. Indicate se ha ricordi belli o brutti e rispondete alle possibili domande delle altre persone del gruppo.

LEGGIAMO

Prima di leggere

 8.43 Prima di leggere l'intervista a Roberto Bolle, leggete le informazioni sotto la fotografia e il primo paragrafo introduttivo.

1. Nel paragrafo introduttivo si legge: «A 11 anni entra alla Scuola di ballo della Scala di Milano»... Che cosa suggerisce questa frase? Un'infanzia e una giovinezza come tutti oppure diversa e speciale? Perché?
2. Leggete il primo paragrafo dell'introduzione e poi rispondete alle domande. Usate esempi dal testo.
   a. Un altro famoso ballerino ha aiutato Roberto Bolle agli inizi della sua carriera. Come?
   b. Usate degli esempi per giustificare questa frase: La carriera di Roberto Bolle è cominciata presto.
   c. Come immaginate la vita di Roberto Bolle prima dei 21 anni?
3. Leggete il secondo paragrafo dell'introduzione e trovate conferma alle seguenti affermazioni:
   a. Roberto Bolle non balla soltanto in Italia.
   b. Lo stile di Roberto Bolle è versatile.

Mentre leggi

8.44 Identifica i verbi e le espressioni che indicano come era la vita di Roberto Bolle da ragazzo.

Roberto Bolle nasce il 26 marzo 1975 a Casale Monferrato, in provincia di Alessandria. La sua non è una famiglia di artisti: il padre Luigi è un piccolo imprenditore, la madre Mariuccia fa la casalinga. Roberto ha tre fratelli: Maurizio, il suo gemello, Emanuela e Paolo. A 11 anni entra alla Scuola di Ballo della Scala di Milano. A 15 viene scoperto da Rudolf Nureyev. A 21 anni, appena due anni dopo il diploma, Roberto diventa primo ballerino della Scala.

I suoi successi

Roberto Bolle è il ballerino che il mondo ci invidia[1]. Si è esibito[2] nei teatri più celebri del mondo: dal Covent Garden di Londra, in onore della Regina Elisabetta II, al Bolscioi di Mosca e anche davanti al Papa Giovanni Paolo II, in Piazza San Pietro. Ha danzato con le colleghe più brave, da Alessandra Ferri a Darcey Bussell. Il 2004 è l'anno della sua consacrazione: gli viene riconosciuto il titolo di étoile del Teatro alla Scala di Milano e diventa noto al grande pubblico ballando al Festival di Sanremo. Nel 2006 ha ballato per la cerimonia di apertura dei giochi olimpici a Torino. Il suo segreto? Interpreta con uguale bravura ed eleganza balletti classici come "Il lago dei cigni[3]" e coreografie moderne come quella di Torino nel 2006. Nel 2009 è stato nominato "Principal" dell'American Ballet Theatre. Dal 1999 è "Ambasciatore di buona volontà" per l'UNICEF.

D: E la sua prima volta con la danza?

Andavo alle elementari. Mia madre mi portava a un corso di nuoto con il mio gemello Maurizio. Ma il sabato sera guardavo sempre i varietà in televisione e ballavo in salotto. Ho insistito così tanto fino a che i miei mi hanno iscritto all'Accademia di Ballo di Vercelli, convinti che avrei lasciato perdere[4].

D: Invece ha continuato...

Esatto. A quel punto mia madre mi ha accompagnato a un provino alla Scuola di Ballo della Scala [...]

D: Così a 11 anni si è trovato da solo nella grande Milano.

Sì [...] abitavo in una camera in affitto da una vecchia signora. Non vedevo l'ora che arrivasse il weekend per tornare a casa. Avevo una nostalgia fortissima, e stare lontano dal mio gemello mi faceva sentire strappato a metà[5].

D: Ha mai pensato di mollare[6]?

Sì, dopo la terza media: ballavo e piangevo. Iniziavo ad allenarmi alle 8 del mattino e dalle 6 del pomeriggio frequentavo il liceo scientifico serale, quello per gli studenti lavoratori. Quando alle 11 la giornata finiva, ero esausto.

D: Niente cinema, discoteca o partite di calcetto?

Pur volendo, dove li avrei infilati[7]?

Adapted from an interview with Lavinia Rittatore, from Donna Moderna, 12 luglio 2006, Anno XIX, n. 27, pp. 114–116.

1. envies us   2. performed   3. Swan Lake   4. I would let it go   5. torn in half
6. quit   7. would I have squeezed them in

Dopo la lettura

8.45 Indica se le seguenti affermazioni sono vere o false e correggi quelle false con esempi dal testo.

1. A Milano Roberto abitava con la famiglia.
2. Quando Roberto studiava, la sua giornata non era come quella tipica di altri ragazzi.
3. Roberto non passava molto tempo con gli amici.

 8.46 Considerate le informazioni che avete identificato e discutete le domande seguenti.

1. Cosa faceva Bolle tutti i giorni?
2. Cosa non poteva fare?
3. Come era diversa la giornata di Roberto Bolle da quella di un tipico studente di liceo?
4. Come si sentiva?
5. Secondo voi, perché ha continuato con la sua severa disciplina giornaliera? Perché non ha rinunciato (*give up*)?

 8.47 Ammirate Roberto Bolle per i sacrifici che ha fatto quando era ragazzo? Avete dovuto fare anche voi dei sacrifici da ragazzi? Perché? Valeva la pena (*Was it worth it*)?

SCRIVIAMO

Il ricordo di una persona o di un posto. Descrivi una persona o un luogo del tuo passato che erano importanti per te.

- **Una persona importante.** Parla di una persona che era importante per te durante la tua infanzia o adolescenza.
- **Una città.** Descrivi come era tanti anni fa la tua città o una città che conosci bene.

Prima di scrivere

8.48 Decidi quale posto o persona vuoi descrivere. Poi organizza le tue idee e i tuoi ricordi secondo lo schema seguente:

In quale periodo della tua vita erano importanti la persona o il posto?	
Quali aspetti del fisico o del carattere della persona vuoi descrivere? o Quali aspetti del posto o della città vuoi descrivere?	
Quali aggettivi e verbi vuoi includere nella descrizione?	
Come ti sentivi e cosa provavi verso quella persona o verso quel posto?	

La scrittura

8.49 Usa i tuoi appunti per scrivere la prima stesura della descrizione.

La versione finale

8.50 Adesso rileggi la prima stesura:

1. Hai usato correttamente l'imperfetto?
2. Hai usato particolari sufficienti (*enough details*) per rendere interessante la descrizione?
3. Hai descritto i tuoi sentimenti verso la persona o il posto?
4. Controlla come hai scritto tutte le parole e l'accordo degli aggettivi e dei nomi.

GUARDIAMO

Strategie per guardare   Understanding people's recollections

When people share their recollections of the past, they often choose to describe specific events or relationships. To understand their recollections fully, it is important to focus not only on what they remember but also on their feelings. What associations do their memories seem to have for them, for example? Are they pleasant or unpleasant? How can you tell?

Prima di guardare

 8.51 Nel videoclip alcune persone parlano della loro infanzia. Rispondi alle domande e poi con un compagno/una compagna decidete se i loro ricordi sono felici oppure no.

1. Laura dice: «Me le leggeva mio padre per farmi addormentare». Che cosa leggeva il padre secondo te?
2. Tina dice che durante l'estate faceva «cose molto divertenti che in città non potevamo fare». Dove andava in vacanza secondo te? Perché usa la forma plurale del verbo in «potevamo»? Secondo te, chi erano le persone con lei?
3. Plinio dice: «Le vacanze erano bellissime perché erano interminabili». A quali vacanze si riferisce secondo te?
4. Emma dice: «Questo bambolotto mi ricorda la mia infanzia». Secondo te, cosa vuol dire «bambolotto»?
5. Felicita dice: «Entravamo in due sulla stessa altalena (*swing*)». Chi erano le due persone secondo te? Quanti anni avevano?

Mentre guardi

 8.52 Mentre guardi il video, cerca la conclusione corretta per ogni frase:

1. Quando Laura era piccola...
   a. restava all'asilo tutto il giorno.
   b. andava all'asilo solo la mattina.
2. Da bambina Tina...
   a. andava in vacanza da sola.
   b. passava le vacanze con i cugini.
3. Per Plinio le vacanze erano belle perché...
   a. erano molto brevi.
   b. i ragazzi imparavano tante cose.
4. Da bambine, Emma e la sua amica Giulia...
   a. andavano al mare insieme.
   b. andavano al parco giochi.
5. Felicita ricorda quando...
   a. giocava con il cane.
   b. andava sull'altalena con i fratelli.

Dopo aver guardato

  8.53 Adesso discutete i seguenti punti:

1. I ricordi delle persone nel videoclip in genere sono belli o brutti? Perché?
2. Avete risposto correttamente alle domande in **8.51**?
3. Perché il bambolotto ricorda ad Emma la sua infanzia?
4. Con quale persona del video vi identificate di più? Perché?
5. Immaginate alcune domande che potreste (*you could*) fare alle persone del video per sapere di più sui loro ricordi e sulla loro vita in Italia.

ATTRAVERSO IL LAZIO

Il Lazio è una regione collinare (*hilly*) che ha anche belle pianure lungo la costa tirrenica (*Thyrrenean*). L'agricoltura si basa soprattutto sulla produzione di olio e vino. Ci sono varie industrie, come ad esempio quella farmaceutica e aerospaziale, mentre la maggiore è l'industria cinematografica con gli studi di Cinecittà a Roma. Roma, dove abita la maggior parte della popolazione della regione, è anche la città più grande d'Italia. Dai tempi dell'Impero Romano si dice che «**tutte le strade portano a Roma**» e infatti allora tutte le strade principali partivano dalla capitale. Roma è conosciuta anche come la **città eterna** e la storia stessa della regione corrisponde spesso alla storia della capitale italiana. Nel Lazio e a Roma monumenti e siti archeologici testimoniano praticamente tutti i periodi storici: dai tempi degli etruschi alla Roma classica, dal Medioevo alla Roma dei Papi e alla Roma dell'Italia contemporanea.

Il Colosseo, il Foro e altre rovine (*ruins*) dell'antica Roma, nel traffico della città moderna. Nell'antica Roma il Colosseo, per la sua funzione popolare, era simile allo stadio di oggi. L'anfiteatro, di quattro piani, poteva contenere fino a 50.000 spettatori. I romani ci andavano per vedere spettacoli di ogni genere. Il Foro invece era un luogo d'incontro nel centro della città. Qui si trattavano affari, si commerciava e si faceva politica. Nel corso dei secoli imperatori diversi hanno arricchito il Foro di

La Roma rinascimentale e barocca: la Basilica di San Pietro, con la maestosa cupola (*dome*) di Michelangelo, nella bellissima Piazza San Pietro circondata dal colonnato di Gianlorenzo Bernini (1598–1680), uno degli artisti più importanti del barocco. La Basilica di San Pietro, nella Città del Vaticano, è il centro spirituale del mondo cattolico. La Città del Vaticano è un piccolo stato indipendente il cui capo è il Papa, che è la guida suprema della Chiesa Cattolica Romana. All'interno della Basilica di San Pietro e nei vicini Musei Vaticani si trovano alcuni dei capolavori

VERIFICHIAMO

Prima leggi l'introduzione della regione, poi guarda le foto e leggi le rispettive didascalie.

8.54 Che cos'è? Indica di cosa si tratta.

1. Era una specie di piazza dove si incontravano gli antichi romani.
2. È la chiesa più importante del mondo cattolico.
3. È uno stato indipendente.
4. È un'opera a Piazza Navona di un grande artista barocco.
5. I romani ci andavano per assistere a spettacoli di vario genere.
6. È un dipinto (*painting*) con una natura morta e l'immagine molto realistica di un giovane.
7. È in cima alla Basilica di San Pietro. È di Michelangelo.
8. Circonda Piazza San Pietro. È di Bernini.

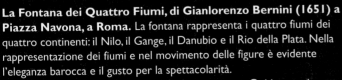 **8.55 E nel vostro Paese?** Nel vostro Paese c'è una città simile a Roma? Quale? Com'è simile? Com'è diversa?

8.56 Roma, la città eterna. Vorresti visitare Roma? Cosa vorresti vedere? Perché?

La Fontana dei Quattro Fiumi, di Gianlorenzo Bernini (1651) a Piazza Navona, a Roma. La fontana rappresenta i quattro fiumi dei quattro continenti: il Nilo, il Gange, il Danubio e il Rio della Plata. Nella rappresentazione dei fiumi e nel movimento delle figure è evidente l'eleganza barocca e il gusto per la spettacolarità.
Piazza Navona è una delle più grandi piazze romane. Qui i romani vengono a prendere un caffè, a fare una passeggiata o a gustare un gelato con gli

Giovane con il canestro di frutta (1594), di **Caravaggio, nel museo di Villa Borghese, a Roma.** Caravaggio (1573–1610) è considerato uno dei più grandi pittori del '600. In quest'opera si nota l'interesse per le nature morte (*still lifes*) e la rappresentazione del realismo estremo, tipica dei suoi lavori. La figura del ragazzo è ritratta in modo autentico senza nessun

◀)) VOCABOLARIO

Le attività dell'infanzia

amare gli animali	*to love animals*
andare* all'asilo	*to go to preschool*
avere molti / pochi	*to have many /*
giocattoli	*few toys*
avere paura di	*to be afraid*
colorare	*to color*
disegnare	*to draw*
fare collezione di...	*to collect . . .*
giocare a	*to play*
calcetto	*table football; soccer game*
	played on a small field
nascondino	*hide-and-seek*
giocare con	*to play with*
le bambole	*dolls*
le macchinine	*toy cars*
il trenino	*toy train*
i videogiochi	*video games*
giocare dentro /	
fuori (casa)	*to play inside / outside (the house)*
guardare i cartoni	
animati	*to watch cartoons*
l'infanzia	*childhood*
raccontare / leggere	
una favola	*to tell / to read a fairy tale*
saltare la corda	*to jump rope*

Le persone e i rapporti

capriccioso/a	*naughty*
dire le bugie	*to tell lies*
paziente	*patient*
piangere (p.p. pianto)	*to cry*
viziato/a	*spoiled*
volere bene a qualcuno	*to love someone*

La scuola

l'esame	*exam*
la materia obbligatoria	*required course*
la pagella	*report card*
la ricreazione	*recess*
la scuola elementare	*elementary school*
la scuola media	*junior high school*
la scuola media	*high school*
superiore / il liceo	
la scuola privata / statale	*private / public school*

Verbi ed espressioni

andare male / bene (a scuola)	*to do poorly / well (in school)*
arrabbiarsi*	*to get mad*
Che classe fai / facevi?	*What grade are you / were you in?*
dimenticare / dimenticarsi*	*to forget*
essere assente / presente	*to be absent / present*
essere bravo/a	*to be good*
in disegno	*in drawing*
in biologia, ecc.	*in biology, etc.*
fare attenzione	*to pay attention*
fare i compiti	*to do homework*
fare un compito in classe	*to take a written exam*
marinare la scuola	*to cut school*
prendere un buon, bel / brutto voto	*to get a good / bad grade*
prendere in giro	*to make fun of*
punire (-isc-)	*to punish*
ricordare / ricordarsi*	*to remember*
scherzare	*to joke, to fool around*

Per descrivere le persone e i luoghi (aggettivi)

affettuoso/a	*affectionate*
affollato/a	*crowded*
agricolo/a	*agricultural*
attivo/a	*active*
contento/a	*happy, glad*
geloso/a	*jealous*
impegnato/a	*busy*
industriale	*industrial*
infelice	*sad*
inquinato/a	*polluted*
obbediente	*obedient*
prepotente	*overbearing, bullying*
pulito/a	*clean*
ribelle	*rebellious*
severo/a	*strict*
sporco/a	*dirty*
terribile	*terrible*

I cambiamenti

l'abitante (m./f.)	*inhabitant*
l'aria	*air*
cambiare*	*to change*
diventare*	*to become*
la gente	*people*
l'industria	*industry, factory*

l'inquinamento	*pollution*
inquinare	*to pollute*
il progresso	*progress*
la tecnologia	*technology*

I mezzi di trasporto

andare* a piedi	*to walk*
andare* in	*to go by*
aereo	*airplane*
autobus	*bus*
automobile, macchina	*car*
bicicletta	*bike*
metropolitana	*subway*
motocicletta	*motorcycle*
motorino	*moped*
taxi	*taxi*
treno	*train*

Espressioni di tempo: See p. 231.

Espressioni negative: See p. 238.

Maschere e costumi
di Carnevale

In this chapter you will learn how to:

◆ Talk about holidays

◆ Describe holiday meals

◆ Discuss food and order in a restaurant

Percorso I
Le feste e le tradizioni

 ## Che feste si celebrano nel tuo Paese?

La vigilia di Natale, il 24 dicembre, molti festeggiano con un gran cenone a base di pesce. Il giorno dopo i bambini aprono i regali che Babbo Natale ha portato **loro** durante la notte. Si mangia il panettone e si beve lo spumante.

Il 6 gennaio, l'Epifania, si rievoca l'arrivo dei tre Re Magi a Betlemme con regali per Gesù Bambino. La Befana è una donna vecchia e brutta che sembra una strega (*witch*) e porta giocattoli ai bambini buoni. A quelli che sono stati cattivi, invece, nelle calze (*stockings*) **gli** lascia il carbone (*coal*).

L'8 marzo è la festa della donna. La mimosa è il primo albero che fiorisce verso la fine dell'inverno e si offrono rami (*branches*) di mimose alle donne. Colleghi ed amici regalano loro questi fiori.

A ferragosto, il 15 agosto, si celebra l'assunzione in paradiso della Vergine Maria. La festa però ha origine pagana ed era collegata alla prosperità e alla fertilità della natura. In Italia tutti sono in vacanza e le città italiane sono per lo più deserte.

Le feste

addobbare	*to decorate*
brindare	*to drink (to toast)*
Capodanno	*New Year's day*
Carnevale	*Carnival*
il costume	*costume*
la maschera	*mask*
il panettone	*traditional Italian Christmas cake*
Pasqua	*Easter*
San Valentino	*Valentine's day*
l'uovo (*pl.* le uova)	*egg*
il veglione	*party, dance*

Per fare gli auguri

il biglietto di auguri	*greeting card*
Buon anno! / Felice anno nuovo!	*Happy New Year!*
Buon Natale!	*Merry Christmas!*
Buona Pasqua!	*Happy Easter!*
Buone feste!	*Happy Holidays!*

9.1 Associazioni! Abbina i termini della colonna a destra che associ con le feste della colonna a sinistra.

1. Capodanno
2. Natale
3. la festa della donna
4. la Befana
5. Carnevale
6. Ferragosto

a. le mimose
b. i giocattoli
c. il panettone
d. i negozi chiusi
e. brindare
f. la maschera
g. addobbare
h. il cenone
i. il veglione

 9.2 Le feste. Indicate tutte le attività e oggetti che associate alle feste a pagina 257. Cosa si dice per ogni festa per fare gli auguri?

 9.3 Indovina! A turno, descrivete una festa e indovinate di quale festa si tratta.

La tavola è pronta.

Lo sai che? | Le feste, le tradizioni e le sagre

Il Palio di Siena

Molte feste italiane sono religiose o hanno avuto origine in tempi antichi e sono radicate[1] nella cultura popolare. Ci sono però anche feste civili. Ad esempio, il **25 aprile** si festeggia l'anniversario della liberazione dell'Italia, alla fine della seconda guerra mondiale. Si fanno sfilate[2] e su tutti i palazzi pubblici si espone la bandiera[3] italiana. Il **Primo Maggio**, poi, è la festa di tutti i lavoratori, mentre una festa particolarmente romantica è **San Valentino**, la festa degli innamorati, che si scambiano biglietti, fiori e regali. In Italia si celebrano anche la **Festa del papà** il 19 marzo, il giorno di San Giuseppe, e la **Festa della mamma**, la seconda domenica di maggio.

Ci sono poi anche feste specifiche in determinate città e paesi. Ad Arezzo, per esempio, si gioca ogni anno la **Giostra del Saracino**, che ricorda le giostre[4] medievali. In tanti paesi italiani ci sono feste collegate con la natura che in genere si chiamano *sagre*. Ad esempio, a Rocca Priora, nel Lazio, di solito la prima domenica di maggio c'è la sagra del narciso, un fiore molto profumato. Quel giorno le strade del paese sono tutte addobbate di narcisi.

Una delle tradizioni più note è la corsa del Palio delle Contrade a Siena. Le contrade sono i quartieri[5] della città. Prima c'è una sfilata in costume storico e poi una corsa di cavalli[6] che segue regole antiche. Ogni cavallo rappresenta una contrada e tutti gli abitanti di Siena partecipano con grande entusiasmo e animosità a questa corsa per la quale la città si prepara tutto l'anno.

1. rooted   2. parades   3. flag   4. tournaments   5. horse race   6. quarters

---

9.4 Feste e sagre. Trova nel testo informazioni per giustificare le affermazioni seguenti.

1. Il 25 aprile e il Primo Maggio sono feste civili.
2. La festa di San Valentino in Italia è simile a quella del tuo Paese.
3. A Rocca Priora c'è una festa legata alla natura.
4. Al Palio di Siena partecipa tutta la città.

9.5 Le sagre. Ci sono nel vostro Paese feste simili alle sagre? Quali sono? Come si festeggiano?

In contesto Le feste a casa mia

Giulio scrive al suo amico americano Jason e gli parla di alcune feste in Italia.

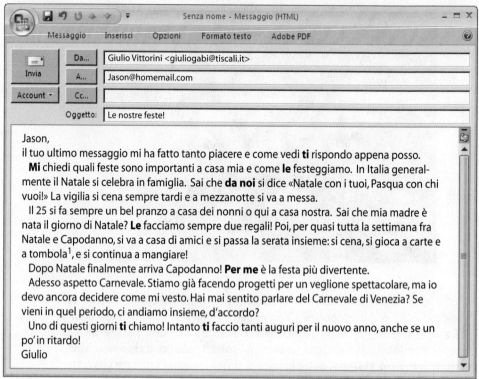

Jason,

il tuo ultimo messaggio mi ha fatto tanto piacere e come vedi **ti** rispondo appena posso.

Mi chiedi quali feste sono importanti a casa mia e come **le** festeggiamo. In Italia generalmente il Natale si celebra in famiglia. Sai che **da noi** si dice «Natale con i tuoi, Pasqua con chi vuoi!» La vigilia si cena sempre tardi e a mezzanotte si va a messa.

Il 25 si fa sempre un bel pranzo a casa dei nonni o qui a casa nostra. Sai che mia madre è nata il giorno di Natale? **Le** facciamo sempre due regali! Poi, per quasi tutta la settimana fra Natale e Capodanno, si va a casa di amici e si passa la serata insieme: si cena, si gioca a carte e a tombola¹, e si continua a mangiare!

Dopo Natale finalmente arriva Capodanno! **Per me** è la festa più divertente.

Adesso aspetto Carnevale. Stiamo già facendo progetti per un veglione spettacolare, ma io devo ancora decidere come mi vesto. Hai mai sentito parlare del Carnevale di Venezia? Se vieni in quel periodo, ci andiamo insieme, d'accordo?

Uno di questi giorni **ti** chiamo! Intanto **ti** faccio tanti auguri per il nuovo anno, anche se un po' in ritardo!

Giulio

1. bingo

9.6 Che cosa fa Giulio? Indica se le seguenti affermazioni sono vere o false e correggi quelle false.

1. Giulio festeggia il Natale con gli amici in montagna.
2. Il compleanno della mamma di Giulio è il 25 dicembre.
3. Il giorno di Natale la mamma riceve un solo regalo.
4. Durante le feste, Giulio gioca a carte con gli amici.
5. Giulio non festeggia mai il Capodanno.
6. Giulio pensa di vestirsi in maschera per Carnevale.

 9.7 Capodanno e altre feste. Le feste che celebrate voi sono simili o diverse da quelle che descrive Giulio? Come?

Occhio alla lingua!

1. The object pronouns in Giulio's e-mail message are in boldface type. Which ones do you recognize? To whom or what do they refer?
2. Can you tell which object pronouns correspond to the subject pronoun **io?** To **tu?** To **noi?**
3. The object pronoun **le** appears twice in Giulio's message. Can you tell how its meaning differs in the two instances?
4. Reread the descriptions of **Natale, Epifania,** and **la Festa della donna** in the *Vocabolario* section on page 257. Can you tell to whom the object pronouns in boldface type refer?

GRAMMATICA

I pronomi di oggetto diretto

In Capitolo 5, you learned that the direct-object pronouns, **lo, la, li,** and **le** are used to replace direct-object nouns in order to avoid repetition. They refer to people or things that have just been mentioned.

—Quando mangiate il pesce?   —*When do you eat fish?*
—**Lo** mangiamo la vigilia di Natale.   —*We eat it on Christmas Eve.*
—Regali fiori per San Valentino?   —*Do you give flowers for Valentine's Day?*
—Sì! **Li** regalo alla mia ragazza!   —*Yes, I give them to my girlfriend!*

The direct-object pronouns **mi, ti, ci,** and **vi,** are used when you or the person or people to whom you are talking receive the action of the verb.

—Carlo, **mi** inviti?   —*Carlo, are you going to invite me?*
—Certo che **ti** invito!   —*Of course, I'm going to invite you!*
—Paolo **vi** porta alla festa?   —*Is Paolo going to take you (pl.) to the party?*
—No, non **ci** porta.   —*No, he isn't going to take us.*

The chart below lists all the forms of the direct-object pronouns.

I pronomi di oggetto diretto			
Singolare		**Plurale**	
mi	me	**ci**	us
ti	you	**vi**	you
La	you (formal, m./f.)	**Li/Le**	you (formal, m./f.)
lo	him / it (m.)	**li**	them (m.)
la	her / it (f.)	**le**	them (f.)

1. Direct-object pronouns are always placed directly in front of a conjugated verb.

—**Ci** accompagni al veglione?   —*Will you accompany us to the party?*
—Sì, **vi** accompagno volentieri.   —*Yes, I will be happy to accompany you.*

—**Mi** ascolti quando parlo?   —*Do you listen to me when I speak?*
—Certo! **Ti** ascolto attentamente.   —*Of course! I listen to you carefully.*

2. When **lo, la, li,** and **le** are used with the **passato prossimo**, the past participle agrees in number and gender with the pronoun. With **mi, ti, ci,** and **vi** the agreement is optional.

Giulia non **li** ha invitati alla sua festa!   *Giulia did not invite them to her party!*
Suo padre **ci** ha accompagnato in macchina.   *His father drove us in his car.*

3. When direct-object pronouns are used with an infinitive, the final -e of the infinitive is dropped and the pronoun is attached to the end of the verb.

Finisco di addobbare l'albero. → Finisco di addobbar**lo**.
I'm going to finish decorating the tree. → I'm going to finish decorating it.
Penso di invitare i miei cugini per Natale. → Penso di invitar**li**.
I'm thinking of inviting my cousins for Christmas. → I'm thinking of inviting them for Christmas.

9.8 Quante domande! Abbina le domande alle risposte.

1. Mi inviti?
2. Ci inviti?
3. Ti ascolta sempre?
4. Hai già addobbato l'albero?
5. Hai aspettato Babbo Natale?
6. Accompagni me e Carla al veglione?

a. Sì, vi invito.
b. No, non mi ascolta mai.
c. Sì, ti invito.
d. Sì, l'ho aspettato.
e. No, non vi accompagno.
f. Sì, l'ho addobbato ieri sera.

9.9 In maschera. Sei ad una festa in maschera con alcuni amici e non vi riconoscete (*recognize*) fra di voi. Completa i dialoghi con un pronome oggetto diretto.

1.
CARLO: Ma chi sei? Non _____ riconosco!
TU: Sono io! Non _____ vedi? Sono Paola!

2.
CARLO: E voi due, siete Giorgio e Anna?
GIORGIO E ANNA: Sì! Bravo! _____ riconosci anche con la maschera!
CARLO: Certo! _____ conosco troppo bene tutti e due.

3.
PAOLA: Carlo, io con questa maschera sul viso non _____ vedo, dove sei?
CARLO: Sono qui, Paola, _____ senti?
PAOLA: _____ sento, ma non _____ vedo!

4.
PAOLA: E voi, chi siete? Come siete vestiti? Quasi non _____ riconosco!
GIORGIO E ANNA: Come non _____ riconosci!

9.10 Come è andata? Un amico è molto curioso di sapere cosa hai fatto l'anno scorso durante le feste. Rispondi alle domande e usa i pronomi oggetto diretto.

1. Hai festeggiato San Valentino a casa?
2. Hai passato Ferragosto in montagna?
3. Dove hai comprato il costume di Carnevale?
4. Hai scritto i biglietti di auguri?
5. I tuoi amici ti hanno invitato a molte feste?
6. Hai bevuto lo spumante a tutte le feste?
7. Hai regalato o ricevuto le mimose?
8. Perché non ti ho visto durante le feste?

I pronomi di oggetto indiretto

You have learned that a direct object receives directly the action of the verb. It answers the question *what?* or *whom?* Nouns and pronouns can also function as indirect objects, indicating *to* whom or *for* whom something is done. For example, in the sentence *Anne is buying a present for her mother,* "her mother" is an indirect object. It answers the question *For whom is Anne buying a present?* An indirect object is always preceded by **a** or **per**, whereas a direct object is never preceded by a preposition. Compare the following sentences: **Conosci la Befana?** and **Cosa regali alle donne l'otto marzo?**

In the first sentence, **la Befana** is a direct object; in the second, **alle donne** is an indirect object. An indirect object introduced by **a** or **per** can be replaced by an indirect-object pronoun.

Facciamo gli auguri di Pasqua **ad un amico.** → **Gli** facciamo gli auguri di
                                                    Pasqua.
We wish a friend Happy Easter. → *We wish him Happy Easter.*
Compro un regalo **per mia nonna.** → **Le** compro un regalo.
I buy a present for my grandmother. → *I buy her a present.*

I pronomi di oggetto indiretto			
Singolare		**Plurale**	
mi	*(to / for) me*	ci	*(to / for) us*
ti	*(to / for) you*	vi	*(to / for) you*
Le	*(to / for) you (formal, m./f.)*	Loro	*(to / for) you (formal, m./f.)*
gli	*(to / for) him*	gli/loro	*(to / for) them (m./f.)*
le	*(to / for) her*		

1. The direct- and indirect-object pronouns **mi, ti, ci,** and **vi** are the same. Only the third person direct-object pronouns, **lo, la, li,** and **le,** and indirect-object pronouns, **gli, le,** and **loro,** are different.

Ci accompagni al veglione di Capodanno?	*Will you accompany us to the New Year's Eve party?*
Ci dite dov'è la festa?	*Will you tell us where the party is?*
La chiami questa sera?	*Will you call her tonight?*
Le hai regalato un ramo di mimose?	*Did you give her a branch of mimosa?*

2. Indirect-object pronouns precede the verb, with the exception of **loro,** which always follows the verb. In everyday usage, **gli** is often used instead of **loro.**

—Hai comprato le uova di cioccolato ai bambini?	—*Did you buy the chocolate eggs for the children?*
—Sì, ho comprato **loro** delle bellissime uova!	—*Yes, I bought them some very beautiful eggs!*
—Sì, **gli** ho comprato delle bellissime uova!	

3. The indirect-object pronouns **gli** and **le** are never contracted before a verb beginning with a vowel or **h.**

Le offro un tè.	*I'll offer her a cup of tea.*
Gli ho dato il regalo la vigilia di Natale.	*I gave him his present on Christmas Eve.*

4. When an indirect-object pronoun is used with the **passato prossimo,** the past participle does not agree with the pronoun.

—Hai scritto **alla Befana?**	—*Did you write to the Befana?*
—No, non **le** ho ancora **scritto.**	—*No. I didn't write to her yet.*

5. The following Italian verbs are commonly used with an indirect-object noun or pronoun. Note that in most instances the equivalent English verbs take a direct rather than an indirect object.

chiedere	to ask
consigliare	to advise
dare	to give
dire	to say
domandare	to ask (a question)
insegnare	to teach
mandare	to send
parlare	to speak
regalare	to give a gift
rispondere	to answer
scrivere	to write
telefonare	to call

Telefoniamo a Tommaso subito!   *Let's call Tommaso right away!*
Le ho consigliato di andare a Venezia.   *I advised her to go to Venice.*

9.11 Che hai fatto a Natale? Un'amica ti fa delle domande sul Natale. Le rispondi completando il dialogo seguente con i pronomi indiretti.

1. —Cosa hai regalato a tua sorella?
   —_____ ho regalato un gioco per il computer.
2. —E a tuo padre?
   —_____ ho dato una bottiglia di spumante speciale!
3. —Hai fatto una festa per gli amici? Hai chiesto il permesso ai tuoi genitori?
   —Certo! _____ ho chiesto anche aiuto per la cena!
4. —Che cosa _____ hanno risposto?
   —_____ hanno detto di invitare poche persone.
5. —Hai organizzato la festa con tuo fratello? Avete telefonato o scritto agli amici?
   —_____ abbiamo scritto insieme!
6. —E loro, _____ hanno risposto tutti?
—_____ hanno risposto tutti subito!

9.12 Pasqua in Italia. Sei andato/a in Italia per Pasqua. Un amico ti fa tante domande. Rispondi usando i pronomi indiretti.

ESEMPIO: —Che cosa hai comprato per tua sorella? (un uovo di cioccolata)
                —Le ho comprato un uovo di cioccolata.

1. Che cosa hai scritto agli amici? (delle mail)
2. Che cosa hai regalato alla tua ragazza/al tuo ragazzo? (delle uova colorate)
3. Che cosa hai mandato a me? (un calendario)
4. Che cosa hai scritto a tuo fratello? E a tua sorella? (una cartolina)
5. Che cosa hai comprato per i tuoi nonni? (un bel libro)
6. Che cosa dai a me e a mia sorella quando ci vediamo? (un poster)

 9.13 In Italia. Rispondete alle domande con un pronome indiretto.

1. Che cosa regali a una donna l'otto marzo?
2. Che cosa porta la Befana ai bambini buoni?

3. Che cosa lascia la Befana a un bambino cattivo?
4. Cosa dici a una cugina il giorno di Natale?
5. Che cosa ti danno i genitori la vigilia di Natale?
6. Cosa vi offrono gli amici durante le feste di Natale?

Lo sai che? Carnevale e la commedia dell'arte

Burlamacco, la maschera ufficiale del
Carnevale di Viareggio

Arlecchino è vestito di pezze (*rags*) di
tutti i colori perché è molto povero

Non tutti sono d'accordo sull'origine del **Carnevale**. Alcuni
pensano che sia un'antica festa pagana per celebrare l'arrivo
della primavera. Con il cristianesimo, il Carnevale è stato
incorporato nel calendario religioso e indica l'ultima
settimana prima della Quaresima[1] che poi termina con il
giorno di Pasqua. Uno dei carnevali più conosciuti in Italia è quello di Viareggio, in
Toscana, che consiste in una splendida sfilata di carri trionfali allegorici. Le figure dei
carri sono fatte di cartapesta[2] e spesso sono una rappresentazione satirica di famosi
personaggi della politica e dello spettacolo.

Tipiche di queste sfilate e di Carnevale sono anche alcune maschere fisse, proprie
della Commedia dell'Arte, un tipo di spettacolo che si afferma tra il XVII e il XVIII
secolo. Questa commedia si basava sull'improvvisazione e su alcuni personaggi tipici:
il vecchio avaro e geloso, il giovane povero e innamorato, il servo scaltro[3] che
generalmente si alleava al giovane innamorato, ecc. Celebri, ad esempio, sono le
maschere di Arlecchino, Pulcinella, Pantalone e Colombina.

1. Lent   2. papier-mâché   3. cunning

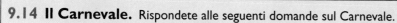

 9.14 Il Carnevale. Rispondete alle seguenti domande sul Carnevale.

1. Quali sono le caratteristiche del Carnevale di Viareggio?
2. Che cosa rappresentavano le maschere della Commedia dell'Arte?

 9.15 E nel vostro Paese? Nel vostro Paese, ci sono carnevali famosi o altre feste
simili? Dove? Come si festeggiano? Come si possono paragonare al Carnevale in Italia?

 9.16 Le maschere. Cerca informazioni su Arlecchino, Pulcinella e Colombina e
scrivi un breve paragrafo per descriverli.

Scambi

 9.17 Che festa è? Ascolta le conversazioni due volte. Per ognuna, indica di quale festa si parla e l'argomento principale.

Conversazione 1

    a. Pasqua, Epifania, Ferragosto
    b. viaggi, giocattoli, punizioni

Conversazione 2

    a. Primo Maggio, 25 aprile, Carnevale
    b. costumi, concerti, vestiti moderni

Conversazione 3

    1. Natale, Capodanno, Festa della donna
    2. fiori e pranzo, gioielli, le maschere

 9.18 Che cosa gli/le hai comprato? Domanda ad alcuni compagni che regali hanno fatto recentemente alle seguenti persone e in quale occasione: **il padre/la madre, il fratello/la sorella, un/una parente, un amico/un'amica.** Scopri anche i particolari.

ESEMPIO: S1:   Che cosa hai comprato a tuo fratello?
             S2:   Gli ho comprato una racchetta da tennis.
             S1:   Quando l'hai comprata? …

 9.19 Il veglione di Capodanno. Organizzate insieme una festa per festeggiare l'arrivo dell'anno nuovo. Poi presentatela alla classe.

 9.20 Una festa indimenticabile (*unforgettable*). Prepara sei domande per intervistare un compagno/una compagna e scoprire i particolari di una festa indimenticabile. Poi scrivi una mail al tuo professore/alla tua professoressa e spiega perché questa festa è stata indimenticabile per il tuo compagno/la tua compagna.

Tanto pesce fresco per il cenone della vigilia.

Percorso II
I pranzi delle feste

VOCABOLARIO

Cosa mangiamo?

Per apparecchiare la tavola

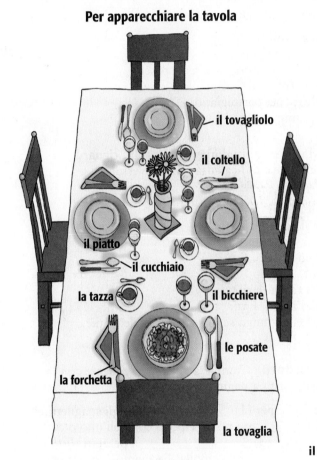

- il tovagliolo
- il coltello
- il piatto
- il cucchiaio
- la tazza
- il bicchiere
- le posate
- la forchetta
- la tovaglia

Le pietanze

- le scaloppine di vitello
- i funghi
- le lasagne
- il risotto
- i tortellini
- la trota
- il prosciutto e il melone
- la crostata di frutta
- le pesche l'uva
- le fragole
- le ciliegie

Il cibo
l'agnello	lamb
l'antipasto	hors d'oeuvres
il ghiaccio	ice
la ricetta	recipe
il tacchino	turkey

I condimenti
l'aceto	vinegar
l'aglio	garlic
il burro	butter
il limone	lemon
l'olio d'oliva	olive oil
la panna	cream
il parmigiano grattugiato	grated Parmesan cheese
il pepe	pepper
il peperoncino rosso	hot red pepper
il ragù	meat sauce
il sale	salt
il sugo di pomodoro	tomato sauce
lo zucchero	sugar

Per spiegare le ricette
aggiungere (*p.p.* aggiunto)	to add
assaggiare	to taste
condire (-isc-)	to season, to dress
cuocere (*p.p.* cotto)	to cook
friggere (*p.p.* fritto)	to fry
mescolare	to stir, to mix
soffriggere (*p.p.* soffritto)	to sauté
tagliare	to cut

9.21 Che cosa ci hai messo? Spiega come hai preparato la tavola per il cenone di Capodanno. Completa le frasi con i vocaboli corretti.

1. Prima di tutto ho preso la _____ bianca elegante della nonna.
2. Poi ho messo i _____ di porcellana azzurri.
3. Ho deciso di usare i _____ di cristallo per l'acqua e per il vino.
4. Sopra i piatti ho messo i _____, anche questi bianchi.
5. A destra e a sinistra di ogni piatto ovviamente ho messo le _____.
6. Poi ho messo sulla tavola anche le _____ per il caffè.

9.22 L'intruso. Indica la parola che non c'entra con le altre.

1. **insalata:** olio, zucchero, aceto
2. **tortellini:** sugo, ghiaccio, formaggio
3. **crostata di frutta:** sugo di pomodoro, zucchero, pesche
4. **tacchino:** olio, panna, burro
5. **scaloppine di vitello:** sale, pepe, parmigiano
6. **lasagne:** ragù, limone, parmigiano

9.23 Che strani gusti! Marco ha abitudini e gusti insoliti riguardo al cibo. Rispondi alle sue domande e indica cosa fai tu diversamente da lui.

1. Prendo il caffè con il sale. E tu?
2. Mangio la minestra con il coltello. E tu?
3. Metto lo zucchero sulle lasagne. E tu?
4. Taglio la bistecca con il cucchiaio. E tu?
5. Bevo il latte con il limone. E tu?
6. Mangio le lasagne in una tazza. E tu?
7. Condisco la bistecca con l'aceto. E tu?
8. Non assaggio mai il ragù e aggiungo sempre troppo sale! E tu?

9.24 Gli spaghetti al pomodoro. Completa la ricetta seguente con la forma corretta di un verbo dalla lista a pagina 267.

Oggi parliamo di una ricetta facile per (1) _____ gli spaghetti. Prima facciamo (2) _____ un po' di cipolla con dell'olio o del burro. Laviamo i pomodori e poi li (3) _____ a pezzetti (*little pieces*). Quindi li (4) _____ alla cipolla. Facciamo cuocere per pochi minuti. Non possiamo dimenticare di (5) _____ il sugo per vedere se dobbiamo (6) _____ sale e pepe. Quando gli spaghetti sono pronti, li (7) _____ bene al sugo di pomodoro. Saranno buonissimi!

🔊 **In contesto** Dammi una mano!

Riccardo deve aiutare la madre in casa per il pranzo di Pasqua.

MAMMA: Riccardo, perché non vieni ad aiutarmi? L'agnello è pronto? **Assaggia** un po' se va bene. È tardi! **Cerchiamo** di fare presto!

RICCARDO: Eccomi, mamma, vengo subito! Cosa devo fare?

MAMMA: **Apparecchia** la tavola e **usa** la tovaglia bianca. **Controlla** anche se ci sono dei bicchieri di cristallo per tutti.

silver   RICCARDO: E per le posate, metto quelle d'argento°?

MAMMA: Sì, e al centro della tavola **metti** dei fiori insieme a un po' di frutta.

RICCARDO:	E per i piatti? Posso mettere qualche piatto azzurro con alcuni piatti bianchi?
MAMMA:	Certo! Intanto, **telefona** alla nonna e poi **vieni** in cucina. Anzi°, no, *Or better still* **va'** in cantina e **prendi** qualche bottiglia di vino buono.
RICCARDO:	Ho già telefonato alla nonna. Lei porta dei dolci.
MAMMA:	Bene! Bravo! Adesso **guardiamo** cosa c'è da bere e **non dimenticare** di vedere se c'è un po' di ghiaccio nel frigo. Tu e papà, poi, **portate** tutte le sedie in sala da pranzo.

9.25 Il pranzo di Pasqua. Quali elementi nella conversazione indicano che si tratta di un pranzo speciale?

Occhio alla lingua!

1. In the *In contesto* conversation between Riccardo and his mother, find expressions that indicate quantity. With which of these expressions are you already familiar?
2. Look at the verbs in boldface type in the *In contesto* conversation. Who will carry out these actions?
3. Look at the endings of the verbs in boldface type. Do they look familiar?

GRAMMATICA

Il partitivo

To express indefinite quantities in Italian—the equivalent of the English *some, any, a few*—you can use the partitive. In Capitolo 3 and Capitolo 4, you learned to use the preposition **di** + the definite article with singular and plural nouns to express *some* or *a few*. Below are additional expressions you can use.

1. **Un po' di** is used with singular nouns to indicate an indefinite quantity.

Beve **un po' di** vino solo alle feste.	*He drinks a little wine only at parties.*
Dopo cena gli italiani mangiano sempre **un po' di** frutta.	*After dinner Italians always eat some fruit.*

2. **Alcuni** (*some*) and **alcune** are used with plural nouns.

Ho assaggiato **alcuni** dolci tradizionali.	*I tasted some traditional desserts.*
Ha usato **alcune** posate nuove.	*She used some new silverware.*

3. **Qualche** is always used with singular nouns, but it has a plural meaning. The form is the same for feminine and masculine nouns.

Usiamo **qualche** piatto bianco e **qualche** tazza azzurra.	*Let's use some white plates and some blue cups.*

4. Expressions of quantity are often omitted with items in a series and in questions, and they are not usually used in negative sentences.

Con l'arrosto serviamo piselli, carote e asparagi.	*We are serving some peas, spinach, and asparagus with the roast.*
Non ho bicchieri di cristallo.	*I don't have crystal glasses.*

9.26 Al mercato. Racconta cosa hai comprato al mercato. Scegli la forma corretta del partitivo.

1. Questa mattina ho comprato (alcune / della) frutta freschissima.
2. Ho riportato a casa (alcune / qualche) borse piene di cose buone da mangiare!
3. Al mercato ho trovato (alcune / qualche) bottiglia di olio d'oliva speciale.
4. Ho comprato anche (alcuni / un po' di) ragù già pronto.

9.27 Un pranzo festivo. Indica che cosa serve per apparecchiare una bella tavola. Usa il partitivo **di** + l'articolo determinativo.

1. bicchieri di cristallo
2. tazze da caffè
3. cucchiai per il gelato
4. posate d'argento
5. coltelli per il pesce
6. tovaglioli

9.28 Le scaloppine. Completa la ricetta per le scaloppine ai funghi con il partitivo **di** + articolo o **un po' di**.

Dobbiamo usare (1) _____ fettine di vitello piuttosto sottili.
Mettiamo (2) _____ burro in un tegame (*pan*) largo e facciamo
soffriggere la carne. Quando le scaloppine sono dorate (*browned*),
aggiungiamo (3) _____ vino. Intanto cuciniamo i funghi con (4)
_____ olio e (5) _____ aglio. Poi uniamo i funghi alle
scaloppine e facciamo cuocere ancora con (6) _____ panna.

 9.29 Come lo prendi? A turno, scoprite come l'altra persona prende le bevande e i piatti che seguono. Usate il partitivo.

ESEMPIO: S1: Come prendi il tè?
          S2: Lo prendo con un po' di zucchero.

1. il caffè
2. la cioccolata
3. il tè
4. gli spaghetti al sugo di carne
5. l'insalata

L'imperativo informale

The imperative form of verbs is used to give orders, suggestions, directions, and instructions. The informal imperative—the **tu**, **noi**, and **voi** forms of verbs—is used when talking to friends and family members.

L'imperativo informale			
	assaggiare	**prendere**	**offrire**	**condire**
(tu)	Assaggia!	Prendi!	Offri!	Condisci!
(noi)	Assaggiamo!	Prendiamo!	Offriamo!	Condiamo!
(voi)	Assaggiate!	Prendete!	Offrite!	Condite!

1. The forms of the informal imperative of -ere and -ire verbs are identical to those of the **tu, noi,** and **voi** forms of the present indicative tense. The **tu** form of verbs that end in -are differs from the present indicative tense; it is formed by dropping the -re from the infinitive.

Servi il caffè agli ospiti!   *Serve the coffee to the guests!*
Prepara l'arrosto!   *Prepare the roast!*

2. The negative imperative of the **tu** form of verbs consists of **non** + the infinitive. The negative imperative of the **noi** and **voi** forms of verbs is formed by adding **non** in front of the affirmative forms.

	assaggiare	**prendere**	**offrire**	**condire**
(tu)	Non assaggiare!	Non prendere!	Non offrire!	Non condire!
(noi)	Non assaggiamo!	Non prendiamo!	Non offriamo!	Non condiamo!
(voi)	Non assaggiate!	Non prendete!	Non offrite!	Non condite!

Paolo, non mangiare prima di cena!   *Paolo, don't eat before dinner!*
Non servite il formaggio con il pesce!   *Don't serve cheese with fish!*

3. Most verbs that are irregular in the present indicative have the same irregular forms in the imperative.

Vieni con me!   *Come with me!*
A Capodanno non bevete troppo!   *On New Year's Eve, don't drink too much!*

The following irregular verbs have imperative **tu** forms that differ from the indicative. The **noi** and **voi** forms are the same as those of the present indicative.

andare	va'	Va' in sala da pranzo!	*Go to the dining room!*
dare	da'	Da' un po' di dolce ai bambini!	*Give some dessert to the children!*
fare	fa'	Per favore, fa' presto!	*Please, hurry up!*
stare	sta'	Sta' calmo!	*Be calm!*
dire	di'	Di' che cosa vuoi!	*Say what you want!*

Avere and **essere** are irregular in the **tu** and **voi** imperative forms. The **noi** form is the same as the present indicative.

	avere	**essere**
(tu)	abbi	sii
(noi)	abbiamo	siamo
(voi)	abbiate	siate

Ragazzi, per piacere, abbiate pazienza!   *Guys, please, be patient!*
Giulio, sii buono!   *Giulio, be good!*

4. In Italian, the infinitive rather than the imperative is frequently used to give written instuctions and directions.

Aggiungere del parmigiano grattugiato.   *Add some grated Parmesan cheese.*

9.30 Una bella tavola! Una signora chiede ai figli di aiutarla a preparare una bella tavola per una festa. Ascolta due volte le sue richieste. Scrivi tutti gli imperativi che senti al singolare e al plurale. Poi confronta la tua lista con quella di un compagno/una compagna e insieme indicate l'infinito di ogni verbo che avete scritto.

Singolare		Plurale	
Imperativo	Infinito	Imperativo	Infinito

9.31 Una brava cuoca. Tua nonna ti dà qualche lezione di cucina. Tu le fai tante domande e lei ti dice che cosa devi o non devi fare.

ESEMPI: —Metto il sale nella pasta? (Sì)
—Sì, metti il sale nella pasta!

—Metto il sale nella pasta? (No)
—No, non mettere il sale nella pasta!

1. Metto l'agnello nel forno? (Sì)
2. Uso un po' d'aglio? (No)
3. Assaggio il sugo? (No)
4. Preparo gli antipasti? (Sì)
5. Cucino la crostata prima del pollo? (No)
6. Condisco l'insalata? (Sì)

9.32 Un'altra lezione. Adesso tu dai a due amici/amiche gli stessi consigli dell'esercizio precedente.

ESEMPI: —Mettiamo il sale nella pasta? (Sì)
—Sì, mettete il sale nella pasta!

—Mettiamo il sale nella pasta? (No)
—No, non mettete il sale nella pasta!

9.33 Aiuto!! Alcuni amici ti chiedono consigli e suggerimenti. Rispondi alle loro domande e usa l'imperativo.

ESEMPI: GIULIA E LETIZIA: Mettiamo i tovaglioli sopra i piatti? (No)

TU: No, non mettete i tovaglioli sopra i piatti!

LETIZIA: Offro il caffè dopo il dolce? (Sì)

TU: Sì, offri il caffè dopo il dolce!

1. GIULIA E LETIZIA: Usiamo un solo piatto per la pasta e la carne? (No)

   TU: _____

2. LETIZIA: Servo il parmigiano con la pasta? (Sì)

   TU: _____

3. GIANNA: Taglio gli spaghetti? (No)

   TU: _____

4. GIANNA E MARCO: Aggiungiamo le fragole sulla torta? (Sì)

   TU: _____

5. MARCO: Metto le forchette a destra dei piatti? (No)

   TU: _____

6. GIANNA E MARCO: Usiamo un bicchiere per l'acqua e uno per il vino? (Sì)

   TU: _____

9.34 Un bambino terribile. Di' a tuo fratello, un bambino terribile, cosa deve e non deve fare questa sera quando vengono degli amici a cena. Usa l'imperativo.

1. salutare gli amici e dire «Buona sera»
2. dare la mano a tutti
3. andare in camera tua
4. non mangiare con le mani
5. stare zitto (*keep quiet*)
6. fare il bravo (*behave well*) tutta la sera
7. non dire «Non mi piace»
8. usare sempre il tovagliolo

 9.35 Un nuovo coinquilino (*housemate*). Preparate una lista di consigli e suggerimenti per un nuovo coinquilino/una nuova coinquilina.

ESEMPIO: Non bere il mio latte!

Scambi

9.36 I pranzi a casa tua. Usa le domande che seguono per intervistare un compagno/una compagna sui pasti.

1. Quanti pasti fai al giorno? A che ora?
2. Dove mangi in genere? Con chi?
3. A casa tua, come preparate la tavola per i pasti?
4. Per quali occasioni preparate un pasto speciale? Che cosa preparate?

9.37 Che cosa serviamo? Considerate le situazioni seguenti e suggerite quali piatti servire.

1. È Ferragosto e fa molto caldo. La signora Benini ha invitato tutta la famiglia a cena a casa sua.
2. Jacopo ha invitato l'amico Fabio a pranzo, ma Fabio non sta molto bene e non vuole mangiare molto né pesante.
3. È San Valentino e volete preparare una cena romantica per il vostro ragazzo/la vostra ragazza. Ricordatevi che lui/lei non mangia carne!
4. Questa sera dovete giocare a calcio e volete fare un pranzo leggero.

 9.38 Ricette facili. Leggete le ricette che seguono e poi completate le attività.

1. Decidete quale piatto vi piace di più e spiegate perché.
2. A turno, scegliete una ricetta e ripetetela al compagno/alla compagna usando l'imperativo.
3. Fate una lista degli ingredienti di cui avete bisogno per preparare questi piatti. Non dimenticate di usare il partitivo.

Macedonia di frutta fresca

Scegliere la frutta di stagione e fare anche attenzione ai colori. Per esempio: le fragole rosse sono belle con le banane e i kiwi verdi. Oppure mescolare pesche e melone. Tagliare sempre la frutta a pezzi piccoli, aggiungere dello zucchero e un po' di succo di limone. Si può anche servire con un po' di gelato!

Tortellini al burro

Comprare tortellini già pronti, di una buona marca[1] o fatti a mano. I tortellini devono cuocere in abbondante acqua bollente. Intanto sciogliere[2] del burro con della panna. Quando sono pronti, mescolare i tortellini con il burro e la panna e aggiungere del parmigiano grattugiato.

Non dimenticare sale e pepe!

1. brand   2. melt

Prosciutto e melone

Si compra un bel melone maturo e del prosciutto crudo. Si taglia in lungo il melone e si mette su un piatto largo. Poi, intorno ad ogni fetta[1] di melone, mettere una fetta di prosciutto. Servire freddo.

1. slice

Percorso III
Al ristorante

VOCABOLARIO

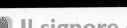 ## Il signore desidera?

In un ristorante italiano

il cameriere/la cameriera	*waiter/waitress*
chiedere il conto	*to ask for the check*
il/la cliente	*client, customer*
la mancia	*tip*
il menù	*menu*
ordinare	*to order*

Espressioni al ristorante

C'è posto per due / quattro?	*Is there room for a party of two / four?*
Il signore/La signora desidera?	*What would you (singular) like to order?*
Vorrei...	*I would like . . .*
Per favore mi porti...	*Please bring me . . . (polite)*

Così si dice
Prendere e Buon appetito!

To express in Italian the equivalent of "to have something to eat or drink," use the verb **prendere:**
Prendi anche tu del riso?
Are you going to have some rice, too?

When Italians sit down for a meal, before they start eating, it is customary to say:
Buon appetito! *Enjoy your meal!* and to respond:
Altrettanto! *The same to you!*

Per descrivere i piatti

l'acqua gassata / liscia	*sparkling / still water*
al sangue	*rare*
ben cotto/a	*well done*
dolce	*sweet*
fresco/a	*fresh*
insipido/a	*bland*
leggero/a	*light*
pesante	*heavy, rich*
piccante	*spicy*
salato/a	*salty*
saporito/a	*flavorful*
squisito/a	*delicious*

Lo sai che? | I ristoranti in Italia

Oltre ai ristoranti, in Italia ci sono le **trattorie** e le **osterie**, che spesso sono meno eleganti ed offrono in genere una cucina casalinga[1] e un'atmosfera familiare. Alcune di queste sono molto tipiche e possono essere anche più care dei ristoranti. La **pizzeria** è, ovviamente, il posto dove si va per mangiare una pizza, molto popolare, soprattutto fra i giovani, perché in genere è meno cara degli altri ristoranti. Nelle grandi città ci sono anche ristoranti di altri Paesi del mondo.

Quando si va al ristorante qualche volta si paga anche il **coperto**, che indica il posto occupato e di solito il pane. Il numero dei coperti quindi corrisponde al numero delle persone. Molti ristoranti espongono[2] fuori un menù **fisso** che in genere comprende il primo, il secondo, il dolce e la frutta.

Gli italiani non sempre lasciano la mancia al cameriere e, quando lo fanno, non calcolano una percentuale precisa, anche se questa di regola dovrebbe essere fra il 5 e il 10 per cento.

1. homemade 2. display

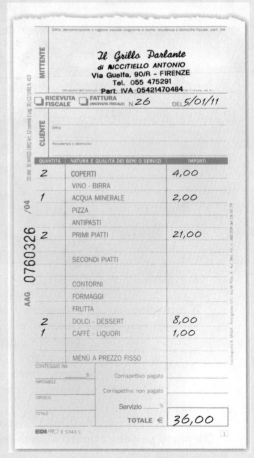

9.39 E nel vostro Paese? Fate una breve lista di alcune differenze fra i ristoranti italiani e quelli del vostro Paese.

9.40 Al ristorante. Cosa fai quando vai al ristorante? Metti in ordine
logico le seguenti frasi.

_____ Chiedi il conto.
_____ Dici: «Mi porti dell'acqua minerale».
_____ Lasci la mancia al cameriere / alla cameriera.
_____ Chiedi: «C'è posto?»
_____ Ordini quello che vuoi mangiare.
_____ Leggi il menù.
_____ Dici: «Buon appetito!»
_____ Domandi: «Qual è il piatto del giorno?»

9.41 Chi lo dice? Chi dice le frasi seguenti? Un cliente / una cliente o
il cameriere / la cameriera?

1. Ecco il menù.
2. C'è posto per quattro?
3. Prendo un risotto e una bistecca ben cotta.
4. Mi porti il conto, per favore.
5. Che cosa desidera?
6. Qual è il piatto del giorno?
7. Le porto dell'acqua? Gassata o liscia?
8. Il coperto è compreso?

9.42 Non è vero! Tu e un tuo amico/una tua amica avete gusti molto
diversi. Indica il contrario degli aggettivi nelle frasi seguenti.

ESEMPIO: La bistecca è buona.
              —Questa bistecca è buona!
              —No! È cattiva!

1. L'arrosto è insipido.
2. La minestra è calda.
3. I tortellini sono salati.
4. Il dolce è pesante.

9.43 Come ti comporti al ristorante? Rispondi alle domande e indica
che cosa fai e dici al ristorante.

1. Cosa chiedi quando arrivi al ristorante?
2. Cosa leggi per sapere che piatti ordinare?
3. Che espressioni puoi usare per ordinare?
4. Cosa dici quando inizi a mangiare?
5. Cosa chiedi quando hai finito di mangiare?
6. Che cosa lasci al cameriere se sei soddisfatto/a?

🔊 In contesto   Che si mangia di buono?

Alcuni amici vanno a cena in trattoria.

CAMERIERE: Cosa desiderano per primo? Possiamo fare un assaggio° di primi: *sample*
dei tortellini con la panna, degli spaghetti al pesto e delle penne
all'arrabbiata piuttosto° piccanti.   *rather*

LA CLIENTE: Benissimo, allora, gli assaggi per tutti, vero? E per secondo? Qual
è il piatto del giorno? L'ultima volta qui ho mangiato delle ottime
scaloppine ai funghi. Ricordo che mi sono piaciute proprio tanto!

pan-fried

CAMERIERE:	Oggi il cuoco ha preparato l'arrosto di vitello, con una salsa al vino rosso. È squisito e leggero. Di solito piace a tutti.
LA CLIENTE:	Allora, arrosto per sei! Va bene? E di verdura cosa c'è?
CAMERIERE:	Vi potrei portare degli spinaci saltati° al burro o al limone e delle patate arrosto.
LA CLIENTE:	A me però gli spinaci non piacciono tanto.
CAMERIERE:	Allora può prendere dell'insalata. E poi le consiglio una torta al cioccolato veramente squisita!
LA CLIENTE:	Benissimo! La conosco! L'altra volta mi è piaciuta moltissimo!

9.44 Al ristorante. Leggi la conversazione al ristorante e poi compila la seguente scheda.

Che piatti consiglia il cameriere:	
Che piatti ordina la cliente:	
Che cosa le piace:	
Che cosa non le piace:	

Occhio alla lingua!

1. Look at the various forms of the verb **piacere** in the *In contesto* conversation. Which indicate a present experience and which a past experience?
2. What do you notice about the forms of **piacere** in the **passato prossimo**? How are they conjugated? What is the past participle?
3. How is the **passato prossimo** of **piacere** similar to that of other verbs you have learned?

GRAMMATICA

Il verbo *piacere*

You have already learned to use the verb **piacere** in the present tense. You use **piace** when the thing liked is singular and **piacciono** when the things liked are plural. The singular form **piace** is also used with verbs in the infinitive.

Mi **piace** la pasta, ma non mi **piacciono** i tortellini.	*I like pasta, but I do not like tortellini.*
A Cinzia **piace** andare spesso al ristorante.	*Cinzia likes to go to the restaurant often.*

The verb **piacere** in English means *to be pleasing to*. The sentence **A Roberta piacciono i tortellini** corresponds literally to *Tortellini are pleasing to Roberta*, although this sentence would be expressed in English as *Roberta likes tortellini*. Note that the subject of the sentence is **tortellini**. The indirect object, Roberta, is the person doing the liking.

1. Piacere is used with an indirect-object pronoun or **a** + a person's name.

—**A Teresa** piace la bistecca ben cotta?	*—Does Teresa like her steak well done? (Literally: Is a well-done steak pleasing to Teresa?)*
—**Sì, le** piace.	*—Yes, she likes it.*

—**A Carlo** non piacciono i piatti piccanti?

—No, non **gli** piacciono.

—*Doesn't Carlo like spicy dishes?*

—*No, he doesn't like them.*

2. **Piacere** can also be used with the preposition **a** + a disjunctive pronoun for clarification or emphasis.

A me non piacciono gli spinaci saltati. E **a te**?

I don't like pan-fried spinach. Do you?

3. The past tense of **piacere** is conjugated with the verb **essere**. The past participle agrees in gender and number with the thing or person liked.

A tua madre sono piaciuti **gli scampi?**

Did your mother like the prawns?

Al cliente non sono piaciuti **gli spaghetti**, ma gli sono piaciute **le lasagne.**

The customer didn't like the spaghetti, but he liked the lasagna.

Ai bambini non è piaciuto **il pesce!**

The children didn't like the fish!

9.45 I gusti (*Tastes*). Indica che cosa ti piace e non ti piace della lista seguente.

ESEMPIO: i piatti piccanti
            Non mi piacciono i piatti piccanti. *o* Mi piacciono moltissimo!

1. il caffè
2. l'acqua gassata
3. la bistecca al sangue
4. i broccoli
5. cucinare
6. i piselli
7. gli asparagi
8. mangiare fuori

9.46 A cena fuori. Indica che cosa ti è piaciuto al ristorante l'ultima volta che ci sei andato/a. Unisci i termini delle due colonne.

1. il vino
2. gli spinaci
3. i dolci
4. le patate
5. l'atmosfera

a. mi è piaciuta
b. mi è piaciuto
c. mi sono piaciute
d. mi sono piaciuti

9.47 Al ristorante. Sei andato/a al ristorante con degli amici. Indica che cosa vi è piaciuto. Abbina i termini delle colonne e scrivi frasi complete con il verbo **piacere**.

1. a me
2. a noi
3. a una mia amica
4. ai miei amici

a. i primi piatti
b. gli antipasti
c. l'atmosfera
d. il pesce

Scambi

9.48 Ordiniamo! Ascolta due volte una conversazione al ristorante fra una cameriera e un cliente e rispondi alle domande.

1. Che cosa non piace al Signor Benini?
2. Che cosa gli è piaciuto in passato nello stesso ristorante?
3. Che cosa gli consiglia la cameriera?
4. Che cosa ordina il Signor Benini da bere?
5. Che cosa ordina il Signor Benini per primo, per secondo e alla fine del pranzo?

9.49 Il menù. Siete al ristorante Al San Francesco e dal menù volete scegliere dei piatti che piacciono a tutti per (1) una cena leggera e per (2) un pranzo completo.

AL SAN FRANCESCO
ristorante pizzeria self-service

al centro di Orvieto nel cuore del sapore

LE NOSTRE PROPOSTE
Pane e coperto € 2.00

GLI ANTIPASTI
Spiedino di mozzarella e pancetta alla griglia............. € 7.00
Savarin di polenta e funghi porcini .... € 7.00
Ricette tipiche
Crostini all'orvietana .... € 6.00
Salumi e formaggi umbri .... € 6.00
Frittelle di baccalà[1] .... € 7.00
Guanciale all'aceto e salvia............................. € 6.50

I PRIMI PIATTI
Umbrichelli con pancetta e pomodoro.................... € 8.00
Gnocchi di patate alla crema alle noci.................. € 8.00
Ricette tipiche
Tagliatelle ai porcini e tartufo......................... € 8.00
Tagliatelle al cinghiale[2] .... € 8.00
Ravioli con patate e pecorino umbro al ragù di coniglio[3] .... € 8.00
Zuppa di ceci e funghi porcini con crostini di pane ...... € 7.50

I SECONDI PIATTI
Filetto di manzo[4] ai porcini.......................... € 14.00
Tagliata di manzo al sale speziato..................... € 13.00
Petto d'anatra[5] scaloppato........................... € 12.00
Scamorza affumicata e verdurine alla griglia........... € 11.00
Ricette tipiche
Costolette di agnello alla griglia .... € 10.00
Baccalà[6] all'orvietana .... € 9.00

I CONTORNI
di stagione... € 4.00
Ricette tipiche
Fagioli con il battuto................................... € 4.00
Patate rustiche... € 4.00

FORMAGGI
Misto di formaggi Umbri .... € 9.00
Pecorino di norcia .... € 8.00
PIZZERIA
MARGHERITA (pomodoro e mozzarella) .... € 4.50
NAPOLETANA (pomodoro, mozzarella, alici) .... € 5.00
PIZZA MARINARA (pom., aglio, origano) .... € 4.50
PIZZA AL RADICCHIO (mozz., radicchio, parmigiano)..... € 6.00
ORTOLANA (pom., rucola, pomodoro a fette)............. € 5.00
A MODO NOSTRO (pom., salsiccia, finghi e mozzarella).... € 5.50
CAPRICCIOSA (pom., funghi, carciofi, olive e mozzarella) ... € 5.50
QUATTRO STAGIONI
(pom., funghi, carciofi, olive, uovo, mozzarella)........... € 5.50
AI PEPERONI (pomodoro e peperoni)..................... € 5.50
ALLE MELANZANE (pom., mozzarella e melanzane)....... € 5.50
PIZZA AL SAN FRANCESCO
(mozz., funghi, salsiccia, crema di tartufo)............. € 6.50
PIZZA DIAVOLA (pom., mozzarella, salame piccante) ..... € 6.00
FOCACCIA AL PROSCIUTTO .... € 6.00

I DESSERT
Tozzetti e vin santo .... € 4.50
Zuppa inglese .... € 4.50

VINI *Abbiamo scelto una vasta selezione di spumanti, champagne, vini bianchi e rossi provenienti da varie regioni: Umbria, Friuli Venezia Giulia, Toscana, Piemonte.*

BEVANDE
CAFFETTERIA LIQUORI .... € 1.50
Acqua minerale 1 lt .... € 1.50
Acqua minerale ½ lt .... € 1.00
Bibite in lattina .... € 2.00
Caffè .... € 1.00

1. cod   2. boar   3. rabbit   4. beef   5. duck

 9.50 Dal San Francesco. A gruppi di tre, immaginate di essere al ristorante Al San Francesco. Uno studente/Una studentessa fa la parte del cameriere/della cameriera e le altre due persone fanno la parte di un/una cliente vegetariano/a e un/una cliente molto difficile e indeciso/a. Immaginate la conversazione e ricordate di usare il **Lei** quando è necessario.

 9.51 Mangiare al ristorante. Usa le domande che seguono per intervistare un compagno/una compagna. Poi scrivi una mail al professore/alla professoressa con le informazioni che hai ottenuto.

1. Preferisci mangiare a casa o fuori?
2. Quante volte alla settimana mangi fuori? Perché? In quali occasioni?
3. Qual è il tuo ristorante preferito? Ci vai spesso? È caro? Cosa si mangia? Quando e con chi ci vai?

4. In generale, cosa ti è piaciuto l'ultima volta che sei stato/a ad un ristorante? Che cosa non ti è piaciuto?
5. Che cosa è più importante quando scegli un ristorante? L'atmosfera, il menù, il prezzo, la qualità?

 9.52 Dove andiamo a cena? Leggete gli annunci che seguono e decidete dove volete andare a cena. Spiegate perché?

RISTORANTE
le Noci di Gualdo Cattaneo

Il Ristorante Le Noci è un ambiente familiare, semplice e molto accogliente[1], gestito[2] quasi tutto al femminile e dotato di un bel giardino con tavoli all'aperto in cui mangiare d'estate. La cucina è tipica, a base di ricette regionali e fatta di prodotti freschi e genuini, con tutte le paste fresche ed i dolci fatti in casa.

1. cosy   2. managed, run

Cantina della Villa
RISTORANTE

Benvenuti alla Cantina!
La fotografia della Cantina è di Massimo Sean Pepe

Nel **Ristorante Cantina della Villa** troverete tante botti e macchinari per la trasformazione dell'uva in vino, 20 semplici tavoli con le panche, 4 grandi archi, le antiche pareti in pietra, e un grande camino dove regna sempre il fuoco.
La Cantina è il luogo dove vogliamo far vivere la tradizione attraverso i cibi, gli arredi, le persone. Siamo presenti da molti anni nella Guida delle Osterie d'Italia della Slow Food Editore e nella Guida del 2010 abbiamo avuto il riconoscimento della "chiocciola".

RISTORANTE
LA STALLA

Il ristorante La Stalla, sulla soglia dei cinquant'anni di attività, rappresenta ormai un'istituzione per molti clienti e amici sparsi in tutto il mondo. La sua cucina deriva direttamente dai piatti che la signora Maria Oliva – nonna degli attuali proprietari, Claudio e Federica – preparava ai pellegrini. Nella bella stagione, l'ampio terrazzo esterno offre degli scorci suggestivi sulla vallata e la Rocca Maggiore. Il menù parte dalla tradizionale torta al testo farcita con prosciutto, salsicce, bieta e cicoria o caciotta, a cui affiancare l'immancabile bruschetta condita con olio di produzione locale

 9.53 Apriamo un ristorante! Immaginate di aprire un ristorante e considerate i punti indicati. Poi lo descrivete alla classe. Gli altri studenti scelgono il ristorante preferito e spiegano perché.

a. nome e dove
b. menù e prezzi
c. ambiente e caratteristiche particolari

In pratica

 PARLIAMO

 Dove mangi? Cosa mangi? A piccoli gruppi, discutete cosa e dove mangiate di solito. Poi tenete presente i gusti di tutti e decidete dove volete incontrarvi per cenare insieme questo weekend.

Strategie per parlare
Expressing likes and dislikes

When we talk about food and restaurants with family and friends, we usually share information about our likes and dislikes. Remember that you need to use the verb **piacere** to indicate what you like and don't like, and that you can use the expressions **anche** and **neanche a me** to indicate whether or not you agree with someone else's preferences.

Dai! Mangiamo qui anche oggi! Ieri la bistecca mi è piaciuta moltissimo!

Prima di parlare

9.54 Prima di parlare con i tuoi compagni, rispondi alle seguenti domande.

1. Prepara una lista di cinque cose che hai mangiato la settimana scorsa fuori di casa. Che cosa ti è piaciuto in particolare? Che cosa non ti è piaciuto?
2. Dove mangi di solito? Perché?

Mentre parli

 9.55 Descrivete e spiegate ai compagni i vostri gusti riguardo al cibo e ai ristoranti. Fate loro delle domande sui loro gusti. Quali ristoranti vi piacciono? Preferite mangiare a casa o fuori?

ESEMPIO: —La settimana scorsa sono andato/a al ristorante tre volte! Il ristorante italiano mi è piaciuto moltissimo!

—Che cosa ti è piaciuto?

—Mi sono piaciute soprattutto le lasagne! ...

Dopo aver parlato

9.56 Adesso decidete che cosa avete in comune per quanto riguarda il cibo e decidete dove potete mangiare insieme questo weekend. Date dei consigli alle altre persone del gruppo.

ESEMPI: —Andiamo da Pantalone! È sempre buono!

—Non mangiamo fuori! Cuciniamo a casa!

LEGGIAMO

Prima di leggere

9.57 Nell'articolo che leggerai alcune persone fanno dei commenti sul Natale. Scorri (*Skim*) l'articolo, facendo particolare attenzione al titolo e ai commenti iniziali di ogni persona. Poi rispondi alle domande che seguono.

1. Quale è, secondo te, l'argomento principale dell'articolo?
2. L'atteggiamento (*attitude*) delle varie persone verso il Natale è positivo, tollerante o indifferente?

> **Strategie per leggere** Skimming
>
> Skimming is an effective strategy for efficient reading. You might skim the front page of a newspaper, for example, to get a sense of the day's news, or skim a magazine article to get the gist prior to going back and reading it thoroughly. To skim a text, review the material quickly to understand the main idea of the selection. Don't try to understand every word or to analyze every sentence. Instead, focus only on key passages and words.

Perché non possiamo fare a meno[1] del Natale

Enrico Finzi – *Sociologo*

Il Natale è una festa amatissima: da una ricerca Astra risulta che è la preferita dall'82 per cento degli italiani.

Il motivo è semplice: è un evento radicato nell'infanzia ed è vissuto come un momento di gioia e di convivialità, di tepore familiare e affetti.

Una giornata capace di regalare la speranza di un domani migliore, insieme a momenti di vera felicità.

Cinzia Th. Torrini – *Regista*

Non rinuncerei mai ai miei "natali volanti".

Il 24 sono in Germania con i parenti di mio marito.

Il 25 prendo l'aereo per andare a Firenze da mio fratello. Ma mi piace così: è l'unico modo per festeggiare con tutti.

Paolo Fox – *Astrologo*

Per tutti il Natale è il giorno del calore[2] familiare. Per me, invece, è una festività dedicata all'amicizia. Ormai da qualche anno ho perso i miei genitori e non ho fratelli. Sono solo, insomma. Ma divido la mia vita con un gruppo di amici. Trascorrerò[3] il giorno di Natale proprio con loro: la mia grande e vitale famiglia adottiva.

Maria Amelia Monti – *Attrice*

[Il Natale] Fa contenti i bambini, ed è il pretesto per andare a trovare i nonni a Milano. Oggi, poi, che le famiglie sono spesso disperse, è giusto che almeno una volta l'anno ci si muova per stare uniti.

Eleonora Cadeddu – *Attrice*

(Annuccia, di *Un medico in famiglia,* ha 9 anni).

È il giorno più bello dell'anno, perché mamma mi fa stare sveglia fino a mezzanotte. Infatti aspetto che Babbo Natale mi porti i regali che ho chiesto: una casa per le bambole e un trolley. E poi non vedo l'ora di abbracciare forte i nonni.

(From *"Perché non possiamo fare a meno del Natale "* Donna Moderna, n. 51, 22 dicembre 2004. Reproduced with permission from *Donna Moderna*.)

1. do without   2. warmth   3. I will spend

Mentre leggi

9.58 Leggi un'altra volta l'articolo e cerca le informazioni seguenti.

1. l'atteggiamento delle persone verso il Natale
2. il significato particolare del Natale per ognuno

Dopo la lettura

9.59 Con quale persona dell'articolo associ le frasi seguenti.

1. Si aspetta con ansia l'arrivo di Babbo Natale: _____
2. A Natale si può anche stare con gli amici: _____
3. A Natale ci ricordiamo di quando eravamo bambini: _____
4. A Natale si viaggia molto: _____
5. A Natale è molto importante stare in famiglia: _____

9.60 Indica dove e con chi passano il Natale le persone intervistate. Cosa rappresenta il Natale per ognuno (*each one*)? E tu con chi ti identifichi di più o di meno riguardo alle feste in generale?

SCRIVIAMO

Una festa importante. Descrivi una festa importante per te. Per esempio, puoi scegliere di parlare di Capodanno, del 4 di luglio o della Festa del Ringraziamento.

Prima di scrivere

9.61 Prima di cominciare a scrivere organizza le tue idee.

1. Scegli la festa di cui vuoi parlare e decidi l'argomento principale. Quindi scrivi una prima frase per riassumere l'argomento che hai scelto.

   ESEMPIO: *Una festa molto importante per me e la mia famiglia è la Festa del Ringraziamento, perché siamo tutti insieme.*

2. Indica tre aspetti di questa festa che dimostrano perché è importante per te. Per esempio: Fai un pranzo o una cena speciale? Che cosa ti piace fare durante questa festa? La celebri in un posto particolare? Quali sono le tradizioni e le usanze importanti per te?

3. Trova un titolo appropriato per la tua descrizione.

La scrittura

9.62 Scrivi la prima stesura. Usa la frase che hai scritto prima per introdurre l'argomento. Poi descrivi i tre aspetti della festa che sono importanti per te e usa gli esempi e i particolari che hai preparato.

La versione finale

9.63 Leggi la prima stesura.

1. Hai dato un titolo adatto alla descrizione? Hai menzionato tre aspetti di questa festa che sono importanti per te? Hai usato esempi e particolari appropriati?
2. Controlla i verbi e l'accordo degli aggettivi e dei nomi.
3. Copia la prima stesura e fa' attenzione a come si scrivono tutte le parole. Leggi l'ultima stesura un'altra volta.

GUARDIAMO

Prima di guardare

9.64 Nel videoclip che segue alcune persone esprimono le loro preferenze per quanto riguarda feste e ristoranti e Plinio descrive una tradizione siciliana. Prima di guardare il video, completa le attività che seguono.

1. Secondo te, di quali feste parleranno (*will they speak*)? Immagina alcune delle parole che useranno (*they will use*).
2. Elenca (*list*) le espressioni che si usano al ristorante.
3. In genere, che cosa non mangia chi è vegetariano/a?

Mentre guardi

 9.65 Completa le frasi.

1. Laura e i suoi familiari per le feste preferiscono
   a. andare al ristorante.
   b. mangiare a casa.
2. La festa preferita di Laura è
   a. Pasqua.
   b. Carnevale.
3. La festa preferita di Ilaria è
   a. Natale.
   b. L'Epifania.
4. Al ristorante Tina chiede al cameriere
   a. un consiglio.
   b. il conto.
5. Tina preferisce mangiare
   a. taglierini con le vongole.
   b. un arrosto con i funghi.
6. Il cameriere consiglia il pesce perché
   a. è freschissimo.
   b. fa molto caldo.
7. Secondo Plinio, è più bello andare al ristorante o in pizzeria
   a. per pranzo.
   b. per cena.

Dopo aver guardato

 9.66 Rispondi alle seguenti domande.

1. Nella vostra famiglia le feste si celebrano come a casa di Laura? Cosa fate di simile e di diverso?
2. Quale festa nel vostro Paese è simile all'Epifania di cui parla Ilaria? Cosa fa la gente nel vostro Paese che fa anche Ilaria?
3. Al ristorante dove va Tina, cosa notate di diverso dai ristoranti del vostro Paese? Vi piacerebbe (*Would you like*) mangiare in questo ristorante? Perché?
4. Perché è bello lo spettacolo dei pupi siciliani secondo Plinio? Ci sono spettacoli simili nel vostro Paese?

ATTRAVERSO L'UMBRIA

L'Umbria è una delle più piccole regioni italiane. È situata nell'Italia centrale ed è l'unica regione della penisola non bagnata dal mare. Il territorio è montagnoso, ma anche ricco di valli verdi e percorso (*crossed*) da molti fiumi tributari del Tevere. C'è anche un grande lago, il Lago Trasimeno. Infatti l'Umbria è conosciuta come «il **cuore** (*heart*) **verde**» dell'Italia.

L'economia della regione si basa sull'industria, l'artigianato, l'agricoltura e il turismo. Si trovano in Umbria due grandi industrie alimentari: la Perugina, nota per i suoi cioccolatini chiamati *Baci*, e la Buitoni che produce pasta. La regione è anche famosa per i numerosi laboratori di ceramica artistica di stile rinascimentale, le piccole cittadine medioevali e i tanti splendidi monumenti e opere d'arte. In Umbria si produce anche un ottimo (*excellent*) olio d'oliva.

In questa regione sono nati grandi artisti fra i quali Masolino da Panicale, il Pinturicchio, il Perugino e santi molto noti, come San Francesco, San Benedetto, Santa Chiara e Santa Rita e il poeta Jacopone da Todi.

L'Umbria è una regione particolarmente ricca di antiche tradizioni ed eventi culturali. A Spoleto ogni anno c'è il Festival dei Due Mondi, una manifestazione internazionale di musica, arte, cultura e spettacolo.

La facciata (*facade*) del Duomo di Orvieto, uno dei più belli e più importanti esempi di architettura gotica italiana. La facciata, a forma di trittico (*triptych*), è ornata con marmi (*marble*) policromi, sculture e splendidi mosaici dorati (*golden*). Hanno contribuito alla sua realizzazione alcuni dei maggiori artisti del Medioevo e del Rinascimento, fra cui Andrea Orcagna, il Beato Angelico e Luca Signorelli.

Il centro storico medievale di Perugia, la piazza centrale con la fontana Maggiore e il Duomo di San Lorenzo. Perugia, il capoluogo dell'Umbria, è situata su un colle (*hilltop*) come tante altre città umbre. È una città antica dove è possibile ammirare monumenti etruschi, medievali e rinascimentali. A Perugia c'è anche l'Università per Stranieri, dove arrivano studenti da tutti i Paesi del mondo per imparare l'italiano. A Perugia ogni estate c'è un'importante

VERIFICHIAMO

Prima leggi l'introduzione della regione, poi guarda le foto e leggi le rispettive didascalie.

9.67 Vero o Falso? Indica quali delle seguenti affermazioni sono vere e quali false. Correggi le affermazioni false.

1. Orvieto è una piccola città che non ha molto interesse artistico.
2. Perugia è una città importante in Umbria.
3. A Perugia ci sono pochi giovani.
4. A Perugia c'è una scuola di lingue e letterature straniere molto nota.
5. Assisi è una città importante per il mondo cristiano.
6. Nella Basilica di San Francesco ci sono celebri affreschi del Rinascimento.
7. Giotto è un grande artista del Medioevo.
8. Con la Corsa dei Ceri si celebrano i prodotti tipici di Gubbio.

 9.68 E voi, che altro ne sapete? Discutete cosa sapete:

1. del Festival dei Due Mondi
2. di Umbria Jazz
3. di Giotto
4. di San Francesco

 9.69 E nel vostro Paese? Nel vostro Paese ci sono celebrazioni simili alla Corsa dei Ceri? Quali? Come sono simili e come sono diverse?

La Corsa dei Ceri (*Race of the candles*) a Gubbio. Ogni anno, il 15 maggio, a Gubbio si tiene la Corsa dei Ceri, in onore del Sant'Ubaldo, il patrono del paese. Uomini delle diverse contrade (*districts*) della città portano i tre grandi e pesanti ceri (circa 300 kg) sulle spalle dal centro della città fino alla chiesa di Sant'Ubaldo, che si trova su un monte. La corsa è frenetica e difficile ed è infusa di

Un particolare di un affresco di Giotto nella Basilica di San Francesco, ad Assisi. Assisi è la meta di tanti pellegrini cristiani che vogliono visitare la città di San Francesco, il santo patrono d'Italia. Ad Assisi, nella Basilica di San Francesco, ci sono i dipinti di Giotto, Cimabue, Simone Martini e Pietro Lorenzetti, grandi maestri della pittura medievale. Particolarmente importanti sono gli affreschi di Giotto (1267–1337), che narrano la vita del santo. Nelle opere di Giotto sono evidenti i principi della prospettiva e il naturalismo.

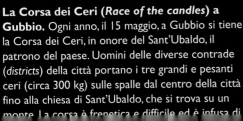

Le feste

Babbo Natale	Santa Claus
la Befana	a kind old witch who gives children gifts on Epiphany
Capodanno	New Year's day
Carnevale	Carnival
il cenone	Christmas Eve and New Year's Eve dinner
l'Epifania	Epiphany
Ferragosto	holiday in mid-August
la festa della donna	women's day
Natale	Christmas
Pasqua	Easter
San Valentino	Valentine's day
il veglione	party, dance
la vigilia	eve

Per descrivere le feste

addobbare	to decorate
andare* in vacanza	to go on vacation
brindare	to toast
la calza	stocking
il costume	costume
festeggiare	to celebrate
la maschera	mask
la mimosa	mimosa
il panettone	traditional Italian Christmas cake
il regalo	gift
la sorpresa	surprise
l'uovo (pl. le uova)	egg

Per fare gli auguri

il biglietto di auguri	greeting card
Buon anno! / Felice anno nuovo!	Happy New Year!
Buon Natale!	Merry Christmas!
Buona Pasqua!	Happy Easter!
Buone feste!	Happy Holidays!

La tavola

il bicchiere	glass
il coltello	knife
il cucchiaio	spoon
la forchetta	fork
il piatto	dish, plate
le posate	silverware
la tazza	cup
il tovagliolo	napkin
la tovaglia	tablecloth

Le pietanze e il cibo

l'agnello	lamb
l'antipasto	hors d'oeuvres
le ciliegie	cherries
la crostata di frutta	fruit tart
le fragole	strawberries
i funghi	mushrooms
le lasagne	lasagna
il melone	melon
la pesca	peach
il prosciutto	prosciutto
la ricetta	recipe
il risotto	Italian style rice
le scaloppine di vitello	veal scaloppini
il tacchino	turkey
i tortellini	tortellini
la trota	trout
l'uva	grapes

I condimenti

l'aceto	vinegar
l'aglio	garlic

il burro	butter
il ghiaccio	ice
il limone	lemon
l'olio d'oliva	olive oil
la panna	cream
il parmigiano grattugiato	grated Parmesan cheese
il pepe	pepper
il peperoncino rosso	hot red pepper
il ragù	meat sauce
il sale	salt
il sugo di pomodoro	tomato sauce
lo zucchero	sugar

Per spiegare le ricette

aggiungere (p.p. aggiunto)	to add
assaggiare	to taste
condire (-isc-)	to season, to dress
cuocere (p.p. cotto)	to cook
friggere (p.p. fritto)	to fry
mescolare	to stir, to mix
soffriggere (p.p. soffritto)	to sauté
tagliare	to cut

Al ristorante

il cameriere/la cameriera	waiter/waitress
chiedere il conto	to ask for the check
il/la cliente	client, customer
consigliare	to suggest
la mancia	tip

il menù	menu
ordinare	to order
il piatto del giorno	special of the day

Per descrivere i piatti

l'acqua gassata / liscia	sparkling / still water
al sangue	rare
ben cotto/a	well done
dolce	sweet
insipido/a	bland
leggero/a	light
pesante	heavy, rich
piccante	spicy
salato/a	salty
saporito/a	tasty
squisito/a	delicious

Espressioni al ristorante

C'è posto per due / quattro?	Is there room for a party of two / four?
Il signore desidera?	What would you (singular) like to have?
I signori desiderano?	What would you (plural) like to have?
Vorrei...	I would like . . .
Per favore, mi porti...	Please bring me . . . (polite)

Una giornata indimenticabile!

Percorso I: Avvenimenti importanti
Percorso II: Ricordi di ogni genere
Percorso III: Viaggi e vacanze indimenticabili
In pratica
Attraverso: La Calabria e la Sardegna

In this chapter you will learn how to:

◆ Discuss important events and relationships in your life

◆ Describe good and bad memories

◆ Talk about unforgettable trips and vacations

Percorso I
Avvenimenti importanti

Gli avvenimenti importanti nella vita di Chiara

Sono nata il 5 agosto. I miei genitori erano molto felici.

Mi sono diplomata nel 2006. Avevo 19 anni. Io e i miei amici eravamo molto contenti.

Io e Niccolò ci siamo conosciuti il 14 febbraio. Avevamo 27 anni. Ci siamo innamorati subito e poco dopo ci siamo fidanzati.

Mi sono sposata il 24 luglio. È stato il giorno più bello della mia vita. Io e Niccolò eravamo proprio innamorati.

Per parlare di avvenimenti importanti

laurearsi* *to graduate from college*
prendere la patente *to get one's driver's license*
sentirsi* *to feel*

Per descrivere i rapporti fra le persone

abbracciarsi* *to hug (each other)*
amarsi* *to love (each other)*
baciarsi* *to kiss (each other)*
il bacio *kiss*
divorziare *to divorce*
fidanzarsi* *to get engaged*
il fidanzato/la fidanzata *fiancé(e)*
frequentarsi* *to go out together*
incontrarsi* *to meet, to see (each other)*
innamorarsi* di *to fall in love with*
lasciarsi* *to break up (with each other)*
il mio ragazzo/la mia ragazza *my boyfriend/girlfriend*
stare insieme *to go out with*
vedersi (p.p. visto)* *to see each other*
volersi* bene *to like (each other) / to love (each other)*

Per descrivere gli avvenimenti

favoloso/a *fabulous*
indimenticabile *unforgettable*
orribile *horrible*
meraviglioso/a *marvelous*
rilassante *relaxing*
romantico/a *romantic*
stressante *stressful*

Espressioni per narrare una storia

ad un tratto *suddenly*
così *so, thus*
infatti *in fact, as a matter of fact*
mentre *while*
purtroppo *unfortunately*
quindi *so, therefore*

 10.1 In quale ordine? Metti gli avvenimenti seguenti in ordine logico. Poi paragona la tua lista con quella di un compagno/una compagna. Avete lo stesso ordine?

a. _____ sposarsi
b. _____ diplomarsi
c. _____ frequentarsi
d. _____ laurearsi
e. _____ nascere
f. _____ divorziare
g. _____ innamorarsi
h. _____ conoscersi
i. _____ volersi bene
l. _____ fidanzarsi
m. _____ lasciarsi
n. _____ amarsi

10.2 I contrari. Indica l'opposto delle seguenti parole ed espressioni.

1. sposarsi
2. stare insieme
3. incontrarsi
4. orribile
5. rilassante
6. favoloso/a

10.3 Cosa fanno? Completa le frasi e indica cosa fanno queste persone.

1. Quando un ragazzo finisce gli studi all'università si dice che

    _____.
2. Due persone sposate che non si vogliono più bene e litigano sempre
    possono _____.
3. Molti ragazzi giovani _____ per guidare anche da soli.
4. Prima di sposarsi, molte persone _____ e poi

    _____.
5. Due persone che si amano _____ e _____ spesso.

In contesto Un colpo di fulmine

A settembre Giulio torna all'università. Scrive una mail a Jason, il suo amico di chat, e gli parla di un evento molto importante.

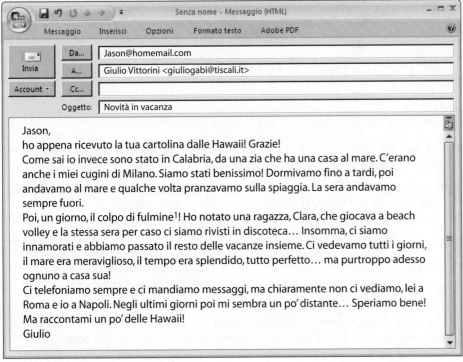

Jason,
ho appena ricevuto la tua cartolina dalle Hawaii! Grazie!
Come sai io invece sono stato in Calabria, da una zia che ha una casa al mare. C'erano anche i miei cugini di Milano. Siamo stati benissimo! Dormivamo fino a tardi, poi andavamo al mare e qualche volta pranzavamo sulla spiaggia. La sera andavamo sempre fuori.
Poi, un giorno, il colpo di fulmine[1]! Ho notato una ragazza, Clara, che giocava a beach volley e la stessa sera per caso ci siamo rivisti in discoteca… Insomma, ci siamo innamorati e abbiamo passato il resto delle vacanze insieme. Ci vedevamo tutti i giorni, il mare era meraviglioso, il tempo era splendido, tutto perfetto… ma purtroppo adesso ognuno a casa sua!
Ci telefoniamo sempre e ci mandiamo messaggi, ma chiaramente non ci vediamo, lei a Roma e io a Napoli. Negli ultimi giorni poi mi sembra un po' distante… Speriamo bene!
Ma raccontami un po' delle Hawaii!
Giulio

1. love at first sight

10.4 Le vacanze di Giulio. Decidete quali dei seguenti aggettivi descrivono meglio (*better*) le vacanze di Giulio. Motivate le vostre risposte con esempi.

1. romantiche
2. rilassanti
3. indimenticabili
4. divertenti

 10.5 Giulio e Clara. Immaginate come è continuata e si è conclusa la storia fra Giulio e Clara. Raccontate le vostre conclusioni alla classe.

Occhio alla lingua!

1. Look at the descriptions of important events in Chiara's life on page 291. What verb tenses are used?
2. When is the **imperfetto** used to talk about Chiara's life? When is the **passato prossimo** used? What patterns can you detect?
3. Reread Giulio's message and first identify all of the verbs that describe people, places, things, or routines in the past. Then identify all of the verbs that refer to actions that occurred at one specific time. What tenses are used in each instance?
4. In Giulio's message, look at all the verbs in the **noi** form that are preceded by the pronoun **ci**. What is the function of the pronoun **ci**? What do the verbs preceded by **ci** mean?

GRAMMATICA

L'imperfetto e il passato prossimo

In Capitoli 6, 7, and 8, you studied the present perfect tense (**passato prossimo**) and the imperfect tense (**imperfetto**). As you know, these tenses are both used to talk about the past, but each has distinct uses.

1. The **passato prossimo** is used to refer to events or actions that occurred at a specific time or a specific number of times in the past.

Sono nata nel 1980. **Mi sono diplomata** nel 1999. **Ho studiato** all'università quattro anni e **mi sono laureata** nel 2003. Tre anni fa **ho conosciuto** Paolo. **Siamo stati** insieme due anni, poi **ci siamo sposati. Siamo stati** in America due volte.	*I was born in 1980. I graduated from high school in 1999. I studied at the university for four years and I graduated in 2003. Three years ago I met Paolo. We went out for two years and then we got married. We have been to America twice.*

2. The **imperfetto** is used to describe people, places, and things in the past. It is also used to talk about repeated or habitual past actions, and actions that occurred an indefinite number of times or for an unspecified period of time.

Carlo **era** un bel ragazzo, alto e muscoloso. **Ci vedevamo** ogni giorno e **facevamo** una passeggiata prima di cena.	*Carlo was a handsome young man, tall and muscular. We saw each other every day and went for a walk before dinner.*

3. The **imperfetto** is also used to describe an action that was going on in the past when another action interrupted it. The **passato prossimo** is used to express the action that interrupted it.

Quando Giuseppe è **entrato**, io **studiavo**.	*When Giuseppe came in, I was studying.*
Renata **ha telefonato** mentre **mangiavamo**.	*Renata called while we were eating.*

4. Some verbs have different meanings when used in the **imperfetto** and **passato prossimo**.

- In Capitolo 8, you learned that in the **imperfetto**, *dovere, potere,* and *volere* indicate an action that someone *was supposed to do, was able to do,* or *wanted to do,* but never did. When used in the **passato prossimo**, these verbs indicate actions that actually took place.

Paolo **voleva** sposarsi quest'anno, ma non **ha potuto**.	*Paolo wanted to get married this year, but he wasn't able to.*
Paolo **ha voluto** sposarsi quest'anno.	*Paolo wanted to get married this year (and he did).*
Dovevo laurearmi quest'anno, ma **ho voluto** aspettare.	*I was supposed to graduate this year, but I wanted to wait (and I did).*
Ho dovuto laurearmi quest'anno.	*I had to graduate this year.*

- *Sapere* and *conoscere* also have different meanings when used in the **imperfetto** and **passato prossimo**. In the **imperfetto**, they are equivalent to the English *to know something or someone* or *to be familiar with a place or concept.* When used in the **passato prossimo**, they express *to find out* and *to meet someone,* respectively.

Conosceva Giuliano molto bene.	*She knew Giuliano very well.*
Sapeva tutto di lui.	*She knew everything about him.*
Ho conosciuto Giuliano nel 2000.	*I met Giuliano in the year 2000.*
Ho saputo che lui e Marisa si sono lasciati.	*I found out that he and Marisa have broken up.*

10.6 Che bella giornata! Roberto parla della laurea di sua sorella. Completa le frasi scegliendo tra il passato prossimo e l'imperfetto.

Il 3 luglio mia sorella (1. si è laureata / si laureava). (2. È stata / Era) una bella giornata d'estate. (3. Ha fatto / Faceva) caldo. Mia sorella (4. è stata / era) molto nervosa. (5. Ha portato / Portava) un bel vestito rosso. (6. L'abbiamo accompagnata / L'accompagnavamo) in facoltà tutti insieme. I parenti (7. le hanno fatto / le facevano) dei bei regali. Luisa, una sua amica (8. è arrivata / arrivava) molto in ritardo. Infatti (9. è venuta / veniva) all'università mentre mia sorella (10. è uscita / usciva). Dopo, alla cena (11. ci siamo divertiti / ci divertivamo). E in discoteca (12. abbiamo ballato / ballavamo) tutta la notte.

10.7 Ho sognato che... Immagina di raccontare questo sogno ad un amico/un'amica. Cambia i verbi al passato prossimo e all'imperfetto.

Sono ad una festa. Ho vent'anni. **Sono** elegantissima e tutti **mi guardano**. Porto un bel vestito. Ad un certo punto **arriva** un giovane bellissimo. È un famoso attore del cinema. Improvvisamente **mi guarda** e **mi invita** a ballare. **Balliamo** tutta la sera. Dopo **mi accompagna** a casa e **mi abbraccia**. La serata è bellissima, non **fa** né freddo né caldo e **c'è** una bell'aria fresca. Insomma, l'atmosfera è perfetta ed io **sono** felicissima. Ad un tratto però **mi sveglio** mentre mia madre **mi chiama** e **mi porta** il caffè.

10.8 Una storia d'amore. Completa la storia di Paolo e Luisa con l'imperfetto o il passato prossimo.

Luisa (avere) _____ diciotto anni e (frequentare) _____ il liceo, mentre io (lavorare) _____ già. Luisa (abitare) _____ in una casa vicino alla nostra e ogni giorno io la (vedere) _____ mentre (lei, andare) _____ a scuola. Mi (piacere) _____ molto! Un giorno mentre io (uscire) _____ di casa con alcuni amici, lei mi (chiamare) _____ e mi (invitare) _____ ad una festa a casa sua. Io (essere) _____ molto contento e ovviamente (andare) _____ alla festa. Luisa e io (parlare) _____ tutta la notte e a un certo punto io l' (baciare) _____ e poi noi (abbracciarsi) _____ . Dopo quella sera noi (stare) _____ insieme per quattro anni. Poi finalmente (sposarsi) _____ !

10.9 Cosa è successo? Completa le seguenti frasi pensando alle tue esperienze e a quelle dei tuoi amici.

1. Avevo 18 anni quando...
2. Due miei compagni di scuola parlavano mentre...
3. Due miei amici litigavano quando...
4. Io e un mio amico/una mia amica studiavamo all'università quando...
5. Un mio amico/Una mia amica ha conosciuto la sua ragazza/il suo ragazzo mentre...
6. Io mi sono diplomato/a quando...

Azioni reciproche

In Italian, reciprocal actions, such as *we call each other, you see one another, they write to each other,* are expressed with the plural reflexive pronouns **ci, vi, si,** and the plural forms of the verb.

Io e Anna **ci vogliamo** bene.	*Anna and I love each other.*
Tu e Fabio **vi frequentate** da molto tempo.	*You and Fabio have been going out together for a long time.*
Luigi ed Enzo **si conoscono** da due anni.	*Luigi and Enzo have known each other for two years.*

Like reflexive verbs, verbs that indicate reciprocal actions are conjugated with **essere** in the **passato prossimo** and the past participle agrees with the subject.

Io e Margherita **ci siamo lasciati.**	*Margherita and I broke up (with each other).*
Lucia e Cesare **si sono innamorati.**	*Lucia and Cesare fell in love (with one another).*
Carla e Donata non **si sono** più **viste** dopo il liceo.	*Carla and Donata never saw each other again after high school.*

10.10 Chi lo fa? Indica chi fa le seguenti azioni. Abbina i soggetti alle attività.

1. Tu e Mario
2. Giulio e Jason
3. Io e Carlo

a. Si scrivevano spesso.
b. Vi incontravate ogni mattina.
c. Si aiutano sempre.
d. Si sono visti ieri sera.
e. Ci capiamo.
f. Vi telefonate ogni sera.
g. Ci vogliamo bene.
h. Vi frequentate da un anno.
i. Ci siamo conosciuti a una festa.
l. Si telefonano qualche volta.
m. Non si sono mai incontrati.

10.11 L'amicizia. Spiega che cosa fanno insieme le seguenti persone. Completa le frasi con il presente del verbo.

1. Andrea e Cecilia (conoscersi) _____ da cinque anni. Ogni mattina loro (incontrarsi) _____ davanti alla biblioteca. (Salutarsi)_____ e (parlarsi) _____ per un po'.
2. Giovanna e Paola non (vedersi) _____ spesso, però (telefonarsi)_____ ogni sera.
3. Io e Luisa (parlarsi) _____ raramente perché abitiamo molto lontano. Però noi (scriversi) _____ spesso. Ogni volta che (vedersi)_____ , (abbracciarsi) _____ e (baciarsi)_____ sulle guance (*on the cheeks*).
4. E tu e i tuoi amici? (Vedersi) _____ spesso? (Scriversi)_____ qualche volta? Dove (incontrarsi) _____ la sera?

10.12 I rapporti. Usate i verbi elencati per descrivere i rapporti fra le seguenti persone. Cosa fanno spesso? Cosa non fanno mai?

aiutarsi	capirsi	frequentarsi	incontrarsi	scriversi
telefonarsi	vedersi	volersi bene		

1. due fidanzati
2. tu e il tuo/la tua migliore amico/a
3. io e gli studenti del corso d'italiano

Scambi

10.13 Di cosa parlano? Alcune persone parlano con altre dei loro rapporti. Ascolta le conversazioni due volte e indica di cosa discutono.

1. _____ due amici d'infanzia
2. _____ una coppia che ha dei problemi
3. _____ due amiche che non vanno più d'accordo

10.14 Vi conoscete bene? Chiedete ai compagni/alle compagne se fanno le seguenti attività fuori della scuola. Scoprite anche con quale frequenza le fanno: spesso? qualche volta? mai? Ci sono studenti che hanno le stesse abitudini? Siete simili o molto diversi?

ESEMPIO: incontrarsi in piazza
            S1: Vi incontrate in piazza spesso?
            S2: Sì, ci incontriamo in piazza ogni giorno.
            S3: Anche noi ci incontriamo spesso! ...

1. telefonarsi
2. vedersi
3. mandarsi messaggi
4. parlarsi
5. aiutarsi
6. incontrarsi
7. salutarsi
8. frequentarsi

10.15 La prima volta! Intervista un compagno/una compagna. Domanda quando ha fatto le seguenti esperienze la prima volta. Scopri anche i particolari.

1. il primo appuntamento con un ragazzo/una ragazza
2. il primo amore
3. la prima macchina
4. la prima volta che ha marinato la scuola
5. la prima volta che ha incontrato il suo migliore (*best*) amico/la sua migliore amica
6. il primo giorno di scuola

10.16 Inventiamo una storia! Immaginate una storia avvenuta (*that took place*) in passato ispirata alla fotografia. Poi raccontate la storia alla classe e i compagni decidono qual è la più divertente o interessante. Indicate:

- chi erano e dove erano le due persone,
- quando e cosa è successo,
- come si sentivano.

Percorso II
Ricordi di ogni genere

 Che cosa è successo?

Quando avevo tredici anni, ho vinto una gara di corsa. Ho ancora a casa la medaglia d'oro **che** mi hanno dato. È stato un momento indimenticabile!

Un giorno sono andato a sciare. Gli amici **con cui** sono andato erano sciatori bravissimi. Io invece non sapevo sciare per niente e tutto d'un tratto sono caduto. Mi sono rotto una gamba **che** mi hanno ingessato.

Per parlare di infortuni (accidents)

ammalarsi* to get sick
avere un incidente stradale / con la macchina
    to have a car accident
cadere (p.p. caduto)* to fall
farsi* male al braccio / alla gamba / alla mano /
    al piede / alla testa to hurt one's arm / leg / hand / foot / head
perdersi* to get lost
il pronto soccorso emergency room
rompere (p.p. rotto); rompersi* il braccio / la gamba
    to break; to break one's arm / leg
slogarsi* la caviglia / il polso to sprain one's ankle / wrist
soffrire (p.p. sofferto) to suffer

Per parlare di gare e competizioni

la medaglia di bronzo / d'argento / d'oro
    bronze / silver / gold medal
partecipare (a) to participate, to compete
il premio prize

Esclamazioni ed espressioni

Beato/a te! Lucky you!
Che fortuna! What luck! How lucky!
Figurati! You bet! Not at all!
    Not on your life!
improvvisamente suddenly
Ma dai! / Ma va! No way!
poverino/a! poor thing
Su! Dai! Come on! Go on!
tutto d'un tratto suddenly / all of a sudden

10.17 Associazioni. Che eventi associ con questi oggetti?

1. una medaglia d'oro
2. il pronto soccorso
3. una macchina
4. un premio

10.18 Cosa è successo? Fate una lista di tutti i vocaboli e tutte le espressioni a pagina 299 che potete associare con il disegno a sinistra.

 10.19 Cosa diresti (*What would you say*)? Leggi le seguenti situazioni e decidi quali espressioni usare per dimostrare il tuo interesse e la tua partecipazione. Poi paragona le espressioni che hai scelto con quelle di un compagno/una compagna.

1. La tua migliore amica ha deciso di sposarsi con un ragazzo che ha conosciuto soltanto pochi giorni fa.
2. Il tuo ragazzo/La tua ragazza non ha voglia di uscire stasera.
3. Un'amica ti chiede se hai intenzione di uscire con un ragazzo/una ragazza che hai appena conosciuto.
4. Sei ad una partita di calcio in cui gioca un caro amico/una cara amica.
5. Un caro amico ti parla di un suo problema molto grave.
6. Tua sorella torna a casa felice e racconta che un ragazzo che le piace molto le ha chiesto di uscire con lui.

In contesto   Non tutti i mali vengono per nuocere.

Davanti alla biblioteca di facoltà Gianna incontra Simonetta, che ha un piede ingessato.

GIANNA: Simonetta, cosa ti è successo?

SIMONETTA: È una lunga storia! L'altro giorno avevo un esame di matematica di cui avevo tanta paura. Volevo arrivare a scuola presto, così ho preso la macchina di mia sorella. Sai, la macchina che è sempre dal meccanico! Si è rotta proprio mentre andavo a scuola!

GIANNA: E allora cosa hai fatto?

SIMONETTA: Ero disperata, ma improvvisamente è apparso° Claudio che mi ha offerto un passaggio° in motorino.

GIANNA: Claudio? Il ragazzo di cui mi parli da una settimana? Beata te! Però, ancora non mi hai detto come ti sei fatta male al piede.

SIMONETTA: Ero nervosa perché ero con Claudio e sono caduta mentre montavo° sul motorino.

GIANNA: E magari non hai neanche potuto dare l'esame che avevi quel giorno.

SIMONETTA: Veramente l'esame l'ho dato e ho anche preso un bel voto! Non solo, ma Claudio mi ha chiesto di uscire sabato sera!

GIANNA: Allora è proprio vero che non tutti i mali° vengono per nuocere°!

appeared
ride

I was getting on

misfortunes / to harm

10.20 Poteva andar peggio (*It could have been worse*)! Elencate tutte le cose che sono successe a Simonetta e decidete quali sono stati gli episodi piacevoli e quali spiacevoli. Secondo voi, perché Gianna dice che «non tutti i mali vengono per nuocere»?

Occhio alla lingua!

1. Look at the words **che** and **cui**, which appear in boldface type in the descriptions of the scenes on page 299. What do **che** and **cui** refer to in the sentences?
2. What kinds of words immediately precede **che** and **cui**?
3. Reread the *In contesto* conversation and note all instances where **che** and **cui** appear. How and when are they used?

GRAMMATICA

I pronomi relativi *che* e *cui*

Relative pronouns are used to link two or more clauses together. Unlike in English, relative pronouns can never be omitted in Italian.

Dov'è la medaglia **che** hai vinto?	*Where's the medal (that) you won?*
Il medico **che** lavora al pronto soccorso è molto simpatico.	*The doctor who works in the emergency room is very nice.*

1. The relative pronoun **che** (*who, whom, that, which*) replaces the subject or direct object of a clause, that is, the person or thing doing or receiving the action of the verb.

Ecco la ragazza **che** si è rotta il braccio.	*Here's the girl who broke her arm.*
Dov'è il premio **che** ti hanno dato?	*Where's the prize (that) they gave you?*

2. The relative pronoun **cui** (*whom, which*) replaces the object of a preposition.

L'ospedale **in cui** mi hanno portato è qui vicino.	*The hospital to which they brought me is close by.*
Ho perso la gara **per cui** mi sono tanto allenata.	*I lost the race (for which) I trained so much.*
Il ragazzo **a cui** hanno dato la medaglia d'oro era molto felice.	*The boy to whom they gave the gold medal was very happy.*

Remember:
Never use **che** after a preposition. **Che** and **cui** can refer to people or to things, and both are invariable.

10.21 Ti ricordi? Alcuni amici si ritrovano ad una cena fra compagni di liceo dieci anni dopo e ricordano persone, avvenimenti e cose del passato. Completa le frasi con il pronome relativo **che** o **cui**.

—Ti ricordi la professoressa di storia dell'arte (1) _____ si arrabbiava sempre?

—Ah, sì! Quella signora (2) _____ portava sempre un vestito rosso, vero?

—Ti ricordi i panini (3) _____ Luisa mangiava durante la ricreazione?

—Certo! Quei panini orribili (4) _____ comprava davanti alla scuola.

—Ti ricordi l'aula in (5) _____ dovevamo andare per la lezione di fisica?

—Come no! Quell'aula vecchia con una sola finestra da (6) _____ non entrava luce.

—Come si chiamava la ragazza di (7) _____ si è innamorato Gino in seconda liceo?

—La ragazza (8) _____ era antipatica a tutti? Luisa, credo.

—E il ragazzo con (9) _____ tu non sei mai voluta uscire?

—Quel ragazzo con i capelli lunghi e lisci?

—No, il ragazzo a (10) _____ una volta hai prestato il motorino.

—Già, Mario! E ha avuto un incidente proprio con il motorino (11) _____ gli avevo prestato!

10.22 Ricordi di gare e competizioni. Due amici ricordano episodi passati. Usa **che** o **cui** per unire le seguenti frasi.

ESEMPIO: Il medico ha ingessato la gamba. Mi sono rotto/a la gamba durante la corsa di biciclette.
            Il medico ha ingessato la gamba che mi sono rotto/a durante la corsa di biciclette.

1. Ho vinto la competizione. Non volevo partecipare a quella competizione.
2. La palestra era brutta e vecchia. Noi ci allenavamo in quella palestra.
3. Dov'è il pallone? Noi abbiamo vinto la partita con quel pallone.
4. La sua squadra vinceva sempre. Facevo il tifo per la sua squadra.
5. Era una medaglia d'argento. Ho vinto una medaglia.
6. Questo è il braccio. Mi sono rotto il braccio.

Scambi

 10.23 Ricordi d'adolescenza. Una donna parla di alcuni ricordi della sua adolescenza. Ascolta due volte quello che racconta e poi indica quali delle seguenti affermazioni sono vere (**V**) e quali sono false (**F**).

1. La donna ha solo brutti ricordi della sua adolescenza.
2. I suoi genitori hanno divorziato quando lei era piccola.
3. Quando era giovane aveva delle care amiche.
4. Ha un bel ricordo del primo bacio.

10.24 Ricordi belli e brutti. Continuate a scrivere questa semplice poesia di un amore finito male, usando i pronomi **che** e **cui**. Poi leggete la vostra poesia alla classe. La classe decide chi ha scritto la poesia più divertente, più originale o più triste.

> La strada in cui ci siamo conosciuti
> I fiori che ti ho comprato
> I messaggi che ci siamo mandati...

10.25 Ti è mai successo? Per ogni situazione, trova almeno un compagno/una compagna a cui è successo qualcosa di simile. Scopri anche i particolari.

ESEMPIO: S1: Hai mai avuto un incidente stradale?
S2: Sì, una volta.
S1: Quando? Cosa è successo? Di chi era la macchina che guidavi? Che cosa hai fatto? Come ti sentivi? ...

1. avere un incidente stradale
2. vincere una gara o un premio
3. cadere e farsi male
4. incontrare l'anima gemella (*soulmate*)
5. perdersi
6. rompere o perdere qualcosa di prezioso

10.26 Il giorno più bello della mia vita. Prepara una lista di almeno cinque domande per intervistare un compagno/una compagna e scoprire informazioni sul giorno più bello della sua vita. Poi usa la lista per intervistarlo/la.

Lo sai che? La scuola e lo sport

In Italia non ci sono organizzazioni sportive nelle università. I giovani che vogliono praticare qualsiasi tipo di sport possono farlo soltanto in associazioni indipendenti dalla scuola. Il **C**oni (**C**omitato **O**limpico **N**azionale **I**taliano) rappresenta tutte le discipline sportive e per il calcio esiste la **F.I.G.C.** (**F**ederazione **I**taliana **G**ioco del **C**alcio). Ci sono anche enti e organizzazioni locali che contribuiscono alla promozione di vari sport. Tutto ciò è molto diverso da quei Paesi, come gli Stati Uniti, in cui il reclutamento dei giovani per le squadre sportive delle università è un avvenimento di grande importanza.

La squadra olimpica italiana

10.27 Lo sport a scuola. Discutete cosa sapete adesso della scuola italiana riguardo alle attività sportive. Quali sono le maggiori differenze con la vostra scuola? Quali sono i vantaggi[1] e gli svantaggi[2] dei due diversi sistemi?

1. advantages   2. disadvantages

Percorso III
Viaggi e vacanze indimenticabili

 Come hai passato le vacanze?

Antonella e Cecilia sono partite da Milano per la Sardegna il 20 luglio. I giorni precedenti **avevano prenotato** il volo su Internet, **avevano comprato** i biglietti e **avevano fatto le valigie.**

Antonella e Cecilia hanno passato una vacanza fantastica. **Avevano visto** l'albergo e le foto della spiaggia su Internet ma nella realtà tutto era ancora più bello!

Per parlare dei programmi per le vacanze

l'aereo / l'aeroplano *plane / airplane*
l'agenzia di viaggi *travel agency*
andare in vacanza *to go on vacation*
il biglietto di sola andata / di andata e ritorno *one-way / round-trip ticket*
il dépliant *brochure*
fare una prenotazione *to make a reservation*
fare un viaggio *to take a trip*
un inconveniente *a mishap*
la linea aerea *airline*
prenotare un albergo a una stella / a due stelle / a cinque stelle
   to reserve a one-star hotel / a two-star hotel / a five-star hotel
richiedere / rinnovare il passaporto *to apply for / to renew the passport*
viaggiare in prima classe *to travel in first class*
il villaggio (turistico) *resort*

Per descrivere le vacanze e i viaggi

eccezionale *exceptional, extraordinary*
un incubo *a nightmare*
lussuoso/a *luxurious*
stupendo/a *wonderful*
una vacanza da sogno *a dream vacation*

I0.28 Un viaggio. Indica in quale ordine fai le seguenti cose.

a. _____ comprare un biglietto di andata e ritorno
b. _____ prenotare un albergo
c. _____ fare le valigie
d. _____ telefonare all'agenzia di viaggi
e. _____ leggere i dépliant
f. _____ andare all'aeroporto
g. _____ prenotare un volo su Internet
h. _____ rinnovare il passaporto
i. _____ divertirsi

I0.29 Cosa si fa? Indica cosa si fa di solito in queste situazioni.

1. Per andare da New York a Roma si prende l'aereo
   o il treno?
2. Cosa si fa prima: si compra il biglietto o si fa la
   prenotazione?
3. Quando una persona fa una vacanza da sogno, è felice o triste?
4. Chi viaggia in prima classe di solito va in un
   albergo a cinque stelle o in un albergo a due stelle?
5. Per organizzare una vacanza o un viaggio si prenota
   su Internet o si va in un albergo?
6. Per andare da Milano a Los Angeles portiamo la carta d'identità o il
   passaporto?

 I0.30 Una vacanza da sogno? Leggete le descrizioni che seguono.
Secondo voi, quali aggettivi descrivono meglio le vacanze di queste persone?

1. Siamo stati in un albergo a cinque stelle.
2. Siamo partiti il 14 agosto ma i miei amici avevano dimenticato di
   prenotare l'albergo.
3. Siamo restati senza valigie per cinque giorni. La linea aerea le aveva perse.
4. Siamo stati in un villaggio tranquillo vicino al mare.
5. La nostra camera aveva un bel terrazzo con una magnifica vista del mare.
6. Abbiamo mangiato male e ci hanno dato una camera che dava sul
   parcheggio.

Così si dice   Il superlativo

There are two ways to express the English idea of *extremely* or *very*. You can use
molto + an adjective: **Questo albergo è molto bello.** *This hotel is very beautiful.*
You can add **-ssimo/a/i/e** to the masculine plural form of the adjective: **Questo
albergo è bellissimo.** *This hotel is extremely beautiful.*

bello → belli- → + -ssimo → **bellissimo**

lungo → lunghi- → + -ssimo → **lunghissimo**

simpatico → simpatici- → + -ssimo → **simpaticissimo**

Adjectives ending in **-ssimo**, like all others, agree in number and gender with
the noun they modify.

La *spiaggia* è bellissim**a**.	*The beach is very beautiful.*
Le *spiagge* sono bellissim**e**.	*The beaches are extremely beautiful.*

In contesto Una vacanza indimenticabile

Vittorio, che è appena tornato dalla Calabria, racconta il viaggio sul suo blog.

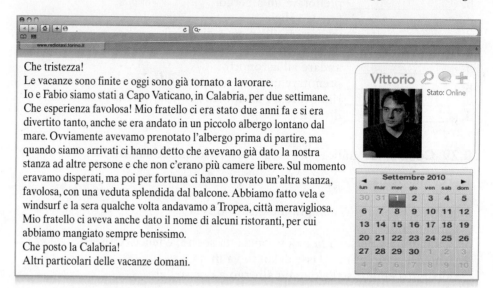

Che tristezza!
Le vacanze sono finite e oggi sono già tornato a lavorare.
Io e Fabio siamo stati a Capo Vaticano, in Calabria, per due settimane. Che esperienza favolosa! Mio fratello ci era stato due anni fa e si era divertito tanto, anche se era andato in un piccolo albergo lontano dal mare. Ovviamente avevamo prenotato l'albergo prima di partire, ma quando siamo arrivati ci hanno detto che avevano già dato la nostra stanza ad altre persone e che non c'erano più camere libere. Sul momento eravamo disperati, ma poi per fortuna ci hanno trovato un'altra stanza, favolosa, con una veduta splendida dal balcone. Abbiamo fatto vela e windsurf e la sera qualche volta andavamo a Tropea, città meravigliosa. Mio fratello ci aveva anche dato il nome di alcuni ristoranti, per cui abbiamo mangiato sempre benissimo.
Che posto la Calabria!
Altri particolari delle vacanze domani.

 10.31 Il viaggio di Vittorio e Fabio. Rispondete alle seguenti domande.

1. Che cosa avevano fatto i due ragazzi prima di partire?
2. Che inconveniente è successo quando sono arrivati in Calabria?
3. Descrivete le vacanze di Vittorio e Fabio. Si sono divertiti? Perché?
4. Scrivete un commento sul blog di Vittorio.

Occhio alla lingua!

1. Look at the photos and the captions on page 304. When did Antonella and Cecilia's trip take place? How can you tell?
2. Look at the verbs in boldface type in the captions. When did these actions take place? What do you notice about these verbs?
3. Reread Vittorio's blog and first, identify all of the verbs in a past tense. Then, note all of the verbs that express actions that took place prior to other past events. What patterns can you see?

GRAMMATICA

Il trapassato prossimo

The **trapassato prossimo** is equivalent to the English *had* + past participle (*I had seen, I had gone*). It is used to indicate an action that occurred before another action in the past.

Il 2 giugno Carlo è **andato** a Cagliari.
 Prima di partire, **aveva comprato**
 i biglietti e **aveva prenotato**
 un albergo.

On June 2nd, Carlo went to Cagliari. Before he left, he had bought the tickets and had reserved a hotel.

The **trapassato prossimo** is formed with the imperfect of *essere* or *avere* + past participle.

	prenotare	andare	vestirsi
io	avevo prenotato	ero andato/a	mi ero vestito/a
tu	avevi prenotato	eri andato/a	ti eri vestito/a
lui/lei	aveva prenotato	era andato/a	si era vestito/a
noi	avevamo prenotato	eravamo andati/e	ci eravamo vestiti/e
voi	avevate prenotato	eravate andati/e	vi eravate vestiti/e
loro	avevano prenotato	erano andati/e	si erano vestiti/e

Remember:

In compound tenses (tenses in which the verb consists of two parts, as in the **passato prossimo**), transitive verbs are conjugated with *avere;* intransitive verbs, reflexive verbs, and verbs that express reciprocal actions are conjugated with *essere.* When a verb is conjugated with *essere,* the past participle agrees in number and gender with the subject. When a verb is conjugated with *avere,* the past participle agrees with a direct-object pronoun that precedes the verb.

L'estate scorsa non **siamo andati** in vacanza perché l'estate prima **eravamo andati** a Cuba.	*Last summer we didn't go on vacation because the summer before we had gone to Cuba.*
—Perché non ha comprato i biglietti Lisa?	*—Why didn't Lisa buy the tickets?*
—Perché **li aveva** già **comprati** Giulio.	*—Because Giulio had already bought them.*

10.32 La prima volta in America. Un amico italiano ti racconta alcune cose che non aveva mai fatto prima di venire in America.

ESEMPIO: andare in aereo
              Non ero mai andato in aereo.

1. viaggiare da solo
2. visitare una città come Las Vegas
3. sentirsi solo
4. divertirsi tanto
5. perdersi in una città
6. vedere un grattacielo (*skyscraper*)

10.33 Ma non l'avevi già fatto? Tu e un tuo amico/una tua amica vi preparate per un viaggio. A turno, domandate all'altra persona se ha fatto alcune cose e rispondete spiegando perché non le avete fatte. Seguite l'esempio.

ESEMPIO: fare le valigie
              S1:   Hai fatto le valigie?
              S2:   Non le avevi già fatte tu ieri!

1. andare all'agenzia di viaggi
2. pagare i biglietti
3. prenotare un albergo
4. preparare lo zaino
5. leggere alcuni dépliant
6. controllare l'orario del volo
7. salutare gli amici
8. telefonare ai genitori

10.34 Un viaggio in Italia. Carla è stata in Sardegna diverse volte e ti racconta il suo ultimo viaggio. Completa il paragrafo con il trapassato prossimo, il passato prossimo o l'imperfetto.

Questa volta non (andare) _____ a Porto Cervo, perché l' (vedere) _____ bene la volta precedente. Invece (tornare) _____ a Villasimius dove, durante il mio ultimo viaggio, (conoscere) _____ delle persone simpaticissime e (volere) _____ rivederle. Insieme (noi) (tornare) _____ in una trattoria dove (noi) (mangiare) _____ anche la volta precedente. Il proprietario mi (riconoscere) _____ ed (essere) _____ gentilissimo. Io (sentirsi) _____ come a casa: tutto (essere) _____ come prima.

Lo sai che? | Il turismo in Italia

Lungo la costa a Tropea

Il turismo è una delle maggiori risorse economiche italiane. In Italia, infatti, c'è un gran numero di città, monumenti e luoghi artistici riconosciuti dall'UNESCO come beni dell'umanità. I turisti vengono in Italia attratti dalle sue bellezze artistiche, ma anche dalle spiagge e dalle località di montagna che offrono tanti posti caratteristici per una bella vacanza.

Numerosissime scuole straniere poi hanno una o più sedi in Italia, e migliaia di studenti ogni anno vengono per studiare varie materie, soprattutto la lingua italiana e la storia dell'arte, oltre che per[1] un'esperienza sociale e umana particolare. La tradizione del viaggio in Italia per ragioni educative e di piacere risale[2] ai primi dell'800, quando i giovani di famiglie benestanti,[3] soprattutto francesi, inglesi e tedesche, viaggiavano in Italia per approfondire[4] la loro cultura.

1. in addition to   2. dates back   3. well-off   4. to deepen

 10.35 I turisti in Italia. Insieme rispondete alle seguenti domande.

1. Perché tanti turisti visitano l'Italia?
2. Fra le regioni che avete studiato finora, quale pensate di visitare? Perché?

Scambi

 10.36 Le vacanze. Tre persone—Luisa, Roberto e Giovanna—parlano delle vacanze estive. Ascolta i loro commenti due volte e indica quali delle seguenti espressioni descrivono meglio (*better*) le loro vacanze. Scrivi accanto ad ogni espressione il numero della registrazione.

_____ **a.** poteva andar peggio
_____ **b.** indimenticabile
_____ **c.** da sogno
_____ **d.** rilassanti
_____ **e.** poteva andar meglio

 10.37 Una vacanza da sogno o da incubo? Intervista un compagno/una compagna e scopri se l'ultima vacanza che ha fatto è stata favolosa o un incubo.

1. Dove sei andato/a? Quando sei partito/a? Come sei andato/a?
2. Con chi hai fatto il viaggio?
3. Con quale linea aerea hai viaggiato?
4. Cosa avevi fatto prima di partire?
5. Com'era l'albergo in cui siete stati/e?
6. Vi siete divertiti/e? Avete avuto degli inconvenienti?
7. Che cosa facevate ogni giorno? E ogni sera?

 10.38 Una vacanza in Sardegna. Hai passato una settimana di vacanza al residence Miramare e sei appena tornato/a a casa. Un amico/Un'amica vuole sapere come ti eri preparato/a prima di partire e che cosa hai fatto in Sardegna. Insieme immaginate la conversazione.

Residence
Hotel MIRAMARE

MARE ▶

Il panorama dall'albergo

Il Residence Hotel Miramare si trova sulla Costa Verde, nella Sardegna sud occidentale. Offre spiaggia privata e una vista spettacolare: calette di spiaggia bianca, promontori a strapiombo[1] sul mare, acque trasparenti e cristalline.

L'HOTEL

Appartamenti
Tutti gli appartamenti hanno l'aria condizionata, il telefono e la TV. Alcuni hanno anche il giardino e altri la veranda.

Servizi e Attività
Oltre alla piscina, c'è anche un campo per il beach volley. I clienti possono fare tante attività: escursioni organizzate, nuoto, aerobica, canoa e tennis. Ogni sera in albergo musica e spettacoli al piano bar. Cena sulla splendida terrazza sul mare.

1. overhanging

In pratica

 PARLIAMO

Strategie per parlare
Using details and examples

When talking about key events in your experience, use precise details and clear examples to give your listener an immediate feel for what happened. Think about what verbs and adjectives you can use to describe a situation and how you or other people felt about it.

Che giornataccia! Lorenzo ha avuto una giornata terribile. Raccontate cosa gli è successo e perché.

La giornata di Lorenzo

Prima di parlare

10.39 Completa le attività seguenti per ricostruire la storia.

1. Fa' una lista delle cose principali che sono successe a Lorenzo.
2. Immagina alcuni particolari per ogni avvenimento.

Mentre parlate

 10.40 Ricostruite insieme la giornata di Lorenzo e aggiungete tutti i particolari possibili.

Dopo aver parlato

 10.41 Immaginate come è finita la giornata di Lorenzo: cosa è successo la sera? Come si sentiva Lorenzo?

LEGGIAMO

When you encounter an unfamiliar word while reading, use the context to figure out its meaning. Look at the surrounding words for clues that can help you make an educated guess. Is the word repeated or explained? Does it resemble any other word—English or Italian—that you already know and to which it may be related? As a last step, read the passage as a whole to see if it confirms your understanding of the unfamiliar word.

Prima di leggere

10.42 L'articolo che segue parla di Federica Pellegrini, una giovane atleta italiana che ha vinto la sua seconda medaglia d'oro ai mondiali di nuoto a Roma, a luglio del 2009. Prima di leggere il testo completo, leggete le seguenti frasi. Usate il contesto e parole simili che conoscete in inglese per capire il significato delle parole in corsivo.

1. «Federica Pellegrini firma un'altra storica *impresa*, vincendo la medaglia d'oro nella gara dei 400 stile libero ai mondiali di nuoto di Roma...»
2. «Oggi pomeriggio mi sono messa a letto e pensavo di avere *la febbre* ma non volevo misurarla.»
3. «Fino a dieci minuti prima è stata molto *dura*, questa gara è molto difficile.»
4. «I suoi occhi neri, piccoli, stretti, acuti, *guardano fisso* l'interlocutore, sono attenti ad ogni *dettaglio*, lucidi, pronti...»

Mentre leggi

10.43 Mentre leggi, identifica le parti del testo che parlano di Federica Pellegrini come nuotatrice (*swimmer*) e quelle che riguardano il suo carattere e i suoi sentimenti.

Oro e record mondiale per Federica Pellegrini nei 400sl

*f*ederica Pellegrini firma un'altra storica impresa, vincendo la medaglia d'oro nella gara dei 400 stile libero ai mondiali di nuoto di Roma e stabilendo anche il nuovo primato del mondo nuotando in 3'59"15.

Felice, un po' incredula per lo splendido risultato, Federica ha parlato ai microfoni di Rai Sport: «Ne ho passate di cose oggi... Ad un certo punto pensavo di aver perso la speranza: oggi pomeriggio mi sono messa a letto e pensavo di avere la febbre ma non volevo misurarla [...] Fino a dieci minuti prima è stata molto dura, questa gara è molto difficile, più mentalmente che fisicamente. Ora sono felice di avercela fatta[1] e di aver nuotato sotto i 4 minuti [...] Il mio carattere mi ha portato a vincere, anche se fino agli ultimi cinque metri non ci credevo». E mezz'ora dopo il suo primo trionfo mondiale Federica Pellegrini è lì, seduta[2] di fronte alla stampa[3] di mezzo mondo, a spiegare i perché e i percome di come è andata una giornata che è entrata nella storia del nuoto e nella sua piccola grande storia, quella di una ragazza ad un passo[4] dai 21 anni (torta e candeline già pronte per il 5 agosto), che sogna l'America e che ha davanti a sé un presente e un futuro tutto d'oro. Lo capisci in quel momento lì, che Federica è cambiata, cresciuta, maturata. [...] I suoi occhi neri, piccoli, stretti, acuti, guardano fisso l'interlocutore, sono attenti ad ogni dettaglio, lucidi, pronti [...]. È lì che capisci che quello che hai visto pochi minuti prima in acqua è un pezzo di futuro.

1. having made it   2. seated   3. press   4. a step away

Dopo la lettura

 10.44 Rispondete alle domande.

1. Paragonate le frasi che avete identificato. Quali riguardano il nuoto e la carriera di Federica? Quali si riferiscono al suo carattere?
2. Trovate degli aggettivi per descrivere le particolari qualità di Federica e il suo carattere.
3. Insieme riassumete (*summarize*) la giornata di Federica. Come si è sentita? Cosa è successo?
4. Avete avuto esperienze memorabili simili a quella di Federica? Come vi siete sentiti?

Strategie per scrivere
Telling a story in the past

When you tell a story, consider carefully what verb tenses you need to use. To tell what happened, use the **passato prossimo**. To describe a setting, a situation, or the people involved, use the **imperfetto**. To relate events that occurred prior to those in your story, use the **trapassato prossimo**.

SCRIVIAMO

Sai cosa è successo? Scrivi un messaggio ad un amico/un'amica e raccontagli/raccontale un episodio recente della tua vita. Per esempio: puoi raccontare di come hai incontrato un nuovo amico/una nuova amica o descrivere una vacanza in cui ti è successo qualcosa di particolare.

Prima di scrivere

10.45 Decidi quale episodio o esperienza del tuo passato vuoi raccontare. Scegli un avvenimento di cui puoi scrivere in italiano.

1. Fa' una breve lista degli eventi che vuoi raccontare.
2. Fa' una lista delle informazioni che vuoi includere: per esempio, sulle persone che c'erano, sul posto dove eri.
3. C'è anche un episodio che era successo prima dell'avvenimento di cui vuoi scrivere?

La scrittura

10.46 Scrivi la prima stesura:

1. Scrivi un breve paragrafo per introdurre l'argomento. Descrivi la scena.
2. Descrivi le persone importanti della storia.
3. Narra gli avvenimenti in ordine cronologico: racconta l'episodio principale e che cosa era successo prima. Descrivi anche come ti sentivi.

La versione finale

10.47 Aspetta un po' di tempo e poi leggi la prima stesura.

1. Hai raccontato dei particolari per rendere la storia interessante?
2. Correggi attentamente quello che hai scritto. Fa' attenzione all'uso e alle forme dell'imperfetto, del passato prossimo e del trapassato prossimo.

Strategie per guardare
Focusing on body language

When people talk about themselves and recall past events, it is often as important to understand how they feel about their memories as to understand what happened. To understand fully what people are communicating, focus not only on what they are saying, but also on their body language—their gestures and facial expressions—just as you would when talking with friends in person.

GUARDIAMO

Prima di guardare

 10.48 In questo videoclip, Chiara, Tina e Felicita ricordano avvenimenti del loro passato, vicino o lontano. Guarda il videoclip una prima volta senza l'audio. Osserva attentamente i gesti e le espressioni di chi parla. Decidi se Chiara, Tina e Felicita hanno un ricordo felice oppure no.

Mentre guardi

 10.49 Guarda il videoclip di nuovo, questa volta con l'audio, e completa le frasi seguenti.

1. Chiara dice che ha fatto un concerto
   a. da sola.
   b. con altri musicisti.
2. Riguardo al concerto, Chiara si sente
   a. soddisfatta.
   b. preoccupata.
3. Tina passava le vacanze
   a. al mare e in città.
   b. al mare e in montagna.
4. L'adolescenza di Felicita era ricca perché
   a. i genitori avevano molti soldi.
   b. lei aveva tanti amici.
5. Il concorso che si chiama *Zecchino d'oro* è
   a. una gara di canto fra bambini.
   b. una competizione fra persone famose.
6. Quando ha partecipato allo *Zecchino d'oro,* Felicita era
   a. contenta di conoscere tante persone famose.
   b. preoccupata di cantare bene.

Dopo aver guardato

 10.50 Completate le seguenti attività.

1. Cosa rivela l'espressione del viso di Chiara, Tina e Felicita quando parlano dei loro ricordi? Secondo voi, hanno ricordi felici o tristi? Perché? Avevate immaginato correttamente prima di guardare con l'audio?
2. Nella vostra vita, avete avuto qualche esperienza simile a quelle che raccontano Chiara, Tina e Felicita? A turno, raccontate brevemente un episodio simile.
3. Ricostruite una conversazione con una delle persone in questo videoclip. Immaginate le domande e le risposte basandovi su quello che avete visto e che sapete di loro.

ATTRAVERSO LA CALABRIA E LA SARDEGNA

Gli italiani amano molto il mare e spesso scelgono di andare in vacanza dove ci sono spiagge belle e pulite, dove l'acqua è limpida e cristallina. Forse proprio per questo la Calabria e la Sardegna sono fra i luoghi preferiti dagli italiani per le vacanze estive. La Calabria è una regione montagnosa con circa 800 km di costa, circondata (*surrounded*) quasi interamente da due mari, il Tirreno e lo Ionio. La Sardegna è una delle più grandi isole del Mediterraneo e presenta circa 1.800 km di costa, con le acque fra le più trasparenti del mondo. Il turismo in queste due regioni è molto sviluppato (*developed*) per le bellezze naturali, per la loro affascinante storia secolare e le antiche tradizioni culturali. In queste regioni anche la cucina è molto caratteristica.

Testa del Filosofo, V sec. a.C. (B.C.), Museo Nazionale di Reggio Calabria, uno dei musei più importanti della Magna Grecia. La Calabria una volta faceva parte della Magna Grecia e Reggio era un famoso centro artistico. Questa testa di bronzo è uno degli esempi più antichi della ritrattistica greca e rappresenta un vecchio con una lunga barba. In questo museo si trovano anche i famosi Bronzi di Riace, due bellissime ed enormi statue greche del V secolo a.C.,

Stilo, in Calabria: la magnifica chiesa «la Cattolica» (X secolo), un gioiello d'arte e architettura bizantina. La piccola chiesa è costruita sulla roccia (*rock*) all'interno di un paesaggio naturale mistico e affascinante. A Stilo è nato il filosofo Tommaso Campanella (1568–1639), autore di *La Città del sole*, un'opera filosofica simile alle utopie politiche di Platone

VERIFICHIAMO

Prima leggi l'introduzione delle regioni, poi guarda le foto e leggi le rispettive didascalie.

10.51 È vero che... ? Trova informazioni nei testi per giustificare le seguenti affermazioni.

1. La Calabria e la Sardegna sono perfette per quelli che amano il mare e la natura.
2. La Calabria è il luogo ideale per quelli che vogliono conoscere meglio la civiltà greca.
3. La Sardegna e la Calabria hanno una lunga e antica storia.
4. Nel nord della Sardegna ci sono spiagge meravigliose, ma per divertirsi bisogna avere molti soldi.

10.52 E nel vostro Paese? Ci sono zone come la Calabria e la Sardegna nel vostro Paese? In che cosa sono simili? In che cosa sono diverse? Vi piacerebbe visitare queste regioni? Perché?

10.53 Una vacanza indimenticabile. Preparate un dépliant turistico per la Calabria o la Sardegna. Consultate Internet per trovare delle foto e informazioni utili.

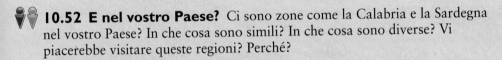

Un nuraghe, antichissima costruzione sarda. In Sardegna ci sono più di settemila nuraghi, che sono costruiti con grandi pietre (*stones*) e senza cemento. Hanno una forma circolare e sono simili a una torre. Sono tipici della civiltà nuragica, fiorita in Sardegna più di

Punta Volpe, a Porto Rotondo, in Sardegna. Le coste settentrionali della Sardegna sono molto affascinanti. L'acqua è trasparente e di colore verde smeraldo. Le grandi rocce sul mare e la vegetazione intorno creano un ambiente incantevole (*charming*).

VOCABOLARIO

I rapporti

abbracciarsi*	to hug (each other)
amarsi*	to love (each other)
baciarsi*	to kiss (each other)
il bacio	kiss
divorziare	to divorce
essere innamorato/a (di)	to be in love (with)
fidanzarsi*	to get engaged
frequentarsi*	to go out together
incontrarsi*	to meet (each other)
innamorarsi* di	to fall in love with
lasciarsi*	to break up (with each other)
sentirsi*	to feel
stare* insieme a	to go out with
vedersi (p.p. visto)*	to see each other
volersi* bene	to like / love (each other)

I ricordi

ammalarsi*	to get sick
avere un incidente stradale / con la macchina	to have a car accident
cadere*	to fall
farsi* male (a)	to hurt oneself
guidare	to drive
ingessare	to put a cast on
laurearsi*	to graduate from college
partecipare (a)	to partecipate, to compete
perdersi (p.p. perso)*	to get lost

prendere la patente	to get one's driver's license
rompere / rompersi (p.p. rotto)*	to break
slogarsi* la caviglia / il polso	to sprain one's ankle / wrist
soffrire (p.p. sofferto)	to suffer

I viaggi e le vacanze

andare* in vacanza	to go on vacation
fare una prenotazione	to make a reservation
fare le valigie	to pack (suitcases)
fare un viaggio	to take a trip
prenotare	to reserve
prenotare su Internet	to make a reservation through the Internet
richiedere / rinnovare il passaporto	to apply for / to renew the passport
salutare	to say good-bye, to greet
viaggiare	to travel

La descrizione

un albergo a una stella / a due stelle / a cinque stelle	a one-star / a two-star / a five-star hotel
contento/a	happy
...da sogno	dream . . .
eccezionale	exceptional, extraordinary
fantastico/a	fantastic
favoloso/a	fabulous
un incubo	nightmare
indimenticabile	unforgettable
lussuoso/a	luxurious
meraviglioso/a	marvelous
orribile	horrible
in prima classe	in first class

rilassante	*relaxing*
romantico/a	*romantic*
stressante	*stressful*
stupendo/a	*wonderful*

I nomi

l'aereo / l'aeroplano	*plane / airplane*
l'aeroporto	*airport*
l'agenzia di viaggi	*travel agency*
l'albergo	*hotel*
un avvenimento	*an event*
il bagaglio	*luggage*
il biglietto di sola andata / di andata e ritorno	*one-way / round-trip ticket*
il braccio	*arm*
la carta d'imbarco	*boarding pass*
la caviglia	*ankle*
la competizione	*competition*
il dépliant	*brochure*
il fidanzato/a	*fiancé(e)*
la gamba	*leg*
la gara	*race*
il grande magazzino	*department store*
l'incidente stradale	*car accident*
un inconveniente	*a mishap*
la linea aerea	*airline*
la mano	*hand*
la medaglia di bronzo / d'argento / d'oro	*bronze / silver / gold medal*
l'ospedale (m.)	*hospital*

la partenza	*departure*
il passeggero/a	*passenger*
il piede	*foot*
il polso	*wrist*
il premio	*prize*
il pronto soccorso	*emergency room*
il mio ragazzo / la mia ragazza	*my boyfriend / girlfriend*
la testa	*head*
il villaggio turistico	*resort*
il volo	*flight*

Espressioni

ad un tratto / tutto d'un tratto	*suddenly / all of a sudden*
Beato/a te!	*Lucky you!*
Che fortuna!	*What luck! How lucky!*
Cosa è successo?	*What happened?*
così	*so, thus*
Figurati!	*You bet! Not at all! Not on your life!*
improvvisamente	*suddenly*
infatti	*in fact, as a matter of fact*
Ma dai! / Ma va!	*No way!*
mentre	*while*
poco dopo	*shortly after*
poverino/a	*poor thing*
purtroppo	*unfortunately*
quindi	*so, therefore*
Su! Dai!	*Come on!*

Rondo, August Mosca (1905–2003), artista italo-americano nato a Napoli. *Rondo* è un'interpretazione futuristica della città moderna.

Percorso I: I progetti per i prossimi giorni
Percorso II: I programmi al telefono
Percorso III: I piani per il futuro
In pratica
Attraverso: La Liguria

In this chapter you will learn how to:

◆ Talk about your plans for the immediate future

◆ Make plans on the telephone

◆ Discuss your long-term goals

Percorso I
I progetti per i prossimi giorni

VOCABOLARIO

Che cosa farai?

I piani e i progetti di Giulia per i prossimi giorni

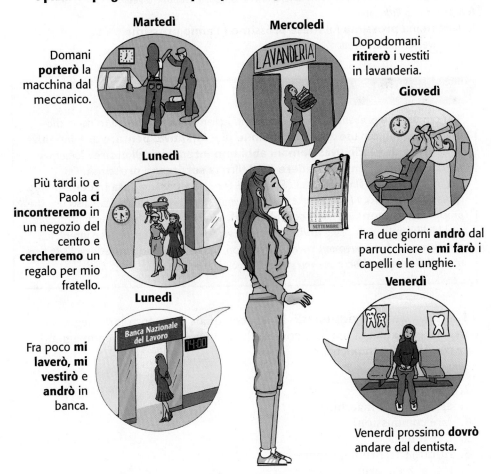

Martedì

Domani **porterò** la macchina dal meccanico.

Mercoledì

Dopodomani **ritirerò** i vestiti in lavanderia.

Giovedì

Fra due giorni **andrò** dal parrucchiere e **mi farò** i capelli e le unghie.

Lunedì

Più tardi io e Paola **ci incontreremo** in un negozio del centro e **cercheremo** un regalo per mio fratello.

Venerdì

Lunedì

Fra poco **mi laverò, mi vestirò** e **andrò** in banca.

Venerdì prossimo **dovrò** andare dal dentista.

Per discutere degli impegni

aggiustare la macchina	*to fix the car*
avere un sacco di cose da fare	*to have a million things to do*
cambiare l'olio	*to change the oil*
fare commissioni	*to run errands*
fare progetti	*to make plans*
fissare un appuntamento	*to set a date / to make an appointment*
un impegno	*an engagement, commitment, errand*
pagare i conti	*to pay the bills*
tagliarsi i capelli	*to cut one's hair, to get a haircut*

Per esprimere intenzione e incertezza

avere intenzione di + *infinitive* *to intend to do something*
credere (di + *infinitive)* *to believe, to think*
chissà *who knows*
difficilmente *unlikely, not likely, with difficulty*
forse *maybe, probably*
Mah! *Who Knows! Well!*
pensare di + *infinitive* *to think about / intend to do something*
probabilmente *probably*
sicuramente *certainly, surely*
sperare di +*infinitive* *to hope to do something*

Espressioni per il futuro

fra due giorni / un mese / un anno *in two days / a month / a year*
fra poco *in a little while*
la settimana prossima / il mese prossimo / l'anno prossimo
  next week / month / year

Così si dice   Le nostre intenzioni

You can use the present tense to express in Italian what you intend to do in the near future. You can use **avere intenzione di** + *infinitive*, **pensare di** + *infinitive*, or **sperare di** + *infinitive*: **Domani abbiamo intenzione di uscire.** *Tomorrow we plan to go out.* **Penso di vedere quel film la settimana prossima.** *I'm planning to see that film next week.* **Spero di fare una passeggiata in centro questo weekend.** *I hope to take a walk downtown this weekend.* You can also use the present tense: **Domani esco con gli amici.** *Tomorrow I'm going out with my friends.*

Unlike in English, using **andare** + infinitive does not express future intent. It simply expresses movement toward an action. **Dove vai? Vado a vedere l'ultimo film di Benigni.** *Where are you going? I'm going to see Benigni's latest film.*

 11.1 Con quale frequenza? Indica con quale frequenza fai le seguenti cose. Poi paragona la tua lista con quella di un compagno/una compagna. Le fate con la stessa frequenza?

1. pagare i conti
2. fare spese
3. aggiustare la macchina
4. fare commissioni
5. fare il bucato
6. ritirare i vestiti in lavanderia
7. tagliarsi i capelli
8. passare l'aspirapolvere
9. cambiare l'olio
10. lavare la macchina
11. andare in banca
12. andare al cinema

 11.2 Che cosa? Fate una lista di tutte le attività che si possono fare nei seguenti posti: **in giardino, in casa, in centro, dal parrucchiere, dal meccanico, a scuola.**

11.3 Quando? Scrivi tutte le espressioni di tempo che si possono usare per indicare attività al presente, al passato e al futuro.

11.4 Che cos'è? Indica di cosa si tratta.

1. Ci andiamo quando abbiamo bisogno di soldi.
2. Si fa dal meccanico.
3. Ci andiamo per tagliarci i capelli.
4. Lo facciamo in lavanderia.
5. Di solito le facciamo in città il weekend o la sera prima di tornare a casa.
6. Le donne se le fanno spesso, gli uomini qualche volta.

🔊 In contesto   Fissiamo un appuntamento

Giulio e Giacomo vogliono fissare un appuntamento per fare qualcosa insieme. Discutono dei loro programmi e progetti per i prossimi giorni.

GIACOMO: Che programmi hai la settimana prossima? Vogliamo vederci giovedì sera?

GIULIO: Mah, non lo so. Giovedì dovrò lavorare fino a tardi. La sera sarà un po' difficile, ma se vuoi possiamo pranzare insieme.

GIACOMO: No, purtroppo, ho un appuntamento dal dentista alle undici e mezza. Perché non ci vediamo sabato sera invece?

GIULIO: No, non credo che sarà possibile. Sabato pomeriggio verranno i miei genitori e penso che andremo fuori a cena.

GIACOMO: Beh, allora, possiamo vederci sabato mattina o sabato pomeriggio. Possiamo prendere un caffè insieme.

GIULIO: No, sabato ho un sacco di cose da fare in casa. E poi voglio anche tagliarmi i capelli.

I think

GIACOMO: Beh! Allora mi sa° che dovremo vederci la settimana dopo.

11.5 Vero o falso? Indica quali delle seguenti affermazioni sono vere e quali false. Correggi quelle false.

1. Giulio è libero giovedì all'ora di pranzo.
2. Giacomo non vuole pranzare con Giulio giovedì.
3. Sabato sera Giulio probabilmente cenerà con i suoi genitori.
4. Giulio e Giacomo sono liberi sabato mattina.
5. Sabato Giulio ha intenzione di tagliarsi i capelli.
6. Giulio e Giacomo difficilmente faranno qualcosa insieme la prossima settimana.

Occhio alla lingua!

1. Look at the verbs in boldface type in the captions accompanying the illustrations on page 319. Do they refer to actions taking place in the present, the past, or the future? How can you tell?
2. Look at the verbs in the *In contesto* conversation. Which are in the present tense? Do any of these verbs convey actions that will take place in the future? How do you know?
3. In the *In contesto* conversation, find all the verbs in the future tense. Look at the endings of these verbs. Can you tell who the subject is? What pattern can you detect?

GRAMMATICA

Il futuro

The future tense, **il futuro**, is used to express an event that will take place in the future. Unlike English, which forms the future with two verbs—the helping verb *will* or *shall* plus a main verb—Italian expresses the future with just one verb whose ending indicates the tense.

Stasera **resteremo** a casa.	*Tonight we will stay home.*
Domani Paolo **metterà** in ordine la sua camera da letto.	*Tomorrow Paolo will clean his bedroom.*

1. The future tense is formed by adding the endings **-ò, -ai, -à, -emo, -ete, -anno** to the infinitive after dropping the final **-e**. Note that verbs ending in **-are** change the **-a-** of the infinitive ending to **-e-** before adding the future endings.

Il futuro			
	incontrare	**mettere**	**vestirsi**
io	incontre**rò**	mette**rò**	**mi** vesti**rò**
tu	incontre**rai**	mette**rai**	**ti** vesti**rai**
lui/lei	incontre**rà**	mette**rà**	**si** vesti**rà**
noi	incontre**remo**	mette**remo**	**ci** vesti**remo**
voi	incontre**rete**	mette**rete**	**vi** vesti**rete**
loro	incontre**ranno**	mette**ranno**	**si** vesti**ranno**

—**Aggiusterai** tu la macchina?	*Will you fix the car yourself?*
—No, la **porterò** dal meccanico.	*No, I will take it to the mechanic.*
—A che ora **vi alzerete**?	*At what time will you get up?*
—**Ci alzeremo** alle otto.	*We will get up at eight.*

2. Verbs that end in **-care** and **-gare** add an **h** in front of the **-er** to retain the hard guttural sound throughout the conjugation. Verbs that end in **-ciare** and **-giare** drop the **i** before adding the future endings.

	giocare	**pagare**	**cominciare**	**mangiare**
io	gio**che**rò	pa**ghe**rò	comin**ce**rò	man**ge**rò
tu	gio**che**rai	pa**ghe**rai	comin**ce**rai	man**ge**rai
lui/lei	gio**che**rà	pa**ghe**rà	comin**ce**rà	man**ge**rà
noi	gio**che**remo	pa**ghe**remo	comin**ce**remo	man**ge**remo
voi	gio**che**rete	pa**ghe**rete	comin**ce**rete	man**ge**rete
loro	gio**che**ranno	pa**ghe**ranno	comin**ce**ranno	man**ge**ranno

Dopodomani **giocheremo** a tennis.	*The day after tomorrow we will play tennis.*
Io probabilmente **mangerò** fuori.	*I will probably eat out.*
Carlo **pagherà** i conti.	*Carlo will pay his bills.*

3. The verbs **dare**, **fare**, and **stare** do not change the **-a-** to **-e-** before adding the future tense endings.

dare:	darò, darai, darà, daremo, darete, daranno
fare:	farò, farai, farà, faremo, farete, faranno
stare:	starò, starai, starà, staremo, starete, staranno

Sabato **staremo** a casa e **faremo** una festa.	*Saturday, we will stay home and we will have a party.*

4. Many irregular verbs have irregular stems in the future. However, the future endings are always the same.

andare	andr-	**andrò,** ...	**potere**	potr-	**potrò,** ...
avere	avr-	**avrò,** ...	**vedere**	vedr-	**vedrò,** ...
bere	berr-	**berrò,** ...	**venire**	verr-	**verrò,** ...
dovere	dovr-	**dovrò,** ...	**vivere**	vivr-	**vivrò,** ...
essere	sar-	**sarò,** ...	**volere**	vorr-	**vorrò,** ...

—**Verrete** da noi?   *Will you come to our house?*
—No. Mario **andrà** a casa e io   *No. Mario will go home and I will*
  berrò qualcosa al bar.   *have something to drink at the bar.*

5. To talk about future actions and events, the future is used in clauses introduced by **quando** (*when*), **appena** (*as soon as*), and **se** (*if*). Note that English uses the present tense in these instances.

Quando ci **vedremo**, fisseremo   *When we see each other, we'll*
  un appuntamento.   *set up an appointment.*
Se andrai dal parrucchiere,   *If you go to the hairdresser's, I'll*
  verrò anch'io.   *also come.*

6. When an action is fairly likely to occur in the near future, Italians frequently use the present instead of the future tense.

Questa sera **andiamo** al cinema.   *This evening we are going to a movie.*

11.6 Le promesse per l'anno nuovo. Ascolta le promesse che alcune persone fanno per l'anno nuovo e indica il soggetto e l'infinito di ogni verbo al futuro. Sentirai ogni promessa due volte.

	Soggetto	Infinito
1.		
2.		
3.		
4.		
5.		
6.		
7.		
8.		

11.7 Chi lo farà? Indica chi farà che cosa. Abbina i soggetti con le attività.

1. Io
2. Giulia
3. Io e Luigi
4. Tu
5. Paola e Roberta
6. Tu e Renato

a. si farà le unghie.
b. andremo in banca.
c. ti taglierai i capelli.
d. cercherete un regalo in centro.
e. ritireranno i vestiti in lavanderia.
f. farò il bucato.

11.8 Gli impegni. Indica gli impegni che tu e i tuoi amici avrete nei prossimi giorni. Completa le frasi con i verbi al futuro.

1. Giuseppe e Roberto (aggiustare) _____ la macchina.
2. Rita (essere) _____ molto impegnata.
3. Io e Marco (dare) _____ una festa.
4. Tu (avere) _____ un sacco di cose da fare.
5. Chi (annaffiare) _____ le piante? Le (annaffiare) _____ io e Mario.
6. Tu e Giuseppe (pagare) _____ i conti.
7. Noi (cominciare) _____ a mettere in ordine la casa.
8. Alessia e Lisa (bere) _____ un caffè con gli amici.

11.9 Una giornata molto impegnata. Racconta a un'amica che cosa tu e un amico farete lunedì prossimo. Riscrivi il brano con i verbi al futuro e fa' i cambiamenti necessari.

Lunedì prossimo...

Oggi io **mi alzo** molto presto, **mi lavo** e **mi vesto**. Dopo Carlo viene da me e **beviamo** un caffè insieme. Più tardi **usciamo** e **andiamo** in centro per fare delle commissioni. Io **compro** un vestito nuovo e Carlo **vuole** andare in banca. Poi Carlo **si taglia** i capelli. Io, invece, devo andare dal dentista. Io e Carlo **torniamo** a casa molto tardi.

11.10 Appena arriverò a casa. Scrivi almeno quattro cose che farai sicuramente appena tornerai a casa e quattro cose che molto probabilmente non farai. E il tuo professore/la tua professoressa, invece, che cosa farà sicuramente? Che cosa non farà? Confronta le tue liste con quelle dei tuoi compagni. Sono simili o diverse?

Il futuro di probabilità

In Italian, the future tense is frequently used to express probability or conjecture. The English equivalent is *must be . . .* or *probably is / are . . .*

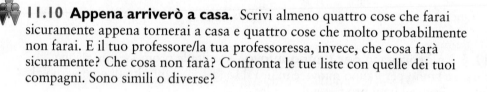

—Dov'è Paolo adesso?   *Where is Paolo right now?*
—Non lo so. **Sarà** a casa.   *I don't know. He's probably at home.*
—Ma cosa fa a quest'ora a casa?   *But what is he doing at home at this hour?*
—Chissà. **Dormirà** o **studierà** per   *Who knows. He must be sleeping*
    gli esami.   *or studying for exams.*

11.11 Non lo so! Un amico ti fa un sacco di domande sui vostri comuni conoscenti. Tu non sei sicuro/a delle risposte. Rispondi alle sue domande e usa il futuro di probabilità.

ESEMPIO: —Dov'è Andrea?

         —Non lo so. Sarà in biblioteca.

1. Che cosa fanno Mario e Giuseppe?
2. Dove andate tu e Giuseppe?
3. Che cosa bevono Renato e Carlo?
4. A chi telefona Luisa?
5. Cosa legge Fabrizio?
6. Quando partono Fabio e la sua ragazza?

11.12 Chissà che fanno! Immaginate due cose che faranno in questo momento le seguenti persone nei posti indicati. Usate il futuro di probabilità.

1. due studenti / nella classe di francese
2. un vicino / in giardino
3. un meccanico / in garage
4. io e un amico / in centro
5. i tuoi amici / a casa
6. due signore / dal parrucchiere

Scambi

11.13 Pensi di fare queste cose? Trova un compagno/una compagna che ha intenzione di fare le seguenti cose in un futuro immediato. Scopri anche i particolari.

ESEMPIO: S1: Pensi di andare al cinema?
          S2: Sì, penso / spero / ho intenzione di andarci. *o* No, non penso di andarci.
          S1: Quando ci andrai? Con chi? Cosa vedrete? *o* Perché non ci andrai?

1. farsi i capelli
2. cercare un nuovo appartamento
3. pulire l'appartamento
4. bere un caffè con gli amici
5. vedere i genitori
6. comprare una nuova macchina
7. fare un viaggio
8. seguire un altro corso d'italiano
9. invitare la classe d'italiano a casa a cena
10. ?

11.14 Ma cosa faranno? Immaginate dove saranno le seguenti persone in questo momento e cosa faranno.

1. i tuoi genitori
2. il tuo coinquilino/la tua coinquilina
3. gli studenti e il professore nell'aula vicino alla vostra
4. ?

11.15 Che tipo sei? Completa la scheda con informazioni sui tuoi progetti per il futuro. Poi scambia (*exchange*) la scheda con un compagno/una compagna. Siete simili o diversi? In cosa? Secondo te, quali aggettivi vi descrivono meglio? Perché?

1. tre cose che farai stasera			
2. tre cose che farai questo weekend			
3. tre cose che farai l'estate prossima			
4. tre cose che farai nei prossimi quattro anni			

11.16 Fissiamo un appuntamento. Osserva la tua agenda per la settimana prossima e fissa tre appuntamenti con due persone diverse. Decidete anche che cosa farete insieme.

ESEMPIO: S1: Sei libero/a sabato all'una?
          S2: No, sono impegnato/a. Pranzerò con degli amici. Cosa farai venerdì alle undici? ...

Percorso II
I programmi al telefono

"Pronto! Chi parla?"

Pronto? Ciao, Maurizio! Sono Marisa. Che **stai facendo**?

Niente. **Sto prendendo** un caffè e **sto leggendo** il giornale. Mi **sto annoiando**. Stavo infatti **pensando** di telefonarti. Vogliamo fare qualcosa stasera?

il cordless

la segreteria telefonica

l'elenco telefonico

le pagine gialle

il cellulare

Il telefono

abbassare *to hang up*
la cabina telefonica *phone booth,*
il telefono pubblico *public phone*
il cellulare / il telefonino *cell phone*
digitare *to press; to type*
fare il numero *to dial*
fare la ricarica *to get more prepaid cell phone minutes*
fare una telefonata urbana /
   interurbana *to make a local / long distance phone call*
mandare un messaggio / un SMS *to send a text message*
la scheda telefonica *prepaid phone card*

Per parlare al telefono

Chi parla? Sono... *Who is it? It's . . .*
Gli/Le vuoi lasciare un messaggio? *Do you want to leave him/her a message? (informal)*
Gli/Le vuole lasciare un messaggio? *Do you want to leave him/her a message? (formal)*
La linea è occupata. *The line is busy.*
Mi dispiace. Non c'è. *I'm sorry. He/She is not here.*
il numero verde *toll-free number*
Pronto! *Hello!*
richiamare più tardi *to call back later*
sbagliare numero *to get the wrong number*
Un momento. Ti passo... *(informal)* **/ Le passo...** *(formal)*
   Just a minute. Here is . . .
Vorrei parlare con... *I would like to speak with . . .*

11.17 L'intruso. Indica quale parola o espressione non c'entra.

1. il telefonino, le pagine gialle, l'elenco telefonico
2. la cabina telefonica, la scheda telefonica, mandare un messaggio
3. il cordless, il telefono fisso, il numero verde
4. sbagliare numero, abbassare, fare la ricarica
5. la linea è occupata, lasciare un messaggio, la segreteria telefonica
6. digitare, fare il numero, il cellulare

 11.18 Associazioni. A coppie, indicate tutte le parole ed espressioni che associate con i seguenti termini.

1. fare una telefonata
2. il cellulare
3. cercare un numero

11.19 Che cos'è? Leggi le definizioni e indica di cosa si tratta.

1. Le usiamo quando, ad esempio, cerchiamo un parrucchiere e non ne conosciamo nessuno in città.
2. La possiamo usare quando facciamo una telefonata da una cabina telefonica.
3. Lo diciamo quando rispondiamo al telefono.
4. Lo usiamo quando cerchiamo il numero di una persona o ditta (*company*) di cui conosciamo il nome.
5. Lo diciamo quando sbagliamo numero.
6. Lo facciamo quando la persona a cui telefoniamo non è in casa.
7. Quando lo usiamo, non dobbiamo pagare per la telefonata.
8. La facciamo per poter telefonare dal cellulare.

 11.20 I rapporti con il telefono. Fa' le seguenti domande ad un compagno/una compagna e scopri quant'è importante il telefono nella sua vita. È molto importante, importante o per niente importante?

1. Quanti telefoni hai in casa? Dove sono? Come sono?
2. Quante telefonate fai al giorno? Fai più telefonate urbane o interurbane? Fai telefonate internazionali qualche volta? A chi?
3. A che ora preferisci telefonare? Per quanto tempo parli di solito?
4. Hai una segreteria telefonica?
5. Hai un cellulare? Quando e perché lo usi? Lo tieni sempre spento (*off*) o acceso (*on*)? Cambi spesso suoneria (*ring*)? Ti piace mandare messaggi? Quanti ne mandi al giorno?
6. In genere, se non trovi la persona a cui telefoni, che cosa fai?

 In contesto Una conversazione al telefono

Luca telefona a un'amica dal centro.

SIGNORA LENTINI:	Pronto!
LUCA:	Buona sera, signora Lentini. Sono Luca. Vorrei parlare con Roberta, per piacere.
SIGNORA LENTINI:	Buona sera, Luca. Mi dispiace, ma in questo momento Roberta sta facendo la doccia. Le vuoi lasciare un messaggio?
LUCA:	No, grazie! Non fa niente. Sto andando a tagliarmi i capelli. Richiamerò più tardi.
SIGNORA LENTINI:	Aspetta... un momento, Luca... ti passo Roberta; è appena uscita dalla doccia. Eccola.

ROBERTA:	Luca, ciao! Da dove stai telefonando? Ti ho lasciato un messaggio poco fa sulla segreteria telefonica a casa.
LUCA:	Sono in centro. Allora, cosa si fa sabato sera?
ROBERTA:	Beh! Andremo al concerto di Pino Daniele, no?
LUCA:	Sì, certo! Poi, ti mando un messaggio e ti confermo tutto!

11.21 Pronto! A coppie, leggete la telefonata di Luca e poi rispondete alle domande che seguono.

1. Quali espressioni si usano:
   a. per rispondere al telefono?
   b. per identificarsi?
   c. per dire che la persona cercata c'è o non c'è?
2. Che cosa stavano facendo Roberta e Luca al momento della telefonata?
3. Cosa faranno sabato?

Occhio alla lingua!

1. Look at the expressions in boldface type in Marisa's and Maurizio's conversation on page 326. Do they refer to present, past, or future actions? How can you tell?
2. How many words make up each expression? Do you recognize the first verb in each expression? Look at the endings of the accompanying words. Can you detect a pattern?
3. Reread the *In contesto* phone conversation and find all the verbs that refer to ongoing actions. How are these actions expressed?

GRAMMATICA

Il gerundio e il progressivo

The progressive construction expresses an *ongoing action* in the present, the future, or the past.

Sto facendo la doccia.	*I'm taking a shower.*
Domani a quest'ora, **staremo passeggiando** per via Caracciolo.	*Tomorrow at this time, we will be strolling in via Caracciolo.*
Stavo cercando il numero.	*I was looking for the number.*

1. The progressive construction is formed with the present, future, or imperfect of **stare** + the gerund. The gerund is equivalent to the *-ing* form of a verb in English (*watching, reading, sleeping, finishing*). It is formed by adding **-ando** to the stem of verbs ending in **-are** and **-endo** to the stem of verbs ending in **-ere** and **-ire**.

La forma progressiva				
		stare		
Presente	**Futuro**	**Imperfetto**	**Infinito**	**Gerundio**
sto	starò	stavo	+ (guard**are**)	guard**ando**
stai	star**ai**	stav**i**	(legg**ere**)	legg**endo**
sta	star**à**	stav**a**	(dorm**ire**)	dorm**endo**
st**iamo**	star**emo**	stav**amo**	(fin**ire**)	fin**endo**
state	star**ete**	stav**ate**		
st**anno**	star**anno**	stav**ano**		

—Cosa **stai scrivendo**?

—Non **sto scrivendo, sto leggendo** una lettera.

—What are you writing?

—I'm not writing, I'm reading a letter.

Starà giocando.

Stavano partendo.

He/She is probably playing.

They were leaving.

2. Verbs that have an irregular stem in the **imperfetto** have the same irregular stem in the gerund.

bere: **bevendo**   dire: **dicendo**   fare: **facendo**

3. Reflexive pronouns and direct- and indirect-object pronouns can either precede **stare** or be attached to the gerund.

—**Ti stai divertendo**?

—No, non **mi sto divertendo** affatto.

—**Stavate telefonandomi**?

—Sì, **stavamo telefonandoti.**

—Are you having a good time?

—No, I'm not having a good time at all.

—Were you calling me?

—Yes, we were calling you.

4. In Italian, the progressive construction is used much less frequently than in English. The present, future, and imperfect are used to convey many actions that are expressed with the progressive in English.

Vado al cinema.

Comprerà i biglietti.

Parlava con un'amica.

I'm going to the movies.

He must be buying the tickets.

He was talking with a friend.

11.22 Cosa state facendo? Indica almeno tre cose che tu e le seguenti persone state facendo nei posti indicati.

ESEMPIO: noi / a scuola
Stiamo leggendo. Stiamo ascoltando il professore. Stiamo scrivendo.

1. io / in cucina
2. Paolo / in camera da letto
3. Marisa e Fabio / in garage
4. Rosalba / in centro

11.23 Cosa stavano facendo? Indica che cosa le seguenti persone stavano facendo quando un amico ha telefonato.

ESEMPIO: tu / scrivere una mail
Stavi scrivendo una mail.

1. io / mandare un messaggio
2. Paola / tagliarsi i capelli
3. io e Renata / bere un tè
4. Giulia / svegliarsi
5. Luisa / vestirsi
6. tu e Luigi / fare delle commissioni

11.24 Ma cosa staranno facendo? Hai cercato di telefonare alle seguenti persone molte volte, ma non sono mai a casa. Fai supposizioni su cosa staranno facendo.

ESEMPIO: Pietro e Paolo
—Cosa staranno facendo?
—Staranno cenando in centro.

1. i tuoi genitori
2. tua sorella/tuo fratello
3. i tuoi amici
4. il meccanico

Scambi

11.25 Pronto! Ascolta le telefonate due volte e scrivi la lettera che corrisponde alla conversazione. Poi, indica di che cosa parlano le persone al telefono e a quando avrà luogo (*will take place*) l'avvenimento di cui parlano.

1. Conversazione:

   _____

   Di che cosa parlano?

   _____.

   Quando avrà luogo
   l'avvenimento di cui parlano?

   _____.

2. Conversazione:

   _____

   Di che cosa parlano?

   _____.

   Quando avrà luogo
   l'avvenimento di cui parlano?

   _____.

3. Conversazione:

   _____

   Di che cosa parlano?

   _____.

   Quando avrà luogo
   l'avvenimento di cui parlano?

   _____.

Lo sai che? | Telefonare in Italia

L'Italia è uno dei Paesi con la più alta percentuale di cellulari nel mondo. Infatti, in Italia ci sono più telefonini che abitanti. In molte famiglie italiane il cellulare si usa al posto del telefono fisso. Chi non ha un telefonino, in ogni caso, può sempre chiamare da un telefono pubblico usando una scheda telefonica. Le schede telefoniche si comprano al bar, in edicola[1] o in tabaccheria.[2]

In Italia, per fare una telefonata, bisogna sempre digitare il prefisso della città. Se si telefona in Italia dall'estero invece bisogna fare lo 0039 prima del prefisso. Per telefonare dall'Italia a un Paese straniero si digita 00 e poi il codice del Paese (per esempio, per gli Stati Uniti: 1) e infine il prefisso e il numero della persona chiamata. In genere, quando si telefona a casa di qualcuno, per non disturbare, non si chiama mai prima delle otto di mattina o dopo le dieci di sera. Ci sono poi dei numeri utili che tutti possono chiamare gratis[3] in caso di emergenza da qualsiasi telefono.

NUMERI DI EMERGENZA

CARABINIERI[1]
Chiamata gratuita **112**

PUBBLICA EMERGENZA
Chiamata gratuita **113**

VIGILI DEL FUOCO[2]
Chiamata gratuita **115**

EMERGENZA SANITARIA
Chiamata gratuita **118**

EMERGENZA INFANZIA
Gestito da Telefono Azzurro
Chiamata gratuita **114**

1. police   2. firefighters

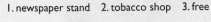

1. newspaper stand   2. tobacco shop   3. free

11.26 Telefonare in Italia. Spiegate a un turista come fare telefonate in Italia.

11.27 Chi parla? Mettete nell'ordine giusto le battute (*lines*) del dialogo che segue. Poi ricostruite il dialogo completo. Attenzione, c'è una battuta in più!

a. Ah! Tiziana! Come stai? Un momento. Ti passo Gino.
b. Allora, a domani! Grazie.
c. Prego.
d. Pronto! Signora Bonelli! Sono Tiziana. Vorrei parlare con Gino.
e. Che bell'idea! Così non dovremo fermarci per strada.
f. Ciao, Tiziana, sono Gino. Allora, a che ora partiremo?
g. No, mi dispiace, in questo momento non c'è.
h. Alle 8.30 del mattino. Ti va bene?
i. Sì, certo! Preparerò dei panini e delle bevande per il viaggio.

 11.28 Al telefono. Ricostruite le telefonate per le seguenti situazioni. Una persona considera la colonna destra e l'altra la colonna sinistra. Non dimenticate di usare il formale quando è necessario.

a. Sei la signora Genovesi e vuoi parlare con il signor Tarantini.

b. Vuoi parlare con Cecilia.

c. Vuoi parlare con Paolo. Fai il numero 889732.

a. Sei la signora Tarantini. Tuo marito non è in casa. Spieghi anche che cosa sta facendo.

b. Sei la madre di Cecilia. Cecilia è occupata. Spieghi anche che cosa sta facendo.

c. Il tuo numero è 899732.

 **11.29 Una scusa.** Oggi le seguenti persone non vogliono parlare con nessuno. I loro collaboratori rispondono al telefono. Ricostruite le telefonate e immaginate le scuse che devono trovare per loro. Usate il «Lei».

ESEMPIO: un medico

S1: Pronto! Vorrei parlare con il Dottor Rossi, per piacere.

S2: Mi dispiace, ma il dottore sta visitando un paziente. Gli vuole lasciare un messaggio?

1. un avvocato
2. una professoressa
3. tuo padre
4. tua madre

Prendiamo un caffè in piazza

11.30 Time. Leggi la pubblicità che segue e poi (1) spiega brevemente che cos'è la carta Time, (2) quando si può usare e (3) i vantaggi che offre.

È una carta telefonica prepagata per chiamate internazionali e nazionali utilizzabile in Italia dai telefoni fissi, dai telefoni pubblici di Telecom Italia e dai telefoni cellulari. Time è una carta a codice scratch off che non deve essere inserita nel telefono ed è rivolta a chi chiama frequentemente l'Europa occidentale, il Nord America e alcune destinazioni dell'Estremo Oriente ed applica per queste destinazioni tariffe più convenienti rispetto alle normali tariffe Telecom Italia. Per usarla basta comporre il numero verde di accesso 800 256652 (401748 dai telefoni pubblici di Telecom Italia), digitare il codice riportato sulla carta e seguire le istruzioni della guida vocale automatica. È inoltre possibile utilizzare la carta Time per effettuare chiamate nazionali e anche durante i viaggi all'estero in più di 60 Paesi, per chiamare i numeri del Paese in cui ci si trova, l'Italia e tutto il mondo. Time è venduta nei tagli da 5,00, 10,00 e 25,00 Euro.

Percorso III
I piani per il futuro

VOCABOLARIO

 ### Che farai dopo aver finito di studiare?

Quando saremo grandi, giocheremo
per la Juventus, la nostra squadra preferita.
Dopo esserci diplomati al liceo,
diventeremo calciatori famosi
e guadagneremo tanto.

Studio biologia all'Università di Genova. **Prima di laurearmi**, dovrò ancora dare parecchi esami. Spero di laurearmi fra cinque anni. **Dopo essermi laureata,** spero di trovare un posto in un grande ospedale come ricercatrice. Non è molto facile trovare lavoro qui da noi, ma non ho intenzione di prendere un altro titolo di studio.

I mestieri e le professioni	
l'arredatore/l'arredatrice	interior decorator
il/la giornalista	journalist
il modello/la modella	model
il poliziotto/la poliziotta	policeman/policewoman
il produttore/la produttrice	(movie) producer
lo psicologo/la psicologa	psychologist
il ricercatore/la ricercatrice	researcher
lo sceneggiatore/la sceneggiatrice	script writer
lo scienziato/a	scientist
lo scrittore/la scrittrice	writer
lo/la stilista	designer
il vigile del fuoco	fireman

Sogni e aspirazioni per il futuro	
avere figli	to have children
avere molte soddisfazioni personali	to be very satisfied in one's personal life
avere successo	to be successful
cercare un posto / un lavoro	to look for a position / job
diventare* famoso/a, ricco/a	to become famous, rich
fare carriera	to advance in one's career
fare sacrifici	to make sacrifices
fare una scoperta	to make a discovery
fare uno stage	to do an internship
fare un viaggio all'estero	to take a trip abroad
guadagnare molti / pochi soldi	to make a lot / a little money
prendere un altro titolo di studio	to get another degree
trovare un posto / un lavoro	to find a position / job

Così si dice Nomi e aggettivi in *-ista* e *-ore*

Words ending in **-ista**, such as **musicista, dentista, ottimista,** and **altruista,** have the same form for the masculine and feminine in the singular. In the plural, they have a masculine form ending in **-isti** and a feminine form ending in **-iste:**
Gabriele Salvatores è un bravo regista. Cristina Comencini è una brava regista.

Some nouns ending in **-ore,** such as **attore** and **produttore,** form the feminine with **-rice: attrice, produttrice.**

11.31 Che professione? Indica tutte le professioni che associ con questi termini.

1. una casa
2. un crimine
3. il teatro
4. un computer
5. un film
6. una scoperta scientifica

11.32 Chi? Indica la professione di queste persone.

1. Scrive molti articoli.
2. Lavora in un laboratorio e fa molte scoperte importanti.
3. Disegna i vestiti.
4. Ascolta i problemi degli altri e gli dà tanti consigli.
5. È una persona che fa un film.
6. Aiuta le persone ad arredare la casa.

11.33 In che ordine? Indica in che ordine farai le seguenti cose in futuro. Poi paragona la tua lista con quella di un compagno/una compagna. È uguale?

1. _____ trovare un posto
2. _____ fare carriera
3. _____ cercare un posto
4. _____ fare un viaggio all'estero
5. _____ fare uno stage
6. _____ avere figli
7. _____ avere molte soddisfazioni personali
8. _____ guadagnare molti soldi
9. _____ diventare ricco/a
10. _____ prendere un altro titolo di studio
11. _____ diventare famoso/a
12. _____ fare molti sacrifici
13. _____ sposarsi

In contesto Dall'indovino

Paolo, un ragazzo molto superstizioso, consulta un indovino (*fortune-teller*) per conoscere il suo futuro.

PAOLO: Cosa farò dopo aver finito il liceo? Andrò all'università?

INDOVINO: Sì, ci andrai, ma prima di andare all'università farai un lungo viaggio all'estero.

PAOLO: Veramente? Andrò anche in America?

INDOVINO: Sì, e ci resterai a lungo. Tornerai a casa solo dopo aver finito i soldi! Intanto conoscerai una ragazza americana e ti innamorerai.

PAOLO: La sposerò?

INDOVINO: Sì, ma non subito. Prima di sposarti, ti laureerai e cercherai un posto, ma non diventerai ricco. Avrai però molte soddisfazioni personali. Prima farai l'insegnante in una scuola elementare per qualche anno e poi ti sposerai.

PAOLO: Quanti figli avrò?

INDOVINO: Ne avrai due, un maschio e una femmina. Vivrete in una piccola casa e sarete molto felici.

PAOLO: Avrò successo nella mia carriera prima o poi?

INDOVINO: Non farai carriera, ma i tuoi figli diventeranno molto famosi.

 11.34 Dall'indovino. Indicate se le seguenti affermazioni sono vere (V) o false (F). Correggete le affermazioni false.

1. Paolo andrà all'università dopo essere tornato dall'estero.
2. Quando sarà all'estero Paolo s'innamorerà.
3. Paolo si sposerà prima di laurearsi.
4. Dopo avere finito gli studi, avrà molte soddisfazioni personali.
5. Paolo e sua moglie saranno molto ricchi, ma non avranno figli.
6. Paolo sarà molto felice.

Occhio alla lingua!

1. Look at the expressions in boldface type in the photo captions on page 334. In what sequence do you think these actions will occur?
2. What follows **prima di**? What form of the verb follows **dopo**? How do the verb forms that follow **prima di** and **dopo** differ?
3. Reread the *In contesto* conversation and circle each action that occurs before another action and underline all the actions that occur after another action takes place.

GRAMMATICA

Dopo e *prima di* con l'infinito

You have already learned that **prima** and **dopo** can be used to indicate the order of actions.

Prima mi diplomo e **dopo** vado all'università.	*First I'm going to graduate from high school and then I'm going to college.*

1. To express *before doing something*, **prima di** + the infinitive is used. Pronouns are attached to the infinitive.

Prima di sposarmi, voglio trovare un lavoro.	*Before getting married, I want to find a job.*
Ho studiato all'università per due anni **prima di andare** all'estero.	*I studied at the university for two years before going abroad.*

2. To express *after doing something*, **dopo** + a past infinitive is used. The final -e of **avere** is frequently dropped before the past participle.

Dopo aver(e) finito gli studi, cercherò un lavoro.	*After finishing my studies, I will look for a job.*
Dopo essere arrivati, ti telefoneremo.	*After we arrive, we will call you.*

The past infinitive is formed with **avere** or **essere** + the past participle of the verb. If the verb is conjugated with **essere**, the past participle agrees with the subject, as with all verbs conjugated with **essere**.

3. With a past infinitive, pronouns are attached to **avere** and **essere** after the final **e** is dropped.

Dopo avergli parlato, ti telefonerò.	*After having spoken to him, I'll call you.*
Dopo essermi riposata, leggerò gli annunci sui giornali.	*After having rested, I'll read the newspaper ads.*

11.35 Quando lo faranno? Ascolta due volte le conversazioni e indica l'ordine delle azioni di cui parlano le persone, scrivendo il numero *1* o *2* accanto ad ogni attività.

1. **a.** finire i compiti _____ uscire _____
   b. finire i compiti _____ mangiare _____
   c. finire i compiti _____ cenare _____

2. **a.** cominciare a lavorare _____ laurearsi _____
   b. cercare lavoro _____ girare l'Europa _____

3. **a.** dire _____ rivedere _____
   b. spiegare _____ chiedere scusa _____

11.36 In che ordine? Indica in che ordine farai le seguenti azioni scrivendo frasi con **prima di** + infinito.

ESEMPIO: svegliarsi / alzarsi
             Mi sveglierò prima di alzarmi.

1. lavarsi i denti / fare colazione
2. farsi la doccia / vestirsi
3. addormentarsi / spogliarsi
4. lavarsi i capelli / pettinarsi
5. uscire / mettersi l'impermeabile

11.37 Quando? Indica quando tu e i tuoi compagni farete le seguenti cose. Usa **dopo** + infinito passato.

ESEMPIO: fare un viaggio
             Faremo un viaggio dopo aver comprato un biglietto.

1. cercare un lavoro
2. sposarsi
3. avere un figlio
4. cambiare casa
5. fare uno stage
6. prendere un altro titolo di studio

11.38 Il futuro di Paolo. Rileggi la conversazione a pagine 335–336 e metti nell'ordine corretto gli avvenimenti importanti nella vita di Paolo secondo l'indovino. Usa **prima di** + infinito o **dopo** + infinito passato.

ESEMPIO: Dopo avere finito gli studi, Paolo farà un viaggio all'estero... *o*
             Prima di andare all'università, Paolo farà un viaggio all'estero...

Scambi

11.39 Chi lo farà? Trova una persona in classe che in futuro farà le seguenti cose. Scopri anche quando le farà.

ESEMPIO: andare all'università
S1:   Andrai all'università?
S2:   Sì, ci andrò. *o* No, non ci andrò.
S1:   Quando?
S2:   Ci andrò subito dopo aver finito il liceo.

1. prendere una seconda laurea
2. viaggiare in Paesi lontani
3. scrivere dei libri
4. guadagnare molti soldi
5. sposare una persona ricca
6. andare a vivere in un'altra città o in un altro Paese
7. diventare ricco/a e famoso/a
8. fare una grande scoperta
9. avere molti figli
10. ?

11.40 I piani per il futuro. Intervista un compagno/una compagna e scopri i suoi progetti per il futuro.

1. Che cosa farai subito dopo aver finito l'università?
2. Che cosa farai prima di incominciare a lavorare?
3. Dove pensi di vivere?
4. Che lavoro farai? Come sarà la tua vita quando incomincerai a lavorare e a guadagnare bene? Cosa farai che adesso non puoi fare?
5. Che cosa significa per te il successo? Guadagnare molti soldi? Fare carriera? Le soddisfazioni personali? L'avventura?

11.41 Dall'indovino. Consulti un indovino. Insieme discutete del tuo passato e del tuo futuro. A coppie, ricostruite la conversazione.

Lo sai che? | L'Italia, un Paese di «mammoni»?

Sembra che il mito della «mamma» non tramonterà[1] mai in Italia. Secondo i dati dell'Istat, il 60 percento dei giovani italiani fra i 18 e i 34 anni vive con almeno un genitore. E sembra che siano più gli uomini che le donne i mammoni d'Italia.

I motivi per cui tanti giovani italiani scelgono[2] di vivere con la famiglia più a lungo dei loro coetanei[3] europei sono tanti. Alcuni sono di natura economica. La difficoltà di trovare un lavoro stabile che paghi bene contribuisce enormemente a questo fenomeno. È anche sempre più difficile trovare casa a un prezzo accessibile.

Oltre ai fattori economici, però, molti giovani vivono in famiglia perché ci stanno bene e non se ne vogliono andare. I giovani italiani vanno abbastanza d'accordo con i genitori e preferiscono le comodità che solo vivendo con loro possono avere.

1. die out   2. choose   3. same age

11.42 E nel vostro Paese? Paragonate la situazione dei giovani italiani a quella dei giovani del vostro Paese.

In pratica

PARLIAMO

> **Strategie per parlare**   Talking about future plans
>
> To discuss your plans for the weeks and months ahead, you can use the future tense. Remember also that you can organize your ideas by using **prima di** with an infinitive to tell what you will do first, and **dopo** with a past infinitive to indicate what you will do after doing something else.

L'estate prossima Tomás, uno studente spagnolo, andrà a studiare in Italia. Cosa dovrà fare prima di partire? Cosa farà dopo essere arrivato in Italia?

Il mese prossimo Isabella comincerà a lavorare nello studio di un avvocato. Come si preparerà per il nuovo lavoro?

Che farai? Tu e un amico/un'amica parlate al telefono di cosa farete la prossima estate per quanto riguarda il lavoro o lo studio. Raccontate cosa farete per preparavi e fate domande all'altra persona.

Prima di parlare

11.43 Prima di immaginare la telefonata, segui questi consigli.

1. Pensa di che cosa vuoi parlare: di lavoro o di studio?
2. Prepara le espressioni che userai al telefono per salutare il tuo amico/la tua amica e per concludere la telefonata.
3. Decidi come ti preparerai. Che commissioni dovrai fare? Per esempio, comprerai dei vestiti? Andrai a tagliarti i capelli?
4. Organizza le tue attività in ordine logico. Cosa farai prima? E dopo?

Mentre parlate

11.44 Adesso immaginate la conversazione al telefono: vi salutate, vi raccontate i vostri progetti e domandate alcuni particolari.

Dopo aver parlato

11.45 Presentate la conversazione alla classe. Chi dovrà fare più cose? Chi farà le attività più interessanti?

LEGGIAMO

> **Strategie di lettura**   Understanding a poem
>
> An effective poem often has many layers of meaning. A poet may evoke a very specific imagined experience—for example, travelers' lives and feelings in an era of interplanetary voyages, as in the poem below—while also conveying an unspoken message to the reader. As you read a poem, focus first on the literal meaning. Then consider what else the poet may be trying to say, how he or she does it, and why.

Prima di leggere

11.46 La poesia che segue, «La stazione spaziale», è di Gianni Rodari. Rodari (1920–1980) è nato ad Omegna (Novara). Ha pubblicato più di trenta volumi di racconti, fiabe e filastrocche (*nursery rhymes*) per bambini. In questa poesia Rodari immagina un'epoca in cui la gente può viaggiare su altri pianeti. Prima di leggere la poesia, completa le attività seguenti.

1. Leggi il titolo e i primi sei versi.
   a. L'autore si riferisce a un'epoca passata o futura?
   b. Quali parole ed espressioni sono realistiche e si usano nella vita contemporanea?
2. Che tono usa l'autore? Drammatico? Ironico? Satirico? Scherzoso? Serio?

Mentre leggi

11.47 Mentre leggi, sottolinea le parole ed espressioni, relative ai viaggi nello spazio, che si riferiscono alla vita di tutti i giorni. Sottolinea due volte le parole ed espressioni che descrivono i sentimenti delle persone.

La Stazione Spaziale
Gianni Rodari

Nella stazione spaziale
c'è un traffico infernale.
Astronavi° che vengono,   *Spaceships*
astronavi che vanno,
astronavi di prima classe   5
per quelli che non pagano le tasse°.   *taxes*
L'altoparlante°   *loudspeaker*
non tace un istante:
«È in partenza dal primo binario°   *track*
il rapido° interplanetario.»   10   *express*
Prima fermata° Saturno.   *stop*
«L'astroletto° da Giove   *space sleeper*
viaggia con un ritardo
di minuti trentanove».

La gente protesta: 15
— Che storia è questa?
Mai un po' di puntualità.
— Devo essere a Plutone
before supper prima di desinare°!
deal — Io perdo un grosso affare°:   20
Mi sentiranno quelli
dell'Amministrazione…

corner In un angolo° della stazione
due timidi sposini
honeymoon in viaggio di nozze°:   25
vanno su certi pianetini
di un'altra nebulosa
dove hanno una zia
che si chiama Ponti Rosa
concierge e fa la portinaia°   30
in un osservatorio d'astronomia.
E questo è un venditore
installments di frigoriferi a rate°:
dice che su Nettuno
non c'è ancora stato nessuno   35
field del suo ramo°,
tons of money farà quattrini a palate°.
Questa signorina,
embroidery maestra di ricamo°,
va su Venere per un corso   40
di perfezionamento,
ma il suo fidanzato
non è troppo contento,
lui sta a Milano,
office worker e fa l'impiegato°,   45
ha paura che sposi un Venusiano.

[…] Un momento, un momento:
ma allora il cosmo intero
enlargement non sarebbe che un ingrandimento°
di qualche paesotto   50
dell'Ohio o del Varesotto.[1]
A parte le astronavi
questa specie di stazione
potrebbe stare tutta
in provincia di Frosinone[2]
o di Piacenza…[3]   55
Forse ho visto troppi film di fantascienza.

----

1. a wealthy, industrialized region in Lombardy
2. city in Lazio
3. city in Emilia-Romagna

Dopo la lettura

11.48 Rispondi alle domande che seguono.

1. A che cosa somiglia la stazione spaziale? Da' esempi concreti dal testo.
2. I viaggi dei vari personaggi nella poesia sono molto insoliti (*unusual*)? Da' esempi concreti dal testo.
3. Rileggi le parti del testo che descrivono i personaggi. Com'è la loro vita? È simile o diversa dalla vita degli abitanti della Terra (*Earth*) oggi? Come?
4. Rileggi gli ultimi dieci versi. Qual è la conclusione dell'autore? Secondo te, questo testo è per bambini o per adulti? Perché?

SCRIVIAMO

Strategie per scrivere
Using unstructured brainstorming to generate ideas

Unstructured brainstorming is a useful way to generate and explore ideas. It entails simply coming up with and listing as many ideas about a given topic as possible. When you brainstorm in this way, write down anything that comes to mind, however farfetched or trivial it may seem, and do not worry about using complete—or even grammatical—sentences. Once you have gotten down all of your thoughts, group together and organize any related clusters of ideas, make needed modifications or additions, and discard ideas that seem inappropriate.

Il mondo che sarà. Scrivi una descrizione del mondo come sarà fra cento anni. Cosa farà ogni giorno? Cosa non farà più?

Prima di scrivere

11.49 Usa la strategia che hai appena letto e fa' una lista delle idee che ti vengono in mente sulla vita giornaliera in un futuro lontano. Puoi usare la poesia «La stazione spaziale» come ispirazione! Prendi in considerazione, ad esempio: le attività di tutti i giorni, il tempo libero e i mezzi di trasporto e di comunicazione. Poi segui questi suggerimenti.

1. Esamina la tua lista e scegli le idee che vuoi usare.
2. Decidi come vuoi organizzare la descrizione e metti in ordine le idee.
3. Prepara una scaletta.

La scrittura

11.50 Usa la scaletta che hai preparato per scrivere la prima stesura.

La versione finale

11.51 Fa' passare un po' di tempo e rileggi la prima stesura.

1. L'ordine della descrizione è efficace (*effective*)?
2. Le idee sono interessanti e appropriate?
3. Adesso correggi attentamente quello che hai scritto. Hai usato il futuro correttamente?

 11.52 E gli altri? Adesso leggete la descrizione di un'altra persona. Le vostre idee sono simili o diverse? Come? Chi ha le idee più interessanti o divertenti?

GUARDIAMO

Prima di guardare

 11.53 Nella parte di video che segue, Felicita e Plinio parlano di quello che faranno nei prossimi giorni. Altre persone invece parlano di cosa faranno dopo l'università. Prima di guardare, completate le attività seguenti.

1. Dove vanno le persone che: (a) vogliono curare i propri capelli? (b) hanno problemi con la macchina? (c) vogliono prendere dei soldi?
2. In cosa si laureerà una persona che vuole diventare maestra di scuola elementare?
   a. In Letteratura Italiana
   b. In Scienze dell'Educazione
3. Cosa studierà una persona che vuole fare una professione legale?
   a. Giurisprudenza
   b. Scienze Politiche

Mentre guardi

 11.54 Mentre guardi, completa le seguenti frasi.

1. Felicita comprerà regali
   a. per le amiche.
   b. per il marito e i fratelli.
2. Felicita comprerà soprattutto
   a. pantaloni e giacche.
   b. scarpe e borse.
3. Plinio spenderà molti soldi perché
   a. pagherà le tasse e porterà la macchina dal meccanico.
   b. farà shopping per la sua ragazza.
4. Dopo la laurea Laura farà
   a. la professoressa di liceo o d'università.
   b. la maestra d'asilo o di scuola elementare.
5. Nel lavoro, per Ilaria è importante soprattutto
   a. guadagnare molto.
   b. avere soddisfazioni personali.
6. Gaia studierà all'università ancora
   a. due anni.
   b. un semestre
7. Plinio pubblicherà
   a. un romanzo e un libro di racconti.
   b. un libro di poesie e un libro di saggi (*essays*) sul cinema.

Dopo aver guardato

 11.55 Dopo aver guardato il videoclip, completa le seguenti attività.

1. Secondo voi, Felicita, Plinio, Laura e Ilaria faranno sicuramente le cose che hanno detto? Perché?
2. Paragonate i programmi delle persone nel video per i prossimi giorni e per dopo aver finito l'università con i vostri. Sono simili o diversi? Perché?

■ ATTRAVERSO LA LIGURIA

La Liguria, con la Lombardia e il Piemonte, fa parte della zona più industrializzata d'Italia.

Questa stretta striscia (*narrow strip*) costiera fra le montagne e il mare è una delle regioni italiane più piccole. Si estende dalla frontiera francese alla Toscana. È una regione prevalentemente marittima, ma vi si coltivano anche fiori, pesche, mele, albicocche (*apricots*), mandorle (*almonds*) e castagne (*chestnuts*).

La Liguria è ricca di bellezze naturali ed è particolarmente famosa per le sue coste. Il turismo, soprattutto lungo la riviera ligure, è molto importante per l'economia della regione. Molti italiani del Piemonte e della Lombardia hanno qui una seconda casa dove trascorrono l'estate e i weekend.

Il porto di Genova. Il porto di Genova è il più importante d'Italia. Navi (*Ships*) dall'Africa, dall'Australia, dal Centro America e da ogni altra parte del mondo arrivano ogni giorno con le materie prime per le industrie di Milano, di Torino e di tutta la Liguria. Le navi poi trasportano i prodotti delle industrie della Lombardia, del Piemonte e della Liguria in tutti i Paesi del mondo. Sono nati a Genova il compositore e violinista Niccolò Paganini (1782–1840) e Eugenio Montale (1896–1981), uno dei più grandi poeti italiani del '900, premio Nobel per la letteratura.

Il Bigo e il Porto Antico di Genova. Il Bigo è una struttura metallica moderna con un ascensore panoramico. L'architetto Renzo Piano, nato a Genova, ha progettato questa struttura, che ha la forma di una gru (*crane*). Prendendo l'ascensore panoramico è possibile vedere l'intera città di Genova.

VERIFICHIAMO

Prima leggi l'introduzione della regione, poi guarda le foto e leggi le rispettive didascalie.

11.56 Quiz. Indica quali delle seguenti affermazioni sono vere (V) e quali false (F).

1. La Liguria non è una regione molto industrializzata.
2. La Liguria è famosa per il mare.
3. Il porto di Genova non è molto importante per il commercio internazionale.
4. Un famoso architetto moderno è nato a Genova.
5. Il Porto Antico di Genova è importante per il turismo.
6. Portofino è un famoso centro turistico per il *jet set*.
7. Le case a Portofino sono bianche.
8. A Vernazza, Monterosso e Riomaggiore è possibile ammirare la natura incontaminata.

 11.57 Partiamo per il weekend. Immaginate che presto potrete passare un weekend in Liguria. Dove andrete? Cosa farete? Perché?

 11.58 E nel vostro Paese? Nel vostro Paese c'è una zona come la Liguria? Com'è simile? Com'è diversa?

Il porticciolo di Portofino. Portofino è un antico borgo (*village*) di case colorate situato intorno a (*around*) una baia pittoresca e circondato da una densa vegetazione. Nel suo piccolo porto sono sempre presenti piccole barche (*boats*) e lussuosi yacht. A Portofino ci sono anche molti negozi eleganti, ristoranti famosi, un piccolo teatro e locali vivaci. Molti personaggi famosi frequentano questo piccolo paese

Cinque Terre: Riomaggiore. Le Cinque Terre: Riomaggiore, Manarola, Corniglia, Vernazza e Monterosso, sono situate vicino al Golfo di La Spezia. L'accesso a questi piccoli villaggi pittoreschi è piuttosto difficile, così essi hanno conservato le loro tradizioni e la loro bellezza caratteristica. Nel 1997 le Cinque Terre sono state iscritte nella lista del patrimonio mondiale dell'UNESCO.

◁))) VOCABOLARIO

Commissioni e impegni

aggiustare la macchina	to fix the car
andare...	to go . . .
dal dentista	to the dentist
dal parrucchiere	to the hairdresser
in banca	to the bank
in lavanderia	to the cleaner's
avere un sacco di cose da fare	to have a million things to do
cambiare l'olio	to change the oil
fare commissioni	to run errands
fare progetti	to make plans
farsi i capelli	to do one's hair
le unghie	to do one's nails
fissare un appuntamento	to set a date / to make an appointment
un impegno	engagement, commitment, errand
pagare i conti	to pay the bills
portare la macchina dal meccanico	to take the car to the mechanic
i progetti	plans
ritirare i vestiti	to pick up one's clothes
tagliarsi i capelli	to cut one's hair

Espressioni per il futuro

fra due giorni / un mese / un anno	in two days / a month / a year
fra poco	in a little while
la settimana prossima / il mese prossimo / l'anno prossimo	next week / month / year

Espressioni per indicare incertezza e intenzione

avere intenzione di + infinitive	to intend to do something
chissà	who knows
credere (di + infinitive)	to believe, to think
difficilmente	unlikely, not likely, with difficulty
forse	maybe, probably
mah!	well!
pensare di + infinitive	to think about doing / to intend to do something
probabilmente	probably
sicuramente	certainly, surely
sperare di + infinitive	to hope to do something

Espressioni per il telefono

abbassare	to hang up
la cabina telefonica / il telefono pubblico	phone booth / public phone
il cellulare / il telefonino	cell phone
il cordless	cordless phone
digitare	to press; to type
l'elenco telefonico	phone book
fare il numero	to dial
fare la ricarica	to get more prepaid cell phone minutes
fare una telefonata	to make a phone call
mandare un messaggio / un SMS	to send a text message
le pagine gialle	yellow pages
la scheda telefonica	prepaid phone card
la segreteria telefonica	answering machine

Parlare al telefono

Chi parla? Sono...	*Who is it? It's . . .*
Gli/Le vuoi lasciare un messaggio?	*Do you want to leave him/her a message? (informal)*
Gli/Le vuole lasciare un messaggio?	*Do you want to leave him/her a message? (formal)*
La linea è occupata.	*The line is busy.*
Mi dispiace. Non c'è.	*I'm sorry. He/She is not here.*
Pronto!	*Hello!*
richiamare più tardi	*to call back later*
sbagliare numero	*to get the wrong number*
Un momento.	*Just a minute. Here is . . .*
Le passo... (formal)	
Ti passo... (informal)	
Vorrei parlare con...	*I would like to speak with . . .*

Le prospettive per il futuro

avere figli	*to have children*
avere molte soddisfazioni personali	*to be very satisfied in one's personal life*
avere successo	*to be successful*
cercare un posto / un lavoro	*to look for a position / job*
diventare famoso/a, ricco/a	*to become famous, rich*
fare carriera	*to advance in one's career*
fare sacrifici	*to make sacrifices*

fare una scoperta

fare una scoperta	*to make a discovery*
fare uno stage	*to do an internship*
fare un viaggio all'estero	*to take a trip abroad*
guadagnare molti / pochi soldi	*to earn a lot / a little money*
prendere un altro titolo di studio	*to get another degree*
i soldi	*money*
trovare un posto / un lavoro	*to find a position / job*

Le professioni

l'arredatore/ l'arredatrice	*interior designer*
il/la giornalista	*journalist*
il/la modello/a	*model*
il/la poliziotto/a	*policeman/policewoman*
il produttore/ la produttrice	*(movie) producer*
lo/la psicologo/a	*psychologist*
il ricercatore/ la ricercatrice	*researcher*
lo sceneggiatore/ la sceneggiatrice	*script writer*
lo/la scienziato/a	*scientist*
lo scrittore/la scrittrice	*writer*
lo/la stilista	*designer*
il vigile del fuoco	*fireman*

CAPITOLO 12 ■ La vita che vorrei

Pannelli solari: l'energia di oggi
e del futuro

In this chapter you will learn how to:

◆ Discuss your career goals

◆ Express hopes, dreams, and aspirations

◆ Talk about finding a place to live

Percorso I
La scelta della carriera

🔊 Che cosa vorresti fare?

Il negozio

Filippo fa il commesso, ma **vorrebbe** diventare architetto.
Dovrebbe finire l'università. Potrebbe fare una bella carriera.

Lo studio

Monica e Rachele fanno le segretarie, ma sono molto creative e **vorrebbero** diventare artiste famose.

Mestieri e professioni

il/la biologo/a *biologist*
il chirurgo *surgeon*
il/la commercialista *Certified Public Accountant*
il/la dirigente *manager*
il dottore/la dottoressa *medical doctor*
l'elettricista (m., f.) *electrician*
l'idraulico *plumber*
l'impiegato/a *office worker, clerk*
l'infermiere/l'infermiera *nurse*
l'operaio/a *(industrial) worker*
il programmatore/la programmatrice *programmer*

Il posto di lavoro

l'azienda, la ditta *firm*
la fabbrica *factory*
l'officina *workshop, mechanic's garage*

Per discutere di lavoro

disoccupato/a *unemployed*
insoddisfatto/a *unsatisfied*
il lavoro a tempo pieno /
    il lavoro part-time *full-time / part-time job*
la responsabilità *responsibility*
soddisfatto/a *satisfied*
la soddisfazione *satisfaction*
lo svantaggio *disadvantage*
il vantaggio *advantage*

Per parlare delle caratteristiche personali

l'ambizione *ambition*
la creatività *creativity*
l'entusiasmo *enthusiasm*
l'esperienza *experience*
lo spirito d'iniziativa *enterprising spirit, nature*

> **Così si dice**   *Che lavoro fai?*
>
> To ask someone about his or her job, you can say: **Che (lavoro) fai / fa?** *What do you do?* If someone asks you about your line of work, you can answer in various ways: **Faccio l'ingegnere.** *I am an engineer.* **Sono professoressa.** *I am a professor.* **Lavoro alla FIAT.** *I work at FIAT.*

12.1 Dove e che cosa? Unisci le espressioni della colonna a sinistra e quelle della colonna a destra per formare frasi logiche.

1. In una fabbrica
2. Porto la macchina rotta
3. In un laboratorio
4. In un negozio

   a. in un'officina.
   b. si fa ricerca.
   c. si vendono merci di vari tipi.
   d. si costruiscono motociclette.

12.2 Cosa fa? Indica qual è il lavoro che corrisponde meglio alle attività e alle caratteristiche indicate.

1. Scrive molto al computer.
2. Gli/Le piace la musica.
3. Costruisce parti di automobili.
4. Disegna palazzi.
5. Dipinge.
6. Studia scienze biologiche.
7. Opera in un ospedale.
8. Lavora molto con l'acqua.
9. Fa i conti e calcola le tasse.

 12.3 Definizioni e caratteristiche. Rispondete alle domande usando i termini della lista a pagina 349.

1. Com'è una persona senza lavoro?
2. Quali sono delle caratteristiche importanti per un/un'artista?
3. Qual è una qualità importante per un bravo dirigente?
4. Che qualità si può acquisire con tanti anni di lavoro?
5. Come si può definire chi non è contento del suo lavoro e vorrebbe cambiare carriera?
6. Qual è una qualità importante per iniziare un nuovo lavoro?

In contesto   Hai deciso che farai?

Presto Francesca e Riccardo finiranno il liceo e discutono dei loro progetti per il futuro.

RICCARDO: Allora, hai deciso?

FRANCESCA: Sì! Mi iscrivo a Medicina.

RICCARDO: Davvero?! Certo dovrai studiare tanti anni!

tough   FRANCESCA: Verissimo! È anche una professione dura°, ma mi darà molte soddisfazioni personali.

RICCARDO: Certo, potresti anche guadagnare abbastanza bene!

FRANCESCA: Anche questo è vero! E tu, hai deciso cosa vorresti fare?

RICCARDO: Io vorrei andare all'Accademia di Belle Arti. Sai, mi piace molto
              il disegno e potrei fare un lavoro creativo. Purtroppo però i miei
              genitori non sono d'accordo. Dicono che è molto difficile
              affermarsi° in questo campo° e secondo loro, dovrei fare   *succeed / field*
              l'avvocato come mio padre.

FRANCESCA: Povero Riccardo, non ti invidio°. È una scelta difficile.   *envy*

 12.4 La scelta della carriera. Rispondete alle seguenti domande.

1. Cosa vorrebbero fare Francesca e Riccardo dopo il liceo?
2. Che cosa non vorrebbe fare Riccardo?
3. Quali sono alcuni vantaggi e svantaggi di ogni professione secondo
   Riccardo e Franca? E secondo voi?
4. A chi somigliate di più voi? A Riccardo o a Francesca? Perché?

Occhio alla lingua!

1. Look at the forms of the verbs **dovere, volere**, and **potere** used in the
   captions on page 349. What do you notice about the endings of these
   verbs?
2. What are the similarities and differences between the forms of **dovere,
   volere**, and **potere** on page 349 and the forms of the future tense?
3. Identify all of the forms of **dovere, volere**, and **potere** in the *In contesto*
   conversation. Looking at the endings of these verbs, can you tell who
   the subject is in each instance?

GRAMMATICA

Il condizionale presente di *dovere, potere e volere*

To indicate obligation, desire, and possibility—the English equivalent of
should, could, and *would like*—the verbs **dovere, potere,** and **volere** are used in
the present tense of the conditional mood. (You will learn about other uses of
the conditional mood later in this chapter.)

As you will note in the chart below, the stems used for the conditional
mood are the same as those used for the future tense.

Il condizionale presente			
	dovere	**potere**	**volere**
io	dov**rei**	pot**rei**	vor**rei**
tu	dov**resti**	pot**resti**	vor**resti**
lui/lei	dov**rebbe**	pot**rebbe**	vor**rebbe**
noi	dov**remmo**	pot**remmo**	vor**remmo**
voi	dov**reste**	pot**reste**	vor**reste**
loro	dov**rebbero**	pot**rebbero**	vor**rebbero**

1. The present conditional of **volere** is used to express a wish or desire in the
   present or future. It is equivalent to the English *would like.*

   Dove **vorrebbero** lavorare?   *Where would they like to work?*
   Vorrei viaggiare!   *I would like to travel!*

2. The present conditional of **dovere** is used to give suggestions and advice. It is equivalent to the English *should / ought to* + verb.

Dovrebbero studiare di più.   *They should study more.*
Dovresti venire anche tu!   *You should come too!*

3. The present conditional of **potere** is equivalent to the English *could* + verb. It is frequently used to make a polite request.

Potremmo venire domani.   *We could come tomorrow.*
Potrebbe dirmi quanto   *Could you tell me how much*
costano le scarpe?   *the shoes cost?*

12.5 Cosa vorrebbero fare? Alcuni giovani spiegano cosa cercano nel lavoro. Completa le frasi con il condizionale di **volere**.

1. Io _____ guadagnare più soldi.
2. La mia ragazza ed io _____ lavorare nel mondo del cinema.
3. Luisa e Raffaella _____ più libertà e autonomia.
4. Tu e Marco _____ lavorare con gente più simpatica.
5. Gianni _____ fare delle scoperte scientifiche importanti.
6. Maria e io _____ aiutare gli altri.

12.6 Insoddisfazioni! Tu e alcuni amici discutete di cosa potreste fare per avere più soddisfazione dal lavoro. Completa le frasi con il condizionale di **potere**.

1. Marco _____ lavorare a tempo pieno.
2. Io _____ avere più responsabilità.
3. Tu e Matteo _____ mostrare (*show*) più entusiasmo.
4. Noi _____ aprire un negozio.
5. Serena e Martina _____ cambiare lavoro.
6. Tu _____ cercare un lavoro creativo.

12.7 Cosa dovrebbero fare? Spiega cosa dovrebbero fare le persone indicate per risolvere i loro problemi. Usa il condizionale di **dovere**.

ESEMPIO: —Sono sempre stanco. [tu]
—Dovresti dormire di più.

1. Mi piace molto lavorare con il computer. [tu]
2. A Laura piace insegnare. [lei]
3. Non abbiamo molti soldi, perché lavoriamo poche ore la settimana. [voi]
4. Non ci piace il nostro lavoro. [noi]
5. Paolo e Renata vogliono un lavoro stimolante e interessante. [loro]
6. Mi piace disegnare. [io]

12.8 E tu, che faresti? Due amici parlano del proprio (*their own*) futuro e di alcuni problemi che vorrebbero risolvere. Ascolta la loro conversazione due volte. Per ogni frase indica con una «F» quando senti un verbo al futuro e con una «C» quando senti un verbo al condizionale.

1. _____   5. _____
2. _____   _____
   _____   _____
   _____   6. _____
3. _____   7. _____
4. _____   _____

12.9 I suggerimenti. Prendete ad esempio la conversazione tra Francesca e Riccardo a pagine 350–351 e immaginate una conversazione simile. Discutete cosa vorreste fare dopo l'università e cosa dovreste e potreste fare per realizzare i vostri desideri.

Scambi

12.10 Le qualità. Quali qualità dovrebbero avere le persone che fanno i lavori indicati? Perché? Quali caratteristiche sono più o meno importanti per ogni lavoro?

Professioni: architetto, attore/attrice, avvocato, chirurgo, commesso/a, modello/a

Caratteristiche: avere entusiasmo, esperienza, spirito d'iniziativa; essere bello/a, colto/a, creativo/a, intelligente, organizzato/a, preciso/a, severo/a; parlare molte lingue

12.11 Cosa vorresti nel lavoro? Indica quali delle seguenti caratteristiche consideri più o meno importanti nella scelta del lavoro. Dopo paragona e discuti le tue scelte con alcuni compagni/alcune compagne.

Vorrei...	Molto importante	Importante	Di nessuna importanza
guadagnare molto			
un lavoro interessante e stimolante			
molto tempo libero			
molta libertà ed autonomia			
lavorare con gente simpatica			
uno stipendio (*salary*) sicuro			
poche responsabilità			
molte soddisfazioni personali			
un buon orario di lavoro			
fare carriera			

12.12 Conosci qualcuno che... ? Domanda a un compagno/una compagna di classe se ha amici o parenti che esercitano le professioni e i mestieri seguenti. Scopri anche i particolari.

ESEMPIO: il medico
Hai un amico/un'amica medico? Da quanto tempo fa questo lavoro? Che studi ha fatto? Gli/Le piace fare il medico?

1. il/la commercialista
2. l'operaio/a
3. l'idraulico
4. il programmatore/la programmatrice
5. l'artista
6. lo psicologo/la psicologa

Lo sai che?   Un lavoro per i giovani

Pubblicità per WorkNet, un'agenzia che aiuta a trovare lavoro.

Gli studenti universitari italiani raramente possono conciliare lo studio con il lavoro, soprattutto perché è difficile trovare un posto part-time. Anche dopo aver finito l'università non è facile trovare il primo impiego[1]. I giovani italiani possono trovare un lavoro indipendente o possono cercare un lavoro fisso, che spesso è un impiego statale. La realtà italiana oggi permette soprattutto impieghi con un contratto temporaneo o determinato, senza nessuna certezza[2] per il futuro. Questo contrasta con i desideri degli italiani che preferirebbero un posto stabile piuttosto che, ad esempio, la soddisfazione personale. Una recente inchiesta[3] nella provincia di Treviso ha dimostrato che la sicurezza è un elemento fondamentale nella ricerca del lavoro per il 57% dei giovani intervistati. Da questo stesso studio risulta che un altro stereotipo abbastanza comune è errato: i giovani non sono dei fannulloni[4] che pensano solo divertirsi e a spendere soldi e il tempo libero e i divertimenti sono abbastanza secondari per loro. Una possibilità molto importante oggi aperta a tutti i giovani italiani è quella di trovare lavoro in uno dei Paesi dell'Unione Europea.

1. job   2. security   3. survey   4. slackers

12.13 È vero che...?   Trova nel testo la conferma alle seguenti affermazioni.

1. In Italia i giovani trovano soprattutto lavori precari (*precarious*).
2. Per gli italiani è molto importante la sicurezza del lavoro.
3. Divertirsi non è particolarmente importante per i giovani italiani.

Percorso II
Speranze e desideri

🔊 Che cosa ti piacerebbe?

Cosa faresti con i soldi di una lotteria?

Comprerei una bella macchina sportiva! Come mi **piacerebbe** andare in giro per l'Italia!

Mi **farei** una bella villa al mare e ci **abiterei** tutto l'anno!

Io non **avrei** bisogno di molti soldi, ma **cercherei** di proteggere l'ambiente.

Per parlare di sogni e desideri

altruista	unselfish
l'aspirazione (f.)	aspiration
da grande	as an adult
egoista	selfish
fare ricerca	to do research
idealista	idealist
sognare ad occhi aperti	to daydream
il sogno	dream
la speranza	hope

Per discutere di problemi sociali

l'assistente sociale	social worker
diminuire (-isc-) le tasse	to lower taxes
l'ecologia	ecology
eliminare la disoccupazione	to eliminate unemployment
fare beneficenza	to give to charity
fare sciopero	to go on strike
fare volontariato	to do volunteer work
occuparsi* di politica	to be involved in politics
la pace	peace
i partiti politici	political parties
povero	poor
riciclare il vetro, la carta, la plastica	to recycle glass, paper, plastic
rispettare	to respect
i senzatetto	homeless people
votare	to vote

12.14 Che cosa è vero? Indica qual è, secondo te, la definizione più adatta ad ogni espressione.

1. Una persona idealista
   a. ha fiducia (*faith*) nel futuro.
   b. si occupa solo di lavoro.
2. Una persona altruista
   a. si interessa soprattutto di se stessa.
   b. si occupa degli altri.
3. Quando una persona fa sciopero
   a. non va a lavorare.
   b. va in vacanza.
4. Per proteggere l'ambiente
   a. dobbiamo diminuire le tasse.
   b. dobbiamo rispettare la natura.
5. Chi si occupa di politica
   a. va a votare.
   b. ama gli animali.
6. Eliminare la disoccupazione signfica che
   a. tutti avrebbero una casa.
   b. tutti avrebbero un lavoro.
7. Riciclare la carta serve a
   a. rispettare la natura.
   b. scrivere libri.
8. I senzatetto sono persone
   a. senza casa.
   b. molto occupate.
9. Il volontariato è
   a. un lavoro pagato molto bene.
   b. un lavoro non pagato.
10. Le persone che fanno beneficenza
    a. organizzano eventi sportivi.
    b. aiutano le persone povere.

12.15 Che significa? Completa le frasi con uno dei termini a pagina 355.

1. Chi non dà niente a nessuno è _____.
2. Chi è ottimista ha molte _____ per il futuro.
3. Un/Un'ambientalista (*environmentalist*) si occupa di _____.
4. Chi è molto distratto e idealista spesso sogna _____.
5. Chi lavora senza essere pagato fa _____.
6. Per contribuire alla difesa dell'ambiente, si può _____.

 12.16 Secondo me... Fate una lista delle parole a pagina 355 che corrispondono ai problemi di cui vi preoccupate voi e poi, a gruppi, paragonate le vostre liste.

In contesto   Cosa farei con tanti soldi!

Giuseppe e Giulia hanno giocato al totocalcio e immaginano cosa potrebbero fare con i soldi della vincita.

GIUSEPPE: Io non andrei più a scuola e non lavorerei mai! Viaggerei per tutto il mondo sempre in prima classe.

GIULIA: Come sei egoista, però! Io penserei anche agli altri, almeno ai miei genitori e ai miei fratelli.

GIUSEPPE: Ma certo! Anch'io aiuterei la mia famiglia, cosa credi. E poi, mi interesserei ai problemi ecologici e sociali. E tu?

GIULIA: Bravo! Ambizioso e anche altruista! Io forse mi occuperei di politica.

GIUSEPPE: Di politica? Io non lo farei mai!

GIULIA: Penserei un po' anche a me, non ti preoccupare. Anch'io girerei per tutto il mondo. Ma prima finirei la scuola.

wise GIUSEPPE: Sei molto saggia°!

12.17 Per essere felici. Leggi la conversazione e indica se le seguenti affermazioni sono vere o false.

1. Giulia non darebbe niente ai suoi genitori.
2. Giuseppe vorrebbe pagarsi un'università privata.
3. Giuseppe e Giulia viaggerebbero per il mondo.
4. A Giuseppe non interessa la politica.

12.18 Siete d'accordo? Insieme discutete perché:

1. Giulia dice che Giuseppe è ambizioso e altruista.
2. Giuseppe dice che Giulia è molto saggia.

Occhio alla lingua!

1. Read again the captions on page 355. What do you think the verbs in bold express?
2. Do you notice a pattern in the endings of the verbs in bold? How are these verb forms similar to other verb forms you have already learned?
3. In the *In contesto* conversation, underline the verbs that express wishes and aspirations. What do these verbs have in common?

Lo sai che? Lotterie in Italia

Oltre al **totocalcio**, in Italia ci sono altri tipi di lotterie, come la **Lotteria Italia**, in connessione con programmi televisivi. La più antica è il **lotto**: si giocano determinati numeri e si può scegliere a distanza in quale città giocarli. Una delle più ricche si chiama **Superenalotto**, in cui si devono indovinare sei numeri, con montepremi anche superiori a cento milioni di euro. Ogni giorno, con pochi soldi, si possono comprare i biglietti del **Gratta e Vinci**: si gratta (*scratch*) la superficie del biglietto e si scopre una combinazione di numeri o disegni che può far vincere fino a più di 2 milioni di euro. Una delle lotterie più nuove ha un nome inglese: *Win for Life* (Vinci per la vita)! È possibile anche giocare a diverse lotterie online.

 12.19 Le lotterie in Italia e nel vostro Paese. Considerate quello che avete letto sulle lotterie in Italia e rispondete alle domande.

1. Nel vostro Paese, ci sono alcune lotterie simili a quelle italiane? Quali sono?
2. Voi giocate qualche volta ad una lotteria? Cosa fareste con i soldi della vincita?

GRAMMATICA

Il condizionale presente

1. You have learned that the verbs **potere, dovere,** and **volere** convey particular meanings when used in the present conditional mood. More generally, the present conditional of Italian verbs is used to express wishes, aspirations, and preferences. It corresponds to the English *would* + verb.

Mi piacerebbe comprare una casa al mare.	*I would like to buy a house on the beach.*
In un mondo ideale, tutti **proteggerebbero** l'ambiente.	*In an ideal world, everyone would protect the environment.*
Fareste sciopero per diminuire le tasse?	*Would you go on strike to lower taxes?*
Laura **preferirebbe** fare l'assistente sociale in una grande città.	*Laura would prefer to be a social worker in a big city.*

2. The present conditional, in the form of a question, can also be used to make suggestions and polite requests.

Mi **direbbe** dov'è Carlo, per favore?	*Would you tell me where Carlo is, please?*
Aprireste la porta, per piacere?	*Would you please open the door?*

3. As you have also learned, the stems used for the conditional mood are the same as those used for the future tense. Verbs ending in **-are** change the **-a** of the infinitive to **-e**. The present conditional endings are the same for all conjugations.

Il condizionale presente

	comprare	**proteggere**	**preferire**
io	comprer**ei**	protegger**ei**	preferir**ei**
tu	comprer**esti**	potegger**esti**	preferir**esti**
lui/lei	comprer**ebbe**	protegger**ebbe**	preferir**ebbe**
noi	comprer**emmo**	protegger**emmo**	preferir**emmo**
voi	comprer**este**	protegger**este**	preferir**este**
loro	comprer**ebbero**	protegger**ebbero**	preferir**ebbero**

4. As in the future tense, verbs that end in **-care** and **-gare** add an **h** to the stem before adding the conditional endings. Verbs that end in **-ciare** and **-giare** drop the **-i-**.

Come gli piace il tennis! **Giocherebbe** tutti i giorni!	*How he likes tennis! He would play every day!*
Mi **pagheresti** un caffè?	*Would you pay for a coffee for me?*

5. Verbs that have irregular stems in the future have the same irregular stems in the conditional. However, the conditional endings for these verbs are regular.

andare	andr-	andrei,...
avere	avr-	avrei,...
bere	berr-	berrei,...
dare	dar-	darei,...
dovere	dovr-	dovrei,...
essere	sar-	sarei,...
fare	far-	farei,...
potere	potr-	potrei,...
sapere	sapr-	saprei,...
stare	star-	starei,...
vedere	vedr-	vedrei,...
venire	verr-	verrei,...
vivere	vivr-	vivrei,...
volere	vorr-	vorrei,...

Cosa **faresti** per l'ambiente?	*What **would you do** for the environment?*
Una persona egoista **non darebbe** nulla agli altri.	*A selfish person **would not give** anything to others.*
Piove! **Starei** volentieri a casa!	*It's raining! **I would** gladly **stay** home!*
Carlo **sarebbe** felice anche con pochi soldi.	*Carlo **would be** happy even with little money.*

12.20 Con i soldi della lotteria. Indica cosa farebbero le seguenti persone con i soldi di una lotteria.

1. Paolo / comprare una macchina sportiva
2. Luisa ed io / dare una festa per tutti i nostri amici
3. Tu e Luigi / fare un bel viaggio
4. Rosalba e Marcella / costruire una casa per i genitori
5. Io / fare molti regali a tutti gli amici
6. Maria / aiutare i poveri
7. Tu e Renata / vendere la vostra casa e ne / comprare una nuova
8. Tu / andare in Italia

12.21 Per piacere! Sei in una città italiana e hai bisogno di molte cose. Cambia le frasi e usa il condizionale per essere più gentile.

1. Mi suggerite un buon ristorante?
2. Sa dirmi l'ora, per favore?
3. Mi compri una scheda telefonica?
4. Venite con me per parlare con il professore?
5. Mi dà quel giornale, per favore?
6. Mi indica un museo interessante?

12.22 Abitando a Venezia... Indica quali delle seguenti attività faresti a Venezia e quali invece non potresti fare.

ESEMPIO: andare in gondola
            Andrei in gondola. *o* Non andrei in gondola.

1. prendere un aperitivo al bar con gli amici
2. visitare la basilica di San Marco
3. conoscere molti italiani
4. mangiare sempre in ristoranti francesi
5. parlare sempre in inglese
6. andare in barca per i canali
7. vedere molti film americani
8. guidare la macchina

 12.23 Cosa faresti? A turno, spiegate cosa fareste per trovare una soluzione nelle seguenti situazioni.

ESEMPIO: Ti preoccupi dell'ambiente.
            S1: Riciclerei la carta.
            S2: Studierei ecologia.

1. Questo semestre non stai andando bene a scuola.
2. Non hai i soldi per pagare la scuola il prossimo semestre.
3. Non vai d'accordo con i tuoi genitori, ma non hai i soldi per andare ad abitare da solo/a.
4. Vivi in una nuova città e non conosci nessuno. Ti senti solo/a.
5. Hai litigato con il tuo migliore amico/la tua migliore amica.
6. Sei a Venezia e ti sei rotto/a un braccio.
7. Vuoi aiutare i senzatetto.
8. Desideri iniziare a occuparti di politica.

Scambi

 12.24 Sogni e desideri. Una giornalista ha chiesto a due ragazzi, Ilaria e Iacopo, quali sono i loro sogni. Ascolta la conversazione due volte e indica se le seguenti affermazioni sono vere o false.

1. Ilaria studia biologia.
2. Ilaria fa il riciclaggio della carta e del vetro.
3. Ilaria ama le macchine sportive.
4. Iacopo vorrebbe aiutare i senzatetto.
5. Iacopo non ha nessuna esperienza di volontariato.
6. Iacopo va in giro per la città con il motorino.

 12.25 E tu, saresti felice? Immagina come sarebbe la tua vita se fossi (*if you were*) uno dei seguenti personaggi. Decidi se saresti felice o infelice e perché. Cosa faresti o non faresti? Come sarebbe la tua giornata? Paragona le tue risposte con quelle di altri studenti.

1. un famoso giocatore di calcio
2. un povero operaio con tre figli piccoli
3. un attore molto noto
4. una studiosa che ha ricevuto il premio Nobel
5. una professoressa con famiglia
6. una dottoressa che lavora in ospedale

12.26 Un brutto sogno. Immaginate come sarebbe la vostra vita senza le risorse seguenti: **il computer, il telefono, l'aereo, il cellulare, la televisione, l'automobile, il cinema.** Come sarebbe diversa la giornata? Come vivreste? Cosa fareste o non fareste?

12.27 Sognando ad occhi aperti. Prepara una lista di tre cose che faresti in ognuna delle seguenti situazioni. Poi scopri che cosa hanno scritto altre tre persone in classe. Siete molto simili, un po' simili o molto diversi?

1. Hai vinto una grossa somma di denaro alla lotteria: come la spenderesti?
2. Improvvisamente hai molto tempo a disposizione: cosa faresti?
3. Hai vinto un bel viaggio in Italia: dove e con chi andresti? Cosa faresti?
4. Hai la possibilità di abitare in un altro Paese: dove andresti? Cosa porteresti con te? Cosa faresti sempre e cosa non potresti più fare?

A cosa servono questi cassonetti? Per che cosa li utilizzereste?
Ci sono oggetti simili nel vostro Paese?

Percorso III
La residenza ideale

 ### Dove ti piacerebbe vivere?

Una casa di campagna: nella pianura veneta ce ne sono diverse.

Le facciate delle case in una strada di Verona. Ci sono molti appartamenti. Ce ne sono alcuni con il balcone e ce n'è uno con la terrazza.

Per descrivere la casa

l'agenzia immobiliare	*real estate agency*
il caminetto	*fireplace*
l'annuncio sul giornale / su Internet	*newspaper / Internet ad*
il caminetto	*fireplace*
luminoso/a	*bright*
mostrare	*to show*
signorile	*luxurious*
spazioso/a	*spatious*
trasferirsi*	*to move*

Per discutere dove abitare

le manifestazioni culturali	*cultural events*
provinciale	*provincial*
il rumore	*noise*
la tranquillità	*quietness*
la vita di provincia / di città	*provincial / city life*
la zona	*area*

12.28 L'intruso. Indica quale parola o espressione non c'entra.

1. terrazza, luminoso, provinciale
2. trasferirsi, traffico, rumore
3. aria condizionata, agenzia immobiliare, annuncio
4. provincia, campagna, mostrare
5. manifestazioni, zona, cantina
6. signorile, spazioso, campagna

12.29 Cercando casa. Rispondi alle domande ed usa i termini più adatti fra quelli della lista a pagina 362.

1. Cosa leggi se cerchi casa?
2. Dove andresti per trovare un appartamento?
3. Com'è un appartamento che costa molto?
4. Che cosa c'è di solito quando c'è traffico?
5. Come si chiama un appartamento di una sola stanza?
6. Dov'è una casa fuori città?
7. Qual è una parola simile a «balcone»?
8. Dove si possono conservare le bottiglie di vino?
9. Come si chiama una casa molto grande?
10. Come si può definire la vita in una piccola città?

12.30 Che cosa è importante per te? Quali affermazioni corrispondono meglio a quello che vorresti tu riguardo alla casa? Indica l'ordine di importanza per te e poi paragona le tue scelte con quelle di altre persone in classe. C'è qualcuno simile a te? E qualcuno molto diverso?

Importanza	Affermazioni
	La cosa più importante per me è una zona tranquilla.
	Vorrei un balcone con una bella vista.
	A me la terrazza non interessa affatto (*at all*).
	Ho pochi soldi e cerco un monolocale.
	A me non dispiace se c'è traffico.
	Vorrei una casa nel centro storico.
	Mi piacerebbe una casa in campagna!
	Per me la casa deve essere luminosa!
	Mi piacerebbe molto avere un giardino.
	Preferirei la vita di provincia.
	Devo assolutamente avere due camere da letto.

12.31 La casa ideale. Fate una lista delle caratteristiche essenziali della vostra casa ideale. Poi paragonate le vostre liste. Cosa avete in comune?

Così si dice *Tutto/Tutta*

When the adjective **tutto/tutta** is used in the singular, it means *whole, entire.* When it is used in the plural, **tutti/tutte**, it means *all, every.* **Tutto/a** and **tutti/e** are commonly followed by a definite article: **Vorrei passare tutto il giorno al mare.** *I would like to spend the whole day at the beach.* **Mi piacerebbe vedere tutte le case degli annunci.** *I would like to see all the houses in the ads.*

🔊 In contesto Cercando casa

Tommaso e Serena vorrebbero sposarsi presto e per questo cercano casa. Parlano con un agente immobiliare.

SERENA: A me piacerebbe vivere proprio in centro. Mi piace la vita movimentata di Padova.

TOMMASO: Io, invece, preferirei la pace e la tranquillità della campagna.

AGENTE: Per Lei, signorina, avrei diversi appartamenti interessanti, appena restaurati.

SERENA: Quando ce li potrebbe far vedere?

AGENTE: Glieli mostro anche domani, se vuole.

TOMMASO: Scusatemi! Ed io? Ho sempre sognato una casetta fuori città!

AGENTE: Veramente ce ne sarebbe una libera, non troppo lontano. Potremmo andarci domenica.

SERENA: Prima però andiamo a vedere un paio di appartamenti in città.

I will have you see

AGENTE: Ve ne faccio vedere° quanti ne volete, anche tutti, ma dovreste mettervi d'accordo!

 12.32 In città oppure no? Discutete le preferenze di Tommaso e Serena riguardo alla casa. Che cosa preferisce ognuno di loro? E voi, avete gli stessi gusti? Con chi dei due siete d'accordo? Perché?

Occhio alla lingua!

1. In the *In contesto* conversation, identify the direct- and indirect-object pronouns that are used alone. What nouns do they replace?
2. Now identify the direct- and indirect-object pronouns that are used together. What nouns do they replace?
3. When direct- and indirect-object pronouns are used together, what patterns do you see?

GRAMMATICA

I pronomi doppi

You studied direct-object pronouns in Capitolo 4 and indirect-object pronouns in Capitolo 7. In Capitolo 6, you studied the use of **ne** to refer to quantities. Very often you will want to use both a direct- and an indirect-object pronoun in a sentence, or to use an indirect-object pronoun with **ne** (referring to a quantity). The chart below shows how the indirect-object pronouns **mi, ti, gli, le, ci,** and **vi** are used in combination with direct-object pronouns and **ne.**

Indiretti		Diretti o *ne*		I pronomi doppi
mi	+	lo, la, li, le, ne	=	me lo, me la, me li, me le, me ne
ti	+			te lo, te la, te li, te le, te ne
gli/le (Le)	+			glielo, gliela, glieli, gliele, gliene
ci	+			ce lo, ce la, ce li, ce le, ce ne
vi	+			ve lo, ve la, ve li, ve le, ve ne

1. The indirect-object pronouns **mi**, **ti**, **ci**, and **vi** are used when talking directly to somebody. When these are used with direct-object pronouns, the indirect-object pronouns precede the direct-object pronouns.

—Domani **ti** do l'indirizzo
dell'appartamento.

—*Tomorrow I will give
you the address of the apartment.*

—**Me lo** dai questa sera, per piacere?

—*Will you give it to me this evening,
please?*

—Quante case **ci** mostrerà?

—*How many houses will you
show us?*

—**Ve ne** mostrerò tre.

—*I will show you three (of them).*

The final **-i** of the indirect-object pronouns **mi**, **ti**, **ci**, and **vi** changes to -e in front of **lo**, **la**, **li**, **le**, and **ne**.

—**Vi** mando gli annunci in una mail.

—*I am sending you the ads in an
e-mail.*

—Grazie! **Ce li** mandi subito?

—*Thanks! Are you sending them to
us right away?*

2. The indirect-object pronouns **gli**, **le**, and **loro** are used when talking about other people. **Gli** (*to him* or *to them*), **le** (*to her*), and **Le** (*to you*, formal) become **glie-** when used with **lo**, **la**, **li**, **le**, and **ne**, and combine with them to become one word. **Loro** never combines with direct-object pronouns; it always follows the verb.

—Ha dato il Suo indirizzo a Carlo?
—Sì, **gliel**'ho dato.

—*Did you give Carlo your address?*
—*Yes, I gave it to him.*

—Daresti dei soldi ai tuoi amici?

—*Would you give some money to
your friends?*

—**Gliene** darei certamente!

—*I would give them some for sure!*

—Hai dato la tua camera ai genitori?

—*Did you give your bedroom to
your parents?*

—Sì, l'ho data **loro** volentieri.

—*Yes, I gave it to them gladly.*

3. Double-object pronouns are attached to the infinitive upon which they depend after dropping the final **-e**. With **dovere**, **potere**, and **volere** they can either precede the conjugated verb or be attached to the infinitive.

—Preferisco **affittartela**,
non **vendertela**.

—*I prefer to rent it to you, not to
sell it to you.*

—**Me la** dovresti dare. /
Dovresti **darmela**.

—*You should give it to me.*

4. As you have already learned, in compound tenses the past participle always agrees in number and gender with the direct-object pronoun that precedes it. The same is true with double-object pronouns. The past participle agrees with the preceding direct-object pronoun.

—Hai dato le chiavi di casa a
tua sorella? **Gliele** hai date?

—*Did you give the house keys to
your sister? Did you give them
to her?*

—Quante chiavi ti hanno dato?

—*How many keys did they give
to you?*

—**Me ne** hanno data solo una.

—*They only gave me one (of them).*

12.33 Cosa compreresti? Un amico pensa di ricevere una grossa eredità (*inheritance*). Gli chiedi cosa comprerebbe a te e alle seguenti persone. Trova la risposta logica nella colonna a destra per ogni domanda della colonna a sinistra.

1. Mi compreresti una borsa di Fendi?
2. Compreresti molti regali per gli amici?
3. Ci compreresti dei CD?
4. Compreresti una casa per tua madre?
5. Compreresti uno yacht per tuo padre?
6. Compreresti un appartamento per i tuoi genitori?

a. Sì, ve ne comprerei due.
b. Sì, gliela comprerei.
c. No, non glielo comprerei.
d. No, non te la comprerei!
e. Sì, gliene comprerei molti.
f. No, non lo comprerei loro.

12.34 Una festa in casa. Di recente hai fatto una festa nella tua casa di campagna. La tua amica Margherita ti telefona per chiederti come è andata. Rispondi alle sue domande e sostituisci i pronomi doppi alle parole in corsivo.

1. Hai preparato *la cena per gli ospiti*?
2. Hai messo *tutti i piatti di carta sul tavolo*?
3. Filippo *ti* ha portato *dei fiori*?
4. Giovanna *ti* ha fatto *un bel regalo*?
5. E tu, hai dato *a Giovanna il regalo* per il suo compleanno?
6. Hai mostrato tutte le stanze agli amici?

 12.35 Ricco/a e famoso/a... Trova un compagno/una compagna che farebbe le seguenti cose se fosse (*if he/she were*) ricco/a e famoso/a.

ESEMPIO: regalarmi un computer
            S1: Mi regaleresti un computer?
            S2: Sì, certo, te lo regalerei. *o* No, non te lo regalerei.

1. fare molti regali a tutti gli amici
2. comprarmi una casa in campagna
3. comprare una macchina sportiva per tuo fratello/tua sorella
4. dare dei soldi ai poveri
5. comprare un appartamento per tua madre
6. regalarci un nuovo lettore CD
7. invitare i tuoi compagni di classe a cena nella tua villa
8. comprarti tanti vestiti nuovi

Scambi

 12.36 Un messaggio dell'agente immobiliare. Un agente immobiliare ha lasciato un messaggio sulla segreteria telefonica per tua madre. Ascolta il messaggio due volte e prendi appunti per completare le frasi che seguono e per rispondere brevemente alle domande. Poi scrivi un biglietto ai tuoi genitori per riferire quello che ha detto l'agente immobiliare.

Ci sono _____ camere da letto.
Il salone è _____.
La cucina è _____.

I colori della cucina sono_____.

Per il riscaldamento c'è anche _____.

Come è la zona in cui si trova l'appartamento?

L'appartamento è in vendita o in affitto?

12.37 Quale ti piace? Avete trovato lavoro in Italia e vorreste comprare casa a Padova o in provincia di Padova. Leggete i seguenti annunci. Quale sarebbe più adatto a voi? Perché? Quale non andrebbe bene? Perché? Per chi invece potrebbe andar bene?

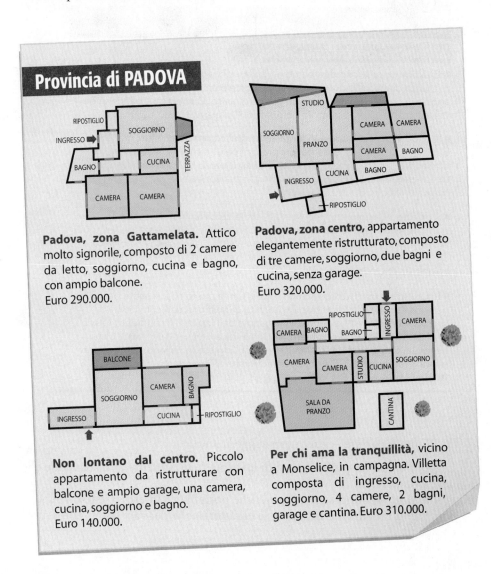

Padova, zona Gattamelata. Attico molto signorile, composto di 2 camere da letto, soggiorno, cucina e bagno, con ampio balcone.
Euro 290.000.

Padova, zona centro, appartamento elegantemente ristrutturato, composto di tre camere, soggiorno, due bagni e cucina, senza garage.
Euro 320.000.

Non lontano dal centro. Piccolo appartamento da ristrutturare con balcone e ampio garage, una camera, cucina, soggiorno e bagno.
Euro 140.000.

Per chi ama la tranquillità, vicino a Monselice, in campagna. Villetta composta di ingresso, cucina, soggiorno, 4 camere, 2 bagni, garage e cantina. Euro 310.000.

12.38 All'agenzia immobiliare. Le persone seguenti cercano casa. Decidete le caratteristiche necessarie per la casa secondo i loro bisogni e le loro preferenze. Poi immaginate una conversazione fra queste persone e un/un'agente immobiliare. Ricordate di usare il «Lei».

1. Una signora anziana che non ha la macchina. Non vorrebbe spendere molto e non può fare le scale.
2. Una coppia, con due figli piccoli, che preferirebbe vivere in provincia.
3. Una studentessa che non ha molti soldi.
4. Un manager stressato che vorrebbe pace e tranquillità.

In pratica

 PARLIAMO

Che lavoro potremmo fare? Considerate le offerte di lavoro. Insieme discutete quale lavoro sarebbe più adatto e interessante per ognuno di voi. Perché?

ANNUNCI E OFFERTE DI LAVORO

■ **Giovane coppia** con due bambini di tre e cinque anni offre vitto e alloggio a ragazza di madrelingua inglese seria, dolce e affidabile per il mese di agosto in cambio di alcune ore al giorno di aiuto. Camera con bagno in bella villa sul mare, a Iesolo. Piccolo compenso. Cellulare: 333/0890292

■ **Mondo Web** con sede a Vicenza cerca grafico per ritocco fotografico. È necessaria la conoscenza dei programmi per il disegno. Si accettano solo domande da persone con alcuni anni di esperienza. Contratto di lavoro a tempo determinato. Diploma ad indirizzo grafico. Mandare la domanda e il curriculum a mondoweb@alice.it.

■ **Il delfino** Villaggio turistico vicino a Iesolo cerca animatore/trice per stagione estiva, anche senza esperienza. Preferibile conoscenza della lingua tedesca. Si offrono euro 650 al mese oltre a vitto e alloggio. Sei motivato/a? Sei simpatico/a? Sai ballare? Sai insegnare uno sport? Invia il tuo curriculum ad animazionepertutti@tiscali.it

■ **Informatico traduttore tecnico** Opportunità molto interessante per persona esperta d'informatica per società di gestione dati con sede a Treviso. Conoscenza perfetta dell'italiano e dell'inglese. Il candidato ideale avrà capacità di lavorare in team, disponibilità a brevi viaggi e vasta cultura generale. Dovrà tradurre manuali d'uso dall'inglese in italiano. Contratto a tempo indeterminato. Retribuzione adeguata all'esperienza. Scrivere a Sinergie S.p.A., viale Michelangelo, 62, 31100 Treviso

Prima di parlare

12.39 Prima di parlare segui questi suggerimenti.

1. Leggi attentamente gli annunci di lavoro e tieni presente la discussione che devi sostenere.
2. Prendi degli appunti sugli annunci che potrebbero interessare te o i tuoi compagni. Preparati a discutere le caratteristiche dei vari lavori con i tuoi compagni.

Mentre parli

 12.40 A gruppi di quattro decidete quale lavoro sarebbe il migliore per ognuno e perché. In relazione agli annunci, prendete in considerazione:

a. le vostre capacità
b. i vostri interessi
c. le attività che fareste per ogni lavoro

Dopo aver parlato

12.41 Insieme riassumete alla classe le conclusioni delle conversazioni con i compagni/le compagne. Chi sarebbe più adatto ad ogni lavoro? Perché?

LEGGIAMO

Strategie di lettura Understanding linking words

As you begin to read more sophisticated texts, it is very important to be able to recognize linking words, which connect and relate sentences and ideas. Linking words may announce an example, a supposition, or a conclusion. Recognizing them will help you understand important facts and concepts in a text. Below are some important linking words grouped according to their functions.

Function	Linking Word
Addition	**e, anche, inoltre** (*furthermore*)
Opposition	**del resto** (*besides*), **invece, ma, però** (*but*), **nonostante** (*in spite of*), **anche se** (*even if*), **piuttosto** (*rather*), **anzi** (*on the contrary*)
Exemplification	**per esempio**
Reformulation	**cioè** (*that is to say*), **infatti** (*in fact*), **appunto** (*precisely*)
Result	**così, perché, siccome** (*since*), **poiché** (*since*), **dato che** (*since*)
Summary	**insomma** (*in a word*), **in conclusione, infine**
Time	**ancora, dopo, quando, quindi, più tardi, poi, infine**

Prima di leggere

Il brano che leggerai è tratto dal libro *La prima volta*. Qui alcune donne italiane rispondono alla domanda: «Qual è stata la prima volta che avete percepito, sentito, pensato di essere donne?» Nel brano risponde a questa domanda Margherita Hack, una famosa astrofisica italiana.

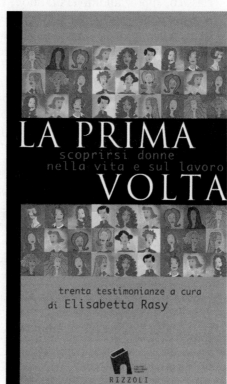

12.42 Margherita Hack parla delle sue esperienze personali. Scegli l'espressione corretta fra quelle in parentesi e forma una frase unica dalle due frasi date.

1. Nella mia famiglia non c'erano distinzioni tra mio padre e mia madre. (poiché, anche se) / I miei genitori avevano gli stessi diritti (*rights*) e le stesse responsabilità.
2. Quando ero piccola giocavo spesso con i maschi. (perché, quando) / In famiglia non mi hanno mai fatto sentire di essere una bambina.
3. (Siccome, Cioè) / Non mi piacevano le bambole. Sceglievo i giocattoli che volevo.
4. Un giorno ero molto arrabbiata con il professore. (quindi, anche se) / Avevo preso un voto alto.

12.43 Leggete il primo paragrafo e rispondete alle domande.

1. Cosa sappiamo della persona che scrive?
2. Com'era da bambina? Cosa faceva?
3. Come era la sua famiglia?

Mentre leggi

12.44 Mentre leggi tieni presenti i seguenti suggerimenti e completa le attività.

1. Sottolinea le espressioni principali che si riferiscono alle esperienze di Margherita Hack quando era bambina.
2. Fa' un cerchio intorno alle espressioni principali che si riferiscono alle esperienze di Margherita Hack da adolescente e da ragazza.
3. Sottolinea due volte le parole che servono per connettere (*connect*) le varie frasi o idee e quelle che servono per esprimere la sequenza temporale.

Margherita Hack, astrofisica

La prima volta che mi sono sentita donna? Non è facile per me rispondere. Ho avuto una famiglia in cui non c'erano distinzioni tra il babbo° e la mamma: avevano gli stessi diritti, gli stessi doveri°, ed erano interscambiabili°. A me non è mai stato fatto sentire che ero una bambina piuttosto che un bambino. Sceglievo i giocattoli che volevo; non ho mai avuto bambole e mi piaceva armeggiare° o costruire qualcosa con sega° e martello°. Del resto, giocavo spesso con i maschi. E anche negli ultimi anni a seguire, quando diventai° un'adolescente, non ci fu° nessun condizionamento in casa mia perché mi comportassi° come una ragazza. Condizionamenti che non ho sentito neppure a scuola, al ginnasio e al liceo classico, eppoi° all'università, dove frequentavo la facoltà di fisica. Certo, qualche piccolo episodio «discriminante» potrà esserci anche stato: me ne ricordo per la verità solo uno. Fu dopo il primo esame di Analisi matematica, che avevamo in comune con gli studenti d'ingegneria. Io avevo preso solo 23, un voto che mi sembrava basso, e me ne lamentavo appunto con un collega d'ingegneria, che mi rispose: «Cosa vuoi, per una ragazza è tanto!» Come si vede, un episodio piccolissimo, niente d'importante. Forse dipende dal mio carattere e dal fatto che nella mia formazione ha avuto molta importanza lo sport. Praticavo il salto in alto e il salto in lungo°, anche a livello professionale, tanto che mi è successo di essere convocata° per la nazionale di atletica. [...] Ero abituata a combattere, lo sport mi ha dato molta fiducia in me stessa°: ho affrontato° la carriera come si affronta una gara. E non ho mai avuto complessi, paura di non riuscire°.

Insomma, non ho mai avuto la percezione di avere degli svantaggi, e neppure dei vantaggi in quanto donna.

Direi che siamo persone: alcune con caratteri più maschili, altre con caratteri più femminili. Ancora oggi, che se ne parla tantissimo anche in ambito scientifico, non riesco a vedere una differenza specifica dovuta al sesso di una persona. [...]

In conclusione, non c'è mai stata una prima volta.

(*La prima volta*, a cura di Elisabetta Rasy. Milano: Rizzoli, 1996)

father
duties
interchangeable

to poke about / saw
hammer
I became / was
that I behave

and later

high and long jump
summoned

confidence in myself / faced
succeed

Dopo la lettura

12.45 Riscrivete le parole ed espressioni che avete sottolineato e indicate la loro funzione:

1. Per continuare
2. Per spiegare
3. Per concludere
4. Per indicare il passare del tempo

12.46 Identifica l'argomento principale del brano. Poi a coppie spiegate perché con esempi tratti dal testo.

a. una carriera nello sport
b. gli studi di una scienziata
c. la carriera degli uomini e delle donne
d. la coscienza di essere donna

12.47 Che cosa sapete adesso su Margherita Hack riguardo agli argomenti seguenti?

1. i giochi d'infanzia preferiti
2. le scuole e gli studi
3. il ruolo dello sport nella sua vita
4. il lavoro
5. un episodio discriminante nella sua vita

12.48 Discutete le seguenti questioni.

1. Voi avete mai avuto la percezione di avere dei vantaggi o degli svantaggi perché siete uomini o donne? Quali? Perché?
2. Che cosa si potrebbe o dovrebbe fare per eliminare «le differenze specifiche dovute al sesso di una persona»? Cosa potrebbe fare il padre? E la madre? Cosa dovrebbero fare i professori?
3. Conoscete una persona simile a Margheita Hack? Perché le somiglia secondo voi?

SCRIVIAMO

> **Strategie per scrivere**   Using examples and supporting details
>
> When you have to write about a broad or complex topic, it is important not only to decide on the main points you wish to make but also to come up with appropriate examples and supporting details. Backing up your main points makes your presentation much more interesting and understandable.

La mia casa ideale. Descrivi sul tuo blog come sarebbe la tua casa ideale dopo l'università, quando avrai un lavoro stabile. Immagina anche come sarebbe la tua vita in questa casa.

Prima di scrivere

12.49 Segui questi suggerimenti per descrivere la casa dei tuoi sogni.

1. Immagina una situazione precisa. Ad esempio: dove sarebbe la casa?
2. Prepara una breve lista delle caratteristiche principali della tua casa ideale. Prendi in considerazione:
   a. che stanze ci sarebbero
   b. come sarebbe ogni stanza
   c. cosa faresti in ogni stanza

La scrittura

12.50 Descrivi la casa ideale per te. Poi usa gli appunti che hai preparato per parlare di ogni stanza. Aggiungi esempi e particolari interessanti.

La versione finale

12.51 Adesso leggi e correggi la prima stesura.

1. Hai espresso chiaramente i tuoi desideri?
2. Hai usato particolari interessanti?
3. Controlla i verbi e l'accordo degli aggettivi e dei nomi. Hai usato il futuro e il condizionale correttamente?

GUARDIAMO

Prima di guardare

12.52 Nel videoclip che segue le persone che già conoscete parlano dei loro sogni riguardo al lavoro, alla città e alla casa. Immaginate cosa vorrebbero fare in futuro e quali potrebbero essere i loro sogni e desideri.

1. Che lavoro vorrebbe fare Felicita, che sta finendo il dottorato in greco all'università? Come sai, Felicita si è sposata da poco. Pensi che vorrebbe avere figli?
2. Cosa potrebbe fare Laura, che studia teatro?
3. Di quali problemi potrebbe preoccuparsi Chiara, che dice «In Italia oggi è molto difficile trovare lavoro per le persone della mia età»? Cosa vorrebbe?
4. Qual è il sogno di Dejan, che dice: «Mi piacerebbe lavorare in un campo creativo»?
5. Gaia dice che secondo lei, bisognerebbe praticare la «differenziazione dei rifiuti (*garbage*)». Secondo te, questo corrisponde al riciclaggio o allo studio dell'ecologia? Cosa vorrebbe Gaia?
6. Dove pensi che vorrebbe abitare Ilaria, che adesso abita in campagna?
7. Fabrizio dice: «Immagino una spiaggia rosa... lontano dal rumore». Dove vorrebbe abitare secondo te? Poi continua: «Tutto ciò che mi servirebbe dovrebbe essere... una connessione Internet molto veloce». Pensi che parli seriamente o che stia scherzando (*joking*)?

Mentre guardi

12.53 Mentre guardi, indica a chi si riferiscono le seguenti frasi.

	Felicita	Ilaria	Laura	Fabrizio	Chiara	Dejan	Gaia
1. Preferirebbe abitare in città.							
2. Vorrebbe andare a pesca e vivere lontano dal rumore.							
3. Vorrebbe insegnare all'università.							
4. Ammira le persone creative.							
5. I giovani non trovano spesso un lavoro che dia (*give*) soddisfazioni.							
6. Vorrebbe avere il caminetto.							
7. Sogna di fare l'attrice.							
8. Pensa che non sarebbe facile lavorare e avere figli.							
9. Non potrebbe vivere senza il computer.							
10. Per fare teatro occorre spirito di sacrificio.							
11. Per le donne e gli uomini la situazione riguardo al lavoro è simile.							
12. Ammira il fotografo Oliviero Toscani.							
13. Pensa che in città ci sia troppo smog.							

Dopo aver guardato

12.54 Indicate cosa fanno ora e cosa vorrebbero fare le seguenti persone: Felicita, Laura, Dejan.

12.55 Indicate dove abitano Ilaria e Fabrizio adesso e dove vorrebbero abitare in futuro.

12.56 Ora rispondete alle seguenti domande.

1. Fra le persone del video, chi vi sembra più concreta e realista? Chi invece ha più sogni? Chi è più creativa e chi meno? Perché?
2. Con chi vi identificate di più? Perché?
3. Paragonate le situazioni e le aspirazioni delle persone nel video a quelle dei giovani nel vostro Paese.

■ ATTRAVERSO IL VENETO

In passato il Veneto era fra le regioni italiane più povere, con una percentuale molto alta di emigrazione e con un'economia soprattutto agricola. Oggi invece questa regione è una delle più industrializzate d'Italia e tanti migranti arrivano qui in cerca di lavoro. Ci sono industrie piccole, medie e grandi, fra cui industrie chimiche, tessili e dell'abbigliamento, con la famosa Benetton a Treviso. L'agricoltura in ogni modo resta fondamentale. Nel Veneto si producono in gran quantità frutta e granturco insieme a vini pregiati, soprattutto sulle colline vicino a Verona. Molto importante è anche il turismo: gente da tutto il mondo visita ogni anno questa regione per i suoi tesori culturali e storici e per gli incantevoli luoghi di vacanza come il Lago di Garda.

Veduta aerea di Venezia. Il campanile e la basilica romanico-bizantina di San Marco, il santo protettore di Venezia, sono di fronte al Canal Grande e alla chiesa di Santa Maria della Salute. Venezia è costruita su 118 isole che sono separate da 160 canali. Le isole sono unite da 400 ponti. Per muoversi in questa città si possono usare la gondola, il vaporetto, meno costoso e più efficiente, e anche i taxi d'acqua. Naturalmente è molto interessante esplorare la città a piedi attraverso le sue vie «calli» e le tante piccole piazze «campielli».

Il Papa Paolo III e i nipoti Alessandro e Ottavio Farnese di Tiziano Vecellio (1490–1576). Tiziano, uno dei più grandi artisti del Cinquecento italiano, era il maggiore pittore della Repubblica di Venezia, «la Serenissima». Tipici delle sue opere sono i colori accesi (*bright*) e l'uso del chiaroscuro. Nelle figure umane e

VERIFICHIAMO

Prima leggi l'introduzione della regione, poi guarda le foto
e leggi le rispettive didascalie.

12.57 Associazioni. Indica cosa associ con i seguenti luoghi,
persone o cose.

1. Venezia
2. Verona
3. San Marco
4. Andrea Palladio
5. Tiziano
6. l'Arena
7. Vicenza
8. Monticello
9. William Shakespeare
10. il Castelvecchio

 12.58 I luoghi da visitare nel Veneto. Fate una lista dei luoghi nel Veneto
che vi piacerebbe visitare. Spiegate perché. Secondo voi, quali sarebbero più
interessanti anche per gli italiani?

**La rappresentazione dell'*Aida*, di Giuseppe Verdi, all'Arena di
Verona, un anfiteatro romano.** Durante i mesi di luglio e agosto migliaia
di turisti arrivano a Verona per assistere alla rappresentazione di un'opera
lirica all'Arena. A Verona i turisti visitano anche il Castelvecchio, costruito
da Cangrande II della Scala, e naturalmente il balcone di Giulietta, reso
celebre da William Shakespeare.

**La celebre Villa Capra, detta «la Rotonda», di
Andrea Palladio (1508–1580), in provincia di
Vicenza.** La Rotonda, conosciuta per la caratteristica
cupola, è situata fuori città, in campagna. Il Pantheon a
Roma probabilmente servì da modello per questa villa.
Andrea Palladio progettò più di venti ville nel Veneto, ma

Il lavoro

l'architetto	architect
l'artista	artist
l'azienda, la ditta	firm
il/la biologo/a	biologist
il chirurgo	surgeon
il/la commercialista	Certified Public Accountant
il/la commesso/a	salesman/saleswoman
il/la dirigente	manager
disoccupato/a	unemployed
il dottore/la dottoressa	medical doctor
l'elettricista (m./f.)	electrician
la fabbrica	factory
l'idraulico	plumber
l'impiegato/a	office worker, clerk
l'infermiere/l'infermiera	nurse
insoddisfatto/a	unsatisfied
il lavoro a tempo pieno / il lavoro part-time	full-time / part-time job
il negozio	store
l'operaio/a	(industrial) worker
l'officina	workshop, mechanic's garage
il programmatore/ la programmatrice	programmer

la responsabilità	responsibility
il/la segretario/a	secretary
soddisfatto/a	satisfied
la soddisfazione	satisfaction
lo studio	professional office
lo svantaggio	disadvantage
il vantaggio	advantage

Le caratteristiche personali

l'ambizione	ambition
ambizioso/a	ambitious
la creatività	creativity
creativo/a	creative
l'entusiasmo	enthusiasm
l'esperienza	experience
organizzato/a	organized
preciso/a	thorough, meticulous
lo spirito d'iniziativa	enterprising spirit, nature

Sogni e desideri

altruista	unselfish
l'aspirazione	aspiration
egoista	selfish

fare ricerca	*to do research*
idealista	*idealist*
sognare	*to dream*
sognare ad occhi aperti	*to daydream*
il sogno	*dream*
la speranza	*hope*

I problemi sociali

l'assistente sociale	*social worker*
diminuire (-isc-) le tasse	*to lower taxes*
l'ecologia	*ecology*
eliminare la disoccupazione	*to eliminate unemployment*
fare beneficenza	*to give to charity*
fare sciopero	*to go on strike*
fare volontariato	*to do volunteer work*
occuparsi* di politica	*to be involved in politics*
la pace	*peace*
i partiti politici	*political parties*
povero/a	*poor*
proteggere l'ambiente	*to defend, to protect the environment*
riciclare il vetro, la carta, la plastica	*to recycle glass, paper, plastic*
rispettare	*to respect*
i senzatetto	*homeless people*
il sindaco	*mayor*
votare	*to vote*

La casa

l'agenzia immobiliare	*real estate agency*
l'annuncio sul giornale	*newspaper ad*
il caminetto	*fireplace*
luminoso/a	*bright*
le manifestazioni culturali	*cultural events*
mostrare	*to show*
provinciale	*provincial*
restaurato/a	*restored*
il rumore	*noise*
signorile	*luxurious*
spazioso/a	*spatious*
la terrazza	*terrace*
il traffico	*traffic*
la tranquillità	*peacefulness*
trasferirsi*	*to move*
la villa	*villa*
la vita di provincia / di città	*provincial / city life*
la zona	*area*

Turisti ad Amalfi

Percorso I: I mezzi di trasporto
Percorso II: Alberghi e campeggi
Percorso III: Le vacanze
In pratica
Attraverso: La Campania

In this chapter you will learn how to:

◆ Talk about your travel plans

◆ Discuss hotel arrangements

◆ Describe vacation activities

Percorso I
I mezzi di trasporto

Che mezzo prendi?

Alla stazione

Arianna: Due biglietti per Salerno, per favore.

Il bigliettaio: Quale treno?

Arianna: L'Intercity **è meno veloce** dell'Eurostar, vero?
Vorrei due biglietti per l'Eurostar delle due. C'è anche la carrozza ristorante?

Il bigliettaio: Sì, certo. Si mangia piuttosto bene e si sta molto comodi!

Il distributore di benzina

Sabrina: Dobbiamo fare il pieno, vero?

Alessia: Sì, e la benzina oggi è **più cara di** ieri!

La fermata dell'autobus

La signora Campi: Magari avessi (*I wish I had*) il motorino! Con questo traffico sarebbe certo **più veloce** dell'autobus.

Il signor Perilli: A volte tornare a casa a piedi sarebbe quasi **più facile** che prendere l'autobus!

La signora Campi: Eccolo! Finalmente! Meglio tardi che mai.

Per parlare dei mezzi di trasporto

l'aliscafo	*hydrofoil*
l'autostrada	*freeway / highway*
la biglietteria	*ticket office*
il binario	*train track*
cambiare treno	*to change trains*
la cuccetta	*sleeping berth*
fare benzina	*to get gas*
fare il pieno	*to get a full tank*
fare una crociera	*to go on a cruise*
la nave	*ship, boat*
noleggiare un'automobile	*to rent a car*
perdere l'aereo / l'autobus / il treno	*to miss the plane / the bus / the train*
il porto	*port, harbor*
la prima / la seconda classe	*first / economy class*
il traghetto	*ferry*
il vagone letto	*sleeping car*

Per descrivere i mezzi di trasporto

adatto/a	*appropriate*
comodo/a	*comfortable, convenient*
conveniente	*advantageous*
economico/a	*inexpensive*
efficiente	*efficient*
faticoso/a	*tiring*
lento/a	*slow*
pericoloso/a	*dangerous*

Espressioni alla stazione

C'è posto in seconda?	*Is there a seat in the economy class?*
Da quale binario parte il treno?	*From which track is the train leaving?*
Scusi, a che ora c'è la coincidenza per... ?	*Excuse me, at what time is the connection for . . . ?*
Vietato fumare.	*No smoking.*

13.1 Viaggiare. Indica...

1. dove andresti per:
   a. fare benzina.
   b. prendere l'autobus.
   c. prendere il treno.
   d. prendere l'aereo.
   e. prendere il traghetto.
2. come si chiama una vacanza sulla nave.
3. cosa usi se dormi sul treno.
4. dove vai se vuoi mangiare sul treno.
5. cosa puoi fare se non hai un'automobile.
6. qual è il contrario di *costoso*.
7. qual è il contrario di *veloce*.
8. qual è il contrario di *rilassante*.

13.2 I mezzi di trasporto. Quali mezzi di trasporto sono più adatti per le situazioni seguenti? Perché?

1. andare su un'isola
2. attraversare (*to cross*) l'oceano Atlantico
3. viaggiare sull'autostrada
4. andare da una città all'altra in Italia
5. viaggiare da un Paese all'altro in Europa

13.3 In treno. Completa il seguente dialogo fra un passeggero e il controllore (*ticket collector*).

1. IL PASSEGGERO: Scusi, si può mangiare un pasto regolare sul treno?
   IL CONTROLLORE: Certo, un po' più avanti c'è la _____.

2. IL PASSEGGERO: Senta, ma posso fumare?
   IL CONTROLLORE: Assolutamente no! Non lo sa che sui treni è _____?

3. IL PASSEGGERO: E per dormire? C'è posto?
   IL CONTROLLORE: Ma allora avrebbe dovuto prendere un treno con il _____ oppure prenotare una _____!

4. IL PASSEGGERO: Ha ragione Lei. Ma mi dica, questo treno non va a Palermo direttamente, vero? A che ora c'è la _____?
   IL CONTROLLORE: Fra mezz'ora. Alla prossima stazione deve scendere e _____ subito treno.

Lo sai che? In automobile, in treno e in autobus

Per i turisti che viaggiano in Italia non è sempre conveniente noleggiare una macchina: il costo della benzina è due o tre volte più alto che negli Stati Uniti e tutte le autostrade sono a pagamento, per cui un viaggio in macchina può diventare piuttosto costoso. Molto spesso è più comodo viaggiare in treno. Infatti si può prendere il treno per andare da una città ad un'altra, ma anche per visitare i paesi più piccoli.

Alcuni treni si fermano soltanto nelle città più grandi, come l'**IC** (*Intercity*) e l'**Eurostar**: questi ultimi sono più veloci di altri, ma costano di più e la prenotazione è obbligatoria. Per le distanze più lunghe ci sono anche i treni Eurostar Alta Velocità (AV), che viaggiano a circa 300 Km all'ora. Con il Frecciarossa, uno di questi treni ad alta velocità, per esempio, è possibile andare da Roma a Milano in meno di tre ore.

Ci sono diversi tipi di riduzioni (*discounts*) sul prezzo del biglietto, come la **carta verde** per i giovani dai 12 ai 26 anni e la **carta d'argento** per gli anziani. Il biglietto si può fare alla biglietteria della stazione o utilizzando le macchinette automatiche, oppure anche

Due giovani turiste convalidano il biglietto prima di salire sul treno.

presso un'agenzia di viaggi. È anche possibile acquistare biglietti sul sito di Trenitalia e poi ritirarli presso un self-service alla stazione. In ogni caso è sempre più opportuno fare il biglietto il giorno prima della partenza. All'inizio di ogni binario c'è una macchinetta gialla per convalidarlo (*to validate*): infatti, se non si convalida il biglietto prima della partenza, si rischia di prendere una multa (*fine*).

Per visitare città e paesi più piccoli sono molto comodi anche i pullman (*coach*), o corriere, che collegano i posti dove il treno non passa spesso o dove non si ferma.

13.4 Viaggiare in Italia. Dopo aver letto le informazioni sui mezzi di trasporto, indica se le seguenti affermazioni sono vere (V) o false (F).

1. In Italia si paga per viaggiare in autostrada.
2. I treni Freccia sono più veloci dell'IC.
3. L'Eurostar si ferma solo nelle città più grandi.
4. Con la carta verde il biglietto costa di più.

 13.5 E nel vostro Paese? I mezzi di trasporto nel vostro Paese sono simili? Quali sono alcune differenze?

🔊 In contesto Come ci vado?

Paul è in vacanza a Milano da alcuni giorni e adesso vorrebbe andare a Capri. Entra in un'agenzia di viaggi e chiede informazioni all'impiegata.

PAUL: Buongiorno, signora. Qual è il modo migliore per andare a Capri da Milano?

IMPIEGATA: Potrebbe andare in treno o in aereo. L'aereo è più veloce del treno, ma anche più costoso. C'è un aereo da Milano per Napoli ogni mattina alle otto. Poi a Napoli, dall'aeroporto, può prendere un taxi per andare ai traghetti. I traghetti per Capri ci sono molto spesso, specialmente d'estate. C'è anche l'aliscafo, che è più veloce e più comodo.

PAUL: E il treno?

IMPIEGATA: Ci sono Eurostar a tutte le ore. Con il Frecciarossa arriverebbe a Napoli in meno di cinque ore. A che ora vorrebbe partire?

PAUL: Veramente non sono ancora sicuro. E in macchina quanto tempo ci metterei?

IMPIEGATA: Parecchie ore. E poi con il costo della benzina e dell'autostrada spenderebbe molto di più.

PAUL: Mille grazie. Ci penso un po' e torno domani.

 13.6 Per Capri. Completate le seguenti attività.

1. Fate una lista dei mezzi che Paul può prendere per andare a Capri.
2. Indicate quale mezzo, secondo l'impiegata all'agenzia di viaggi, è o non è costoso, economico, conveniente, veloce, faticoso.
3. Secondo voi, quali sono i vantaggi e gli svantaggi di ogni mezzo? Quale consigliereste a Paul? Perché?

Occhio alla lingua!

1. Look at the words in boldface type in the brief conversations in the *Vocabolario* section on page 379. What do you think each expression is conveying? What elements are being compared?
2. Reread the *In Contesto* conversation and underline the words used to make comparisons. What patterns can you identify?

GRAMMATICA

I comparativi

When you make a comparison, you indicate whether one person or thing is equal to, inferior to, or superior to another. To make comparisons in Italian, use the following expressions:

uguaglianza (equality)	maggioranza (superiority)	minoranza (inferiority)
(così)... come (tanto)... quanto	più... di / che	meno... di / che

Comparativo di uguaglianza

1. When using adjectives to compare people and things that you consider equal, you can use **così** or **tanto** before the adjective and **come** or **quanto** after the adjective. Note that the first part of the comparison—**così** or **tanto**—is usually omitted.

Un autobus è (**così**) veloce **come** una macchina.	*A bus is **as** fast **as** a car.*
Il treno è (**tanto**) comodo **quanto** l'aereo.	*The train is **as** comfortable **as** the plane.*

2. When making a comparison of equality with verbs, use **tanto… quanto**. Usually, **tanto** is omitted.

Il treno costa (**tanto**) **quanto** l'autostrada.	*The train costs **as much as** the freeway.*

3. When comparing nouns that you consider equal, use **tanto… quanto**. **Tanto** and **quanto** are adjectives in this instance and agree with the noun in gender and in number. **Tanto** cannot be omitted.

In città ci sono **tante** macchine **quante** motociclette.	*In the city there are **as many** cars as there are motorcycles.*

Comparativo di maggioranza e di minoranza

1. To compare two different persons, places, or things, use **più… di** or **meno… di** to express the equivalent of *more than* or *less than*. The adjective agrees in gender and number with the first element. **Di** is placed in front of the second element of the comparison.

Gli aerei sono **più** veloci **delle** navi.	*Airplanes are faster than ships.*
Le automobili sono **meno** rumorose **dei** motorini.	*Cars are less noisy than mopeds.*

Remember: **Di** combines with definite articles to form a **preposizione articolata**.

Il treno è **più** comodo **dell'**aereo.	*Trains are more comfortable than airplanes.*
Le macchine sono **meno** pericolose **delle** motociclette.	*Cars are less dangerous than motorcycles.*

2. **Più… che** and **meno… che** are used to compare two nouns, two adjectives, two adverbs, or two verbs that refer to the same subject.

L'aereo è **più** veloce **che** riposante.	*Airplanes are more fast than restful.*
Ci sono **più** treni **che** aerei.	*There are more trains than airplanes.*
Preferisco viaggiare **più** comodamente **che** velocemente.	*I prefer traveling more comfortably than rapidly.*

I comparativi irregolari

1. In addition to their regular forms, some adjectives also have irregular comparative forms, as shown below. Note that **minore** and **maggiore** are most frequently used to indicate younger and older brothers and sisters and to describe works of authors or artists.

buono	**cattivo**
migliore (più buono)	peggiore (più cattivo)
grande	**piccolo**
maggiore (più grande)	minore (più piccolo)

| Il vagone letto è **migliore** della cuccetta. | *The sleeping car is better than the sleeping berth.* |
| Ho un fratello **minore** e due sorelle **maggiori.** | *I have one younger brother and two older sisters.* |

2. The adverbs **bene** and **male** also have irregular comparative forms, **meglio** (*better*) and **peggio** (*worse*). Remember that adverbs are used to describe actions and qualities (adjectives).

| In aereo abbiamo viaggiato bene, ma abbiamo viaggiato **meglio** in treno. | *We traveled well by plane, but we traveled better by train.* |
| Ho mangiato **peggio** in aereo che in treno. | *I ate worse on the plane than on the train.* |

 13.7 In vacanza. Due amiche sono appena tornate da una vacanza e paragonano le loro esperienze. Ascolta la conversazione due volte ed indica quali delle affermazioni che seguono si riferiscono a Marina e quali a Silvana.

	Marina	**Silvana**
1. Ha fatto una crociera migliore di quella dell'anno precedente.		
2. Si è divertita meno dell'amica.		
3. Ha incontrato persone più simpatiche di quelle dell'anno precedente.		
4. È appena tornata dal mare.		
5. Secondo lei, una persona si diverte di più in crociera che al mare.		
6. Non lavora ancora.		

13.8 Come si viaggia? Un amico ti fa domande sui mezzi di trasporto nel tuo Paese. Rispondi usando **tanto... quanto** e **così... come.**

ESEMPI: —Ci sono aerei? (treni)
—Ci sono tanti aerei quanti treni.
—Un viaggio in aereo costa molto? (in treno)
—Costa (tanto) quanto un viaggio in treno.

1. I pullman sono efficienti? (le automobili)
2. Ci sono i traghetti? (i treni)
3. Si viaggia molto sull'autostrada? (in aereo)
4. Le stazioni sono affollate? (gli aeroporti)
5. Ci sono molti motorini? (automobili)
6. Gli aliscafi sono comodi? (traghetti)

13.9 Paragoniamo! Confronta i seguenti mezzi di trasporto. Scrivi frasi complete usando **più di / che** o **meno di / che.**

1. macchina / autobus
2. motorino / motocicletta
3. l'aereo / il treno
4. motociclette / biciclette
5. metropolitana / l' autobus
6. traghetto / aliscafo

13.10 Come hai viaggiato? Rispondi alle domande usando i termini dati e i comparativi regolari e irregolari.

ESEMPIO: Avete viaggiato bene in treno quest'anno? (l'anno scorso)
Sì, abbiamo viaggiato meglio dell'anno scorso!

1. È stato difficile cambiare treno? (l'ultima volta)
2. Avete dormito male in vagone letto? (in aereo)
3. Quest'anno avete mangiato bene nei ristoranti? (l'estate scorsa)
4. Avete chiesto bene informazioni in italiano? (la volta precedente)

 13.11 Paragoni fra persone. Paragonate due persone famose nel mondo dello spettacolo, dello sport o della politica e scrivete cinque frasi da presentare alla classe.

Scambi

 13.12 Il biglietto ferroviario. Osservate il biglietto e indicate:

1. il tipo di treno
2. la destinazione
3. la data e l'ora della partenza
4. il costo del biglietto
5. in quale classe e carrozza viaggia il passeggero
6. il numero del posto

 13.13 I viaggi. Trova una persona che ha fatto le seguenti esperienze di viaggio. Scopri i particolari.

1. Ha fatto una crociera.
2. Ha fatto un viaggio in aereo, in prima classe.
3. Ha perso l'aereo o il treno.
4. È stato/a in un albergo a cinque stelle.
5. Ha dovuto aspettare più di quattro ore alla stazione o all'aeroporto.
6. Ha fatto un lungo viaggio in bicicletta o motocicletta.

 13.14 I viaggi più belli. Ognuno descrive all'altra persona un viaggio che ha fatto. Poi insieme paragonate i due viaggi e decidete qual è stato migliore. Prendete in considerazione i mezzi di trasporto, il posto, il costo e le attività.

Percorso II
Alberghi e campeggi

 ### Scusi, c'è posto?

Alberghi a Napoli

Costantinopoli 104

Via S. Maria Di Costantinopoli, 104
80138- Napoli (NA) - Campania
Zona: **centro storico**

N° Camere: **19**
Prezzo min. € 117,00
Prezzo max € 117,00

8.7 *Punteggio ottenuto da 30 recensioni*

▶ Oasi di pace nel movimentato centro di Napoli, il Costantinopoli 104 occupa una villa del XIX secolo rinnovata e dotata di un parco privato con piscina vicino al Museo Archeologico Nazionale. Questo edificio neoclassico offre un arredamento piacevole e delle camere davvero confortevoli e una terrazza affacciata sul verde, dove potrete rilassarvi dopo una giornata intensa. Inoltre la vicinanza con metro e autobus vi permette di esplorare anche le splendide zone che circondano l'hotel. Potrete raggiungere il Vesuvio in autobus, Pompei in treno e Capri in traghetto.

Attico Partenopeo

Via Santa Brigida, 72
80132- Napoli (NA) - Campania
Zona: **plebiscito**

N° Camere: **10**
Prezzo min. € 75,00
Prezzo max € 75,00

9.1 *Punteggio ottenuto da 30 recensioni*

▶ L'Attico Partenopeo è forse il bed & breakfast più elegante di Napoli. Apprezzerete le opere d'arte contemporanea combinate con l'architettura tradizionale dello storico edificio. Situato nel cuore del centro storico, è un sofisticato bed & breakfast. Dalla terrazza panoramica potrete ammirare splendide vedute. Ciascuna camera dispone di una TV LCD con canali Sky, di aria condizionata, di lussuosi materassi, di ampie cabine doccia e della connessione internet gratuita. Lo staff cordiale e dinamico della struttura sarà lieto di assistervi nell'organizzazione del vostro soggiorno a Napoli. Vi fornirà utili consigli e raccomandazioni, nonché i biglietti per tutti gli eventi culturali della città.

Residenza Echia

Via Chiatamone,37
80132- Napoli (NA) - Campania
Zona: **chiaia**

N° Camere: **9**
Prezzo min. € 85,00
Prezzo max € 85,00

8.3 *Punteggio ottenuto da 30 recensioni*

▶ Se desiderate visitare Napoli e intendete trascorrere un soggiorno di lunga durata, Residenza Echia fa proprio al caso vostro. Ottima alternativa al solito albergo, vanta alloggi confortevoli, un'atmosfera accogliente e una meravigliosa ubicazione[1]. Residenza Echia si trova vicino all'imponente Castel dell'Ovo (200 metri), nella vivace zona balneare[2] compresa tra Santa Lucia e la Riviera di Chiaia. L'Echia propone camere spaziose e confortevoli, dotate di angolo cottura e di connessione Internet Wi-Fi gratuita. A breve distanza dalla struttura troverete tutte le meraviglie di Napoli, raggiungibili tramite i mezzi pubblici o con piacevoli passeggiate.

1. location   2. seaside

Ricky: Il Costantinopoli 104 è **il più bello.** È in una villa **bellissima** del XIX secolo. È anche **vicinissimo** a tutte le attrazioni turistiche.
Cate: Sì, è un albergo **bellissimo** e le camere sono **comodissime**, ma è anche **carissimo.**
Preferisco l'Attico Partenopeo: è **il meno caro** e offre **tantissimi** servizi. Sembra proprio **il migliore.**

Per parlare degli alberghi e altri tipi di soggiorno

la camera singola, doppia / matrimoniale con / senza bagno
single, double room with / without bathroom
il campeggio / il camping *camp*
fare campeggio *to camp*
i comfort *amenities*
la connessione Internet *Internet connection*
incantevole *delightful*
l'ostello *hostel*
pagare con la carta di credito *to pay with a credit card*
la pensione *bed and breakfast*
il residence *apartment hotel*
il sacco a pelo *sleeping bag*
i servizi *services, restrooms*
la spiaggia privata *private beach*
la tenda *tent*
la vista sul mare *ocean / sea view*

Espressioni in albergo

Ci sono camere libere? *Do you have any rooms available?*
Avete una prenotazione per stasera al nome di...? *Do you have a reservation for
tonight under the name of . . . ?*
Vorrei prenotare una camera doppia. *I would like to reserve a double room.*
La colazione è compresa? *Is breakfast included?*
Avete / Hanno la prenotazione? *Do you have a reservation?*
Quanti giorni pensa di restare? *How many days do you think you will stay?*
Mi dispiace, non abbiamo camere disponibili. *I am sorry, there is no vacancy.*

13.15 L'intruso. Indica l'espressione che non c'entra.

1. l'albergo, la pensione, la camera
2. il residence, la carta di credito, il villaggio turistico
3. l'ostello, i servizi, la camera con bagno
4. la spiaggia privata, il sacco a pelo, la vista sul mare
5. la connessione Internet, la tenda, il campeggio
6. incantevole, l'albergo a cinque stelle, tutto esaurito

13.16 In albergo. Per ogni frase della colonna sinistra, trova la frase
corrispondente nella colonna destra.

1. Penso di restare tre giorni.
2. Mi dispiace, non abbiamo
   camere disponibili.
3. No, non abbiamo fatto nessuna
   prenotazione.
4. Mi dispiace, abbiamo solo una
   camera singola.

a. Avete la prenotazione?
b. Avete una camera libera?
c. Quanti giorni pensa di restare?
d. Vorrei prenotare una
   camera doppia.

13.17 Come si dice? Rispondi alle seguenti domande.

1. Che cosa dici quando entri in un albergo?
2. Dove vai se non vuoi un albergo troppo caro?
3. Cosa puoi usare per pagare l'albergo?
4. Cosa porti in campeggio?
5. Di cosa hai bisogno per scrivere una mail o fare una ricerca su Internet?
6. Che tipo di spiaggia può avere un albergo molto costoso?

13.18 In campeggio o in albergo? Discutete i vantaggi e gli svantaggi di
un albergo e di un campeggio. Quale preferite? Perché?

Così si dice *Mi serve / Mi servono*

To indicate that you need something, you can use the verb **servire**, which follows the same pattern as **piacere**. When the item you need is singular, **servire** is used in the singular: **Ci serve il sacco a pelo per il campeggio?** *Do we need the sleeping bag to go camping?* When the item is plural, **servire** is used in the plural: **Mi servono una camera doppia e una singola.** *I need a double and a single room.* **Servire**, like the verb **piacere**, is always used with an indirect object.

Lo sai che? Gli alberghi in Italia

Hotel Excelsior, Napoli

In Italia ci sono alberghi di diverse categorie, a seconda dei comfort e dei servizi che offrono, del prezzo e della località in cui si trovano. Le camere possono essere singole, con un solo piccolo letto, matrimoniale, con un grande letto o doppie, con due piccoli letti. Nel prezzo dell'albergo spesso è compresa la prima colazione. Per quanto riguarda la pensione, molto comune nelle località di vacanza, si può scegliere la pensione completa, con colazione, pranzo e cena, o la mezza pensione, con la colazione e un altro pasto soltanto. Quando si arriva in un albergo o in una pensione si deve sempre presentare un documento d'identità per ogni persona.

13.19 Gli alberghi nel mio Paese. Scrivi un breve paragrafo simile a quello che hai letto sugli alberghi nel tuo Paese per un pubblico d'italiani.

🔊 In contesto Costa troppo!

Tre amici leggono su una rivista la pubblicità di alcuni alberghi e discutono quale scegliere per le vacanze.

LORENZO: Guardate un po'! Offertissima! L'Hotel Due Torri sembra **bellissimo** ed è **vicinissimo** al mare. È tutto compreso nel prezzo, anche una serata in discoteca. Mica male!°

Not bad!

PAOLO: Certo che è **il migliore,** ma è anche **il più caro,** non vedi? Un albergo a quattro stelle! Ma che sei impazzito?

ANTONIO: Il massimo che posso spendere io sono 50 o 60 euro al giorno. Ecco, proviamo a telefonare a questa, Pensione Erika, e chiediamo se ci sono camere disponibili. Sembra **la più economica**!

LORENZO: Sì, e a quel prezzo sarà anche **la peggiore**, magari **lontanissima** dal mare e con una **pessima** cucina! Scometto° che non c'è nemmeno l'aria condizionata!

I guess

PAOLO: Sentite, si potrebbe cercare un villaggio turistico proprio sul mare.

ANTONIO: Ma se hai detto che non puoi spendere? Hai un'idea di quanto costerebbe?

PAOLO: Beh! Allora ne potremmo trovare uno un po' più lontano dal mare.

 13.20 Tre amici in vacanza. Dopo aver letto la conversazione, rispondete alle domande.

1. Che albergo preferisce ognuno dei tre amici? Perché?
2. Dove pensate che decideranno di andare i tre ragazzi? Perché?

Occhio alla lingua!

1. Look at the brief conversational exchange on page 386. Can you tell what the descriptive expressions in boldface type indicate about the hotels? About the rooms?
2. In the *In contesto* conversation, what do you think the expressions in boldface type indicate? What does the ending **-ssimo** convey?
3. What do you think **ottimo** and **pessimo** mean?

GRAMMATICA

Il superlativo relativo

1. The **superlativo relativo** is used to compare things or people with all others in a category. It is equivalent to the English *the most . . .* or *the least . . .* The **superlativo relativo** is formed as shown in the chart below by using the definite article in front of **più** or **meno** + an adjective° + **di** + group.

Il superlativo relativo	
maggioranza (superiority)	**minoranza (inferiority)**
il/la / i/le più + aggettivo (+ di...)	il/la / i/le meno + aggettivo (+ di...)

La Pensione Erika è **la meno costosa**.	*The Erika Bed and Breakfast is the least expensive.*
Gli alberghi a cinque stelle sono i **più cari della città**.	*The five-star hotels are the most expensive in the city.*

The **superlativo relativo** can be formed also with the article preceding the noun and the adjective following the noun.

Questo è **il** villaggio turistico **più comodo di tutti**.	*This is the most comfortable resort of all.*

2. In addition to their regular forms, some adjectives also have irregular relative superlative forms, as shown.

il/la migliore il più buono/la più buona **il/la maggiore** il più grande/la più grande	**il/la peggiore** il più cattivo/la più cattiva **il/la minore** il più piccolo/la più piccola

Questo è **il migliore** albergo d'Italia.
È stata **la peggiore** vacanza
  della mia vita!
	This is the best hotel in Italy.
	It was the worst vacation in
	  my life!

Il/La minore and **il/la maggiore** are most frequently used to indicate the youngest and the oldest brothers and sisters and to refer to the works of authors or artists.

13.21 Un'esperienza indimenticabile. Sei in vacanza e fai dei commenti sulle tue esperienze. Scrivi frasi complete con i termini dati. Usa il superlativo relativo con **più** o **meno**.

ESEMPIO: albergo / lussuoso / città
             È l'albergo più lussuoso della città.

1. impiegata / gentile / albergo
2. pensione / economico / paese
3. villaggio turistico / costoso / isola
4. camera / comodo / pensione
5. turisti / difficile / gruppo
6. sala / elegante / residence
7. bar / affollato / villaggio turistico
8. ristoranti / buono / città

 13.22 Com'è la tua città? Prepara delle domande da fare ai tuoi compagni sui posti migliori o peggiori della loro città.

ESEMPIO: S1: Qual è l'albergo più grande della città?
             S2: L'albergo più grande della città è L'Hotel Danieli.

Il superlativo assoluto

1. As you learned in Capitolo 10, the **superlativo assoluto** is used to express the equivalent of *very* or *extremely* + adjective. It can be formed by using **molto** in front of the adjective or by adding the suffix **-ssimo/a/i/e** to the masculine plural form of the adjective. The superlative adjective agrees in number and gender with the noun it modifies.

Il superlativo assoluto		
	Maschile	**Femminile**
Singolare	-ssimo	-ssima
Plurale	-ssimi	-ssime

La nostra camera era **grandissima**.
I proprietari dell'albergo sono
  molto gentili.
	Our room was very big.
	The owners of the hotel are
	  very nice.

2. In addition to their regular forms, **buono** and **cattivo** have irregular forms in the absolute superlative, **ottimo** (*very good*) and **pessimo** (*very bad*).

Il Savoia è un **ottimo** albergo.
In questo albergo il servizio è
pessimo.

The Savoia is an excellent hotel.
In this hotel the service is
very bad.

13.23 In vacanza. Un'amica ti fa alcune domande sulle ultime vacanze che hai fatto. Rispondi alle sue domande e usa il superlativo assoluto.

ESEMPIO: Com'era la stazione?
             —La stazione era grandissima.

1. Com'era il servizio in camera?
2. Com'era la zona?
3. Com'erano i turisti?
4. Com'erano le camere?
5. Com'erano i ristoranti?
6. Com'era la spiaggia?

13.24 Tutto è favoloso! Lavori presso un'agenzia di viaggi. Usa gli aggettivi superlativi relativi ed assoluti, regolari e irregolari, per descrivere a dei clienti le strutture e le persone che seguono. Usa immaginazione e fantasia!

ESEMPIO: le navi da crociera
             Le navi da crociera sono ottime, sono le migliori e le più
             lussuose.

1. i villaggi turistici
2. la vacanza in un residence
3. gli alberghi di lusso
4. gli altri turisti
5. il campeggio
6. le camere

Scambi

13.25 Una conversazione al telefono. Ascolta due volte la conversazione telefonica fra l'impiegato di un albergo e una cliente e indica se le seguenti affermazioni sono vere (V) o false (F).

1. La cliente telefona per fare una nuova prenotazione.
2. La cliente è già stata altre volte nello stesso albergo.
3. L'impiegato non trova la prenotazione.
4. La cliente si arrabbia.
5. La signora vuole una camera economica e non le interessa
   la posizione.
6. L'impiegato trova due camere doppie.
7. L'impiegato manderà un messaggio alla cliente.

13.26 Mettiamoci d'accordo! Le persone seguenti sono in vacanza. Immaginate delle brevi conversazioni nelle situazioni indicate.

1. Marito e moglie sono appena arrivati a Positano e non sanno dove andare a cena. Chiedono un consiglio ad un impiegato/un'impiegata dell'albergo.
2. Una giovane coppia arriva al mare per passare un paio di giorni ma è difficile trovare una camera. Chiedono in diversi alberghi e pensioni.
3. Quattro amici sono in campeggio e piove. Due vogliono andare via e cercare un albergo e due vogliono restare.

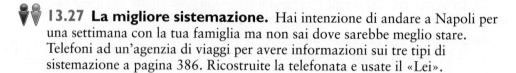 **13.27 La migliore sistemazione.** Hai intenzione di andare a Napoli per una settimana con la tua famiglia ma non sai dove sarebbe meglio stare. Telefoni ad un'agenzia di viaggi per avere informazioni sui tre tipi di sistemazione a pagina 386. Ricostruite la telefonata e usate il «Lei».

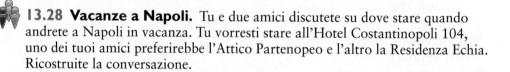 **13.28 Vacanze a Napoli.** Tu e due amici discutete su dove stare quando andrete a Napoli in vacanza. Tu vorresti stare all'Hotel Costantinopoli 104, uno dei tuoi amici preferirebbe l'Attico Partenopeo e l'altro la Residenza Echia. Ricostruite la conversazione.

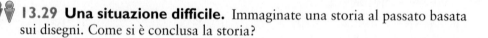 **13.29 Una situazione difficile.** Immaginate una storia al passato basata sui disegni. Come si è conclusa la storia?

Percorso III
Le vacanze

VOCABOLARIO

🔊 Dove andiamo in vacanza?

Alcune spiagge italiane sono veramente splendide. Spesso, però, ci sono **tanti** ombrelloni e c'è troppa gente.

In **ogni** posto c'è **qualcosa** di affascinante per **tutti.**

Per parlare delle vacanze
abbronzarsi* *to get a suntan*
l'agriturismo *vacation on a farm*
l'asciugamano *towel*
la crema abbronzante *suntan lotion*
il costume da bagno *bathing suit*
fare
    una scalata *to go mountain climbing*
    windsurf *to go wind surfing*
la località *site, place*
la maschera *mask*
il motoscafo *motorboat*
gli occhiali da sole *sunglasses*
gli scarponi da montagna *hiking boots*
il sentiero di montagna *mountain trail*
silenzioso/a *quiet*

 13.30 Al mare o in montagna? Prepara tre liste: una di vocaboli per il mare, una di vocaboli per la montagna e una di parole che si possono usare *sia* per il mare *sia* per la montagna. Elenca tutte le parole che conosci. Poi confronta la tua lista con quella di un altro compagno/un'altra compagna. Chi ha più parole?

13.31 L'intruso. Indica la parola che non c'entra.

1. il sentiero di montagna, gli scarponi da montagna, l'ombrellone
2. l'agriturismo, gli occhiali da sole, l'asciugamano
3. abbronzarsi, il windsurf, la crema abbronzante
4. nuotare, il costume da bagno, splendido

13.32 Cosa ci serve? Spiega cosa ci serve nelle seguenti situazioni:

1. per non bruciarsi la pelle
2. per non prendere troppo sole
3. per fare una scalata
4. per nuotare
5. per proteggere gli occhi dal sole
6. per fare una gita sul mare

🔊 In contesto   Ma allora, che si fa?

Renata e Patrizia stanno discutendo come organizzare le vacanze insieme.

RENATA: Sono contenta che **tutti** verranno con noi in montagna a luglio.

PATRIZIA: Sì, ci divertiremo. Madonna di Campiglio è un posto fantastico. Sono certa che **ognuno** troverà **qualcosa** di interessante da fare. La montagna d'estate è meravigliosa! Si può andare a cavallo e anche giocare a tennis. C'è anche **qualche** discoteca interessante.

RENATA: Bene, allora **ogni** sera in discoteca! E potremo anche fare **qualche** scalata. Ho sentito che ci sono **alcuni** sentieri proprio facili.

PATRIZIA: Se lo dici tu! E per il mare? Andiamo di sicuro sul Cilento? Magari a Marina di Camerota?

RENATA: Certo! Ci penso io! Ho trovato un villaggio abbastanza economico.

PATRIZIA: Fantastico! **Qualunque** località a sud di Napoli sarebbe splendida! Io vorrei provare a fare windsurf!

RENATA: Windsurf? Non lo so. Farò **qualche** telefonata e ti farò sapere.

13.33 Vero o falso? Indicate se le seguenti affermazioni sulle vacanze di Renata e Patrizia sono vere (V) o false (F). Correggete le affermazioni false.

1. Alcuni amici di Patrizia e Renata non andranno con loro in montagna.
2. Madonna di Campiglio non piacerà a tutti.
3. I ragazzi potranno andare in discoteca tutte le sere.
4. A Madonna di Campiglio tutti i sentieri sono molto difficili.
5. A Renata non piace la costa a sud di Napoli.
6. Renata vorrebbe passare una vacanza in un albergo lussuoso.

Occhio alla lingua!

1. You have already studied the words **alcuni/e** and **qualche**. How are these words used in the *In contesto* conversation? Which are singular and which are plural forms? How can you tell?

2. Look at other words in boldface type in the *In contesto* conversation and in the photo captions on page 393. Which are used as adjectives and which are used as pronouns?

3. Can you determine what **qualunque** and **tutti** mean from the contexts in which they appear?

Lo sai che? Viaggi e vacanze degli italiani

La costiera amalfitana

La maggior parte degli italiani va in vacanza fra luglio ed agosto, per cui in questi mesi le spiagge italiane sono affollatissime. Soprattutto a Ferragosto, nella settimana a metà del mese, praticamente tutti lasciano le città. La maggioranza degli italiani preferisce andare al mare, anche se in Italia ci sono poche spiagge libere e quindi bisogna pagare l'ombrellone e le sedie a sdraio (*beach chairs*).

D'inverno, poi, molti italiani fanno una settimana di vacanza in montagna per sciare. Questa vacanza si chiama la **settimana bianca** ed è spesso organizzata anche dalle scuole. Gli italiani inoltre hanno anche un grande interesse per i viaggi all'estero: vanno in tutto il mondo, gli piace visitare Paesi poco conosciuti e andare su isole lontane ed esotiche. Si muovono con viaggi organizzati o anche da soli.

Molti italiani oggi studiano l'inglese e, per imparare la lingua, i giovani fanno vacanze studio in Inghilterra o negli Stati Uniti.

13.34 Gli italiani e le vacanze. Trova informazioni nel testo per giustificare le seguenti affermazioni.

1. Le vacanze sono molto importanti in Italia.
2. Durante l'estate le spiagge italiane possono essere molto affollate.
3. Le vacanze al mare in Italia possono essere molto costose.
4. Agli italiani piace viaggiare.

13.35 E nel vostro Paese? Paragonate le preferenze e le abitudini degli italiani riguardo alle vacanze con quelle della gente nel vostro Paese.

GRAMMATICA

Aggettivi e pronomi indefiniti: un riepilogo

1. As you have learned, indefinite adjectives express indefinite qualities or quantities. They can be used with people or things. You already know some of the indefinite adjectives; below is a more complete list.

Alcune località sono troppo famose.	*Some places are too famous.*
Tutti gli ombrelloni sono occupati.	*All of the umbrellas are taken.*

Aggettivi indefiniti			
ogni	*every*	qualche	*some, a few*
qualunque	*any*	alcuni/e	*some, a few*
tutto/a/i/e	*all, every*		

The indefinite adjectives **qualche, ogni,** and **qualunque** are always singular, and they are used with singular nouns. **Qualche,** however, is always plural in meaning.

Qualche agriturismo può essere molto costoso.	*Some vacations on a farm can be very expensive.*
Ogni sentiero ha la sua bellezza.	*Every trail has its beauty.*
Qualunque agenzia ci può dare le informazioni.	*Any agency can give us the information.*

2. Indefinite pronouns refer to unspecified people and things.

Ognuno andrà in vacanza dove vuole.	*Everyone will go on vacation where he or she wants.*
Tutti dicono che Capri è splendida.	*They all say Capri is splendid.*
Alcuni preferiscono la montagna.	*Some people prefer the mountains.*

Pronomi indefiniti	
ognuno	*everyone, everybody, each one*
qualcuno	*someone*
qualche cosa / qualcosa	*something, anything*
alcuni/e	*some, a few*
tutti/e	*everyone, everybody, all*
tutto	*everything*

Qualche cosa / qualcosa is followed by the preposition **di** when it is used with an adjective and it is considered masculine.

C'è **qualcosa di** bello nella tua città?	*Is there something beautiful in your city?*

When used with an infinitive, **qualche cosa / qualcosa** is followed by the preposition **da.**

C'è **qualcosa da** fare la sera in montagna?	*Is there something to do at night in the mountains?*

13.36 Una vacanza in montagna. Descrivi una recente vacanza in montagna. Completa le frasi con un aggettivo o pronome indefinito.

Io e (**1.** tutti / qualche) _____ i miei amici siamo stati in vacanza in montagna. (**2.** Ogni / Ognuno) _____ mattina facevamo lunghe passeggiate per (**3.** qualche / tutte) _____ ora. Cercavamo (**4.** qualche / alcuni) _____ sentiero nuovo, portavamo (**5.** tutti / alcuni) _____ panini e (**6.** qualche / molte) _____ lattina di Coca-Cola con un po' di frutta per (**7.** qualcosa / tutti) _____. Spesso trovavamo anche (**8.** alcuni / qualche) _____ bel fungo porcino che poi ci cucinavamo la sera. (**9.** Qualche / Tutte) _____ volta facevamo delle scalate vere e proprie, anche difficili e lunghe. Abbiamo sempre visto (**10.** ognuno / qualcosa) _____ di nuovo ed interessante!

13.37 Messaggi. Tu e alcuni amici vi scambiate messaggi sulle vacanze. Riscrivi le frasi con un aggettivo o pronome indefinito con lo stesso significato. Fa' i cambiamenti necessari.

ESEMPIO: Ho ricevuto *alcuni messaggi* divertenti da Nicola.
Ho ricevuto *qualche messaggio* divertente da Nicola.

1. Ho letto *alcune informazioni* interessanti sulla Sardegna.
2. C'è *qualche cosa di importante* sul clima.
3. *Tutte le cartoline* che manda Carlo sono speciali.
4. *Ognuno* deve decidere cosa vuole fare.
5. Hai fatto *qualche foto* digitale?

 13.38 Le vacanze. Formulate domande e risposte per discutere di vacanze e viaggi. Usate alcuni aggettivi e pronomi indefiniti.

ESEMPIO: S1: Conosci qualcuno che è stato in Italia?
S2: Conosco molte persone che sono state in Italia!

Scambi

 13.39 Vacanze diverse. Ascolta la pubblicità alla radio di tre diversi posti di vacanza e completa le attività che seguono.

a. _____   b. _____   c. _____

1. Ascolta una prima volta e scrivi il numero corrispondente ad ogni descrizione.
2. Ascolta una seconda volta ed indica a quale descrizione corrispondono le caratteristiche seguenti.

	Pubblicità 1	Pubblicità 2	Pubblicità 3
a. La cucina è ottima e genuina.			
b. Ci sono moltissimi chilometri di piste (*slopes*) per sciare.			
c. È situato in una località di mare.			
d. Il paesaggio ricorda opere d'arte antiche.			
e. Si trova vino buono e ottimo olio d'oliva.			
f. Non è necessario usare l'automobile e si può sciare dappertutto.			
g. I bambini non pagano.			
i. Si può giocare a tennis, si può nuotare e divertirsi in discoteca.			

13.40 Mettiamoci d'accordo! Tu e due amici discutete delle prossime vacanze. Tu vorresti andare al mare. Uno dei tuoi amici vorrebbe andare in montagna. Un altro amico/Un'altra amica vorrebbe invece fare una crociera. Discutete insieme i pro e contro di ogni vacanza e cercate di convincere gli altri a scegliere la vostra vacanza.

13.41 In un agriturismo.
Leggete la pubblicità dell'agriturismo *Alla vecchia fattoria* in Campania e immaginate di poter trascorrere lì alcuni giorni di vacanza. Cosa fareste? Spendereste molto o poco? Con chi andreste? Che informazioni chiedereste ai proprietari? Cosa portereste con voi?

Agriturismo
Alla vecchia fattoria

Offerta speciale:
Pensione completa per 3 giorni incantevoli.
Passeggiate a cavallo
Solo mezz'ora dal mare
Telefonate o scrivete per avere informazioni:
081 8664591 – email: vecfattor@alice.it

Una bella villa di campagna restaurata, in zona tranquilla e silenziosa, ricca di località archeologiche interessanti. Cucina genuina e tradizionale della Campania. Potete anche acquistare alcuni prodotti locali.

In pratica

PARLIAMO

Strategie per parlare Collaborating with classmates

A group project can provide practical opportunities to practice your Italian. Together, you can plan and divide up the work; then critique each other's findings and collaborate to create and present a unified product.

scopriamo Sorrento

« | Home | Hotels | Ristoranti | Storia | Cosa Vedere | Itinerari | Tradizioni | Leggende | Mappe | Foto Gallery

Scopriamo Sorrento e la Penisola Sorrentina

Cenni storici
Potrete scoprire la storia di Surrentum con itinerari studiati per far rivivere al visitatore l'ebbrezza[1] del vivere a Sorrento fino dalle origini.

Musei e monumenti
Il Museo Correale di Terranova presenta fra l'altro una sezione archeologica, una pittorica e anche una delle porcellane.

Itinerari turistici (Sorrento e dintorni)
Percorsi ricchi d'interesse storico, artistico e naturalistico, godibili[2] in tutti i mesi dell'anno vi permetteranno di scoprire il passato e le bellezze di oggi.

Gastronomia
Conoscerete una tradizione millenaria che ha sviluppato sensazioni e piaceri ineguagliabili[3] attraverso percorsi gastronomici, segnati[4] dal profumo dei prodotti tipici.

Shopping
Tra le caratteristiche stradine[5] del centro storico, potrete ammirare e acquistare gli oggetti tradizionali della cultura sorrentina.

1. inebriation   2. enjoyable   3. incomparable   4. marked   5. little streets

Venite a Sorrento!

Promozione turistica. L'ufficio del turismo della Campania vuole convincere i turisti a venire in vacanza in questa regione. Preparate la proposta di un sito per promuovere una delle seguenti località: Capri, Ischia, Amalfi o Napoli.

Prima di parlare

 13.42 Prima di preparare la vostra proposta per un sito, completate le seguenti attività. Usate le informazioni su Sorrento come esempio.

1. Scegliete la località.
2. Decidete di quali argomenti si occuperà ognuno di voi. Prendete in considerazione:
   a. le caratteristiche per cui il posto è famoso
   b. i monumenti e musei
   c. la gastronomia
   d. le attività per divertirsi
3. Fate la ricerca e trovate delle foto.

Mentre parli

 13.43 Usate la ricerca che avete fatto per preparare il sito.

1. Presentate al gruppo le informazioni che avete trovato.
2. Mettete insieme il lavoro di ogni persona e usate fotografie e illustrazioni. Decidete il titolo della presentazione e i titoli per ognuna delle diverse parti.

Dopo aver parlato

 13.44 Presentate alla classe il vostro sito. Poi tutti insieme decidete quale sito è il più interessante. Quali sono i posti più belli? Dove preferireste andare?

LEGGIAMO

Strategie di lettura   Recognizing the *passato remoto* tense

Most Italian literary texts, historical writings, and journalistic narratives use a verb tense known as the **passato remoto** to talk about past events. To be an effective reader, you will need to learn to recognize this tense. The **passato remoto** indicates an action completed in the past; it is expressed by a one-word verb.

Regular forms of the **passato remoto** are easy to identify because their stems are the same as that of the infinitive. For example, **mangiò** is the third-person singular **passato remoto** form of **mangiare; dovette** is a form of **dovere; partì** is a form of **partire**.

Many verbs have irregular forms in the **passato remoto**, although they, too, are usually easy to figure out. When you see an irregular form of the **passato remoto**, look at the beginning of the verb and consider what verbs you know that start with the same letter or letters. For example, if you see **disse**, think of what verbs you know that begin with **di-** and you can recognize that **disse** is the **passato remoto** of **dire**. Similarly, if you see **chiuse** and **scrisse**, think of verbs that begin with **chiu-** and **scri-** and you will be able to recognize that **chiuse** and **scrisse** are, respectively, forms of **chiudere** and **scrivere**. Most of all, the context can usually help you to determine the meaning of many irregular verbs in the **passato remoto**.

Il passato remoto		
andare	**dovere**	**partire**
and**ai**	dov**etti**	part**ii**
and**asti**	dov**esti**	part**isti**
and**ò**	dov**ette**	part**ì**
and**ammo**	dov**emmo**	part**immo**
and**aste**	dov**este**	part**iste**
and**arono**	dov**ettero**	part**irono**

Prima di leggere

13.45 Il racconto che segue parla di un uomo che va in vacanza in campeggio, dove conosce altre persone, in particolare una ragazza che gli piace molto. Poi tutto cambia con il cambiare delle stagioni. Prima di leggere, completa le attività che seguono.

1. I verbi seguenti hanno il passato remoto regolare. Indica qual è l'infinito: **presentò, invitò, accettarono, passarono, partirono, restò, pensò, partì, arrivò, cercò, andò, raccontò, dormì, si svegliò, tornò, incontrò, dovette.**

2. I verbi usati nelle frasi seguenti hanno un passato remoto irregolare. Indica qual è l'infinito corrispondente: **vedere, chiedere, fare, dire, rispondere.**
   a. Il cliente **disse** che era stato benissimo in quell'albergo.
   b. Il padre **chiese** cosa avevano fatto in vacanza e i ragazzi **risposero** che si erano divertiti tanto.
   c. In vacanza Mario **fece** fotografie ad ogni cosa che vedeva.
   d. Carla andò a Capri ma non **vide** la Grotta Azzurra.

3. Leggete il paragrafo seguente e poi rispondete alle domande.
   «Un giorno d'estate, un operaio di provenienza contadina (*from the country*) con labbra e denti belli e forti, essendo molto caldo e il ferragosto vicino, approfittò (*took advantage*) delle ferie al mobilificio (*furniture factory*) per andare al mare a Iesolo. Aveva quasi quarant'anni, era vedovo (*widower*) e non era mai stato in villeggiatura al mare».
   a. Descrivete il protagonista.
   b. Cosa può succedere durante una vacanza al mare in campeggio?
   c. Cosa può fare in vacanza una persona sola?

Mentre leggi

13.46 Mentre leggi, tieni presenti i seguenti suggerimenti e completa le attività.

1. Leggi velocemente il testo una prima volta ed indica quali argomenti sono trattati nel testo.
   a. una vacanza al mare
   b. un uomo vede il mare per la prima volta
   c. un gruppo di amici conoscono un uomo che viaggia solo
   d. l'inquinamento del mare
   e. una fabbrica vicino al mare

2. Sottolinea i verbi al passato remoto.

3. Adesso leggi il racconto una seconda volta. Mentre rileggi, cerca nel testo le seguenti informazioni:
   a. quali sono i diversi luoghi del racconto
   b. cosa sappiamo del protagonista
   c. chi sono gli altri personaggi

Mare

furniture factory
widower

equipment

he had
bushes / net

he rubbed / dust

Wild Raven
long-haired guard / gatehouse

guest
gave
wallet
campers

undershirt
one would have said

remained / to chat / the first ones
[the girls] / in turn

was embarrassed

a lot

bad

snorted

Un giorno d'estate, un operaio di provenienza contadina con labbra e denti belli e forti, essendo molto caldo e il ferragosto vicino, approfittò delle ferie al mobilificio° per andare al mare a Iesolo. Aveva quasi quarant'anni, era vedovo° e non era mai stato in villeggiatura al mare. [...]

L'uomo si chiamava Bruno, aveva una tenda canadese abbastanza grande, tutta l'attrezzatura° e un'automobile: partì il mattino presto del giorno 7 e arrivò verso mezzogiorno. [...] Arrivò a Iesolo, cercò il camping Metropolis che però era pieno: insistendo perché non ne conosceva altri ebbe° lo spazio per la tenda (l'automobile dovette lasciarla lontano, in mezzo ai cespugli°) accanto alla rete° metallica che divideva l'interno del camping dalla strada. [...]

Il camping era affollatissimo, non c'era un metro quadrato libero e si considerò molto fortunato della sistemazione, tanto fortunato che si stropicciò° le mani. È vero, c'era molta polvere°, nemmeno un filo d'erba ma tanta gente e bambini, della sua stessa condizione sociale, e anche molti operai tedeschi. [...]

Vide davanti a sé, proprio all'entrata del camping, una automobile con radiotelefono e una scritta sulle portiere. La scritta diceva: Corvo Selvaggio°. Andò dal capellone sorvegliante° nella garitta° d'entrata, accanto alla sbarra, e si informò. Si avvicinò un uomo molto robusto, alto e muscoloso, era proprio lui Corvo Selvaggio e il ragazzo fece le presentazioni dicendo a Corvo Selvaggio che Bruno era un nuovo ospite°. [...]

[...] Alle cinque [Bruno] indossò il costume da bagno, consegnò° il portafoglio° al capellone sorvegliante e andò verso il mare attraverso le tende e le roulottes°. [...]

Tornò alla tenda, andò alla doccia (che era fredda), si rasò e poi si cambiò d'abito, si spruzzò in faccia un po' di profumo. All'entrata [del campeggio] incontrò Corvo Selvaggio che invece era in pantaloncini corti e canottiera° come al mattino. Parlava con delle ragazze, anche loro già pronte per uscire, ma, si sarebbe detto°, incerte sul da farsi e senza appuntamenti precisi. [...]

Corvo Selvaggio presentò Bruno alle ragazze, che erano quattro, e stettero° un po' lì a chiacchierare°, le une° non conoscendo i propri progetti per la serata, né quelli di Bruno che a sua volta° non li conosceva. Bruno era un bell'uomo, dall'apparenza molto più giovane dei suoi anni, ma era timido, poco pratico, si vergognava° di unirsi alla compagnia delle ragazze che tra l'altro erano tutte molto giovani e carine, meno una. [...] «Qui vicino c'è una pizzeria birreria, c'è anche la pista da ballo» disse una delle ragazze che si chiamava Ines. [...]

Bruno chiacchierò molto con le ragazze che invece parlavano poco, ballò parecchio° (aveva passato la gioventù a partecipare a gare di ballo), così oltre alla birra le ragazze accettarono anche la pizza. [...] Maria Rita, che era la più vecchia delle quattro, non era «malvagia°», ma la più bella era Ines che era anche la più giovane e quella che rideva di più. Nonostante la timidezza, la discrezione e le ragioni d'età Bruno pensò che era quella che gli piaceva di più. [...]

[...] Bruno frequentava spesso la tenda delle ragazze e gli piaceva Ines, non c'era niente da fare, lei aveva capito [...], e talvolta sbuffava°, talvolta accettava di andare a mangiare la pizza con lui. Bruno vide poco il mare e fece soltanto un bagno perché le ragazze stavano quasi sempre in tenda, a pettinarsi, a truccarsi, a cambiarsi e a scambiarsi i vestiti. Spesso Bruno faceva da cuoco quando le ragazze invitavano amici a mangiare in tenda: prima tutti lo chiamavano signor Bruno, poi Bruno e i ragazzi gli davano del tu. Bruno era felice, aveva fatto molto bene a scegliere Iesolo e il camping Metropolis [...]

Il diciotto di agosto le ragazze partirono, Bruno restò ancora due giorni (il camping si era svuotato°) poi partì anche lui. [...]

emptied

Bruno tornò in mobilificio: passò settembre, ottobre, novembre e quasi tutto dicembre. Si era tenuto in contatto con Ines, scrisse due cartoline, una dal Lago Maggiore, telefonò una volta alla Pi-Erre, dove Ines lavorava: era stata gentile, l'aveva invitato ad andarla a trovare°.

visit

Il giorno 31 di dicembre Bruno pensò di andarla a trovare, in fondo erano solo cinque ore di macchina. Arrivò al paese di Ines che era vicino a Iesolo, cercò la sua casa all'indirizzo che aveva ma Ines non c'era, la madre gli disse che era andata in montagna con la compagnia. Bruno mangiò in una trattoria del paese dove alla sera si facevano grandi feste [...] e dormì in un albergo verso Iesolo. Il mattino dopo andò a Iesolo per rivedere il camping. Lo trovò a stento°, tutto era deserto e irriconoscibile. [...] Le strade erano piene di sabbia° portata dal vento, a piccole dune, non c'era musica, non c'era una macchina, non un profumo, nulla.

with difficulty
sand

(Goffredo Parise, *Sillabario n. 2*, Mondadori 1982)

Dopo la lettura

13.47 Dopo aver letto il racconto, completate le attività che seguono.

1. Osservate i verbi al passato remoto che avete sottolineato. Le azioni e gli eventi a cui si riferiscono sono passati da molto tempo o da poco?
2. Le frasi seguenti indicano gli avvenimenti principali del racconto. Organizzatele in ordine cronologico.
   a. Bruno è di nuovo solo.
   b. Bruno conosce quattro ragazze.
   c. Bruno balla con le ragazze.
   d. Bruno decide di andare in vacanza in campeggio.
   e. A Bruno piace Ines, la ragazza più giovane.
   f. Bruno va a trovare Ines.
   g. Bruno scopre che d'inverno il campeggio è un posto desolato.
   h. Bruno e Ines si parlano al telefono.
3. Discutete come cambia il campeggio dall'estate all'inverno e perché.
4. Avete mai avuto un'esperienza simile a quella di Bruno? Come? Dove? Con chi?

SCRIVIAMO

Vacanze. Per esprimere le tue opinioni sulle vacanze scegli uno degli argomenti seguenti.

In vacanza dove?

Un tuo amico italiano/Una tua amica italiana ha solo due settimane di vacanze e vorrebbe visitare il tuo Paese. È indeciso/a su dove andare. Scrivigli/Scrivele un messaggio in cui paragoni alcuni posti del tuo Paese che conosci bene. Spiegagli/Spiegale dove dovrebbe andare, secondo te, e perché.

La vacanza più bella.

Sei in vacanza in un posto favoloso e scrivi una lettera a casa per descrivere la tua esperienza. Spiega perché questa vacanza è più bella e interessante delle altre precedenti.

> **Strategie per scrivere**
> Comparing and contrasting
>
> Very often our descriptions are based upon making comparisons and establishing contrasts. Comparing and contrasting can also be useful in conveying opinions and ideas and trying to persuade others to share them. To make effective use of comparisons and contrasts, select carefully the elements that you want to compare. Then consider how they resemble each other and how they differ, and decide which comparative and superlative forms can be used to convey these essential points.

Prima di scrivere

13.48 Scegli uno dei due argomenti indicati e segui i suggerimenti.

1. Fa' una breve lista degli aspetti che vuoi descrivere e paragonare. Per esempio, se scegli due posti o tipi di vacanza, puoi prendere in considerazione: i mezzi di trasporto, gli alberghi, le attività, le altre persone.
2. Considera la lista che hai preparato e prendi dei brevi appunti. Pensa ad esempi concreti che puoi fare. Per esempio, se vuoi paragonare gli alberghi, considera dove sono, come sono le camere, che cosa offrono. Se vuoi paragonare le attività, decidi quali sono più adatte ad una persona più o meno sportiva.

La scrittura

13.49 Scrivi una prima stesura e usa gli appunti che hai preparato.

1. Descrivi accuratamente i posti che hai scelto.
2. Usa la lista e gli esempi concreti che hai preparato.

La versione finale

13.50 Leggi la prima stesura.

1. Hai espresso con chiarezza i paragoni?
2. Hai presentato particolari sufficienti per dimostrare le tue idee?
3. Adesso correggi il testo attentamente. Controlla se hai scritto le parole correttamente, l'uso degli articoli, l'accordo degli aggettivi e dei nomi e le forme dei verbi.

GUARDIAMO

Strategie per guardare   Focusing on key words

When you listen to people speaking Italian, you probably will not understand everything they are saying. However, it is likely that you will recognize at least some words and expressions, either because you have studied them or because they are similar to words you know in English. To get the gist of what is being said, concentrate on distinguishing key words that you can understand or guess from the context, instead of worrying about what you do not grasp.

Prima di guardare

13.51 In questo videoclip alcune persone raccontano esperienze di viaggio. Prima di guardare completa le attività seguenti.

1. Secondo te, che cosa fa l'animatore in un villaggio turistico?
   a. prepara i pasti e dà consigli sul cibo
   b. organizza il tempo libero dei turisti
2. A che cosa serve la carta verde?
   a. ai giovani per pagare meno il treno
   b. agli studenti per viaggiare gratis
3. A cosa corrisponde la cabina di una nave da crociera?
   a. alla carrozza ristorante
   b. ad una stanza d'albergo
4. In genere, cosa succede se arriviamo tardi all'aeroporto?
5. Fate un esempio concreto per ognuna delle espressioni seguenti:
   un'avventura strana, un viaggio indimenticabile, il deserto, la modernità.

Mentre guardi

13.52 Mentre guardi, completa le frasi seguenti.

1. A Vittorio piace viaggiare
   a. solo in Italia.
   b. in Italia ed in Europa.
2. Il Paese preferito da Emma è il Messico perché
   a. la gente è molto socievole.
   b. il tempo è sempre bello.
3. Laura ha fatto una crociera
   a. sul Mediterraneo, in Grecia.
   b. sul Nilo, in Egitto.
4. Ilaria ha perso
   a. il treno.
   b. l'aereo.
5. Plinio ha fatto
   a. alcuni viaggi indimenticabili.
   b. tanti viaggi tutti tranquilli.

Dopo aver guardato

13.53 Rispondi alle domande che seguono.

1. Quanti posti menziona Vittorio? Quali sono alcune ragioni dei suoi viaggi?
2. In quanti Paesi e città è stata Emma?

13.54 Ricostruite il racconto di Ilaria e raccontate se avete avuto un problema simile.

13.55 Quando Plinio è nel deserto in Cina osserva che «La modernità non ti basta più». Che cosa significa questa frase?

1. Ci sono situazioni in cui la tecnologia moderna non ci può aiutare.
2. Qualche volta rifiutiamo tutto ciò che è moderno.
3. A volte vorremmo tornare ad un sistema di vita più tradizionale.

■ ATTRAVERSO LA CAMPANIA

I Romani chiamavano la Campania *Campania felix*, (*fertile countryside*) per le sue terre fertilissime formate da depositi vulcanici, il clima mite e la bellezza delle coste e delle isole. Gli Etruschi, i Greci e i Romani si stabilirono qui in periodi successivi e vi lasciarono ricche tracce della loro cultura e civiltà.

Ogni anno numerosi turisti e studiosi stranieri e italiani vengono in Campania, attratti dalle sue bellezze naturali, tra le più pittoresche d'Italia, e dalle sue ricchezze artistiche, particolarmente quelle archeologiche. La Campania è anche famosa per il corallo e la porcellana di Capodimonte. E, naturalmente, per le sue specialità gastronomiche—come ad esempio, **i maccheroni, gli spaghetti alle vongole, la pizza, i calzoni** e **la mozzarella di bufala**— che per molti stranieri sono diventati il simbolo della cucina italiana.

Vista notturna della baia di Napoli e del Vesuvio. Nei numerosi monumenti e tesori artistici di Napoli è possibile riconoscere le tracce dei vari popoli ed epoche storiche, dai Greci ai Borboni, che influenzarono questa città. «Vedi Napoli e poi muori (*die*)»: questo antico detto descrive in poche parole la passione e l'entusiasmo che sentono i napoletani e i numerosi turisti per questa magnifica città con la sua bellissima baia e i pittoreschi e vivaci quartieri popolari.

I ruderi (*ruins*) del Tempio di Iside (*Isis*) a Pompei. Ancora oggi nelle città museo di Pompei ed Ercolano, seppellite (*buried*) dall'eruzione del Vesuvio nel 79 d.C., è possibile riconoscere tutto lo splendore e la ricchezza della civiltà romana. In tutti e due i paesi, che erano luogo di vacanza di ricchi romani, ci sono i resti di bellissime ville e templi.

VERIFICHIAMO

Prima leggi l'introduzione della regione, poi guarda le foto
e leggi le rispettive didascalie.

13.56 Chissà perché? Spiega perché:

1. Molti studiosi di civiltà antiche visitano la Campania.
2. La Campania è un ottimo luogo di villeggiatura per le persone che amano il mare.
3. Pompei era una città importante.
4. La costiera amalfitana è molto famosa.
5. Tanti turisti visitano Capri.

13.57 E nel tuo Paese? Ci sono zone simili alla Campania nel tuo Paese?

13.58 La vacanza ideale. Organizzate una vacanza ideale in Campania.
Dove andreste? Cosa fareste?

La pittoresca cittadina di Positano, lungo la costiera amalfitana, con le sue case di tanti colori e la sua bella spiaggia. I piccoli centri lungo la costiera amalfitana sono costruiti su terrazze e circondati da fiori e alberi. Amalfi, uno dei centri più famosi, era una volta un'importante Repubblica Marinara.

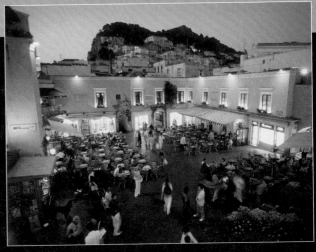

Veduta notturna della vivace piazzetta di Capri. Capri è probabilmente una delle isole più famose del mondo. I turisti ci vengono per passeggiare nelle incantevoli stradine e per vedere la Grotta Azzurra e i Faraglioni, due grandi scogli (reefs) in mezzo al mare. A Capri si trovano anche resti di monumenti romani, come ad esempio la villa dell'imperatore Tiberio. Altre isole nel golfo di Napoli sono Procida e Ischia.

◁)) VOCABOLARIO

I mezzi di trasporto

l'aliscafo	hydrofoil
l'autostrada	freeway / highway
il binario	train track
la biglietteria	ticket office
cambiare treno	to change trains
la carrozza ristorante	restaurant car
la cuccetta	sleeping berth
il distributore di benzina	gas station
fare benzina	to get gas
fare il pieno	to get a full tank (of gas)
fare una crociera	to go on a cruise
la fermata dell'autobus	bus stop
la nave	ship, boat
noleggiare un'automobile	to rent a car
perdere l'aereo / l'autobus / il treno	to miss the plane / the bus / the train
il porto	port, harbor
la prima / la seconda classe	first / economy class
il traghetto	ferry
il vagone letto	sleeping car

Per descrivere i mezzi di trasporto

adatto/a	appropriate
comodo/a	comfortable, convenient
conveniente	advantageous
disponibile	available
economico/a	inexpensive
efficiente	efficient
faticoso/a	tiring
lento/a	slow
pericoloso/a	dangerous
semplice	simple
veloce	fast

Espressioni alla stazione

Scusi, a che ora c'è la coincidenza per... ?	Excuse me, at what time is the connection for . . . ?
Da quale binario parte?	Which track is it leaving from?
C'è posto in seconda?	Is there a seat in economy class?
Vietato fumare.	No smoking.

Gli alberghi e altri tipi di soggiorno

la camera singola, doppia / matrimoniale	single, double room
con / senza bagno	with / without bathroom
il campeggio / il camping	camping
i comfort	amenities
la connessione Internet	Internet connection
fare campeggio	to camp
incantevole	delightful
l'ostello	hostel
pagare con la carta di credito	to pay with a credit card
la pensione	bed and breakfast

il residence	*apartment hotel*
il sacco a pelo	*sleeping bag*
i servizi	*conveniences; restrooms*
la spiaggia privata	*private beach*
la tenda	*tent*
la vista sul mare	*ocean view*

Espressioni in albergo

Ci sono camere libere?	*Do you have rooms available?*
Avete una prenotazione per stasera al nome di...?	*Do you have a reservation for tonight under the name of ...?*
Vorrei prenotare una camera doppia.	*I would like to reserve a double room.*
La colazione è compresa?	*Is breakfast included?*
Avete / Hanno la prenotazione?	*Do you have a reservation?*
Quanti giorni pensa? di restare?	*How many days do you think you will stay?*
Mi dispiace, non abbiamo camere disponibili.	*I am sorry, there is no vacancy.*

Le vacanze

abbronzarsi*	*to get a suntan*
affascinante	*fascinating*
l'agriturismo	*vacation on a farm*
l'asciugamano	*towel*
la crema abbronzante	*suntan lotion*
il costume da bagno	*bathing suit*
fare	
una scalata	*to go mountain climbing*
windsurf	*to go wind surfing*
la località	*site, place*
la maschera	*mask*
il motoscafo	*motorboat*
gli occhiali da sole	*sunglasses*
l'ombrellone	*beach umbrella*
gli scarponi da montagna	*hiking boots*
il sentiero di montagna	*mountain trail*
silenzioso/a	*quiet*
la spiaggia	*beach*
splendido/a	*splendid*

Gente in movimento per il Corso Umberto a Taormina

In this chapter you will learn how to:

◆ Talk about where to shop

◆ Give commands and instructions

◆ Give and follow directions to get around town

◆ Tell where to go for different services

◆ Talk about shopping for clothes

Percorso I
Fare acquisti in città

 Compriamolo in centro!

Negozi e rivenditori	
il centro commerciale	*mall*
il/la farmacista	*pharmacist*
il forno, la panetteria	*bakery*
i grandi magazzini	*department stores*
la macelleria	*butcher shop*
il mercato all'aperto	*open-air martket*
il negozio di alimentari	*grocery store*
la rosticceria	*rotisserie*
la salumeria	*delicatessen, deli*
il supermercato	*supermarket*

Fare spese	
gli affettati	*cold cuts*
l'anello	*ring*
la collana	*necklace*
il dentifricio	*toothpaste*
i prodotti alimentari	*food items*
il profumo	*perfume*
il sapone	*soap*
lo spazzolino da denti	*toothbrush*
il rasoio	*razor*

I contenitori

un barattolo (di)	*a jar (of)*
una busta (di)	*a bag (of)*
una lattina (di)	*a can (of)*
un pacco / un pacchetto (di)	*a (small) package (of)*
una scatola (di)	*a box (of)*
una vaschetta (di)	*a small tub (of)*

Il posto

all'angolo (di)	*at the corner (of)*
a fianco di	*beside, next to*
in fondo a	*at the end of*

Così si dice   Pesi e misure

When purchasing food, to specify how much you want of an item, express the quantity according to the metric system followed by **di: Vorrei un chilo di pane, mezzo chilo di farina, due etti di prosciutto e un litro di olio extra vergine.** *I would like a kilo of bread, a half a kilo of flour, two hundred grams of prosciutto, and a liter of extra virgin olive oil.*

I chilo (kg) = 1.000 grammi (g) (2.2 pounds)
I etto = 100 grammi (3.5 ounces *approx.*)
I litro (l) = (I quart *approx.*)

 I4.I Associazioni. Indica tutte le cose e persone che associ con i negozi e le strutture seguenti.

1. un grande magazzino
2. un supermercato
3. una pasticceria
4. un cinema
5. una libreria
6. un teatro
7. un negozio di alimentari
8. un ristorante
9. un negozio di abbigliamento
10. un forno

14.2 Dove lo potrei comprare? Spiega a uno studente straniero dove potrebbe comprare le seguenti cose in Italia.

1. una rivista
2. il sapone
3. le sigarette
4. il profumo
5. le mele
6. della carne
7. l'aspirina
8. un gelato
9. il prosciutto
10. una torta
11. un anello
12. una scheda telefonica
13. delle penne e delle matite
14. i biglietti per l'autobus

14.3 Che cosa hai comprato? Sei andato/a al supermercato a fare la spesa. Guarda i disegni e spiega a un compagno/una compagna che cosa hai comprato. Non dimenticare di specificare il tipo di contenitore.

🔊 In contesto   Spese in città

Cecilia è a casa con il raffreddore (*cold*). Paola, una sua amica, le telefona per sapere come sta e se ha bisogno di qualcosa.

PAOLA: Cecilia, come ti senti? Sto per uscire e volevo sapere se ti serve qualcosa.

CECILIA: Veramente in casa non ho più niente. Mi serve il pane. Compramene mezzo chilo, per favore. Poi fermati alla pasticceria qui all'angolo e prendi delle paste alla crema.

PAOLA: Quante ne vuoi?

CECILIA: Prendine sei.

PAOLA: E poi?

CECILIA: Beh, veramente avrei anche bisogno di un po' di frutta! ... Aspetta, dimenticavo, comprami un paio di fettine di vitella.

PAOLA: Dove la compro la carne? Al supermercato?

CECILIA: No, non comprarla al supermercato! Comprala alla macelleria in fondo alla piazza.

PAOLA: Va bene! Basta così?

CECILIA: Potresti portarmi il giornale e un paio di riviste? Mi sto proprio annoiando! ... Scusa, un'ultima cosa: le aspirine!

PAOLA: Certo che non hai proprio niente in casa!

14.4 In giro per la città. Trova informazioni nel dialogo per giustificare le seguenti affermazioni.

1. Cecilia non esce di casa da alcuni giorni e ha fame.
2. Paola e Cecilia sono buone amiche.
3. Paola è una ragazza generosa e molto disponibile (*available*).
4. Cecilia e Paola abitano nella stessa città.

14.5 Dove deve andare? Fa' una lista di tutti i posti dove Paola deve andare per comprare le cose che vuole Cecilia. Dove andresti tu per comprare le stesse cose nella tua città?

Lo sai che? | Fare acquisti

Negli ultimi anni risulta che la maggioranza degli italiani fa la spesa al supermercato. In tutte le città italiane infatti ci sono supermercati piccoli e grandi, che offrono prodotti di marche (*brands*) ben note, mentre i supermercati discount vendono per lo più prodotti di marche sconosciute e in grandi quantità.

Gli ipermercati e i centri commerciali si trovano in genere in periferia, occupano spazi molto vasti e sono provvisti di ampi parcheggi. Stanno diventando sempre più popolari, perché ci si può trovare di tutto e ci si arriva facilmente in macchina.

Per la spesa di tutti i giorni, invece, molti preferiscono ancora i negozi di quartiere, dove ci si ferma a chiacchierare e dove i prodotti alimentari sono più freschi e genuini, anche se probabilmente un po' più cari.

In tutte le città, grandi o piccole, ci sono i mercati all'aperto dove si possono comprare vestiti, prodotti per la casa, formaggi, frutta e verdura. Spesso i prodotti alimentari che si trovano in questi mercati provengono dalle campagne vicine e sono quindi più genuini e saporiti.

Per l'abbigliamento gli italiani continuano a preferire i piccoli negozi, anche se i grandi magazzini sono sempre più popolari. Fra questi la **Rinascente** e la **Coin**, oltre ai capi di vestiario, vendono anche profumi e cosmetici, mobili e oggetti per la casa.

Sono sempre più numerosi gli **outlet** e i **parchi commerciali**, spesso grandi come un villaggio, dove si può comprare tutto a prezzi scontati.

 14.6 In Italia e nel tuo Paese. Paragonate come si fanno gli acquisti in Italia e nel vostro Paese. Poi immaginate di descrivere come si fanno gli acquisti nel vostro Paese ad un amico/un'amica in Italia. Che cosa sarebbe più interessante per lui/lei?

Occhio alla lingua!

1. Reread the short conversation on page 411. Are the two people addressing each other formally or informally?
2. What do the verbs in bold express in this conversation? Can you tell what **ci** and **la** refer to? Where are **ci** and **la** placed in the sentences?
3. Reread the *In contesto* conversation and underline all the imperative verb forms. What direct- and indirect-object pronouns are used with these verbs? Indicate what nouns these object pronouns replace.

GRAMMATICA

Il plurale di nomi e aggettivi

In Capitolo 2 and Capitolo 3, you learned that most nouns and adjectives form the plural by changing their final vowels. For example: **il supermercato → i supermercati; la panetteria → le panetterie; il/la turista → i turisti/le turiste.**

1. You also have learned that most masculine nouns and adjectives that end in **-co** and **-go** form the plural in **-chi** and **-ghi**.

il par**co**	i par**chi**	bian**co**	bian**chi**
l'alber**go**	gli alber**ghi**	lar**go**	lar**ghi**

However, the plural of nouns and adjectives that end in **-ico** is **-ici**, if the stress is not on the syllable that precedes **-co**.

il mecc<u>a</u>nico	i meccani**ci**	simp<u>a</u>tico	simpati**ci**
il m<u>e</u>dico	i medi**ci**	antip<u>a</u>tico	antipati**ci**

There are some exceptions to this rule:

l'am<u>i</u>co	→	gli ami**ci**
il nem<u>i</u>co	→	i nemi**ci** (*enemies*)

2. As you have learned, most nouns and adjectives that end in **-ca** and **-ga** form the plural in **-che** and **-ghe**.

la ban**ca**	le ban**che**	simpati**ca**	simpati**che**
la bibliote**ca**	le bibliote**che**	antipati**ca**	antipati**che**
la tar**ga** (*license plate*)	le tar**ghe**	lun**ga**	lun**ghe**

3. As you may have noticed, most nouns that end in **-io** form the plural in **-i**. However, nouns that end in **-io** form the plural with **-ii** when the **-i** is stressed in the singular.

l'uffic**io** postale	gli uffi**ci** postali	il negoz**io**	i nego**zi**
lo z**ìo**	gli z**ìi**	l'add**ìo**	gli add**ìi**

Nouns ending in **-ia** also retain the **-i** in the plural when the **-i** is stressed in the singular.

la profumer**ìa**	le profumer**ìe**	la farmac**ìa**	le farmac**ìe**
la tabaccher**ìa**	le tabaccher**ìe**	la pasticcer**ìa**	le pasticcer**ìe**

4. Some masculine nouns that end in **-a** form the plural in **-i**. These nouns derive from Greek and usually end in **-ma** and **-ta**.

il clima	i climi	il problema	i problemi
il diploma	i diplomi	il dilemma	i dilemmi
il poeta	i poeti	il sistema	i sistemi
il programma	i programmi	il tema	i temi

14.7 Che cos'è? Leggi le seguenti descrizioni e indica di quale struttura si tratta. Poi spiega quante di queste strutture ci sono nella tua città o nel tuo campus.

ESEMPIO: I bambini ci giocano.
             Il parco. Ci sono molti (pochi) parchi nella mia città.

1. Ci compriamo le medicine.
2. Ci compriamo le torte e le paste.
3. Ci compriamo i francobolli.
4. Ci compriamo gli anelli e altri gioielli.
5. Ci compriamo la carne.
6. Ci compriamo il cibo cotto e gli affettati.
7. Ci compriamo il gelato.
8. Ci dormiamo quando siamo in viaggio.
9. Ci andiamo per trovare e leggere libri.
10. Ci studiamo dopo il liceo.
11. Ci compriamo il profumo e i cosmetici.
12. Ci compriamo i quaderni, le penne e le matite.

L'imperativo informale con i pronomi

In Capitolo 9, you learned that the imperative forms of verbs are used to give orders, instructions, and suggestions. You also learned that, when addressing friends and family members, the informal forms of the imperative are used.

1. Reflexive, direct-, and indirect-object pronouns—with the exception of **loro**—are always attached to the affirmative forms of the informal imperative. **Loro** is never attached to the imperative. It always follows the verb.

—Fermati al bar all'angolo! —*Stop at the bar at the corner!*
—Devo **comprarti** *Ciack*, —*Do I have to buy you Ciack,*
  la rivista di cinema? *the movie magazine?*
—Sì, **compramela**, per favore. —*Yes, buy it for me, please.*

—Dobbiamo portar**gli** **la carne**? —*Do we have to bring him the meat?*
—Sì, porta**tegliela**! —*Yes, bring it to him!*

—Dobbiamo dir**le** **il nome** —*Do we need to tell her the name*
  del negozio? *of the store?*
—Sì, diciamo**glielo**! —*Yes, let's tell it to her!*

—Devo portare **la torta** —*Do I have to bring the ladies*
  alle signore? *the cake?*
—Sì, porta**la** **loro**. —*Yes, bring it to them.*

2. Object pronouns can immediately precede the negative forms of the informal imperative or they can be attached to it. Notice that in the **tu** form, the final -e of the infinitive is dropped before adding the pronoun.

Non venir**ci**! Non **ci** venire! *Don't come (here)!*
Non far**glielo**! Non **glielo** fare! *Don't do it for him/her.*
Non date**melo**! Non **me lo** date! *Don't give it to me!*
Non scriviamo**glielo**! Non **glielo** scriviamo! *Let's not write it to him/her.*

3. When pronouns are attached to imperatives that have only one syllable—**di'**, **da'**, **fa'**, **sta'**, **va'**—the first consonant of the pronoun is doubled. **Gli** is never doubled.

Dammi la rivista! **Dammela!**	*Give me the magazine! Give it to me!*
Falle un favore! **Faglielo!**	*Do her a favore! Do it for her!*
Vacci e **stacci** un mese!	*Go there and stay there for a month!*

Remember: Ne is used to replace a direct object preceded by a quantity. A specific or approximate quantity often follows **ne**.

—Devo portare **del** vino?	—*Do I have to bring some wine?*
—Sì, porta**ne un po'**.	—*Yes, bring some (of it).*

14.8 Cosa deve portare? Stasera fai una festa a casa tua. Una tua amica ti chiede cosa deve portare. Rispondile, abbinando le domande e le risposte.

1. Devo portare le paste?   **a.** Sì, portane due!
2. Devo portare l'acqua?   **b.** Sì, portalo!
3. Devo portare il vino?   **c.** Sì, portali!
4. Devo portare delle torte?   **d.** Sì, portale!
5. Devo portare i dolci?   **e.** Sì, portala!

14.9 Dove posso comprarlo? Alcuni studenti stranieri ti chiedono dove possono comprare le seguenti cose in Italia. Rispondi alle loro domande. Usa l'imperativo e sostituisci ai nomi i pronomi.

ESEMPI: —Dove posso comprare la carne?
              —Comprala alla macelleria!
              —Dove possiamo comprare la frutta?
              —Compratela dal fruttivendolo!

1. Dove posso comprare un anello per mia madre?
2. Dove possiamo comprare il caffè?
3. Dove posso comprare le scarpe?
4. Dove possiamo comprare le aspirine?
5. Dove posso comprare un regalo per mio fratello?
6. Dove possiamo comprare un profumo italiano?
7. Dove posso comprare le verdure fresche?
8. Dove possiamo bere un'acqua minerale?

14.10 La cena. Hai invitato il tuo insegnante d'italiano e i tuoi compagni di classe a cena a casa tua. I tuoi compagni ti chiedono cosa possono fare per aiutarti. Rispondi alle loro domande e digli che cosa devono fare. Sostituisci ai nomi i pronomi.

1. Dobbiamo usare i piatti buoni
2. Devo portarti alcune bottiglie di acqua minerale?
3. Devo comprare quattro pacchi di pasta?
4. Devo fare una torta?
5. Devo pulire l'appartamento?
6. Dobbiamo servire gli spaghetti agli ospiti?
7. Devo darti dei soldi?
8. Devo servire il vino agli ospiti?
9. Devo andare al supermercato?
10. Devo dare agli ospiti il nostro indirizzo?

Scambi

14.11 La spesa. Alcune persone fanno la spesa in vari negozi. Ascolta le loro conversazioni due volte e completa la scheda che segue indicando in quale negozio sono, che cosa comprano e quanto spendono.

	Negozio	Prodotti	Quanto spendono
Conversazione 1			
Conversazione 2			
Conversazione 3			

14.12 Sondaggio. I tuoi compagni fanno le spese come gli italiani? Completa il sondaggio che segue da solo/sola e poi paragona i tuoi risultati con quelli dei tuoi compagni.

Sondaggio

1. Dove fai acquisti? Con quale frequenza? Ogni giorno? Spesso? Una volta alla settimana? Raramente?

Dove	La frequenza
supermercato	_____
ipermercato	_____
grandi magazzini	_____
negozi di quartiere	_____
centro commerciale	_____
mercato all'aperto	_____

2. Indica con un numero da 1 a 5 quali di queste caratteristiche sono importanti per te quando fai spese.

   _____ la convenienza
   _____ l'accessibilità
   _____ il parcheggio
   _____ la qualità dei prodotti
   _____ il rapporto personale con il negoziante
   _____ un nome famoso

14.13 Aiuto! Mi servono tante cose! Oggi hai molte commissioni da sbrigare (*to take care of*) ma non ti senti bene. Un amico/Un'amica si offre di aiutarti. Prepara una lista delle cose che ti servono. Poi a coppie, immaginate la conversazione con l'amico/l'amica. Usate la conversazione a pagina 413 come modello.

14.14 Una festa indimenticabile. Organizzate una festa. Decidete dove la farete e perché. Poi fate una lista delle cose che dovrete fare prima della festa, durante la festa e dopo la festa. Decidete anche che cosa servirete agli ospiti e dove potrete comprare ogni cosa. Poi dividete i compiti e insieme decidete chi farà che cosa.

Percorso II
In giro per la città

 **Scusi, per andare... ?**

> Scusi, per andare al Teatro Massimo?

> Prenda via Museo Biscari. Giri a sinistra e continui sempre dritto fino a Piazza Bellini. Poi giri a destra e continui in via Teatro Massimo. È proprio lì, sulla sinistra.

Muoversi in città

chiedere / dare indicazioni *to ask / give directions*
la piantina / la mappa *city map*

Dare e seguire indicazioni

andare (sempre) dritto *to go straight (to keep going straight)*
attraversare la piazza / il ponte *to cross the square / the bridge*
continuare *to continue*
dopo il ponte *after the bridge*
È proprio qui / qua / lì / là *It's right here / there*
fino a *up to*
girare a destra / a sinistra *to turn right / left*
la piazza *square*
prendere la prima / la seconda... strada / via / traversa *to take the first / second . . .*
    road / street / crossroad
il primo / il secondo semaforo *first / second traffic light*
proseguire *to continue*

Commissioni in città

il bancomat	*ATM*
cambiare un assegno	*to cash a check*
la cartolina	*postcard*
la cassa	*cash register*
la cassetta delle lettere	*mailbox*
depositare	*to deposit*
firmare	*to sign*
il francobollo	*stamp*
imbucare	*to mail*
il pacco	*package*
prelevare dei soldi / del contante	*to withdraw money / cash*

 14.15 Che cosa? Indicate tutte le commissioni che si possono fare in città e dove si possono fare.

14.16 Che cos'è? Abbina ogni parola con la definizione corrispondente.

1. il bancomat
2. i francobolli
3. le cartoline
4. la cassetta delle lettere
5. la cassa

a. Ci mettiamo le lettere che vogliamo spedire.
b. Le scriviamo quando facciamo un viaggio.
c. Li mettiamo sulle buste, le cartoline e i pacchi.
d. Lo usiamo per prelevare i soldi quando non vogliamo entrare in banca.
e. È dove paghiamo quello che compriamo.

14.17 Che cosa facciamo? Quali verbi si possono usare con le seguenti indicazioni?

1. _____ la piazza, il ponte, l'incrocio
2. _____ dritto
3. _____ a destra, a sinistra
4. _____ la prima strada, la prima traversa

 14.18 Che cosa devi fare? Scrivi tre commissioni che devi fare nei prossimi giorni e domanda ad alcuni compagni/alcune compagne dove puoi andare per farle vicino alla scuola.

ESEMPIO: andare in banca
S1:   Dov'è una banca?
S2:   Qui vicino. Prendi via… Va' sempre dritto…

🔊 In contesto   In giro per Catania

La signora Bellini e la signora Settembrini sono a Catania e hanno appena visitato il Duomo, dedicato a Sant'Agata, la santa patrona della città, con la bellissima facciata del Vaccarini[1]. Adesso, sedute ad un bar in Piazza del Duomo, scrivono delle cartoline e discutono cosa fare.

SIG.RA BELLINI: Questa cartolina della Badia di Sant'Agata voglio mandarla a Beppe. Vuoi firmarla anche tu?

SIG.RA SETTEMBRINI: Sì, certo, dammela! E poi, cosa vogliamo fare? Andiamo a fare delle spese in via Etnea[2]?

---

[1]Noto architetto barocco.
[2]Famosissima via, lunga più di 3 km. Qui si trovano i negozi più eleganti di Catania e numerosi palazzi e chiese. Camminando per questa strada si può vedere l'Etna, vulcano ancora in eruzione.

SIG.RA BELLINI:	Sì, va bene, andiamoci! Però io vorrei proprio vedere anche via Crociferi, perché è considerata la via del barocco catanese per eccellenza.
SIG.RA SETTEMBRINI:	D'accordo. Pensi che possiamo andare a piedi?
SIG.RA BELLINI:	Non lo so. Chiediamo a quel signore... Senta, scusi, saprebbe dirmi come arrivare a via Crociferi?
SIGNORE:	Prenda questa via qui a destra, via Vittorio Emanuele II, e vada sempre dritto; alla seconda traversa giri a destra e prosegua dritto. Poi prenda la prima a sinistra e poi sempre dritto e troverà via Crociferi lì in fondo.
SIG.RA BELLINI:	Mille grazie.

14.19 In giro per Catania. Indica quali affermazioni sono vere e quali sono false. Correggi quelle false.

1. La Signora Bellini e la Signora Settembrini abitano a Catania.
2. Le due amiche desiderano continuare a visitare la città.
3. Via Etnea è famosa per i bei negozi.
4. Via Crociferi è conosciuta per i resti di monumenti greci.
5. Le signore devono prendere l'autobus.
6. La signora Bellini e la signora Settembrini continuano a visitare Catania.

Occhio alla lingua!

1. Read again the short conversation that accompanies the map on page 419. What does the young man say to get the woman's attention? Do you think they are speaking to each other in an informal or a formal manner?
2. In the short conversation on page 419, look at the verbs in the woman's response. What forms do you think she is using to give directions?
3. Do you recognize the verbs in the woman's response? What are their infinitive forms? What do you notice about the verb endings? Can you detect a pattern?
4. Reread the *In contesto* conversation and circle all requests, suggestions, orders, instructions, and directions. Which are formal and which are informal?

GRAMMATICA

L'imperativo formale

The formal imperative is used to give instructions, suggestions, orders, and directions to someone you don't know well. Only the singular form of the formal imperative is used in modern colloquial Italian; the plural formal imperative is almost never used anymore. Use the **voi** form of the informal imperative when speaking to more than one person in any context.

—Signora, **prosegua** sempre dritto!   —*Madam, continue straight ahead!*
—Signori, **proseguite** dritto!   —*Gentlemen, continue straight ahead!*

1. The formal singular imperative of regular **-are** verbs is formed by adding an **-i** to the verb stem after dropping the infinitive ending; regular **-ere** and **-ire** verbs take an **-a** after dropping their infinitive ending. Verbs that take **-isc-** in the present indicative also have an **-isc-** in the formal imperative. The negative is formed by placing **non** in front of the affirmative form.

	L'imperativo formale dei verbi regolari			
	girare	**prendere**	**seguire**	**finire (-isc-)**
Signora,	**(non)** gir**i**	**(non)** prend**a**	**(non)** segu**a**	**(non)** fin**isca**
Signore,	**(non)** gir**ino**	**(non)** prend**ano**	**(non)** segu**ano**	**(non)** fin**iscano**

—Professore, (non) giri a destra!   —*Professor, (don't) turn left!*
—Signora, (non) prenda questa strada!   —*Madam, (don't) take this street!*

2. Verbs that are irregular in the present indicative have the same types of irregularities in the formal imperative. The imperative of many irregular verbs can be obtained by changing the **-o** of the first-person singular of the present indicative to **-a**.

Imperativo formale dei verbi irregolari			
Infinito	**Presente indicativo**	**Singolare imperativo**	**Plurale imperativo**
andare	vad**o**	vad**a**	vad**ano**
bere	bev**o**	bev**a**	bev**ano**
dire	dic**o**	dic**a**	dic**ano**
fare	facci**o**	facci**a**	facci**ano**
uscire	esc**o**	esc**a**	esc**ano**
venire	veng**o**	veng**a**	veng**ano**

3. The formal imperative of some verbs is based on the first-person plural of the present tense.

Imperativo formale dei verbi irregolari			
Infinito	**Presente indicativo**	**Singolare imperativo**	**Plurale imperativo**
avere	abb**iamo**	abb**ia**	abb**iano**
dare	d**iamo**	d**ia**	d**iano**
essere	s**iamo**	s**ia**	s**iano**
sapere	sapp**iamo**	sapp**ia**	sapp**iano**
stare	st**iamo**	st**ia**	st**iano**

—Signora, **stia** attenta!   —*Madam, be careful!*
—Dottore, **abbia** pazienza!   —*Doctor, be patient!*

4. With the exception of **loro**, reflexive, single, and double object-pronouns always precede the formal imperative. **Loro** always follows the verb.

(Non) **si accomodi**!   *(Don't) make yourself comfortable!*
(Non) **glielo** dia!   *(Don't) give it to him/her / them!*
Me lo compri!   *Buy it for me!*

14.20 Cambiare soldi! Rispondi alle domande di una signora straniera e spiegale cosa fare per cambiare soldi in Italia. Usa l'imperativo formale.

ESEMPIO: —Devo scrivere la data sul traveller's cheque?
         —Sì, scriva la data sul traveller's cheque.

1. Devo andare in banca?
2. Devo portare un documento?
3. Devo dare il passaporto all'impiegato?
4. Posso controllare il cambio su internet?
5. Se non voglio andare in banca, posso usare la carta di credito?
6. Posso prelevare dei soldi da un bancomat?

14.21 Scusi, potrei… ? Un signore italiano è ospite a casa tua e ti chiede se può fare alcune cose. Rispondi alle sue domande. Usa l'imperativo formale e sostituisci ai nomi i pronomi.

ESEMPIO: —Potrei fumare una sigaretta?
         —Sì, la fumi pure! (No, non la fumi!)

1. Potrei aprire le finestre?
2. Potrei chiudere la porta?
3. Potrei telefonare a mia moglie?
4. Potrei mettere i miei libri sugli scaffali?
5. Potrei bere un po' di vino?
6. Potrei darle il mio numero di telefono?

14.22 In giro per la città! Due signore straniere che non conoscono bene l'Italia ti chiedono alcune informazioni. Rispondi alle loro domande. Usa il **voi** o l'imperativo formale e sostituisci ai nomi i pronomi.

ESEMPI: —Dove posso comprare il profumo?
         —Lo compri in profumeria.
         —Dove possiamo comprare le cartoline?
         —Compratele alla tabaccheria.

1. Dove possiamo imbucare queste lettere?
2. Dove possiamo comprare i francobolli?
3. Dove posso spedire questo pacco?
4. Dove posso comprare il biglietto per l'autobus?
5. Dove posso cambiare questi dollari?
6. Dove posso prelevare dei soldi?
7. Dove possiamo prendere il caffè?

Scambi

 14.23 Dove sei? Guarda la piantina di Catania e immagina di essere nei posti indicati. Ascolta le indicazioni due volte e scopri dove arrivi.

1. _____
2. _____
3. _____

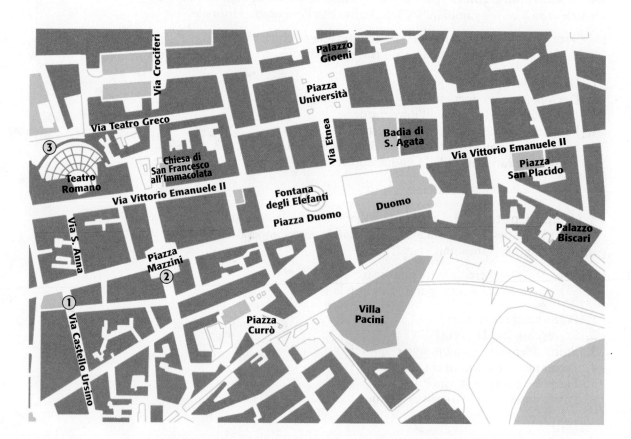

14.24 Dov'è... ? Osservate la piantina qui sopra e completate le attività che seguono per aiutare la Signora Bellini e la Signora Settembrini a girare in città.

1. Indicate alla Signora Bellini e alla Signora Settembrini come arrivare a via Crociferi dal Duomo.
2. Aiutate le due signore a trovare il Palazzo Gioeni da via Crociferi.
3. Sulla piantina trovate Piazza San Placido e spiegate alle due signore come andare a Palazzo Biscari da questa piazza.

14.25 A scuola. Un/Una giornalista è venuto/a dall'Italia a parlare nel tuo corso d'italiano. Adesso tu devi spiegargli/le come andare dalla tua classe nei posti seguenti: in biblioteca, alla mensa, al campo sportivo, a teatro.
A coppie, immaginate la conversazione.

14.26 Una cena a casa mia. Uno studente/Una studentessa vuole invitare il professore/la professoressa d'italiano a cena a casa sua. Immaginate la conversazione e tenete presente i seguenti punti: dov'è la casa, l'ora della cena, cosa deve portare, con chi può venire. Il professore/La professoressa vuole anche essere sicuro/a di aver capito bene.

Lo sai che? La piazza italiana e il corso principale

La piazza e le strade che portano ad essa sono sempre state luoghi d'incontro molto importanti nel mondo mediterraneo, per motivi culturali e antica tradizione. Fin dai tempi dell'antica Grecia la piazza era il cuore della città. In greco si chiamava **agorà** e per i romani era il **forum**.

Ogni città e paese ha una piazza principale, spesso con il Duomo, la chiesa più importante del posto. Quasi ogni giorno gli italiani si ritrovano con gli amici in piazza e nelle strade intorno per prendere un caffè o fare due passi. Soprattutto d'estate, poi, nelle piazze si tengono concerti e spettacoli teatrali e a volte anche i mercati dell'antiquariato. Nei piccoli paesi in piazza si festeggiano le sagre e le feste popolari per il Santo patrono con fiere (*fairs*) e mercati. Quasi tutte le città, grandi e piccole, hanno diverse piazze, ognuna delle quali costituisce un piccolo centro.

Le vie e piazze principali del centro storico delle città italiane sono generalmente chiuse al traffico, per proteggere i monumenti dallo smog e per consentire alla gente di passeggiare tranquillamente.

14.27 La piazza italiana. Indica quali di queste affermazioni sono vere.

1. Le piazze italiane hanno bar e negozi, ma offrono poco dal punto di vista culturale.
2. In molte città italiane non è possibile girare in centro in macchina.
3. Nel centro storico ci sono i monumenti artistici più importanti della città.
4. La piazza esiste soltanto nelle città più moderne.

 14.28 E nella vostra città? Quali sono i luoghi d'incontro più frequentati nella vostra città? Piacerebbero agli italiani? Cosa potrebbero fare?

Percorso III
Le spese per l'abbigliamento

🔊 Su, dai, provatelo!

I capi d'abbigliamento

l'abito da sera	*an evening gown*
il bracciale d'argento	*silver bracelet*
il cappello	*hat*
la cintura	*belt*
il giaccone	*heavy jacket*
l'orecchino (d'oro)	*(gold) earring*
le scarpe con i tacchi alti / bassi	*high- / low-heeled shoes*
la sciarpa	*scarf*
lo smoking	*tuxedo*
il tailleur	*woman's suit*
il vestito	*man's suit*

La descrizione dell'abbigliamento

a fiori	*flowered*
a quadretti	*checked*
Di che cos'è?	*What is it made out of?*
È di cotone / di lana / di lino / di seta.	*It's cotton / wool / linen / silk.*
largo/a	*wide, large (if used to describe fit)*
leggero/a	*light (weight)*
pesante	*heavy (weight)*
stretto/a	*tight*

Per fare spese

il camerino *dressing room*
i saldi *sale*
misurarsi / provarsi *to try on*
a saldo *on sale*
la vetrina *store window*

Espressioni per lo shopping

Si accomodi. *Make yourself comfortable. Sit down.*
Che misura / numero ha? *What shoe size are you?*
Che misura / taglia porta? *What size (clothing) do you wear?*
Come mi sta / stanno? *How does it / do they fit me/look on me?*
Fate sconti? *Do you give discounts?*
Quanto viene / vengono? *How much does it / do they cost?*

 14.29 Descriviamoli! Fa' una lista di tutti gli aggettivi che si possono usare con capi d'abbigliamento. Quali di questi descrivono meglio il tuo look? Paragona la tua lista con quella di un compagno/una compagna.

 14.30 Che cos'è? A turno, leggete le descrizioni e indovinate di quale capo d'abbigliamento si tratta.

1. Lo indossiamo quando fa freddo.
2. Lo usiamo al mare o in piscina quando nuotiamo.
3. Li mettiamo d'inverno quando fa molto freddo. Possono essere di lana, di cotone o di pelle.
4. Lo indossiamo quando piove.
5. Gli uomini la mettono quando vanno fuori a cena, quando hanno un appuntamento importante o a volte quando lavorano. Le donne la usano raramente.
6. Gli uomini e le donne la mettono quando fa fresco.
7. Lo portiamo in inverno sotto il cappotto quando fa molto freddo. È generalmente di lana, ma può anche essere di cotone.
8. Li portiamo ai piedi d'estate.
9. Li portiamo ai piedi quando nevica.
10. Lo usiamo quando piove, ma alcune persone lo usano quando fa molto caldo per proteggersi dal sole.
11. Le donne la indossano con una maglietta, una camicia o un maglione. Può essere lunga o corta, di lana, di cotone, di seta o a volte di pelle.

 14.31 Al negozio di scarpe. Completate la conversazione con il commesso in un negozio di scarpe.

TU:	Buongiorno. Vorrei _____.
COMMESSO:	Quali?
TU:	Quelle _____ vicino _____.
COMMESSO:	Va bene. _____?
TU:	37.
COMMESSO:	Subito! Eccole! Prego! _____?
TU:	Grazie. È un bel modello. Quanto _____?
COMMESSO:	Centocinquanta euro.
TU:	Posso pagare con _____?
COMMESSO:	Sì, certo! _____.

In contesto   I saldi

Nei negozi ci sono i saldi di fine stagione (*end-of-the-season sales*) e Gianni e Cristina sono in giro a fare spese. Si fermano davanti alla vetrina di un negozio d'abbigliamento per ammirare alcuni capi firmati (*designer items*).

CRISTINA:	Gianni, che bello il maglione di cashmire! Quel colore ti starebbe proprio bene e va tanto quest'anno! Perché non te lo provi?

Gianni e Cristina entrano nel negozio.

GIANNI:	Buongiorno. Volevo vedere il golf di cashmire in vetrina.
COMMESSA:	Questo?
GIANNI:	Sì, quanto viene? Fate sconti?
COMMESSA:	Viene trecentocinquanta euro a saldo. Vuole provarlo? Che misura porta?
GIANNI:	La 46.
COMMESSA:	C'è solo una 48, ma se lo misuri, questi maglioni si portano lunghi.
CRISTINA:	Sì, dai, misuratelo!
GIANNI:	Allora? Come mi sta?
COMMESSA:	Le sta benissimo.
CRISTINA:	No, non gli sta affatto bene. È troppo largo e lungo.
COMMESSA:	Mah, no! È la sua taglia! E poi vanno di moda così.
GIANNI:	Mi piace e lo prendo!

Così si dice
Mi sta / Mi stanno

To describe how something fits or looks on you, you can use the expression: **mi sta / mi stanno**. It follows the same pattern as the verb **piacere**: It is always used with an indirect object, and the singular form of the verb is used with singular nouns and the plural with plural nouns. **Quella gonna non ti sta bene.** *That skirt doesn't suit you.* **Quelle scarpe gli stanno strette.** *Those shoes are too tight on him.*

 14.32 Spese in città. A coppie, trovate informazioni per giustificare le seguenti affermazioni.

1. Il maglione è di moda.
2. Il maglione è grande.
3. La commessa e Cristina non sono d'accordo.

Occhio alla lingua!

1. Look at the brief exchange between the two men in front of the store on page 426. Note the verbs in boldface type: What kind of verbs are they? How are they used?
2. What do you think the object pronoun **li** refers to in the sentence **Io me li misurerei subito**? What does **me** refer to? Do you know a similar pronoun?
3. Reread the *In contesto* conversation and find all reflexive verbs that are used with an object pronoun. Who or what does each pronoun refer to?

GRAMMATICA

I verbi riflessivi con i pronomi di oggetto diretto

When the reflexive pronouns **mi, ti, ci, vi, si**, are used with the object pronouns, **lo, la, li, le**, and **ne**, they change to **me, te, ce, ve**, and **se**.

—**Ti** proverai quel costume?   —*Will you try on that suit?*

—**Me lo** sono già provato.   —*I already tried it on.*

—Misuriamo**celo!**   —*Let's try it on!*

Mi misuro il vestito.	**Me lo** misuro.
Ti misuri la gonna.	**Te la** misuri.
Si misura le scarpe.	**Se le** misura.
Ci misuriamo il cappello.	**Ce lo** misuriamo.
Vi misurate molti vestiti.	**Ve ne** misurate molti.
Si misurano un tailleur.	**Se ne** misurano uno.

When the reflexive verb is in a compound tense, the past participle agrees in number and gender with the direct-object pronoun rather than with the subject.

—Maria, ti sei misurat**a** le scarpe?   —*Did you try on the shoes?*
—Sì, me **le** sono misurat**e**.   —*Yes, I tried them on.*
—Vi siete mess**i** il cappotto?   —*Did you put on your coat?*
—No, non ce **lo** siamo mess**o**.   —*No, we didn't put it on.*

14.33 Che cos'è? Ascolta due volte le conversazioni di alcune persone che fanno spese e sottolinea l'oggetto di cui parlano.

Conversazione 1: a. un cappello b. una maglietta c. i guanti d. gli orecchini
Conversazione 2: a. gli stivali b. un golf c. una giacca d. un impermeabile
Conversazione 3: a. una collana b. un bracciale c. le scarpe d. i sandali

14.34 Quando te li metti? Indica quando ti metti i seguenti articoli di vestiario. Rispondi alle domande e sostituisci ai nomi i pronomi.

ESEMPIO: S1:   Quando ti metti la giacca?
                    S2:   Me la metto quando vado fuori a cena. (Non me la metto mai.)

1. Quando ti metti l'impermeabile?
2. Quando ti metti un abito da sera lungo di seta?
3. Quando ti metti lo smoking?
4. Quando ti metti il costume da bagno?
5. Quando ti metti gli stivali?
6. Quando ti metti una sciarpa?
7. Quando ti metti le scarpe da ginnastica?
8. Quando ti metti gli occhiali da sole?

14.35 Me lo metto? Un amico/Un'amica deve andare ad un ricevimento elegante e chiede consiglio su cosa mettersi. A turno, fate le domande e rispondete usando l'imperativo informale. Sostituite i pronomi ai nomi. Seguite l'esempio.

ESEMPIO: calzini
                    S1:   Mi metto i calzini?
                    S2:   Sì, mettiteli! (No, non metterteli! *o* Non te li mettere!)

1. la cravatta   5. uno smoking / un abito lungo
2. i jeans   6. una giacca
3. la camicia   7. i pantaloni di cotone
4. un completo (*suit*)   8. una cintura

14.36 Gli acquisti. Sei in un negozio a fare spese e ti piacciono molte cose. Una commessa ti invita a provarti tutto. A turno, con un compagno/una compagna, fate le domande e immaginate le risposte. Seguite l'esempio.

ESEMPIO: pantaloni
S1:   Che bei pantaloni!
S2:   Se li provi.

1. sandali
2. orologio
3. stivali

4. cintura
5. giubbotto
6. sciarpa

7. abito da sera
8. cappello

Scambi

 14.37 Indovina quanto l'ho pagato. Fa' una lista di sei capi di vestiario che hai comprato recentemente e il prezzo di ognuno. Poi, a piccoli gruppi, fate domande per indovinare il costo.

 14.38 Fare acquisti in Italia. Siete in viaggio in Italia e volete comprare dei regali per gli amici e i parenti a casa. Preparate una lista delle persone per cui comprereste qualcosa e delle cose che comprereste. Poi discutete la lista con un compagno/una compagna e spiegate perché volete comprare determinati oggetti.

 14.39 Gli acquisti. Osservate i capi d'abbigliamento delle foto e discutete cosa vi piacerebbe comprare oppure no e perché. Decidete se volete provare qualcosa.

ESEMPIO: S1:   Che bei pantaloni!
S2:   È vero! Sarebbero perfetti per andare a lavorare...

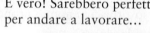

Così si dice   Altri usi della preposizione *di*

You already saw that **di** can be used to indicate possession: **Di chi sono quelle scarpe? Sono di Riccardo.** It can also be used to indicate the designer of an object or article of clothing: **Di chi è quella gonna? È di Moschino. Di** is also used to specify the material something is made of: **Di che cos'è quella borsa? È di pelle.** *What is that bag made of? It's leather.*

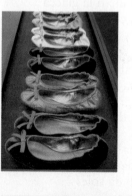

In pratica

PARLIAMO

Che belle tute! Entriamo, dai, proviamocele!

Guardi! Questa mattina abbiamo prodotti freschissimi!

Strategie per parlare   *Thinking through what you need to say in a given situation*

When you are about to begin an activity or do an errand, it is useful to think through the types of vocabulary and expressions you will probably need to use. Are there words and expressions—for greeting a shopkeeper or asking questions, for example—that you will want to keep in mind so that you can express yourself effectively?

Al negozio! A coppie, immaginate una conversazione in una delle situazioni indicate.

1. **In un negozio d'abbigliamento:** hai visto un bel vestito in vetrina e vuoi misurarlo. Non ti sta molto bene, ma il commesso/la commessa vuole convincerti a comprarlo.

2. **In un negozio d'alimentari:** entri in un negozio d'alimentari perché vorresti un panino e qualcosa da bere. Il/La negoziante (*Shopkeeper*) ti convince a comprare molte altre cose.

Prima di parlare

 14.40 Preparatevi a parlare seguendo questi suggerimenti.

1. Scegliete la situazione e decidete la conclusione.
2. Decidete quali sono i vocaboli più utili per la conversazione con il commesso/la commessa o il/la negoziante. Come vi saluterete? Come esprimerete quello che vorreste? Che domande potrebbe fare il commesso/la commessa o il/la negoziante?
3. Preparatevi a presentare la conversazione alla classe, usando le espressioni e le informazioni che avete scelto.

Mentre parli

 14.41 Presentate la conversazione alla classe. Cercate di improvvisare e non leggete gli appunti!

Dopo aver parlato

 14.42 Decidete con quale cliente e quale commesso/a preferireste parlare e quale vorreste evitare. Perché? Quale commesso/a era più gentile? Quale cliente era più interessato/a?

LEGGIAMO

> **Strategie di lettura** Understanding geographical references
>
> Before you read a travel guide or other geographically oriented text, it is a good idea to consult a map and think about the location of a city or region and its physical landscape. Notice any distinctive features, such as mountains or rivers, and consider what the implications might be. Consider also what you already know about a place and what influence geography and location may have had on its history and way of life.

Prima di leggere

14.43 Le seguenti informazioni su Palermo, il capoluogo della Sicilia, sono tratte da una guida turistica. Prima di leggere, rispondi alle domande.

1. Trova Palermo sulla mappa dell'Italia. La sua posizione è importante per la città? Perché? Quali mezzi prenderesti per arrivare a Palermo?
2. Attraverso i secoli a Palermo, come in tutta la Sicilia, ci sono state diverse dominazioni straniere. Puoi immaginare perché, osservando la posizione della regione nel Mediterraneo?

Mentre leggi

14.44 Leggi le domande in **14.45**. Poi, mentre leggi, sottolinea le informazioni necessarie per rispondere.

Piccola guida di Palermo

PALERMO

Con i suoi 700mila abitanti circa, Palermo è il capoluogo della Sicilia. Situata sul golfo dallo stesso nome, la città si affaccia sulle acque del Mar Tirreno, al nord dell'isola, in una posizione affascinante.

Un po' di storia

La città, il cui nome in greco significa 'tutto porto', ha origini antichissime: fu fondata dai Fenici, poi conquistata dai Romani e divenne quindi bizantina nel 535. Ha avuto numerose dominazioni straniere, dagli Arabi ai Normanni e successivamente gli Svevi, i Francesi e gli Spagnoli, i quali tutti hanno lasciato tracce della loro cultura soprattutto nell'architettura. La presenza araba (durata quasi duecentocinquanta anni) fu di grande importanza e contribuì a rendere Palermo una città ricca e splendida. Oggi si nota la sua influenza nei giardini e nella forma delle cupole. Si può ancora visitare la Kalsa, una volta quartiere arabo, con la piazza dallo stesso nome dove si trovano il magnifico Palazzo Abatelli e la chiesa di Santa Maria dello Spasimo. Nel 1072 la città fu conquistata dai Normanni e divenne[1] capitale del regno di Sicilia sotto Ruggero II, il quale seppe armonizzare suggestioni architettoniche normanne con la tradizione araba e quella precedente dei Bizantini. Il regno di Ruggero II fu forse il periodo più splendido della storia di Palermo soprattutto dal punto di vista artistico. Successivamente la città è stata dominata dagli Angioini e dagli Aragonesi e quindi influenzata dallo stile gotico. Più tardi la dominazione dei Borboni di Napoli arricchì Palermo anche di una sontuosa arte barocca. La Cattedrale di Palermo è un esempio ricchissimo di stili diversi che dimostrano appunto le diverse influenze straniere sulla città. Il Teatro Massimo, dalla perfetta acustica, di stile neoclassico, è per grandezza il terzo teatro lirico d'Europa e il maggiore in Italia.

Per arrivare a Palermo

In auto Palermo è situata alla congiunzione di tre direzioni del sistema autostradale siciliano: Palermo-Trapani, Palermo-Catania, Palermo-Messina. Da Messina si possono prendere i traghetti che collegano la Sicilia al continente.

Via mare Il porto di Palermo è molto ben collegato con i più importanti porti sul Mediterraneo e in Italia: Cagliari, Civitavecchia, Genova, Livorno, Napoli, Salerno, e anche Tunisi e Valencia in Spagna. Ulteriori informazioni si possono ottenere direttamente dalle compagnie di navigazione, tra cui la Tirrenia, Grimaldi Ferries e Grandi Navi Veloci.

102

Via aerea L'aeroporto di Palermo si chiama Falcone-Borsellino a ricordo dei due maggiori oppositori alla mafia che li uccise. Si trova a circa trenta chilometri dalla città. Il sito dell'aeroporto è www.gesap.it

Dall'aeroporto Si può raggiungere Palermo in treno o in autobus. Ci sono autobus tutto il giorno, circa ogni trenta minuti. Anche i treni sono molto frequenti e arrivano alla Stazione Centrale.

In giro per la città

A Palermo c'è sempre molto traffico: per i turisti e per chi non conosce bene la città è più conveniente e piacevole prendere un autobus o il taxi, oltre ovviamente a girare a piedi.

Taxi
AutoRadio Taxi: 091 51 33 11; Radio Taxi Trinacria: 091 68 78

I mercati
A Palermo si trovano diversi mercati storici. I più noti sono la Vucciria, Ballarò e il Capo, tutti caratterizzati da grande animazione, chiasso, e colori vivaci. Ballarò è il più antico, famoso perché qui si possono comprare i prodotti provenienti dalle campagne intorno a Palermo, frequentatissimo ogni giorno da chi cerca frutta, verdure, carne e pesce freschissimi. Coloratissimo e pittoresco, come è anche la Vucciria, raffigurato in un celebre quadro di Renato Guttuso. Anche qui bancarelle colorate lungo piccole vie e piazzette espongono prodotti alimentari freschi e particolari, caratteristici della cucina siciliana. Al mercato il Capo oltre ai prodotti alimentari si possono acquistare anche capi di abbigliamento.

> **PER AVERE INFORMAZIONI**
> Azienda Autonoma di Turismo
> per Palermo e Monreale
> Via Belmonte, 43
> 90142 Palermo
> 091 637 5400

103

1. became

Dopo la lettura

14.45 Ora rispondi alle domande.

1. Quali popoli stranieri hanno dominato la Sicilia? Indica tutte le risposte corrette.

   a. gli inglesi **b.** i romani **c.** i portoghesi **d.** gli arabi **e.** i russi **f.** i normanni **g.** gli spagnoli

2. Quali stili architettonici sono evidenti a Palermo?

   a. bizantino **b.** rinascimentale **c.** barocco **d.** gotico **e.** arabo **f.** normanno

3. Come si può arrivare a Palermo?
4. Come si può girare in città?
5. Trova informazioni su questi tre mercati tipici: la Vucciria, il Ballarò, il Capo.

6. Quale mercato vi piacerebbe visitare? Perché?
7. Conoscete una città nel vostro Paese simile a Palermo per la sua posizione geografica e la sua storia? Come potreste descriverla a un amico italiano/un'amica italiana?

SCRIVIAMO

Una città italiana. La madre di un tuo carissimo amico/una tua carissima amica ha intenzione di andare in Sicilia e visitare Palermo. Le scrivi un messaggio formale per darle dei consigli. Offri suggerimenti su come arrivare a Palermo e come girare la città. Le descrivi anche i mercati più caratteristici e le ricordi alcune informazioni sulla sua storia.

Prima di scrivere

14.46 Comincia a scrivere seguendo questi suggerimenti.

1. Fa' una lista dei consigli che vuoi dare e organizzali in ordine logico.
2. Ricorda che devi scrivere un messaggio formale e scegli come vuoi esprimerti.
   - Puoi usare l'imperativo formale come, ad esempio: *Vada anche al mercato. Prenda il traghetto. Mi mandi una cartolina, per favore.*
   - Ricorda che puoi anche usare il condizionale, come, ad esempio: *Dovrebbe proprio vedere il teatro. Mi manderebbe una cartolina, per favore?*

La scrittura

14.47 Usa gli appunti per scrivere una prima stesura. Non dimenticare di variare lo stile.

La versione finale

14.48 Leggi e correggi la prima stesura.

1. Hai usato le espressioni e le strutture giuste per un messaggio formale? I verbi sono corretti?
2. Hai offerto suggerimenti utili e interessanti?
3. Correggi attentamente quello che hai scritto. Controlla come si scrivono le parole, gli articoli, i nomi e gli aggettivi.
4. Scambiatevi (*Exchange*) i messaggi e decidete se l'altra persona ha scritto informazioni e suggerimenti convincenti.

GUARDIAMO

Prima di guardare

 14.49 In questo videoclip vedrai dei negozi e delle persone che fanno compere o parlano dei loro vestiti. Prima di guardare, completa le attività seguenti.

1. Guarda il videoclip una prima volta senza l'audio. Fa' una breve lista di cosa vedi nelle scene seguenti:
   a. nel giardino di Ilaria
   b. nel negozio d'alimentari
   c. nel negozio d'abbigliamento
   d. al mercato
   e. a casa di Fabrizio

 2. Usate le vostre liste e discutete insieme che cosa avete visto e che cosa succede, secondo voi, nelle varie scene.

Mentre guardi

 14.50 Adesso guarda il videoclip con l'audio e completa le frasi seguenti. Puoi confermare oppure no quello che avevi immaginato prima?

1. Per andare nei negozi vicino casa Ilaria prende
   a. l'autobus.
   b. il motorino.
2. Nel suo negozio preferito Chiara compra
   a. borse, scarpe e giubbotti.
   b. pantaloni, gonne e camicie.
3. La signora al mercato all'aperto vorrebbe comprare
   a. una borsa.
   b. un paio di scarpe.
4. Fabrizio ha una collezione di circa 25
   a. giubbetti.
   b. giacche.
5. Sottolinea le parole che senti nel negozio d'alimentari: **biscotti, marmellate, succhi di frutta, carne, pollo, pane, pancetta, pasta, formaggi, prosciutti, pesce, limoni, arance, tonno, salame.**

Dopo aver guardato

 14.51 Completa le seguenti attività.

 1. Descrivete insieme cosa avete notato nelle strade della città. Come sono simili e diverse dalle strade della vostra città?
 2. Che cosa avete visto nel negozio d'abbigliamento e in quello d'alimentari? Come sono simili o diversi dai negozi nel vostro Paese? Perché?
3. Che cosa significa, secondo te, che nel negozio d'alimentari «si tiene un po' di tutto»?
   a. Il negozio non è molto grande ma c'è una grande varietà di prodotti.
   b. Il negozio vende anche prodotti non alimentari.
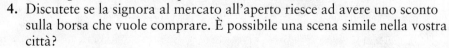 4. Discutete se la signora al mercato all'aperto riesce ad avere uno sconto sulla borsa che vuole comprare. È possibile una scena simile nella vostra città?

■ ATTRAVERSO LA SICILIA

La Sicilia, un'altra regione a statuto speciale, è la più grande isola del Mediterraneo. Ha una grande importanza strategica proprio per la sua posizione geografica. La regione ha anche un'economia vivace e un clima molto mite (*mild*). È una terra fertile, profumata di limoni e aranci, che offre splendidi panorami e tesori artistici e architettonici.

Popolazioni diverse hanno occupato questa splendida isola attraverso i secoli: prima i fenici (*Phoenicians*), i greci, i romani e gli arabi e poi anche i normanni, i francesi e gli spagnoli. Tutti hanno lasciato tracce profonde della loro cultura. In particolare, ad esempio, la Sicilia fiorì (*flourished*) dal punto di vista economico e artistico sotto l'imperatore svevo (*Swabian*) Federico II (1194–1250), il quale la chiamava «la pupilla degli occhi miei». Proprio alla ricca corte (*court*) di Federico II, a Palermo, nacque la «Scuola Siciliana» e furono composte le prime poesie in italiano.

La Sicilia è anche la patria di scrittori e artisti fra i più noti d'Italia, tra cui Giovanni Verga (1840–1922), Giuseppe Tomasi di Lampedusa (1896–1957), autore di *Il Gattopardo*, Luigi Pirandello (1867–1936) e il poeta Salvatore Quasimodo (1901–1968), entrambi (*both*) vincitori (*winners*) del premio Nobel per la letteratura, Leonardo Sciascia (1921–1989) e i grandi compositori Alessandro Scarlatti (1660–1725) e Vincenzo Bellini (1801–1835).

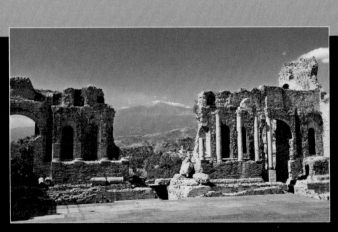

Taormina: il teatro greco-romano e l'Etna. Taormina si trova a circa 200 metri sul mar Ionio. Per la sua collocazione geografica sembra quasi una grande terrazza panoramica sul mare. È probabilmente la località turistica più famosa di tutta la Sicilia. Oltre alle bellezze naturali, Taormina ha un bellissimo teatro greco-romano del III secolo a.C., dove ancora si fanno tanti spettacoli, tra cui anche un festival del cinema. Un altro magnifico teatro è quello di Siracusa, di origine greca e poi

Il bellissimo Duomo di Catania, in stile barocco. Catania è una delle città più belle e più ricche della Sicilia. Fondata dai greci, Catania è situata ai piedi dell'Etna in una pianura molto fertile. Ha anche un importante porto. La città fu ricostruita in stile barocco dopo essere stata distrutta dall'eruzione dell'Etna nel 1669 e da un terremoto (*earthquake*) nel 1693.

Catanzaro
Stromboli · Tropea
Lipari
Vulcano · Reggio Calabria
Palermo · Messina
Etna
SICILIA Catania
Agrigento
Siracusa

VERIFICHIAMO

Prima leggi l'introduzione della regione, poi guarda le foto
e leggi le rispettive didascalie.

14.52 Cosa sai di... Indica due cose che adesso sai dei seguenti luoghi e persone.

1. la Sicilia
2. Giovanni Verga
3. Taormina
4. il Duomo di Catania
5. Agrigento
6. Federico II
7. l'isola di Vulcano
8. l'Etna

14.53 Cosa sapete di... Discutete cosa sapete:

1. della Scuola Siciliana
2. dei popoli che occuparono la Sicilia
3. dello stile barocco
4. di Luigi Pirandello

14.54 Un viaggio in Sicilia. Organizzate un viaggio in Sicilia. Decidete dove
andrete, quando, cosa farete e perché. Poi presentate il vostro viaggio alla classe.

La Valle dei Templi ad Agrigento. Ad Agrigento
sono particolarmente importanti i sette templi che si
trovano appunto nella Valle dei Templi, un sito
archeologico molto affascinante dell'epoca della

Vulcano, una delle isole Eolie. Intorno alla Sicilia ci sono diversi gruppi
d'isole più piccole: l'isola di Ustica, le Egadi, l'isola di Pantelleria e le Pelagie, oltre
alle isole Eolie. Queste prendono il nome da Eolo, il dio dei venti secondo la
mitologia greca. Di queste dieci isole, di origine vulcanica, solo sette sono

◀)) VOCABOLARIO

La città: negozi e rivenditori

gli alimentari	grocery store
la cartoleria	stationery store
il centro commerciale	mall
il duomo	cathedral
l'edicola	newsstand
la farmacia	pharmacy
il/la farmacista	pharmacist
il forno, la panetteria	bakery
il fruttivendolo	greengrocer
la gelateria	ice-cream shop
la gioielleria	jewelry store
i grandi magazzini	department store
la macelleria	butcher shop
il mercato all'aperto	open-air market
il negozio di abbigliamento	clothing store
la pasticceria	pastry shop
la profumeria	cosmetics shop
il negozio di alimentari	grocery store
la rosticceria	rotisserie
la salumeria	delicatessen, deli
il supermercato	supermarket
la tabaccheria	tobacco shop

Dare e seguire indicazioni

a fianco di	to the side of, beside, next to
all'angolo	at the corner
andare (sempre) dritto	to go straight (to keep going straight)
attraversare la piazza / il ponte	to cross the square / the bridge
continuare	to continue
dopo il ponte	after the bridge
È proprio qui / qua / lì / là.	It's right here / there.
fino a	up to
girare a destra / a sinistra	to turn right / left
in fondo a	at the end of
prendere la prima / la seconda... strada / via / traversa	to take the first / second ... road / street / crossroad
proseguire	to continue
il primo / secondo semaforo	first / second traffic light
Senta, scusi, per andare a... ?	Pardon me, excuse me, how do I go to ... ?
la piazza	square

Muoversi in città

chiedere / dare indicazioni	to ask / give directions
la piantina / la mappa	city map

Commissioni in città: la banca e l'ufficio postale

la banca	bank
il bancomat	ATM
la cassetta delle lettere	mailbox
cambiare un assegno	to cash a check
la cartolina	postcard
la cassa	cash register
depositare	to deposit
firmare	to sign
il francobollo	stamp
imbucare	to mail
il pacco	package
prelevare dei soldi / del contante	to withdraw money / cash
l'ufficio postale	post office

Capi d'abbigliamento

l'abito da sera	evening gown
i calzini	socks
la camicia da notte	nightgown
il cappello	hat
il cappotto	coat
la cintura	belt
il costume da bagno	bathing suit
il giaccone	heavy jacket
il giubbotto	bomber jacket
i guanti	gloves
il maglione	sweater
i pantaloncini	shorts
il pigiama	pajamas
la polo	polo shirt
i sandali	sandals
le scarpe con i tacchi alti / bassi	high / low-heeled shoes
la sciarpa	scarf
lo smoking	tuxedo
il tailleur	woman's suit
il vestito	man's suit

I gioielli

l'anello (d'oro)	(gold) ring
il bracciale	bracelet
la collana	necklace
l'orecchino	earring

La descrizione degli articoli d'abbigliamento

a fiori	flowered
a quadretti	checked
a righe	striped
È di argento / cotone / lana / lino / pelle / oro / seta.	It's silver / cotton / wool / linen / leather / gold / silk.
largo/a	wide
leggero/a	light (weight)
pesante	heavy
stretto/a	tight

Cose da comprare

gli affettati	coldcuts
il dentifricio	toothpaste
il paio / le paia	pair / pairs
il profumo	perfume
il rasoio	razor
il sapone	soap
lo spazzolino da denti	toothbrush

I contenitori

un barattolo (di)	a jar (of)
una busta (di)	a bag (of)
una lattina (di)	a can (of)
un pacco / un pacchetto (di)	a (small) package (of)
una scatola (di)	a box (of)
una vaschetta (di)	a small tub (of)

Fare spese

il camerino	dressing room
misurarsi / provarsi	to try on
i saldi	sales
a saldo	on sale
la vetrina	store window

Espressioni per lo shopping

Si accomodi / Si accomodino	Make yourself / Make yourselves comfortable / Sit down
Che misura / numero ha?	What is your shoe size?
Che misura / taglia porta?	What size (clothing) do you take?
Come mi sta / stanno?	How does it / do they fit me / look on me?
Fate sconti?	Do you give discounts?
Quanto viene?	How much is it?

Il teatro anatomico dell'Università di Bologna, costruito nel 1637 e situato nel Palazzo dell'Archiginnasio.

Percorso I: Il corpo e la salute
Percorso II: Dal medico
Percorso III: L'ambiente e le nuove tecnologie
In pratica
Attraverso: L'Abruzzo

In this chapter you will learn how to:

◆ Identify parts of the body and discuss health and wellness issues

◆ Describe ailments and give and follow health-related advice

◆ Express opinions on health and environmental issues

Percorso I
Il corpo e la salute

 **Che fai per mantenerti in forma?**

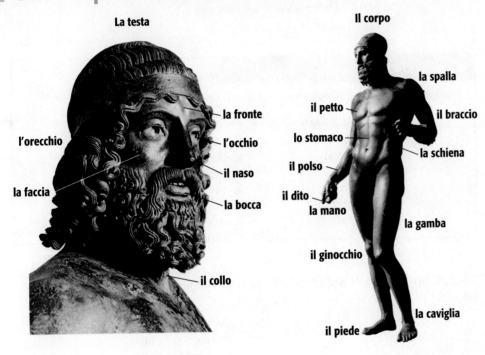

La testa

- la fronte
- l'occhio
- il naso
- la bocca
- l'orecchio
- la faccia
- il collo

Il corpo

- la spalla
- il petto
- il braccio
- lo stomaco
- la schiena
- il polso
- il dito
- la mano
- la gamba
- il ginocchio
- la caviglia
- il piede

Le parti del corpo

il cuore	*heart*
l'osso (*pl.* le ossa)	*bone*
la pelle	*skin*

La salute

l'abitudine (*f.*)	*habit*
avere un'alimentazione sana	*to have a healthy diet*
dimagrire (-isc-)*	*to lose weight*
esagerare	*to exaggerate*
essere* a dieta	*to be on a diet*
evitare	*to avoid*
fare bene / male	*to be good / bad (for you)*
il fast food	*fast-food*
ingrassare*	*to gain weight*
mantenersi in forma	*to keep in shape*
nocivo/a	*unhealthy, harmful*
prendere vitamine	*to take vitamins*
sano/a	*healthy*
vegano/a	*vegan*
vegetariano/a	*vegetarian*

Espressioni impersonali

(non) bisogna	*it's (not) necessary*
(non) è bene	*it's (not) good*
(non) è difficile	*it's not difficult*
(non) è facile	*it's (not) easy, likely*
(non) è importante	*it's (not) important*
(non) è indispensabile	*it's (not) indispensable*
(non) è meglio	*it's (not) better*
(non) è necessario	*it's (not) necessary*
(non) è (im)possibile	*it's (not) (im)possible*
(non) è probabile	*it's (not) probable*
(non) è vero	*it's (not) true*

Così si dice Alcuni plurali irregolari

The following nouns that refer to parts of the body have irregular plurals:

Singolare	**Plurale**
il braccio	le braccia
il dito	le dita
il ginocchio	le ginocchia
la mano	le mani
l'orecchio	le orecchie
l'osso	le ossa

15.1 Con che cosa si fa? Quali parti del corpo associ con le seguenti attività?

1. mangiare
2. ascoltare
3. ballare
4. guardare un film
5. leggere
6. scrivere
7. suonare il piano
8. volersi bene
9. pettinarsi
10. abbracciarsi
11. truccarsi
12. ?

15.2 Con quali parti del corpo? Indicate quali parti del corpo si usano quando si praticano i seguenti sport.

1. il calcio
2. il baseball
3. il pattinaggio
4. il ciclismo
5. lo sci
6. il golf
7. il nuoto
8. ?

15.3 Vestiario e accessori. Quali parti del corpo associ con i seguenti oggetti?

1. un anello
2. i pantaloni
3. i guanti
4. le scarpe
5. un bracciale
6. la collana
7. un cappello
8. l'orologio

15.4 Cosa si può fare per mantenersi in forma? Completa le frasi con la forma corretta di uno dei termini seguenti: **dimagrire, esagerare, evitare, fare bene, ingrassare, sano/a, vegetariano/a, vitamine.**

1. Ho letto che per mantenersi in forma bisogna seguire sempre un'alimentazione _____ e ogni mattina prendere delle _____.

2. Io ho sempre paura di mangiare troppo e _____, così cerco di _____ di mangiare dolci troppo spesso.

3. Io invece sono troppo magra e cerco di non _____! Cerco anche di mangiare soltanto cose che mi _____. Lo sai che non mangio carne e sono _____?

4. Veramente si può mangiare un po' di tutto, ma è importante non _____ mai.

> **Così si dice** L'articolo con le parti del corpo
>
> When talking about parts of the body, usually the definite article is used, not the possessive adjective.
>
> ***Metti la mano sulla testa!***   *Put your hand on your head!*

 15.5 Per stare sani. Indicate che cosa bisogna fare e non fare per stare sani e mantenersi in forma. Prendete in considerazione: l'alimentazione, l'attività fisica, lo stress e i rapporti con gli altri.

 In contesto   Per mantenere corpo e mente sani

Ecco alcuni consigli importanti per mantenere il corpo e la mente sani.

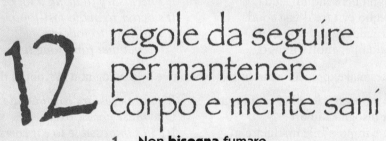

12 regole da seguire per mantenere corpo e mente sani

1. Non **bisogna** fumare.
2. **Bisogna** mangiare in modo corretto.
3. **È importante** avere un'alimentazione ricca di frutta e verdura.
4. Non **bisogna** mai seguire una dieta da fame.
5. **È bene** bere un pò di vino ogni giorno.
6. **È meglio** non consumare troppi alcolici.
7. **Bisogna** bere molta acqua.
8. **È indispensabile** dormire almeno otto ore ogni notte.
9. **È necessario** fare esercizio fisico ogni giorno.
10. **È indispensabile** divertirsi quando si fa sport.
11. **È importante** trovare il tempo per rilassarsi.
12. **Bisogna** proteggere la pelle dal sole.

15.6 Altre regole. Dopo aver letto «12 regole per mantenere corpo e mente sani», rispondi alle domande che seguono.

1. Sei d'accordo con tutte le regole?
2. Quali altre regole aggiungeresti?
3. Da' alcuni esempi concreti per spiegare le seguenti regole e usa altre espressioni impersonali:
   a. Bisogna mangiare in modo corretto.
   b. È indispensabile divertirsi quando si fa dello sport.
   c. È importante trovare il tempo per rilassarsi.
4. Quali di queste regole dovresti seguire tu? Le segui sempre? Perché?

Occhio alla lingua!

1. Look at the expressions in bold in the *In contesto* reading. How are they used?
2. What do you notice about the verbs that follow these expressions?
3. What do these sentences express? Who or what is the subject of the verbs in these sentences?

GRAMMATICA

Le espressioni impersonali + l'infinito

Obligation, necessity, possibility, and probability can be expressed with impersonal expressions. You have already learned some of the most common impersonal expressions (see p. 442).

1. Impersonal expressions are used with an infinitive to make general statements.

   Bisogna bere molta acqua.   *It's necessary to drink a lot of water.*
   È meglio evitare il fast food.   *It's better to avoid fast-food.*
   È difficile seguire una dieta   *It's difficult to follow*
   rigida per molto tempo.   *a strict diet for a long time.*

2. Impersonal expressions can be made negative by placing **non** in front of the verb.

   Non è necessario eliminare i grassi.   *It's not necessary to eliminate fats.*
   Non bisogna fumare.   *One must not smoke.*
   Non è impossibile mangiare in   *It's not impossible to eat correctly.*
   modo corretto.

È importante consumare molta frutta e verdura

L'attività fisica fa bene alla salute

15.7 I consigli della nutrizionista. Riscrivi i consigli della nutrizionista per una sana alimentazione. Usa un'espressione impersonale + l'infinito.

1. Non eliminate tutti i grassi.
   Per stare bene, dovete moderare l'uso di grassi cattivi.
   Cercate di sostituirli con grassi buoni
   come l'olio extravergine di oliva.
2. Fate sempre colazione. Mangiate latte o yogurt, cereali e frutta.
3. Non dimenticate di consumare tanta frutta e verdura.
   Mangiatene almeno cinque porzioni al giorno.
4. Dovete anche mangiare alimenti ricchi di fibre.
   Scegliete sempre alimenti integrali ed evitate gli alimenti raffinati.
5. Consumate meno sale.
6. Bevete tanta acqua.
7. Fate tanti piccoli pasti.
8. Fate attenzione alle porzioni.
9. Variate gli alimenti.
10. Evitate gli alcolici.

15.8 I consigli dell'esperto. Usa un'espressione impersonale + l'infinito ed immagina cosa un esperto suggerirebbe nei seguenti casi.

1. Quando si è stanchi e nervosi e si litiga con tutti.
2. Quando si mangia male e si ingrassa.
3. Quando si è stressati e si dorme male.
4. Quando non si fa mai sport e si è sempre stanchi.
5. Quando si lavora troppo e si è stressati.
6. Quando si vuole perdere qualche chilo.
7. Quando si vogliono fare nuove amicizie.
8. Quando non si ha tempo per gli amici e i familiari.

Scambi

15.9 Di quale parte del corpo si tratta? Ascolta le descrizioni due volte ed indica di quale parte del corpo si tratta.

1. _____
2. _____
3. _____
4. _____
5. _____
6. _____

15.10 Liscia o gassata? Dopo aver letto il trafiletto, discutete di quale tipo di acqua bevono gli italiani. E nel vostro Paese, cosa si beve di più?

Gli italiani bevono soprattutto acqua liscia: questo è il dato emerso da una recente statistica commissionata dalla Federazione italiana delle acque naturali. Il 63,3 per cento degli intervistati ha detto di prediligere l'acqua senza bollicine. Il 15,2 per cento, invece, preferisce l'effervescente naturale. Il 14,2 per cento consuma abitualmente acqua gassata mentre soltanto il 7,3 per cento porta in tavola quella moderatamente gassata.

 15.11 Cosa è meglio fare? Preparate una lista di cose che bisogna fare e di cose che è meglio non fare nelle seguenti situazioni.

1. Quando una persona ha bevuto troppo vino.
2. Quando si è molto stanchi e stressati.
3. Quando si soffre di insonnia.
4. Quando si è depressi.
5. Quando non si è in forma.
6. Quando non si ha tempo per preparare e mangiare un pasto sano.
7. Quando si soffre di solitudine.
8. ?

 15.12 Abitudini sane e abitudini nocive. Intervista un compagno/una compagna e scopri se ha abitudini sane o nocive. Prima di intervistarlo/la, prepara una lista di domande sui seguenti argomenti.

1. la dieta
2. le attività giornaliere
3. il tempo libero
4. le cattive abitudini

 15.13 Dovresti / Potresti... ! Adesso usa i risultati dell'intervista 15.12 per dargli/le dei consigli e suggerimenti su come migliorare le sue abitudini e la sua salute.

Percorso II
Dal medico

VOCABOLARIO

 ## Come si sente?

LA SIGNORA ROSSI: Sto male. Mi fa male la gola e ho mal di stomaco.

IL DOTTORE: Penso che Lei **abbia** l'influenza. È importante che Lei **beva** molti liquidi. È meglio che **prenda** due aspirine ogni quattro ore. Voglio che Lei mi **telefoni** domani.

(Image labels:)
Le fa male la schiena.
Ha il raffreddore. Ha la tosse.
Si è fatto male alla gamba.
Ha mal di stomaco.
Gli fa male la testa.
Pronto Soccorso
L'ambulanza
AMBULANZA

Disturbi e malesseri

ammalato/a *sick*
avere... *to have . . .*
  la febbre *a fever*
  l'influenza *the flu*
avere mal di... *to have . . .*
  denti *a toothache*
  gola *a sore throat*
  schiena *a backache*
  testa *a headache*
la cura *treatment*
curare *to treat, to take care of*
fare male *to hurt*
farsi male *to hurt oneself*
la malattia *illness*
misurare la febbre *to take someone's temperature*
il sintomo *symptom*

Cure e medicine

gli antibiotici *antibiotics*
l'aspirina *aspirin*
la compressa *tablet*
la medicina *medicine*
lo sciroppo *syrup*

Dal medico

il dolore *pain*
fare una radiografia *to take an x-ray*
grave *serious*
guarire (-isc-)* *to recover, to heal*
la ricetta *prescription*
la visita medica *medical examination*

> **Così si dice** *Fare male e farsi male*
>
> **Mi fa male la testa / Mi fanno male le gambe** are used to express the equivalent of the English: *My head hurts / My legs hurt.* This construction, which always takes an indirect object, is similar to that used with the verb **piacere.** The singular form of the verb is used with singular parts of the body, and the plural form is used with plural parts of the body: **A Paolo fa male la testa. Gli fa male la testa.**
>
> **Farsi male** is used to express the equivalent of the English expression: *to hurt oneself.* **Mi sono fatto/a male al ginocchio** is the equivalent of *I hurt my knee.*

15.14 Mi sono fatto/a male! Completa le frasi con la forma corretta di fare male o farsi male.

1. Ieri mentre giocavo a calcio, _____ al piede.
2. Mia nonna si lamenta sempre perché _____ le gambe.
3. Oggi _____ la testa. Devo prendere un'aspirina.
4. Carlo, che cosa hai? _____ la gola?
5. Spesso i bambini _____ quando giocano.
6. Ieri Luisa è caduta e _____ al braccio.

15.15 Che cos'è? Indica di cosa si tratta.

1. Lo prendiamo quando abbiamo la tosse.
2. Spesso la prendiamo quando abbiamo mal di testa.
3. Li prendiamo quando abbiamo un'infezione.
4. Le compriamo in farmacia.
5. La scrive il medico quando siamo ammalati.
6. Spesso la facciamo quando ci rompiamo il braccio o la gamba.
7. Li spieghiamo al medico quando non stiamo bene.
8. Quando ci fanno male, dobbiamo andare dal dentista.

15.16 Scopri il disturbo. Leggi i seguenti rimedi (*remedies*) e decidi per quale disturbo potrebbero essere più indicati. Poi paragona i tuoi risultati con quelli di un compagno/una compagna.

1. È importante riposarsi e bere molti liquidi.
2. È meglio prendere dello sciroppo.
3. È necessario prendere degli antibiotici.
4. Bisogna prendere due aspirine ogni quattro ore.
5. Non è indispensabile misurarsi la febbre.
6. È bene mangiare leggero.
7. È importante rilassarsi, mangiare molta frutta e verdura e fare un po' di ginnastica.

15.17 Cosa fate? Spiegate cosa fate quando soffrite di uno di questi disturbi.

1. il mal di testa
2. il mal di stomaco
3. il mal di gola
4. il mal di denti
5. la tosse
6. il raffreddore
7. l'influenza
8. la febbre

In contesto I malesseri di un ipocondriaco

Pietro è un po' ipocondriaco ed è sempre convinto di avere qualche malattia grave. Oggi discute con i suoi amici i suoi ultimi sintomi.

PIETRO: Oh Dio, come sto male oggi!

LORIS: Cosa c'è che non va adesso?

PIETRO: Da due giorni ho un mal di testa terribile e mi fanno male le gambe e le braccia. Ho anche un po' di febbre. Chissà cosa avrò! Sarà il cuore?

LORIS: Ma no! Non ti preoccupare! Sarà l'influenza che c'è in giro°. Ti fa anche male la gola?

    that's going around

PIETRO: No, la gola no. Semmai° un po' lo stomaco.

    If anything

SILVIA: Ma non sarà niente di grave! Fa' una bella passeggiata. Vedrai che domani ti sentirai meglio.

LORIS: Mah, no! Secondo me, Pietro dovrebbe stare a letto e riposarsi per qualche giorno. È chiaro che ha l'influenza. Bisogna che beva molte spremute d'arancia. È anche meglio che mangi leggero.

SILVIA: Dubito che Pietro abbia l'influenza. Credo che sia solo un po' raffreddato. Penso che debba mangiare qualcosa e prendere delle aspirine per il mal di testa.

PIETRO: Basta! Basta! Lo so che voi non capite niente di medicina! È meglio che io vada dal dottore.

15.18 Cosa c'è che non va? Leggete la conversazione e poi completate le attività seguenti.

1. Fate una lista dei sintomi di Pietro.
2. Fate una lista dei consigli e suggerimenti che Silvia e Loris gli danno.
3. Secondo voi, Pietro ha il raffreddore o l'influenza? Cosa bisogna fare e cosa è meglio non fare quando si ha il raffreddore? E quando si ha l'influenza?

Occhio alla lingua!

1. Look at the verbs and expressions underlined in the brief emergency room conversation on page 447. Do you think they express facts or opinions?
2. Now look at the verbs in bold in the conversation on page 447. Who or what is each verb referring to?
3. Look at the endings of the verbs in bold in the conversation on page 447. Can you detect a pattern?
4. Reread the *In contesto* conversation and underline all the verbs and expressions that indicate an objective fact, and circle all the verbs and expressions that express necessity, personal opinion, uncertainty, doubt, and preferences. What do you notice about the forms of verbs that follow the verbs you have underlined? What do you notice about the forms of the verbs that follow the verbs you have circled?

GRAMMATICA

Il congiuntivo presente

In the preceding chapters, you have studied the tenses of the indicative mood (present, past, imperfect, pluperfect, and future). The indicative mood is used to state objective facts.

Carlo è ammalato.
Domani **andrà** in ospedale.

Carlo is sick.
Tomorrow he is going to the hospital.

In this chapter, you will study the subjunctive mood. The subjunctive mood, **il congiuntivo**, is used to express actions, states, and conditions that the speaker senses to be subjective or uncertain.

È possibile che Carlo **sia** ammalato.
Credo che domani **vada** in ospedale.

It's possible that Carlo is sick.
I believe that tomorrow he is going to the hospital.

The subjunctive is used after expressions of uncertainty, doubt, and personal feelings and attitudes. Compare the following sentences.

Carlo **prende** due compresse.
Bisogna che Carlo **prenda** due compresse.

È strano che Carlo **prenda** due compresse.

Carlo is taking two tablets.
It's necessary that Carlo take two tablets.
It's strange that Carlo is taking two tablets.

In the first sentence, the speaker is stating an objective fact, and the indicative mood is used. In the other two sentences, the speaker is making subjective statements, indicating what it is necessary or strange for Carlo to be doing. In these cases, the subjunctive mood is used.

1. The present subjunctive of regular -are, -ere, and -ire verbs is formed by dropping the infinitive ending and adding the appropriate subjunctive endings to the verb stem.

	misurare	prendere	dormire	guarire (-isc-)
	Il congiuntivo presente			
che io	misur**i**	prend**a**	dorm**a**	guar**isca**
che tu	misur**i**	prend**a**	dorm**a**	guar**isca**
che lui/lei	misur**i**	prend**a**	dorm**a**	guar**isca**
che noi	misur**iamo**	prend**iamo**	dorm**iamo**	guar**iamo**
che voi	misur**iate**	prend**iate**	dorm**iate**	guar**iate**
che loro	misur**ino**	prend**ano**	dorm**ano**	guar**iscano**

È importante che tu **ti alzi** presto.

Pare che voi **prendiate troppe** medicine.

È possibile che loro **finiscano** per le due.

It's important that you wake up early.
It seems that you take too many medicines.
It's possible that they will finish by two.

a. Verbs ending in **-care** and **-gare** add an **h** to all forms of the present subjunctive to retain the hard sound of the **c** and **g**.

Sembra che voi **giochiate** troppo.
È probabile che lui **paghi** le medicine.

It seems that you play too much.
It's probable that he pays for the medicines.

b. Verbs ending in -iare, -ciare, or -giare have only one -i throughout the conjugation.

Pare che Carlo **studi** troppo.	*It seems that Carlo studies too much.*
Sembra che loro non **mangino** abbastanza.	*It seems that they don't eat enough.*

2. Since the first three persons of the subjunctive are identical, to avoid ambiguity, subject pronouns are frequently used.

Bisogna che **tu** pratichi uno sport.	*It's necessary that you play a sport.*
È necessario che **lui** faccia una radiografia.	*It's necessary that he get an x-ray.*

Usi del congiuntivo

1. The subjunctive is rarely used by itself; it is almost always used in dependent clauses introduced by **che**, when the verb or expression in the main clause denotes actions and states that are subjective or uncertain.

È meglio che tu **prenda** lo sciroppo.	*It's better that you take the syrup.*
Spero che Paolo **guarisca** presto.	*I hope that Paolo recovers quickly.*

2. The subjunctive is frequently used in dependent clauses introduced by the following impersonal expressions and verbs that convey uncertainty or a subjective attitude.

Espressioni impersonali	
(non) basta	it's (not) enough
(non) è bene	it's (not) good
(non) è difficile	it's (not) difficult, unlikely
(non) è facile	it's (not) easy, likely
(non) è importante	it's (not) important
(non) è (im)possibile	it's (not) (im)possible
(non) è meglio	it's (not) better
(non) è probabile	it's (not) probable
(non) pare / sembra	it (doesn't seem) seems

Desiderio e volontà	
(non) desiderare	(not) to desire
(non) piacere	(not) to like
(non) preferire	(not) to prefer
(non) sperare	(not) to hope
(non) volere	(not) to want

Opinione, dubbio e incertezza	
(non) credere	(not) to believe
(non) dubitare	(not) to doubt
(non) pensare	(not) to think

Emozioni	
(non) avere paura	(not) to be afraid
(non) essere contento/a	(not) to be happy

3. The subjunctive is used only when the subject of the dependent clause is different from the subject of the main clause. When the subject of the two clauses is the same, or there is no specific subject, the infinitive is used.

Voglio misurarmi la febbre.	*I want to take my temperature.*
Voglio che **ti misuri** la febbre.	*I want you to take your temperature.*
Penso di dormire.	*I plan on sleeping.*
Penso che lui **dorma.**	*I think he is sleeping.*
È meglio riposarsi.	*It's better to rest.*
È meglio che loro **si riposino.**	*It's better that they rest.*

15.19 È possibile. Tua nonna è convinta di sapere tutto sui tuoi amici. Tu invece hai dei dubbi. Riscrivi le frasi usando le espressioni in parentesi e il congiuntivo.

ESEMPIO: —Paolo partirà sicuramente domani. (è possibile)
                  —È possibile che Paolo parta domani.

1. Tu e Giulio vi alzerete presto la settimana prossima. (è probabile)
2. Roberto non studia abbastanza. (pare)
3. Giuseppe e Luisa prenderanno gli antibiotici. (è difficile)
4. Giulio consuma troppi alcolici. (sembra)
5. Giuseppe mangia poca carne rossa. (è bene)
6. I ragazzi guariranno presto. (è possibile)

15.20 I consigli. Un tuo amico/Una tua amica si è fatto/a male al ginocchio mentre giocava a calcio. Spiegagli/le che cosa è meglio che faccia o non faccia usando i seguenti suggerimenti.

1. riposarsi
2. dormire
3. muovere il ginocchio
4. prendere antibiotici
5. telefonare al medico
6. correre

15.21 Desideri e speranze! Indica cosa vogliono le seguenti persone. Scrivi delle frasi complete ed usa il congiuntivo.

1. mia madre / volere / io / prendere buoni voti
2. io / sperare / i miei genitori / mi / regalare una nuova macchina
3. Paolo / preferire / voi / gli / prestare dei soldi
4. io / sperare / tu / vincere la lotteria
5. mio padre / preferire / io / trovare un posto in Italia
6. mia madre / volere / che / io / guadagnare molti soldi
7. noi / sperare / loro / scoprire un vaccino contro il raffreddore
8. io / desiderare / loro / trovare una cura per il mal di testa

15.22 L'ammalato/a. Sei a casa con l'influenza. Completa le seguenti frasi e spiega cosa vuoi che le seguenti persone facciano per te.

1. Voglio che mio fratello _____.
2. Desidero che mia sorella _____.
3. Spero che i miei amici _____.
4. Preferisco che voi _____.
5. Non voglio che tu _____.
6. Spero che mia madre _____.

15.23 Dal medico. Non stai bene e vai dal medico. Completa la conversazione ed immagina che cosa non va e che cosa suggerirà il medico.

MEDICO: Cosa c'è che non va?
TU: Non mi sento bene. Ho... e...
MEDICO: Pare che Lei... È possibile che... È meglio che...
TU: Mi darà...
MEDICO: Sì, voglio che... Desidero che...
TU: Basta che... ?
MEDICO: Sì, è importante che...
TU: Grazie.

Il congiuntivo presente dei verbi irregolari

Verbs that are irregular in the present indicative are also irregular in the present subjunctive. Here are the present subjunctive forms of some of the most common irregular verbs.

Il congiuntivo presente dei verbi irregolari	
andare: vada, vada, vada, andiamo, andiate, vadano	**piacere:** piaccia, piacciano
avere: abbia, abbia, abbia, abbiamo, abbiate, abbiano	**potere:** possa, possa, possa, possiamo, possiate, possano
bere: beva, beva, beva, beviamo, beviate, bevano	**sapere:** sappia, sappia, sappia, sappiamo, sappiate, sappiano
dare: dia, dia, dia, diamo, diate, diano	**stare:** stia, stia, stia, stiamo, stiate, stiano
dire: dica, dica, dica, diciamo, diciate, dicano	**uscire:** esca, esca, esca, usciamo, usciate, escano
dovere: debba, debba, debba, dobbiamo, dobbiate, debbano	**venire:** venga, venga, venga, veniamo, veniate, vengano
essere: sia, sia, sia, siamo, siate, siano	**volere:** voglia, voglia, voglia, vogliamo, vogliate, vogliano
fare: faccia, faccia, faccia, facciamo, facciate, facciano	

È possibile che Carlo **stia** a casa.	*It's possible that Carlo is staying home.*
Dubito che **vengano** domani.	*I doubt they will come tomorrow.*
Bisogna che io **esca** stasera.	*It's necessary that I go out tonight.*

15.24 L'opinione della nutrizionista. Vuoi metterti in forma e consulti una nutrizionista. Le spieghi le tue abitudini. Immagina i suoi consigli e suggerimenti. Usa **credo, penso, voglio, dubito, spero, preferisco, sono contenta** e **pare.**

ESEMPIO: —Studio troppo.
               —Voglio che Lei studi di meno.

1. Bevo molti caffè.
2. Faccio poco sport.
3. Vado in palestra raramente.
4. Esco ogni sera fino a tardi.
5. Non so mai cosa mangiare di leggero.
6. Mi piacciono le verdure e la frutta.
7. Sono poco paziente.
8. Voglio imparare a mangiare meglio.

15.25 L'opinione dell'esperto. Immagina le risposte di un esperto di nutrizione alle seguenti domande. Usa un verbo o un'espressione che indica incertezza oppure un verbo o espressione che indica certezza.

ESEMPIO: —Troppi grassi fanno male?
               —Sì, è vero che troppi grassi fanno male.

1. Una sana alimentazione è molto importante?
2. Il fast food fa bene?
3. Le persone in forma mangiano molta frutta e verdura?
4. Le persone in forma bevono molto alcool?
5. Le persone in forma seguono una dieta equilibrata?
6. Le persone in forma fanno molta ginnastica?
7. Le persone in forma vanno in palestra ogni giorno per molto tempo?
8. Le persone in forma fumano dieci sigarette al giorno?
9. Le persone in forma dormono solo sei ore la notte?
10. Le persone in forma non soffrono d'insonnia?

15.26 È importante che... È il periodo degli esami e una tua amica ti parla dei problemi suoi e di alcuni vostri amici. Dille che cosa è meglio che facciano. Usa le varie espressioni impersonali con il congiuntivo.

ESEMPIO: —Giulio è stanco.
            —Bisogna che lui si riposi.

1. Paolo mangia poco.
2. Io ho sempre un gran mal di testa.
3. Io e Giulio non abbiamo più tempo per uscire.
4. Giovanna e Giulia non fanno più sport.
5. Giuseppe ha mal di gola.
6. Tu hai la tosse.

Scambi

15.27 Dal medico. Ascolta due volte le brevi conversazioni e indica di quale problema si tratta.

1. Conversazione 1 _____
2. Conversazione 2 _____
3. Conversazione 3 _____

15.28 Come ti senti? Immagina di essere uno dei pazienti nei disegni a pagina 447. Descrivi i tuoi sintomi. Il tuo compagno/La tua compagna ti dà dei consigli e suggerimenti. Usate la conversazione a pagina 449 come modello.

15.29 Cosa sai della nutrizione e della salute? Discutete cosa pensate e cosa dubitate che le persone che vogliono mettersi in forma debbano fare. Prendete in considerazione i seguenti argomenti:

1. la dieta
2. la ginnastica e lo sport
3. i rapporti personali
4. il tempo libero
5. il lavoro
6. le attività giornaliere

15.30 Le cattive abitudini. Leggi il breve articolo sulla salute degli uomini e delle donne. Poi a coppie, decidete chi, secondo voi, ha le abitudini peggiori. Motivate le vostre opinioni. Come potrebbero queste persone migliorare le loro abitudini?

Uomini, donne... e cattivi stili di vita

Chi mette più a rischio il proprio cuore? Gli uomini o le donne? Vediamo cosa dicono i numeri:

Pressione alta: è un problema per il 33 per cento degli uomini e il 30 per cento delle donne.

Ipercolesterolemia: interessa il 20 per cento degli uomini e il 24 per cento delle donne.

Glicemia: il 9 per cento degli uomini e il 6 per cento delle donne hanno i valori alti.

Fumo: In Italia si continua a fumare. Il 30 per cento degli uomini fuma in media 17 sigarette al giorno e il 21 per cento delle donne ne fuma 13.

Sedentarietà: il 34 per cento degli uomini e il 46 per cento delle donne non fanno nessun'attività fisica nel tempo libero.

Obesità: il 18 per cento degli uomini e il 22 per cento delle donne sono obesi.

Lo sai che? L'assistenza sanitaria

Istituto Europeo di Oncologia, Milano

La Costituzione italiana garantisce a tutti i cittadini il diritto[1] alla salute e quindi all'assistenza medica. I cittadini italiani contribuiscono al finanziamento del Sistema Sanitario Nazionale attraverso le tasse.

Tutti i cittadini hanno una tessera[2] sanitaria che devono presentare per visite mediche o ricoveri ospedalieri. Possono scegliere il proprio medico ed usare tutti gli ospedali sul territorio nazionale. Per i farmaci, invece, devono pagare un ticket[3] da cui sono esenti[4] i redditi[5] più bassi, gli invalidi totali ed i malati cronici.

Negli ultimi anni però l'assistenza sanitaria sta cambiando. La tutela[6] della propria salute non è più completamente gratuita per tutti: molti devono pagare un ticket per le visite specialistiche e gli accertamenti diagnostici e anche alcuni medicinali sono a carico[7] del malato.

L'Italia, come tanti altri Paesi europei, si trova in una situazione economica difficile e l'assistenza sanitaria è spesso nel mirino[8] dei tagli[9]. Oltre agli ospedali e ai medici pubblici ci sono in Italia anche molti ospedali e cliniche private e si possono anche fare assicurazioni[10] private.

1. *right* 2. *identity card* 3. *copayment* 4. *exempt* 5. *incomes* 6. *The protection* 7. *must be paid*
8. *sight* 9. *cuts* 10. *insurance*

15.31 Il sistema sanitario. Preparate una lista delle differenze fra il sistema sanitario in Italia e quello del vostro Paese. Quali pensate che siano i pro e i contro dei due sistemi?

Percorso III
L'ambiente e le nuove tecnologie

🔊 Credo che le nuove tecnologie abbiano solo danneggiato l'ambiente

1. light bulbs   2. faucet

L'ecologia

la benzina verde	*unleaded gasoline*
distruggere (p.p. distrutto)	*to destroy*
ecologico/a	*ecological, green*
l'effetto serra	*greenhouse effect*
la foresta	*forest*
i gas serra	*greenhouse gases*
la natura	*nature*
l'ossigeno	*oxygen*
i pesticidi	*pesticides*
la raccolta differenziata	*collection of pre-sorted trash*
respirare	*to breathe*
i rifiuti	*garbage, waste*
il riscaldamento globale	*global warming*
le risorse naturali	*natural resources*
risparmiare	*to save*
salvaguardare	*to protect*
lo smog	*smog*
sprecare	*to waste*
lo strato dell'ozono	*ozone layer*

Raccolta differenziata

La tecnologia

gli alimenti transgenici	*genetically altered foods*
la biodiversità	*biodiversity*
la biotecnologia	*biotechnology*
il cibo biologico	*organic food*
i conservanti	*preservatives*
l'energia solare / nucleare	*solar energy / nuclear energy*
la macchina ibrida	*hybrid car*

15.32 Fanno bene o male? Prepara due liste: una di fattori ambientali che fanno bene alla salute e una di quelli che fanno male. Poi paragona i tuoi risultati con quelli di un compagno/una compagna.

15.33 Associazioni. Scrivete tutte le parole ed espressioni che associate con i seguenti argomenti: l'ambiente, l'inquinamento, la natura, la biotecnologia.

15.34 Che cos'è? Scrivi tutte le parole che associ con le espressioni e le parole che seguono. Poi leggile ai compagni. I compagni devono indovinare a quale espressione della lista si riferiscono.

1. respirare
2. riciclare
3. la macchina ibrida
4. l'effetto serra
5. i pesticidi
6. il cibo biologico
7. lo smog
8. i rifiuti
9. i conservanti
10. le risorse naturali
11. il riscaldamento globale
12. la raccolta differenziata

PRINCIPALI FONTI DI INQUINAMENTO IN UNA CITTÀ

• il trasporto veicolare

• il riscaldamento degli edifici

• le attività produttive con emissioni in atmosfera

LORENZO: <u>Pensi</u> che i gas emessi dalle auto **abbiano danneggiato** lo strato dell'ozono?

FABIO: Non lo so. <u>Credo</u> che tutte le sostanze inquinanti **abbiano avuto** un ruolo.

Il cartone si ricicla

 15.35 In ordine d'importanza. Indica con un numero da 1 a 12 quali di questi fattori che minacciano (*threaten*) l'ecosistema pensi che siano più gravi. Paragona i tuoi risultati con quelli di un compagno/una compagna.

1. _____ l'inquinamento dell'aria
2. _____ l'inquinamento dei mari
3. _____ lo smog
4. _____ la sovrappopolazione
5. _____ la distruzione delle foreste
6. _____ l'uso dei pesticidi
7. _____ la biotecnologia
8. _____ l'effetto serra
9. _____ gli alimenti transgenici
10. _____ i gas serra
11. _____ l'energia nucleare
12. _____ i rifiuti nucleari

In contesto Piccolissime azioni per cambiare il mondo

Il movimento inglese, *We Are What We Do*, propone a tutti di fare qualcosa perché il mondo sia migliore.

piccolissime azioni per cambiare il mondo

Non inquinare

■ Non usare sacchetti di plastica.

■ Usa i mezzi pubblici di trasporto.

■ Non bere il caffè in bicchieri di plastica. Utilizza sempre tazze di ceramica.

Non avere paura di comunicare

■ Fà amicizia con una persona di un'altra generazione.

■ Sorridi a tutti.

■ Impara ad ascoltare.

■ Sii cordiale con gli altri.

■ Non dimenticare di dire «Per favore» e «Grazie».

■ Dà il tuo numero di telefono ad alcuni vicini di casa per le loro emergenze.

■ Abbraccia una persona.

■ Prepara una bella cena per un amico.

Risparmia le risorse naturali

■ Ricordati di spegnere gli elettrodomestici.

■ Non lasciare gli elettrodomestici in stand by.

■ Chiudi il rubinetto dell'acqua mentre ti lavi i denti.

■ Abbassa il termostato a casa e in ufficio.

Ricicla tutto

■ Ricicla il cellulare.

■ Dona il computer, i libri, gli occhiali a organizzazioni di beneficenza.

■ Scrivi su tutti e due i lati dei fogli di carta.

15.36 Ecologia, solidarietà, risparmio, gentilezza. Elencate cosa bisogna che le persone facciano per cambiare il mondo secondo il brano. Prendete in considerazione l'ecologia, la solidarietà, il risparmio e la gentilezza.

Occhio alla lingua!

1. Look at Lorenzo and Fabio's brief exchange on page 457. Look at the underlined verbs and determine whether they are expressing factual knowledge or their own opinions.
2. Look at the verbs in bold in the dependent clauses. When do the actions they describe occur, before the actions of the main clause, at the same time, or later? How can you tell?

GRAMMATICA

Il congiuntivo passato

1. You have learned that the subjunctive is used in a dependent clause after verbs and expressions that denote uncertainty, personal preferences, necessity, feelings, or points of view. When the verb of the main clause is in the present tense, the present subjunctive is used in the subordinate clause to express actions, conditions, and states in the present or in the future. The past subjunctive is used in the subordinate clause to express actions that have taken place before the action of the main clause. Compare the following sentences.

Penso che le grandi industrie **inquinino** l'ambiente.

I believe that large industries pollute the environment.

Penso che le grandi industrie **abbiano inquinato** l'ambiente.

I believe that large industries have polluted the environment.

2. The past subjunctive is formed with the present subjunctive of **avere** or **essere** + the past participle. Verbs that can take a direct object are conjugated with **avere**. Reflexive verbs and intransitive verbs—verbs that cannot take a direct object—are conjugated with **essere**.

Il congiuntivo passato			
	riciclare	**venire**	**ammalarsi**
che io	abbia riciclato	sia venuto/a	mi sia ammalato/a
che tu	abbia riciclato	sia venuto/a	ti sia ammalato/a
che lui/lei	abbia riciclato	sia venuto/a	si sia ammalato/a
che noi	abbiamo riciclato	siamo venuti/e	ci siamo ammalati/e
che voi	abbiate riciclato	siate venuti/e	vi siate ammalati/e
che loro	abbiano riciclato	siano venuti/e	si siano ammalati/e

15.37 Dubbio o certezza? Quando? Ascolta le frasi e indica se le persone parlano di fatti oggettivi o soggettivi. Poi ascoltale una seconda volta e indica se parlano di azioni del presente, del futuro o del passato.

	Fatti		Quando		
	Oggettivi	Soggettivi	Presente	Futuro	Passato
1.					
2.					
3.					
4.					
5.					
6.					
7.					
8.					

15.38 L'inquinamento. Due amici discutono sulle cause dell'inquinamento atmosferico e su alcune possibili soluzioni. Completa la conversazione scegliendo fra il congiuntivo presente e passato.

1. TOMMASO: Pensi che negli ultimi anni la benzina verde (risolva / abbia risolto) veramente tutti i problemi dell'aria in città?
2. MARGHERITA: No. Credo che, per tanti anni ormai (*now*), le macchine (causino / abbiano causato) l'inquinamento atmosferico.
3. TOMMASO: Ma non solo le macchine! Adesso bisogna che tutti noi (proteggiamo / abbiamo protetto) l'ambiente in molti modi diversi.
4. MARGHERITA: Secondo me, è importante che gli abitanti delle grandi e piccole città (usino / abbiano usato) più spesso i mezzi pubblici.
5. TOMMASO: Sono d'accordo. Credo che anche le biciclette (siano / siano state) molto utili.
6. MARGHERITA: Certo, ma è necessario anche che nelle città (ci sia / ci sia stato) più verde.

15.39 Idee diverse. Il tuo amico è convinto che il mondo è perfetto così com'è. Tu non sei d'accordo con le sue affermazioni. Riscrivi le frasi usando un verbo o un'espressione che indica incertezza e facendo tutti i cambiamenti necessari.

ESEMPIO: —La benzina verde ha risolto i problemi dell'ambiente.
            —Non credo che la benzina verde abbia risolto i problemi dell'ambiente.

1. Il governo ha salvaguardato l'ambiente.
2. Le persone non hanno sprecato le risorse naturali.
3. Io ho sempre usato i mezzi pubblici.
4. Il weekend scorso io e i miei amici abbiamo usato la bicicletta per andare in centro.
5. I miei genitori sono andati in centro a piedi.
6. La qualità dell'aria in città è sempre stata accettabile.
7. Il governo ha sempre protetto la qualità del cibo.
8. A casa mia abbiamo sempre comprato cibo biologico.
9. Il weekend scorso io e la mia famiglia abbiamo partecipato a una manifestazione (*demonstration*) contro il traffico.
10. Il traffico non ha causato lo smog.

Scambi

15.40 Come pensate che abbiano cambiato il loro stile di vita?
Cosa è possibile che abbiano fatto gli abitanti di Verona (pagina 456) in famiglia, in ufficio, nel condominio e nella città per vivere in sintonia con l'ambiente.

15.41 Cosa ne pensi? Usa le domande che seguono per intervistare un compagno/una compagna e scoprire cosa pensa dei problemi che minacciano l'ecosistema.

1. Ti interessi di ecologia? Cosa fai nella tua vita giornaliera per salvaguardare l'ambiente? Cosa pensi che debba fare la gente?
2. In genere, cerchi di conservare energia e altre risorse naturali? Cosa fai tu? Cosa bisogna che facciano gli altri?
3. Qual è, secondo te, il problema ecologico maggiore? Come pensi che questo problema si sia verificato? Pensi che si possa risolvere? Come?

15.42 L'anno 2100. Immaginate di essere dei viaggiatori extraterresti nell'anno 2100 e di visitare il pianeta Terra. Com'è possibile che sia il pianeta Terra? Parlate dell'ambiente, delle risorse naturali, delle città e della salute della gente.

15.43 È possibile che abbiano... Immaginate di essere i viaggiatori extraterrestri dell'attività **15.42.** Fate supposizioni su cosa pensate che gli abitanti della Terra abbiano fatto o non abbiano fatto in passato.

Lo sai che? | Il cibo biologico

RAPPORTO BIO BANK 2010

TREND 2007 - 2009

degli operatori bio italiani

Tipologia di operatore	numero		Var. %
	2007	2009	
Gruppi d'acquisto	356	598	+68%
Aziende vend. diretta	1.645	2.176	+32%
Ristoranti	174	228	+31%
E-commerce	106	132	+25%
Mense	683	837	+23%
Agriturismi	1.002	1.222	+22%
Mercatini	204	225	+10%
Negozi	1.106	1.132	+2%
Totale	5.973	7.202	+23%

Fonte: Bio Bank   **www.biobank.it**

Frutta, verdura, carni ed altri prodotti alimentari biologici seguono un metodo di produzione regolato da leggi italiane e comunitarie europee. I cibi biologici sono prodotti con tecniche tradizionali che rispettano l'ambiente.

Nell'agricoltura biologica non si possono usare le sostanze chimiche sintetizzate, come i pesticidi e gli OGM (*genetically modified organisms*). Tutto deve essere naturale. La coltivazione biologica aiuta anche a proteggere tanti prodotti e gusti italiani tradizionali che altrimenti sarebbero scomparsi (*would have disappeared*).

L'Italia ha il primato europeo per la coltivazione naturale. Le aziende che producono alimenti biologici sono più di 50.000. Nonostante (*In spite of*) il costo elevato di questi prodotti, gli italiani, sempre più preoccupati per la salute, l'ambiente e la genuinità del cibo che consumano, li preferiscono agli altri prodotti. Nel 2008 il 70 per cento degli italiani ha acquistato alimenti naturali.

15.44 Il cibo biologico. Indicate almeno quattro cose che avete imparato sul cibo biologico in Italia. E i vostri connazionali consumano molto cibo biologico? Perché?

In pratica

PARLIAMO

Di che problema si tratta? Che soluzione pensate ci sia?

Strategie per parlare
Organizing your ideas to discuss problems and solutions

When you are discussing a problem and possible solutions, you want to be able to speak convincingly to your listeners. To do this, you may find it helpful to take the following steps to organize your ideas: First, identify the problem clearly. Then, suggest specific ways to address the problem and explain why your proposed solution is likely to be effective.

La nostra scuola. Discutete cosa si fa nella vostra scuola per proteggere l'ambiente. Pensate che ci siano altre cose da fare? Quali?

Prima di parlare

 15.45 Prima di discutere in gruppi le vostre idee, completate a coppie, le seguenti attività.

1. Che cosa si fa attualmente nella vostra scuola per la difesa dell'ambiente?
2. C'è un problema ambientale che dovrebbe essere risolto? Quale?
3. Pensate insieme ad una possibile soluzione.
4. Preparate una frase per convincere altre persone che le vostre idee sono buone.

Mentre parlate

 15.46 Adesso discutete a piccoli gruppi i problemi che avete identificato e le soluzioni che volete proporre.

ESEMPIO: C'è molto traffico intorno al campus e l'aria è inquinata... È necessario chiudere altre strade al traffico. È importante che gli studenti possano respirare bene!

Dopo aver parlato

 15.47 Ogni gruppo decide chi ha presentato il problema ambientale più importante e chi ha proposto la soluzione migliore. Presentate le conclusioni a tutta la classe.

LEGGIAMO

Strategie di lettura	Combining reading strategies

You have learned to apply varied reading strategies to help you obtain information from a written text even when you don't understand every word. You have seen how titles, subtitles, and visual clues can help you anticipate what will be treated in a text. You have learned that recalling what you already know about a topic can help you predict and understand the main ideas as you read. You have practiced looking for cognates and guessing the meaning of key words and discovered that you can often skip words whose meaning you can't figure out quickly. You have also practiced scanning for specific information and skimming to get a general sense of a text. You have discovered how important it is to read with a specific purpose in mind. Efficient readers apply all or many of these strategies, as appropriate, to get the most from a given text.

Prima di leggere

15.48 Dal medico. Il racconto che segue, di Dino Buzzati (1906–1972), parla di un signore che va dal medico per una visita di controllo (*check-up*). Prima di leggere il racconto, completa le attività che seguono.

1. Esamina il titolo del racconto. Che cosa sai già di questo argomento? Quali vocaboli pensi di trovare in questa lettura?
2. Leggi il primo paragrafo e rispondi alle domande.
   a. Chi sono i personaggi principali?
   b. Dove sono?
   c. Descrivi il loro rapporto.
3. Leggi le domande in *Dopo la lettura*.

Mentri leggi

15.49 Sottolinea le parti del testo che contengono le informazioni necessarie per rispondere alle domande in *Dopo la lettura*.

Dal medico

Sono andato dal medico per la visita di controllo semestrale: un'abitudine che ho preso da quando sono diventato quarantenne. Il mio medico è un vecchio amico, Carlo Trattori, che ormai mi conosce per diritto e per rovescio°. È un pomeriggio infido° e nebbioso d'autunno, tra poco dovrebbe arrivare la sera. Appena entro, Trattori mi guarda in un certo modo e sorride:

inside out / treacherous

«Ma tu stai magnificamente, stai. Non ti si riconoscerebbe, a pensare che faccia tirata avevi, solo un paio d'anni fa.»

«È vero. Non mi ricordo d'essere mai stato bene come adesso.»

Di solito si va dal medico perché si sta male. Oggi sono venuto dal medico perché sto bene, benissimo. E ne provo una soddisfazione nuova, quasi vendicativa, di fronte a Trattori che mi ha sempre conosciuto come un nevrotico, un ansioso, affetto dalle principali angosce del secolo. Ora invece sto bene. Da qualche mese in qua, di bene in meglio. […]

«C'è bisogno di visitarti?» dice Trattori. […]

«Be', già che sono venuto...°»

since I came

examination table

Mi spoglio, mi stendo sul lettuccio°, lui misura la pressione, ascolta cuore e polmoni, tenta i riflessi. Non parla.

«E allora?» chiedo io.

doesn't even bother

Trattori alza le spalle, manco si degna° di rispondere. Però mi guarda, mi osserva come se non conoscesse la mia faccia a memoria. Finalmente:

whims / nightmares

«Piuttosto dimmi. Le tue fisime°, le tue classiche fisime? Gli incubi°? Le ossessioni? Mai conosciuto uno più tormentato di te. Non vorrai mica farmi credere...»

Faccio un gesto categorico.

A clean sweep
As if I had become

«Piazza pulita°. Sai quello che si dice niente? Neanche il ricordo. Come se fossi diventato° un altro.»

«Come se fossi diventato un altro...» fa eco Trattori. [...]

vent
you were ready to drop
I am embarassed

«Ti ricordi» dico «quando all'una, alle due di notte venivo a sfogarmi° da te? E tu stavi ad ascoltarmi anche se cascavi° dal sonno? A ripensarci mi vergogno°. Che idiota ero, solo adesso lo capisco, che formidabile idiota.»

«Mah, chissà.»

«Che cosa vorresti dire?»

«Niente. Piuttosto rispondi sinceramente: sei più felice adesso o prima?»

big

«Felice! Che parola grossa°.»

«Be' diciamo soddisfatto, contento, sereno.»

«Ma certo, molto più sereno adesso.»

estranged

«Dicevi sempre che in famiglia, sul lavoro, fra la gente, ti sentivi sempre isolato, estraniato°? È dunque finita la tua bella alienazione?»

«Proprio così. Per la prima volta, come dire? ... ecco, mi sento finalmente inserito nella società.»

Goodness gracious
satisfied

«Caspita°. Complimenti. E da qui un senso di sicurezza, vero? Di coscienza appagata°?»

«Mi prendi in giro?»

Not at all

«Neppure per idea°. E dimmi: fai una vita più regolata di prima?»

«Non saprei. Forse sì.»

«Vedi la televisione?»

«Be', quasi tutte le sere. Irma e io non usciamo quasi mai.»

«Ti interessi allo sport?»

«Riderai se ti dico che sto cominciando a diventare tifoso.»

«E per chi tieni?»

«Per l'Inter, naturalmente. [...] Ma si può sapere il perché di tutto questo interrogatorio?» [...]

«Vuoi sapere quello che ti è successo?»

dumbfounded

Io lo guardo, interdetto°. Che, senza parere, Trattori abbia notato i sintomi di una orrenda malattia?

«Quello che mi è successo? Non capisco. Mi hai trovato qualche cosa?»

«Una cosa semplicissima. Sei morto.»

Trattori non è un tipo facile agli scherzi, soprattutto nel suo studio di medico.

I stuttered

«Morto?» balbettai° io. «Morto come? Una malattia incurabile?»

«Macché malattia. Non ho detto che tu debba morire. Ho detto soltanto che sei morto.»

picture

«Che discorsi. Se tu stesso poco fa dicevi che sono il ritratto° della salute?»

adjusted

«Sano, sì. Sanissimo. Però morto. Ti sei adeguato°, ti sei integrato, ti sei omogeneizzato, ti sei inserito anima e corpo nella compagine sociale, hai trovato l'equilibrio, la tranquillità, la sicurezza. E sei un cadavere°.»

corpse

Dopo la lettura

15.50 Rispondi alle domande seguenti.

1. Discutete che cosa sapete del protagonista. Parlate della sua routine giornaliera, del suo carattere e della sua famiglia.
2. Com'è cambiata la sua salute ultimamente? Sta meglio o peggio?
3. Adesso il protagonista è più o meno felice? Perché?
4. Quali sono alcune delle attività giornaliere che il protagonista fa ora e che prima non faceva?
5. Secondo il medico, il protagonista sta meglio o peggio di prima? Perché?
6. Nei suoi scritti Dino Buzzati spesso parla della solitudine e dell'angoscia dell'individuo che si muove in una realtà qualche volta assurda. Com'è evidente questo concetto nel racconto che avete letto? Citate esempi specifici dal testo per giustificare le vostre opinioni.

SCRIVIAMO

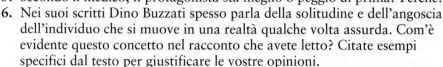

Strategie per scrivere   Giving suggestions and advice

As you have learned, impersonal expressions, verbs of volition, and verbs that indicate personal opinions can be used with the subjunctive to give suggestions and advice. The conditional of **dovere** or **potere** + the infinitive or the imperative can also be used, depending on the tone you want to convey, and to give your writing variety.

Secondo me... Immagina di scrivere per una rubrica (*column*) di un giornale e di rispondere alle lettere dei lettori per dare consigli e suggerimenti. Rispondi ad una delle persone che ti hanno scritto le seguenti lettere e offri i tuoi consigli.

Le prime cotte: che passione!

Ho 14 anni e andrò al liceo l'anno prossimo. Il mio corso è frequentato da un ragazzo che ha qualche anno più di me e mi piace molto. Credo di essermene innamorata. È il fratello di una cara amica. Non ho la più pallida idea di che cosa provi per me, anzi forse non mi considera neanche. Vorrei trovare un modo per attaccare bottone e conoscerlo meglio. Ma temo per la mia amicizia. Ne ho parlato con lei e ho scoperto che questa mia infatuazione le dà fastidio[1] perché si sentirebbe usata. Rinunciare a un'amicizia sicura per buttarmi[2] in un folle incerto amore?

– Confusa

1. annoys   2. throw myself

(From Letter: "Le prime cotte, che passione," 24 giugno 2004, p. 24. Reproduced with permission from *Donna Moderna*.)

34 anni e un sogno: farmi una famiglia

34 anni, tre storie importanti tutte finite, il sogno di farmi una famiglia. Ma, forse a causa del mio carattere chiuso o dell'età, non incontro gente interessante. Così mi è balzata in testa un'idea e vorrei sapere che cosa ne pensi: potrei rivolgermi a una agenzia matrimoniale? A volte mi sembra che trovare l'amore in questo modo sia un po' squallido e meccanico, altre volte penso che potrebbe servire se non altro a fare nuove amicizie. Che ne dici?

– Claudia

(From Letter: "34 anni e un sogno: farmi una famiglia," 24 marzo 2004, p. 24. Reproduced with permission from *Donna Moderna*.)

Prima di scrivere

15.51 Segui questi suggerimenti.

1. Decidi a chi vuoi rispondere e scegli il tono giusto per la tua risposta. Scriverai una lettera formale oppure no?
2. Prepara una breve lista dei consigli che vorresti dare e mettili in ordine logico.
3. Fa' una breve lista dei verbi e delle espressioni che puoi usare per esprimere le tue opinioni e offrire consigli e suggerimenti.

La scrittura

15.52 Usa la lista dei consigli che hai preparato per scrivere la prima stesura della tua risposta. Non dimenticare di variare lo stile usando strutture diverse.

La versione finale

15.53 Leggi la prima stesura della tua risposta.

1. Hai espresso i tuoi suggerimenti e consigli in modo chiaro?
2. Hai usato una varietà di espressioni per esprimere i tuoi consigli?
3. Hai usato correttamente l'indicativo, il condizionale e il congiuntivo?
4. Correggi attentamente la tua risposta. Controlla come hai scritto tutte le parole e l'accordo fra gli aggettivi e i nomi.

GUARDIAMO

Strategie per guardare   Using background knowledge to anticipate content

Often, you can use what you already know about a topic as a basis for anticipating and understanding people's comments. For example, knowing that the speakers in the video sequence you are about to see address rather specific concerns about health, fitness, and the environment, you can think about what you know about these fields in general as well as from a specifically Italian perspective. This will help you to follow the discussion more easily.

Prima di guardare

15.54 In questo videoclip Gaia descrive cosa fa per tenersi in forma e Tina parla del suo rapporto con i medici. Plinio invece esprime delle idee più generali su quello che dovrebbero fare tutti per prendersi cura di se stessi, mentre Fabrizio discute problemi che riguardano la società. Prima di guardare, completa le attività seguenti.

1. Che cosa sai della medicina e dei medici in Italia?
2. Cosa pensi che faccia Gaia per tenersi in forma? Cosa pensi che mangi di solito?
3. Pensi che Tina vada dal medico più spesso per il mal di testa o il mal di stomaco? O per quali altre ragioni?
4. Cosa dirà Plinio su quello che si deve fare per stare bene?
5. Di quali problemi che riguardano il benessere (*well-being*) della società pensi che si preoccupi Fabrizio?

Mentre guardi

15.55 Completa le frasi seguenti.

1. Gaia dice che per mantenersi in forma mangia
   a. molta carne e dolci.
   b. frutta e verdura.
2. Fabrizio dice che vent'anni fa in Italia
   a. c'era meno inquinamento.
   b. si faceva meno sport.
3. Tina dice che soffre di
   a. mal di denti.
   b. mal di testa.
4. Secondo Plinio, ogni cittadino dovrebbe cercare soprattutto di
   a. farsi curare dal medico.
   b. fare molta attività fisica.

Dopo aver guardato

15.56 Dopo aver guardato. Completa le seguenti attività.

1. Di che cosa s'interessa Gaia riguardo alla salute? Che cosa fa per mantenersi in forma?
2. Oltre ai (*Besides*) problemi dell'inquinamento, Fabrizio è preoccupato per un'altra ragione. Qual è? Vi sembra serio o ironico. Perché?
3. Siete d'accordo con le persone del video? Come differiscono le vostre opinioni da quelle delle persone del video?

■ ATTRAVERSO L'ABRUZZO

L'Abruzzo è una regione montuosa, situata al centro della penisola italiana, che si estende fra le vette (*peaks*) maggiori dell'Appennino e il Mar Adriatico. Oltre il 30 per cento del suo territorio è protetto (*protected by environmental legislation*). In questa verde regione, soprannominata (*nicknamed*) la regione dei parchi, si trovano tre parchi nazionali (del Gran Sasso, della Majella, d'Abruzzo), un parco regionale (Sirente Velino) e più di venti riserve naturali.

Nel 2009 un terremoto (*earthquake*) ha distrutto una gran parte del patrimonio storico e artistico dell'Aquila, il capoluogo dell'Abbruzzo.

Parco Nazionale d'Abruzzo, Lazio e Molise: una vasta zona in cui la flora e la fauna sono protette dalle leggi. I monti in questa zona sono in gran parte coperti di boschi (*woods*). Qui si trovano anche varie specie di animali, come l'orso (*bear*) e il lupo (*wolf*), che sono scomparsi da altre regioni. In estate e in inverno numerosi turisti vengono a stare nei piccoli paesini che si trovano nel parco. In uno di questi paesini, Pescasseroli, è nato il filosofo Benedetto Croce.

La bella e antica cittadina di Sulmona, la patria del poeta romano Ovidio. La città diventò particolarmente fiorente sotto gli Svevi e gli Angioini e nel 1228 l'imperatore Federico II fondò proprio qui un'università. La città è conosciuta per l'artigianato di oggetti d'oro, di rame (*copper*) e di ferro battuto (*wrought iron*). In tutto il mondo sono particolarmente noti i confetti prodotti a Sulmona. Per fare i confetti si usano le mandorle (*almonds*) di Avila, forse le migliori in Italia, ricoperte di zucchero di solito bianco. Ci sono però confetti di tanti colori, a seconda delle occasioni. A Sulmona poi i confetti sono

VERIFICHIAMO

15.57 Che cos'è? Indica di che zona o città si tratta.

1. Qui si trovano l'orso e il lupo.
2. Nel 2009 un terremoto ha distrutto una grande parte dei monumenti in questa città.
3. È famosa per i confetti.
4. È il paese natale del filosofo Benedetto Croce.
5. Qui si possono comprare oggetti fatti a mano d'oro, di rame e di ferro battuto.
6. Qui si può andare al mare.
7. È la città di Gabriele D'Annunzio.

 15.58 Non è per tutti! Discutete a chi potrebbe piacere una vacanza in Abruzzo. Perché? E a voi, piacerebbe visitare questa regione? Perché?

 15.59 E nel vostro Paese? C'è una regione simile all'Abruzzo nel vostro Paese? In cosa è simile? In cosa è diversa?

L'Aquila, il capoluogo dell'Abruzzo. Prima del terremoto (*earthquake*) del 2009, l'Aquila era una città ricca di monumenti e un importante centro culturale ed economico. Ci vorranno molti anni per ricostruire la città e le sue bellissime strutture artistiche.
Dalla città si gode la vista di una delle montagne più affascinanti

Pescara: una città moderna e industrializzata. Pescara è vicina al mare e ha una spiaggia molto frequentata. In estate ci sono varie manifestazioni culturali come il Festival Internazionale del Folclore. Gabriele D'Annunzio (1863–1938), un famoso rappresentante del decadentismo europeo, nacque a Pescara

🔊 VOCABOLARIO

Le parti del corpo

la bocca	mouth
il braccio (pl. le braccia)	arm
la caviglia	ankle
il collo	neck
il corpo	body
il cuore	heart
il dito (pl. le dita)	finger
la faccia	face
la fronte	forehead
la gamba	leg
il ginocchio (pl. le ginocchia)	knee
la mano (pl. le mani)	hand
il naso	nose
l'occhio	eye
l'orecchio (pl. le orecchie)	ear
l'osso (pl. le ossa)	bone
la pelle	skin
il petto	chest
il piede	foot
il polso	wrist
la schiena	back
la spalla	shoulder
lo stomaco	stomach
la testa	head

La salute

l'abitudine (f.)	habit
avere un'alimentazione sana	to have a healthy diet
dimagrire (-isc-)*	to lose weight
esagerare	to exaggerate
essere a dieta	to be on a diet
evitare	to avoid
fare bene / male	to be good / bad (for you)
il fast food	fast-food
ingrassare*	to gain weight
mantenersi in forma	to keep in shape
nocivo/a	unhealthy, harmful
prendere vitamine	to take vitamins
sano/a	healthy
vegano/a	vegan
vegetariano/a	vegetarian

Espressioni impersonali

(non) bisogna	it's (not) necessary
(non) è bene	it's (not) good
(non) è difficile	it's (not) difficult
(non) è facile	it's (not) easy, likely
(non) è importante	it's (not) important
(non) è indispensabile	it's (not) indispensable
(non) è meglio	it's (not) better
(non) è necessario	it's (not) necessary
(non) è (im)possible	it's (not) (im)possible
(non) è probabile	it's (not) probable
(non) è vero	it's (not) true

I dolori del corpo

avere mal di...	to have . . .
denti	a toothache
gola	a sore throat
schiena	a backache
stomaco	a stomachache
testa	a headache
mi fa male la testa / la schiena	my head / back hurts

Disturbi e malesseri

ammalato/a	sick
avere...	to have . . .
la febbre	a fever
l'influenza	the flu
il raffreddore	a cold
la tosse	a cough
la cura	treatment
curare	to treat, to take care of
la malattia	illness
misurare la febbre	to take someone's temperature
il sintomo	symptom

Cure e medicine

gli antibiotici	antibiotics
l'aspirina	aspirin
la compressa	tablet
la medicina	medicine
lo sciroppo	syrup

Dal medico

il dolore	*pain*
fare una radiografia	*to take an x-ray*
grave	*serious*
guarire (-isc-)	*to recover, to heal*
la ricetta	*prescription*
la visita medica	*medical examination*

L'ecologia

la benzina verde	*unleaded gas*
distruggere (*p.p.* distrutto)	*to destroy*
ecologico/a	*ecological, green*
l'effetto serra	*greenhouse effect*
la foresta	*forest*
i gas serra	*greenhouse gases*
la natura	*nature*
l'ossigeno	*oxygen*
i pesticidi	*pesticides*
la raccolta differenziata	*collection of pre-sorted trash*

respirare	*to breathe*
i rifiuti	*garbage, waste*
il riscaldamento globale	*global warming*
risolvere	*to resolve, to solve*
le risorse naturali	*natural resources*
risparmiare	*to save*
salvaguardare	*to protect*
lo smog	*smog*
sprecare	*to waste*
lo strato dell'ozono	*ozone layer*

La salute e la tecnologia

gli alimenti transgenici	*genetically altered foods*
la biodiversità	*biodiversity*
la biotecnologia	*biotecnology*
il cibo biologico	*organic food*
i conservanti	*preservatives*
l'energia solare / nucleare	*solar energy / nuclear energy*
la macchina ibrida	*hybrid car*

CAPITOLO 16 ■ Gli italiani di oggi

I bambini
giocano tutti
insieme

Percorso I: Il governo italiano e gli altri Paesi
Percorso II: I nuovi italiani
Percorso III: La presenza italiana nel mondo
In pratica
Attraverso: Il Molise e la Basilicata

In this chapter you will learn how to:

◆ Discuss Italian politics and Italy's role in the European Union

◆ Talk about contemporary Italian society

◆ Talk about Italian people around the world

Percorso I
Il governo italiano e gli altri Paesi

VOCABOLARIO

🔊 Com'è il governo italiano?

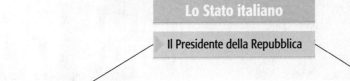

Lo Stato italiano

Il Presidente della Repubblica

Il Governo

Il Parlamento

Il Presidente del Consiglio / il Primo Ministro

La Camera dei deputati

Il Senato

Il Consiglio dei Ministri

Per parlare del governo	Per parlare di altre nazioni
il cittadino/la cittadina *citizen*	**confinare** *to border (upon); to confine*
la costituzione *constitution*	**il confine** *border*
la democrazia *democracy*	**la frontiera** *border*
il diritto *right*	
eleggere (p.p. eletto) *to elect*	
le elezioni *elections*	
la libertà di parola, di pensiero, di stampa	
freedom of speech, of thought, of press	
il sindacato *labor union*	
il voto *vote*	

16.1 La politica. Per ogni parola, trova la definizione corrispondente.

1. la democrazia
2. la libertà di parola
3. il sindacato
4. la costituzione
5. il parlamento
6. il presidente

a. È la più alta carica politica.
b. Protegge i diritti dei lavoratori.
c. I cittadini scelgono il governo attraverso libere elezioni.
d. È composto dai rappresentanti dei partiti votati dai cittadini.
e. Indica i principi su cui si basa il governo di una nazione.
f. È il diritto di esprimere liberamente la propria opinione.

Lo sai che? L'Italia oggi

Palazzo Chigi a Roma, sede del Governo. Chi pensi che lavori qui?

Dal tempo della sua unificazione fino alla seconda guerra mondiale l'Italia è stata una monarchia. Per vent'anni circa (1922–1945) gli italiani hanno anche subito un regime dittatoriale fascista con a capo Benito Mussolini. Dopo la fine della seconda guerra mondiale, con il referendum del 1946, il Paese è diventato una repubblica parlamentare. Questo significa che il Presidente del Consiglio ha potere esecutivo.

Per molto tempo in Italia ci sono stati numerosi partiti politici, ma in questi ultimi anni sono diminuiti considerevolmente. In tempo di elezioni i partiti si riuniscono formando due grandi coalizioni. Gli italiani quindi votano per una coalizione e, per ora, non votano per il Presidente della Repubblica né per il Presidente del Consiglio. La Camera dei deputati e il Senato sono composti dai rappresentanti dei partiti che i cittadini hanno votato. Il governo è quindi composto dalla coalizione che vince le elezioni. L'Italia non è una repubblica federale come, ad esempio, gli Stati Uniti: c'è un solo governo centrale, ma le venti regioni hanno autonomia amministrativa. Gli italiani votano non solo nelle elezioni politiche, ma anche in quelle amministrative per la loro città, provincia e regione.

 16.2 Che cos'è cambiato? Com'è cambiato il governo italiano dopo il 1946? Quali sono dei cambiamenti più recenti? Prendete in considerazione il tipo di governo e i partiti politici. Ci sono stati cambiamenti ugualmente (*equally*) importanti nel vostro Paese?

16.3 Non solo politica. Nella lista a pagina 473 trova le parole che corrispondono meglio alle descrizioni seguenti. Poi confronta le tue risposte con un compagno/una compagna e insieme scrivete delle frasi usando le parole della vostra lista.

1. È un'organizzazione che protegge i diritti dei lavoratori.
2. I cittadini esprimono la loro volontà politica e scelgono le persone che vogliono al governo.
3. Si attraversa quando si viaggia dal proprio Paese verso un Paese straniero.
4. Rappresenta l'accordo di molti Paesi europei.
5. I giornalisti possono scrivere quello che pensano.
6. È necessario averlo quando si viaggia fuori del proprio Paese.

 16.4 I nostri governi. Fate una breve lista dei vocaboli relativi al governo italiano, alla politica e alla collocazione (*location*) geografica che potete usare anche per parlare del vostro Paese.

 16.5 Fra i Paesi. A turno, fate le domande e rispondete.

1. Con quali nazioni confina il tuo Paese?
2. Con quali nazioni confina l'Italia?

 In contesto   Sono andato a votare!

Un giovane che ha finito il liceo non molto tempo fa incontra la sua professoressa di storia e insieme parlano delle recenti elezioni.

PROFESSORESSA: Allora, Riccardo, alla fine, hai deciso di votare? Lo sai, io credo che sia molto importante! Per te era la prima volta, vero?

RICCARDO: Non esattamente. Ma, sa, questa volta mi sembrava che **dovessi** fare particolare attenzione a non dare un voto sbagliato.

PROFESSORESSA: Ma, dimmi, sono curiosa, hai votato per la coalizione di destra o quella di sinistra?

RICCARDO: Professoressa, ce lo ha insegnato Lei che il voto è segreto! Come vorrei però che la politica **fosse** più semplice!

PROFESSORESSA: E a me piacerebbe che **si formasse** una coalizione più di centro, per chi non vuole votare né a destra né a sinistra.

RICCARDO: Ecco, professoressa, anche noi come tutti gli italiani finiamo sempre col parlare di politica!

16.6 Le opinioni della professoressa e di Riccardo. Leggete la conversazione fra la professoressa e Riccardo e indicate se le seguenti affermazioni sono vere o false. Correggete quelle false.

1. Secondo Riccardo, la politica è complicata.
2. La professoressa è soddisfatta delle due principali coalizioni fra i partiti.
3. Gli italiani non discutono mai di politica.

 16.7 Le elezioni. Fate una breve inchiesta fra i vostri compagni riguardo alle elezioni nel vostro Paese. Volete scoprire, ad esempio, chi vota alle elezioni, a chi piace discutere di politica e chi partecipa ad attività politiche.

Lo sai che? L'Italia e l'Europa

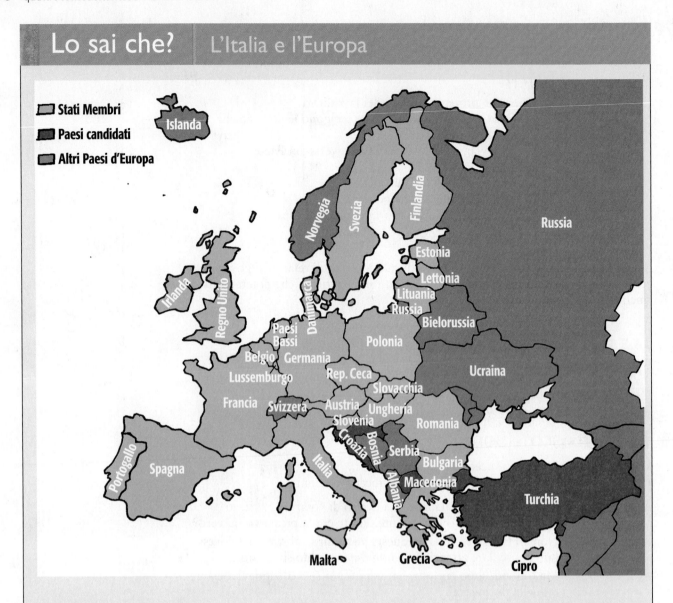

L'Italia fa parte dell'Unione Europea da molti anni. Per l'Italia la partecipazione all'UE implica alcuni fattori pratici molto importanti, come, ad esempio:

- l'euro è la moneta di molti Paesi dell'UE. Quando viaggiano, quindi, gli italiani possono usare la valuta del proprio Paese e possono anche usare le banche dei Paesi dell'UE;
- gli italiani possono viaggiare liberamente in quasi tutti i Paesi dell'Unione con la sola carta d'identità; esiste inoltre il passaporto UE uguale per tutti i cittadini europei, anche se ogni nazione rilascia il proprio;
- i cittadini italiani hanno la possibilità di lavorare in una delle nazioni dell'UE e di trasferirsi da un Paese all'altro per motivi di studio senza problemi di visto (*visa*);
- da tempo c'è anche il parlamento europeo a Strasburgo, in cui vengono eletti rappresentanti italiani oltre che degli altri Paesi dell'UE. Il Parlamento si occupa di leggi (*laws*) che riguardano questioni comuni a tutti i Paesi dell'UE, come ad esempio la sanità, l'ambiente, il turismo.

 16.8 L'Unione Europea. Discutete insieme quali sono per gli italiani alcuni vantaggi della partecipazione all'UE. Di quali vi piacerebbe godere anche voi? Perché?

Occhio alla lingua!

1. Look again at the *In contesto* conversation and find the verbs in boldface type. Do these verbs refer to a present, past, or future situation? Do you think these verbs are in the indicative or the subjunctive?
2. What verbs or expressions introduce the verbs in boldface type? In what tense are these verbs and expressions? Can you draw any conclusions?
3. With a classmate, look at the other verbs in the *In contesto* conversation. Which are in the indicative and which are in the subjunctive? Can you explain in each instance why the indicative or the subjunctive is used?

GRAMMATICA

Il congiuntivo o l'indicativo

As you learned in Capitolo 15, the subjunctive is used in dependent clauses introduced by **che** when the verb or expression in the main clause indicates desire, personal opinion, doubt, or uncertainty. The indicative is used in dependent clauses introduced by **che** when the verb or expression in the main clause indicates certainty. The verbs and expressions in the chart below indicate certainty and are therefore followed by verbs in the indicative.

Verbi ed espressioni che indicano certezza			
è certo / sicuro	*it's certain / sure*	essere certo / sicuro	*to be certain / sure*
è chiaro	*it's clear*	riconoscere	*to recognize*
è ovvio	*it's obvious*	sapere	*to know*
è vero	*it's true*	vedere	*to see*

Note the difference between the expressions of certainty and the more subjective expressions in the sentences below.

So che il presidente viene nella mia città.   *I know the president is coming to my town.*

Credo che il presidente venga nella mia città.   *I think that the president will come to my town.*

È vero che c'è un nuovo partito.   *It's true that there is a new party.*

È possibile che ci sia un nuovo partito.   *It's possible that there is a new party.*

16.9 La mia opinione. Tu e una tua amica discutete di politica. Lei non è molto sicura e ti fa tante domande. Rispondi usando un'espressione che indica certezza e segui l'esempio.

ESEMPIO: Credi che questo partito sia d'accordo con i sindacati?
            Sono sicuro/a che questo partito è d'accordo con i sindacati.

1. Pensi che la coalizione di destra diminuisca le tasse?
2. È possibile che gli studenti facciano sciopero?
3. Dubiti che molte persone votino a queste elezioni?
4. Credi che quel giornalista combatta sempre per la libertà di parola?
5. Hai paura che il Presidente del Consiglio non nomini i ministri migliori?

16.10 La politica. Un amico ti chiede informazioni sulla politica italiana. Rispondi alle sue domande usando l'indicativo quando sei sicuro/a e il congiuntivo quando non sei sicuro/a. Usa alcune delle seguenti espressioni: **credo che, so che, sono certo che, è ovvio che, è probabile che.**

1. Gli italiani votano ogni quattro anni?
2. Quanti partiti ci sono?
3. C'è la democrazia in Italia?
4. Eleggete anche deputati europei?
5. Chi elegge il Presidente del Consiglio?

Il congiuntivo o l'infinito

As you learned in Capitolo 15, the subjunctive is used in the dependent clause after verbs that express uncertainty, personal opinion, doubt, and desire when the subjects of the dependent clause and the main clause are different.

Spero che tu sia andato a votare.	*I hope you went to vote.*
Il sindacato vuole che voi facciate sciopero.	*The union wants you to go on strike.*

When the subject of the two clauses is the same, the infinitive is used.

Il presidente crede di agire per difendere la Costituzione.	*The president thinks he is acting to defend the Constitution.*
Crede di sapere già tutto sulle elezioni europee.	*He/She thinks he already knows everything about European elections.*

1. Verbs such as **volere, dovere, potere, preferire,** and **desiderare** are followed directly by an infinitive.

Desidero tenermi al corrente sui partiti.	*I wish to keep current on political parties.*
Preferisci fare sciopero o andare a lavorare?	*Do you prefer to go on strike or go to work?*

2. Some verbs require a preposition before the infinitive. The following verbs require the preposition **di.**

avere paura di	*to be afraid*
credere di	*to believe*
decidere di	*to decide*
dubitare di	*to doubt*
pensare di	*to think*
sperare di	*to hope*

Spera di vincere le elezioni.	*He/She hopes to win the elections.*
Pensiamo di passare la frontiera facilmente.	*We plan to cross the border easily.*

16.11 Una ricerca. Tu e i tuoi compagni dovete fare una ricerca per avere informazioni sull'Italia. I compagni ti chiedono se fai alcune cose. Rispondi usando l'infinito come nell'esempio e fa' tutti i cambiamenti necessari.

ESEMPIO: Sai trovare il sito ufficiale del governo? (Credo)
Sì, **credo di sapere** trovare il sito ufficiale del governo.

1. Completi tu la ricerca sui partiti? (Penso)
2. Prendi informazioni sul sito? (Preferisco)
3. Cerchi tu la prima pagina dei giornali? (Voglio)
4. Prepari tu le informazioni sulle elezioni? (Spero)

16.12 Brevi messaggi elettronici. Hai trovato un sito dove puoi parlare di politica con persone della tua età. Rispondi alle domande sui problemi indicati. Poi scambia le tue risposte con quelle di un compagno/una compagna e insieme discutete le vostre idee.

ESEMPIO: S1:   Quando hai votato la prima volta, è stato facile?
            S2:   Sì, è stato facile decidere per chi votare.

1. Pensi che sia importante far parte di un sindacato? Perché?
2. Credi che sia importante pagare più tasse o meno tasse?
3. Cosa pensi che faccia il Parlamento Europeo?
4. Cosa credi che debba fare un partito politico?

Il congiuntivo imperfetto (I)

The verbs and expressions that govern use of the present subjunctive also govern use of the imperfect subjunctive. The imperfect subjunctive is used when the verb of the main clause is in a past tense and the action of the dependent clause took place at the same time or later than that of the main clause.

Era difficile che **potesse** vincere le elezioni.   *It was unlikely that he could win the election.*

Sperava che io **andassi** a votare con lui.   *He hoped I would go to vote with him.*

The imperfect subjunctive is formed by dropping the **-re** of the infinitive and adding the appropriate endings.

Il congiuntivo imperfetto				
	votare	**eleggere**	**servire**	**capire**
che io	vota**ssi**	elegge**ssi**	servi**ssi**	capi**ssi**
che tu	vota**ssi**	elegge**ssi**	servi**ssi**	capi**ssi**
che lui/lei	vota**sse**	elegge**sse**	servi**sse**	capi**sse**
che noi	vota**ssimo**	elegge**ssimo**	servi**ssimo**	capi**ssimo**
che voi	vota**ste**	elegge**ste**	servi**ste**	capi**ste**
che loro	vota**ssero**	elegge**ssero**	servi**ssero**	capi**ssero**

1. The following verbs have the same irregular stems in the imperfect subjunctive as in the imperfect indicative.

	bere (bevevo)	**dire (dicevo)**	**fare (facevo)**
che io	bev**essi**	dic**essi**	fac**essi**
che tu	bev**essi**	dic**essi**	fac**essi**
che lui/lei	bev**esse**	dic**esse**	fac**esse**
che noi	bev**essimo**	dic**essimo**	fac**essimo**
che voi	bev**este**	dic**este**	fac**este**
che loro	bev**essero**	dic**essero**	fac**essero**

Pensavo che gli studenti **facessero** sciopero.   *I thought students were on strike.*

Era impossibile che **dicesse** la verità.   *It was impossible that he was telling the truth.*

2. The following verbs have irregular infinitive stems and regular endings.

	essere	dare	stare
che io	fossi	dessi	stessi
che tu	fossi	dessi	stessi
che lui/lei	fosse	desse	stesse
che noi	fossimo	dessimo	stessimo
che voi	foste	deste	steste
che loro	fossero	dessero	stessero

Speravi che **dessimo** il nostro appoggio ai Verdi?	*Were you hoping we would support the Green Party?*
Credevamo che il ministro **fosse** onesto.	*We thought the minister was honest.*
Non era possibile che loro **stessero** zitti.	*It was not possible for them to be quiet.*

 16.13 L'Italia com'era. Ascolta due volte quello che dice un anziano signore italiano sull'Italia di molti anni fa. Su un foglio di carta, per ogni frase indica se afferma un fatto oggettivo o se esprime una sua opinione personale.

16.14 Non credevo! Hai appena imparato alcune cose sulla politica italiana e sei molto sorpreso/a. Riscrivi le frasi usando il congiuntivo imperfetto secondo l'esempio.

ESEMPIO: In Italia si vota a 18 anni. (Non credevo)
            Non credevo che in Italia si votasse a 18 anni!

1. Il Presidente della Repubblica nomina il Presidente del Consiglio. (Non sapevo)
2. In Italia ci sono la Camera e il Senato. (Dubitavo)
3. L'Italia fa parte dell'Unione Europea. (Non sapevo)
4. Esiste un parlamento europeo. (Non credevo)
5. Le tasse per l'importazione di alcuni prodotti sono molto alte. (Non immaginavo)
6. L'Europa ha una moneta unica. (Non sapevo)
7. La moneta unica europea si chiama euro. (Non sapevo)
8. La coalizione che vince forma il governo. (Non immaginavo)

16.15 La politica. Un amico/Un'amica più giovane ti esprime alcune opinioni politiche e tu scopri che un tempo avevi le stesse idee. Riscrivi le frasi cambiando i verbi dal presente al passato e seguendo l'esempio.

ESEMPIO: Penso che le elezioni ci siano ogni anno.
            Neanche io/Anch'io pensavo che le elezioni ci fossero ogni anno.

1. Ho paura che la coalizione di centro perda.
2. Credo che i miei genitori votino sempre per la coalizione di destra.
3. Dubito che tutti facciano sciopero.
4. Non penso che ci sia la libertà di parola in tutto il mondo.
5. Non sono sicuro/a che il presidente formi il governo.
6. Penso che l'Unione Europea sia un sogno!
7. Non credo che esista una costituzione Europea.
8. Non so chi elegga i deputati al Parlamento Europeo.
9. Ho paura che non tutti esprimano la loro opinione liberamente.

Scambi

 16.16 Tu e la politica. Intervista alcuni compagni per scoprire cosa sanno del governo del proprio Paese e qual è il loro atteggiamento verso la politica. S'interessano di politica? Partecipano in un partito o un'associazione politica? Che cosa potete concludere? Perché?

 16.17 Il Paese ideale. Immaginate un Paese ideale. Decidete insieme i seguenti punti e giustificate le vostre opinioni: il nome, il governo, i partiti, le leggi, la scuola, il lavoro, la libertà.

 16.18 Le donne e la politica. Leggete le opinioni di alcune italiane a proposito delle donne e la loro presenza nel mondo della politica. Poi rispondete alle domande.

«Ho letto che in Italia la presenza delle donne è del 14% alla Camera e del 17% al Senato. È un po' più alta a livello europeo, infatti è del 36%. Certo non raggiungiamo la Svezia dove le donne elette sono il 57,9%, più degli uomini! Personalmente, con un programma politico simile e altri elementi uguali, fra un uomo e una donna io preferirei sempre la donna e voterei per lei!»

(Carla Marini)

«Secondo me, le donne sarebbero più brave degli uomini a trovare soluzioni pacifiche. Con più donne al governo di vari Paesi del mondo, secondo me, ci sarebbero meno guerre, perché le donne preferiscono trovare un accordo quando possibile.»

(Roberta Santini)

«In realtà è un problema storico, perché le donne sono state escluse per secoli dal potere e non hanno potuto partecipare al governo.»

(Emma Narducci)

«Per la mia esperienza, non solo in politica, ma in tutti i campi nel mondo del lavoro, le donne devono lavorare molto di più degli uomini per avere gli stessi riconoscimenti.»

(Antonella Fabbrini)

1. Dalle opinioni che avete letto, potete dedurre se sia più o meno difficile per le donne italiane fare carriera in politica? Perché?
2. Come pensavate che fosse la situazione delle donne italiane nel mondo della politica prima di leggere le opinioni precedenti?
3. Secondo voi, le donne del vostro Paese sarebbero d'accordo oppure no con le opinioni che avete letto? Di quali altri problemi discuterebbero?

Percorso II
I nuovi italiani

🔊 Chi vive in Italia?

Sono stato fortunato. Ho il permesso di soggiorno e qui in Italia sto benissimo, ma se potessi, tornerei al mio Paese.

E pensare che al mio Paese ho finito l'università... E ora faccio l'assistente familiare... ma se fossi a casa mia non guadagnerei abbastanza per mantenere i miei figli.

L'immigrazione

accettare	to accept
la classe sociale	social class
la differenza culturale / sociale	cultural / social difference
discriminare	to discriminate
extracomunitario/a	a person from a country outside the EU
illegale	illegal
l'immigrazione (f.)	immigration
l'immigrato/a	immigrant
industrializzato/a	industrialized
legale	legal
la mentalità aperta / chiusa	open / closed mentality
il/la migrante	migrant
il Paese emergente	developing country
la povertà	poverty
il pregiudizio	prejudice
lo stereotipo	stereotype
lo straniero/la straniera	foreigner
tollerante	tolerant
la tolleranza	tolerance
l'uguaglianza	equality
il visto	visa

16.19 Che significa? Per ogni parola, trova la definizione corrispondente.

1. l'uguaglianza
2. la classe sociale
3. Paesi emergenti
4. immigrati illegali
5. il permesso di soggiorno
6. gli extracomunitari

a. divisione dei cittadini secondo la loro condizione economica
b. non c'è nessuna differenza fra persone diverse
c. non hanno il permesso di abitare in Italia
d. è necessario per risiedere legalmente in Italia
e. nazioni non molto ricche
f. persone di Paesi che non fanno parte dell'UE

16.20 La società. Completa le frasi seguenti con il vocabolo più adatto fra quelli della lista: **tolleranti, pregiudizi, industrializzato, assistente familiare, visto, discriminazione, immigrati.**

1. Mi piacerebbe dare lavoro anche agli _____ senza permesso di soggiorno.
2. Molti cercano lavoro in Italia perché è un Paese _____ e ci sono molte fabbriche.
3. Mi piacerebbe che nessuno avesse _____ contro altre culture.
4. Per accettare persone molto diverse da noi, dobbiamo essere _____.
5. Una persona che si prende cura degli anziani fa l' _____.
6. Se una persona è pagata meno di un'altra per lo stesso lavoro, c'è _____.
7. Per entrare in molti Paesi stranieri, dobbiamo avere il _____ sul passaporto.

16.21 Valori positivi e negativi. Fa' una breve lista delle espressioni che rappresentano valori positivi per accettare gli stranieri e una lista dei valori negativi.

 16.22 Le definizioni. Scegliete quattro parole dalla lista a pagina 482 e scrivete una semplice definizione di ognuna. Poi leggete le vostre definizioni al compagno/alla compagna che deve indovinare di che parola si tratta.

In contesto   Lei cosa farà?

Una giornalista italiana parla con due stranieri che abitano in Italia, Jorge e Nadja, che hanno preso decisioni molto diverse riguardo al loro futuro.

GIORNALISTA: Lei, Jorge, da quanto tempo è in Italia? E Lei, Nadja?

JORGE: Sono arrivato dal Guatemala circa otto anni fa. Mia figlia è nata qui.

NADJA: Io sono qui da cinque, ma ho dovuto lasciare i figli in Ucraina con mia madre.

GIORNALISTA: Che lingua parlate a casa?

JORGE: Io e mia moglie parliamo spagnolo, naturalmente, ma nostra figlia si sente italiana. Se qualcuno le parlasse spagnolo, lei risponderebbe in italiano!

NADJA: Io parlo sempre italiano per il mio lavoro, ma con le amiche parlo ucraino.

GIORNALISTA: Che lavoro fate?

JORGE: Io lavoro in una fabbrica. Per fortuna ho il permesso di soggiorno. Mi piacerebbe che tutti e tre, però, potessimo prendere la cittadinanza italiana!

NADJA: Faccio l'assistente familiare per una signora anziana che mi vuole tanto bene. Ho il permesso di soggiorno, ma se avessi la cittadinanza potrei trovare un lavoro migliore, chissà!

GIORNALISTA: Vorreste tornare al vostro Paese o pensate di restare in Italia?

JORGE: In Guatemala, se tornassi non troverei lavoro. E poi, vorremmo che nostra figlia crescesse qui.

NADJA: Vorrei che i miei figli venissero in Italia anche loro, ma a mia madre piacerebbe che io tornassi... e anche a me. Non mi sono mai adattata bene.

 16.23 Un'intervista. Discutete i seguenti punti riguardo all'intervista.

1. Qual è il problema principale di cui si discute?
2. Quali sono alcuni punti di vista diversi delle persone intervistate?
3. Per chi provate più simpatia? Perché?

 16.24 I consigli. Che consigli dareste a Jorge e Nadja? Come vi sentireste voi nella loro situazione?

Occhio alla lingua!

1. Look at the various forms of the verbs **volere** and **piacere** in the *In contesto* interview. What verbs follow them? Can you detect a pattern?
2. In the interview there are three sentences that start with **se** (*if*). Are the verbs that follow **se** in the indicative or the subjunctive? Are they in the present or imperfect tense? What is the tense and mood of the verb in the main clause of these sentences? What pattern can you identify?
3. With a partner, determine if the sentences introduced by **se** refer to situations that the speaker is certain will occur or that he/she is less sure about.

Bambini stranieri che abitano in italia e celebrano una festa del loro Paese.

Lo sai che? L'immigrazione in Italia

In seguito a numerosi fattori storici, sociali ed economici, dall'inizio degli anni '80 l'Italia è diventata terra d'immigrazione. Attualmente in Italia ci sono circa quattro milioni di stranieri soprattutto nelle grandi città come Roma, Milano, Napoli e Torino. La maggior parte proviene[1] da altri Paesi europei, ma molti vengono anche dall'Asia, dall'Africa e dall'America. Oggi in Italia c'è anche il fenomeno molto complicato degli immigrati illegali. Molti di loro attraversano[2] il Mediterraneo su vecchie barche

Una scena dal film *Quando sei nato non puoi più nasconderti* (2005) di Marco Tullio Giordana. Sandro, un ragazzo di dodici anni, si perde in mare e viene salvato da una barca di clandestini che stanno cercando di arrivare in Italia e troveranno una situazione molto triste e difficile.

piene di gente e in condizioni terribili. Molti arrivano in Sicilia, in particolare all'isola di Lampedusa, dove ci sono i centri di accoglienza[3]. Qui vivono in condizioni difficili e spesso poi sono rimandati[4] nei loro Paesi di origine.

Gli italiani hanno opinioni diverse riguardo a questo fenomeno. Alcuni hanno paura della disoccupazione e di perdere l'omogeneità etnica e culturale. Altri promuovono la tolleranza e sono favorevoli ad una società multietnica. Il governo e i partiti politici cercano di proporre riforme sociali e leggi[5] per regolare l'immigrazione e la permanenza[6] degli extracomunitari.

1. comes   2. cross   3. reception centers   4. sent back   5. laws   6. stay

---

16.25 L'immigrazione in Italia. Dopo aver letto le informazioni sull'immigrazione in Italia, rispondete alle domande.

1. Quali sono i possibili motivi dell'immigrazione in Italia?
2. Come pensate che sia la vita nei centri di accoglienza?
3. Che cosa cercano di fare alcuni politici?

16.26 L'immigrazione nel vostro Paese. La storia dell'immigrazione nel vostro Paese è molto diversa da quella in Italia? Quali problemi sono simili a quelli dell'immigrazione in Italia?

GRAMMATICA

Il congiuntivo imperfetto (II)

You have learned about use of the imperfect subjunctive when the verb of the main clause is in a past tense. The imperfect subjunctive is also used in a dependent clause when the verb of the main clause is in the present conditional and the two clauses have two different subjects.

Vorrei che mia sorella **smettesse** di fumare!   *I wish my sister would quit smoking!*
Mi piacerebbe che tutti **avessero** un lavoro.   *I would be pleased if everybody had a job.*
Preferirei che tu non **gettassi** la carta per terra.   *I would prefer that you not throw paper on the ground.*

16.27 Loro vorrebbero che... I tuoi genitori ti fanno spesso molte raccomandazioni riguardo all'ambiente. Racconta ad un amico/un'amica che cosa vorrebbero che tu e i tuoi fratelli faceste riguardo alle seguenti cose.

ESEMPIO: l'acqua
            Vorrebbero che ci facessimo la doccia con poca acqua!

1. la carta
2. la benzina
3. il vetro e la plastica
4. la bicicletta
5. il fumo

 16.28 Cosa vorresti? Esprimete i vostri sogni e desideri riguardo ai problemi sociali indicati e spiegate che cosa fareste voi usando le espressioni **vorrei, mi piacerebbe** e **preferirei**. Spiegate anche che cosa vorreste che facessero altre persone.

a. i pregiudizi
b. l'immigrazione
c. la tolleranza

Frasi con il *se*

Hypothetical (*if*) sentences predict what can or could happen if a specific condition is met. *If* sentences consist of two clauses: the *if*-clause that expresses the condition and the main clause that expresses the result of that condition.

In sentences that express a real or a likely situation, the main clause and the *if*-clause are always in the indicative.

Se vuoi andare all'università in Italia, devi studiare l'italiano.	*If you want to go to college in Italy, you must study Italian.*
Dovete avere il visto se volete andare in Italia!	*You must have a visa if you want to go to Italy!*
Se andremo a Isernia, visiteremo la Pineta.	*If we (will) go to Isernia, we will visit the Pineta.*

In sentences describing a situation that the speaker believes might occur but is unlikely, **se** + the imperfect subjunctive is used to express the condition, and the present conditional expresses the outcome.

Se avessimo un buon lavoro, troveremmo anche un bell'appartamento.	*If we had a good job, we would also find a nice apartment.*
Se tu avessi il permesso di soggiorno, potresti lavorare.	*If you had the residence permit, you could work.*
Se andaste in Italia, potreste visitare il Molise.	*If you went to Italy, you could visit the Molise region.*

16.29 Una discussione. Completa le seguenti frasi con la forma corretta del condizionale e del congiuntivo.

1. Tu (andare) _____ in un altro Paese se non (trovare) _____ lavoro qui?
2. Se noi (avere) _____ una mentalità veramente aperta, non (pensare) _____ troppo alle differenze culturali.
3. Se i miei amici stranieri (volere) _____ il permesso di soggiorno, che cosa (dovere) _____ fare?

4. Se i nostri amici (volere) _____ conoscere il mondo, (viaggiare) _____ di più.

5. (Esserci) _____ più tolleranza nel mondo se tutti (cercare) _____ di capire le culture diverse.

6. Se voi (interessarsi) _____ di politica, (fare) _____ una legge per regolare l'immigrazione?

16.30 Una società perfetta. Immagina come ogni situazione sarebbe diversa se cambiassero le circostanze. Completa le frasi con la forma corretta del congiuntivo. Usa anche vocaboli ed espressioni come, ad esempio: **discriminare, capire le differenze culturali, dare il permesso di soggiorno, stereotipi.**

1. Ci sarebbe più uguaglianza se...
2. Ci sarebbero meno immigrati illegali se il governo italiano...
3. La gente capirebbe meglio gli stranieri se...
4. Ci sarebbero meno pregiudizi nel mondo se...

 16.31 Sogniamo e immaginiamo! Oggi voi e i vostri amici state sognando sulle tante possibilità della vita e del futuro. Completa le frasi seguenti con il condizionale o il congiuntivo. Poi a coppie, paragonate le vostre opinioni.

1. Se vincessimo la lotteria,...
2. Saremmo molto felici se...
3. Se andassi ad abitare in un Paese straniero,...
4. Se fossi il Presidente della Repubblica,...
5. Se tornassi ad essere bambino/a,...
6. Se potessi essere un'altra persona,...
7. Se tutti avessero la posta elettronica,...
8. Se nessuno fosse senza lavoro,...

Scambi

 16.32 L'immigrazione nelle scuole. Ascolta due volte le notizie alla radio sull'immigrazione e la scuola. Poi completa le attività che seguono.

1. Indica con i numeri 1 e 2 a quale titolo corrisponde a ognuna delle notizie.
   a. _____

La carica degli universitari stranieri

   b. _____

Nelle elementari e medie in Italia ci sono ragazzini di tantissime nazionalità

2. Quali delle seguenti affermazioni sono vere e quali sono false, secondo le notizie che hai ascoltato?
   a. Ci sono pochissimi bambini stranieri nelle scuole italiane.
   b. Ci sono corsi speciali per insegnare l'italiano ai bambini stranieri.
   c. Molti studenti stranieri in Italia provengono dall'Unione Europea.
   d. La scuola serve come punto d'incontro e scambio fra le culture.
   e. Gli studenti stranieri nelle università sono sempre di più.
   f. Nelle università italiane ci sono moltissimi studenti albanesi.

16.33 Una società multiculturale. Considera la lista seguente e indica con un numero da 1 a 6 in ordine di importanza quali sono, secondo te, i principi più importanti per una società multiculturale. Poi fa' un'inchiesta fra i tuoi compagni per vedere chi ha idee simili.

_____ **a.** regolare l'immigrazione

_____ **b.** combattere le discriminazioni

_____ **c.** correggere i pregiudizi

_____ **d.** conservare il proprio patrimonio culturale

_____ **e.** rispettare le differenze culturali

_____ **f.** cercare di conoscere e capire gli stranieri

16.34 Immigrati di successo. Leggete insieme le informazioni seguenti e poi completate le attività e rispondete alle domande.

cultura
Italia
UN PATRIMONIO DA ESPLORARE

Consuelo, che viene dall'Ecuador, gestisce un negozio di scenografie

Eventi

Immigrati di successo, otto storie in cento scatti

Al Museo di Roma in Trastevere un reportage dedicato ai percorsi professionali e di vita di nuovi imprenditori provenienti da Paesi in via di sviluppo[1]

29 gennaio 2009 - 1 marzo 2009

Otto storie di immigrati raccontate in cento scatti[2]: è quanto propone la mostra fotografica "Roma: quando l'immigrazione produce", al Museo di Roma in Trastevere fino al 1 marzo. L'esposizione narra il percorso di vita professionale e imprenditoriale di immigrati appartenenti a quattro continenti.

Attraverso i lavori esposti[3] si raccontano i casi di vita di immigrati provenienti da Ucraina, Romania, Cina, Filippine, Ecuador, Perù, Algeria ed Eritrea. La mostra racconta per immagini la storia, ad esempio, di Sonia, immigrata della Cina e ora responsabile del miglior ristorante cinese di Roma all'Esquilino, o di Bebot, filippina di origine, con una grande passione per i dolci che l'ha portata ad aprire una pasticceria tutta sua, di Kader, algerino con un locale nel cuore di Testaccio, e dell'ucraino Roman, affermato parrucchiere.

Alla mostra si accompagna un programma di conferenze, incontri ed eventi sui temi dell'integrazione sociale.

1. developing countries   2. photos   3. exhibited

1. Confermate le affermazioni seguenti con esempi dal testo.

   a. Gli immigrati in Italia vengono da molti Paesi diversi.
   b. Alcuni immigrati riescono a vivere bene in Italia.

2. Immaginate una conversazione fra un/una giornalista e uno degli immigrati che ha avuto successo in Italia.

3. Che cosa fareste voi per documentare la vita di alcuni immigrati nel vostro Paese?

 16.35 La vita nel vostro Paese. Discutete insieme le domande che seguono. Poi immaginate di dare dei consigli ad un amico italiano/un'amica italiana che vuole venire a vivere nella vostra città.

   a. Quali difficoltà incontrerebbe una persona straniera, in modo particolare nella vostra città?

   b. Quale modo di vivere e quali abitudini e tradizioni dovrebbe imparare una persona se venisse a vivere nella vostra città?

16.36 Notizie dall'Italia. Secondo uno studio recente, sei famiglie di immigrati su dieci vorrebbe restare in Italia. Tenendo presente questa notizia, fate un'inchiesta fra i vostri comagni. Chiedete fra l'altro:

1. Per quali motivi le famiglie vorrebbero restare?
2. Per quali motivi invece vorrebbero lasciare l'Italia?
3. Cosa pensi che ti piacerebbe dell'Italia se dovessi restarci per sempre?
4. Che cosa non ti piacerebbe?
5. ... ?

In arrivo al porto di Otranto. Chi saranno? Da dove veranno?

Percorso III
La presenza italiana nel mondo

VOCABOLARIO

Da dove vieni? Dove vai?

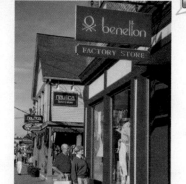

I fratelli Luciano, Giuliana, Gilberto e Carlo Benetton **cominciarono** la loro attività nel settore dell'abbigliamento nel 1965 e **aprirono** il primo negozio a New York nel 1980. Oggi i negozi Benetton sono presenti in 120 Paesi.

Per parlare dell'emigrazione

abbandonare	*to abandon*
adattarsi	*to adapt*
il coraggio	*courage*
le difficoltà economiche	*economic difficulties*
la discriminazione	*discrimination*
l'emigrante (m./f.)	*emigrant*
fare fortuna	*to find good fortune, to become wealthy*
la generazione	*generation*
l'ignoto	*unknown*
inserirsi*	*to become integrated*
la nostalgia	*homesickness; nostalgia*
il patrimonio culturale	*cultural background*
la perseveranza	*perseverance*
le radici	*roots*
la ricerca scientifica	*scientific research*
i tempi duri	*hard times*
la tradizione	*tradition*

16.37 L'intruso. Per ogni gruppo di parole, indicate qual è l'intruso e spiegate perché.

1. coraggio, perseveranza, generazione
2. radice, abbandonare, tradizione
3. tempi duri, difficoltà economiche, ignoto
4. fare fortuna, inserirsi, nostalgia
5. tradizione, patrimonio culturale, ricerca scientifica
6. adattarsi, inserirsi, tempi duri
7. difficoltà economiche, inserirsi, abbandonare
8. ignoto, generazione, tradizione

16.38 L'emigrazione. Completa le frasi con uno dei vocaboli seguenti: radici, coraggio, inserirsi, patrimonio, ignoto, abbandonare, tradizioni.

1. Credo che sia necessario avere molto _____ per _____ il proprio Paese e andare verso l'_____.
2. Penso che per i miei nonni non sia stato facile _____ in questa città straniera.
3. Mia madre pensava che fosse importantissimo conservare alcune abitudini e _____ italiane e che noi conoscessimo il nostro _____ culturale.
4. Mio padre aveva paura che noi figli, insieme alla lingua, perdessimo anche le nostre _____.

16.39 Ancora sull'emigrazione. Per ogni parola, trova la definizione corrispondente.

1. la nostalgia
2. il coraggio
3. l'emigrante
4. la ricerca scientifica

a. uno studio molto approfondito
b. una persona che lascia il proprio Paese
c. qualità necessaria per cambiare vita
d. la tristezza che proviamo per quello che non abbiamo più

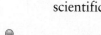

16.40 In giro per il mondo. Per ognuna delle domande seguenti, fate una breve lista delle parole ed espressioni che potreste usare. Poi insieme scrivete tre frasi usando alcune delle parole nella vostra lista.

1. Per quali motivi potreste lasciare il vostro Paese?
2. Che cosa provereste?
3. Quali qualità sono necessarie, secondo voi, per cambiare vita radicalmente?

In contesto   Una discussione sull'emigrazione

Una giovane ricercatrice arrivata negli Stati Uniti da pochi anni e un anziano signore emigrato in America con i genitori quando era ragazzo si ritrovano insieme ad un programma televisivo e discutono le loro esperienze.

LA RICERCATRICE: Io qui negli Stati Uniti sto benissimo, soprattutto per il mio lavoro di ricerca all'università. È molto improbabile che torni a vivere in Italia.

L'ANZIANO SIGNORE: Beata Lei, dottoressa! Mi sembra anche che Lei vada e venga dall'Italia quando vuole, vero? Quindi forse non sa neppure cosa sia la nostalgia.

LA RICERCATRICE: È vero, lo so di essere fortunata. In Italia ci vado almeno un paio di volte l'anno! Parlavo l'inglese già bene e non posso certo dire di aver avuto problemi ad inserirmi!

L'ANZIANO SIGNORE: Quando sono venuto io dall'Italia con la mia famiglia, i tempi erano duri per tutti, sa. Mica come ora! Io l'inglese l'ho imparato a scuola e sono andato in Italia per la prima volta da adulto. Mia madre e mio padre invece non sono mai neanche tornati! Hanno sempre fatto tanti sacrifici, ma tutti noi figli abbiamo un'ottima posizione.

16.41 Le esperienze degli emigranti. Completate le seguenti attività.

1. Quali sono le differenze principali nelle esperienze della ricercatrice e dell'anziano signore? Che cosa invece hanno in comune?
2. Quale fra le due diverse esperienze d'emigrazione rappresenta meglio la realtà contemporanea? Perché? Come riflettono queste due esperienze la differenza di classe economica?

Lo sai che? L'emigrazione italiana nel mondo

Mulberry Street a New York, ai primi del 1900

Fra la fine del 1860 e gli inizi degli anni '70 del Novecento circa ventinove milioni di italiani hanno lasciato il loro Paese. La mancanza di lavoro e un grande sviluppo demografico hanno portato gli italiani ad emigrare verso altre nazioni europee, negli Stati Uniti, nei Paesi del Sud America e anche in Africa e Australia. In diverse città americane, come New York, si sono formati quartieri completamente italiani e in alcune nazioni, come l'Argentina, la popolazione d'origine italiana rappresenta il gruppo etnico più numeroso. Gli italiani all'estero hanno contribuito grandemente al progresso economico e sociale della società in cui sono andati a vivere e si sono inseriti con successo in tutto il mondo. Attualmente la maggior parte degli italiani residenti in altre nazioni è di terza e quarta generazione. Spesso sentono il desiderio di riscoprire le proprie radici, imparare la lingua, riprendere i contatti con l'Italia e ritrovare le tradizioni familiari.

Dagli anni '70 in poi, con il benessere economico, sono molto meno di prima le persone che lasciano l'Italia annualmente. Spesso sono tecnici che lavorano all'estero per periodi limitati: questa si chiama appunto **emigrazione tecnologica**. Oppure sono studiosi e ricercatori che trovano in altre nazioni, come negli Stati Uniti, possibilità di ricerca e studio più vaste che in Italia. Quest'ultimo fenomeno è indicato a volte come la **fuga dei cervelli** (*brain drain*).

16.42 L'emigrazione. Indica se le seguenti affermazioni sono vere o false e correggi quelle false con esempi dal testo.

1. Gli italiani sono emigrati soprattutto in Argentina.
2. In genere gli italiani all'estero hanno fatto fortuna.
3. Per gli italiani di terza o quarta generazione è importante riscoprire la cultura e la lingua italiane.
4. «La fuga dei cervelli» significa che oggi continua l'emigrazione degli italiani più poveri.

 16.43 Pensate che il fenomeno della «fuga dei cervelli» sia esclusivamente italiano? Quali sono, secondo voi, i vantaggi e gli svantaggi del lavorare in un Paese straniero?

 16.44 L'emigrazione italiana. Cerca informazioni su uno dei seguenti film: *Kaos* di Paolo e Vittorio Taviani, *Oltremare* di Nello Correale, *La leggenda del pianista sull'Oceano* di Giuseppe Tornatore o *Nuovomondo* di Emanuele Crialese. Poi insieme discutete quali aspetti dell'emigrazione italiana riflettono.

Occhio alla lingua!

1. In the *In contesto* conversation, look at the verbs in sentences that have more than one clause. In these sentences, do the verbs express events or circumstances occurring in the past, present, or future?
2. In the sentences that have more than one clause, can you tell how the tense of the verb in the main clause determines the tense of the verb in the dependent clause?
3. The verbs in boldface type in the photo caption on page 490 are in a past tense, the **passato remoto**, which is often used in written or literary texts. Do you recognize these verbs? Can you indicate their infinitive forms? Do they express events that occurred in the recent or distant past?

GRAMMATICA

Il congiuntivo: l'uso dei tempi

You have studied three tenses of the subjunctive: the present, past, and imperfect. As summarized in the chart below, the use of one of these tenses of the subjunctive in a dependent clause depends on the tense and mood of the verb in the main clause, and on the time relationship between the actions expressed in the main clause and in the dependent clause.

Present or future indicative + present subjunctive (same time or future action)

Credo che sia difficile inserirsi in un nuovo Paese.	*I think it's hard to become integrated in a new country.*
Non permetterò che voi lasciate l'Italia per sempre!	*I won't allow you to leave Italy forever!*
Dubito che in futuro l'emigrazione aumenti.	*I doubt emigration will increase in the future.*

Present indicative + past subjunctive (past action)

Sono contenta che abbiano imparato l'inglese subito!	*I am happy that they learned English quickly!*

Indicative past tenses + imperfect subjunctive (same time or future action)

Pensavo che voi conosceste alcune tradizioni italiane.	*I thought you were familiar with some Italian traditions.*
Ho creduto che volessero sapere di più sulla storia della loro famiglia.	*I believed that they wanted to learn more about the history of their family.*

Conditional + imperfect subjunctive (same time or future action)

Come sarei contenta se trovassero subito lavoro!	*How happy I would be if they found a job soon!*

16.45 La nonna è preoccupata. Una signora anziana, emigrata dall'Italia tanti anni fa, parla un po' dei suoi figli e del passato. Completa le frasi con il congiuntivo presente o passato.

1. Ho paura che loro non (parlare) _____ più l'italiano.
2. Credo che ormai (*by now*) i miei figli (dimenticare) _____ le nostre tradizioni.
3. Non permetterò che i miei nipoti (abbandonare) _____ la loro cultura.
4. Non penso che in passato tutti gli emigranti (fare) _____ fortuna.
5. È difficile che tutti (incontrare) _____ le stesse difficoltà economiche!
6. Pensate che fino ad oggi la mia vita (essere) _____ facile e che io non (provare) _____ mai nostalgia?
7. Ho paura che i miei figli non (essere) _____ soddisfatti di quello che hanno.
8. Spero che in tutti gli anni passati qui voi (capire) _____ l'importanza di essere tolleranti.

16.46 Prima di arrivare. Alcuni emigrati da varie parti del mondo indicano cosa pensavano del tuo Paese prima di venire a viverci. Completa le loro affermazioni con il tempo corretto del congiuntivo.

1. Io credevo che questo Paese (essere) _____ molto ricco e che tutti (trovare) _____ lavoro facilmente.
2. Mia madre pensava che tutte le donne (lavorare) _____.
3. Mio padre sperava che noi (imparare) _____ subito la lingua.
4. I nonni volevano che nessuno (perdere) _____ le proprie radici, ma che tutti (conservare) _____ le abitudini del loro Paese.
5. Tutti noi speravamo che la gente (volere) _____ conoscerci.
6. Avevamo paura che voi (avere) _____ dei pregiudizi.

16.47 Le mie esperienze. Un giovane scienziato italiano che adesso lavora negli Stati Uniti risponde alle domande di una giornalista sulle sue esperienze. Completa le domande e le risposte con il presente o l'imperfetto del congiuntivo.

1. GIORNALISTA: Perché pensava che in Italia non (potere) _____ fare ricerca?
   SCIENZIATO: Pensavo che (essere) _____ molto difficile avere fondi (*funds*) dall'università.

2. GIORNALISTA: È contento della sua decisione?
   SCIENZIATO: Penso che in Italia studiosi come me (avere) _____ ancora tante difficoltà nella ricerca e qui sto benissimo! Credo che una persona nel mio ambiente di lavoro (trovare) _____ facilmente buoni colleghi e amici.

3. GIORNALISTA: Credeva che (essere) _____ più o meno difficile adattarsi al nuovo ambiente?
   SCIENZIATO: Veramente ero già stato tante volte in America. E poi speravo che il mio lavoro di ricerca mi (aiutare) _____ a inserirmi.

4. GIORNALISTA: E adesso? Pensa di tornare in Italia?

SCIENZIATO: È sempre possibile che prima o poi io (tornare) _____, chissà! Dipende. Tornerei se qualcuno mi (offrire) _____ una possibilità interessante!

16.48 Come pensavi che fosse? Come immaginavi alcune persone, posti e situazioni prima di conoscerli realmente? Scrivi quattro frasi seguendo l'esempio. Poi paragona i tuoi commenti con quelli di un compagno/una compagna.

ESEMPIO: l'italiano
Pensavo che l'italiano fosse come lo spagnolo!

1. una città
2. la scuola
3. il lavoro
4. una persona straniera

Il passato remoto

The **passato remoto** is a verb tense used to express events that took place in the distant past and have no relationship to the present. The **passato remoto** is used in contemporary Italian mostly in literary and other written texts.

Quando **arrivò** in America, mio nonno **cercò** subito lavoro.	*When he arrived to America, my grandfather looked for a job right away.*
Dante **scrisse** la *Divina Commedia*.	*Dante wrote the Divine Comedy.*

In conversational Italian, use of the **passato remoto** is regional. It is more commonly used in the south and in some regions in central Italy than in the north. As a beginning Italian student, you should use the **passato prossimo** conversationally and learn to recognize the **passato remoto** when you encounter it.

Recognizing the infinitives and the endings of the **passato remoto** of regular verbs will help you to identify actions and determine who is doing them. The context can help you to identify irregular verbs.

Conobbi molte persone interessanti.	*I met many interesting people.*
Diede il libro al ragazzo.	*He gave the book to the boy.*

Like the **passato prossimo**, the **passato remoto** is used with the imperfect and the past perfect to talk about the past.

Quando **andammo** a Roma, **faceva** freddo.	*When we went to Rome, it was cold.*
Visitarono Matera perché **avevano visto** un bellissimo documentario sulla città.	*They visited Matera because they had seen a beautiful documentary about the city.*

1. The **passato remoto** of regular verbs is formed by adding the appropriate endings to the infinitive stem.

Il passato remoto				
	raccontare	**credere**	**dormire**	**capire**
io	raccont**ai**	cred**ei** (**-etti**)	dorm**ii**	cap**ii**
tu	raccont**asti**	cred**esti**	dorm**isti**	cap**isti**
lui/lei	raccont**ò**	cred**è** (**-ette**)	dorm**ì**	cap**ì**
noi	raccont**ammo**	cred**emmo**	dorm**immo**	cap**immo**
voi	raccont**aste**	cred**este**	dorm**iste**	cap**iste**
loro	raccont**arono**	cred**erono** (**-ettero**)	dorm**irono**	cap**irono**

2. Some verbs are irregular only in the first- and third-person singular (**io**, **lui/lei**), and the third-person plural (**loro**); they follow a 1–3–3 pattern. The first-person singular always ends in **-i**, the third-person singular in **-e**, and the third-person plural in **-ero**. The other persons are regular.

avere	**ebbi**, avesti, **ebbe**, avemmo, aveste, **ebbero**
chiedere	**chiesi**, chiedesti, **chiese**, chiedemmo, chiedeste, **chiesero**
conoscere	**conobbi**, conoscesti, **conobbe**, conoscemmo, conosceste, **conobbero**
dipingere	**dipinsi**, dipingesti, **dipinse**, dipingemmo, dipingeste, **dipinsero**
dire	**dissi**, dicesti, **disse**, dicemmo, diceste, **dissero**
fare	**feci**, facesti, **fece**, facemmo, faceste, **fecero**
leggere	**lessi**, leggesti, **lesse**, leggemo, leggeste, **lessero**
mettere	**misi**, mettesti, **mise**, mettemmo, metteste, **misero**
nascere	**nacqui**, nascesti, **nacque**, nascemmo, nasceste, **nacquero**
prendere	**presi**, prendesti, **prese**, prendemmo, prendeste, **presero**
sapere	**seppi**, sapesti, **seppe**, sapemmo, sapeste, **seppero**
scrivere	**scrissi**, scrivesti, **scrisse**, scrivemmo, scriveste, **scrissero**
vedere	**vidi**, vedesti, **vide**, vedemmo, vedeste, **videro**
venire	**venni**, venisti, **venne**, venimmo, veniste, **vennero**
volere	**volli**, volesti, **volle**, volemmo, voleste, **vollero**

3. Some verbs in the **passato remoto** are irregular in all their forms.

bere	bevvi, bevesti, bevve, bevemmo, beveste, bevvero
dare	diedi, desti, diede, demmo, deste, diedero
essere	fui, fosti, fu, fummo, foste, furono

16.49 L'azione. Indica l'infinito e il soggetto dei verbi seguenti.

1. abbandonammo
2. preferisti
3. dormirono
4. cucinai
5. dissero
6. vide
7. suonaste
8. persi
9. si vestì
10. scrissero

16.50 Tanto tempo fa. Alcune persone parlano di eventi passati. Cambia i verbi dal passato remoto al passato prossimo.

1. Andarono al cinema con gli amici.
2. Vidi un bel film.
3. Fabrizio, a che ora tornasti a casa?
4. Chi scrisse quel libro?
5. Quando faceste la festa? Chi invitaste?
   Vennero i tuoi genitori?
6. Fu un momento molto difficile.
7. —Cosa desti a Carlo per il suo compleanno?
   —Gli diedi una bella camicia.
8. Scrissero molte opere importanti.
9. Non uscii. Studiai in casa tutto il giorno.
10. Marina venne a casa mia ma io non volli vederla.

16.51 La storia di un immigrato in America. Leggi il brano seguente, sottolinea i verbi al passato remoto ed indica qual è l'infinito di ogni verbo.

Un mio bisnonno nacque in un paesino del Molise da una famiglia molto povera. A vent'anni decise di partire per l'America. Andò a Napoli, dove prese una nave che andava a New York. Era con altri due giovani amici.

Arrivarono a New York dopo molti giorni di viaggio. Trovarono dei parenti e gli chiesero aiuto. Questi gli dettero da mangiare e una stanza per dormire i primi tempi. Il mio bisnonno si mise subito a lavorare e dopo qualche mese prese un appartamentino con gli amici. Quello fu un periodo molto difficile della sua vita, ma un giorno mio nonno ebbe l'idea di tornare a scuola. In poco tempo imparò bene l'inglese e finì presto il liceo. Non fece l'università ma lesse sempre molto. Scrisse anche un diario dei primi anni in America.

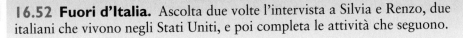

Scambi

16.52 Fuori d'Italia. Ascolta due volte l'intervista a Silvia e Renzo, due italiani che vivono negli Stati Uniti, e poi completa le attività che seguono.

1. A quale delle due persone intervistate si riferiscono le seguenti affermazioni?

   _____ a. In Italia la mia famiglia era molto povera.
   _____ b. Mio padre ha deciso per tutti.
   _____ c. In America non avevo i nonni, né zii e cugini.
   _____ d. La lingua è stata la difficoltà maggiore per me.
   _____ e. Negli Stati Uniti ho fatto fortuna.
   _____ f. In America mi è stato facile studiare.
   _____ g. La lingua è stata la difficoltà maggiore per i miei genitori.

2. Pensate che l'esperienza di Silvia e Renzo sia tipica di tanti italiani emigrati in America? Perché?

16.53 Giornalismo. Leggete gli annunci che seguono e rispondete alle domande.

1. Che cosa significa, secondo voi, il fatto che in America esiste un giornale dal titolo *America Oggi*? Chi sono i possibili lettori di questo giornale?
2. Quale annuncio si riferisce alla televisione? Che tipo di programmi italiani conoscete? Quali vi piacerebbe vedere?
3. Discutete che cosa rivelano gli annunci sulla presenza degli italiani negli Stati Uniti.

Programmi in lingua italiana
RaiUsa, via cavo
Can. 63 Wmbc e Wnye can. 25

Domenica 6 settembre	Mercoledì 9 settembre
08:00	18:00
Storie d'Italia - *Cultura*	Parliamo italiano
10:30	18:30
Italia News	Italia Focus
11:00	19:00
Sui tuoi passi - *Film*	Butta la Luna 2
12:30	19:30
Rubrica gastronomica	Telegiornale
01:00	**Giovedì 10 settembre**
Il meglio di Made in Italy	18:00
Cultura	Parliamo italiano
	18:30
Lunedì 7 settembre	Italia Focus
18:00	19:00
Parliamo italiano	Butta la Luna 2
18:30	19:30
Italia Focus	Telegiornale
19:00	**Venerdì 11 settembre**
Butta la Luna 2	18:00
19:30	Parliamo italiano
Telegiornale	18:30
Martedì 8 settembre	Italia Focus
18:00	19:00
Parliamo italiano	Butta la Luna 2
18:30	19:30
Italia Focus	Telegiornale
19:00	**Sabato 12 settembre**
Butta la Luna 2	19:00
19:30	Butta la Luna 2
Telegiornale	19:30 Telegiornale

Dal lunedì al sabato
dalle 18:30 alle 19 Telegiornale

International Channel can. 500 - Telegiornale 20:30
Monday through Friday - Italian Variety 17:00 Sunday

16.54 Che faresti? Immagina di essere un emigrato/un'emigrata e indica cosa faresti nelle seguenti situazioni. Poi discuti le tue idee con altri due compagni/e.

1. se provassi nostalgia del tuo Paese
2. se avessi abbastanza soldi per tornare a vivere nel tuo Paese
3. se i tuoi figli non volessero parlare la tua lingua d'origine

 16.55 Le vostre esperienze. Rispondi alle domande seguenti e poi scopri che cosa hanno risposto gli altri compagni/le altre compagne. Cosa avete in comune? Cosa c'è di diverso nelle vostre risposte?

1. Conosci degli italiani o persone d'origine italiana? Qual è la loro storia? Come si sono integrati nel nuovo Paese?
2. Conosci le tue radici e quelle della tua famiglia? In che modo cerchi di conservare le tradizioni della tua famiglia?

Che negozl pensate ci siano is questo quartiere? Di chi saranno?

In pratica

 PARLIAMO

> **Strategie per parlare**   A Formal Presentation
>
> When you are preparing a report to present to an audience, consider how you can help your listeners follow and enjoy what you will be saying. Indicate clearly, at the outset, how you will be organizing your information; then be sure to follow the structure you have laid out.

Il grandissimo tenore Enrico Caruso nacque a Napoli nel 1873.

Jennifer Capriati, una delle maggiori tenniste di tutti i tempi, è nata a New York nel 1976.

Italiani in America. Cerca informazioni su uno dei seguenti personaggi di origine italiana e poi descrivilo alla classe.

Arte e cultura	Enrico Caruso, Frank Sinatra, Madonna, Don DeLillo, Frank Stella, Louise DeSalvo, Camille Paglia, Helen Barolini
Cinema	Robert De Niro, Al Pacino, Sylvester Stallone, Francis Ford Coppola, Martin Scorsese, John Turturro, Sophie Coppola, Marisa Tomei, Quentin Tarantino
Politica ed economia	Geraldine Ferraro, Giovanni Giannini, Rudy Giuliani, Fiorello La Guardia, Mario Cuomo, Nancy Pelosi
Scienze	Antonio Meucci, Enrico Fermi, Andrea Viterbi
Sport	Joe Di Maggio, Rocky Marciano, Jennifer Capriati

Prima di parlare

16.56 Segui questi consigli per prepararti alla presentazione di un personaggio italiano-americano.

1. Scegli un personaggio della lista precedente. Cerca informazioni sugli argomenti seguenti e prepara una scaletta:
   a. l'origine
   b. la famiglia
   c. il lavoro
   d. le ragioni per cui è famoso/a
2. Scegli delle foto per rendere la presentazione più interessante.
3. Prepara una breve introduzione per indicare di chi parlerai e come hai organizzato la presentazione.
4. Prepara una breve conclusione per riassumere i punti principali.

Mentre parli

16.57 Presenta alla classe il personaggio che hai scelto e, mentre parli, mostra le foto per illustrare quello che dici.

Dopo aver parlato

 16.58 Rispondi alle domande dei compagni sul personaggio che hai presentato.

16.59 Discutete le varie presentazioni. Cosa hanno in comune i diversi personaggi? Perché?

LEGGIAMO

Strategie di lettura Reading a play

Reading a play requires some different skills than reading a novel or a poem. The spoken language is the essence of a play and at times it may be helpful and enjoyable to read some of the lines aloud. Be alert to effects that are particular to the spoken language and think about what meaning they convey. In addition, it is essential to grasp the setting and the tone and mood of the various characters. Read carefully any stage directions that can help you do this and visualize the physical setting as well as the unfolding of the play's events.

Prima di leggere

16.60 Il brano che segue è tratto dall'atto unico (*one act play*) di Luigi Fontanella, il quale, oltre a lavori per il teatro e di poesia e critica letteraria, ha pubblicato anche *La parola transfuga* sugli scrittori italiani che abitano in America. Questo atto unico, *Wash*, rappresenta l'incontro fantastico fra un padre e una figlia, tutti e due da tempo emigrati dall'Italia negli Stati Uniti. Prima di leggerlo, completa le seguenti attività.

1. Leggi l'introduzione in corsivo. Quali gesti di tutti i giorni compie (*carry out*) Emilia appena rientra a casa? Perché «*farà un sobbalzo e tirerà un urlo di spavento*»?
2. Leggi la prima frase che pronuncia Emilia. Perché, secondo te, è tanto sorpresa a vedere il padre? Come sarà il loro incontro?

3. Leggi l'ultima frase pronunciata da Emilia e la conclusione in corsivo. Quali elementi possono confermare oppure no che si tratta di un incontro fantastico? Pensi che Emilia parli veramente con il padre?
4. Perché la lettera «W» di *Wash* non si accende? Forse l'insegna è troppo vecchia?

Mentre leggi

16.61 Mentre leggi, tieni presente che cosa sai già di Emilia e del suo incontro inaspettato con il padre. Sottolinea le parti del testo che rivelano:
   a. i sentimenti del padre per la figlia
   b. i ricordi dei due personaggi riguardo all'Italia

"Wash"

Tardo pomeriggio ventoso e piovosissimo in un piccolo villaggio di Long Island. Siamo nel soggiorno di un modesto villino bifamiliare a due piani. Si capisce subito che qualcuno sta traslocando o risistemando la casa. Sul fondo a sinistra: una finestra piuttosto ampia dalla quale s'intravede l'insegna luminosa: CAR WASH. La prima lettera, "W", talora° non si accende, per cui si legge solo ASH. Entra un po' ansante° Emilia. Si toglie° l'impermeabile che appende° a un attaccapanni vicino all'ingresso. Va verso la zona d'ombra° dove si trova il divano e, non appena si accorgerà° dell'uomo seduto, farà un sobbalzo° e tirerà un urlo° di spavento°.

°*sometimes*
°*breathless / takes off*
°*hangs*
°*shade / she will notice*
°*start / scream / fright*

EMILIA	*(tremante ed emozionatissima)* Papà... Tu, qui! [...] Non capisco... come... da dove vieni? Papà..., sei proprio tu, papà.
IL PADRE	*(si alza lentamente dal divano, le va incontro spettrale ma affettuosissimo)* Emilia... figlia mia! *(Si abbracciano affettuosamente, l'uomo si guarda un po' attorno)* ... calmati, non ti spaventare... sono solo venuto a tenerti un po' di compagnia...
EMILIA	*(ancora emozionata)* Ma papà, come stai? Come mai qui... Dio, come sei pallido.
IL PADRE	Sì... sono molto stanco... vieni, sediamoci un poco qui *(accenna al divano)*. [...] *(Le porge° delle ciliegie)* Dai... assaggiale, sono proprio buone... Di', ti ricordi quel pomeriggio che ne facemmo una scorpacciata°? *(sorride, anche Emilia accenna a un sorriso affettuoso e assaggia qualche ciliegia)*
EMILIA	Certo che mi ricordo! In questo Paese la frutta non sa di niente°. I primi ricordi che ho di questo Paese sono proprio la mancanza° di sapori... Ricordo quando assaggiai la prima volta un pomodoro... e non parliamo dei formaggi, a cominciare dalla mozzarella *(mangiano intanto le ciliegie)*. Che disastro! E questo è solo l'inizio delle tante successive delusioni... E lasciamo perdere° tutte le assurde feste patronali che tanti nostri compatrioti hanno pensato di trapiantare° in questo Paese... un'illusione di continuare a essere in Italia, come un'illusione la speranza di preservare la nostra lingua che io stessa, stupidamente, dopo i primi anni che ci eravamo trasferiti in America, mi vergognavo° di parlare con voi, specialmente quando a casa venivano a trovarmi i miei amici di scuola. [...]

°*offers*

°*we stuffed ourselves with them*

°*does not have any flavor*
°*lack*

°*let's let go of*
°*transplant*

°*I was embarassed*

	IL PADRE	Sei troppo severa, Emy... in fondo le nostre comunità italiane in America hanno solo cercato di preservare alcuni aspetti delle nostre abitudini, della nostra cultura, come a volerla proteggere...
realize	EMILIA	Proteggere? Cosa vuoi proteggere? Ancora non ti rendi conto° che quello che è perso è perso... perso per sempre. Proteggere... da chi, o da cosa?
	IL PADRE	Non saprei... per esempio dalla droga, dal razzismo...
	EMILIA	Già, perché tu pensi che oggi questi problemi non esistano anche in Italia? ... ognuno fa le sue scelte, indipendentemente dai problemi che ciascun Paese ha... quanto «amor di patria» sprecato...
	IL PADRE	Che c'è di male nel manifestare il proprio "amor di patria"? Emilia, come sei ingiusta e severa. [...]
	EMILIA	Avevo 16 anni quando tu decidesti che ci si dovesse trasferire in America... e pensare che io, in cuor mio, avrei tanto desiderato continuare i miei studi in Italia... restare con le mie amiche... [...]
future *spoiled* *reproached* *to plunge* *I deluded myself* *I didn't realize* *neglected*	IL PADRE	Pensavo di darti un avvenire° migliore venendo in questo Paese... che so? un arricchimento culturale... e dopotutto l'Italia non era... non è così lontana... Ma forse ho sbagliato° tutto... sì è vero in questa casa non c'ero spesso e ogni scusa era buona per andare in Italia... tua madre mi rimproverava° sempre, ogni volta che rientravo dal lavoro, di buttarmi° subito sulla posta che mi era arrivata, invece di dedicarmi a lei e a te... ma vedi per me quella posta era l'unico vero contatto con l'Italia, con i miei amici... non c'era egoismo da parte mia, ma solo desiderio di restare in contatto con loro e con ciò che loro rappresentavano per me... m'illudevo° scrivendo tutte quelle lettere di stare più vicino alla mia cultura man mano che disperavo di poterci ritornare... ma anche di questo ti chiedo scusa, non mi sono reso conto° del tempo che ti ho trascurato°... Perdonami, Emilia!
seizing *postponed* *scarf*	EMILIA	(*commossa*) Ascolta, papà... ma vieni qui, siediti... Ti capisco, sai? Tu ti illudevi di vivere *tra* due luoghi, *tra* due Paesi così diversi, "cogliendo° il meglio di tutti e due": non era proprio così che usavi dire ogni volta che io o qualcun altro ti chiedeva ragione di questo nostro vivere fra due mondi così distanti e così differenti? ... E tu rimandavi sempre il nostro ritorno in Italia, rimandavi°, cioè, la realtà che stavi comunque vivendo, a un momento futuro, ma inesistente... [...] In realtà tra due Paesi non ne abbiamo avuto nessuno e nessun posto è il *nostro*... Aspetta, chiudo la finestra... Dio che vento! (*Emilia va a chiudere la finestra*)... Papà, papà... dove... dove sei? (*il padre non c'è più, c'è solo la sua sciarpa° appoggiata alla sedia*)

Dopo la lettura

16.62 Trova nel testo elementi per spiegare le frasi seguenti.

1. Emilia non vede il padre da molto tempo.
2. Il padre di Emilia non è veramente nella stanza.
3. Emilia non era contenta di lasciare l'Italia.
4. Gli italiani in America hanno cercato di preservare alcune tradizioni del Paese d'origine.
5. Il padre aveva molta nostalgia dell'Italia.

16.63 Discutete i seguenti punti.

1. Perché Emilia da ragazza era imbarazzata a parlare italiano?
2. Secondo Emilia, il padre si illudeva di poter vivere fra due Paesi. È possibile questo? Come si può far parte di due culture diverse? Date esempi concreti.
3. E voi, vi identificate di più con il padre o con la figlia?
4. Qual è il significato metaforico della scritta «*Wash*» e del fatto che a volte la «W» non si accende?
5. Avete mai avuto un'esperienza simile a quella di Emilia? Conoscete qualcuno che ha avuto un'esperienza simile?

 16.64 Tocca a voi! Immaginate una scena di quando Emilia era giovane e ricostruite una conversazione fra lei e il padre. Poi presentatela alla classe.

SCRIVIAMO

> **Strategie per scrivere**   Expressing opinions
>
> When we write to communicate our opinions and ideas, it is often appropriate to use expressions, such as **secondo me...** and **da un lato... e dall'altro...**, in addition to verbs, such as **penso / pensavo che...** and **credo / credevo che**... and expressions, such as **è possibile, è probabile che...**, etc. Remember that these verbs and expressions may be followed by the subjunctive and think carefully about the correct tense you need to use.

Come pensavi che fosse? Descrivi sul tuo blog le opinioni sull'Italia e sugli italiani che avevi prima di frequentare i corsi d'italiano e come sono cambiate adesso.

Prima di scrivere

16.65 Tieni presente i seguenti consigli per organizzare il tuo blog.

1. Fa' una breve lista dei punti che vuoi trattare e di esempi concreti che vuoi includere. Puoi prendere in considerazione gli argomenti seguenti:
   a. gli italiani
   b. le regioni
   c. l'Italia del passato
   d. il contributo degli italiani nel mondo
   e. la cultura italiana contemporanea
2. Prepara una o due frasi per iniziare e introdurre l'argomento.

ESEMPI: Oggi voglio scrivere qualcosa sulla regione italiana che preferisco.

Non sapevo che tanti italiani avessero lasciato l'Italia!

3. Scrivi una breve conclusione.

ESEMPI: È chiaro che la regione che preferisco è molto bella e interessante!

E voi, immaginavate che questo personaggio fosse italiano?

La scrittura

16.66 Prepara la prima stesura.

1. Ricorda di includere i punti e gli esempi della lista che hai preparato.
2. Ricorda di esprimere e spiegare le tue idee e opinioni in modo appropriato e di usare le espressioni e i verbi corretti.

La versione finale

16.67 Adesso rileggi la prima stesura.

1. Hai organizzato bene quello che hai scritto? Hai incluso esempi interessanti per dimostrare i punti più importanti?
2. Hai espresso chiaramente le tue idee e opinioni?
3. Hai usato correttamente l'indicativo e il congiuntivo?

GUARDIAMO

Strategie per guardare   Understanding opinions

Italians like to discuss politics and social issues. To follow their conversations, it is important first of all to grasp the issue they are addressing and then listen alertly to distinguish the opinions they are expressing. For example, if you determine that a person is talking about the current government, you can then focus on whether his or her comments are favorable or unfavorable. If the subject is the role of Italy in Europe, listen carefully to the speaker's perspective. If social issues are the focus, be alert to listen for any opinions that might be voiced.

Prima di guardare

16.68 In questo videoclip alcune persone esprimono la loro opinione sul governo italiano, l'Unione Europea, il voto e l'emigrazione. Per capire meglio che cosa pensano, completate le attività seguenti.

1. Quali istituzioni in genere rappresentano un governo democratico? Chi rappresenta voi al governo?
2. Secondo voi, gli italiani sono più o meno favorevoli all'Unione Europea? Quali delle parole ed espressioni seguenti potrebbero usare le persone nel video?

vantaggi	diritti	doveri	svantaggi	nazione
differenze	culture diverse	storia	nostalgia	
discriminazione	frontiere			

3. Una persona che ha il senso dei propri diritti pensa che votare
   a. sia molto importante.
   b. possa essere inutile.
4. Una persona a favore dell'immigrazione direbbe:
   a. «Bisogna essere comprensivi».
   b. «Penso che non dovremmo far entrare stranieri in Italia».

Mentre guardi

16.69 Mentre guardi, ascolta attentamente quali espressioni le persone usano per esprimere la propria opinione e completa le attività seguenti.

1. Secondo Vittorio, gli italiani hanno
   a. molti rappresentanti al governo.
   b. meno rappresentanti di altri Paesi.
2. Vittorio pensa che il numero di rappresentanti al Parlamento e al Senato
   a. sia adeguato.
   b. non sia sufficiente.
3. Dejan pensa che far parte dell' Unione Europea per l'Italia sia
   a. un privilegio inutile.
   b. un fatto positivo.
4. Secondo Ilaria, andare a votare è
   a. una forma di democrazia.
   b. un vantaggio economico.
5. Fabrizio pensa che gli italiani
   a. non abbiano avuto successo all'estero e siano tornati tutti in Italia.
   b. abbiano avuto un ruolo rilevante nella formazione della società americana.

Dopo aver guardato

16.70 Dopo aver guardato il video, completa le attività seguenti.

1. Indica quali affermazioni sono vere e quali sono false.
   _____ a. Vittorio pensa che sia bene che in Italia ci siano il Presidente del Consiglio e il Presidente della Repubblica.
   _____ b. Secondo Vittorio, una vera democrazia non ha bisogno di molti rappresentanti dei cittadini in Parlamento.
   _____ c. Dejan pensa che l'emigrazione riguardi tanti Paesi diversi.
   _____ d. Dejan dice che molti italiani emigrarono verso altri Paesi ai primi del 1900.
   _____ e. Secondo Dejan, in Europa ci sono Paesi economicamente più ricchi dell'Italia.
   _____ f. Ilaria non va mai a votare perché, secondo lei, sarebbe inutile.
   _____ g. Secondo Fabrizio, se gli italiani si ricordassero della loro storia di emigrati, sarebbero comprensivi verso chi viene nel nostro Paese.
   _____ h. Secondo Fabrizio, gli immigrati che vengono in Italia non vogliono fare fortuna ma soltanto conoscere meglio il Paese.

 2. Da questo videoclip risulta che la democrazia è importante per le persone intervistate? Perché? Si preoccupano delle differenze culturali?

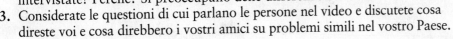 3. Considerate le questioni di cui parlano le persone nel video e discutete cosa direste voi e cosa direbbero i vostri amici su problemi simili nel vostro Paese.

■ ATTRAVERSO IL MOLISE E LA BASILICATA

Fino al 1963 il Molise faceva parte dell'Abruzzo, per cui è la regione italiana di formazione più recente.

La Basilicata è la regione più piccola nell'Italia del sud. Tutti e due, il Molise e la Basilicata, in passato erano considerate fra le aree meno sviluppate della nazione italiana e per ragioni storico-economiche erano piuttosto isolate dalle principali arterie di comunicazione. Per questo, fino a tempi abbastanza recenti, nelle due regioni non c'era molto turismo, nonostante la loro bellezza e importanza storica.

La costruzione di autostrade ha contribuito al recente sviluppo del turismo in queste regioni e alla scoperta delle loro bellezze incontaminate.

La principale industria è quella agricola, ma, a causa del terreno arido e poco fertile, in passato gli abitanti di queste due regioni spesso sono dovuti emigrare altrove in cerca di lavoro e di condizioni di vita migliori. Di recente, però, assistiamo a una immigrazione di ritorno e molti rientrano nella loro regione d'origine. Molto probabilmente ciò è dovuto ai più recenti sviluppi economici che hanno avuto luogo soprattutto in Basilicata, dove sono stati scoperti vasti depositi di gas naturale e, fattore ancora più importante, di giacimenti (*deposits*) di petrolio, fra i più grandi dell'Europa occidentale.

Arturo Giovannitti (a sinistra nella foto), poeta e sindacalista (*trade unionist*), che si batté per i diritti degli italo-americani. Arturo Giovannitti nacque a Ripabottoni, in Molise, il 7 gennaio 1884 e morì a New York nel 1959. Ancora molto giovane, emigrò in Canada e poi si trasferì in Pennsylvania. Qui fece esperienza dello sfruttamento e dei problemi sociali degli immigrati italiani. In carcere per le sue posizioni socialiste, scrisse *The Walker*, poemetto tradotto in più di 20 lingue. Le sue raccolte di poesie più importanti sono

La città di Isernia, nel Molise. Nel maggio del 1979 ad Isernia, città del Molise, è stato scoperto il ritrovamento paleoantropologico più importante d'Europa, che risale a più di 700.000 anni fa. L'insediamento, chiamato la Pineta, presenta una fonte ricchissima d'informazioni per ricostruire la vita dell'uomo preistorico: gli strumenti di pietra, la caccia, il rapporto fra l'uomo e l'ambiente. Oltre al sito, si può visitare il Museo Nazionale del Paleolitico che presenta una caratteristica particolare. Infatti tutta la struttura del museo si può considerare quasi un laboratorio permanente di studio e di scoperta: si può assistere agli scavi (*excavations*) e ai lavori degli

VERIFICHIAMO

Prima leggi l'introduzione delle regioni, poi guarda le foto
e leggi le rispettive didascalie.

16.71 Chi è? Che cos'è? Indica le persone e le cose che corrispondono alle
seguenti definizioni:

1. Ha scritto *The Walker*.
2. Moltissimi emigrati provengono da questa regione.
3. Questo sito serve anche a ricostruire la vita di quasi un milione di anni fa.
4. È un museo molto particolare, dove possiamo assistere agli scavi e ai
   lavori degli studiosi.
5. Sono abitazioni nella roccia.
6. È una città antica con un tempio greco.

16.72 La Magna Grecia. Quali altre regioni italiane conoscete che
facevano parte della Magna Grecia e presentano resti archeologici interessanti?

16.73 E al vostro Paese? Ci sono siti archeologici nel vostro Paese? Di
quale periodo storico sono? A quali popolazioni si riferiscono?

16.74 Il turismo. Ci sono nel vostro Paese delle zone che sono diventate
mete turistiche soltanto di recente? Perché stanno diventando famose?

I Sassi a Matera, in Basilicata. I Sassi sono una pittoresca
architettura rupestre (*rocky*) nella parte antica della città. Sono
un insieme d'abitazioni molto antiche, una specie di grotte
(*caves*) scavate (*dug*) nella roccia. Qui viveva un tempo una gran

I resti del tempio dorico a Metaponto, in Basilicata. Metaponto, «città
fra i fiumi», era una delle colonie più importanti della Magna Grecia. Fu fondata
dai greci nel VII secolo a.C. Oggi è importante per gli scavi archeologici che
continuano a rivelare nuove informazioni sulla vita ai tempi della Magna

🔊 VOCABOLARIO

La politica

la Camera dei deputati	*Chamber of deputies*
il cittadino/la cittadina	*citizen*
il Consiglio dei Ministri	*Council of Ministers, Cabinet*
la Costituzione	*Constitution*
la democrazia	*democracy*
il diritto	*right*
eleggere (*p.p.* eletto)	*to elect*
le elezioni	*elections*
il governo	*Government*
la libertà di parola,	*freedom of speech,*
di pensiero, di stampa	*of thought, of press*
il Parlamento	*Parliament*
il Presidente del	*Prime Minister*
Consiglio	
il Presidente della	*President of the Republic*
Repubblica	
il Senato	*Senate*
il sindacato	*labor union*
lo Stato italiano	*Italian State*
l'Unione Europea	*European Union*
il voto	*vote*

Per parlare di altre nazioni

confinare	*to border upon; to confine*
il confine	*border*
la frontiera	*borders*

L'immigrazione

accettare	*to accept*
l'assistente familiare (*m./f.*)	*caretaker*
la classe sociale	*social class*
la differenza culturale /	*cultural / social difference*
sociale	
discriminare	*to discriminate*
extracomunitario/a	*an immigrant who is not*
	from the UE
fortunato/a	*fortunate*
illegale	*illegal*
l'immigrazione (*f.*)	*immigration*
l'immigrato/a	*immigrant*
industrializzato/a	*industrialized*
legale	*legal*
mantenere (*p.p.* mantenuto)	*to support*

la mentalità aperta / chiusa	open / closed mentality
il Paese emergente	developing country
il permesso di soggiorno	residence permit
la povertà	poverty
il pregiudizio	prejudice
lo stereotipo	stereotype
lo straniero/la straniera	foreigner
tollerante	tolerant
la tolleranza	tolerance
l'uguaglianza	equality
il visto	visa

L'emigrazione

abbandonare	to abandon
adattarsi	to adapt
il coraggio	courage
le difficoltà economiche	economic difficulties

la discriminazione	discrimination
l'emigrante (m./f.)	emigrant
fare fortuna	to find good fortune, to become wealthy
la generazione	generation
l'ignoto	unknown
inserirsi*	to become integrated
la nostalgia	homesickness; nostalgia
il patrimonio culturale	cultural background
la perseveranza	perseverance
le radici	roots
la ricerca scientifica	scientific research
i tempi duri	hard times
la tradizione	tradition

Appendix A Verb Charts

AVERE e ESSERE					
Verbi semplici					
INFINITO (INFINITIVE)	avere			essere	
PRESENTE (PRESENT INDICATIVE)	ho hai ha	abbiamo avete hanno	PRESENTE (PRESENT INDICATIVE)	sono sei è	siamo siete sono
IMPERFETTO (IMPERFECT INDICATIVE)	avevo avevi aveva	avevamo avevate avevano	IMPERFETTO (IMPERFECT INDICATIVE)	ero eri era	eravamo eravate erano
PASSATO REMOTO (PAST ABSOLUTE)	ebbi avesti ebbe	avemmo aveste ebbero	PASSATO REMOTO (PAST ABSOLUTE)	fui fosti fu	fummo foste furono
FUTURO (FUTURE)	avrò avrai avrà	avremo avrete avranno	FUTURO (FUTURE)	sarò sarai sarà	saremo sarete saranno
CONDIZIONALE PRESENTE (CONDITIONAL)	avrei avresti avrebbe	avremmo avreste avrebbero	CONDIZIONALE PRESENTE (CONDITIONAL)	sarei saresti sarebbe	saremmo sareste sarebbero
IMPERATIVO (IMPERATIVE)	___ abbi (non avere) abbia	abbiamo abbiate abbiano	IMPERATIVO (IMPERATIVE)	___ sii (non essere) sia	siamo siate siano
CONGIUNTIVO PRESENTE (PRESENT SUBJUNCTIVE)	abbia abbia abbia	abbiamo abbiate abbiano	CONGIUNTIVO PRESENTE (PRESENT SUBJUNCTIVE)	sia sia sia	siamo siate siano
CONGIUNTIVO IMPERFETTO (IMPERFECT SUBJUNCTIVE)	avessi avessi avesse	avessimo aveste avessero	CONGIUNTIVO IMPERFETTO (IMPERFECT SUBJUNCTIVE)	fossi fossi fosse	fossimo foste fossero
GERUNDIO (GERUND)	avendo		GERUNDIO (GERUND)	essendo	
Verbi composti					
PARTICIPIO PASSATO (PAST PARTICIPLE)	avuto	stato / a / i / e	CONDIZIONALE PASSATO (CONDITIONAL PERFECT)	avrei avuto avresti avuto avrebbe avuto avremmo avuto avreste avuto avrebbero avuto	sarei stato / a saresti stato / a sarebbe stato / a saremmo stati / e sareste stati / e sarebbero stati / e
INFINITO PASSATO (PAST INFINITIVE)	avere avuto	essere stato / a / i / e			
PASSATO PROSSIMO (PRESENT PERFECT INDICATIVE)	ho avuto hai avuto ha avuto abbiamo avuto avete avuto hanno avuto	sono stato / a sei stato / a è stato / a siamo stati / e siete stati / e sono stati / e	CONGIUNTIVO PASSATO (PRESENT PERFECT SUBJUNCTIVE)	abbia avuto abbia avuto abbia avuto abbiamo avuto abbiate avuto abbiano avuto	sia stato / a sia stato / a sia stato / a siamo stati / e siate stati / e siano stati / e
TRAPASSATO PROSSIMO (PAST PERFECT INDICATIVE)	avevo avuto avevi avuto aveva avuto avevamo avuto avevate avuto avevano avuto	ero stato / a eri stato / a era stato / a eravamo stati / e eravate stati / e erano stati / e	CONGIUNTIVO TRAPASSATO (PAST PERFECT SUBJUNCTIVE)	avessi avuto avessi avuto avesse avuto avessimo avuto aveste avuto avessero avuto	fossi stato / a fossi stato / a fosse stato / a fossimo stati / e foste stati / e fossero stati / e
FUTURO ANTERIORE (FUTURE PERFECT)	avrò avuto avrai avuto avrà avuto avremo avuto avrete avuto avranno avuto	sarò stato / a sarai stato / a sarà stato / a saremo stati / e sarete stati / e saranno stati / e	GERUNDIO PASSATO (PAST GERUND)	avendo avuto	essendo stato/a/i/e

VERBI REGOLARI

Verbi semplici

INFINITO (INFINITIVE)	VERBI IN -are parlare	VERBI IN -ere vendere	VERBI IN -ire partire	VERBI IN -ire (-isc-) finire
PRESENTE (PRESENT INDICATIVE)	parl o parl i parl a parl iamo parl ate parl ano	vend o vend i vend e vend iamo vend ete vend ono	part o part i part e part iamo part ite part ono	fin isc o fin isc i fin isc e fin iamo fin ite fin isc ono
IMPERFETTO (IMPERFECT INDICATIVE)	parla vo parla vi parla va parla vamo parla vate parla vano	vende vo vende vi vende va vende vamo vende vate vende vano	parti vo parti vi parti va parti vamo parti vate parti vano	fini vo fini vi fini va fini vamo fini vate fini vano
PASSATO REMOTO (PAST ABSOLUTE)	parl ai parl asti parl ò parl ammo parl aste parl arono	vend ei vend esti vend è vend emmo vend este vend erono	part ii part isti part ì part immo part iste part irono	fin ii fin isti fin ì fin immo fin iste fin irono
FUTURO (FUTURE)	parler ò parler ai parler à parler emo parler ete parler anno	vender ò vender ai vender à vender emo vender ete vender anno	partir ò partir ai partir à partir emo partir ete partir anno	finir ò finir ai finir à finir emo finir ete finir anno
CONDIZIONALE PRESENTE (PRESENT CONDITIONAL)	parler ei parler esti parler ebbe parler emmo parler este parler ebbero	vender ei vender esti vender ebbe vender emmo vender este vender ebbero	partir ei partir esti partir ebbe partir emmo partir este partir ebbero	finir ei finir esti finir ebbe finir emmo finir este finir ebbero
IMPERATIVO (IMPERATIVE)	— parl a (non parlare) parl i parl iamo parl ate parl ino	— vend i (non vendere) vend a vend iamo vend ete vend ano	— part i (non partire) part a part iamo part ite part ano	— fin isc i (non finire) fin isc a fin iamo fin ite fin isc ano
CONGIUNTIVO PRESENTE (PRESENT SUBJUNCTIVE)	parl i parl i parl i parl iamo parl iate parl ino	vend a vend a vend a vend iamo vend iate vend ano	part a part a part a part iamo part iate part ano	fin isc a fin isc a fin isc a fin iamo fin iate fin isc ano
CONGIUNTIVO IMPERFETTO (IMPERFECT SUBJUNCTIVE)	parl assi parl assi parl asse parl assimo parl aste parl assero	vend essi vend essi vend esse vend essimo vend este vend essero	part issi part issi part isse part issimo part iste part issero	fin issi fin issi fin isse fin issimo fin iste fin issero
GERUNDIO (GERUND)	parl ando	vend endo	part endo	fin endo

Verbi composti

PARTICIPIO PASSATO (PAST PARTICIPLE)	parl ato	vend uto	part ito	fin ito
INFINITO PASSATO (PAST INFINITIVE)	avere parlato	avere venduto	essere partito / a / i / e	avere finito
PASSATO PROSSIMO (PRESENT PERFECT INDICATIVE)	ho parlato hai parlato ha parlato abbiamo parlato avete parlato hanno parlato	ho venduto hai venduto ha venduto abbiamo venduto avete venduto hanno venduto	sono partito / a sei partito / a è partito / a siamo partiti / e siete partiti / e sono partiti / e	ho finito hai finito ha finito abbiamo finito avete finito hanno finito

Verbi composti				
TRAPASSATO PROSSIMO (PAST PERFECT INDICATIVE)	avevo parlato avevi parlato aveva parlato avevamo parlato avevate parlato avevano parlato	avevo venduto avevi venduto aveva venduto avevamo venduto avevate venduto avevano venduto	ero partito / a eri partito / a era partito / a eravamo partiti / e eravate partiti / e erano partiti / e	avevo finito avevi finito aveva finito avevamo finito avevate finito avevano finito
FUTURO ANTERIORE (FUTURE PERFECT)	avrò parlato avrai parlato avrà parlato avremo parlato avrete parlato avranno parlato	avrò venduto avrai venduto avrà venduto avremo venduto avrete venduto avranno venduto	sarò partito / a sarai partito / a sarà partito / a saremo partiti / e sarete partiti / e saranno partiti / e	avrò finito avrai finito avrà finito avremo finito avrete finito avranno finito
CONDIZIONALE PASSATO (CONDITIONAL PERFECT)	avrei parlato avresti parlato avrebbe parlato avremmo parlato avreste parlato avrebbero parlato	avrei venduto avresti venduto avrebbe venduto avremmo venduto avreste venduto avrebbero venduto	sarei partito / a saresti partito / a sarebbe partito / a saremmo partiti / e sareste partiti / e sarebbero partiti / e	avrei finito avresti finito avrebbe finito avremmo finito avreste finito avrebbero finito
CONGIUNTIVO PASSATO (PRESENT PERFECT SUBJUNCTIVE)	abbia parlato abbia parlato abbia parlato abbiamo parlato abbiate parlato abbiano parlato	abbia venduto abbia venduto abbia venduto abbiamo venduto abbiate venduto abbiano venduto	sia partito / a sia partito / a sia partito / a siamo partiti / e siate partiti / e siano partiti / e	abbia finito abbia finito abbia finito abbiamo finito abbiate finito abbiano finito
CONGIUNTIVO TRAPASSATO (PAST PERFECT SUBJUNCTIVE)	avessi parlato avessi parlato avesse parlato avessimo parlato aveste parlato avessero parlato	avessi venduto avessi venduto avesse venduto avessimo venduto aveste venduto avessero venduto	fossi partito / a fossi partito / a fosse partito / a fossimo partiti / e foste partiti / e fossero partiti / e	avessi finito avessi finito avesse finito avessimo finito aveste finito avessero finito
GERUNDIO PASSATO (PAST GERUND)	avendo parlato	avendo venduto	essendo partito / a / i / e	avendo finito

VERBI IRREGOLARI

The following verbs are irregular only in the tense and moods here noted. The other forms are regular.

accendere — to turn on, to light
Passato remoto: accesi, accendesti, accese, accendemmo, accendeste, accesero
Participio passato: acceso

andare — to go
Indicativo presente: vado, vai, va, andiamo, andate, vanno
Futuro: andrò, andrai, andrà, andremo, andrete, andranno
Condizionale: andrei, andresti, andrebbe, andremmo, andreste, andrebbero
Congiuntivo presente: vada, vada, vada, andiamo, andiate, vadano
Imperativo: va'!, andiamo!, andate!, vada!, vadano!

bere — to drink
Indicativo presente: bevo, bevi, beve, beviamo, bevete, bevono
Imperfetto: bevevo, bevevi, beveva, bevevamo, bevevate, bevevano
Passato remoto: bevvi, bevesti, bevve, bevemmo, beveste, bevvero
Futuro: berrò, berrai, berrà, berremo, berrete, berranno
Condizionale: berrei, berresti, berrebbe, berremmo, berreste, berrebbero
Congiuntivo presente: beva, beva, beva, beviamo, beviate, bevano
Congiuntivo imperfetto: bevessi, bevessi, bevesse, bevessimo, beveste, bevessero
Imperativo: bevi!, beviamo!, bevete!, beva!, bevano!
Participio passato: bevuto
Gerundio: bevendo

cadere — to fall
Passato remoto: caddi, cadesti, cadde, cademmo, cadeste, caddero
Futuro: cadrò, cadrai, cadrà, cadremo, cadrete, cadranno
Condizionale: cadrei, cadresti, cadrebbe, cadremmo, cadreste, cadrebbero

chiedere — to ask
Passato remoto: chiesi, chiedesti, chiese, chiedemmo, chiedeste, chiesero
Participio passato: chiesto

chiudere — to close
Passato remoto: chiusi, chiudesti, chiuse, chiudemmo, chiudeste, chiusero
Participio passato: chiuso

comprendere — to understand, to comprehend (see prendere)

condividere — to share (see dividere)

conoscere — to know, to be acquainted
Passato remoto: conobbi, conoscesti, conobbe, conoscemmo, conosceste, conobbero
Participio passato: conosciuto

correre	to run
Passato remoto:	corsi, corresti, corse, corremmo, correste, corsero
Participio passato:	corso

crescere	to grow
Passato remoto:	crebbi, crescesti, crebbe, crescemmo, cresceste, crebbero
Participio passato:	cresciuto

cuocere	to cook
Passato remoto:	cossi, cocesti, cosse, cocemmo, coceste, cossero
Participio passato:	cotto

dare	to give
Indicativo presente:	do, dai, dà, diamo, date, danno
Passato remoto:	diedi (detti), desti, diede (dette), demmo, deste, diedero (dettero)
Futuro:	darò, darai, darà, daremo, darete, daranno
Condizionale:	darei, daresti, darebbe, daremmo, dareste, darebbero
Congiuntivo presente:	dia, dia, dia, diamo, diate, diano
Congiuntivo imperfetto:	dessi, dessi, desse, dessimo, deste, dessero
Imperativo:	da'!, diamo!, date!, dia!, diano!

decidere	to decide
Passato remoto:	decisi, decidesti, decise, decidemmo, decideste, decisero
Participio passato:	deciso

dire	to say, to tell
Indicativo presente:	dico, dici, dice, diciamo, dite, dicono
Indicativo imperfetto:	dicevo, dicevi, diceva, dicevamo, dicevate, dicevano
Passato remoto:	dissi, dicesti, disse, dicemmo, diceste, dissero
Congiuntivo presente:	dica, dica, dica, diciamo, diciate, dicano
Congiuntivo imperfetto:	dicessi, dicessi, dicesse, dicessimo, diceste, dicessero
Imperativo:	di'!, diciamo!, dite!, dica!, dicano!
Participio passato:	detto
Gerundio:	dicendo

discutere	to discuss
Passato remoto:	discussi, discutesti, discusse, discutemmo, discuteste, discussero
Participio passato:	discusso

dividere	to divide
Passato remoto:	divisi, dividesti, divise, dividemmo, divideste, divisero
Participio passato:	diviso

dovere	to have to, must
Indicativo presente:	devo (debbo), devi, deve, dobbiamo, dovete, devono (debbono)
Futuro:	dovrò, dovrai, dovrà, dovremo, dovrete, dovranno
Condizionale:	dovrei, dovresti, dovrebbe, dovremmo, dovreste, dovrebbero
Congiuntivo presente:	deva (debba), deva (debba), deva (debba), dobbiamo, dobbiate, debbano

fare	to make, to do
Indicativo presente:	faccio, fai, fa, facciamo, fate, fanno
Imperfetto:	facevo, facevi, faceva, facevamo, facevate, facevano
Futuro:	farò, farai, farà, faremo, farete, faranno
Condizionale:	farei, faresti, farebbe, faremmo, fareste, farebbero
Congiuntivo presente:	faccia, faccia, faccia, facciamo, facciate, facciano
Congiuntivo imperfetto:	facessi, facessi, facesse, facessimo, faceste, facessero
Imperativo:	fa'!, facciamo!, fate!, faccia!, facciano!
Participio passato:	fatto
Gerundio:	facendo

leggere	to read
Passato remoto:	lessi, leggesti, lesse, leggemmo, leggeste, lessero
Participio passato:	letto

mettere	to place, to put
Passato remoto:	misi, mettesti, mise, mettemmo, metteste, misero
Participio passato:	messo

morire	to die
Indicativo presente:	muoio, muori, muore, moriamo, morite, muoiono
Congiuntivo presente:	muoia, muoia, muoia, moriamo, moriate, muoiano
Imperativo:	muori!, moriamo!, morite!, muoia, muoiano
Participio passato:	morto

nascere	to be born
Passato remoto:	nacqui, nascesti, nacque, nascemmo, nasceste, nacquero
Participio passato:	nato

perdere	to lose
Passato remoto:	persi, perdesti, perse, perdemmo, perdeste, persero
Participio passato:	perso (perduto)

piacere	to like
Indicativo presente:	piaccio, piaci, piace, piacciamo, piacete, piacciono
Passato remoto:	piacqui, piacesti, piacque, piacemmo, piaceste, piacquero
Congiuntivo presente:	piaccia, piaccia, piaccia, piacciamo, piacciate, piacciano
Participio passato:	piaciuto

piangere	to cry
Passato remoto:	piansi, piangesti, pianse, piangemmo, piangeste, piansero
Participio passato:	pianto

porre	to put, to place
Indicativo presente:	pongo, poni, pone, poniamo, ponete, pongono
Imperfetto:	ponevo, ponevi, poneva, ponevamo, ponevate, ponevano
Passato remoto:	posi, ponesti, pose, ponemmo, poneste, posero
Futuro:	porrò, porrai, porrà, porremo, porrete, porranno
Condizionale:	porrei, porresti, porrebbe, porremmo, porreste, porrebbero
Congiuntivo presente:	ponga, ponga, ponga, poniamo, poniate, pongano
Congiuntivo imperfetto:	ponessi, ponessi, ponesse, ponessimo, poneste, ponessero
Imperativo:	poni!, poniamo!, ponete!, ponga!, pongano!
Participio passato:	posto

potere	to be able
Indicativo presente:	posso, puoi, può, possiamo, potete, possono
Futuro:	potrò, potrai, potrà, potremo, potrete, potranno
Condizionale:	potrei, potresti, potrebbe, potremmo, potreste, potrebbero
Congiuntivo presente:	possa, possa, possa, possiamo, possiate, possano

prendere	to take
Passato remoto:	presi, prendesti, prese, prendemmo, prendeste, presero
Participio passato:	preso
ridere	to laugh
Participio passato:	risi, ridesti, rise, ridemmo, rideste, risero
Participio passato:	riso
rimanere	to remain
Indicativo presente:	rimango, rimani, rimane, rimaniamo, rimanete, rimangono
Passato remoto:	rimasi, rimanesti, rimase, rimanemmo, rimaneste, rimasero
Futuro:	rimarrò, rimarrai, rimarrà, rimarremo, rimarrete, rimarranno
Condizionale:	rimarrei, rimarresti, rimarrebbe, rimarremmo, rimarreste, rimarrebbero
Congiuntivo presente:	rimanga, rimanga, rimanga, rimaniamo, rimaniate, rimangano
Imperativo:	rimani!, rimaniamo!, rimanete!, rimanga!, rimangano!
Participio passato:	rimasto
rispondere	to answer
Passato remoto:	risposi, rispondesti, rispose, rispondemmo, rispondeste, risposero
Participio passato:	risposto
salire	to get on, to go up, to come up
Indicativo presente:	salgo, sali, sale, saliamo, salite, salgono
Congiuntivo presente:	salga, salga, salga, saliamo, saliate, salgano
Imperativo:	sali!, saliamo!, salga!, salgano!
sapere	to know
Indicativo presente:	so, sai, sa, sappiamo, sapete, sanno
Passato remoto:	seppi, sapesti, seppe, sapemmo, sapeste, seppero
Futuro:	saprò, saprai, saprà, sapremo, saprete, sapranno
Condizionale:	saprei, sapresti, saprebbe, sapremmo, sapreste, saprebbero
Congiuntivo presente:	sappia, sappia, sappia, sappiamo, sappiate, sappiano
Imperativo:	sappi!, sappiamo!, sappiate!, sappia!, sappiano!
scegliere	to choose
Indicativo presente:	scelgo, scegli, sceglie, scegliamo, scegliete, scelgono
Passato remoto:	scelsi, scegliesti, scelse, scegliemmo, sceglieste, scelsero
Congiuntivo presente:	scelga, scelga, scelga, scegliamo, scegliate, scelgano
Participio passato:	scelto
scendere	to go down, to come down, to descend, to get off
Passato remoto:	scesi, scendesti, scese, scendemmo, scendeste, scesero
Participio passato:	sceso
scrivere	to write
Passato remoto:	scrissi, scrivesti, scrisse, scrivemmo, scriveste, scrissero
Participio passato:	scritto
sedere	to sit
Indicativo presente:	siedo, siedi, siede, sediamo, sedete, siedono
Congiuntivo presente:	sieda, sieda, sieda, sediamo, sediate, siedano
Imperativo:	siedi!, sediamo!, sedete!, sieda!, siedano!

spendere	to spend
Passato remoto:	spesi, spendesti, spese, spendemmo, spendeste, spesero
Participio passato:	speso
stare	to stay, to remain, to be
Indicativo presente:	sto, stai, sta, stiamo, state, stanno
Indicativo imperfetto:	stavo, stavi, stava, stavamo, stavate, stavano
Futuro:	starò, starai, starà, staremo, starete, staranno
Condizionale:	starei, staresti, starebbe, staremmo, stareste, starebbero
Congiuntivo presente:	stia, stia, stia, stiamo, stiate, stiano
Congiuntivo imperfetto:	stessi, stessi, stesse, stessimo, steste, stessero
Imperativo:	sta'!, stiamo!, state!, stia!, stiano!
Participio passato:	stato
tenere	to keep, to hold,
Indicativo presente:	tengo, tieni, tiene, teniamo, tenete, tengono
Passato remoto:	tenni, tenesti, tenne, tenemmo, teneste, tennero
Futuro:	terrò, terrai, terrà, terremo, terrete, terranno
Condizionale:	terrei, terresti, terrebbe, terremmo, terreste, terrebbero
Imperativo:	tieni!, teniamo!, tenete!, tenga!, tengano!
uscire	to go out
Indicativo presente:	esco, esci, esce, usciamo, uscite, escono
Congiuntivo presente:	esca, esca, esca, usciamo, usciate, escano
Imperativo:	esci!, usciamo!, uscite!, esca!, escano!
vedere	to see
Passato remoto:	vidi, vedesti, vide, vedemmo, vedeste, videro
Futuro:	vedrò, vedrai, vedrà, vedremo, vedrete, vedranno
Condizionale:	vedrei, vedresti, vedrebbe, vedremmo, vedreste, vedrebbero
Participio passato:	visto (veduto)
venire	to come
Indicativo presente:	vengo, vieni, viene, veniamo, venite, vengono
Passato remoto:	venni, venisti, venne, venimmo, veniste, vennero
Futuro:	verrò, verrai, verrà, verremo, verrete, verranno
Condizionale:	verrei, verresti, verrebbe, verremmo, verreste, verrebbero
Congiuntivo presente:	venga, venga, venga, veniamo, veniate, vengano
Imperativo:	vieni!, veniamo!, venite!, venga!, vengano!
Participio passato:	venuto
vivere	to live
Passato remoto:	vissi, vivesti, visse, vivemmo, viveste, vissero
Participio passato:	vissuto
volere	to want
Indicativo presente:	voglio, vuoi, vuole, vogliamo, volete, vogliono
Passato remoto:	volli, volesti, volle, volemmo, voleste, vollero
Futuro:	vorrò, vorrai, vorrà, vorremo, vorrete, vorranno
Condizionale:	vorrei, vorresti, vorrebbe, vorremmo, vorreste, vorrebbero
Congiuntivo presente:	voglia, voglia, voglia, vogliamo, vogliate, vogliano

VERBI CONIUGATI CON *ESSERE*

The following verbs are conjugated with **essere**. In addition, all reflexive verbs are conjugated with **essere** (for example, **divertirsi**, to have a good time): **mi sono divertito / a, ti sei divertito/a, si è divertito / a, ci siamo divertiti / e, vi siete divertiti / e, si sono divertiti / e.**

accadere	to happen	mancare	to lack, to be lacking
andare	to go	morire	to die
arrivare	to arrive	nascere	to be born
avvenire	to happen	parere	to seem, to appear
bastare	to be enough, to suffice	partire	to leave, to depart
cadere	to fall	*passare	to pass time, to pass by
*cambiare	to change	piacere	to like
*cominciare	to begin, to start	restare	to remain, to stay
costare	to cost	rimanere	to remain
*correre	to run	*risalire	to climb up again, to go up again
crescere	to grow	ritornare	to return
dimagrire	to lose weight	riuscire	to manage, to succeed
dispiacere	to be sorry	*salire	to get on, to go up
divenire	to become	*saltare	to jump, to skip
diventare	to become	scappare	to run away
durare	to last	*scendere	to descend, to go down, to get off
entrare	to enter	sembrare	to seem
esistere	to exist	stare	to stay
esplodere	to explode	succedere	to happen
essere	to be	tornare	to return
*finire	to finish	uscire	to go out
fuggire	to run, to flee	venire	to come
guarire	to recover, to heal		
ingrassare	to gain weight, to get fat		

*Conjugated with **avere** when used with a direct object.

VERBI CON IL PARTICIPIO PASSATO IRREGOLARE

INFINITO	PARTICIPIO PASSATO	INFINITO	PARTICIPIO PASSATO
accendere *to tun on, to light*	acceso	**offrire** *to offer*	offerto
aggiungere *to add*	aggiunto	**parere** *to seem*	parso
apparire *to appear*	apparso	**perdere** *to lose*	perso (perduto)
apprendere *to learn*	appreso	**permettere** *to permit*	permesso
aprire *to open*	aperto	**piangere** *to weep, to cry*	pianto
assumere *to hire*	assunto	**prendere** *to take*	preso
bere *to drink*	bevuto	**produrre** *to produce*	prodotto
chiedere *to ask*	chiesto	**promettere** *to promise*	promesso
chiudere *to close*	chiuso	**promuovere** *to promote*	promosso
comprendere *to understand*	compreso	**proteggere** *to protect*	protetto
concludere *to conclude*	concluso	**raggiungere** *to reach*	raggiunto
conoscere *to know*	conosciuto	**rendere** *to return, to render*	reso
convincere *to convince*	convinto	**richiedere** *to require, to ask for*	richiesto
coprire *to cover*	coperto	**ridere** *to laugh*	riso
correre *to run*	corso	**rimanere** *to remain*	rimasto
correggere *to correct*	corretto	**risolvere** *to solve*	risolto
cuocere *to cook*	cotto	**rispondere** *to answer*	risposto
decidere *to decide*	deciso	**rompere** *to break*	rotto
dipendere *to depend*	dipeso	**scegliere** *to choose*	scelto
dipingere *to paint*	dipinto	**scendere** *to get off, to get down*	sceso
dire *to say*	detto	**scommettere** *to bet*	scommesso
discutere *to discuss*	discusso	**scoprire** *to discover*	scoperto
dividere *to divide*	diviso	**scrivere** *to write*	scritto
eleggere *to elect*	eletto	**soffrire** *to suffer*	sofferto
esprimere *to express*	espresso	**sorridere** *to smile*	sorriso
essere *to be*	stato	**spegnere** *to turn off, to extinguish*	spento
fare *to do, to make*	fatto	**spendere** *to spend*	speso
interrompere *to interrupt*	interrotto	**succedere** *to happen*	successo
leggere *to read*	letto	**togliere** *to remove, to take off*	tolto
mettere *to put*	messo	**vedere** *to see*	visto (veduto)
morire *to die*	morto	**venire** *to come*	venuto
muovere *to move*	mosso	**vincere** *to win*	vinto
nascere *to be born*	nato	**vivere** *to live*	vissuto
offendere *to offend*	offeso		

Appendix B Vocabolario italiano-inglese

The Italian–English vocabulary includes most words and expressions used in this book. The meanings are based on the contexts in which they appear within the chapters. Each entry includes the number of the chapter in which a word or expression first appears. The gender of nouns is indicated by the definite article or the abbreviation *m.* or *f.* The masculine form of adjectives is given.

A

a at, to, 2
abbandonare to abandon, 10
abbassare to lower, to hang up, 11
abbastanza enough (abbastanza bene very well), 1
abbigliamento l' (*m.*), clothing, 3
abbinare to link, to match, 6
abbondante plentiful, 9
abbozzo l' (*m.*), sketch, 14
abbracciare to hug, 5
abbronzarsi to get a tan, 13
abilità l' (*f.*), skill, 2
abitante l' (*m./f.*), resident, 6
abitare to live, P
abitazione l' (*f.*), dwelling, 6
abito l' (*m.*), suit, dress, 13
abitualmente usually, 15
abituare to accustom, 12
abitudine l' (*f.*), habit, 4
accademia l' (*f.*), academy, 3
accanto a next to, 10
accendere to light, to turn on, 11
accennare to point, 16
accertamento l' (*m.*), assessment, 15
acceso bright, 12
accessibile accessible, 11
accessibilità l' (*f.*), accessibility, 14
accesso l' (*m.*), access, 11
accessorio l' (*m.*), accessory, 6
accettabile acceptable, 15
accettare to accept, 7
accogliente cozy, 6
accoglienza l' (*f.*), reception, 16
accomodarsi to get comfortable, 14
accompagnare to go with, 4
accordo l' (*m.*), agreement, 5
accorgersi to notice, 15
accurato precise, 13
accusare to accuse, 10
aceto l' (*m.*), vinegar, 9
acqua l' (*f.*), water, 4
acquario l' (*m.*), Aquarius, 10
acquisire to acquire, 12
acquistare to purchase, 6
acquisto l' (*m.*), purchase, 3
acuto sharp, P
adattarsi to adapt, 16
adatto suitable, 5
addirittura actually, 11
addobbare to decorate, 9
addormentarsi to fall asleep, 4
adeguarsi to adjust, 15
aderente adherent, 6
adesso now, P
adolescente l' (*m.*), adolescent, 4

adolescenza l' (*f.*), adolescence, 4
adornato decorated, 3
adottare to adopt, 10
adottivo adopted, 9
adulto l' (*m.*), adult, 5
aereo l' (*m.*), plane, 8
aerobica l' (*f.*), aerobics, 7
aeroplano l' (*m.*), airplane, 10
aeroporto l' (*m.*), airport, 1
affari gli (*m. pl.*), business, 8
affascinante charming, 3
affascinato fascinated, 16
affatto at all, 8
affermarsi to establish oneself, 9
affermazione l' (*f.*), assertion, 5
affettati gli (*m. pl.*), cold cuts, 14
affetto l' (*m.*), affection, 5
affettuoso loving, 5
affezionato fond, 10
affidabile reliable, 12
affittare to rent, 6
affitto l' (*m.*), rent, 6
affollato crowded, 8
affrescare to fresco, 4
affresco l' (*m.*), fresco, 3
affrontare to face, 12
agenda l' (*f.*), appointment book, 2
agente l' (*m.*), agent, 6
agenzia l' (*f.*), agency, 6
aggettivo l' (*m.*), adjective, 3
aggirare to be about, 14
aggiungere to add, 9
aggiustare to repair, 5
aglio l' (*m.*), garlic, 9
agnello l' (*m.*), lamb, 9
agosto August, P
agricolo agricultural, 1
agricoltura l' (*f.*), agriculture, 1
agriturismo l', (*m.*), farm holiday, 13
aiutare to help, 6
aiuto l' (*m.*), help, 4
ala l' (*f.*), wing, 14
alba l' (*f.*), dawn, 7
albanese Albanian, 16
alberghiero hotel, 8
albergo l' (*m.*), hotel, 10
albero l' (*m.*), tree, 2
alcolico alcoholic, 7
alcuni some, 6
alfabetico alphabetic, 1
alienazione l' (*f.*), alienation, 15
alimentare food (prodotti alimentari food items, groceries), 14
alimentazione l' (*f.*), nourishment, 15
aliscafo l' (*m.*), hydrofoil, 13
allargato extended, 5
allegare to enclose, 12
allegorico allegoric, 9

allegro cheerful, happy, 3
allenarsi to train, 7
allestire to organize, to set up, 7
allora then, 5
almeno at least, 6
alpinismo l' (*m.*), mountain climbing, 7
alpino alpine, 7
al sangue rare, 9
altalena l' (*f.*), swing, 8
alternativo alternate, 7
alto high, tall, 1
altoparlante l' (*m.*), speaker, 11
altro other, 1
altruista unselfish, 12
alzarsi to get up, 4
amare to love, 3
ambientalista l' (*m./f.*), environmentalist, 12
ambiente l' (*m.*), environment, 4
ambito l' (*m.*), circle, 12
ambizione l' (*f.*), ambition, 12
ambizioso ambitious, 377
americano American, 1
amichevole friendly, 15
amicizia l' (*f.*), friendship, 5
amico/amica l' (*m./f.*), friend, P
ammalarsi to get sick, 10
ammalato sick, 15
ammettere to admit, 10
amministrativo administrative, 6
amministrazione l' (*f.*), management, 11
ammirare to admire, 9
amore l' (*m.*), love, 7
ampio wide, 13
anagrafico registry, 1
analisi l' (*f.*), analysis, 12
anche also, 1
ancora still, also, 5
andare to go, 1
andare a piedi to walk, 8
andare d'accordo to get along, to agree, 5
anello l' (*m.*), ring, 14
anfiteatro l' (*m.*), amphitheater, 8
angolo l' (*m.*), corner, 8
angoscia l' (*f.*), distress, 9
anima l' (*f.*), soul, 3
animale l' (*m.*), animal, 7
animatore l' (*m.*), organizer, 13
animazione l' (*f.*), animation, 7
animosità l' (*f.*), animosity, 9
annaffiare to water, 5
anniversario l' (*m.*), anniversary, 5
annoiarsi to get bored, 7
annotare to note, 5
annuale yearly, 7
annualmente yearly, 16
annunciare to announce, 5

annuncio l' (*m.*), announcement, ad, 3
ansante breathless, 16
ansia l' (*f.*), anxiety, 4
ansimare to pant, 8
ansioso anxious, 15
antibiotico l' (*m.*), antibiotic, 15
antico ancient, 2
antipasto l' (*m.*), appetizer, 5
antipatico unpleasant, 3
antiquariato l' (*m.*), antique trading, 14
anzi on the contrary, 9
anziano l' (*m.*), elderly, 3
aperitivo l' (*m.*), aperitif, 12
aperto open, 7
apice l' (*m.*), top, 7
appagare to satisfy, 15
apparecchiare to prepare, 5
apparenza l' (*f.*), appearance, 13
apparire to appear, 5
appartamento l' (*m.*), apartment, 2
appartenere to belong, 6
appassionato fond, 3
appena as soon as, 9
appendere to hang, 9
applicare to apply, 15
appoggiarsi to lean, 8
appoggio l' (*m.*), support, 16
apporto l' (*m.*), contribution, 14
apposta deliberately, 16
apprezzare to appreciate, 16
approfittare to take advantage, 13
approfondire to study in depth, 10
appropriato suitable, 6
appuntamento l' (*m.*), appointment, 2
appunti gli (*m. pl.*), notes, 6
appunto precisely, 12
aprile April, 1
aprire to open, P
aragosta l' (*f.*), lobster, 4
arancia l' (*f.*), orange, 4
arancione orange color, 3
archeologico archaeological, 13
architetto l' (*m./f*), architect, 1
architettura l' (*f.*), architecture, 2
argentino Argentinean, 1
argento l' (*m.*), silver, 9
argomento l' (*m.*) topic, 4
arguto witty, 11
aria l' (*f.*), air, 6
armadio l' (*m.*), closet, 3
armeggiare to fumble, 12
arrabbiarsi to get angry, 5
arrampicarsi to climb, 8
arredamento l' (*m.*), furnishing, 6

camera la, room, 3
Camera dei deputati la, Chamber of deputies, 16
camera da letto la, bedroom, 6
cameriera la, waitress, 8
cameriere il, waiter, 9
camerino il, dressing room, 14
camicia la, shirt, 3
caminetto il, fireplace, 12
camino il, chimney, P
camminare to walk, 8
cammino il, walk, P
campagna la, countryside, 4
campanile il, bell tower, 5
campeggio il, camping, 13
campionato il, championship, 7
campo il, field, 2
canadese Canadian, 1
canale il, channel, 7
cancellino il, eraser, 2
cancro il, cancer, 11
candela la, candle, 5
cane il, dog, 5
cannella la, cinnamon, 14
canottiera la, undershirt, 13
cantante il/la, singer, 2
cantare to sing, 2
cantautore, il / cantautrice la, singer-songwriter, 7
cantina la, cellar, 6
canto il, singing, 10
capace able, 304
capacità la, ability, 9
capelli i, hair, 3
capellone il, long-haired person, 13
capire to understand, P
capitale la, capital city, 2
capitolo il, chapter, 1
capo il, head, item, 8
capodanno il, New Year's Day, 9
capolavoro il, masterpiece, 8
capoluogo il, capital city, P
cappello il, hat, 8
cappotto il, coat, 5
cappuccino il, cappuccino, 4
capriccioso naughty, 8
capricorno il, Capricorn, 10
capsula la, capsule, 16
carattere il, personality, trait, 5
caratteristica la, trait, feature, 3
caratteristico distinctive, 7
carboidrato il, carbohydrate, 15
carbone il, coal, 9
carcere il, jail, 16
carica la, office, charge, 16
carino cute, 6
carne la, meat, 4
carnevale il, carnival, 9
caro dear, expensive, 3
carota la, carrot, 4
carriera la, career, 10
carrozza la, wagon, 13
carta la, paper, card, 2
carta geografica la, map, 2
cartoleria la, stationery, 14
cartolina la, postcard, 9
cartoni animati i, cartoons, 8
casa la, house, home, P
casalinga la, homemaker, 5

casalingo homemade, 9
cascata la, waterfall, 7
cascina la, farmhouse, 6
caso il, case, 7
cassa la, cash register, 14
cassetta delle lettere la, mailbox, 14
cassettone il, chest of drawers, 6
castano brown, 3
castello il, castle, 7
categoria la, category, 7
categorico categorical, 15
catena la, range, 7
cattedra la, teacher's desk, 2
cattivo bad, 3
cattolico Catholic, 5
catturare to capture, 12
cavallo il, horse, 5
caviglia la, ankle, 10
cavolfiore il, cauliflower, 4
celebrare to celebrate, 9
celebre famous, 9
cemento il, cement, 10
cena la, supper, P
cenare to eat dinner, 3
cenere la, ash, 16
cenone il, Christmas Eve / New Year's Eve dinner, 9
cento one hundred (per cento percent), 1
centralino il, switchboard, 11
centro il, center, 1
ceramica la, ceramic, 6
cerca la, search, 14
cercare to look for, 2
cerchio il, circle, 5
cerimonia la, ceremony, 5
cero il, candle, 9
certezza la, certainty, 2
certo definitely, 4
cervello il, brain, 16
cespuglio il, bush, 13
cestino il, wastebasket, 2
che what, that, P
che cosa what, P
cherubino il, cherub, P
chi who, P
chiacchierare to chat, 7
chiacchierata la, chat, 7
chiamare to call, P
chiarezza la, clarity, 13
chiaro clear, 3
chiaroscuro il, chiaroscuro, 12
chiassoso noisy, 14
chiave la, key, 5
chiedere to ask, 8
chiesa la, church, 2
chilo il, kilo (100 grams; 2.2 lb.), 14
chilometro il, kilometer, 6
chimica la, chemistry, 2
chirurgo il, surgeon, 12
chissà who knows, 5
chitarra la, guitar, 2
chiudere to close, P
chiuso closed, 16
chiusura la, closing, 5
ciao hello, hi, good-bye, P
cibo il, food, 4
ciclismo il, cycle racing, 7
ciglio il, eyelash, P

ciliegia la, cherry, 9
cima la, top, 8
cinema il, cinema, 1
cinese Chinese, P
cinquanta fifty, 1
cinquantesimo fiftieth, 5
cinque five, 1
cintura la, belt, 14
cioccolata la, chocolate, 4
cioè that is, 12
cipolla la, onion, 9
circolare circular, 10
circolazione la, circulation, 4
circondare to surround, to move, 6
circostanza la, circumstance, 16
città la, city, P
cittadina la, small city, town, 4
cittadino il, citizen, 16
civico public, 11
civile secular, 9
civiltà la, civilization, 7
clandestino il, clandestine, 16
classe la, classroom, class, 2
classico classic, 3
cliente il, client, 6
clinica la, clinic, 15
clima il, climate, 13
coalizione la, coalition, 16
cogliere to seize, 16
cognata la/il cognato sister-in-law/brother-in-law, 5
cognome il, last name, P
coincidenza la, connection, 13
coincidere to coincide, 14
coinquilino il, housemate, 6
colazione la, breakfast, 4
colesterolemia la, cholesterolemia (high cholesterol), 15
colesterolo il, cholesterol, 15
collaborare to cooperate, 11
collana la, necklace, 14
colle il, hill, 9
collega il/la, colleague, 9
collegare to link, 5
collezione la, collection, 7
collina la, hill, 9
collo il, neck, 15
collocazione la, position, 14
colloquio il, interview, 12
colonia la, colony, 10
colonna la, column, 6
colorare to color, 8
colorato colored, 9
colore il, color, 3
Colosseo il, Colosseum, 8
colpa la, fault, 8
colpire to hit, 15
colpo il, strike, 10
coltello il, knife, 9
coltivare to farm, 1
coltivazione la, farming, 15
colto well-read, 7
combattere to fight, 12
combinazione la, combination, 12
come how, as, P
comfort il, amenity, 13

comico il, comedian, funny, 4
cominciare to begin, 2
comizio il, political rally, 1
commedia la, comedy, play, 7
commentare to comment, 12
commento il, comment, 5
commerciale business (centro commerciale mall), 6
commercialista il/la, professional accountant (CPA), 12
commerciare to do business, 8
commercio il, trade, 11
commissario il, officer, 4
commesso il, salesperson, 12
commissionare to order, 15
commissioni le, errands, 7
comodino il, bedside table, 6
comodità la, comfort, 11
comodo comfortable, 6
compagine la, structure, 15
compagnia la, company, 7
compagno il, companion, classmate, 2
comparativo il, comparative, 13
comparire to appear, 11
compatriota il/la, of the same country, 16
compera la, purchase, 11
competizione la, competition, 10
compiere to turn, 5
compilare to compile, 5
compito il, homework, chore, 2
compleanno il, birthday, 1
complesso complex, 1
completamente completely, 6
completare to complete, 5
completo il, suit, 4
complicato complicated, 16
complimento il, compliment, 15
comporre to compose, 7
comportamento il, behavior, 15
comportarsi to behave, 12
compositore il, composer, 2
composizione la, composition, 5
comprare to buy, 2
comprendere to include, 6
comprensivo comprehensive, understanding, 3
compressa la, tablet, 15
comune il, city hall, common, 3
comunicare to communicate, 15
comunicativo communicative, 12
comunione la, communion, 5
comunità la, community, 6
comunitario community, 15
comunque anyhow, 4
concerto il, concert, 2
conchiglia la, seashell, 5
concludere to conclude, 5
conclusione la, conclusion, 7
concorso il, competition, 10
concreto concrete, 11

disoccupazione la, unemployment, 12
disordinato messy, 6
disordine il, mess, 5
disperare to despair, 16
disperato desperate, 10
disperso scattered, 9
dispiacere to be sorry, 8
disponibile available, 4
disporre to have, 13
disposizione la, disposal, 12
dissenso il, disapproval, 10
distante distant, 10
distanza la, distance, 14
distinto distinguished, 6
distinzione la, distinction, 12
distratto absent-minded, 12
distributore di benzina il, gas station, 13
distruggere to destroy, 8
distruzione la, destruction, 15
disturbo il, ailment, 15
dito il, finger, 10
ditta la, company, 11
dittatoriale dictatorial, 16
divano il, sofa, 6
divenire to become, 14
diventare to become, 4
diversità la, diversity, 6
diverso different, diverse, several, 2
divertente funny, 2
divertimento il, good time, 9
divertirsi to have a good time, 4
dividere to divide, to share, 5
divisione la, partition, 16
divorziare to divorce, 10
divorziato divorced, 5
divorzio il, divorce, 5
dizionario il, dictionary, P
doccia la, shower, 4
documento il, document, 6
documenti i, legal papers, 16
dodici twelve, 1
dolce sweet, dessert, 4
dollaro il, dollar, 6
dolore il, pain, 15
domanda la, question, application, 5
domandare to ask, 2
domani tomorrow, 1
domenica la, Sunday, 1
domenicano Dominican, 3
domestico household, 6
domicilio il, residence, 11
dominare to rule, 14
dominazione la, rule, 14
donare to give, 14
donna la, woman, 2
dopo after, 1
dopotutto above all, 16
dopodomani il, day after tomorrow, 1
doppio double, 6
dorato browned, golden, 9
dorico Dorian, 16
dormire to sleep, 2
dotare to supply, 13
dottorato di ricerca il, research doctorate, 2

dottore il / dottoressa la, doctor, P
dove where, P
dovere il, duty, 5
dovere should, to have to, 5
drammatico dramatic, 7
droga la, drug, 16
dubbio il, doubt, 4
dubitare to doubt, 11
due two, 1
duna la, dune, 13
duomo il, cathedral, 14
durante during, 1
durare to last, 9
duro hard, tough, 6

E

e and, 1
eccellenza l' (f.), excellence, 14
eccessivo excessive, 6
eccezionale exceptional, 5
ecco here it is, 2
eco l' (f.), echo, 15
ecologia l' (f.), ecology, 12
ecologico ecological, 12
economia l' (f.), economy, 2
economico economic, 5
ecosistema l' (m.), ecosystem, 15
edicola l' (f.), newspaper stand, 11
edificatore l' (m.), builder, 14
edificio l' (m.), building, 2
educativo educational, 10
educazione l' (f.), upbringing, 8
effervescente sparkling, 15
effetto l' (m.), effect, 11
effettuare to carry out, 14
efficace effective, 11
efficiente efficient, 12
egoismo l' (m.), selfishness, 16
egoista selfish, 3
egregio dear, 6
elegante elegant, 2
eleggere to elect, 16
elementare elementary, 5
elemento l' (m.), component, 7
elencare to list, 6
elenco l' (m.) list, 11
elettricista l' (m./f.) electrician, 12
elettrizzare to electrify, 14
elettrodomestici gli, appliances, 6
elettronico electronic, **indirizzo elettronico l'** (m.) e-mail, 1
elevato high, 15
elezione l' (f.) election, 16
eliminare to exclude, to eliminate, 5
emergente rising, developing, 14
emergere to surface, 15
emigrante l' (m./f.), emigrant, 16
emigrare to emigrate, 16
emigrazione l' (f.) emigration, 7
emozionato excited, 8
energico lively, 5
energia l' (f.), energy, 10

enorme huge, 10
ente l' (m.), organization, 10
entrambi/e both, 5
entrare to enter, to go in, 2
entusiasmo l' (m.), enthusiasm, 7
Epifania l', (f.), Epiphany, 9
episodio l' (m.), episode, 3
epoca l' (f.), times, 12
equilibrio l' (m.), balance, 15
equitazione l' (f.), horseback riding, 7
equivalente corresponding, 12
erba l', (f.), grass, 6
erbe aromatiche le, herbs, 15
errore l' (m.), error, 2
eruzione l' (f.), eruption, 13
esagerare to exaggerate, 15
esame l' (m.), exam, 6
esaminare to examine, 11
esattamente exactly, 10
esaurito sold out, 13
esausto exhausted, 8
escludere to exclude, 16
esclusivamente exclusively, 2
esecutivo l' (m.), executive, 16
esempio l' (m.), example, 2
esercitare to exercise, 4
esercitazione l' (f.), training, 8
esigenza l' (f.), need, 6
esilio l' (m.), exile, 16
esistere to exist, 6
esortazione l' (f.), exhortation, 7
esotico exotic, 13
esotismo l' (m.), exoticism, 14
espansivo outgoing, friendly, 3
esperienza l' (f.), experience, 7
esperto expert, 3
esplodere to blow up, 9
esplorare to explore, 12
esporre to exhibit, 9
esposizione l' (f.), exposition, 1
espressione l' (f.), expression, P
espresso l' (m.), espresso, 4
esprimere to express, 3
essere to be, 1
essere impegnato to be busy, 4
essere in ritardo to be late, 4
estate l' (f.), summer, 2
estendere to extend, 7
estero foreign, 8
estetica l' (f.), beauty, 12
estivo summer, 6
estraniato estranged, 15
estroverso extroverted, 3
età l' (f.), age, 1
eterno eternal, 8
etnico ethnic, 16
etrusco Etruscan, 9
etto l' (m.), 100 grams, 14
euro l' (m.), Euro, 6
europeo European, 2
evangelico evangelic, 3
evento l' (m.), occurrence, 9
evidente evident, 4
evitare to avoid, 4
extracomunitario from outside the UE, 16
extraterrestre extraterrestrial, 15

F

fabbrica la, factory, 6
faccende le, housework, 5
faccia la, face, 5
facciata la, facade, 9
facile easy, 2
facilità la, easiness, 13
facilmente easily, 5
facoltà la, department, school (e.g., School of Medicine = Facoltà di Medicina), 2
facoltativo elective, 8
fagioli i, beans, 4
fagiolini i, string beans, 4
falso false, 1
fame la, hunger, 4
famiglia la, family, P
familiare familiar, family member, 5
famoso famous, 1
fantascienza la, science fiction, 7
fantasia la, imagination, 7
fantastico fantastic, 10
fare to do, to make, 1
farmacia la, pharmacy, 1
farmacista il, pharmacist, 14
farmaco il, medicine, 15
farsi la barba to shave, 4
fascismo il, fascism, 16
fascista il, fascist, 16
fase la, phase, 15
fastidio il, nuisance, 15
fastoso sumptuous, 14
faticoso tiring, 13
fattore il, factor, 11
fattoria la, farm, 6
fauna la, fauna, 15
favola la, story, tale, 8
favoloso fabulous, 10
favore il, favor, **per favore** please, P
favorevole favorable, 16
favorire to favor, 10
fazzoletto il, handkerchief, 14
febbraio February, 1
febbre la, fever, 7
federale federal, 16
federazione la, federation, 10
felice happy, 3
felicità la, happiness, 9
felpa la, sweatshirt, 3
femmina la, female, **femminile** feminine, 2
fenicio Phoenician, 14
fenomeno il, phenomenon, 11
ferie le, vacation, 13
fermare to stop, 11
fermata la, stop, 11
fermento il, ferment, 14
ferragosto il, August 15, 9
ferreo rigid, 8
ferro il, iron, 4
fertile fertile, 6
festa la/festeggiamento il, party, festivity, 5
festeggiare to celebrate, 5
festività la, holiday, 9
festone il, festoon, 14
fetta la, slice, 9
fettina la, minute steak, 9

fianco il, side, 14
fidanzarsi to get engaged, 10
fidanzato il, fiancé, 10
fiducia la, confidence, 10
figli i, children, 5
figlia la, daughter, 5
figlio il, son, 5
figura la, figure, 8
filastrocca la, nursery rhyme, 11
filo il, wire, strand, 11
filosofia la, philosophy, 1
filosofico philosophical, 10
filosofo il, philosopher, 10
finale final, 1
finalmente lastly, 8
finanziamento il, funding, 15
finché until, 8
fine la, end, 7
finestra la, window, 2
finire to finish, 3
fino a until, 4
fiore il, flower, 2
fiorente thriving, 15
fiorire to blossom, 9
firmare to sign, 14
fisica la, physics, 2
fisicità la, physicalness, 7
fisico physical, 3
fisima la, fixation, 15
fisso fixed, 9
fissare to set, 4
fiume il, river, 8
flora la, flora, 15
fluido flowing, 10
focaccia la, flat bread, 9
foglio il, sheet of paper, P
folklore il, folklore, 15
folla la, crowd, 14
fondare to found, 8
fondo il, bottom, 14
fondi i, resources, 16
fontana la, fountain, 2
fonte la, source, 14
footing il, jogging, 7
forchetta la, fork, 9
foresta la, forest, 15
forma la, form, shape, 3
formaggio il, cheese, 4
formale formal, 1
formare to form, 5
formazione forming, 13
formidabile formidable, 15
formulare to formulate, 7
fornello il, burner, 6
forno il, oven, bakery, 6
foro il, forum, 8
forse maybe, 5
forte strong, 5
fortuna la, fortune, luck, 8
fortunato fortunate, 13
foto la, photo, picture, 1
fotografia la, photo, picture, photography, 1
fotografo il, photographer, 12
fragola la, strawberry, 9
frammento il, fragment, 5
francese French, 1
francobollo il, stamp, 14
frase la, sentence, 5
fratellastro il, stepbrother, 5

fratello il, brother, 5
freddo cold, 4
frenesia la, frenzy, 7
frenetico frenzied, 9
frequentare to attend, 2
frequentarsi to go out together, 10
frequenza la, frequency, 3
fresco cool, fresh, 4
fretta la, haste, 8
frigorifero il, refrigerator, 4
friulano of Friuli, 6
fronte la, forehead, 14
fronte (di) on the opposite side, 12
frontiera la, border, 16
frullatore il, blender, 6
frutta la, fruit, 4
fruttivendolo il, greengrocer, 14
fulmine il, lightning, 10
fumare to smoke, 13
fumatore, il/fumatrice la, smoker, 15
fumetti i, comics, 7
fumo il, smoke, 15
funghi i, mushroom, 9
funzione la, function, 8
fuori out, outside, 4
futurismo il, futurism, 1
futurista il, futurist, 1

G

galleria la, gallery, 3
gamba la, leg, 10
gamberetti i, shrimp, 4
gara la, competition, 7
garage il, garage, 6
garantire to warrant, 15
gas il, gas, 15
gassato fizzy, 15
gastronomico gastronomic, 10
gatto il, cat, P
gelateria la, ice cream parlor, 8
gelato il, ice cream, P
geloso jealous, 8
gemello il, twin, 5
genealogico genealogical, 5
generale general, common, 4
generalmente generally, 5
generazione la, generation, 5
genere il, gender, **in genere**, generally, 2
generoso generous, 3
geneticamente genetically, 15
genitori i, parents, 2
gennaio January, P
gente la, people, folks, 3
gentile gentle, dear, 3
gentilezza la, kindness, 15
genuinità la, genuineness, 15
genuino genuine, 13
geografia la, geography, P
geografico geographical, 14
Germania la, Germany, 9
gerundio il, gerund, 11
gesso il, chalk, 2
gesto il, gesture, 10
ghetto il, ghetto, P
ghiacciaio il, glacier, 7
ghiaccio il, ice, 7
ghirlanda la, wreath, P

già already, P
giacca la, jacket, 3
giallo yellow, 3
giapponese Japanese, 1
giardinaggio il, gardening, 5
giardino il, garden, 3
ginnasio il, high school, 12
ginnastica la, exercise, 10
ginocchio il, knee, 15
giocare to play, 2
giocatore il, player, 7
giocattolo il, toy, 8
gioco il, game, 1
gioielleria la, jewelry store, 14
gioielli i, jewelry, 5
gioiello il, jewel, 10
gioioso joyful, 14
giornale il, newspaper, 2
giornaliero daily, 6
giornalismo il, journalism, 2
giornalista il/la, journalist, 6
giornalmente daily, 6
giornata la, day, 2
giorno il, day, P
giostra la, tournament, 9
giovane il, young, 2
Giove Jupiter, 11
giovedì il, Thursday, 1
girare to turn, to go around, 8
giro, in around, 8
gita la, excursion, 7
giubbotto il, bomber jacket, 14
giugno June, 1
giurisprudenza la, law, 2
giustificare to justify, 5
giusto correct, just, 5
glicemia la, glycemia, 15
glorioso glorious, 4
godere to enjoy, 7
gola la, throat, 15
golfo il, gulf, 11
golosità la, gluttony, 10
gomma la, eraser, 2
gondola la, gondola, 12
gonna la, skirt, 3
gotico Gothic, 2
governante la, housekeeper, 8
governo il, government, 16
gradire to appreciate, 5
grammatica la, grammar, 1
grande great, large, **più grande** older, 1
grandi magazzini i, department store, 10
grasso fat, 2
gratis free, 7
grattare to scratch, 12
grattacielo il, skyscraper, 10
grattugiare to grate, 9
gratuito free, 15
grave serious, 10
grazie thanks, P
grazioso pretty, 6
greco Greek, 1
grigio gray, 3
grigliato grilled, 9
grosso large, big, 11
grotta la, cave, 16
gru la, crane, 11
gruppo il, group, 3
gruppo musicale il, band, 7

guadagnare to earn, 11
guancia la, cheek, 10
guanti i, gloves, 14
guardare to look, to watch, 1
guarire to recover, 15
guerra la, war, 8
guida la, guide, P
guidare to drive, 8
guidato guided, 10
gusto il, taste, 3

I

idea l' (f.), idea, 11
ideale ideal, 9
idealista idealistic, 12
identico identical, 6
identificare to identify, 7
identità l' (f.), identity, 13
ideologia l' (f.), ideology, 16
idiota idiotic, 15
idraulico l' (m.), plumber, 12
ieri yesterday, 6
ignoto l' (m.), unknown, 16
illegale illegal, 16
illegittimo illegitimate, 5
illudere to delude, 16
illuminato lighted, 14
illusione l' (f.), illusion, 16
illustrare to expound, 12
imbarazzo l' (m.), embarrassment, 14
imbucare to mail, 14
immaginare to imagine, 5
immaginario imaginary, 7
immagine l' (f.), image, 8
immediato immediate, 11
immergere to immerse, 6
immersione l' (f.), dive, immersion, 13
immigrato/a l' (m./f.), immigrant, 16
immigrazione l' (f.), immigration, 16
immobiliare l' (m.), real estate, 6
immortalare to immortalize, 3
impacciato awkward, 10
imparare to learn, 2
impatto l' (m.), impact, 15
impazzire to go insane, 13
impegnato busy, 8
impegno l' (m.), engagement, 10
imperativo l' (m.), imperative, 9
imperatore l' (m.), emperor, 2
imperfetto l' (m.), imperfect, 8
impermeabile l' (m.), raincoat, 3
impero l' (m.), empire, 2
impersonale impersonal, 7
impianto l' (m.), plant, 15
impiegare to use, 15
impiegato l' (m.), clerk, 11
importanza l' (f.), importance, 9
importante important, 1
importare to matter, to import, 7
possibilità l' (f.), possibility, 16
impossibilità l' (f.), impossibility, 16
improbabile unlikely, 16
improvvisamente unexpectedly, 10

lupo il, wolf, 15
luogo il, place, P
lusso luxury, 6
lussuoso luxurious, 3

M

ma but, 1
macchina la, car, 3
macchina da caffè la, coffee maker, 6
macchina ibrida la, hybrid car, 15
macchinina la, toy car, 8
macedonia la, fruit salad, 4
macelleria la, butcher shop, 14
madre la, mother, 2
madrelingua la, native language, 12
maestà la, majesty, 8
maestoso majestic, 8
maestro il, teacher, 7
magari perhaps, 7
magazzino il, storage (grande magazzino il, department store), 14
maggio May, P
maggioranza la, majority, 6
maggiore major, further, 5
magistrale masterly school, 10
maglia la, sweater, 3
maglietta la, T-shirt, 7
magro thin, 3
mai ever (non... mai never), 4
maionese la, mayonnaise, 9
malanno il, illness, 10
malato sick, 8
malattia la, illness, 15
male bad, (non c'è male not too bad), P
mamma la, mom, 5
magnifico magnificent, 10
malvagio bad, 13
mancare to miss, 1
mancanza la, lack, 16
mancia la, tip, 9
mandare to send, 5
mandorla la, almond, 15
mangiare to eat, 2
maniera la, manner, way, 5
manifestare to display, 16
manifestazione la, display, event, 5
mano la, hand, 9
mantello il, coat, 8
mantenere to support, 16
manzo il, beef, 9
mappa la, map, 14
marca la, brand, 9
mare il, sea, P
marinare to cut school, 8
marinara sailor style, 8
marino marine, 7
marito il, husband, 5
marmellata la, jam, 4
marmo il, marble, 3
marrone brown, 3
marzo March, 1
martello il, hammer, 12
martedì il, Tuesday, 1
maschera la, mask, 9

maschile masculine, 2
maschio il, male, 11
massimo highest, 4
matematica la, mathematics, P
materia la, subject, 2
materia prima la, raw material, 11
materno maternal, 5
materialista materialistic, 3
matita la, pencil, 2
matrigna la, stepmother, 5
matrimonio il, wedding, 5
mattina la, morning, 2
matto crazy, 9
maturità la, high-school diploma, 8
maturo mature, ripe, 4
mazza la, bat, club, 7
meccanico il, mechanic, 7
meccanico/a mechanical, 7
medaglia la, medal, 1
mediare to mediate, 16
mediazione la, mediation, 4
medicina la, medicine, 5
medicinale il, medicine, 15
medico il (m./f.), doctor, 5
medio middle, 8
medioevale medieval, 2
Medioevo il, Middle Ages, 5
mediterraneo il, Mediterranean, 14
meglio better, 1
mela la, apple, 4
melone il, melon, 9
membro il, member, 6
memoria la, memory, 15
meno minus, less, 1
mensa la, cafeteria, 2
mentalità la, mentality, 16
mente la, mind, 8
mentre while, 1
menzionare to mention, 6
menù il, menu, 7
meravigliato surprised, 16
meraviglioso marvelous, 3
mercato il, market, 9
merce la, merchandise, 12
mercoledì il, Wednesday, 1
mescolare to stir, 9
mese il, month, P
messa la, mass, 9
messaggio il, message, 4
messicano Mexican, 1
mestiere il, trade, 4
meta la, destination, 9
metà la, half, middle, 8
metallico metallic, 11
metro il, meter, 1
metropolitana la, subway, 8
mettere to put, 2
mettersi a to start, to begin, 4
mezzanotte la, midnight, 4
mezzo il, middle, means, 7
mezzogiorno il, noon, 4
microonde il, microwave, 6
microrganismo il, micro-organism, 7
migliore better, best, 3
migrazione la, migration, 16

milanese Milanese, 3
miliardo il, billion, 6
milione il, million, 6
mille one thousand, 6
mimosa la, mimosa, 9
minacciare to threaten, 15
minerale mineral, 4
minestra la, soup, 4
minimo lowest, least, 4
ministro il, minister, cabinet member, 8
minoranza la, minority, 6
mio my, mine, 5
mirino il, sight, 15
misticismo il, mysticism, 9
mistico mystic, 10
misura la, measure, size, 7
misurare to measure, 14
mito il, myth, 11
mobili i, furniture, 5
mobilificio il, furniture factory, 13
moda la, fashion, 3
modalità la, manner, 15
modello il, pattern, model, 10
moderatamente moderately, 15
modernità la, modernity, 13
moderno modern, 2
modesto modest, 8
modificare to modify, 15
modo il, way, 6
modulo il, form, 14
moglie la, wife, 5
molto much, very, a lot, 3
momento il, moment, 7
monaca la, nun, 4
monarchia la, monarchy, 16
mondiale world, 5
mondo il, world, 3
moneta la, currency, coin, 6
monetario monetary, 6
monofamilare il, single family, 6
monolocale il, studio apartment, 6
montagna la, mountain, P
montagnoso mountainous, 7
montare to climb, 10
monte il, mountain, 1
monumenti i, monuments, 6
motivare to justify, 8
morbido soft, 4
morsicare to bite, 10
morto dead, 5
mosaico il, mosaic, 2
mostra la, show, 14
mostrare to show, 6
motivo il, reason, 6
motocicletta la, motorcycle, 8
motorino il, moped, 8
motoscafo il, motorboat, 13
movimentato lively, 12
movimento il, movement, 8
mozzarella la, mozzarella, 16
multa la, fine, 13
multietnico multi-ethnic, 6
multifunzionale versatile, 1
muovere to move, 9
muro il, wall, 3
muscoloso muscular, 10
museo il, museum, 2

musica la, music, P
musicista il/la, musician, P
mutuo il, mortgage, 6

N

nano il, dwarf, 8
napoletano Neapolitan, 9
narciso il, narcissus, 9
narrare to tell, to narrate, 3
narratore il / narratrice la, narrator, 8
nascere to be born, 1
nascita la, birth, 5
nascondere to hide, 16
nascondino il, hiding place, 8
nascosto hidden, 10
naso il, nose, 15
nastro il, ribbon, 8
Natale il, Christmas, 5
natalizio Christmas, 7
natura la, nature, 7
naturale natural, 2
naturalismo il, naturalism, 9
naturalmente naturally, 7
nave la, ship, 8
navigare to navigate, to sail, 6
nazionale national, 4
nazionalità la, nationality, P
nazione la, nation, P
neanche not even, 8
nebbia la, fog, 5
nebbioso foggy, 15
nebulosa la, nebula, 11
necessario necessary, needed, 2
necessità la, need, 6
negativo negative, 8
negoziante il/la, merchant, 14
negoziare to negotiate, 4
negoziatore il, negotiator, 4
negozio il, store, 1
nemmeno neither, not even, 4
neolatino Neo-Latin, 7
neppure not even, 15
nero black, 3
nervoso tense, nervous, 3
nessuno no one, 5
Nettuno Neptune, 11
nevicare to snow, 4
nevrotico neurotic, 15
niente nothing, 2
nipote il/la, nephew, niece, grandchild, 5
nocivo harmful, 15
nodulo il, nodule, 10
noioso boring, 2
noleggiare to rent, 13
nome il, noun, P
nominare to appoint, 16
nonno il, grandfather, 5
nonna la, grandmother, 5
nonostante in spite of, 12
nord il, north, 4
normanno il, Norman, 14
nostalgia la, nostalgia, homesickness, 8
nostro our / ours, 5
notare to note, 4
noto known, 1
notevole considerable, 6
notte la, night, P
notturno night, 13

novanta ninety, 1
nove nine, P
novembre November, 1
novità la, novelty, 10
nozze le, marriage,
    (viaggio di nozze il,
    honeymoon), 5
nucleare nuclear, 11
nucleo il, nucleus, unit, 5
nudo bare, nude, 14
numero il, number, P
numeroso numerous, 5
nuocere to harm, 10
nuotare to swim, 2
nuovo new, 2
nutrizione la, nutrition, 15
nutrizionista il/la,
    nutritionist, 15
nuvoloso cloudy, 4

O

o or, 3
obbediente obedient, 8
obbligatorio required, 8
obesità l' (f.), obesity, 15
occasione l' (f.), occasion, 5
occhiali gli, eyeglasses, 3
occhiali da sole gli,
    sunglasses, 13
occhiata l' (f.), glance, 14
occhio l' (m.), eye, P
occorrere to need, 7
occupare to occupy, 5
occuparsi to take care of, to
    get involved, 5
oceano l' (m.), ocean, 13
odiare to hate, 8
offerta l' (f.), offer, 10
officina l' (f.), workshop, 12
offrire to offer, 4
oggettivo objective, 16
oggetto l' (m.), object, 5
oggi today, P
ogni every, 2
ognuno each, 7
olimpico olympic, 1
olio l' (m.), oil, 9
oliva l' (f.), olive, 6
oltre besides, 7
ombra l' (f.), shadow, 16
ombrellone l' (m.), beach
    umbrella, 13
omogeneità l' (f.),
    homogeneity, 16
omogeneizzare to
    homogenize, 15
onesto honest, 3
onomastico l' (m.), saint's
    day, 5
onore l' (m.), honor, 9
opaco dull, 10
opera l' (f.), work of art,
    opera, 1
operaio l' (m.), worker, 12
operistico operatic, 10
opinione l' (f.), opinion, 4
opportuno suitable, 13
opposto opposite, 1
oppure or, 3
ora l' (f.), hour, now, 3
orale oral, 8

orario l' (m.), schedule, 2
orchestra l' (f.), orchestra, 2
ordinare to order, 4
ordinato neat, 5
ordine l' (m.), order, 1
orecchino l' (m.), earring, 14
orecchio l' (m.), ear, 5
organismo l' (m.), organism, 15
organizzare to organize, 5
organizzato organized, 3
organizzazione l' (f.),
    organization, 10
orgoglioso proud, 6
orientale eastern, 7
oriente l' (m.), east, 2
originale original, 3
origine l' (f.), origin, 1
ormai by now, 7
ornare to decorate, 9
oro l' (m.), gold, 5
orologio l' (m.), clock, watch, 2
oroscopo l' (m.), horoscope, 11
orrendo dreadful, 15
orribile horrible, 10
orsacchiotto l' (m.), teddy
    bear, 6
orso l' (m.), bear, 15
ospedale l' (m.), hospital, 1
ospedaliero hospital, 15
ospite l' (m./f.), guest, 4
osservare to observe, 5
osservatorio l', (m.),
    observatory, 11
ossessione l' (f.), obsession, 15
ossigeno l' (m.), oxygen, 15
osso l' (m.), bone, 15
ostello l' (m.), hostel, 13
osteria l' (f.), tavern, 9
ottanta eighty, 1
ottenere to attain, 10
ottimo best, 7
ottimista optimistic, 3
otto eight, 1
ottobre October, 1
ovviamente obviously, 9
ozono l' (m.), ozone, 15

P

pacchetto il, small package, 10
pacco il, package, 14
pace la, peace, 12
pacifico peaceful, 16
padre il, father, 2
paesaggio il, landscape, 4
paese il, country, village, 2
pagamento il, payment, 13
pagano il, pagan, 9
pagare to pay, 6
pagella la, report card, 8
pagina la, page, 7
paio il, pair, 9
palazzo il, building, 2
palcoscenico il, stage, 4
paleoantropologico
    paleoanthropological, 16
paleolitico Paleolithic, 16
palestra la, gym, 7
pallacanestro la, basketball, 7
pallavolo la, volleyball, 7
pallido pale, 15
palloncino il, balloon, 5

pallone il, ball, 7
pancetta la, bacon, 8
pane il, bread, 4
panetteria la, bakery, 13
panettone il, panettone, 9
panino il, sandwich, 4
panna la, cream, 9
panorama il, panorama, 1
panoramico panoramic, 2
pantaloncini i, shorts, 7
pantaloni i, pants, 3
papa il, pope, 4
papà il, dad, 5
paradiso il, heaven, 9
paragrafo il, paragraph, 8
paragonare to compare, 3
paragone il, comparison, 3
parcheggio il, parking, 6
parco il, park, 3
parecchio a lot, 13
parentela la, kinship, 5
parenti i, relatives, 5
parete la, wall, 6
parlamentare parliamentary, 16
parlamento il, Parliament, 16
parlare to speak, P
parmigiano parmesan, 9
parola la, word, P
parte la, part, 6
partecipare to take part, 2
partecipante il/la, participant,
    14
partecipazione la,
    participation, 16
partenza la, departure, 6
participio il, participle, 6
particolare il, particular,
    detail, 2
particolarmente particularly, 2
partire to leave, 10
partita la, game, 2
partitivo il, partitive, 9
partito il, party, 16
passaggio il, ride, 10
passaporto il, passport, 10
passare to pass, to spend, 5
passatempo il, pastime, 13
passato il, past, 5
passeggero il, passenger, 13
passeggiare to take a walk, 7
passeggiata la, walk, 4
passione la, enthusiasm, 7
passivo passive, 7
passo il, step, 7
Pasqua la, Easter, 9
pasta la, pasta, pastry, 2
pastasciutta la, pasta, 6
pasticceria la, pastry shop, 8
pasto il, meal, 4
patata la, potato, 4
patatine le, french fries, 4
patente la, driver license, 10
paterno paternal, 5
patria la, homeland, 5
patrimonio il, heritage, 10
pattinaggio il, skating, 7
pattinare to skate, 4
pattini i, skates, 7
patrigno il, stepfather, 5
patronale patron, 16
patrono il, patron, 5

paura la, fear, 8
pavimento il, floor, 6
paziente patient, 3
pazzo crazy, 8
peccato il, sin, pity, 3
pedagogico pedagogical, 8
peggio worse, 10
peggiorare to worsen, 10
pelle la, skin, leather, 13
pellegrino il, pilgrim, 9
pena la, punishment, P
penisola la, peninsula, P
penna la, pen, feather, P
pensare to think, 2
pensione la, pension
    (essere in pensione to be
    retired), room and board, 5;
    bed and breakfast, 13
pepe il, pepper, 9
percentuale la, percentage, 5
percepire to perceive, 12
perché because, why, 4
percorso il, journey, 10
perdere to lose, to miss, 6
perdere tempo to waste time, 6
perfetto perfect, 2
perfezionamento il,
    specialization, 11
perfezionare to improve, 7
perfezione la, perfection, 4
pericoloso dangerous, 13
periferia la, outskirt,
    suburbs, 6
periodo il, period, 2
perla la, pearl, 7
permanenza la, stay, 16
permanente permanent, 16
permesso il, permission,
    permit, 4
permettere to allow, 8
permissivo lenient, 5
però but, 3
perseveranza la perseverance, 16
persona la, person,
    (persone people), 3
personaggio il, character, 3
personale personal, 1
personalità la, personality, 3
pesante heavy, 7
pesca la, peach, fishing, 9
pesce il, fish, 4
pessimista pessimist, 3
pesticidi i, pesticides, 15
petardi i, fireworks, 9
pettinare to comb, 4
petto il, chest, 15
pezzo il, piece, 9
piacere il, pleasure, to please, P
piacevole pleasant, 7
pianeta il, planet, 11
piangere to cry, 8
piano il, floor, plan, 6
pianoforte il, piano, 7
pianta la, plant, 5
pianterreno il, ground floor, 6
piantina la, layout, 6
pianura la, plain, flat land, 1
piatto il, dish, 4
piazza la, square, 3
piccante spicy, 9
piccolo small, 1

piede il, foot, 1
pieno full, 13
pietanza la, dish, 9
pietra la, stone, 6
pigiama il, pajamas, 14
pigro lazy, 3
piovere to rain, 4
piselli i, peas, 4
piscina la, swimming pool, 2
pista la, track, 1
pittore il, painter, 4
pittoresco picturesque, 3
pittura la, painting, 9
più more, più tardi, later, 1
piuttosto rather, 6
pizza la, pizza, 2
pizzeria la, pizzeria, pizza restaurant, 4
plastica la, plastic, 12
plurale plural, 1
Plutone Pluto, 12
poco, un po' little, 3
poesia la, poem, 3
poeta il, poet, P
poi after, 3
poiché since, 5
policromo polychromatic, 9
politica la, politics, 3
politicamente politically, 6
politico il, politician, political, P
poliziotto il, police officer, 11
pollo il, chicken, 4
polmone il, lung, 15
polso il, wrist, 10
polvere la, dust, 13
poltrona la, armchair, 6
pomeriggio il, afternoon, 2
pomodoro il, tomato, 4
ponte il, bridge, 12
popolare popular, 7
popolazione la, population, 6
porcellana la, porcelain, 9
porgere to hand, 16
porta la, door, 2
portafoglio il, wallet, 13
portare to bring, to wear, 3
porticato il, arcade, 6
portinaio il, doorman, 11
porto il, port, 6
portoghese Portuguese, 14
posate le, silverware, 9
positivo positive, 10
posizione la, location, 13
possedere to own, 1
possessivo possessive, 5
possibile possible, 4
possibiltà la, possibility, 2
posta la, mail, 4
postale (ufficio) post office, 14
poster il, poster, 6
posto il, place, position, 4
potenza la, power, 5
potere to be able to, can, 5
povero poor, 5
povertà la, poverty, 16
pranzare to eat lunch, 4
praticamente virtually, 13
praticare to practice, 7
pratico practical, 13
precedente previous, 7
preciso precise, 11

prediligere to like better, 15
predizione la, prediction, 11
preferenza la, preference, 9
preferibilmente preferably, 12
preferire to prefer, 3
preferito favorite, 3
prefisso il, area code, 11
pregiato refined, 1
pregiudizio il, prejudice, 16
prego you are welcome, 1
preistorico prehistorical, 10
prelevare to withdraw, 14
prelibato excellent, 9
premio il, award, 10
prendere to take, to have, P
prendere in giro to make fun of, 15
prenotare to book, 6
prenotazione la, reservation, 6
preoccuparsi to worry, 4
preoccupato worried, 10
preparare to prepare, 5
prepararsi to get ready, 4
preparativo il, preparation, 5
preposizione la, preposition, 6
prepotente bullying, 8
presentare to introduce, to present, 1
presentazione la, introduction, 1
presente present, 1
preservare to preserve, 16
preside il/la, principal, 10
presidente il president, 7
pressione la, pressure, 15
presso near, 14
prestare to lend, 10
prestigioso prestigious, 3
presto soon, early, 1
pretesto il, excuse, 9
previsioni le, forecast, 4
previsto expected, 4
prezzo il, price, 6
prima before, premiere, 1
prima la, opening night, 7
primato il, leadership, 15
primavera la, spring, 4
primo first, 1
principale main, 5
principe il, prince, 8
principio il, principle, 9
privato private, 7
probabile probable, 15
probabilmente probably, 3
problema il, problem, 7
processione la, procession, 14
processo il, process, 6
profumo il, perfume, 13
prodotto il, product, 1
produrre to produce, 1
produttore, il / produttrice la, producer, 11
produzione la, production, 15
professionale professional, 8
professione la, profession, 2
professionista il/la, professional (person), 7
professore, il / professoressa la, professor, P
profumato scented, 9
profumo il, scent, 10
progettare to design, 11

progetto il, project, 9
programma il, program, 2
programmatore, il / programmatrice la, programmer, 12
progredire to progress, 8
progressivo progressive, 11
progresso il, progress, 8
proibito forbidden, 9
promozione la, promotion, 10
promuovere to promote, 16
pronome il, pronoun, 1
pronto ready, 9
pronunciare to pronounce, P
proporre to propose, 8
proporzione la, proportion, 14
proposta la, proposal, 16
proprietà la, property, 6
proprietario il, owner, 1
proprio really, own, right, proper, 3
prosciutto il, ham, 2
proseguire to continue, 14
prosperare to thrive, 6
prospettiva la, perspective, 3
prossimo next, 5
protagonista il/la, protagonist, main character, 7
proteggere to protect, 12
protesta la, protest, 7
protestare to protest, 11
protettore il, guardian, 12
prova la, test, 1
provare to try, to feel, 14
provenienza la, origin, 13
provenire to originate, 14
provincia la, province, 1
provino il, audition, 8
provvedere to provide, 14
provvisorio provisional, 7
privato private, 7
privilegio il, privilege, 10
psicologia la, psychology, 2
psicologico psychological, 3
psicologo lo / psicologa, psychologist, 4
psicoterapeuta lo/la, psychotherapist, 4
pubblicare to publish, 11
pubblicità la, advertisement, 2
pubblico public, 11
pugilato il, boxing, 7
pulire to clean, 3
pulito clean, 8
pullman il, bus, 13
punire to punish, 8
punteggio il, score, 10
punto il, point, 3
puntualità la, punctuality, 11
pupo il, puppet, 9
purtroppo unfortunately, 8

Q

quaderno il, notebook, 2
quadrato square, 7
quadro il, picture, 6
qualche some (qualche volta sometimes), 3
quale / qual which, what, 1
qualcosa something, 4
qualcuno someone, 4

qualità la, quality, 9
qualunque any, 11
quando when, 2
quantità la, quantity, 4, amount, 10
quanto how much, 3
quaranta forty, 1
Quaresima la, Lent, 9
quartiere il, neighborhood, 6
quasi almost, 4
quattordici fourteen, 1
quattrini i, money, 11
quattro four, 1
quello that, 2
questionario il, questionnaire, 11
questione la, issue, 12
questo this, 2
quindi therefore, 4
quindici fifteen, 1
quindicinale il, biweekly, 14
quinto fifth, 6
quota la, price, 10
quotidiano il, daily, 16

R

racchetta la racket, 7
raccomandazione la, advice, 16
raccontare to tell, 7
racconto il, short story, 11
radersi to shave, 13
radicalmente totally, 16
radicare to root, 9
radice la, root, 16
radio la, radio, 3
radiografia la, x-ray, 15
radiotelefono il, radiophone, 13
radunare to gather, 8
raffreddore il, cold, 14
ragazza la, girl, 1
ragazzo il, boy, 1
raggiungere to reach, 14
ragione la, reason, 5
ragù il, meat sauce, 9
raffinato refined, 3
rame il, copper, 15
ramo il, branch, 9
rapporto il, relationship, 5
rappresentante il/la, representative, 15
rappresentare to represent, 5
rappresentazione la, representation, 8
raramente rarely, 3
raro rare, 5
rasoio il, razor, 14
rata la, installment, 3, P
razzismo il, racism, 16
re il, king, 14
reagire to react, 8
realismo il, realism, 3
realista realistic, 3
realistico realistic, 8
realizzare to accomplish, 12
realizzazione la, realization, 9
realtà la, reality, 6
recapitare to deliver, 11
recente recent (di recente recently), 7
recentemente recently, 6
reciproco reciprocal, 5

reclutamento il, recruiting, 10
record il, record, 5
reddito il, income, 15
referendum il, referendum, 16
refettorio il, refectory, 3
regalare to give (as a present), 5
regalo il, present, 5
regia la, direction, 7
regime il, government, 16
regionale regional, 7
regione la, region, P
regista il/la, director, P
registrazione la, recording, 10
regno il, kingdom, 14
regola la, rule, 7
regolare regular, 14
regolare to regulate, 15
relativo relative, 10
relazione la, relationship, 7
religioso religious, 3
rendere to render, 7
rendersi conto to realize, 14
repubblica la, republic, 12
residente il/la, resident, 16
residenza la, residence, 5
resistenza la, resistance, 10
respirare to breathe, 15
respiratorio respiratory, 15
responsabilità la, responsibility, 12
restare to remain, 7
restaurare to restore, 12
resto il, rest, 10
resti i, ruins, 13
rete la, net, 13
rettangolare rectangular, 3
riassumere to summarize, 9
ribelle rebellious, 8
ricamo il, embroidery, 11
ricapitolare to review, 1
ricarico il, reloading, 11
ricchezza la, wealth, 13
riccio curly, 3
ricco rich, 1
ricerca la, search, 6
ricercatore, il / ricercatrice la, researcher, 11
ricetta la, recipe, prescription, 9
ricevere to receive, 4
ricevimento il, reception, 5
richiamare to call back, 11
richiamo il, appeal, 4
richiedere to require, to apply, 12
richiesta la, request, 9
riciclare to recycle, 12
riconoscere to recognize, 3
riconoscimento il, recognition, 16
ricoprire to cover, 14
ricordare to remember, 5
ricordo il, memory, 8
ricostruire to rebuild, 5
ricovero il, admission, 15
ricreazione la, recess, 8
ridere to smile, 13
riduzione la, discount, 13
rientrare reenter, to return, 7
rientro il, return, 4
rievocare to commemorate, 9

rifare to remake, 5
riferire to report, 5
riferirsi to refer, 5
rifiutare to refuse, 13
rifiuti i, garbage, 12
riflessivo reflexive, 4
riflesso il, reflex, 15
riflettere to consider, 6
riforma la, reform, 8
rigido rigid, 15
riguardare to concern, 7
riguardo about, 6
rilassante relaxing, 10
rilassarsi to relax, 6
rileggere to reread, 6
rilievo il, relief (di rilievo relevant), 7
rima la, rhyme, 4
rimandare to send back, to postpone, 16
rimanere to remain, 5
rimedio il, remedy, cure, 15
rimettersi to recover, 10
rimproverare to reproach, 16
rinascimentale renaissance, 4
Rinascimento il, Renaissance, 3
rinchiudere to enclose, 3
Ringraziamento il, Thanksgiving, 9
ringraziare to thank, 5
rinunciare to renounce, 9
ripensare to reconsider, 15
ripetere to repeat, 2
risalire to date back, 10
risata la, laughter, 7
riscrivere to write again, 8
riso il, rice, 1
risolvere to solve, to figure out, 12
ripassare to review, 5
ripetere to repeat, P
riposarsi to rest, 4
riposo il, rest, 10
ripostiglio il, storeroom, 12
riprendere to recapture, 16
risalire to go back, 6
riscaldameneto il, heating, 8 (riscaldamento globale il, global warming), 15
rischio il, risk, 15
riservato reserved, 10
risiedere to reside, 16
risistemare rearrange, 16
risotto il, risotto, 9
risorsa la, resource, 10
risparmiare to save, 15
risparmio il, saving, 15
rispettare to honor, to respect, 4
rispondere to answer, P
risposta la, answer, 6
ristorante il, restaurant, 2
ristrutturare to renovate, 6
ristrutturazione la, remodeling, 6
risultare to result, 9
risultato il, result, 5
ritardo il, delay, 11
ritelefonare to call again, 7
ritentare to try again, 10
ritirare to get back, 11

rito il, ritual, 14
ritrattistica la, portrait painting, 10
ritratto il, portrait, picture, 4
ritrovamento il, recovery, 14
ritrovare to find again, to find, 8
ritrovarsi to gather, to get together, 7
riuscire to succeed, 12
riunione la, meeting, 5
riunirsi to get together, 5
rivedere to see again, 8
rilevare to reveal, 16
riviera la, coastline, 2
rivista la, magazine, 14
rivivere to revive, 14
rivolgersi turn to, 15
robusto well built, 13
roccia la, rock, 7
romanico Romanesque, 6
romano Roman, 2
romantico romantic, 7
romanzo il, novel, 3
rompere to break, 10
rosa la, rose, pink, P
rosticceria la, deli, 9
rosso red, P
rotto broken, 12
routine la, routine, 4
rovescio il, reverse, 15
rovina la, ruin, 8
rubinetto il, faucet, 15
rumore il, noise, 8
rumoroso noisy, 8
ruolo il, role, 7
rupestre rocky, 16
russo Russian, 1

S

sabato il, Saturday, 1
sabbia la, sand, 13
sacco a pelo il, sleeping bag, 13
sacro sacred, 14
sacrificio il, sacrifice, 11
saggio il, sage, sample, 11
sagra la, festival, 9
sala la, hall, 2
salmone il, salmon, 9
salato salted, 9
saldi i, clearance sale, 14
sale il, salt, 9
salire to climb, to go up, 4
salone il, hall, 7
salotto il, living room, 6
saltare to jump, 5
salto il, jump, 12
salume il, salami, 14
salumeria la, deli, 14
salutare to greet, 9
salute la, health, 4
saluti i, greetings, 1
salvaguardare to protect, 15
salvare to save, 10
salve hello, 1
salsa la, sauce, 9
sandali i, sandals, 14
sanità la, health care, 16
sanitario medical, 15
sano healthy, 15

santo il, saint, holy, 5
sapere to know, P
sapone il, soap, 14
sapore il, taste, 16
saporito tasty, 9
saraceno Saracen, 14
satirico satirical, 9
Saturno Saturn, 11
sbagliare to err, to mistake, 11
sbagliato wrong, 16
sbarra la, gate, 13
sbrigare to take care, 2
sbuffare to puff, 13
scacchi gli, chess, 7
scadente cheap, 5
scaffale lo, shelf, 6
scalata la, climb, 13
scale le, stairs, 6
scaletta la, list, outline, 5
scalone lo, staircase, 8
scaloppina la, cutlet, 9
scambiare to exchange, 9
scambio lo, exchange, 1
scandire to stress, 6
scarpa la, shoe 3 (scarpe da ginnastica le, sneakers, 3),
scarponi gli, boots, 13
scatola la, box, 14
scattare to snap, 10
scavare to dig, 16
scavo lo, excavation, 16
scegliere to choose, 4
scelta la, choice, 7
scena la, scene, 7
scendere to get off, 13
sceneggiatore, lo/ sceneggiatrice la, script writer, 11
scheda la, form, grid, 5
scheda telefonica la, phone card, 11
schema lo, outline, 5
scherma la, fencing, 7
schermo lo, screen, 2
scherzare to joke, to fool around, 8
scherzoso joking, 11
schiena la, back, 15
sci gli, skis, 7
sciare to ski, 4
sciarpa la, scarf, 14
sciatore lo, skier, 10
scientifico scientific, 8
scienza la, science, 2
scienziato lo, scientist, 2
sciogliere to melt, 9
sciopero lo, strike, 12
sciroppo lo, syrup, 15
scivolare to slip, 7
scoglio lo, reef, 13
scolastico educational, 8
scomparire to disappear, 15
sconosciuto lo, unknown, 14
sconto lo, discount, 9
scontro lo, clash, 4
scoperta la, discovery, 11
scoprire to find out, discover, 5
scorpacciata la, (fare una) to gorge, 16
scorrere to skim through, 9

scorso past, last, 6
scritta la, writing, 13
scrittore, lo/
  scrittrice la, writer, P
scrittura la, writing, 1
scrivania la, desk, 6
scrivere to write, P
scuola la, school, 1
scuro dark, 3
scusa la, excuse, 11
scusi excuse me, 1
sdraio lo, deck chair, 13
secolo il, century, 2
secondo second, according
  to, 4
sedentarietà la,
  sedentariness, 15
sedentario sedentary, 6
sedia la, chair, 2
sedici sixteen, 1
sei six, 1
sega la, saw, 12
segnare to mark, 5
seguente following, 5
segretario il, secretary, 12
segreteria telefonica la, answer
  machine, 7
seguire to follow, 3
semaforo il, stoplight, 14
semestrale biannual, 15
semestre il, semester, 12
semmai if anything, 15
semplice simple, 6
sembrare to seem, 6
sempre always, 3
senato il, senate, 16
sensibile sensitive, 3
senso il, sense, 16
sentiero il, path, trail, 13
sentimento il, feeling, 8
sentire to listen, to hear, 4
sentirci to feel, 5
senzatetto il, homeless, 12
separare to separate, 12
seppellire to bury, 4
sequenza la, sequence, 9
sera la, evening, P
serale of the evening, 8
serata la, evening, 4
sereno serene, calm, 5
serio serious, 3
serra la, greenhouse, 11
servire to need, to serve, 2
servizio il, service, 6
servizi i, restroom,
  conveniences, 13
sessanta sixty, 1
sesso il, sex, 11
seta la, silk, 8
sete la, thirst, P
sette seven, P
settembre September, 1
settanta seventy, 1
settentrionale northern, 10
settimana la, week, 1
settimanale weekly, 16
settimanalmente weekly, 6
settore il, field, 16
severo severe, strict, 4
sfilata la, parade, 9
sfogarsi to vent, 15

sfruttamento lo,
  exploitation, 16
sgridare to yell, 5
siccome since, 12
siciliano Sicilian, 9
sicurezza la, security, 15
sicuro certain, sure, 5
sigaretta la, cigarette, 14
significare to mean, P
significativo significant, 16
significato il, meaning, 13
signor(e) il, gentleman, lord,
  Mr., 1
signora la, lady, Mrs., Ms., 1
signorile luxurious, 12
signorina la, miss, 1
silenzioso silent, 8
simbolo il, symbol, 1
similarità la, similarity, 16
simile similar, 5
simpatia la, sympathy, 16
simpatico nice, 3
sindacato il, labor union, 16
sindaco il, mayor, 12
singolare singular, 1
sinistra la, left, 2
sintetizzato synthesized, 15
sintomo il, symptom, 15
sintonia la, agreement, 15
sistema il, system, 1
sistemazione la, housing,
  accommodation, 6
sito il, site, 10
situare to place, 3
situazione la, situation, 5
slogare to sprain, 10
sloveno Slovenian, 6
smeraldo lo, emerald, 10
smog lo, smog, 15
smoking lo, tuxedo, 14
snobbare to snub, 10
snodarsi to wind, 14
sobbalzo il, jolt, 16
sociale social, 7
socialista socialist, 16
società la, society, 4
socievole friendly, 3
sociologia la, sociology, 2
sociologo il, social scientist, 9
soccorso il, assistance
  (pronto soccorso emergency
  room), 10
soddisfare to satisfy, 9
soddisfazione la, satisfaction, 11
soddisfatto satisfied, 9
sofferenza la, suffering, 7
soffriggere to sauté, 9
soffrire to suffer, 10
sufficiente sufficient, passing, 8
soggetto il, subject, 1
soggiorno il, living room,
  residence, stay, 6
sognare to dream, 8
sogno il, dream, 10
solare solar, 15
sole il, sun, 4
solo alone, only, 8
soldato il, soldier, 8
soldi i, money, 6
soluzione la, solution, 15
solidarietà la, solidarity, 15

solito usual
  (di solito usually), 4
solitudine la, loneliness, 8
solo alone, only, 4
soltanto only, 8
somigliare to look like,
  to be like, 5
sondaggio il, survey, 3
sonno il, sleep, P
sopito dormant, 10
sopportare to bear, 6
sopra on, on top of, 2
soprattutto above all, 3
sorella la, sister, 4
sorellastra la, stepsister, 5
sorpresa la, surprise, 5
sorridere to smile, 15
sorriso il, smile, 16
sorte la, luck, 10
sorvegliante il/la, guard, 13
sosta la, stop, 10
sostanza la, substance, 15
sostenere to take, 8
sostituire to substitute, 12
sotterraneo il, underground, 15
sottile thin, 9
sotto underneath, under, 2
sottolineare to underline, 6
sottomettere to subject, 5
sovrano il, monarch, 14
sovrappopolazione la,
  overpopulation, 15
spaghetti gli, spaghetti, P
spagnolo Spanish, P
spalla la, shoulder, back, 9
spazio lo, space, 14
spazzolino da denti lo,
  toothbrush, 14
sparecchiare to clear (the
  table), 5
spaventare to frighten, 16
spavento lo, fright, scare, 16
spaziale space, 11
spazio lo, space, 1
spazioso spacious, 12
spazzare to sweep, 5
spazzatura la, garbage, 5
specchio lo, mirror, 4
speciale special, 3
specialistico specialized, 15
specialmente especially, 4
specialità la, specialty, 6
specie la, species, kind, 4
specifico specific, 6
spedire to mail, to ship, 5
spegnere to turn off, 11
spendere to spend, 5
speranza la, hope, 9
sperare to hope, 8
spesa la, shopping, 4
spese le, expenses, shopping, 6
spesso often, P
spettacolare fantastic, 9
spettacolarità la,
  spectacularity, 8
spettacolo lo, show, 7
spettatore lo, spectator, 8
spettrale ghostlike, 16
spiacevole unpleasant, 7
spiaggia la, beach, 10
spiegare to explain, 2

spinaci gli, spinach, 4
spirito lo, spirit, 12
spirituale spiritual, 8
splendido shining, 7
spogliarsi to undress, 4
spolverare to dust, 5
sporco dirty, 8
sport lo, sport, 7
sportivo sportsman, P
sposarsi to get married, 5
sposato married, 5
sposi gli, newlyweds, 5
spostarsi to move, 15
sprecare to waste, 15
spremuta d'arancia la, orange
  juice, 15
spruzzare to spray, 13
spumante lo, sparkling wine, 5
squadra la, team,
  (squadra di calcio soccer
  team), 1
squallido bleak, 15
squisito refined, delicious, 7
stabile steady, 10
stabile lo, building, 10
stabilimento lo, factory, plant, 1
stabilito set, 4
stadio lo, stadium, 2
stagione la, season, 4
stamattina this morning, 6
stampante la, printer, 6
stampare to print, 6
stancarsi to get tired, 10
stanco tired, 3
stanza la, room, 7
stare to stay, to be, P
stasera tonight, 2
statico motionless, 1
statistica la, statistics, 15
statale state, 8
stato lo, state, 6
stato civile lo, marital status, 1
statua la, statue, 3
statuto lo, charter, 6
stazione la, station, 7
stella la, star, 8
stento lo, difficulty, 13
stereo lo, stereo, 5
stereotipo lo, stereotype, 16
stesso lo, same, 3
stesura la, draft, 5
stile lo, style, 3
stilista lo/la, designer, 3
stimolante stimulating, 12
stipendio lo, salary, 12
stirare to iron, 5
stivali gli, boots, 3
stomaco lo, stomach, 15
storia la, history, 2
storico historic, 2
strada la, street, road, 2
stradale road, 10
strano strange, 7
straniero lo, foreigner, 1
straordinario remarkable, 3
strategia la, strategy, 1
strato lo, layer, 15
strega la, witch, 8
stressante stressful, 10
stressato stressed, 12
stretto narrow, tight, 2

stropicciare to rub, 13
strumento lo, instrument, 2
struttura la, structure, organization, 1
studente, lo / studentessa la student, P
studiare to study, P
studio lo, study, den, professional shop, 1
studioso lo, studious, scholar, 3
stupendo wonderful, 10
stupidamente foolishly, 16
su on, 6
subire to endure, 16
subito right away, 14
succedere to happen, 7
successivo following, 10
successo il, success, 11
succinto concise, 6
succo il, juice, 4
sud il, south, 1
suggerimento il, hint, 6
suggerire to suggest, to hint, 1
sugo il, juice, 9
suo his/her/ hers, 5
suocera la/il suocero mother-in-law/father-in-law, 5
suonare to play (an instrument), 2
suoneria la, ring tone, 11
superficie la, area, surface, 7
superiore higher, 8
superlativo il, superlative, 10
supermercato il, supermarket, 4
superstizioso superstitious, 11
supposizione la, assumption, 7
supremo supreme, 8
svantaggio lo, disadvantage, 10
sveglia la, alarm clock, 6
svegliarsi to wake up, 4
sveglio awake, 9
svendita la, sale, 14
sviluppare to develop, 8
sviluppo lo, development, 8
svolgere to happen, to carry out, 10
svolta la, turning point, 10
svuotare to empty, 13

T

tabaccheria la, tobacco shop, 11
tacchino il, turkey, 9
tacco il, heel, 14
tacere to be silent, 11
taglia la, size, 14
tagliare to cut, 6
taglio il, cut, 15
tailleur il, woman's suit, 14
talvolta at times, 13
tango il, tango, 5
tanto so much, so many, 3
tappeto il, carpet, 6
tardi late, 1
tassa la, tax, 11
tavolo il, table, 5
taxi il, taxi, 8
tazza la, cup, 9
tè il, tea, 4
teatrale theater, 14
teatro il, theater, 2
tecnica la, technique, 1

tecnico il, technician, 16
tecnologia la, technology, 8
tecnologico technological, 16
tedesco German, 1
tegame il, pot, 9
telefonare to call (to phone), P
telefonata la, phone call, 5
telefonino il, cell phone, 8
telefono il, phone, P
televisione la, television, P
televisore il, television set, 2
tema il, theme, 7
temere to fear, 15
temperatura la, temperature, 4
tempio il, temple, 13
tempo il, time, weather, 3
temporale il, temporal, storm, 9
temporaneamente temporarily, 16
tenda la, tent, 13
tendenza la, tendency, 14
tenere to hold, to keep, 1
tennis il, tennis, 7
tennista il/la, tennis player, 5
tenore il, tenor, 7
tentare to try, 10
tentatrice la, temptress, tempting, 8
tepore il, warmth, 9
termale thermal, 10
terminare to end, 9
termine il, term, word, 7
terminologia la, terminology, 7
termostato il, thermostat, 15
terra la, earth (per terra on the floor), 6
terrazza la, terrace, 6
terremoto il, earthquake, 14
terribile terrible, 8
territorio il, territory, 15
terzo third, 5
tesoro il, treasure, 13
tessera la, identity card, 15
testa la, head, 10
testo il, text, 5
tetto il, rooftop, 1
ticket il, co-payment, 15
tifo il, rooting, 7
tifoso il / tifosa la, fan, 7
timidezza la, shyness, 13
timido shy, 3
tinta la, dye, 14
tipicamente typically, 2
tipico typical, 3
tipo il, type, 6
tipologia la, typology, 5
tirato tense, 15
titolo il, title, 5
tollerante lenient, broad-minded, 3
tolleranza la, tolerance, 16
tomba la, tomb, 2
tonico tonic, 7
tonno il, tuna, 14
tono il, tone, 14
tormentato tortured, 6
tornare to return, 2
torre la, tower, P
torta la, cake, 4
tortellini i, tortellini, 8
Toscana la, Tuscany, 5

toscano Tuscan, 10
tosse la, cough, 15
tostapane il, toaster, 6
totale total, 10
totocalcio il, (football) pool, 7
tovaglia la, tablecloth, 9
tovagliolo il, napkin, 9
tra between, 2
traccia la, trace, 13
tradizionale traditional, 5
tradizione la, tradition, 7
tradurre to translate, 11
traffico il, traffic, 8
trafiletto il, paragraph, 11
traghetto il, ferry, 13
tragitto il, route, 14
tramontare to decline, 11
tranne except, 14
tranquillamente peacefully, 14
tranquillità la, calmness, 12
tranquillo calm, 7
transgenico transgenic, 15
trapiantare to transplant, 16
trapassato il, past perfect, 10
trasferire to transfer, 6
trascinare to drag, 8
trascorrere to spend (time), 9
trascurare to neglect, 13
traslocare to move, 16
trasparente transparent, 10
trarre to pull, 8
trasmettere to convey, 14
trasportare to transport, 11
trasporto il, transportation, 8
trattamento il, treatment, 10
trattare to deal, 5
trattoria la, eatery, 9
traversa la, crossroad, 14
tre three, 1
tredici thirteen, 1
tremante shaking, 16
trenino il, toy train, 8
treno il, train, 8
trenta thirty, 1
trentacinque thirty-five, 1
trentadue thirty-two, 1
trentanove thirty-nine, 1
trentaquattro thirty-four, 1
trentasei thirty-six, 1
trentasette thirty-seven, 1
trentatré thirty-three, 1
trentotto thirty-eight, 1
trentuno thirty-one, 1
trionfante triumphant, 9
triplo triple, 13
triste sad, 3
trittico il, triptych, 9
troppo too much, 3
trota la, trout, 9
trovare to find, 3
truccarsi to put on makeup, 4
tulipano il, tulip, 7
tuo your, yours, 5
turismo il, tourism, 1
turista il/la, tourist, 3
turistico tourist, 2
turno il, turn, 5
tuta la, overall, 7
tutela la, protection, 15
tutto everything, all, P
tutti everyone, 6

U

Ucraina Ukraine, 16
ucraino Ukrainian, 16
ufficiale official, 6
ufficio l' (m.), office, 1
uguaglianza l' (f.), equality, 13
uguale equal, 15
ultimamente lately, 10
ultimo l' (m.) last, 3
umanità l' (f.), humanity, 10
umbro Umbrian, 9
undici eleven, 1
unico only, unique, 5
unione l' (f.), union, 6
Unione Europea l' (f.), European Union, 16
unire to unite, to put together, 3
unito united, close, 5
università l' (f.), university, P
universitario university, 10
uno one (number), a / an (article), P
uomo l' (m.), man, 2
uovo l' (m.), egg, 9
urbano local, 11
urlare to shout, 5
urlo l' (m.), shout, 16
usanza l' (f.), custom, 9
usare to use, 1
uscire to go out, 4
uso l' (m.), usage, 3
utile useful, 5
utilizzare to utilize, 13
utilizzo l' (m.), utilizer, 10
utopia l' (f.), utopia, 10
uva l' (f.), grapes, 4

V

vacanza la, vacation, 4
vaccino il, vaccine, 11
vagone letto il, sleeping car, 13
valere to be worth, 6
valido valid, 6
valigia la, suitcase, 10
valle la, valley, 7
valore il, value, 16
valuta la, currency, 6
vaniglia la, vanilla, 14
vantaggio il, advantage, 10
vantaggioso advantageous, 10
vaporetto il, steamboat, 12
varietà la, variety, 8
vario various, 8
variopinto multicolored, 14
vasca la, tub, 6
vaso il, vase, 6
vasto large, 14
vaticano il, Vatican, 4
vecchio old, 2
vedere to see, 1
vedovo il / vedova la, widower, widow, 13
vegano/a vegan, 15
vegetariano vegetarian, 9
vegetazione la, vegetation, 10
veglione il, ball, 9
vela la, sail, 4
veloce fast, 12
velocità la, speed, 8
vendere to sell, 6

vendita la, sale, 12
venditore il, vendor, 11
venerdì il, Friday, 1
Venere Venus, 11
veneto from the Veneto region, 6
venire to come, 4
venti twenty, 1
venticinque twenty-five, 1
ventidue twenty-two, 1
ventinove twenty-nine, 1
ventisei twenty-six, 1
ventisette twenty-seven, 1
ventiquattro twenty-four, 1
ventitré twenty-three, 1
vento il, wind, 4
ventoso windy, 16
ventotto twenty-eight, 1
ventuno twenty-one, 1
veranda la, porch, 6
veramente truly, 7
verbale verbal, 12
verbo il, verb, 4
verde green, 3
verdura la, vegetable, 4
vergognarsi to be ashamed, 13
verificare to check, to happen, P

verificarsi to come true, 6
verità la, truth, 8
vero true, 1
versione la, draft, 1
verso around, line, 4
vestiario il, clothing, 14
vestirsi to get dressed, 4
vestito il, man's suit, dress, 3
vestiti i, clothes, 5
vetrina la, store window, 8
vetro il, glass, 12
via la, street, 1
viaggiare to travel, 10
viaggio il, travel, trip, 3
vicenda la, event (**a vicenda** one another), 5
vicino next to, near, 1
video il, video, 4
videogioco il, video game, 8
vietare to forbid, 13
vigile del fuoco il, fireman, 11
vigilia la, eve, vigil, 9
villa la, country house, 3
vincere to win, 7
vincita la, win, 12
villaggio il, resort, 10
villeggiatura la, holiday, 13
vino il, wine, 1

violinista il/la, violin player, 11
violino il, violin, 5
visita la, visit, examination, 14
visitare to visit, 3
viso il, face, 9
visto il, visa, 16
vista la, view, sight, 2
vita la, life, 2
vitamina la, vitamin, 15
vite la, vine, 1
vitello il, veal, 5
vittoria la, victory, 10
vivace lively, 2
vivere to live, 4
vivo alive, 5
viziato spoiled, 8
vocabolario il, vocabulary, P
vocabolo il, word, 8
vocale la, vowel, P
voce la, voice, 10
voglia la, desire, 7
volante flying, 9
volentieri gladly, 7
volere to want, 1
volo il, flight, 10
volontà la, will, 16

volontariato il, volunteer work, 11
volta, (**una volta** once, **due volte** twice, **a volte** sometimes), 8
vongole le, clams, 4
vostro your / yours, 5
votare to vote, 12
votazione la, vote, 16
voto il, grade, vote, 8
vuoto empty, 6

W

water il, toilet, 6

Z

zaino lo, backpack, 2
zebra la, zebra, 2
zero lo, zero, 5
zia la, aunt, 10
zio lo, uncle, 5
zitto quiet, 9
zona la, area, zone, 1
zucca la, pumpkin, 9
zucchero lo, sugar, 9

Appendix C   Vocabolario inglese–italiano

The English–Italian vocabulary includes most words and expressions used in this book. The meanings are based on the contexts in which they appear within the chapters. Each entry includes the number of the chapter in which a word or expression first appears. The gender of nouns is indicated by the definite article or the abbreviation *m.* or *f.* The masculine form of adjectives is given.

A

abandon (to) abbandonare, 10
abbey badia, la, 14
ability capacità, la, 12
able capace, 9
about riguardo, 6
absent assente, 8
absolute assoluto, 13
absolutely assolutamente, 13
absorb (to) assorbire, 16
absurd assurdo, 15
academy accademia, l' (f.), 3
accept (to) accettare, 7
acceptable accettabile, 15
access accesso, l' (m.), 11
accessibility accessibilità, l' (f.), 14
accessible accessibile, 11
accessory accessorio, l' (m.), 6
accident incidente, l' (m.), 10
accomplish (to) realizzare, 12
according to secondo, 5
accustom (to) abituare, 12
acquaintance conoscente, il/la, 11
acquire (to) acquisire, 12
act atto, l' (m.), 7
action azione, l' (f.), 5
active attivo, 4
activity attività, l' (f.), 2
actor attore, l' (m.), P
actress attrice, l' (f.), P
actually addirittura, 11
ad annuncio, l' (m.), 12
adapt (to) adattarsi, 16
add (to) aggiungere, 9
address indirizzo, l' (m.), 1
address (to) indirizzare, 6
adherent aderente, 6
adjective aggettivo, l' (m.), 3
adjust (to) adeguarsi, 15
administrative amministrativo, 6
admire (to) ammirare, 9
admission ricovero, il, 15
admit (to) ammettere, 10
adolescence adolescenza, l' (f.), 4
adolescent adolescente, l' (m.), 4
adopt (to) adottare, 10
adopted adottivo, 9
adult adulto, l' (m.), 5
advantage vantaggio, il, 10
advantageous vantaggioso, conveniente, 10
adventure avventura, l' (f.), 6
adverb avverbio, l' (m.), 16
advertisement pubblicità, la, 2
advice consiglio, il, raccomandazione, la, 5
advisable consigliabile, 14
advise (to) consigliare, 9

aerobics aerobica, l' (f.), 7
affect (to) influenzare, 6
affection affetto, l' (m.), 5
after dopo, poi, 1
afternoon pomeriggio, il, 2
against contro, 6
age età, l' (f.), 1
agent agente, l' (m.), 6
agreement accordo, l' (m.), sintonia, la, 5
agricultural agricolo, l' (m.), 1
agriculture agricoltura, l' (f.), 1
ahead avanti, 1
ailment disturbo, il, 15
air aria, l' (f.), 6
airline linea aerea, la, 10
airplane aeroplano, l' (m.), 10
airport aeroporto, l' (m.), 1
Albanian albanese, 16
alcoholic alcolico, 7
alienation alienazione, l' (f.), 15
alive vivo, 5
all tutto, P
allegoric allegorico, 9
allow (to) permettere, consentire, 8
almond mandorla, la, 15
almost quasi, 4
alone solo, 4
alphabetic alfabetico, 1
alpine alpino, 7
already già, P
also anche, ancora, 1
alternate alternativo, 7
always sempre, 3
ambition ambizione, l' (f.), aspirazione, l' (f.), 12
ambitious ambizioso, 12
amenities comfort, il, 13
American americano, P
amount quantità, la, 10
amphitheater anfiteatro, l' (m.), 8
analysis analisi, l' (f.), 12
ancient antico, 2
animal animale, l' (m.), 7
animation animazione, l' (f.), 7
animosity animosità, l' (f.), 9
ankle caviglia, la, 10
anniversary anniversario, l' (m.), 5
announce (to) annunciare, 5
announcement annuncio, l' (m.), 3
answer risposta, la, 6
answer (to) rispondere, P
antibiotic antibiotico, l' (m.), 15
any qualunque, 10
anyhow comunque, 4
anxiety ansia, l' (f.), 4
anxious ansioso, 15
aperitif aperitivo, l' (m.), 12
appeal richiamo, il, 4

appear (to) apparire, comparire, 6
appearance aspetto, l' (m.), 5
appetizer antipasto, l' (m.), 5
apple mela, la, 1
appliances elettrodomestici, gli, 6
application domanda, la, 12
apply (to) applicare, richiedere, 15
appoint (to) nominare, 16
appointment appuntamento, l' (m.), 2
appreciate (to) gradire, apprezzare, 5
approach (to) avvicinare, 14
April aprile, 1
arcade porticato, il, 6
archaeological archeologico, 13
architect architetto, l' (m.), 1
architecture architettura, l' (f.), 2
area superficie, la, 7
area code prefisso, il, 11
Argentinean argentino, 1
argue (to) litigare, 5
arm braccio, il, 4
armchair poltrona, la, 6
around in giro, intorno, 8
arrival arrivo, l' (m.), 6
arrive (to) arrivare, 2
art arte, l' (f.), 2
article articolo, l' (m.), 2
artist artista, l' (m.), 1
artistic artistico, 5
ash cenere, la, 16
ask (to) domandare, chiedere, 2
asparagus asparagi, gli (m.), 4
aspect aspetto, l' (m.), 13
aspiration aspirazione, 12
aspirin aspirina, l' (f.), 14
assertion affermazione, l' (f.), 5
assessment accertamento, l' (m.), 15
assist (to) assistere, 5
associate (to) associare, 5
association associazione, l' (f.), 1
assumption supposizione, la, (also Assunzione), l' (f.), 7
astrologer astrologo, l' (m.), 9
astronomy astronomia, l' (f.), 11
astrophysicist astrofisico, l' (m.), 1
at (Internet terminology) @, chiocciola, la, 1
athlete atleta, l' (m./f.), 7
athletic atletico, 3
ATM bancomat, il, 14

atmosphere atmosfera, l' (f.), 5
atmospheric atmosferico, 15
attain (to) ottenere, 10
attend (to) frequentare, 2
attention attenzione, l' (f.), P
attitude atteggiamento, l' (m.), 9
attract (to) attirare, attrarre, 7
audition provino, il, 8
August agosto, P
aunt zia, la, 10
Australian australiano, 1
Austrian austriaco, 6
author autore, l' (m.), 5
autobiography autobiografia, l' (f.), 8
autonomy autonomia, l' (f.), 6
available disponibile, a disposizione, 4
avoid (to) evitare, 4
awake sveglio, 9
award premio, il, 10
awkward impacciato, 10

B

back schiena, la, 15
backpack zaino, lo, 2
bacon pancetta, la, 14
bad male, malvagio, cattivo, P
bag busta, la, 14
bakery panetteria, la, forno, il, 14
balance equilibrio, l' (m.), 15
balcony balcone, il, 6
bald calvo, 3
ball pallone, il, veglione, il, 7
balloon palloncino, il, 5
band gruppo musicale, il, 7
bank banca, la, 2
baptism battesimo, il, 5
barber barbiere, il, 4
bare nudo, 14
Baroque barocco, il, 8
basilica basilica, cattedrale, la, 8
basis base, la, 4
basketball pallacanestro, la, 7
bat mazza, la, 7
bath bagno, il, 6
bathing suit costume da bagno, il, 14
bay baia, la, 11
be (to) essere, stare, 1
beach spiaggia, la, 10
bear orso, l' (m.), 15
bear (to) sopportare, 6
beard barba, la, 3
beautiful bello, 2
beauty bellezza, la, estetica, l' (f.), 3
because perché, 4

become (to) diventare, divenire, assumere, 4
bed letto, il, 4
bedroom camera da letto, la, 4
beef manzo, il, 9
beer birra, la, 4
before prima, 1
begin (to) cominciare, iniziare, incominciare, mettersi, 2
beginning inizio, l' (m.), debutto, il, 6
behave (to) comportarsi, 12
behavior comportamento, il, 15
behind indietro, alle spalle, 10
beige beige, 3
belong (to) appartenere, 6
belt cintura, la, 14
berth cuccetta, la, 13
besides oltre, 7
best ottimo, 7
better meglio, migliore, 1
between tra, 2
beverage bevanda, la, 9
biannual semestrale, 15
bicycle bicicletta, la, 2
big grosso, grande, 2
bill conto, il, 6
billion miliardo, il, 6
biological biologico, 15
biology biologia, la, P
biotechnology biotecnologia, la, 15
birth nascita, la, 5
birthday compleanno, il, 1
bite (to) morsicare, 10
black nero, 3
blackboard lavagna, la, P
bland insipido, 9
bleak squallido, 15
blender frullatore, il, 6
blond biondo, 3
blossom (to) fiorire, 9
blow up (to) esplodere, 9
blue azzurro, blu, 3
boat barca, la, 11
body corpo, il, 15
boiling bollente, 9
bone osso, l' (m.), 15
book libro, il, P
book (to) prenotare, 6
bookcase libreria, la, 6
boots stivali, scarponi, gli, 3
booth cabina, la, 11
border confine, il, frontiera, la, 16
border (to) confinare, 16
boring noioso, 2
both entrambi, 5
bottle bottiglia, la, 5
bottom fondo, il, 14
boundlessly infinitamente, 6
box scatola, la, 14
boxing pugilato, il, 7
boy ragazzo, il, 2
bracelet bracciale, il, 14
brain cervello, il, 16
branch ramo, il, 5
brand marca, la, 9
Brazilian brasiliano, 1

bread pane, il, 4
break (to) rompere, 10
breakfast colazione, la, 4
breathe (to) respirare, 15
breathless ansante, 16
bridge ponte, il, 12
bright luminoso, acceso, 12
bring (to) portare, 3
British britannico, 8
brochure dépliant, il, 10
broken rotto, 12
bronze bronzo, 10
broth brodo, il, 15
brother fratello, il, 5
brother-in-law cognato, il, 5
brown marrone, castano, 3
browned dorato, 9
build (to) costruire, 3
builder costruttore, il, 14
building stabile, lo, 10
burner fornello, il, 6
bullying prepotente, 8
burn (to) bruciare, 13
bury (to) seppellire, 4
bus pullman, il, corriera, la, 13
bush cespuglio, il, 13
business commerciale, commercio, il, affari, gli, 6
busy impegnato, 8
butcher shop macelleria, la, 14
but ma, però, 1
butter burro, il, 9
button bottone, il, 15
buy (to) comprare, 2
biweekly quindicinale, il, 14

C

cadaver cadavere, il, 15
cafeteria mensa, la, 2
calculate (to) calcolare, 9
calculation conto, il, 12
calculator calcolatrice, la, 2
calendar calendario, il, P
call (to) chamare, telefonare, P
called denominato, 10
calm calm, tranquillo, 3
calmness tranquillità, la, 12
caloric calorico, 10
cake torta, la, 4
camping campeggio, il, 13
Canadian canadese, 1
can lattina, la, 13
cancer cancro, il, 11
candle candela, la, cero, il, 5
cap berretto, il, 8
Capricorn capricorno, 10
capture (to) catturare, 12
car automobile, l' (f.), macchina, la, P
carbohydrates carboidrati, i, 15
card carta, cartolina, la, biglietto, il, 4
career carriera, la, 10
carefully attentamente, 5
caretaker badante, il/la, 16
carnival carnevale, il, 9
carpet tappeto, il, 6
cartoon fumetti, cartoni animati, i, 7
case caso, il, 7

cash contante, il, 14
cash register cassa, la, 14
castle castello, il, 7
casual disinvolto, 5
cat gatto, il, P
categorical categorico, 15
category categoria, la, 7
cathedral duomo, il, 14
cauliflower cavolfiore, il, 4
cave grotta, la, 16
celebrate (to) festeggiare, celebrare, 5
cellar cantina, la, 6
cement cemento, il, 10
center centro, il, 1
century secolo, il, 2
ceramic ceramica, la, 6
ceremony cerimonia, la, 5
certain sicuro, certo, 5
certainly sicuramente, 11
certainty certezza, la, 2
chair sedia, la, 2
chalk gesso, il, 2
Chamber of deputies Camera dei deputati, la, 16
championship campionato, il, 7
chandelier lampadario, il, 6
change cambio, cambiamento, il, 6
change (to) cambiare, 5
channel canale, il, 7
chapter capitolo, il, 1
character personaggio, il, 3
characteristic caratteristico, 13
charge carica, la, 16
charity beneficenza, la, 12
charming affascinante, incantevole, 3
charter statuto, lo, 6
chat chiacchierata, la, 7
chat (to) chiacchierare, 7
cheap scadente, 5
check assegno, l' (m.), 14
check (to) verificare, controllare, P
cheek guancia, la, 10
cheerful allegro, 3
cheese formaggio, il, 4
chef cuoco, il, 9
chemistry chimica, la, 2
cherry ciliegia, la, 9
cherub cherubino, il, P
chess scacchi, gli, 7
chest petto, il, 15
chiaroscuro chiaroscuro, il, 12
chicken pollo, il, 4
childhood infanzia, l' (f.), 8
children figli, bambini, i, 5
chimney camino, il, P
Chinese cinese, 2
choice scelta, la, 7
cholesterol colesterolo, il, 15
cholesterolemia colesterolemia, la, 15
choose (to) scegliere, 4
chore compito, il, 9
Christian cristiano, 14
Christmas Natale, il, natalizio, 5

Christmas Eve dinner cenone, il, 9
Christianity critianesimo, il, 9
chronic cronico, 15
chronological cronologico, 10
cigarette sigaretta, la, 14
cinema cinema, il, 1
cinnamon cannella, la, 14
circle cerchio, il, ambito, l' (m.), 5
circular circolare, 10
circulation circolazione, la, 6
circumstance circostanza, la, 16
citizen cittadino, il, 16
city città, la, capital city capoluogo, il, P
civilization civiltà, la, 7
clams vongole, le, 4
clandestine clandestino, il, 16
clarity chiarezza, la, 13
clash scontro, lo, 4
class classe, la, 7
classic classico, 3
classmate compagno, il, 2
classroom aula, l' (f.), classe, la, 2
clean pulito, 8
clean (to) pulire, 3
cleaners lavanderia, la, 11
clear chiaro, 3
clear (to) the table sparecchiare, 5
clerk impiegato, l' (m.), 11
clever bravo, 3
client cliente, il, 6
climate clima, il, 13
climb scalata, la, 13
climb (to) salire, 4, arrampicarsi, montare, 8
clinic clinica, la, 15
clock orologio, l' (m.), 2
close vicino, unito, 5
close (to) chiudere, P
closed chiuso, 16
closet armadio, l' (m.), 3
closing chiusura, la, 5
clothes vestiti, i, 5
clothing vestiario, il, abbigliamento, l' (m.), 3
cloudy nuvoloso, 4
club mazza, la, 7
coal carbone, il, 9
coalition coalizione, la, 16
coast costa, la, 10
coastline riviera, la, 2
coat cappotto, il, mantello, il, 5
coffee caffè, il, P
coffee maker macchina da caffè, la, 6
coin moneta, la, 6
coincide (to) coincidere, 14
coinquilino il, housemate, 6
cold freddo, 4
cold raffreddore, il, 14
colleague collega, il/la, 9
collection collezione, la, 7
collide (to) investire, 10
colony colonia, la, 10
color colore, il, 3

color (to) colorare, 8
colored colorato, 9
Colosseum Colosseo, il, 8
column colonna, la, 6
comb (to) pettinare, 4
combination combinazione, la, 12
come (to) venire, 4
comedy commedia, la, 7
comfort benessere, il, comodità, la, 10
comfortable comodo, 6
commemorate (to) rievocare, 9
comment commento, il, 5
comment (to) commentare, 12
common comune, 3
communicate (to) comunicare, 15
communicative comunicativo, 12
communion comunione, la, 5
community comunità, la, comunitario, 6
company compagnia, ditta, la, 7
comparative comparativo, il, 13
compare (to) paragonare, confrontare, 3
comparison paragone, il, 3
competition competizione, la, concorso, il, 10
compile (to) compilare, 5
complain (to) lamentarsi, 8
complete completo, 4
complete (to) completare, 5
completely completamente, 6
complex complesso, 1
complicated complicato, 16
compliment complimento, il, 15
component elemento, l' (m.), 7
compose (to) comporre, 7
composer compositore, il, 2
composition composizione, la, 5
computer science informatica, l' (f.), 2
concern (to) riguardare, 7
concert concerto, il, 2
concise succinto, 6
concisely brevemente, 12
conclude (to) concludere, 5
conclusion conclusione, la, 7
concrete concreto, 11
condition condizione, la, 2
condition (to) condizionare, 15
conditional condizionale, il, 12
conditioned condizionato, 6
conditioning condizionamento, il, 12
condominium condominio, il, 15
cone cono, il, 6
confer (to) conferire, 14
conference conferenza, la, congresso, il, 1
confess (to) confessare, 16
confetti coriandoli, i, 9
confidence fiducia, la, 10
confirm (to) confermare, 7

confirmation conferma, la, 5
confused confuso, 13
confusion confusione, la, 1
congratulation congratulazione, la, 5
conjugate coniugare, 7
connect (to) connettere, 12
connection connessione, coincidenza, la, 10
conquer (to) conquistare, 7
conscience coscienza, la, 15
consider (to) considerare, riflettere, 1
considerable notevole, 6
consideration considerazione, la, 6
consist (to) consistere, 8
consistent consistente, 5
consolidate (to) consolidare, 15
consonant consonante, la, P
constitution costituzione, la, 16
construction costruzione, la, 6
consult (to) consultare, 6
consume (to) consumare, 15
contact contatto, il, 12
contact (to) contattare, 6
contain (to) contenere, 4
container contenitore, il, 14
contemporary contemporaneo, 7
context contesto, il, 2
continent continente, il, 8
continue (to) continuare, proseguire, 12
continuously continuamente, 7
contradict (to) contraddire, 7
contribute (to) contribuire, 10
contribution apporto, l' (m.), contributo, il, 14
convenience convenienza, la, 14
convenient conveniente, 6
convent convento, il, 3
conversation conversazione, la, P
convey (to) trasmettere, 14
convince (to) convincere, 6
convincing convincente, 12
cook (to) cuocere, 9
cooked cotto, 9
cookie biscotto, il, 4
cool fresco, 4
cooperate collaborare, 11
copayment ticket, il, 15
copper rame, il, 15
corner angolo, l' (m.), 8
correct corretto, giusto, 5
correct (to) correggere, 5
correspond (to) corrispondere, 3
corresponding corrispondente, il, equivalente, 7
corridor corridoio, il, 8
cosmos cosmo, il, 11
cost costo, il, 6
cost (to) costare, 3
costume costume, il, 4
cotton cotone, il, 14
cough tosse, la, 15
Council Consiglio, il, 16

count (to) contare, 11
counter bancone, il, 14
countess contessa, la, 5
country Paese, il, 1
countryside campagna, la, 4
couple coppia, la, 10
courage coraggio, il, 16
course corso, il, 11
court corte, la, 3
courtesan cortigiano, il, 4
courtyard cortile, il, 5
cousin cugino, il, cugina, la, 5
cover (to) coprire, ricoprire, 13
cozy accogliente, 6
crazy pazzo, matto, 8
crane gru, la, 11
cream panna, la, 9
create (to) creare, 1
creation creazione, la, 6
creative creativo, 12
creativity creatività, la, 12
credit credito, il, 11
crime crimine, il, 11
cross (to) attraversare, 8
crossroad traversa, la, 14
crowd folla, la, 14
crowded affollato, 8
crucial determinante, 8
cruise crociera, la, 13
cry (to) piangere, 8
crystal cristallo, il, 6
cube cubo, il, 6
cultural culturale, 6
culture cultura, la, 2
cup tazza, la, 9
cura la, rimedio, il, 15
cure (to) curare, 5
curious curioso, 6
curly riccio, 3
currency moneta, valuta, la, 6
current attuale, 6
curvature curvatura, la, 14
custom usanza, l' (f.), 9
cut taglio, il, 12
cut (to) tagliare, 6
cute carino, 6
cutlet scaloppina, la, 9
cycling ciclismo, il, 7

D

dad papà, babbo, il, 5
daily giornaliero, giornalmente, quotidiano, il, 4
damage (to) danneggiare, 15
dance ballo, il, danza, la, 7
dance (to) ballare, 3
dancer ballerino, il, 8
dangerous pericoloso, 13
dark scuro, 3
data dati, i, 1
date data, la, P
daughter figlia, la, 5
dawn alba, l' (f.), 7
day giorno, il, giornata, la, P
dead morto, 5
deal (to) trattare, 5
dear costoso, caro, gentile, egregio, 3
December dicembre, 1
decide (to) decidere, 5
decision decisione, la, 10

deckchair sdraio, la, 13
decline (to) tramontare, 11
decorate (to) addobbare, ornare, 9
decorated adornato, 3
decorative decorativo, 14
dedicate (to) dedicare, 5
defense difesa, la, 12
definitely certo, definitivamente, 4
definition definizione, la, 7
degree laurea, la, diploma, il, 5
deign (to) degnarsi, 15
delay ritardo, il, 11
deli rosticceria, salumeria, la, 9
deliberately apposta, 16
delicacy delizia, la, 8
delicious squisito, 9
deliver (to) recapitare, 11
delude (to) illudere, 16
delusion illusione, l' (f.), 16
democracy democrazia, la, 16
democratic democratico, 16
demographic demografico, 5
demonstrative dimostrativo, 8
den studio, lo, 6
denim jeans, i, 3
denomination banconota, la, 6
dense denso, 11
dentist dentista, il/la, 1
department store grandi magazzini, i, 10
departure partenza, la, 6
depend (to) dipendere, 3
deposit (to) depositare, 14
depressed depresso, 15
deputy deputato, il, 12
describe (to) descrivere, 4
description descrizione, la, 3
deserted deserto, 9
design (to) disegnare, progettare, 6
designate (to) designare, 2
designer stilista, lo/la, 3
desire voglia, la, desiderio, il, 7
desire (to) desiderare, 2
desk banco, il, scrivania, la, 2
despair (to) disperare, 16
desperate disperato, 10
dessert dolce, il, 4
destination meta, la, 9
destroy (to) distruggere, 8
destruction distruzione, la, 15
detail particolare, il, 2
develop (to) sviluppare, 8
developing emergente, 16
development sviluppo, lo, 8
devout devoto, 14
diagnostic diagnostico, 15
dialect dialetto, il, 6
dialogue dialogo, il, 5
diary diario, il, 7
dictatorial dittatoriale, 16
dictionary dizionario, il, P
diet dieta, la, 15
difference differenza, la, 6

differentiation differenziazione, la, 12
difficult difficile, 2
difficulty stento, lo, difficoltà, la, 13
dig (to) scavare, 16
digital digitale, 13
dilemma dilemma, il, 14
diligent diligente, 8
dine (to) cenare, pranzare, 11
direct diretto, 5
direction regia, la, indicazione, l' (f.), 7
directly direttamente, 7
director direttore, il, regista, il/la, P
dirty sporco, 8
disadvantage svantaggio, lo, 10
disappear (to) scomparire, 15
disappointment delusione, la, 16
disapproval dissenso, il, 10
disaster disastro, il, 16
discipline disciplina, la, 7
disco discoteca, la, 4
discount sconto, lo, riduzione, la, 9
discover (to) scoprire, 16
discovery scoperta, la, 11
discretion discrezione, la, 13
discriminate (to) discriminare, 16
discriminating discriminante, 12
discrimination discriminazione, la, 16
discuss (to) discutere, 3
dish pietanza, la, piatto, il, 4
dishwasher lavastoviglie, la, 6
display manifestazione, la, 5
display, (to) manifestare, esporre, 5
disposal disposizione, la, 12
dissatisfaction insoddisfazione, l' (f.), 12
distance distanza, la, 14
distant distante, 10
distinction distinzione, la, 12
distinguished distinto, 6
distinctive caratteristico, 7
distress angoscia, l' (f.), 15
district contrada, la, 9
diversity diversità, la, 6
divide (to) dividere, 5
divorce divorzio, il, 5
divorce (to) divorziare, 10
divorced divorziato, 5
do (to) fare, 1
doctor dottore, il, dottoressa, la, medico, il, P
document documento, il, 6
dog cane, il, 5
doll bambola, la, 8
dollar dollaro, il, 6
dome cupola, la, 5
Dominican domenicano, 3
door porta, la, 2
doorman portinaio, il, 11
Dorian dorico, 16
dormant sopito, 10
dot punto, il, 1

double doppio, 6
doubt dubbio, il, incertezza, l' (f.), 4
doubt (to) dubitare, 11
drag (to) trascinare, 8
draft versione, stesura, la, 1
dramatic drammatico, 7
draw (to) disegnare, 2
drawing disegno, il, 5
draw (to) disegnare, 2
dreadful orrendo, 15
dream sogno, il, 10
dream (to) sognare, 8
dress abito, l' (m.), 14
drink (to) bere, 4
drive (to) guidare, 8
driving license patente, la, 10
drug droga, la, 16
drums batteria, la, 7
due debito, il, 14
dull opaco, 10
dumbfounded interdetto, 15
dune duna, la, 13
duplex bifamiliare, il, 16
during durante, nel corso, 1
dust polvere, la, 13
dust (to) spolverare, 5
duty dovere, il, 5
dwarf nano, il, 8
dwelling abitazione, l' (f.), 6
dye tinta, la, 14
dynamic dinamico, 1

E

each ciascuno, ognuno (**each other** a vicenda), 5
ear orecchio, l' (m.), 5
earring orecchino, l' (m.), 14
earn (to) guadagnare, 11
earthquake terremoto, il, 14
easiness facilità, la, 13
east oriente, est, l' (m.), 2
Easter Pasqua, la, 9
eastern orientale, 7
easy facile, 2
easily facilmente, 5
eat (to) mangiare, pranzare, 2
eatery trattoria, la, 9
echo eco, l' (f.), 9
ecological ecologico, 12
ecology ecologia, l' (f.), 12
economic economico, 5
economy economia, l' (f.), 2
ecosystem ecosistema, l' (m.), 15
educational scolastico, educativo, 8
effect effetto, l' (m.), 11
effective efficace, 11
efficient efficiente, 12
egg uovo, l' (m.), 9
eight otto, 1
eighteen diciotto, 1
eighty ottanta, 1
elderly anziano, l' (m.), 3
elect (to) eleggere, 16
elective facoltativo, 8
election elezione, l' (f.), 16
electrician elettricista, l' (m.), 12
electrify (to) elettrizzare, 14

elegant elegante, 2
elementary elementare, 5
elevator ascensore, l' (m.), 6
eleven undici, 1
eliminate (to) eliminare, 12
e-mail indirizzo elettronico, l', 1
embroidery ricamo, il, 11
emerald smeraldo, lo, 10
emergency room pronto soccorso, il, 10
emigrant emigrante, l' (m./f.), 16
emigrate (to) emigrare, 16
emigration emigrazione, l' (f.), 7
emperor imperatore, l' (m.), 2
empty vuoto, 6
empty (to) svuotare, 13
enclose (to) rinchiudere, allegare, 3
encourage (to) incoraggiare, 10
end fine, la, 7
end (to) terminare, finire, 9
endless interminabile, 8
endure (to) subire, 16
energy energia, l' (f.), 10
engagement impegno, l' (m.), 10
engineer ingegnere, l' (m.), 5
engineering ingegneria, l' (f.), 2
English inglese, 1
enjoy (to) godere, 7
enlargement ingrandimento, l' (m.), 11
enrich (to) arricchire, 8
enrichment arricchimento, l' (m.), 16
enroll (to) iscriversi, 1
enter (to) entrare, 2
enterprise iniziativa, l' (f.), 12
enthusiasm entusiasmo, l' (m.), passione, la, 7
entire intero, 10
entirely interamente, 3
environment ambiente, l' (m.), 4
environmentalist ambientalista, l' (m./f.), 12
envy (to) invidiare, 12
Epiphany Epifania, l' (f.), 9
episode episodio, l' (m.), 3
equal uguale, 15
equality uguaglianza, l' (f.), 13
equipment attrezzatura, l' (f.), 13
eraser cancellino, il, gomma, la, 2
err (to) sbagliare, 11
errands commissioni, le, 7
error errore, l' (m.), 2
eruption eruzione, l' (m.), 13
especially specialmente, 4
espresso espresso, l' (m.), 4
essay saggio, il, 11
establish affermarsi, 9
estranged estraniato, 15
eternal eterno, 8
ethnic etnico, 16
Etruscan etrusco, 9
euro euro, l' (m.), 6
European europeo, 2
European Union Unione Europea, l' (f.), 16
evangelic evangelico, 3

eve vigilia, la, 9
evening sera, serata, la, P
event avvenimento, l' (m.), manifestazione, la, 5
ever mai, 4
every ogni, 2
everyone tutti, 6
everything tutto, P
everywhere dappertutto, 8
evident evidente, 4
exactly esattamente, 10
exaggerate (to) esagerare, 15
exam esame, l' (m.), 6
examine (to) esaminare, 11
example esempio, l' (m.), 2
excavation scavo, lo, 16
excellent prelibato, eccellente, 9
except tranne, 14
exceptional eccezionale, 5
excessive eccessivo, 6
exchange scambio, lo, cambio, il, 1
exchange (to) scambiare, 9
excited emozionato, 8
exclude (to) eliminare, escludere, 5
exclusively esclusivamente, 2
excursion gita, la, 7
excuse scusa, la, pretesto, il, 5
executive esecutivo, l' (m.), 16
exercise ginnastica, la, 10
exercise (to) esercitare, 4
exhausted esausto, 8
exhibit (to) esporre, 9
exhortation esortazione, l' (f.), 7
exile esilio, l' (m.), 16
exist (to) esistere, 6
exoticism esotismo, l' (m.), 14
explain (to) spiegare, 2
exploitation sfruttamento, lo, 16
export esportazione, l' (f.) 16
export (to) esportare, 16
exposition esposizione, l' (f.), 1
expound (to) illustrare, 12
expect (to) aspettarsi, 6
expected previsto, 4
expense costo, il, 6
expensive costoso, 5
express (to) esprimere, 3
expression espressione, l' (f.), P
experience esperienza, l' (f.), 7
expert esperto, 3
explore (to) esplorare, 12
expressway autostrada, l' (f.), 8
exotic esotico, 13
extend (to) estendere, 7
extended allargato, 5
extraterrestrial extraterrestre, 15
extrovert estroverso, 3
eye occhio, l' (m.), P
eyeglasses occhiali, gli, 3
eyelash ciglio, il, P

F

fabulous favoloso, 10
facade facciata, la, 9

face faccia, la, viso, il, 5
face (to) affrontare, 12
factor fattore, il, 11
factory stabilimento, lo, fabbrica, la, 1
false falso, 1
fall caduta, la, 16
fall (to) cadere, 7
family famiglia, la, P
family member familiare, 5
famous famoso, celebre, 1
fan tifoso, il, 7
fantastic spettacolare, fantastico, 9
far lontano, 2
farm fattoria, la, 6
farm (to) coltivare, 1
farmhouse cascina, la, 6
farming coltivazione, la, 15
fascinated affascinato, 16
fascism fascismo, il, 16
fascist fascista, il/la, 16
fast veloce, 12
fat grasso, 2
father padre, il, 2
father-in-law suocero, il, 5
faucet rubinetto, il, 15
fault colpa, la, 8
fauna fauna, la, 15
favor (to) favorire, 10
favorable favorevole, 16
favorite preferito, 3
fear paura, la, spavento, lo, 8
fear (to) temere, 15
feature caratteristica, la, 3
feather penna, la, P
February febbraio, 1
federal federale, 16
federation federazione, la, 10
feel (to) sentirsi, provare, 5
feeling sentimento, il, 8
female femmina, la, 12
feminine femminile, 2
fencing scherma, la, 7
ferment fermento, il, 14
ferry traghetto, il, 13
fertile fertile, 6
festival sagra, la, 9
festivity festa, la, 1
festoon festone, il, 14
fever febbre, la, 7
few pochi/e, qualche, 3
fiancé fidanzato, il, 10
field campo, settore, il, 2
fifteen quindici, 1
fifth quinto, 6
fiftieth cinquantesimo, 5
fifty cinquanta, 1
fight (to) combattere, 12
figure figura, la, 8
final finale, 1
finally infine, 7
find (to) trovare (to find out, scoprire), 3
finger dito, il, 10
fine multa, la, 13
finish (to) finire, 3
fireman vigile del fuoco, il, 11
fireplace caminetto, il, 12
fireworks petardi, i, 9
firm azienda, l' (m.), 12

first primo, 1
fish pesce, il, 4
five cinque, 1
fixation fisima, la, 15
fixed fisso, 4
fizzy gassato, 15
flag bandiera, la, 9
flight volo, il, 10
flora flora, la, 15
flower fiore, il, 2
flowing fluido, 10
flu influenza, l' (f.), 15
fluid liquido, 2
flying volante, 9
fog nebbia, la, 4
foggy nebbioso, 15
folklore folclore, il, 15
follow (to) seguire, 3
following seguente, successivo, 5
fond affezionato, 10
foolishly stupidamente, 16
food cibo, il, 4
foot piede, il, 1
forbid (to) vietare, proibire, 13
forbidden proibito, 9
forecast previsioni, le, 4
forefront avanguardia, l' (f.), 15
forehead fronte, la, 14
foreign straniero, lo, estero, 1
foreign languages lingue straniere, le, 2
forest foresta, la, 15
forget (to) dimenticare, 5
fork forchetta, la, 9
form modulo, il, scheda, la, 5
form (to) formare, 5
formal formale, 1
formidable formidabile, 15
forming formazione, la, 12
formulate (to) formulare, 7
fortunate fortunato, 7
fortune fortuna, la, 8
fortune-teller indovino, l' (m.), 11
forty quaranta, 1
forum foro, il, 8
found (to) fondare, 8
fountain fontana, la, 2
four quattro, 1
fourteen quattordici, P
fragment frammento, il, 5
free libero, gratis, gratuito, 3
freely liberamente, 16
freedom libertà, la, 9
French francese, 1
French fries patatine, le, 4
frenzied frenetico, 9
frenzy frenesia, la, 7
frequency frequenza, la, 3
fresco fresco, 3
fresco (to) affrescare, 4
fresh fresco, 4
Friday venerdì, 1
friend amico, l' (m.), P
friendly socievole, amichevole, 3
friendship amicizia, l' (f.), 5

fright spavento, lo, 16
frighten (to) spaventare, 16
fruit frutta, la, 4
full pieno, 13
fumble (to) armeggiare, 12
function funzione, la, 8
funding finanziamento, il, 15
funny buffo, divertente, 2
furnish (to) arredare, 6
furnishing arredamento, l' (m.), 6
furniture mobili, i, 5
future futuro, il, avvenire, l' (m.), 11
futurism futurismo, il, 1
futurist futurista, il, 1

G

gallery galleria, la, 3
game gioco, il, partita, la, 1
garage garage, il, 1
garbage spazzatura, la, rifiuti, i, 5
garden giardino, il, 3
gardening giardinaggio, il, 5
garlic aglio, l' (m.), 9
gas gas, il, 15
gasoline benzina, la, 13
gastronomic gastronomico, 10
gate sbarra, la, 13
gather (to) radunare, 8
gather (to) ritrovarsi, 7
genealogical genealogico, 5
general generale, 4
generally generalmente, in genere, 2
generous generoso, 3
generation generazione, la, 5
genetically modified transgenico, 15
gentle gentile, 3
genuine genuino, 13
genuineness genuinità, la, 15
geographical geografico, 14
geography geografia, la, P
German tedesco, 1
Germany Germania, la, 9
gerund gerundio, il, 11
gesture gesto, il, 10
ghetto ghetto, il, P
ghostlike spettrale, 16
gift regalo, il, 11
girl ragazza, bambina, la, 2
give (to) dare, donare, 1
glacier ghiacciaio, il, 7
gladly volentieri, 7
glance occhiata, l' (f.), 14
glass bicchiere, vetro, il, 5
global warming riscaldamento globale, il, 15
glorious glorioso, 4
gloves guanti, i, 14
glycemia glicemia, la, 15
go (to) andare, 1
gold oro, l' (m.), 5
golden dorato, 9
gondola gondola, la, 12
good buono, P
gorge (to) fare una scorpacciata, 16
Gothic gotico, 2

government governo, il, regime, il, 16
grade voto, il, 8
graduate (to) laurearsi, diplomarsi, 5
grammar grammatica, la, 1
grandchild nipote, il/la, 5
grandfather nonno, il, 5
grandmother nonna, la, 5
grapes uva, l' (f.), 4
grass erba, l' (f.), 6
grate (to) grattugiare, 9
gray grigio, 3
great grande, 1
great-grandparents bisnonni, i, 5
Greek greco, 1
green verde, 3
greengrocer fruttivendolo, il, 14
greenhouse serra, la, 11
greet (to) salutare, 9
greeting augurio, l' (m.), saluto, il, P
grilled grigliato, 9
grocery alimentari, gli, 14
growth crescita, la, 5
guard sorvegliante, il/la, 13
guardian protettore, il, 12
guess (to) indovinare, 1
guest ospite, l' (m./f.), invitato, l' (m.), 4
guide guida, la, P
guided guidato, 10
guitar chitarra, la, 2
gulf golfo, il, 11
gym palestra, la, 7

H

habit abitudine, l' (f.), 4
hair capelli, i, 3
hairdresser parrucchiere, il/la, 11
hair dryer asciugacapelli, l' (m.), 7
half metà, 8
hall sala, la, salone, il, 2
ham prosciutto, il, 2
hammer martello, il, 12
hand mano, la, 9
hand (to) consegnare, porgere, 13
handbag borsa, la, 2
handicapped invalido, 15
handicraft artigianato, l' (m.), 15
handkerchief fazzoletto, il, 14
hang (to) appendere, 9
happen (to) succedere, avvenire, svolgere, verificare, 7
happy lieto, contento, felice, allegro, 1
happiness felicità, la, 9
hard duro, 6
harm (to) nuocere, 10
harmful nocivo, 15
haste fretta, la, 8
hat cappello, il, 14
hate (to) odiare, 8
have (to) avere, disporre, 1, dovere, 5

head capo, il, testa, la, 8
health salute, la, 4
health care sanità, la, assistenza sanitaria, l' (f.), 15
healthy sano, 15
hear (to) sentire, 7
heart cuore, il, 3
heat caldo, il, 6
heating riscaldamento, il, 8
heaven paradiso, il, 9
heavy pesante, intenso, 7
heel tacco, il, 14
hellish infernale, 11
hello ciao, salve, P
help aiuto, l' (m.), 4
help (to) aiutare, 6
her/hers suo, 5
herbs erbe aromatiche, le, 15
heritage patrimonio, il, 10
hide (to) nascondere, 16
hidden nascosto, 10
high alto, elevato, 1
higher superiore, 8
highest massimo, 4
hill collina, la, colle, il, 1
hint suggerimento, il, 6
his suo, 8
historic storico, 2
history storia, la, 2
hit (to) colpire, 15
hold (to) tenere, 1
holiday festività, villeggiatura, la, ferie, le, 9
holy santo, 14
home casa, la, P
homeland patria, la, 5
homeless senzatetto, il, 12
homemade casalingo, 9
homemaker casalinga, la, 5
homesickness nostalgia, la, 8
homework compito, il, 2
homogeneity omogeneità, l' (f.), 16
homogenize (to) omogeneizzare, 15
honest onesto, 3
honeymoon viaggio di nozze, il, luna di miele, la, 5
honor onore, l' (m.), 9
honor (to) rispettare, 4
hope speranza, la, 9
horoscope oroscopo, l' (m.), 11
horse cavallo, il, 5
horrible orribile, 10
hospital ospedale, l' (m.), ospedaliero, 1
hostel ostello, l' (m.), 13
hot caldo, 4
hotel albergo, l' (m.), alberghiero, 8
hour ora, l' (f.), 3
house casa, la, P
housekeeper governante, la, 8
household domestico, 6
housework faccende, le, 5
housing sistemazione, la, 6
how come, P
how much quanto, 3
hug (to) abbracciare, 5
huge enorme, 10
Humanities lettere, le, 2

humanity umanità, l' (f.), 10
hunger fame, la, 4
hunting caccia, la, 16
hurry (to) sbrigarsi, 11
husband marito, il, 5
hybrid car macchina ibrida, la, 15
hydrofoil aliscafo, l' (m.), 13
hypermarket ipermercato, l' (m.), 14
hypochondriac ipocondriaco, 15
hypothesis ipotesi, l' (f.), 4

I

ice ghiaccio, il, 7
ice cream gelato, il, P
idea idea, l' (f.), 11
ideal ideale, 9
idealistic idealista, 12
identical identico, 6
identify (to) identificare, 7
identità identità, l' (f.), 13
ideology ideologia, l' (f.), 16
idiot idiota, 15
illegal illegale, 16
illegitimate illegittimo, 5
illness malanno, il, malattia, la, 10
image immagine, l' (f.), 8
imaginary immaginario, 7
imagination fantasia, immaginazione, la, 7
imagine (to) immaginare, 5
immediate immediato, 11
immerse (to) immergere, 6
immersion immersione, l' (f.), 13
immigrant immigrato, il/la, 16
immigration immigrazione, l' (f.), 16
immortalize (to) immortalare, 3
impact impatto, l' (m.), 15
imperative imperativo, l' (m.), 9
imperfect imperfetto, l' (m.), 8
impersonal impersonale, 7
importance importanza, l' (f.), 9
important importante, 1
impossible impossibile, 15
improve (to) migliorare, perfezionare, 7
improvisation improvvisazione, l' (f.), 9
include (to) comprendere, incorporare, includere, 6
income reddito, il, 15
increase aumento, l' (m.), 6
incredible incredibile, 10
incurable incurabile, 15
indefinite indeterminativo, indefinito, 2
independence indipendenza, l' (f.), 1
independent indipendente, 8
indicative indicativo, 16
indirect indiretto, 9
indispensable indispensabile, 15
industrial industriale, 1
industrialized industrializzato, 11
industry industria, l' (f.), 1

inequality ineguaglianza, 13
infatuation infatuazione, l' (f.), 15
infection infezione, l' (f.), 15
infer (to) dedurre, 14
infinite infinito, l' (m.), 3
inform (to) informare, 7
informal informale, 1
influence influenza, l' (f.), 4
influence (to) influire, 15
influential influente, 8
information informazione, la, 1
infuse (to) infondere, 9
initial iniziale, 9
inquiry inchiesta, l' (f.), 16
insert (to) inserire, 11
insist (to) insistere, 8
insomnia insonnia, l' (f.), 15
inspire (to) ispirare, 12
installment rata, la, 11
instead invece, 1
institute istituto, l' (m.), 2
instrument strumento, lo, 2
integrate (to) integrarsi, inserirsi, 15
integration integrazione, l' (f.), inserimento, l' (m.), 6
intellectual intellettuale, il/la, 7
intelligent intelligente, 3
intensive intenso, 8
intention intenzione, l' (f.), 6
interchangeable interscambiabile, 12
interior interno, 13
interest (to) interessare, 7
interesting interessante, 2
interior decorator arredatore/arredatrice, l' (m./f.), 11
internal interno, 8
international internazionale, 7
Internet connection connessione Internet, la, 13
interplanetary interplanetario, 11
interrogation interrogazione, l' (f.), 8
interview intervista, l' (f.), colloquio, il, 4
interview (to) intervistare, 1
interviewee intervistato, l' (m.), 15
intransigent intransigente, 4
introduce (to) presentare, introdurre, 1
introduction presentazione, la, 1
intruder intruso, l' (m.), 1
invent (to) inventare, 7
invest (to) investire, 6
invitation invito, l' (m.), 5
invite (to) invitare, 5
Iranian iraniano, 1
irregular irregolare, 6
iron ferro, il, 4
iron (to) stirare, 5
ironic ironico, 11
irresistible irresistibile, 4
island isola, l' (f.), 4
isolated isolato, 15
issue questione, la, 12
Italian italiano, P
italics corsivo, il, 8

Italy Italia, l' (f.), P
item capo, il, 14

J

jacket giacca, la, 3
jail carcere, il, 16
jam marmellata, la, 14
January gennaio, P
Japanese giapponese, 1
jar barattolo, il, 14
jealous geloso, 8
jeans jeans, i, 3
jewel gioiello, il, 10
jewelry gioielli, i, 5
jewelry store gioielleria, la, 14
job lavoro, il, 5
jogging footing, il, 7
joke (to) scherzare, 8
joking scherzoso, 11
jolt sobbalzo, il, 16
journalism giornalismo, il, 2
journalist giornalista, il/la, 6
journey percorso, il, 10
joyful gioioso, 14
juice succo, il, 4
July luglio, P
jump salto, il, 12
jump (to) saltare, balzare, 8
Jupiter Giove, 11
justify (to) giustificare, motivare, 5

K

keep (to) conservare, 6
key chiave, la, 5
kid ragazzo, il, 1
kilometer chilometro, il, 3
kindness bontà, gentilezza, la, 5
king re, il, 14
kingdom regno, il, 14
kinship parentela, la, 5
kiss bacio, il, 10
kiss (to) baciare, 10
kitchen cucina, la, 6
kiwi kiwi, il, 9
knee ginocchio, il, 15
knife coltello, il, 9
know (to) sapere, conoscere, P
knowledge conoscenza, la, 10
Korean coreano, 1

L

labor union sindacato, il, 16
lack mancanza, la, 16
Ladin ladino, 6
lake lago, il, 3
lamb agnello, l' (m.), 9
lamp lampada, la, 6
landscape paesaggio, il, 4
language lingua, la, P
large largo, grosso, vasto, 9
lasagna lasagne, le, P
last ultimo, l' (m.), 3
last (to) durare, 9
lastly finalmente, 8
late tardi, 1
lately ultimamente, 10
later più tardi, 1
laughter risata, la, 7

laundry bucato, il, 5
lava lava, la, 14
lavish fastoso, 14
law giurisprudenza, legge, la, 2
lawyer avvocato, l' (m.), 1
layer strato, lo, 15
layout piantina, la, 6
lazy pigro, 3
leadership primato, il, 15
lean (to) appoggiarsi, 8
learn (to) imparare, 2
leather la, pelle, 14
leave (to) lasciare, partire, 2
left sinistra, la, 2
leg gamba, la, 10
legal legale, 11
lend (to) prestare, 10
lemon limone, il, 9
lenient permissivo, tollerante, 3
Lent Quaresima, la, 9
letter lettera, la, 2
level livello, il, 2
liberation liberazione, la, 9
library biblioteca, la, 2
lie bugia, la, 8
life vita, la, 2
light luce, la, leggero, 2
lighted illuminato, 14
lightning fulmine, il, 10
limit limite, il, 4
limit (to) limitare, 4
limited limitato, 8
line verso, il, linea, la, 8
linen biancheria, la, lino, il, 6
linger (to) intrattenersi, 13
linguistic linguistico, 2
link legame, il, 5
link (to) collegare, abbinare, 5
lips labbra, le, 13
list lista, la, elenco, l' (m.), 5
list (to) elencare, 6
listen (to) ascoltare, P
liter litro, il, 15
literally letteralmente, 10
literature letteratura, la, 2
little poco, 1
live (to) abitare, 2
lively energico, movimentato, 2
local locale, urbano, 11
location posizione, la, 13
logical logico, 9
loneliness solitudine, la, 8
long lungo, 3
look aspetto, 6
look (to) guardare, 1
look for (to) cercare, 2
look like (to) somigliare, 5
lose (to) perdere, 6
lord signore, il, 4
lotion crema, la, 13
lottery lotteria, la, lotto, il, 7
love amore, l' (m.), 7
love (to) amare, 3, voler bene, 7
lover innamorato, 9
loving affettuoso, 5
lower inferiore, 14
lower (to) diminuire, 12
lowest minimo, 4
luck fortuna, sorte, la, 10
luggage bagaglio, il, 10

lung polmone, il, 9
luxurious lussuoso, signorile, 3
luxury lusso, il, 6
lyric lirico, 3

M

magazine rivista, la, 14
magnificent magnifico, 10
maid cameriera, la, 8
mail posta, la, 4
mail (to) spedire, imbucare, 5
mailbox cassetta delle lettere, la, 14
main principale, 5
majestic maestoso, 8
majesty maestà, la, 8
major maggiore, 2
majority maggioranza, la, 6
male maschio, il, 11
mall centro commerciale, il, 14
man uomo, l' (m.), 2
management amministrazione, l' (f.), 11
manager dirigente, il, 12
manner maniera, modalità, la, 5
many molto, 3
map carta geografica, mappa, piantina, la, 2
marble marmo, il, 3
March marzo, 1
marine marino, 7
marital status stato civile, lo, 1
mark (to) segnare, 5
market mercato, il, 9
married sposato, 5
marry (to) sposare, 5
masculine maschile, 2
mask maschera, la, 9
mass messa, la, 9
masterpiece capolavoro, il, 8
match (to) abbinare, 6
materialistic materialista, il/la, 3
maternal materno, 5
matter (to) importare, 7
mature maturo, 4
maybe forse, 5
mayonnaise maionese, la, 9
mayor sindaco, il, 12
meal pasto, il, 4
mean (to) significare, P
meaning significato, il, 13
means mezzo, 8
meanwhile intanto, 5
measure misura, 7
measure (to) misurare, 14
meat carne, la, 4
mechanic meccanico, il, 11
mechanical meccanico, 7
medal medaglia, la, 10
mediate (to) mediare, 16
mediation mediazione, la, 4
medical sanitario, 15
medicine farmaco, il, medicina, la, 15
medieval medioevale, 2
Mediterranean mediterraneo, il, 14
meet (to) incontrare, 2
meeting riunione, la, 5

meeting incontro, l' (m.), 7
melon melone, il, 9
melt (to) sciogliere, 9
member membro, il, 6
memory ricordo, il, memoria, la, 8
mentality mentalità, la, 16
mention (to) menzionare, 6
menu menù, il, 7
merchandise merce, la, 12
merchant negoziante, il/la, 11
mess disordine, il, 5
message messaggio, il, 4
messy disordinato, 6
metal metallo, il, metallico, 11
meter metro, il, 1
Mexican messicano, 1
micro-organism microrganismo, il, 7
microwave microonde, il, 6
midday mezzogiorno, il, 4
middle mezzo, medio, metà, la, 7
midnight mezzanotte, la, 4
migration migrazione, la, 16
Milanese milanese, 3
milk latte, il, 4
million milione, il, 6
mimosa mimosa, la, 9
mind mente, la, 8
mine mio, 5
mineral minerale, 4
minister ministro, il, 8
minority minoranza, la, 6
minus meno, 1
mirror specchio, lo, 4
mishap inconveniente, l' (m.), 10
miss mancare, perdere, 1
mistake (to) sbagliare, 11
mistrust (to) diffidare, 14
model modello, il, 11
moderate discreto, 13
moderately moderatamente, 15
modern moderno, 2
modernity modernità, la, 13
modest modesto, 8
modify (to) modificare, 15
mom mamma, la, 5
moment momento, il, 7
monarch sovrano, il, 14
monarchy monarchia, la, 16
Monday lunedì, P
monetary monetario, 6
money soldi, quattrini, i, 6
month mese, il, P
monument monumento, il, 6
moped motorino, il, 8
more più, 1
morning mattina, la, mattutino, 2
mortgage mutuo, il, 6
mosaic mosaico, il, 2
mother madre, la, 2
mother-in-law suocera, la, 1
motionless statico, 1
motorboat motoscafo, il, 13
motorcycle motocicletta, la, 8
mountain montagna, la, P
mountainous montagnoso, 7
mouth bocca, la, 8
move (to) muovere, cambiare,

circolare, spostarsi, traslocare, 6
movement movimento, il, 8
mozzarella mozzarella, la, 16
mushroom funghi, i, 9
music musica, la, P
multicolored variopinto, 14
multiethnic multietnico, 6
muscular muscoloso, 10
museum museo, il, 2
musician musicista, il/la, P
my mio, 5
mystic mistico, 10
mysticism misticismo, il, 9
myth mito, il, 11

N

nail unghia, l' (f.), 11
name nome, il, (last name cognome, il), P
napkin tovagliolo, il, 9
narcissus narciso, il, 9
narrator narratore/narratrice, il/la, 8
narrow stretto, 2
nation nazione, la, P
national nazionale, 4
nationality nazionalità, la, P
natural naturale, 2
naturalism naturalismo, il, 9
naturally naturalmente, 7
nature natura, la, 7
naughty capriccioso, 8
navigate (to) navigare, 6
Neapolitan napoletano, 9
near vicino, presso, 14
neat ordinato, 5
nebula nebulosa, la, 11
necessary necessario, 2
neck collo, il, 15
necklace collana, la, 14
need bisogno, il, esigenza, l' (f.), necessità, la, 6
need (to) servire, aver bisogno di, occorrere, 2
negative negativo, 8
neglect desolazione, la, 10
neglect (to) trascurare, 16
neglected desolato, 13
negotiate (to) negoziare, 4
negotiator negoziatore, il, 4
neighborhood quartiere, il, dintorni, i, 6
neither nemmeno, 4
nephew nipote, il, 5
Neptune Nettuno, 11
net rete, la, 13
neurotic nevrotico, 15
never non... mai, 4
new nuovo, 2
newlywed sposi, gli, 5
newspaper giornale, il, 2
next prossimo, vicino, 5
niece nipote, la, 5
night notte, la, notturno, P
nightmare incubo, l' (m.), 10
nine nove, P
nineteen diciannove, 1
ninety novanta, 1
nodule nodulo, il, 10
noise rumore, baccano, il, 5

noisy rumoroso, chiassoso, 5
non-existent inesistente, 16
Norman normanno, il, 14
north nord, il, 4
northern settentrionale, 10
nose naso, il, 10
note (to) notare, annotare, 4
notebook quaderno, il, 2
notes appunti, gli, 6
nothing niente, 2
notice (to) accorgersi, 15
noun nome, il, P
nourishment alimentazione,
    l' (f.), 15
novel romanzo, il, 3
novelty novità, la, 10
November novembre, 1
now adesso, P
nuclear nucleare, 11
nuisance fastidio, il, 15
number numero, il, P
numerous numeroso, 5
nun monaca, la, 4
nurse infermiere/a, l' (m./f.), 12
nursery rhyme filastrocca,
    la, 11
nutrition nutrizione, la, 15
nutritionist nutrizionista,
    il/la, 15

O

obedient obbediente, 8
obesity obesità, l' (f.), 15
object oggetto, l' (m.), 5
objective oggettivo, 16
observatory osservatorio,
    l' (m.), 11
observe osservare, 5
obsession ossessione, l' (f.), 15
obviously ovviamente, 9
occasion occasione, l' (f.), 5
occupy (to) occupare, 5
occurrence evento, l' (m.), 9
ocean oceano, l' (m.), 13
October ottobre, 1
offer offerta, l' (f.), 10
offer (to) offrire, 4
office carica, la, 16
office ufficio, l' (m.), agenzia,
    l' (f.), 1
official ufficiale, 6
often spesso, P
oil olio, l' (m.), 9
old vecchio, 2
oliva oliva, l' (f.), 6
Olympic olimpico, 1
omen auspicio, l' (m.), 14
on su, sopra, 2
one uno, P
once una volta, 8
onion cipolla, la, 9
only unico, solo, soltanto, 5
open aperto, 7
open (to) aprire, P
operatic operistico, 7
opinion opinione, l' (f.), 4
opposite opposto, contrario,
    il, 1
optimistic ottimista, 3
or o, oppure, 3
oral oral, 8

orange arancia, l' (f.)
    (orange juice spremuta
    d'arancia, la), 4
orange color arancione, 3
orchestra orchestra, l' (f.), P
order ordine, l' (m.), 1
order (to) commissionare,
    ordinare, 4, 15
organism organismo, l' (m.), 15
organization organizzazione,
    l' (f.), struttura, la, ente,
    l' (m.), 1
organize (to) organizzare,
    allestire, 5
organized organizzato, 3
organizer animatore, l' (m.), 13
origin origine, l' (f.),
    provenienza, la, 1
originate (to) provenire, 13
other altro, 1
our / ours nostro, 5
out outside, 4
outline scaletta, la, schema,
    lo, 5
outside fuori, 16
outskirt periferia, la, 6
oven forno, il, 6
overpopulation
    sovrappopolazione, la, 15
own proprio, 3
own (to) possedere, 1
owner proprietario, il, 1
oxygen ossigeno, l' (m.), 15
ozone ozono, l' (m.), 15

P

package pacchetto, pacco,
    il, 10
package (to) confezionare, 15
pagan pagano, il, 9
page pagina, la, 7
paint (to) dipingere, 3
painter pittore, il, 4
pajamas pigiama, il, 14
paleoanthropological
    paleoantropologico, 14
Paleolithic paleolitico, 16
painting dipinto, il, pittura,
    la, 8
pain dolore, il, 15
pair coppia, la, paio, il, 5
pale pallido, 15
panorama panorama, il, 1
panoramic panoramico, 2
panettone panettone, il, 9
pant (to) ansimare, 8
pants pantaloni, i, 3
paper carta, la, 2
parade sfilata, la, 9
paragraph paragrafo,
    trafiletto, il, 8
parents genitori, i, 2
Parliament parlamento, il, 16
parliamentary
    parlamentare, 16
park parco, il, 3
parking parcheggio, il, 6
parmesan parmigiano, 9
part parte, la, 6
participant partecipante,
    il/la, 14

participation partecipazione,
    la, 16
participle participio, il, 6
particular determinato, 9
partition divisione, la, 16
party festa, la, festeggiamento,
    partito, il, 5
pass (to) passare, 5
passenger passeggero, il, 13
passing sufficiente, 8
passive passivo, 7
passport passaporto, il, 10
past passato, il, scorso, 5
pasta pasta, pastasciutta, la, 6
pastime passatempo, il, 13
pastry pasta, la,
    (pastry shop pasticceria,
    la), 14
paternal paterno, 5
path sentiero, il, 13
patient paziente, 3
patron patrono, il, patronale, 5
pattern modello, il, 10
pay (to) pagare, 6
payment pagamento, il, 13
peas piselli, i, 4
peace pace, la, 12
peaceful pacifico, 16
peacefully tranquillamente, 14
peach pesca, la, 9
pearl perla, la, 7
peasant contadino, il, 13
pedagogical pedagogico, 8
pen penna, la, P
pencil matita, la, 2
peninsula penisola, la, P
pension pensione, la, 3
people gente, la, 3
pepper pepe, il, 9
perceive (to) percepire, 12
percent per cento, 6
percentage percentuale, la, 5
perfect perfetto, 2
perfection perfezione, la, 4
perfume profumo, il, 13
period periodo, il, 2
perhaps magari, forse, 7
permanent permanente, 16
permission permesso, il, 4
permit permesso, il, 4
perseverance perseveranza,
    la, 16
person persona, la, individuo,
    l' (m.), 3
personal personale, 1
personality personalità, la, 3
perspective prospettiva, la, 3
pessimistic pessimista, 3
pesticides pesticidi, i, 15
pesto pesto, il, 9
pharmacist farmacista, il, 14
pharmacy farmacia, la, 1
phase fase, la, 15
phenomenon fenomeno, il, 11
philosopher filosofo, il, 10
philosophical filosofico, 10
philosophy filosofia, la, 1
Phoenician fenicio, 14
phone telefono, il, P
phone call telefonata, la, 5
photographer fotografo, il, 12

photography fotografia, la, 12
physical fisico, 3
physicality fisicità, la, 7
physics fisica, la, 2
piano piano, pianoforte, il, 7
picture quadro, ritratto, il, 6
piece pezzo, il, 9
pilgrim pellegrino, il, 9
pizza pizza, la, 2
pizzeria la, pizzeria, 4
place luogo, posto, il,
    località, la, P
place (to) situare, 3
plain pianura, la, 1
plan progetto, il, 11
plane aereo, l' (m.), 8
planet pianeta, il, 11
plant pianta, la, impianto,
    l' (m.), 5
plastic plastica, la, 12
platform binario, il, 11
play (to) suonare, giocare, 2
playbill locandina, la, 7
player giocatore, il, 7
pleasant piacevole, 7
please per favore, P
pleasure piacere, il, P
plentiful abbondante, 9
plumber idraulico, l' (m.), 12
plunge (to) buttarsi, 16
plural plurale, 1
plus più, 1
Pluto Plutone, 11
poem poesia, la, 3
poet poeta, il, poetessa, la, P
point punto, il, 3
point (to) accennare, 16
police officer poliziotto, il, 11
political politico, 10
political rally comizio, il, 1
politically politicamente, 6
politician politico, il, 1
politics politica, la, 3
pollute (to) inquinare, 8
pollution inquinamento,
    l' (m.), 8
polychromatic policromo, 9
pool biliardo, il, piscina, la,
    (football pool
    totocalcio, il), 7
poor povero, 5
pope papa, il, 4
popular popolare, 7
population popolazione, la, 6
porcelain porcellana, la, 9
porch veranda, la, 6
port porto, il, 6
portrait ritratto, il, 4
Portuguese portoghese, 14
position collocazione, la, posto,
    lavoro, il, 11
positive positivo, 10
possessive possessivo, 5
possibility possibilità, la, 2
possible possibile, 4
post office ufficio postale,
    l' (m.), 14
postcard cartolina, la, 9
poster poster, il, 6
postpone (to) rimandare, 16
pot tegame, il, 9

rule (to) dominare, 14
run (to) correre, 3
Russian russo, 1

S

sacred sacro, 14
sacrifice sacrificio, il, 11
sad triste, 3
sail vela, la, 4
saint santo, il, 5
salad insalata, l' (f.), 4
salary stipendio, lo, 12
sale vendita, svendita, la, saldi, i, 12
salesperson commesso, il, commessa, la, 12
salmon salmone, il, 9
salt sale, il, 9
salted salato, 9
salami salame, il, 14
same stesso, 3
sand sabbia, la, 13
sandals sandali, i, 14
sandwich panino, il, 4
Saracen saraceno, 14
satirical satirico, 9
satisfaction soddisfazione, la, 11
satisfied soddisfatto, 9
satisfy (to) soddisfare, appagare, 9
Saturday sabato, 1
Saturn Saturno, 11
sauce sugo, il, 9
sauté (to) soffriggere, 9
save (to) salvare, risparmiare, conservare, 10
saving risparmio, il, 15
saw sega, la, 12
say (to) dire, P
saying detto, il, 13
scarf sciarpa, la, 14
scattered disperso, 9
scene scena, la, 7
scent profumo, il, 10
scented profumato, 9
schedule orario, l' (m.), 2
scholar studioso, lo, 16
scholarship borsa di studio, la, 10
school scuola, la, liceo, il, 1
science scienza, la, 2
science fiction fantascienza, la, 7
scientific scientifico, 8
scientist scienziato, 2
score punteggio, il, 10
scratch (to) grattare, 12
screen schermo, lo, 1
script writer sceneggiatore/ sceneggiatrice, lo/la, 11
sea mare, il, P
search ricerca, la, 6
seashell conchiglia, la, 5
season stagione, la, 4
season (to) condire, 9
second secondo, 4
secretary segretario, il, 12
security sicurezza, la, 15
sedentariness sedentarietà, la, 15
sedentary sedentario, 6

see (to) vedere, 1
seem (to) sembrare, 6
seize (to) cogliere, 16
selection brano, il, raccolta, la, 8
selfish egoista, 3
selfishness egoismo, l' (m.), 16
sell (to) vendere, 6
semester semestre, il, 12
senate senato, il, 16
send (to) mandare, inviare, 5
sense senso, il, 16
sensitive sensibile, 3
sentence frase, la, 5
separate (to) separare, 12
September settembre, 1
sequence sequenza, la, 9
serene sereno, 5
serious grave, serio, 3
service servizio, il, 6
set (to) fissare, 4
settlement insediamento, l' (m.), 14
seven sette, P
seventeen diciassette, 1
seventy settanta, 1
several diversi, 7
severe severo, 4
sew (to) cucire, 5
sex sesso, il, 11
shadow ombra, l' (f.), 16
shaking tremante, 16
shape forma, la, 7
share (to) condividere, dividere, 6
sharp acuto, P
shave (to) farsi la barba, 4
sheet (of paper) foglio, il, P
shelf scaffale, lo, 6
shining splendido, 7
ship nave, la, 8
shoe scarpa, la, 3
short basso, corto, 2
shorts pantaloncini, i, 7
shoulder spalla, la, 9
shout urlo, l' (m.), 16
shout (to) urlare, 5
show spettacolo, lo, mostra, la, 7
show (to) indicare, mostrare, 5
shower doccia, la, 4
shown indicato, 9
shrimp gamberetti, i, 4
shy timido, 3
shyness timidezza, la, 13
Sicilian siciliano, 9
sick ammalato, 15
side lato, fianco, il, 14
sign insegna, l' (f.), 16
sign (to) firmare, 14
significant significativo, 16
silk seta, la, 8
silver argento, l' (m.), 9
silverware posate, le, 9
similar simile, 5
similarity similarità, la, 16
simple semplice, 6
sin peccato, il, 3
since poiché, 5
sing (to) cantare, 2
singer cantante, il/la, 2
singing canto, il, 10
singular singolare, 1

sink lavandino, il, 6
sister sorella, la, 4
sister-in-law cognata, la, 5
situation situazione, la, 5
sick malato, 8
sight vista, la, 10
site sito, il, 10
six sei, 1
sixteen sedici, 1
sixty sessanta, 1
size misura, taglia, la, 14
skate (to) pattinare, 4
skates pattini, i, 7
skating pattinaggio, il, 7
sketch abbozzo, l' (m.), 14
ski (to) sciare, 4
skier sciatore, lo, 10
skill abilità, l' (f.), 2
skin pelle, la, 13
skirt gonna, la, 3
skis sci, gli, 7
skyscraper grattacielo, il, 10
sleep sonno, il, P
sleep (to) dormire, 2
sleeping bag sacco a pelo, il, 13
sleepless insonne, 4
slice fetta, la, 9
slip (to) scivolare, 7
Slovenian sloveno, 6
slow lento, 13
slowly lentamente, 8
small piccolo, 1
smart bravo, 8
smile sorriso, il, 16
smile (to) ridere, sorridere, 13
smog smog, lo, 15
smoke fumo, il, 15
smoke (to) fumare, 13
smoker fumatore/fumatrice, il/la, 15
smooth liscio, 3
snap (to) scattare, 10
sneaker scarpa da ginnastica, la, 3
snow (to) nevicare, 4
soap sapone, il, 14
soccer calcio, il, 1
social sociale, 7
social worker assistente sociale, l' (m./f.), 12
socialist socialista, 16
society società, la, 4
soda bibita, la, 6
sofa divano, il, 6
soft morbido, 4
soldier soldato, il, 8
solution soluzione, la, 15
some alcuni, qualche, 3
someone qualcuno, 4
something qualcosa, 4
sometimes qualche volta, 8
solar solare, 15
solidarity solidarietà, la, 15
solve (to) risolvere, 12
son figlio, il, 5
soon presto, 1
soul anima, l' (f.), 3
sound audio, l' (m.), 10
soup minestra, la, 4
source fonte, la, 14

south sud, il, 1
space spazio, lo, spaziale, 1
spaceship astronave, l' (f.), 11
spacious spazioso, 12
spaghetti spaghetti, gli, P
Spanish spagnolo, P
sparkling effervescente, 15
speak (to) parlare, P
speaker altoparlante, l' (m.), 11
specific specifico, 6
special speciale, 3
specialist specialista, specialistico, 15
specialization perfezionamento, il, 11
specialty specialità, la, 6
spectacularity spettacolarità, la, 8
spectator spettatore/ spettatrice, lo/la, 8
speed velocità, la, 8
spend (to) spendere, passare, 5
spicy piccante, 9
spinach spinaci, gli, 4
spirit spirito, lo, 12
spiritual spirituale, 8
splendid splendido, 13
spoiled viziato, 8
spoon cucchiaio, il, 9
sport sport, lo, 7
sportsman sportivo, lo, P
sprain (to) slogare, 10
spray (to) spruzzare, 13
spread (to) diffondere, 11
spring primavera, la, 4
square piazza, la, quadrato, il, 3
stadium stadio, lo, 2
stairs scale, le, 6
stall bancarella, la, 14
stamp francobollo, il, 14
star stella, la, 8
start (to) mettersi, cominciare, 4
state stato, lo, statale, 6
station stazione, la, 7
stationery cartoleria, la, 14
statistics statistica, la, 15
statue statua, la, 3
stay soggiorno, il, permanenza, la, 10
stay (to) stare, P
steak bistecca, la, 4
steady stabile, 11
steamboat vaporetto, il, 12
step passo, il, 7
stepbrother fratellastro, il, 5
stepfather patrigno, il, 5
stepmother matrigna, la, 5
stepsister sorellastra, la, 5
stereo stereo, lo, 5
stereotype stereotipo, lo, 16
still ancora, 5
stimulating stimolante, 12
stir (to) mescolare, 9
stocking calza, la, 2
stomach stomaco, lo, 15
stone pietra, la, 6
stop sosta, la, fermata, la, 10
stop (to) fermare, 11
stoplight semaforo, il, 14
store negozio, il, 1

storeroom ripostiglio, il, 12
story favola, la, 8
straight diritto, 14
strand filo, il, 13
strange strano, 7
strategy strategia, la, 1
strawberry fragola, la, 9
street strada, via, la, 2
stress (to) scandire, 6
stressed stressato, 12
stressful stressante, 10
strict severo, 4
strike sciopero, lo, colpo, il, 10
strong forte, 5
structure compagine, struttura, la, 15
student studente, lo, studentessa, la, P
study studio, lo, 1
study (to) studiare, P
stutter (to) balbettare, 15
style stile, lo, linea, la, 3
subject soggetto, il, materia, la, 1
subject (to) sottomettere, 5
subjunctive congiuntivo, il, 15
substance sostanza, la, 15
substitute (to) sostituire, 12
subway metropolitana, la, 8
succeed (to) riuscire, 12
success successo, il, 11
suffer (to) soffrire, 10
suffering sofferenza, la, 7
sufficient sufficiente, 8
sugar zucchero, lo, 9
suggest (to) suggerire, 1
suit abito, l' (m.), vestito, il, completo, il, 3
suitable adatto, appropriato, opportuno, 5
suitcase valigia, la, 10
summarize riassumere, 9
summer estate, l' (f.), estivo, 2
summon (to) convocare, 12
sumptuous fastoso, 14
sun sole, il, 4
Sunday domenica, la, 1
sunglasses occhiali da sole, gli, 13
superlative superlativo, il, 10
supermarket supermercato, il, 4
superstitious superstizioso, 11
supper cena, la, P
supply (to) dotare, fornire, 13
support appoggio, l' (m.), 16
support (to) mantenere, 16
supreme supremo, 8
surface (to) emergere, 15
surgeon chirurgo, il, 12
surprise sorpresa, la, 5
surprised meravigliato, 16
surround (to) circondare, 6
surrounded circondato, 3
survey sondaggio, il, 3
swarm (to) brulicare, 14
sweater maglia, la, 3
sweats tuta, la, 14
sweatshirt felpa, la, 3

sweep (to) spazzare, 5
swim (to) nuotare, 2
swimming suit costume da bagno, il, 7
swing altalena, l' (f.), 8
symbol simbolo, il, 1
sympathy simpatia, la, 16
symptom sintomo, il, 15
synthesized sintetizzato, 15
syrup sciroppo, lo, 15
system sistema, il, 8

T

table tavolo, il, 5
tablecloth tovaglia, la, 9
tablet compressa, la, 15
take (to) prendere, sostenere, P
take a walk (to) passeggiare, 7
tale favola, la, 8
talk (to) conversare, discorrere, 13
tango tango, il, 5
task impegno, l' (m.), 11
taste gusto, sapore, il, 3
taste (to) assaggiare, 9
tasting degustazione, la, 10
tasty saporito, 9
tavern osteria, l' (f.), 9
towel asciugamano, l' (f.), 13
tax tassa, la, 11
taxi taxi, il, 8
tea tè, il, 4
teach (to) insegnare, 1
teacher maestro, il (m.), insegnante, l' (m./f.), 7
teacher's desk cattedra, la, 2
team squadra, la, 1
technician tecnico, il, 16
technique tecnica, la, 1
technological tecnologico, 16
technology tecnologia, la, 8
teddy bear orsacchiotto, l' (m.), 6
television televisione, la, P
television set televisore, il, 2
tell (to) dire, raccontare, narrare, P
temperature temperatura, la, 4
temple tempio, il, 13
temporal temporale, il, 9
temporarily temporaneamente, 16
tempting tentatrice, la, 8
ten dieci, 1
tendency tendenza, la, 14
tennis tennis, il, 7
tenor tenore, il, 7
tense nervous, tirato, 3
tent tenda, la, 13
terminology terminologia, la, 7
terrace terrazzo, il, 6
terrible terribile, 8
territory territorio, il, 15
test prova, la, 1
text testo, il, 5
thank (to) ringraziare, 5
thanks grazie, P
Thanksgiving (la festa del) Ringraziamento, il, 9
that quello, 2

theater teatro, il, teatrale, 2
theme tema, il, 7
then allora, 5
there lì, 10
therefore infatti, quindi, 2
thermal termale, 10
thermostat termostato, il, 15
thin magro, sottile, 3
thing cosa, la, 4
think (to) pensare, 2
third terzo, 5
thirst sete, la, P
thirteen tredici, 1
thirty trenta, 1
thirty-eight trentotto, 1
thirty-five trentacinque, 1
thirty-four trentaquattro, 1
thirty-nine trentanove, 1
thirty-one trentuno, 1
thirty-six trentasei, 1
thirty-seven trentasette, 1
thirty-two trentadue, 1
this questo, 2
thousand (one) mille, 6
threaten (to) minacciare, 15
three tre, 1
thrive (to) prosperare, 6
thriving fiorente, 15
throat gola, la, 15
through attraverso, P
throw (to) buttare, 15
Thursday giovedì, il, 1
ticket biglietto, il, 7
ticket office biglietteria, la, 7
tie cravatta, la, 3
tie (to) legare, attaccare, 4
tight stretto, 14
times epoca, l' (f.), 12
tip mancia, la, 9
tired stanco, 3
tiring faticoso, 13
title titolo, il, 5
toast (to) brindare, 9
toaster tostapane, il, 6
today oggi, P
together insieme, assieme, 2
toilet water, il, 6
tolerance tolleranza, la, 16
tomato pomodoro, il, 4
tomb tomba, la, 2
tomorrow domani, 1
tone tono, il, 14
tonic tonico, 7
tonight stasera, 2
too troppo, 13
too much troppo, P
tooth dente, il, 4
toothbrush spazzolino da denti, lo, 14
toothpaste dentifricio, il, 14
top apice, l' (m.), cima, la, 7
topic argomento, l' (m.), 4
tortellini tortellini, i, 8
total totale, 10
totally radicalmente, 16
tough duro, 12
tourism turismo, il, 1
tourist turista, il/la, turistico, 2
tournament giostra, la, 9
tower torre, la, P
town cittadina, la, 14

toy giocattolo, il, 8
trace traccia, la, 13
track pista, la, 1
track and field atletica leggera, l' (f.), 7
trade mestiere, commercio, il, 4
tradition tradizione, la, 7
traditional tadizionale, 5
traffic traffico, il, 8
train treno, il, 8
train (to) allenarsi, 7
training esercitazione, l' (f.), 8
trail sentiero, il, 15
trait caratteristica, la, carattere, il, 5
transfer (to) trasferire, 6
transgenic transgenico, 15
translate (to) tradurre, 11
transparent trasparente, 10
transplant (to) trapiantare, 16
transportation trasporto, il, 8
transport (to) trasportare, 11
travel viaggio, il, 3
travel (to) viaggiare, 10
treacherous infido, 15
treasure tesoro, il, 13
treatment trattamento, il, cura, la, 10
tree albero, l' (m.), 2
trip viaggio, il, 7
triple triplo, 13
triptych trittico, il, 9
triumphant trionfante, 9
trout trota, la, 9
true vero, 1
truly veramente, 7
truth verità, la, 7
try (to) tentare, provare, 10
T-shirt maglietta, la, 7
tub vasca, la, 6
Tuesday martedì, 1
tulip tulipano, il, 7
tuna tonno, il, 14
turkey tacchino, il, 9
turn turno, il, 5
turn (to) compiere, girare, rivolgersi, 5
turn off (to) spegnere, 11
turn on (to) accendere, 11
turning point svolta, la, 10
Tuscany Toscana, la, toscano, 5
tuxedo smoking, lo, 14
twenty venti, 1
twenty-eight ventotto, 1
twenty-five venticinque, 1
twenty-four ventiquattro, 1
twenty-nine ventinove, 1
twenty-one ventuno, 1
twenty-seven ventisette, 1
twenty-six ventisei, 1
twenty-three ventitré, 1
twenty-two ventidue, 1
twin gemello, il, 5
twelve dodici, 1
twenty venti, 7
two due, 1
type tipo, il, 6
typical tipico, 3

Credits

Photo Credits

Page xxii Mike Dunning © Dorling Kindersley; **page 3** John Heseltine © Dorling Kindersley, courtesy of Opera Di S. Maria del Fiore Di Firenze; **page 6** Francesca Italiano; **page 5** Julian Baum/Photo Researchers, Inc.; **page 8 (center)** Philippe Clement/Nature Picture Library; **page 8 (right)** Demetrio Carrasco/Demetrio Carrasco © Dorling Kindersley; **page 9 (top)** Paul Harris and Anne Heslope © Dorling Kindersley; **page 9 (left)** © Dorling Kindersley; **page 9 (right)** Fabio Muzzi/AGE Fotostock America, Inc.; **page 10** Andrea Matone/Alamy Images; **page 30** Francesca Italiano; **page 32** Courtesy of Le Meridien Lingotto and Venere.com; **page 18** Francesca Italiano; **page 23 (top)** Francesca Italiano; **page 23 (bottom)** Francesca Italiano; **page 33** Courtesy of Museo Nazionale Del Cinema; **page 35** Pearson Education/PH College; **page 36 (left)** Rcaucino/Dreamstime LLC - Royalty Free; **page 36 (right)** Nicolas Sapieha/Picture Desk, Inc./Kobal Collection; **page 37** Streano/Havens/Stock Connection; **page 37 (right)** Scala/Carlo Carra (1881–1966), "Interventionist Manifesto, or Paintings - Words in Liberty", 1914, Collage on cardboard, 38.5 × 30 cm. Scala/Art Resource, NY. © 2008 Artists Rights Society (ARS), New York/SIAE, Rome; **page 47** Francesca Italiano; **page 55** Pio3/Shutterstock; **page 64** Tetra Images/Getty Images, Inc/Tetra Images Royalty Free; **page 40** Sailorr/Dreamstime LLC - Royalty Free; **page 50** Alexdoc/Dreamstime LLC - Royalty Free; **page 62** Courtesy of The University of Salerno; **page 66** Pearson Education/PH College; **page 67** Markus Dlouhy/Das Fotoarchiv./Photolibrary/Peter Arnold, Inc.; **page 68 (left)** Getty Images/De Agostini Editore Picture Library; **page 68 (right)** Jonathan Blair/CORBIS- NY; **page 69 (left)** Tompozzo/Dreamstime LLC - Royalty Free; **page 69 (right)** Church of San Vitale, Ravenna, Italy/Canali PhotoBank, Milan/SuperStock; **page 72 (bottom right)** Giuseppe Aresu/AP Wide World Photos; **page 72 (bottom left)** WWD/Conde Nast/© (Photographer)/CORBIS All Rights Reserved; **page 72 (top right)** Rune Hellestad/CORBIS- NY; **page 72 (top left)** Stefano Rellandini/© Stefano Rellandini/CORBIS All Rights Reserved; **page 80** Francesca Italiano; **page 85** Francesca Italiano; **page 86** © Daniele La Monaca/Rueters/Corbis; **page 87** Dallas and John Heaton/Stock Connection; **page 93** Pearson Education/PH College; **page 95** Francesca Italiano; **page 97** Pearson Education/PH College; **page 98 (left)** Getty Images/De Agostini Editore Picture Library; **page 98 (right)** © Edimèdia/CORBIS; **page 99 (left)** John Heseltine © Dorling Kindersley; **page 99 (right)** Getty Images/De Agostini Editore Picture Library; **page 102** John Heseltine © Dorling Kindersley; **page 114** ROBERT ERIC/CORBIS SYGMA/© (Photographer)/CORBIS All Rights Reserved; **page 117 (top left)** Francesca Italiano; **page 117 (top right)** Maurice Joseph/Alamy Images; **page 117 (bottom left)** iStockphoto.com; **page 117 (bottom right)** Fotopic/Omni-Photo Communications, Inc.; **page 124 (top)** Francesca Italiano; **page 124 (bottom)** Olivia Jones; **page 128** Pearson Education/PH College; **page 125** Michelle Grant/Rough Guides Dorling Kindersley; **page 130 (left)** Valeria73/Dreamstime LLC - Royalty Free; **page 130 (right)** Portrait of a Woman (La Muta), 1507 (oil in canvas), Raphael (Raffaello Sanzio of Urbino) (1482–1520)/Palazzo Ducale, Urbino, Italy/The Bridgeman Art Library; **page 131 (left)** Drimi/Dreamstime LLC - Royalty Free; **page 131 (right)** Mietitore/Dreamstime LLC - Royalty Free; **page 134** Corbis RF; **page 135** Giorgio Vassari, "Portrait of Lorenzo de'Medici ("the Magnificent"), Florence, Uffizi, Scala/Art Resource, NY; **page 135 (bottom right)** Alison Harris © Dorling Kindersley; **page 143 (left)** Sergio Strizzi/Melampo Cinematografica/Sergio Strizzi/Melampo Cinematografica/The Kobal Collection; **page 143 (center)** Sinnomore/Dreamstime LLC - Royalty Free; **page 143 (right)** GRAHAM SALTER/Lebrecht Music & Arts Photo Library; **page 143 (bottom)** Image Source/Alamy Images Royalty Free; **page 148 (top)** Sepp Seitz/Woodfin Camp & Associates, Inc.; **page 148 (bottom)** Roger Moss © Dorling Kindersley; **page 156** Paul Harris and Anne Heslope © Dorling Kindersley; **page 157** © David Woolley/Taxi/Getty Images; **page 158** © David Woolley/Taxi/Getty Images; **page 161** Irene Marchegiani; **page 162 (left)** Courtesy of the Italian Government Travel Office (Los Angeles); **page 162 (right)** Scala/Art Resource, N.Y.; **page 163 (left)** Jos? Fuste Raga/AGE Fotostock America, Inc.; **page 163 (right)** Gavin Hellier/Nature Picture Library; **page 166** Getty Images/De Agostini Editore Picture Library; **page 170 (top)** Getty Images/De Agostini Editore Picture Library; **page 170 (bottom)** Fabiano Badialetti/Photographed by Fabiano Badialetti; **page 174** Irene Marchegiani; **page 177** Stephen Finn/Dreamstime LLC - Royalty Free; **page 181** De' Longhi America, Inc.; **page 181** Aeg Electrolux; **page 182** Baloncici/Dreamstime LLC - Royalty Free; **page 189** Irene Marchegiani; **page 193** Pearson Education/PH College; **page 194 (left)** Franco Pucher/Dreamstime LLC - Royalty Free; **page 194 (right)** Mario Savoia/Dreamstime LLC - Royalty Free; **page 195 (left)** GabIriela Insuratelu/Dreamstime LLC - Royalty Free; **page 195 (right)** Dagli Orti (A)/Picture Desk, Inc./Kobal Collection; **page 198** Massimo Borchi/© Atlantide Phototravel/CORBIS All Rights Reserved; **page 205** Francesca Italiano; **page 206 (left)** AP Wide World Photos; **page 206 (right)** John Heseltine © Dorling Kindersley; **page 210** Francesca Italiano; **page 211 (bottom)** Valeria73/Shutterstock; **page 217 (top)** Keystone/Karl Mathis/AP Wide World Photos; **page 217 (bottom)** Georg Anderhub/Lebrecht Music & Arts Photo Library; **page 221**/Pearson Education/PH College; **page 222 (left)** Martin Dohrn/Nature Picture Library; **page 222 (right)** Duncan Maxwell/Robert Harding World Imagery; **page 223 (left)** Gavin Hellier/Nature Picture Library; **page 223 (right)** John Heseltine © Dorling Kindersley; **page 226** Aliaksei Lesev/Shutterstock; **page 227 (left)** Andres Rodriguez/Dreamstime LLC - Royalty Free; **page 227 (right)** Irene Marchegiani; **page 229** stampgirl/Shutterstock; **page 232 (center)** David Bailey/Dreamstime LLC - Royalty Free; **page 232 (top left)** © Disney Enterprises, Inc.; **page 232 (bottom left)** © Disney Enterprises, Inc.; **page 232 (right)** © Cannon Films/Courtesy Everett Collection; **page 234** Antonio Ros/Dreamstime LLC - Royalty Free; **page 240** Adriano Castelli/Shutterstock; **page 236** Esbin/Anderson/Omni-Photo Communications, Inc.; **page 241 (left)** Brogi/Alinari Archives-Brogi Archive, Florence; **page 241 (right)** David Davis/Shutterstock; **page 242** KSPhotography/Shutterstock; **page 242** Zoran Karapancev/Shutterstock; **page 243** Alessio Moiola/Dreamstime LLC - Royalty Free; **page 247** Pavel Konovalov/Dreamstime LLC - Royalty Free; **page 248** Demetrio Carrasco © Dorling Kindersley; **page 249** Luciano Romano; **page 251** Irene Marchegiani; **page 252 (left)** Pubbli Aer Foto; **page 252 (right)** Asdf_1/Dreamstime LLC - Royalty Free; **page 253 (left)** Foto280/Dreamstime LLC - Royalty Free;

Text Credits

Index